隆美尔战时文件

[英] 利德尔·哈特 编著

小小冰人 译

台海出版社

图书在版编目（CIP）数据

隆美尔战时文件 /（英）利德尔·哈特编著；小小
冰人译 . -- 北京：台海出版社，2023.8
　　ISBN 978-7-5168-3584-5

　　Ⅰ . ①隆… Ⅱ . ①利… ②小… Ⅲ . ①隆美尔 (Rommel,
Erwin Johannes Eugen 1891-1944) － 生平事迹
Ⅳ . ① K835.165.2

中国国家版本馆 CIP 数据核字 (2023) 第 113884 号

隆美尔战时文件

编　　著：[英] 利德尔·哈特	译　者：小小冰人
出 版 人：蔡　旭	责任编辑：俞滟荣

出版发行：台海出版社
地　　址：北京市东城区景山东街 20 号　　　　邮政编码：100009
电　　话：010 － 64041652（发行，邮购）
传　　真：010 － 84045799（总编室）
网　　址：www.taimeng.org.cn/thcbs/default.htm
E - mail：thcbs@126.com

经　　销：全国各地新华书店
印　　刷：重庆长虹印务有限公司
本书如有破损、缺页、装订错误，请与本社联系调换

开　　本：787 毫米 × 1092 毫米	1/16
字　　数：457 千	印　张：34
版　　次：2023 年 8 月第 1 版	印　次：2023 年 12 月第 1 次印刷
书　　号：ISBN 978-7-5168-3584-5	

定　　价：189.80 元

前言

　　隆美尔用剑给世界造成的影响，无疑会通过他笔下的威力进一步加剧。他对自己从事的战役所做的记述，就生动性和价值而言，历史上的指挥官无出其右者。这些记录中的大部分，现在从各个藏匿地重见天日，汇编成本书。

　　没有哪位指挥官对自己的作战行动和指挥方式做出过这般生动的描述，也没有谁以如此惊人的书面形式阐述了闪电战的活力和装甲部队的速度。隆美尔在许多段落描绘的快速机动和果敢决策激动人心，让读者有一种和他同在指挥车内的感觉。

　　伟大的指挥官大多是乏善可陈的作家，除了缺乏描述自己所作所为的文学技巧，他们往往对自己的所思所想含糊其辞。谈到自己指挥的作战行动，他们很少告诉后人"如何"和"为何"。拿破仑是个例外，可他的著作肆无忌惮地罔顾事实，甚至刻意篡改对自己不利的内容，价值因而大打折扣。和恺撒一样，拿破仑的记述不仅充满主观色彩，而且主要以宣传为目的。

　　隆美尔的叙述非常客观，也很生动。他草草写下这些文件时，和大多数历史创造者一样，当然考虑过自己在历史上的地位。但他解释相关事件时，表现出寻求真相的自然欲望，这种欲望源自他对各场战役军事教训的浓厚兴趣。他的陈述完全能经受严格的审查，而且可以和其他资料相互印证。文件里确实有些错误之处，但准确性还是优于利用战后认知优势撰写的诸多官方和个人记述。当然，隆美尔的某些说法存有争议，可他绝非刻意歪曲，而是考虑到国家或个人声望，这种情况在此类记述中相当常见。

　　隆美尔描绘的作战画面清晰明了，极为准确，能做到这一点难能可贵，因为快速机动的坦克战很容易造成混乱感，特别是在沙漠战瞬息万变的情况下。隆美尔明确无误的陈述，主要归功于他的指挥方式：

他总是亲临前线，在关键时刻靠近关键地点。还归功于他在观察方面的长期自我训练、辨识战场重要情况的眼光，以及记录这些情况的技能。隆美尔热衷于拍照记录下自己取得的一切进展，无疑是这种特性的表现，就像第一次世界大战阿拉伯战区的劳伦斯那样。

两位沙漠战高手，无论在气质、爱好、人生哲学方面存在怎样的差异，他们的确有明显的相似之处。两人的时间和空间感、寻求突然性的本能、识别优势和机会的眼光、灵活性与构想的结合、亲自指挥的想法惊人地相似。他们在军事上的另一个关联，是把机械化机动性用于沙漠战。劳伦斯通常骑着骆驼投入作战，但他率先看出新的机动方式是如何改变沙漠战的，还以几辆装甲车和飞机证明了这种尚在萌芽期的作战样式。隆美尔大力开发机械化潜力，肯定会让具有革命性倾向的军事艺术行家劳伦斯欣喜不已。

和在战斗中一样，隆美尔也有种通过书面形式表达自己想法的冲动。他作为高级将领成名前很久，那部关于步兵战术极为生动的专著就明显透露出这一点，这部著作的灵感缘自他在第一次世界大战期间作为年轻军官的经历，以及他对这些经历的看法。战术教材大多枯燥乏味，但隆美尔却给此类题材注入活力。下一场战争更具机动性的作战行动，他本人更重要的职责，赋予他更大的发挥空间，隆美尔充分利用了这一点。他是个天生的斗士，也是个天生的作家。隆美尔用铅笔或彩笔在纸上勾勒出自己策划或构想的作战行动，同样能看出他的表述天赋和冲动。

二战期间的整个职业生涯，隆美尔一直打算撰写一部阐述自己作战经历的著作，为此不断记录笔记，一有空就把这些笔记改写成正式记载。

由于隆美尔被迫遵照希特勒的命令自杀身亡，这部著作没能完成，但他已着手撰写的手稿，让这部著作在同类作品中无出其右者。它可能缺乏润色，可它的文学力量非常惊人。除了清晰的描述，还具有强烈的戏剧性。另外，为阐明相关事件，隆美尔还做出评述，极大地增加了这份手稿的价值。例如，他关于"沙漠战规则"的章节就是篇军事思想杰作，而整部记述充满智者的思考，他的新观点包括：时间比空间更重要；灵活性是达成突然性的手段；英勇大胆能确保安全；军需官的想法纯属愚蠢的惯例；应当创造新准则，不能墨守成规；面对敌人采取的措施，间接应对比直接应对更有效；空中劣势要求彻底改变地面作战规则；不加选择的报复实属不智，残暴的行径更是愚蠢至极；毫无原则的权宜之计不啻为失策。

深入研究隆美尔私人文件前，我认为他是个杰出的战术家，也是个伟大的战地指挥官，但没想到他具备如此深厚的战略素养，或者说，这种素养至少是在反思中发展起来的。令人惊讶的是，这样一位猛将居然心思缜密，他的大胆行动都经过精明的算计。也许有人会批评他的某些行动"过于危险"，但没人视之为盲目、头脑发热的赌徒做出的鲁莽之举。我们分析隆美尔指挥的作战行动就会发现，某些失败的行动的确给他造成严重后果，可事实证明，对手的处境更为恶劣。另外，即便隆美尔的出击以失败告终，也让对手心惊胆寒，从而给他的军队提供了逃脱之机。

衡量一位指挥官，更有效的办法是看他给对手留下怎样的印象。以这种方式看，隆美尔的形象非常高大。几个世纪的战争，只有拿破仑给英国人留下类似印象，但隆美尔与拿破仑不同，他完全是在军事领域做到了这一点。

另外，英国人不仅把隆美尔视为可怕的"幽灵"，还对他积极进取的为将之道敬畏有加，继而发展成近乎深情款款的钦佩，视他为男子汉。这种情况固然是隆美尔的行动快速果断、充满突然性造成的，但另一个重要因素是，隆美尔在非洲战争中得休地遵守了军人守则，对待他遇到的许多战俘总是充满绅士风度。与隆美尔对阵的英国第8集团军官兵视他为英雄，这种敬佩之情甚至成为习惯，例如，他们称赞己方战友表现出色时会说："干得像隆美尔！"

对敌军指挥官如此强烈的钦佩之情，给己方官兵的士气造成严重威胁。为此，英军指挥官和司令部人员不得不想方设法消除"隆美尔传奇"的影响。充分证明英国人的作风与隆美尔同样正派的是，这种反宣传运动不是为了抹黑隆美尔的品质，而是尽力贬低他取得的军事成就。就此而言，隆美尔最终的失败提供了一根杠杆，谁都没想到，他的对手日后会强调他在兵力和物资方面的严重劣势，以及他在困境下取得的胜利是多么伟大。是非功过留给历史，历史总是会纠正与胜利短暂相伴的肤浅评判。汉尼拔、拿破仑、李将军都是败将，但在历史的天平上远远高于战胜他们的人。

公正评判某位指挥官的表现，必须考虑当时的状况和相关资源，以及不受他控制的其他因素。只有这样，我们才能正确评估他的指挥能力。隆美尔一次次赢得胜利，最突出的特点，是他在资源处于劣势、完全没有制空权的情况下赢得这些胜利。二战期间除了隆美尔，交战双方没有哪位将领能在如此困难的条件下获胜，当然，战争初期韦维尔麾下的英军将领是个例外，不过，他们当时对付的是意大利军队。

隆美尔的作战表现并非完美无缺，他遭受了几次本来可以避免的失败，但与优势之敌交战时，稍有差错就可能遭遇败绩，而掌握优势兵力的指挥官，却能有效弥补自己犯下的诸多错误。拿破仑说过："最伟大的将领是犯错误最少的人。"隆美尔的行动和决策大胆而又迅速，总的说来，他就是这句话的最佳证明。

不过，拿破仑这句话过于消极，不符合战争性质，很容易助长危险的谨慎。更准确的说法应当是："最伟大的将领是导致对手犯下最多错误的人。"如果以这句话为衡量标准，那么，隆美尔散发的光芒会更加耀眼。

比较不同时代的名将，最好的衡量标准是看他们的军事艺术，军事艺术与不断变化的军事技术是两码事。这种比较研究，可以看出他们如何使用自己掌握的手段达成目的，特别是他们如何利用机动性、灵活性、突然性打乱对手的身心平衡。可能的话，我们甚至可以根据他们披露的作战构想，评估这些将领在多大程度上实现了自己的目标。

隆美尔文件的指导价值就在于此，更重要的是，他的叙述没有依照战后的认知做出修改，而隆美尔的信件往往为他解决问题的方式提供了事前证据。这些方式而不是行为揭示出他的思想倾向和他心中的准则。

我们应该从更远的距离审视隆美尔文件，这样才能消除争议的尘埃，这些争议缘于各种动机。隆美尔的叙述是很早前写就的，根本没想到他写的这些东西会在德国以外的地方引发这么多争论，更没想过以谨慎的措辞避免这些争执。而他写给妻子的信件更是直言不讳，由于这些信件很可能开封审查，信中的措辞非常坦率，这一点值得注意。通过这些资料，读者能清楚地看出隆美尔的想法，以及他采取行动的主要动机。当然，整体画面会因为读者的个人倾向而有所不同，但关于隆美尔的个性和其他各个方面，可以说一目了然。

除了非凡的精力和军事天赋，隆美尔也表现出普通人的一面。他的叙述和信件清楚地暴露出他身上的缺点。和大多数人类领导者一样，隆美尔处在一种不成熟的状态。职业生涯最成功的时期，他的态度有点孩子气，迷人但严重缺乏理性，他的观点存在局限性，但这种局限性让他的领导才干大获成功。战争初期，隆美尔的信件表明，他把这场战争视为一场伟大的竞赛，为国效忠的同时，专心致志地在竞赛中磨炼自己。为获得最大的动力，指挥官必须对战争抱有这种想法，他们当中最富进取心的人总是这样。隆美尔具有非凡的反思能力，但直到生命最后几个月，这种反思才超越了军事领域。

和大多数强势的军人一样，隆美尔也不太能容忍相反的观点，特别是那些他同一阵营的人。他对哈尔德和凯塞林尖刻的评论体现出这一点，从几个方面看，这些评论肯定有失公允。我们还应该记住，非洲战局后期的隆美尔是个病人，这种状况当然容易加剧他的怒气，扭曲他的观点。可他没有恶意，愤怒的发作仅仅是一种宣泄，怒气消退后，他又打算纠正自己不公正的评述。例如，他在最后的反思中向凯塞林致以崇高的敬意，就是这种心态的流露。另外，他对敌人（法国人、英国人、美国人）的评价，丝毫不含仇恨心理，还对他们的素质赞誉有加。

有些人对隆美尔长期效忠元首的态度困惑不解，这是因为他们不明白职业军人（特别是德国军人）通过早期训练养成的思维定式，也无法想象换个角度看问题会怎样。但隆美尔文件清楚地表明了一度支持他效忠元首的两个因素。隆美尔是个干劲十足的将领，对希特勒的新思维充满热情；他与百般掣肘的"中间人"密切接触后，更加赞成身处远方的元首，这一点不难理解。这种情况继续之际，隆美尔只是在军事方面做出反思。但他在非洲独当一面，权力更大，必须要解决的问题也更大，盟军的物质优势让他叹为观止，逐渐拓宽了他的反思范畴，为他返回欧洲，与希特勒密切接触后态度发生重大变化铺平了道路。要是隆美尔把这种转变过程以书面形式记录下来，那简直是发疯，他后来的一些信件表明，他显然想掩饰这一点，可字里行间还是能看出许多端倪。隆美尔的儿子和最亲密的同袍补充了相关证据，表明他如何与希特勒背心离德，随后决心推翻这位暴君，最终付出了生命的代价。

但这些文件的重要之处在于，它们充分揭示了隆美尔的军事指挥才能。这些材料证实了与隆美尔对阵的英军官兵的判断，表明他们的看法比那些意图贬低隆美尔令人敬畏的声誉的反宣传更加靠谱。"隆美尔传奇"显然比大多数传说更可信。隆美尔在战斗中好几次差点送命或被俘，除此之外，他的运气并不比大多数著名将领好到哪里去。现在，我们把隆美尔的真实想法和思维方式公之于众，供大家研究，很明显，他的胜利是靠真刀实枪赢得的，绝非出于侥幸。可以说，这些胜利是他军事天赋的标志。

本书不是对隆美尔的职业生涯做传记性调查，德斯蒙德·扬的著作出色而又生动地描绘了隆美尔的戎马生涯，可以说是这方面的宝贵补充。但我们在书中概括隆美尔将才的主要特点，简要探讨这些特点与战争总体经验的关系也许是值得的。

大多数领域，天赋与独创性相关。但这种情况在那些通常被誉为

"一代名将"的人当中却很少见。他们中的大多数人把常规武器发挥到淋漓尽致，借此赢得胜利，只有少数人寻求新的手段和方法。这很奇怪，因为历史表明，兵器和战术的变化多次决定民族的命运，以及历史上最具有划时代意义的变革，而战术的作用尤为重要。

但这种发展通常是具有全新心态的战争学者促成的，为此推波助澜的是受他影响、思想进步的当代军人，而不是身居高位的指挥官。战争史上，伟大的思想远远少于伟大的将军，但影响更为深远。二者间的区别告诉我们，军事天才有两种——创造型和执行型。

就隆美尔的情况看，他把两种天赋合而为一。在他登上战争舞台前很久，闪电战这种以装甲和摩托化力量遂行超级机动战的全新理论就在英国出现了，隆美尔接受新理论的速度，以及他发展这种理论的方式，充分说明他开明的思想和与生俱来的洞察力。他成为新思想的代表人物，仅次于古德里安。更令人称奇的是，隆美尔1940年2月出任第7装甲师师长前，对坦克全无了解，他随后用了不到3个月时间钻研相关理论，投入作战行动前掌握了使用装甲力量的技能。德国装甲部队的迅猛挺进，导致法国的抵抗最终崩溃，隆美尔功不可没，这让他得到在非洲应用战争新概念的机会，而古德里安一直没得隆美尔享有的独立指挥权，对德国的其他敌国来说实属幸事。另外，隆美尔在非洲更加巧妙地应用了装甲战理论，攻守兼备，把敌坦克诱入陷阱，随后施以雷霆般的打击。他在其他方面也为新技术做出了重要贡献。

重要的是，以军事思想家、军事作家著称的战地指挥官寥寥无几，而隆美尔就是其中一个。更重要的是，他作为战地指挥官证明了自己的能力，这种机会缘于他的著作产生的影响。隆美尔当初的《步兵攻击》一书引起希特勒的关注，元首的好印象为隆美尔的快速擢升铺平了道路。

隆美尔还具有执行天赋，因而能充分利用他得到的机会。要想了解他在这方面的能力有多大，最好的办法是审视历史上那些伟大的指挥官展现出的素质，尽管每个人的素质各有千秋。

早期的军队规模较小，使用短距离武器从事交战，将领的竞技场是战场而不是战区，指挥官最重要的素质是"慧眼"（Coup d'oeil），这个富有表现力的术语，指的是敏锐的观察力与迅速判断态势的直觉相结合。所有伟大的将领都高度具备这种天赋，能迅速把握态势，关联各种情况，把局部态势与整体形势相联系。隆美尔显然也有此类天赋。鉴于非洲战区装甲战的快速机动性，再加上兵力不多，因而这种天赋弥足珍贵。

近期，随着武器射程的增加，以及军队扩充后的规模越来越大，因而需要比"慧眼"更广泛、更深入的洞察力。威灵顿的说法恰如其分，他认为指挥官的洞察力必须看清"山脉另一面"的情况，越过敌军防线，甚至洞悉敌人的内心想法。与昔日相比，当代指挥官必须对一般的心理学有更加深刻的理解，特别要掌握敌指挥官的心理。从隆美尔的文件和他指挥的作战行动，能看出他在多大程度上掌握了这种洞察力或心理认知。

这种心理认知，反过来构成军事天赋另一个更积极的必要因素的基础，也就是达成突然性，展开出敌不意的行动，导致对方陷入混乱的能力。正如历史表明的那样，要想充分发挥这种能力，必须辅以敏锐的时间概念、最大限度发展机动性的能力。速度和突然性是一对双胞胎，对真正的将才来说，这是他们打击或进攻素质的主要代表。与情报意识一样，发展速度和突然性，取决于一种可能是最好的、简要的、定义为创造性想象力的天赋。

展开出敌不意的行动，敏锐的时间概念，发展机动性瘫痪对手，具备这些能力的当代将领，除了闪电战先驱者古德里安，似乎很难找到与隆美尔并驾齐驱的人物。战争后期的巴顿和曼陀菲尔展现出类似的素质，但很难做出比较评估，因为他们的作战空间更加有限。追溯过往的历史同样如此，虽然我们知道赛德利茨、拿破仑、贝德福德·弗雷斯特是以速度达成突然性的杰出代表，虽然我们从成吉思汗、速不台这些伟大的蒙古领导人身上看到类似的活力，可他们使用的武器与当代完全不同。隆美尔文件清晰地揭示出速度与突然性结合的秘密，这是前所未见的。

要让敌人陷入混乱，指挥官绝不能自己先乱了阵脚。他需要具备伏尔泰描述过的那种素质，伏尔泰认为这是马尔伯勒赢得胜利的基石："喧嚣中沉着的勇气，危险下平静的心灵，英国人称之为冷静的头脑。"但他必须加上另一种素质，法国人有句话恰如其分地描述了这种素质："le sens du praticable（务实感）。"杰出的指挥官必须清楚，在战术和行政方面，哪些是能做到的，哪些是不可能实现的。两种守护素质的结合，也许可以概括为冷静计算的能力。无数精心策划的方案以"搁浅"告终，残骸散落在历史的沙滩上，都是因为缺少这块压舱石而倾覆的。

隆美尔的素质，在这个方面确实存在问题。除了巨大的勇气，隆美尔还有种艺术气质，就像信件表明的那样，他的情绪经常会从兴高采烈突然跌到灰心沮丧。另外，由于隆美尔没有充分考虑后勤补给的困难，战略上的尝试远远超出行政方面的可行性，德国国内的上级部门对他颇多指责，就连他身边的参谋人员也不无抱怨。北非的作战行动过程多次证实了这种批评。但另一方面，隆美尔文件表明，他深思熟虑过自己承受的风险，考虑得远比众人认为的更深。他要求的东西，超出了军需官通常能实现的范畴，认为这是新的战略条件下赢得巨大战果最有可能的方式。尽管这种战略政策有时候会失败，但值得注意的是，他付出的努力经常超出常规范畴，最终取得其他任何方式都不可能实现的战果。

伟大的指挥官必须具备诸多素质，但最重要的是实际领导力。领导力相当于战车的发动机，如果出了故障，无论驾驶技术多么娴熟也无济于事。在伟大的领导力激励下，部队才能完成看似不可能完成的任务，颠覆对手的常规算计。

毫无疑问，隆美尔在这方面的素质堪称"大将"。隆美尔激怒了参谋人员，但作战部队视他为神明，而他们给予的回报是，作战表现远远超出一切合理的估算。

——B. H. 利德尔·哈特

隆美尔文件的故事

（曼弗雷德·隆美尔撰写）

先父离世后留下大量文件，都是他战争期间积累下来的，包括作战命令、态势报告、发给最高统帅部的每日报告。除了这些官方文件，他还留下好几本私人日记，以及关于1940年法国战局和沙漠战争的综合笔记。

第一次世界大战结束后，父亲根据自己的作战经验，出版了一部关于步兵战术的著作。撰写此书时，他发现自己保留的重要文件少之又少，而他的日记也派不上太大用场，战事最重要的阶段，日记里却一片空白，因为他当时忙于作战，无暇撰写日记。

毫无疑问，父亲想根据自己第二次世界大战的经历，再撰写一部关于军事教训的著作，他决心这次不再重蹈覆辙，因而尽力保留了相关记录。

从1940年5月10日跨过国境那一刻起，他就以个人记述的方式，记录下自己参与的作战行动，通常是每日口述给一名副官。只要有空闲时间，他就对战场上发生的事情做出更加深思熟虑的评述。

他保留了所有官方命令、报告、文件，以及他或参谋人员用彩笔绘制的几百幅作战地图和草图，有些是以绘图墨水完成的，精心而又准确；另外还有些地图草稿，他打算日后作为插图用于出版的著作。

战事逆转后，父亲越来越焦虑，担心自己万一阵亡的话，这些作战行动的客观记述可能无法保存下来，会让他的意图受到曲解。从非洲返回后，他开始秘密整理文件，通过口述或提交草稿的方式，请我母亲或副官打字。1944年8月他从法国回来，着手撰写关于盟军入侵的记述，待他发现自己受到怀疑，可能会卷入"7·20"事件的清算，便赶紧销毁了这份记述。另一方面，某些文件之所以得以保存下来，完全是因为他没来得及焚毁。

父亲是个充满热情的摄影师。第一次世界大战结束后，出于著书的目的，他重返意大利，想在1917年自己战斗过的地方拍些照片，回去制作书中使用的战术草图。但这个目的不容易实现，因为意大利人不太欢迎带着相机的德国军官跑到他们的边境地区。于是，父亲化装成工程师，骑摩托车带着我母亲跑了一趟。至于计划撰写的二战著作，他打算配上丰富的照片，为此，他在欧洲和非洲拍摄了数千张照片，好多是彩色照片。他只在进军期间拍照，因为他告诉过我："我后撤时决不拍照。"

另外，他几乎每天都写信给我母亲，她保存了上千封信件。

经历了一次次颠沛流离，这些材料最终只有一部分保存下来。

战争爆发前几个月，父亲在维也纳以南30英里左右的维也纳新城担任军校校长。军校设在一座庞大的旧城堡内。1943年，英美轰炸机中队开始空袭维也纳新城，我们的家处在被炸毁的危险下。于是，我们把父亲的部分文件藏到城堡地窖里，另一部分转移到德国西南部的农场。1943年秋季，我们带着剩下的文件，从维也纳新城搬到距离符腾堡州乌尔姆5英里的黑尔林根。

父亲的离世，让我母亲更加急于藏匿他的文件，不仅出于个人原因，还为了有朝一日撰写历史能说出真相。举办父亲的葬礼时，一名党卫队军官已经在交谈期间打听那批文件的下落，我们没上钩。尽管如此，他们很可能会想方设法从我们手里夺走文件。

因此，母亲立即把存在家里的文件归拢起来。我赶往维也纳新城，取回藏在城堡地窖里的文件，明眼人都能看出，苏联红军用不了多久就会攻到维也纳。果不其然，6个月后，红军杀到这座城堡，在此培训的部分军校学员顽强抵抗，整座城堡沦为废墟。苏联人抢走了能抢走的一切。

在我姑妈和父亲的副官阿尔丁格上尉帮助下，母亲打包了所有文件，随时准备疏散。她打算分散藏匿这批文件，因为比较稳妥的办法是，决不能把所有鸡蛋放在一个篮子里。

1944年11月中旬，留下来帮助我母亲处理父亲身后事务的阿尔丁格上尉突然接到乌尔姆驻军代表的命令，要他去乌尔姆火车总站，迈塞尔将军的一名参谋在那里等他，有事情面谈。一个月前，就是迈塞尔将军把我父亲带走的。阿尔丁格上尉还听出暗示，那名参谋随后会去黑尔林根。

对方来访的目的是什么？母亲和阿尔丁格上尉对此一头雾水。是要逮捕我们吗？还是说他们打算搜查我们的住处，寻找父亲的笔记？没人能猜到。

我们尽可能加快了藏匿剩余文件的工作。到11月14日傍晚，除了父亲个人笔记的草稿和略记，留在住处的只剩官方军事文件，不管怎么说，我们打算交出这些标有"机密"字样的文件。

11月15日上午，阿尔丁格离开黑尔林根前往乌尔姆。他告诉我母亲："我把汽车留下，天知道我还能不能回来。也许我会被立即逮捕，如若不然，我就马上返回黑尔林根。"

母亲等待着。到了下午，她越来越担心阿尔丁格会身陷囹圄。这种情况很可能发生，因为除了母亲和我，阿尔丁格是知道父亲真实死因的唯一证人。快到15点时，花园的门开了，阿尔丁格走了进来。他孤身一人，腋下夹着个用白纸包着的硕大包裹。母亲的担心幸好没有成为事实。迈塞尔的参谋把我父亲的元帅权杖和军帽交还阿尔丁格，我父亲10月14日服毒自尽，奉命监督的两位将军拿走了这两件东西。他们把"战利品"带回元首大本营，我们后来得知，两件东西在希特勒的副官长绍布的办公桌上摆了段时间。我父亲自尽后，阿尔丁格上尉多次以我母亲的名义提出强烈抗议，要求归还我父亲的遗物，出乎所有人意料，这种前所未闻的做法居然奏效了。

此时，我们已疏散大部分文件，转移到德国西南部两座农场：一部分藏在地窖的墙壁内，还有一部分藏在另一座地窖一堆空箱子后面。我们把父亲关于诺曼底战役的笔记放在小盒子里，请朋友把它埋在斯图加特的残垣断壁间，这里已被多次空袭炸成废墟，盟军不太可能再把此处视为有价值的目标。父亲1943—1944年的日记存放在一所医院，其他材料送到斯图加特我姑妈那里。母亲在黑尔林根的住处保留了父亲关于非洲战事的原始手稿、1940年法国战局期间拍摄的照片，以及他的私人信件。

奇怪的是，母亲只担心纳粹当局可能会没收这批文件，却没想到日益逼近的盟军也会对父亲的文件产生同样的兴趣。

1945年4月份下半月，轰炸持续进行。美国人不停地朝乌尔姆投下高爆炸弹，许多地方的火势日夜不停。西面和北面传来的炮声清晰可辨，而且越来越猛烈。德国军队的残兵败将手无寸铁地向后退却，涌过黑尔林根所在的山谷，有的搭乘农用大车，有的徒步跋涉，都害怕遭到美国战斗轰炸机攻击。本地的人民冲锋队动员起来，都是些14岁的孩子和65岁的老人。四处张贴的标语上写着："不抵抗敌人、不保卫乌尔姆的都是猪猡！"

某天，应该是4月20日，母亲从窗户朝外张望，发现美军坦克逼近乌尔姆。次日，盟军士兵纵火焚烧了邻村的一部分，他们误以为村内驻有德国游击队。长长的难民队伍逃离焚毁的村庄，穿过黑尔林根，直到这时，母亲才开始担心仍留在屋内的文件。她归拢了信件、照片、笔记，打算一接到通知立即带上这些东西逃离。她把部分文件放在旧衣箱里，在邻居的帮助下，把这口箱子埋入花园。

美军占领黑尔林根，在各处派了哨兵。现在没办法埋藏文件了。第一个来见我母亲的美国人是第7集团军的马歇尔上尉。他问屋内是否还有什么文件。我母亲认为对方不会没收私人信件，就告诉他："这里只有我丈夫写给我的家书。"马歇尔立刻问道："这些信在哪里？"

他和我母亲一同走入地下室。待他看见装有信件的若干文件夹放在箱子里，马上说道："我得把这些信带走，我们想看看，过几天就会送还。"

美国人很快又通知我母亲，说过一阵才能归还信件。两周后，马歇尔上尉的翻译跑来告诉我母亲："上尉对我们无法遵守承诺深表歉意，因为集团军司令部决定把这些文件送交华盛顿。"

5月中旬某天早上8点，母亲接到命令，要我们9点前搬出去，因为一支美军部队征用了我们的住处。没等我母亲收拾完，美国兵就在屋内翻箱倒柜地搜查起来。当时放在书架上、案头、地下室里的许多文件（父亲关于非洲战事的笔记草稿，以及手绘地图）就此消失。母亲所能做的仅仅是用手推车带走一只箱子，里面装有父亲拍摄的照片、关于非洲战局的手稿、第7装甲师1940年法国战局期间的官方战史，这部战史只有3份副本。

疏散到其他地方的文件，命运各不相同。

德国西南部那座农场，某天跑来几个美国人，宣称他们是反谍报队的人，要求检查隆美尔元帅存放的箱子。很不幸，有些箱子和盒子已经从地窖的墙壁内取出，就放在屋内。美国人没收了两只箱子，一只箱子里装有父亲一战期间的文件、笔记、草图，当初他撰写《步兵攻击》一书使用过这些资料；另一只箱子里是父亲的全套莱卡相机（机身和12个配件）和个人物品，还有他拍摄的3000来张照片。他对自己拍的彩色照片深感自豪，有些是他当初冒着生命危险抢拍的。我还记得其中一张照片给人留下的印象极为深刻，拍的是澳大利亚士兵发起刺刀冲锋的场面。另外几千张照片是他1940—1944年从战地记者和德国士兵那里收集的，有些已加了标题。

美国人为没收的两只箱子打了张收条。随后赶来的几名美国军官想帮我们找回箱子，我们给他们看了收条，他们却怀疑先前那几个家伙是不是真的奉命行事。农场里还有另一只箱子，里面装着父亲1940—1943年的私人日记，以及1940年法国战局笔记，另外两个盒子里存放着地图。农场主是父亲的朋友，尽管受到美军反谍报队两名成员的威胁，但他拒不承认这里还有其他材料。之后，他想方设法替我们保管几个盒子。尽管如此，装有父亲日记和法国战局笔记的箱子，还是在无人看管的情况下，被某个不知名的家伙从阁楼上偷走了。此人打开偷来的箱子，是否会对里面的东西感到满意，很值得怀疑。

在此期间，摩洛哥军队接管了另一座农场。他们杀猪宰牛大快朵颐，还在庭院里燃起熊熊篝火。这些摩洛哥人把整座农场彻底搜查了好几遍，幸运的是，他们没想到地窖一大堆空箱子后面另有乾坤。藏在那里的文件就这样保存了下来。

姑妈替我们保管的文件，以及埋在斯图加特废墟里的东西，也都幸免于难。

母亲被迫离开自己的住处，在附近一个小房间暂时容身。她清点了剩下的文件。一直埋在黑尔林根花园里的箱子掘出后，转移到另一处。摩洛哥占领者离开后，我们取回藏在农场的箱子。待母亲在黑尔林根中学找到住处，就把这些文件带了过去。

母亲后来获悉，占领当局要对我去世的父亲展开去纳粹化诉讼，目的是没收他剩下的遗物。于是，她再次把身边的东西装上小推车，把这些文件藏在远离自己住处的地方。幸亏这番威胁最终没有付诸实施，不过我们听说另一名官员的类似文件都被抄没了。

受到德斯蒙德·扬准将[①]鼓励，再加上利德尔·哈特上尉答应编撰父亲的手稿，我终于从各个藏匿地归拢相关文件。实际上，我只来得及匆匆翻译了文件里的几个段落，作为德斯蒙德·扬准将撰写的先父传记的附录，当时这本书已经开始排印。

先父的参谋长施派德尔将军一再设法把我父亲的信件归还我母亲。德斯蒙德·扬准将也请求艾森豪威尔将军与华盛顿协调此事，尽快归还信件。最后，通过利德尔·哈特上尉的努力，寻找了很长一段时间，纳夫洛基上校才代表美国陆军历史处把信件交给施派德

---

① 译注：德斯蒙德·扬二战期间指挥印度第10步兵旅，贾扎拉交战中被俘，见过隆美尔。他战后撰写的《沙漠之狐隆美尔》堪称最著名的隆美尔传记。

尔将军。后来发现，这批信件在华盛顿没有归入"隆美尔"名下，而是列在"埃尔温"名下，这是父亲的教名，他在信件上签的也是这个名字。有些信件下落不明，特别是诺曼底入侵期间他写的那些信。不过，另一些涉及诺曼底战役的文件后来归还给了我母亲。

当初，父亲出于安全考虑，亲手烧毁了部分文件，再加上战争结束后不可避免的劫掠行径，文件散失了不少，但拿到这些信函，我们觉得我们已尽可能多地从战争的浩劫中挽救了父亲遗留的文件。

——曼弗雷德·隆美尔

编者按

《隆美尔战时文件》的主要内容涉及北非战局，本书收纳了他叙述的全部内容。隆美尔唯一没有谈到的是1941年年底到1942年年初的冬季战局，要是他在世，肯定会补上这一节。所以这部分内容就请时任非洲军参谋长的拜尔莱因将军补写，隆美尔的笔记和信件提供了帮助，另外，拜尔莱因与隆美尔的关系相当密切，非常了解隆美尔的想法。而拜尔莱因作为装甲部队指挥官的非凡经历和能力，也为这段补遗增添了更多趣味。

隆美尔对1940年战局的记述，总的说来非常激动人心，但某些地方，他转而叙述部队运动的旁枝末节，有时候，当日的事情没有特别让人感兴趣的内容，所以，我们在正文里删除了这些段落。

隆美尔1943年在意大利待了几个月，这段时间没参与任何实际作战行动，但他的日记用不少篇幅谈到意大利的政变，以及德国为阻止意大利改换门庭采取的防范措施。曼弗雷德·隆美尔整理了日记里的相关段落，与隆美尔的家书相结合，编成简短的一章。

隆美尔生前没写下诺曼底战局的记述，但他留下许多笔记和其他记录，特别是他在盟军入侵前的想法和计划。拜尔莱因将军把这些内容拼凑起来，还在这一章加入隆美尔那段时间书写的家书。

最后一章，曼弗雷德·隆美尔讲述了他父亲离世的经过，以及执行希特勒命令的刽子手到来前紧张的几周。

这些章节和隆美尔本人的叙述，趣味性和价值由于加入隆美尔家书而得到极大加强。因为这些信件传递出隆美尔采取行动时的所思所想，所以，除了生动性，这些家书往往能为他随后的叙述回忆起的故事提供历史检验。

尽管隆美尔承受的压力很大，可他几乎每天都给妻子写信，哪怕这些信件大多只是寥寥数语。他通常在凌晨写信，有时候是在乘坐装甲车或坦克外出的途中。信中的笔迹经常因为车辆移动或日出前几小时的寒意而颤动。

隆美尔谈到进行中的作战行动不得不言辞谨慎，另外，这些信件有可能被普通人或审查机构拆开，尽管如此，他还是经常在信里做出坦率得令人惊讶的评论。

当然，隆美尔的许多信件仅仅是对妻子深情款款的表白，但包含重要评论的信件都已收录进本书。

——B. H. 利德尔·哈特

鸣谢

首先我要感谢曼弗雷德·隆美尔和拜尔莱因将军的杰出工作，他们为这批文件的汇集和归类付出了巨大的努力。我们共同整理这些文件的几个月，他们的勤奋尽责给我留下极为深刻的印象。隆美尔文件得以恢复的第一部分，是他对非洲战局的记述草稿，这些内容在德国以 Krieg Ohne Hass（《没有仇恨的战争》）的书名出版发行，添加了曼弗雷德·隆美尔和拜尔莱因将军撰写的一些脚注。本书是完整的隆美尔文件首次出版，不仅保留了这些脚注，我还添加了许多编者注，以阐明隆美尔叙述的观点，提供与隆美尔的作战行动相关的历史背景，同时评述盟军的行动。

隆美尔家书重见天日并归还隆美尔夫人，这件善事归功于美国陆军部军史办主任奥兰多·沃德少将，著名的军事分析家和历史学家 S. L. A. 马歇尔准将采取的措施同样功不可没，我在这件事上向他们寻求了帮助。

编撰这部《隆美尔战时文件》，我想对马克·博纳姆·卡特、保罗·芬德利（这位译者所做的工作远不止翻译）、罗纳德·波利策深表谢意，当然还有曼弗雷德·隆美尔和拜尔莱因将军。得到这些目光敏锐、勤奋能干的同僚大力协助，整个编辑工作无疑让人神清气爽、精神振奋。

——B. H. 利德尔·哈特
1952年8月写于白金汉郡沃尔弗顿公园

目 录 CONTENTS

第一部

1940年，法国

第一章 突破默兹河

1940 年 5 月 10 日，希特勒对西方国家发动了蓄谋已久的入侵。这场入侵赢得闪电般的胜利，改变了历史进程，也给各国人民的未来造成深远影响。[1]

这出震惊世界的戏剧，决定性的一幕始于 5 月 13 日，古德里安装甲军[①]在色当附近，隆美尔装甲师在迪南附近，双双渡过默兹河。狭窄的突破口很快扩大成宽大的缺口。德军坦克涌过缺口，没过一个星期就前出到英吉利海峡岸边，一举切断比利时境内的联军。这场灾难导致法国的抵抗土崩瓦解，英国随之陷入孤立。尽管英国凭借海洋天堑勉力抵抗，可直到旷日持久的战事演变成世界大战，她才幸免于难。因此，1940 年 5 月中旬这场突破让联军付出的巨大代价，迄今为止依然无法估量。

灾难发生后，普遍的看法是：联军的崩溃无可避免，希特勒的进攻势不可挡。但从战后披露的情况明显能看出，表象与现实完全不一样。

与众人想象的不同，德国人的兵力并不具备压倒性优势，他们集结的军力甚至不及对手。德军投入 136 个师发动进攻，面对法国、英国、比利时、荷兰相当于 156 个师的军力。只有战机方面，德国人在数量和质量上占有较大优势。而他们的坦克也少于对手，差不多是 2800 辆对 4000 多辆。一般说来，德国坦克的装甲和武器也处于劣势，只在速度方面稍占上风。除了空中力量，德军的主要优势在于他们应用装甲力量的速度，以及他们早已发展起来的卓越技术。德军装甲指挥官采纳了新理论，付诸实践后起到决定性作用，而这些新理论当初是在英国孕育的，却没受到英法军方首脑重视。

---

① 译注：古德里安指挥第 19 摩托化军，装甲军是习惯称谓。

136 个德国师，只有 10 个装甲师，可这股小小的力量担任先锋，没等德国陆军主力投入行动，实际上就已经决定了整场战局的胜负。

德军装甲力量的突击取得辉煌的战果，掩盖了他们微不足道的规模，以及这场胜利的偶然性。德军的进攻速度和技术是联军官兵训练期间从未见识过的，更别说有所防范了，联军陷入瘫痪，一支支部队的士气土崩瓦解，若非如此，他们本来可以轻而易举地挡住坦克的突击。尽管如此，德国这场入侵大获全胜，还是取决于一连串偶然的机会，以及古德里安、隆美尔这群干劲十足的指挥官为充分利用这些机会发挥的主动性。

德军在西部发动进攻的原定方案，是以 1914 年前的施利芬计划为蓝本，主要突击置于右翼，部署在那里的博克 B 集团军群负责穿过比利时平原。但曼施泰因提出了个更大胆，因而更加出乎敌人意料的建议，原定方案 1940 年年初做出变更，改为穿过比利时卢森堡省遍布丘陵、林木茂密的阿登高原。就这样，突击重点转到面对该地区的伦德施泰特 A 集团军群。为遂行这项方案，该集团军群获得大批步兵师，以及 10 个装甲师中的 7 个。

攻往默兹河的主要突击由克莱斯特装甲集群执行，这是李斯特第 12 集团军的前卫力量。该装甲集群有两个矛头：编有 3 个装甲师的古德里安军实力较强，受领的任务是在色当附近遂行决定性突击；辖 2 个装甲师的赖因哈特军① 位于古德里安右侧，目标是蒙泰尔梅的渡口。克鲁格第 4 集团军在更右侧展开行动，霍特装甲军② 穿过阿登北部，掩护克莱斯特的侧翼，目标是在日韦与那慕尔之间渡过默兹河。这场突击也有两个规模较小的矛头，分别以第 5、第 7 装甲师构成。

隆美尔指挥第 7 装甲师。冬季期间，4 个轻装师改编为装甲师，第 7 装甲师就是其中之一。与编有 2 个装甲团的常规装甲师不同，第 7 装甲师只有 1 个装甲团，但该团辖 3 个装甲营，而不是 2 个，这样一来，全师坦克数量达到 218 辆，尽管半数以上是捷克造。[2]

德国人吸取了波兰战局的经验教训，把轻装师改为装甲师。隆美尔原本是热

① 译注：赖因哈特军指的是第 41 摩托化军。
② 译注：霍特装甲军指的是第 15 摩托化军。

诚的步兵主义者，但通过波兰战局认识到装甲兵的潜力。直到 1940 年 2 月 15 日，他才在莱茵河畔的戈德斯贝格接掌第 7 装甲师，但他以惊人的速度学会新技术，彻底适应了新兵种。隆美尔过去一直是步兵领域的推动者，把步兵当作机动力量使用，现在，他麾下的装甲师能在更大范围发挥机动性，这让他沉醉不已。

德军进攻首日，几乎没遭遇抵抗。比利时陆军集结主力守卫比利时平原，也就是主要城市所在地，而默兹河前方，卢森堡省遍布丘陵、林木茂密的地区，防御任务交给阿登猎兵，他们的任务只是尽可能迟滞敌人，直到法国军队赶来掩护这片通往他们自己边境宽大的侧翼接近地。这就是比利时军队构想的防御计划。

但法国的作战方案更具进攻性。第 1、第 7 集团军编有法国机械化师主力，战事一开，他们就和英国远征军深入比利时平原。与此同时，第 9 集团军构成这场机动的枢纽，实施短距离转动，越过比利时边境，沿梅济耶尔到那慕尔的默兹河河段布防。该集团军编有 7 个步兵师（其中只有 1 个摩托化师）和 2 个骑兵师，这些骑兵师以骑马部队与机械化力量混编而成。5 月 10 日夜间，法国骑兵奉命渡过默兹河，次日深入阿登高原，随即遭遇迅速挺进的德国装甲师，对方已打垮比利时军队部署在那里的大部分防御力量。

德军进攻前夕，紧张备战的最后时刻，隆美尔给妻子写了封短信，就此开始了他的作战记述。

亲爱的露：

我们终于收拾行装了，希望这一切不是白忙活。接下来几天，你会从报上看到消息。别为我担心，一切都会顺利的。

1940 年 5 月 9 日

过去几个月，敌人一直在分配给我师的作战地域布设各种障碍物。他们在所有道路和森林小径设立永备路障，还在各条主干道上炸出一个个深深的弹坑。但大多数路障无人据守，因此，我师只在寥寥几处发生耽搁。许多路障完全可以穿越田野或利用岔路绕开。而在其他地方，所有部队迅速展开清理障碍物的作业，道路很快就畅通了。

我们与法国机械化部队的首次战斗，我方部队迅速开火，法军仓促撤离。我一次次发现，遭遇战中，率先以火力压制对手的一方往往会获胜，而那些趴在地上等待事态发展的人，通常会遭遇败绩。队列前方的摩托车兵必须准备好机枪，一听见对方的枪声，立即开火射击，哪怕不知道敌人的确切位置也要这样做，这种情况下，只要把火力射向敌人控制的区域即可。以我的经验看，遵守这条规则，能大幅度减少己方伤亡。停下来寻找掩护而不开火还击，或等待更多部队赶来参加战斗，这些做法大错特错。

初期战斗经历表明，特别是在坦克进攻期间，立即朝据信是敌人控制的区域开火，而不是等待己方几辆坦克被击中，通常都能解决问题。就算以机枪火力和20毫米反坦克火力不分青红皂白地射入敌人部署反坦克炮的树林，同样有效，大多数情况下，对方完全无法投入战斗，或者干脆弃守阵地。与敌坦克交战时，尽管敌坦克通常配备更厚的装甲板，但我方坦克抢先开火，事实证明这是正确的打法，而且非常有效。

　　亲爱的露：

　　　　一整天下来，我终于能稍稍喘口气了，所以抽点时间给你写信。到目前为止，一切都很棒。我的进展已超过友邻部队。不停地下达命令，大声叫喊，我的嗓子哑了。我只睡了3个钟头，胡乱吃了点东西。我这里一切都好，勿念，我太累了，就此搁笔。

　　　　　　　　　　　　　　　　　　　　　　　　　　1940年5月11日

　　法国第1、第4骑兵师后撤，隆美尔展开追击，先遣部队5月12日下午到达默兹河。他的目标是在可能的情况下，跟在法国人身后冲过默兹河，控制西岸登陆场。但德军先头坦克刚开始渡河，法国人就炸毁了迪南和乌镇的桥梁，隆美尔不得不以橡皮艇运送士兵渡河突击。这场进攻次日清晨发起，德军伤亡很大，最终取得成功。隆美尔写道：

5 月 13 日清晨 4 点左右，我和施雷普勒上尉 ① 驱车赶往迪南。整个师属炮兵已按照命令部署就位，还向渡口派出几名前进观测员。我在迪南只遇到第 7 步兵团几名官兵。法国炮兵从默兹河西岸射来的炮弹落入镇内，损毁的坦克散落在通往河边的街道上。默兹河河谷传来的激战声清晰可辨。

让我这辆指挥通信车驶下通往默兹河的陡坡而不被敌人发现，是不可能做到的，于是，我和施雷普勒爬下陡坡，步行穿过树林来到河谷底部。第 6 步兵团正要搭乘橡皮艇渡河，可敌人猛烈的炮火给他们造成严重妨碍，另外，法军士兵从西岸岩石间射出的轻武器火力也是个大麻烦。

我赶到战场时，情况一点也不乐观。法军侧射火力接二连三地击毁我们的橡皮艇，渡河行动最终陷入停顿。敌步兵隐蔽得非常好，用望远镜搜索半天也找不到他们的藏身处。他们的火力一次次袭向我和步兵旅、工兵营指挥官趴伏的区域。要是在默兹河河谷施放烟幕，就能阻止敌步兵给我们造成伤害。可我们没有烟雾分队。于是我下令点燃河谷里的一些房屋，以此提供我们欠缺的烟幕。

时间一分一秒地流逝，敌火力给我们造成的压力越来越大。就在这时，一艘损坏的橡皮艇从上游朝我们漂来，一名身负重伤的士兵紧紧抓着破损的橡皮艇大声呼救，这个可怜的家伙快要淹死了。可没人能救他，因为敌人的火力实在太猛烈。

在此期间，第 7 摩托车营已攻占西岸的格朗热村 [位于乌镇和默兹河以西 1.25 英里、迪南西北方 3 英里]，但他们还没彻底肃清河岸。因此，我下令尽快肃清西岸岩石间的敌人。

我随后和施雷普勒上尉搭乘四号坦克沿默兹河河谷向南行进，去查看第 7 步兵团的进展。途中，我们数次遭遇西岸袭来的火力，几块弹片划伤了施雷普勒的胳膊。我们逼近时，落单的法国步兵举手投降了。

待我们到达目的地，第 7 步兵团已经派一个连渡过默兹河到达西岸，但敌人的火力随后变得愈发猛烈，第 7 步兵团的渡河设备被炸成碎片，不得不停止渡河

---

① 译注：施雷普勒是第 7 装甲师副官。

行动。炸毁的桥梁旁，大批伤兵在一所房屋内接受救治。和北面的渡口一样，这里也看不见阻止我军渡河的敌人。很明显，如果得不到炮兵和坦克强有力的支援，解决敌军支撑点，此处肯定无法把更多士兵送过河去。我驱车返回师部，在那里遇到集团军司令冯·克鲁格大将和军长霍特将军。

我同海德肯佩尔少校[1] 商讨了态势，做出必要的安排后，就驱车沿默兹河返回迪南郊外的勒费村，想了解那里的渡河情况。我已下令把几辆三号、四号坦克和一股炮兵调到渡口，听从我指挥。我们把通信车暂时留在距离河东岸大约500码[2] 处，步行穿过废弃的农庄，朝默兹河走去。我们在勒费村见到许多橡皮艇，或多或少都被敌人的火力破坏，就这样丢在街道上。途中，我们遭到己方飞机轰炸，但最终还是来到河边。

我们在勒费堰迅速查看了步行桥，敌人用一块布满尖刺的钢板封锁了这座小桥。默兹河河谷的炮火暂时停顿下来，我们赶紧向右，穿过几座房屋来到一处适合的渡口。我方渡河行动现在彻底陷入停顿，士兵伤亡过大，严重动摇了军官的信心。我们看见已渡过河去的那个连就在对岸，不少人负了伤。许多损坏的小船和橡皮艇遗弃在对岸。几名军官报告，没人敢从藏身处露头，因为敌人看见有人出现就会开火。

我们的几辆坦克和一些重武器部署在房屋东面的路堤上，似乎已耗尽弹药。不过，我下令调到渡口的几辆坦克很快赶到了，随之而来的是格拉塞曼营[3] 的2门野战榴弹炮。

西岸有可能隐蔽敌步兵的所有可疑地点，现在都遭到我方火力打击，很快，所有武器瞄准射击，猛烈的火力射入建筑物和岩石间的缝隙。汉克中尉[4] 用几发

---

[1] 译注: 总参少校海德肯佩尔是第7装甲师作战参谋，也就是 Ia，相当于参谋长。

[2] 译注: 英美制度单位。1码约合0.9144米。

[3] 译注: 格拉塞曼营指的是第78炮兵团第2营。

[4] 译注: 除了曼弗雷德的脚注，还要指出，年轻的卡尔·汉克位高权重，是德国宣传部国务秘书，相当于副部长，战争爆发后，他作为预备役中尉投身军旅，希姆莱1945年4月被开除出党，卡尔·汉克成为党卫队最后一任全国总指挥。希特勒视他为"沉默寡言的老实人"，一直对他信赖有加，某种程度上甚至超过希姆莱和戈培尔。汉克的经历很有传奇性，完全可以写一本专著，他在第7装甲师担任 Ordonnanzoffizier（勤务官），后来指挥第7装甲团一个四号坦克连，公正地说，他是个很称职的连长。

炮弹干掉了桥坡上一座暗堡。几辆坦克把炮塔转向左侧，排成 50 码间距，沿默兹河河谷缓缓向北行驶，密切留意对面的斜坡。

在这些火力掩护下，渡河作业慢慢恢复了，几个大浮箱构成的缆渡投入运作。橡皮艇来来回回，把西岸的伤员送到东岸。一名士兵途中落水，只得紧紧抓住渡缆，列兵海登赖希跳入河里，拖着他渡过默兹河，平安到达岸边。

我现在接掌第 7 步兵团第 2 营指挥权，亲自指导渡河行动。

我和莫斯特中尉搭乘首批船只渡过默兹河，随即与对岸的连队会合。我们从连指挥所看见恩克福尔特连、利希特尔连正迅速取得进展。

我随后沿一条深深的沟壑向北而行，去找恩克福尔特连。我们刚刚到达，就听见有人发出警报："前面有敌坦克！"该连没有反坦克武器，于是我命令他们赶紧以轻武器朝坦克开火，我们随后看见敌坦克退回勒费村西北面 1000 码左右的洼地。大批法军散兵游勇走出灌木丛，慢慢放下手里的武器。

另一些记述表明，隆美尔的介入，比他自己说的更为关键，更具决定性。猛烈的防御火力导致德军官兵严重动摇，就在这时，隆美尔亲临前线，组织部下展开新的努力，而且以身作则。他运气很好，因为守卫迪南地区的法国第 18 步兵师经历了漫长的徒步跋涉，刚刚接防阵地，而且缺乏反坦克炮，另外，第 1 骑兵师先前在阿登高原遭到德军坦克重创，此时还没有恢复过来。因此，得到果断领导的进攻力量，一旦在西岸获得充足的空间，就能顺利打垮防御方，实施机动，发展胜利。

我和莫斯特又回到默兹河岸边，渡河后返回东岸，带一辆坦克和一辆通信车向北赶往第 6 步兵团渡河点。此处以橡皮艇渡河的行动已恢复，眼下进行得如火如荼。反坦克营营长米克尔上校告诉我，他在西岸部署了 20 门反坦克炮。工兵营一个连忙着搭建 8 吨浮桥，我让他们停下，命令他们搭设 16 吨浮桥。我的意图是让装甲团部分力量尽快渡河。首座浮桥刚一搭好，我就搭乘八轮通信车渡过河去。在此期间，敌人发起猛烈冲击，我们听见敌坦克炮火袭向默兹河岸边的堤道，一发发炮弹落在渡口周围。

待我到达西岸的旅部^①，发现态势对我很不利。第7摩托车营营长负伤，他的副官阵亡，法军强有力的反冲击在格朗热重创我方人员。敌坦克有可能突入默兹河河谷，情况非常危急。

我把通信车留在西岸，自己再次返回东岸，命令装甲连先渡河，然后整个装甲团必须在夜间渡过河去。可是，把坦克运过120码宽的河流很不容易，次日晨只有15辆坦克到达西岸，太少了！

[5月14日]拂晓，我们听说冯·俾斯麦上校^②发起进攻，逼近[迪南以西3英里的]翁艾，在那里与一股实力强大的敌军交战。没过多久，我们收到电报，说他的团陷入包围，我决定立即以手头所有可用坦克支援他。

上午9点左右，第25装甲团团长罗滕堡上校率领30辆到达西岸的坦克，沿默兹河河谷出发，顺利到达翁艾东北面500码的洼地，没有遭遇抵抗。情况终于弄清了，俾斯麦电报里说的是"到达"，而不是"被围"⁵，他正打算派一个突击连绕过翁艾北部，夺取该镇西面的出口。正如我们先前在戈德斯贝格从事的演习表明的那样，这项举措对下一阶段作战行动至关重要。因此，为遂行这场行动，5辆坦克交给冯·俾斯麦指挥，但目的不是发动常规意义的坦克突击，而是为进攻翁艾西面隘路的步兵提供机动掩护火力。我的作战企图，是把装甲团部署在翁艾北面1000码的树林内，尔后再把其他部队悉数调过去，他们可以从那里攻往北面、西北面、西面，具体方向视态势发展而定。

我命令罗滕堡绕过树林两侧进入集中地域，自己乘坐三号坦克紧跟在他身后。

罗滕堡率领5辆支援步兵的坦克出发了，穿过洼地向左而去，因此，这群坦克位于前方100—150码。此时听不到敌人的枪炮声。20—30辆坦克跟在后面。5辆坦克的指挥官与翁艾树林南部边缘的步兵连会合后，罗滕堡上校带着为首的几辆坦克，沿树林边缘驶向西面。我们刚刚到达树林西南角，正要驶过一片低矮的种植地，我们从这里看见5辆护送步兵的坦克在我们下面，正朝左前方而去，就

---

① 译注：旅部指的是第7步兵旅旅部，辖第6、第7步兵团，旅长是菲尔斯特上校。

② 译注：格奥尔格·冯·俾斯麦是第7步兵团团长，后来成为第21装甲师师长，跟随隆美尔征战北非，阵亡在阿莱曼。

在这时，我们突然遭遇西面袭来的重型火炮和反坦克炮火力。炮弹落在周围，我这辆坦克连中两弹，第一发命中炮塔上部边缘，第二发击中了潜望镜。

驾驶员赶紧踩下油门，径直驶向最靠近的灌木丛。可他没开出去几码，坦克就从树林西部边缘的陡坡滑了下去，虽然勉强停下，但车辆侧翻，敌人的火炮就在下一片树林的边缘，距离只有 500 码，我们的坦克处在这样的位置，对方不可能看不见。钻入潜望镜的一块小弹片划伤了我的右脸颊，流了很多血，但伤势不重。

我想转动坦克炮塔，以 37 毫米坦克炮压制对面树林里的敌人，但坦克严重倾斜，无法转动炮塔。

法军炮兵连迅速朝我们这片树林开炮射击，他们随时可能瞄准我们这辆彻底暴露在外的坦克。因此，我决定率领车组人员尽快弃车。就在这时，负责指挥几辆坦克掩护步兵的中尉报告，说他身负重伤："将军先生，我的左胳膊断了。"我们爬过沙坑，一发发炮弹落在周围，弹片四散飞溅。罗滕堡的坦克缓缓行驶在我们前方，车辆后部突然喷出一股火焰，装甲团副官跳离坦克。我起初以为炮弹命中了这辆指挥坦克的油箱，非常担心罗滕堡上校的安危，后来发现是发烟罐中弹，不管怎么说，此刻施放烟幕对我们非常有利。在此期间，莫斯特中尉把我那辆装甲通信车开入树林，结果引擎中弹，已无法行驶，车组人员倒是安然无恙。

我立即命令坦克穿过树林，朝东面这个总方向行进，听从我指挥的几辆装甲车当然无法跟上这场机动。罗滕堡的指挥坦克缓缓向前，强行穿过树林，许多树木长势喜人，非常高大。完全因为指挥坦克无意间施放了烟幕，这才阻止了敌军炮火击毁我方更多战车。要是我方坦克在行进期间以机枪和 37 毫米坦克炮射击敌人盘踞的树林，对方可能会立即丢弃他们部署在树林边缘暴露位置上的火炮，几乎可以肯定，我们的损失会更小。第 25 装甲团傍晚发起的进攻大获全胜，我们终于占据了集中地域。

默兹河西岸的作战指挥很得力，面对变化的态势做出灵活应对，我认为实现这一切的关键是：师长和他的通信分队必须亲临前线，不停地奔波，这样才能给身处前线的几位团长直接下达命令。使用电台的话，下级先要把情况上报师部，师部随后下达命令，再加上电文必须加密，无疑要耗费很多时间。但是，师长与留在后方的师作战参谋保持无线电联络非常必要，两人每天早晨和下午详细交换意见。事实证明，这种指挥方式非常有效。

　　隆美尔当日的推进，打开个后果严重的突破口，给法国第 9 集团军司令科拉普将军的心理造成强烈影响。

　　5 月 13 日，德军在三处渡过默兹河，隆美尔一马当先。当天下午，赖因哈特装甲军先遣部队在蒙泰尔梅渡过默兹河，古德里安装甲军在色当也渡过该河。但赖因哈特只夺得一片狭窄的立足地，不得不为控制小小的登陆场展开殊死战斗。直到 15 日清晨，他们才在河上搭起桥梁，让坦克渡过河去，而通出蒙泰尔梅的路线，穿过一条险峻的隘路，敌人很容易实施封锁。古德里安装甲军的行动更加顺利，但麾下 3 个师，只有 1 个师在对岸夺得恰当的立足地，到 14 日拂晓，他们只在河上架起一座桥梁。联军空中力量一再发起攻击，幸运的是，这座桥梁没遭到破坏。至关紧要的这一天，古德里安的部队几乎没得到德国空军支援，但他的高射炮兵架起致命的防空火力网，击落大约 150 架英法战机，有效打乱了敌机的投弹瞄准。截至下午，古德里安麾下 3 个装甲师都已渡过默兹河。他挡住敌人从南面发起的猛烈反突击，一路向西攻往法国第 2、第 9 集团军结合部。面对古德里安猛烈而又巧妙的机动压力，法军开始退却。

　　法国第 9 集团军遭到双重冲击，古德里安扩大了对其右翼的威胁，隆美尔渗透该集团军防线中央，一些疯狂的报告宣称，数千辆德军坦克涌过那里的缺口。面对这种状况，法国第 9 集团军司令当天夜间做出致命的决定，他下令弃守默兹河防线，撤往更西面的防线。

　　隆美尔的战线上，法国第 9 集团军意图占据的防线，沿默兹河后方 75 英里菲利普维尔东面的铁路线延伸。可没等法军进驻，隆美尔 15 日上午就达成突破，面对他纵深突击的威胁，法军的混乱后撤沦为一场四处蔓延的溃败。隆美尔重新展开的突击，还阻止了法国第 1 装甲师和第 4 北非师企图对迪南发起的反突击，这两个师刚刚开抵战场。法国第 1 装甲师出现在隆美尔右翼，值此关键时刻却耗尽了油料，只有一小部分坦克投入战斗。隆美尔的部队趁对方停滞不前之际，迅速掠过该师前方，没等对方逃离，就缴获了他们大批坦克。与此同时，第 4 北非师也在德军坦克和难民大潮的冲击下土崩瓦解。

更要命的是，科拉普将军的总后撤令打破了蒙泰尔梅的僵持局面，法国第9集团军右翼力量本来在此处已挡住赖因哈特装甲军，接到后撤令，有序退却迅速沦为绝望的混乱溃逃。赖因哈特的先遣力量得以绕过法国第9集团军右翼，进入古德里安当面之敌身后，随后沿一条畅通无阻的路线向西挺进数英里。另外，到当日黄昏，古德里安克服了面前最后一道抵抗线，一举突入开阔的平原。法军防线上的缺口现在宽达60英里。

5月15日是个深具决定性的日子，了解了上述背景，就知道隆美尔对当日战事的叙述是多么重要。

我5月15日的作战企图是一鼓作气地攻往我们的目标，这场突击以第25装甲团为首，炮兵提供加强，可能的话，最好获得俯冲轰炸机支援。步兵跟随坦克遂行冲击，部分步行，另一部分搭乘卡车。依我看，最重要的是以炮火遮断进攻的两翼，因为友邻师目前仍落在我们身后。第25装甲团的进攻路线标在地图上，他们应当绕过菲利普维尔[迪南以西18英里]郊区，避开所有村庄，直奔我们的目标，也就是塞尔丰泰讷[菲利普维尔以西8英里]周边地区。我打算跟随第25装甲团一同行动，这样就可以从前方指挥进攻，在决定性时刻调动炮兵和俯冲轰炸机。无线电通信必须加密，往往导致重要的消息到得太晚，为简化这番程序，我和师作战参谋、炮兵指挥官商定了一条"推进线"，起点是罗塞教堂，终点是弗鲁瓦沙佩勒教堂。所有军官都把这条线标在地图上。例如，要是我想以炮火轰击菲利普维尔，就以电台发出信号："立即以炮火打击11点方位。"炮兵指挥官对这个新办法很满意。

上午9点左右，我遇到一名空军少校，他告诉我，俯冲轰炸机今天可以为我师提供支援。由于坦克已出发，我立即呼叫空中力量，让他们打击坦克前方的目标。随后我登上罗滕堡的坦克，指示Gcfcchtsstaffcl[6]乘坐装甲车和通信车，跟随坦克投入进攻。

我们在弗拉维永附近与敌坦克短暂交火后，装甲团排成纵队穿过树林，径直赶往菲利普维尔，途中遇到法国军队的许多火炮和车辆，对方可能遭到我们的俯冲轰炸机重创，我方坦克刚刚逼近，法军士兵就逃入树林。地面上巨大的弹坑迫使我们绕道穿过树林。我们在菲利普维尔西北面3英里左右，与据守菲利普维尔南面高地和树林的法军士兵短暂交火。我们的坦克在行进中战斗，炮塔转向左侧，很快打垮对方。我们不时击中敌人的反坦克炮、坦克、装甲车。我们穿越树林时，敌人的炮火落在两侧。我们发出简短而又明确的电报，让师部和炮兵随时掌握进攻的进展状况，这样一来，炮火遮断实现得非常完美。我们很快就到达当日目标。

罗滕堡把一个装甲连交给我指挥，我随后沿前进路线返回，设法联系后方的步兵部队。我们在菲利普维尔以西1000码的高地上，发现我方两辆因机械故障掉队的坦克。车组人员正忙着收容战俘，几名投降的法国兵站在周围。几百名法国摩托车兵和他们的军官一同走出灌木丛，慢慢放下武器，也有些人设法沿通往南面的道路逃走了。

我花了点时间处理俘虏。几名被俘的军官对我提出些请求，例如，允许他们保留身边的勤务兵，批准他们返回菲利普维尔取回留在那里的行李。要是他们能劝说菲利普维尔守军不战而降的话，对我是非常有利的，所以我欣然答应了他们的请求。

护卫我的装甲连，现在赶往菲利普维尔以南2英里的讷维尔，目标是切断法国军队从菲利普维尔向南撤退的路线。我和莫斯特赶到该连，发现他们卷入讷维尔附近的激战，这场战斗向南发展，有可能转为一场追击。我不打算继续向南进击，因而下令停止战斗，装甲连从讷维尔继续向东。我们在沃塞德南面500码左右的地方遇到许特曼装甲连一部，于是，他们加入我们的行列。在沃塞德南部边缘，我们与实力相当强大的一股法国坦克力量短暂交火，很快占据了上风。法军停火，我方士兵把他们一个个从坦克里拉出来。大约15辆法国坦克落入我们手里，有些坦克损坏，另一些完好无损。我们不可能留下人员看守战利品，只得命令完好的法国坦克跟我们一同行进，仍由法国驾驶员操纵。大约15分钟后，我们到达迪南—菲利普维尔主干道，在这里遇到步兵旅先遣部队，第8机枪营也在其中，他们跟随坦克遂行进攻。我让几名军官上我的装甲车，整个队列跟在我身后，沿尘土飞扬的道路高速穿过菲利普维尔北郊。[*隆美尔掉转方向，再次向西行进。*]

途中，我向几名军官介绍情况，还给他们安排了新任务。我们的行进速度很快，平均每小时40英里，身后扬起巨大的尘埃。在菲利普维尔以西4英里的桑泽耶附近，我们遇到一队全副武装的法国摩托车兵，他们从相反的方向而来，与我们交错而过时被俘获。他们中的大多数人对突然遭遇德军队列震惊不已，摩托车冲进沟里，根本没实施抵抗。我们毫不拖延，全速驶往塞尔丰泰讷西面的高地，罗滕堡率领装甲团先遣力量坚守在那里。到达后，整个纵队迅速展开，没有停下来进入周边地区。夜幕降临，我们站在高地顶部向东回望，目力所及之处，无尽的尘埃遮天蔽日，这种情形令人欣慰，表明第7装甲师已开入被征服领土。

敌人之所以能在我方装甲团与步兵旅之间达成渗透，完全因为步兵旅行动迟缓。装甲师的军官，必须学会在总计划的框架内独立思考和行事，不能等待上级下达命令。所有部队都知道进攻发起时间，他们早该整装列队做好准备。

次日，也就是1940年5月16日，我接到军部的命令，让我待在师部，具体原因不得而知。上午9点30分前后，军部终于批准我前往新指挥所。我到达后不久，师里接到命令，要求我们取道锡夫里突破马其诺防线，当晚前出到阿韦讷周边高地。

其实，这不是真正的马其诺防线，马其诺防线到隆吉永附近就结束了，但后来又向西延伸，只是延伸段的防御工事强度较弱。不过，德方的记述往往不太区分马其诺防线及其延伸段。

古德里安和赖因哈特军渡过默兹河，很快突破了马其诺防线延伸段，目前在这道防线后方向西疾进。但霍特军在北面的比利时境内渡过默兹河，因而挥师西南方期间仍要突破马其诺防线延伸段。锡夫里在塞尔丰泰讷以西12英里处，阿韦讷位于锡夫里以西12英里处。

我刚刚与师作战参谋商讨了进攻马其诺防线的计划，集团军司令冯·克鲁格大将走了进来。他对我们师还没出发感到惊异，于是我向他汇报了我们的方案。作战企图首先是夺取锡夫里附近的边境地区，同时，侦察营沿宽大的战线侦察马其诺防线，炮兵主力进入锡夫里周边阵地。尔后，装甲团在炮兵强有力的掩护下，以疏开队形攻往法军筑垒防线。最后，步兵旅以坦克为掩护，攻克法军筑垒工事，拆除障碍物。完成这一切，我们就朝阿韦讷突破，装甲部队打头阵，师主力紧随其后。冯·克鲁格将军完全赞同我们的进攻方案。

先遣营随即出发，迅速赶往锡夫里，没经过战斗就顺利到达目的地。炮兵和防空部队就位，奉命立即朝边境另一侧某些地区开火，看看敌人是否会还击。与此同时，第25装甲团到达锡夫里，奉命跨过边境，攻克前方3英里的克莱尔费特。我方炮兵炮击法军筑垒地域，对方的炮兵连没有回应。

和昨天一样，我搭乘装甲团长的指挥坦克。我们很快越过法国边境，一辆辆坦克随后排成纵队，缓缓驶向1英里外的克莱尔费特村。侦察部队发来报告，说穿过克莱尔费特村的道路上布有地雷，此时，我们正向南行进，疏开队形越过田野和树篱，排成半圆形绕开村子。尽管我方炮兵不断朝法国领土纵深发射炮弹，可对方毫无动静。我们很快置身于果园和高大的树篱间，前进速度减缓。罗滕堡率领几辆坦克行驶在最前方，我的副官汉克乘坐四号坦克紧随其后，他的任务是按照我发出的信号迅速开火，以此为其他坦克指明射击目标。过去几天的战斗充分证明，各坦克车组朝转瞬即逝的目标开火前，往往会耽误太多时间。

突然，我们看见前方100码左右出现一座法军筑垒工事棱角分明的轮廓。一群全副武装的法国士兵紧靠在工事旁，看见坦克逼近，他们马上做出投降的姿态。我们以为能兵不血刃地拿下这座筑垒工事，可就在这时，我方一辆坦克朝其他地方的敌人开炮，结果，面前的守军迅速消失进混凝土掩体。片刻后，猛烈的反坦克炮火从左侧袭向我方为首的几辆坦克，法国人的机枪火力横扫整片地域。我们遭到些伤亡，两辆坦克被击毁。敌人的火力停息后，我们通过侦察发现，对方目前还没有开火的筑垒工事旁有一道很深的防坦克壕。敌人后方的防御工事更多，另外，高大的钢制刺猬（防坦克障碍物）封锁了从克莱尔费特通往阿韦讷的道路。

此时，第25装甲团辖内各部在克莱尔费特西面和南面2000码处与敌人交战，炮兵也按照我的命令射出猛烈的炮火，马其诺防线各段腾起硝烟。法国炮兵终于开始炮击克莱尔费特和锡夫里。很快，摩托车兵带着第37装甲侦察营工兵排赶到。在坦克和炮兵火力掩护下，我方步兵和工兵冲入敌筑垒地域。工兵排准备爆破作业，炸掉阻挡去路的钢制刺猬。

与此同时，装甲工兵连一支突击队克服了敌人的混凝土掩体。他们爬到射孔旁，朝里面投了个6磅重的炸药包。他们一再要求对方投降，可顽强的守军没出来，于是，又一个炸药包投入掩体。1名法国军官和35名士兵终于束手就擒，可是，另一座掩体的几挺机枪开火射击，这些俘虏趁机解决了我方实力虚弱的突击队，随即逃之夭夭。

夜幕缓缓降临，黑夜终于到来。克莱尔费特和西面几个地方，一座座农庄起火燃烧。我下令立即突入筑垒地域，全力攻往阿韦讷。我们用电台通知师部和炮兵后，爬上指挥坦克出发了。我们紧跟在先遣装甲连身后，很快驶过炸毁的路障，朝敌人的方向而去。

第37装甲侦察营的工兵爆破钢制刺猬之际，更激烈的战斗爆发开来，这次对付的是克莱尔费特以西1000码一排房屋内的若干反坦克炮和几门野战炮。敌人以直瞄方式朝克莱尔费特附近的我方坦克和步兵射来一发发炮弹。最后，我方一辆四号坦克连发数炮，打哑了对方的火炮。

通往西面的道路终于敞开了。皓月当空，我们暂时不用担心夜幕作梗。我已发出命令，按照作战计划，为首的坦克攻往阿韦讷期间，每隔一段时间必须以机枪和火炮扫射道路和路边，阻止敌人布设地雷。装甲团其他坦克紧跟在先遣坦克身后，做好随时朝任一侧齐射的准备。师主力也接到指示，搭乘卡车跟上装甲团。

我们的坦克排成长长的纵队，隆隆驶过法军筑垒防线，朝已被我方火力引燃的第一排房屋开去。月光下，我们看见第7摩托车营的官兵在我们身旁步行向前。敌人的机枪和反坦克炮偶尔响起，但这些火力没落在我们附近。我方炮兵朝装甲团前方的村庄和道路投下猛烈的扰乱炮火。我们渐渐加快速度，没多久就进入法军筑垒防区500码、1000码、2000码、3000码。引擎轰鸣，履带嘎嘎作响，噪音震耳欲聋，根本无从辨别敌人是否在射击。我们越过索尔勒堡西南面1英里左右的铁路线，随后转身向北，很快到达主干道。我们沿主干道行进，越过第一排房屋。

坦克的喧嚣、履带的撞击声、引擎的轰鸣惊醒了屋内居民。法军士兵在路边宿营，军车停在农家院落内，有些地段车辆就停在道路上。当地居民和法国官兵惊恐万状地蜷缩在沟渠里、树篱旁、路边的洼地内。我们从难民队列旁边驶过，他们丢下大车，惊慌失措地逃入田野。我们保持稳定的速度，朝目标驶去，不时借助遮住的灯光瞟一眼地图，再给师部发去简短的电文，汇报自己的位置和第25装甲团的进展。我们隔一会儿就朝战斗舱外看看，确定没遭遇抵抗，并与身后部队保持联系。清冽的月光下，平坦的乡村在我们周围伸展开来。我们突破了马其诺防线！简直难以相信。22年前，我们与同一个对手鏖战了四年半，一次次赢得胜利，可最终输掉了战争。现在，我们突破了著名的马其诺防线，正深入敌方领土。这不是美丽的梦想，而是千真万确的现实。

突然，道路右侧大约300码外的小山丘上闪烁出一道光。毫无疑问，那是敌人精心隐蔽在混凝土掩体内的一门火炮，正从侧面朝第25装甲团开火。另一些地方闪烁出更多光亮，但看不到炮弹落点。罗滕堡站在我身边，我赶紧提醒他面前的险状，让他命令全团加快速度，冲过敌人第二道筑垒防线，同时朝左右两侧猛烈射击。

我方坦克迅速开火，各车组早已学会进攻前开炮射击的方式。我们的弹药大多是曳光弹，装甲团冲过这道新防线，朝两侧田野喷吐出密集的弹雨。我们很快穿过危险区域，没遭受严重伤亡。但现在让大家停火却不太容易做到，就这样，我们火力全开，一举冲过萨尔波特里村和伯格尼村。敌人彻底陷入混乱。军用车辆、坦克、火炮、堆满财物的难民大车堵住部分道路，我们不得不粗暴地推开这些车辆。到处都能见到趴在地上的法国士兵，各处农庄挤满火炮、坦克、军用车辆。我们朝阿韦讷的前进速度放缓，但终于让各车组停止了射击。我们驱车穿过塞穆西，又见到同样的场景，士兵和平民朝道路两侧奔逃。道路很快出现了分岔，一条向右通往大约10英里外的莫伯日，另一条向左沿河谷而下，通往阿韦讷。路上挤满难民和大车，看见坦克到来，他们让开道路，但有时候我们不得不指挥他们让到道路一旁。越靠近阿韦讷，拥堵的车辆就越多，我们不得不设法勉力通过。阿韦讷不久前遭到我方炮兵轰击，镇内居民忙着逃难，堵在我们的坦克纵队前方道路两侧的火炮和车辆之间。很明显，镇内驻有强大的法国守军。

我没让车队停下，而是率领先遣装甲营赶往阿韦讷西面的高地，我打算停在那里，收容俘虏和缴获的武器装备。途中，我在阿韦讷南郊派两辆坦克组成侦察小组，沿主干道向南实施侦察。镇郊500码处，我们停在通往朗德勒西的公路上，集中辖内部队，围捕附近的法军官兵。这里的情形和先前别无二致，路边的农家院落和果园挤满了士兵和难民大车。我们封锁了道路上从西面而来的人潮，搜捕法国溃兵。很快，我们不得不就地设立战俘收容营。

就在这时，身后的阿韦讷传来射击声，是坦克炮！很快，我们看见烟雾腾起，可能是坦克或卡车中弹起火。我们与身后的装甲营、第7摩托车营失去了联系。

我对这种状况不太担心，因为难民丢下大车逃离，混乱中很容易造成交通堵塞。我们已到达目标，这才是最重要的。但据守阿韦讷之敌至少有一个装甲营，他们充分利用我装甲团纵队出现的缺口，以重型坦克迅速封闭穿过镇子的道路。第25装甲团第2营企图打通敌人封锁的道路，损失几辆坦克后，这番尝试以失败告终。阿韦讷的战斗愈演愈烈。我们与第2装甲营建立起断断续续的无线电通信。阿韦讷镇内的战斗持续到[5月17日]清晨4点左右。最后，汉克遵照我的命令，以一辆四号坦克从西面对强大的敌坦克发起攻击，一举击毁几辆敌坦克。天色渐亮，战斗结束了，我们与第2装甲营恢复了联系。

在此期间，我通过师部一再呼叫军部：我们成功突破了马其诺防线，是否应该继续前进，渡过桑布尔河？但我没收到军部的回复，也许是双方没能建立无线电联络，于是我决心拂晓时继续进攻，目标是在朗德勒西夺取桑布尔河渡口，保持渡口畅通。我用电台给其他部队下达了命令，要求他们跟随装甲团攻往朗德勒西[阿韦讷以西11英里]。

清晨4点左右，我率领罗滕堡装甲团的先遣营赶往朗德勒西。第7摩托车营此时已跟上，就在我们身后。我坚信师里其他部队在他们后面，肯定会参加随后的进攻，但电台发生故障，我根本不知道各团的确切位置，发出的一道道命令纯属徒劳。

由于夜间没获得补给，我们现在必须节约弹药，不能再胡乱开炮，就这样向西而去。我们很快又遇到难民队列和一支准备行军的法军部队。各种火炮、坦克、军车乱成一团，与难民的马拉大车混杂在一起，把道路和路边挤得满满当当。我们没有开枪动炮，偶尔驾驶越野车辆贴着路边行进，就这样顺利穿过难民队列。我们突然出现，法军官兵措手不及，他们放下武器，列队从我们的车队旁向东而去。我们在各处都没遇到企图抵抗的法国官兵。前进途中，我们遇到敌坦克就立即摧毁，一刻不停地向西疾进。看见我们到来，成百上千的法军官兵束手就擒。某些地方，法军车辆在我们身旁行驶，我们不得不把他们从车内逮出来。

一名法军中校对突如其来的骚乱愤怒不已，他的座车堵在车流中，结果被我们追上。我问他军衔和职务，他的眼中闪烁着仇恨和无力的怒火，看上去就是个彻头彻尾的狂热分子。路上的车流这么大，我们的纵队随时会被阻断，这名法军中校很可能制造事端，我重新考虑后，决定带上他和我们同行。此时他已向东走了50码，又被叫了回来，罗滕堡示意他上坦克，可他拒不服从，一连三次催他上车都被他拒绝，我们只得枪毙了他。

我们驱车穿过马罗耶 [*阿韦讷以西 8.5 英里*]，村内街道人满为患，我们高喊："靠右！"可让他们服从实在很不容易。我们继续向西，太阳穿透薄薄的晨雾出现在身后。村外的道路也挤满散兵游勇和难民，我们大声喊道："靠右！"但毫无效果，进展变得极为缓慢，我们的坦克不得不从路旁的田野驶过。最后，我们终于到达桑布尔河畔的朗德勒西镇，这里的每条巷道都挤满车辆和法国士兵，但他们没有抵抗。我们驶过桑布尔河上的桥梁，在对岸发现一座驻满官兵的法军兵营。坦克纵队隆隆驶过，汉克驱车进入营地院落，命令法国军官集合部下向东开拔。

此时我仍以为师主力正在我们身后迅速逼近朗德勒西，因而继续攻往勒卡托 [*朗德勒西以西 8 英里*]。我们驱车穿过一片长长的树林，敌人的弹药堆栈设在这里。法国哨兵面对升起的太阳，没识别出德国军队，待我们到了面前，他们只好投降。驻扎在波梅勒耶村的法军士兵也放下了武器。我们继续前进，直到勒卡托东面的高地才停下。此时是早上 6 点 15 分。我的首要任务是确保与身后部队保持联系，之后再设法联络师部。

从前一天早晨起，隆美尔装甲师已挺进 50 英里左右。他在夜间驱使坦克前进的做法实在很大胆。当时和后来，大多数指挥官认为，即便发展胜利，坦克在黑暗中继续前进也太过危险。

隆美尔左侧，赖因哈特和古德里安装甲军的先遣部队与他齐头并进。当天早些时候，古德里安的左翼师在勒卡托以南 20 英里的里伯蒙到达瓦兹河。德军坦克大潮一路向西，朝海边奔涌，在比利时境内的联军身后冲开个巨大的缺口。事实证明，所有堵截措施都为时过晚，因为法军司令部每次选择的新防线，没等行动迟缓的法军预备队开抵或占据，就被德军坦克突破。

现在要做的是确保我们已攻克的地区，还要收容大批俘虏（几乎相当于两个机械化师）。我不断向师部汇报进展，但装甲团指挥坦克只是发出报告，完全不知道师部是否收到。尽管如此，没过多久我获悉到达勒卡托以东高地的只有装甲团一小部分部队和摩托车营一部，这个消息让我感到不快。于是，我立即派一名军官赶往后方。随后，我亲自驱车返回，设法联系后方部队，但很快遭遇勒卡托射来的反坦克炮火，不得不折返。在此期间，罗滕堡和西克尼乌斯装甲营[①]部分力量一直在勒卡托东面的高地与法军坦克和反坦克炮交战，很快打垮了对方。我返回装甲营，他们构设了刺猬阵地，我们等在这里，直到冯·哈根上尉率领摩托车营部分力量赶到。我觉得勒卡托前方的态势已得到确保，而且坚信师主力很快会赶来，于是命令罗滕堡坚守阵地，摩托车营也交给他指挥，为他提供加强。随后我回到自己的通信车，在一辆三号坦克护送下，回去调集师里其他部队。我们在途中遇到摩托车营和装甲团堵在路上的几部车辆，车组人员告诉我们，到达朗德勒西千万要小心，因为我方一些车辆在那里遭到敌坦克攻击。我随后驱车向东，全速驶往朗德勒西，行驶在前方的那辆三号坦克在镇内迷了路。我们终于到达通往阿韦讷的公路，看见前方几百码的道路上停着辆德国军车，已被敌人的炮火击毁，肯定是附近的法军坦克或反坦克炮干的，可我们没时间闲聊，所以——继续前进！驱车通过时，负伤的摩托车兵大声呼救，请我们捎上他们。可我没法帮忙，停车救人的风险太大了。我们的通信车和坦克全速驶过这段危险区，到达通往马罗耶的道路。担任护卫的三号坦克随后发生机械故障，结果掉队。

到处停放着车辆，道路对面同样如此。法军官兵就在路边挨着他们的武器装备宿营。他们显然还没从德军坦克造成的恐慌中恢复过来，所以我们从行驶的车上又是喊叫，又是打手势，竭力让他们跟我们一同行进。但四下里没见到德军士兵。我们全速行驶，穿过马罗耶。突然，我们在村子东面看见一辆四号坦克，由于机械故障停在那里，但车上的75毫米火炮完全可以使用。我们松了口气，眼下这种情形，一辆四号坦克不啻为强大的保护。

道路两侧，法军官兵随处可见，大多数人就在他们的车辆旁宿营。可惜，我

---

① 译注：西克尼乌斯指挥第25装甲团第3营，后来担任第16装甲师师长。

们没办法俘虏他们，让他们跟随我们一同行进，因为我们根本没有看押俘虏的人手。某些地段，我们设法让法国官兵和我们一起走，他们确实会老老实实地跟上装甲车，可只要我们的车辆驶向前方，他们就消失进灌木丛。

我命令那辆四号坦克守住马罗耶东面的高地，把从西面来的俘虏送往东面。然后，我们继续行驶，只开出去几百码，司机就报告必须停车加油。幸亏他在车上带了几个满满的油罐。这时，汉克告诉我，他从四号坦克车组人员那里听说，敌人重新占领了前方的村庄。凭我们这辆轻型装甲车，要想对付法国人的坦克和反坦克炮是不可能的，于是我驱车返回四号坦克旁，打算以电台联络师里其他部队，组织他们赶紧开入我们已克服的地区。幸好附近没传出任何射击声。

我刚刚回到四号坦克旁边，就看见一个摩托化步兵连出现在远处，他们沿着从马尔拜 [朗德勒西以东 5 英里] 而来的道路疾行。师里其他部队会不会跟在该连身后呢？很有可能，我再次驱车朝阿韦讷驶去，可一无所获。

马尔拜东面不远处，一辆法国汽车从左边的岔路口驶出，在我这辆装甲车前方驶过道路。我们大声呼喊，汽车停了下来，一名法国军官下车向我们投降。这辆汽车身后，整整一队卡车开了过来，卷起的尘埃遮天蔽日。我赶紧采取行动，让车队转向阿韦讷。汉克跳上第一辆卡车，我在路口待了一会儿，朝法国士兵喊叫，打手势，让他们放下武器，因为对他们来说战争已经结束。几辆卡车上架着机枪，有人值守，目的是防范空袭。我无法透过尘埃看清车队到底有多长，所以，10—15 辆卡车驶过后，我驾车赶到车队最前方，朝阿韦讷开去。在距离该镇不远处，我们不得不驶下田野绕道而行，因为燃烧的车辆堵住了道路。

我们终于到达阿韦讷的西南入口，在这里遇到部署在公墓附近的帕里斯营①一部。汉克马不停蹄，带着卡车车队驶往停车场，在那里解除了敌军士兵的武装。我们这才发现，整支车队不下 40 辆卡车，许多车上载有士兵。

师部 16 点左右到达阿韦讷，夜间和次日清晨，师属各部队进入我们已攻克的地域。开拔过程中，师炮兵团第 2 营成功阻止了 48 辆法军坦克在阿韦讷北面展开

---

① 译注：帕里斯营指的是第 6 步兵团第 1 营。

的行动。这些坦克排列在路边，有的引擎仍在运转，有些被俘的驾驶员还待在坦克里。这场行动让第 25 装甲团避免了身后遭受攻击的危险。

第 7 装甲师官方战史指出，5 月 16—17 日，该师突破马其诺防线延伸段期间，35 人阵亡，59 人负伤。他们在作战地域俘敌 1 万来人，缴获 100 辆坦克、30 辆装甲车、27 门火炮。

这份战史最后指出："我师没时间收容大批俘虏和武器装备。"

确定了我师在勒卡托与锡夫里西面法国边境间的布势后，我睡了一个半钟头。午夜过后不久，我们接到命令，次日（5 月 18 日）继续攻往康布雷。第二天早上 7 点左右，第 25 装甲团副官来到师部，据他报告，一股实力强大的敌军部署在波梅勒耶树林 [位于朗德勒西与勒卡托中途]。他借助夜色掩护，乘坐装甲车设法从西面冲到东面。第 25 装甲团仍在坚守勒卡托东面的阵地，目前急需汽油和弹药，团长命令他带上补给物资尽快返回。

8 点左右，我命令剩下的装甲营开赴朗德勒西和勒卡托，与装甲团会合，给他们送去弹药和油料。第 37 装甲侦察营在他们身后跟进。我和莫斯特、汉克后来在波梅勒耶东面半英里的树林内追上装甲营，发现他们正与挡住去路的法军坦克交战。激烈的交火在道路上肆虐开来，我们无法从两侧迂回敌军阵地。法国坦克的装甲相当厚，我们的火炮似乎全然无效。

法军坦克的装甲厚达 40—60 毫米，而德军中型坦克的装甲厚度只有 30 毫米，轻型坦克的防护性就更差了。

我们在那里站了一会儿，近距离观察这场交战，最后决定全营转身向南，取道奥尔 [朗德勒西西南方 4 英里] 穿越树林。我们在奥尔北郊再次遭遇法军，竭力杀开血路前进，但进展非常缓慢。出于某种未知的原因，为装甲团运送弹药和补给的车队没跟在装甲营身后。直到中午，我们才到达罗滕堡所在的位置。他报告，面对敌坦克的猛烈冲击，他的部队一直在坚守阵地，可现在无法展开后续行动，而且急需汽油和弹药。很不幸，我对此爱莫能助。

我们派出必要的兵力赶往波梅勒耶，设法打通通往朗德勒西的最短路线。在此期间，法军重型炮兵朝我方刺猬阵地投下猛烈的弹幕。他们的炮火相当准确，我们不得不放弃部分阵地。但我相信，我方部队肯定能打赢波梅勒耶之战，因而命令装甲团集合，准备攻往康布雷。到 15 点，战场上的态势彻底转危为安，我们可以重新发动进攻了。

隆美尔的记述，接下来的若干段落过于琐碎，没太多意义，所以我们简单总结一下：运送弹药和油料的补给车队离开波梅勒耶树林东南方，几小时后终于到达第 25 装甲团位于勒卡托周围的两个装甲营身旁。德军坦克补充燃料和弹药之际，隆美尔率领另一个装甲营驶上通往康布雷的道路。

我现在命令帕里斯加强营尽快夺取从康布雷通往北面和东北面的道路。在几辆坦克和 2 门高射炮率领下，该营沿宽大的正面推进，径直穿过田野朝西北面而去，身后扬起大股尘埃。坦克和高射炮不时朝康布雷北郊开炮。尘埃中，康布雷守军没看清我们的车辆大多不是装甲战车，显然以为一场大规模坦克突击正逼近城镇北部，因而没有抵抗。

法军司令部使用装甲力量的方式可以说无效至极。他们有 53 个装甲营，德国人只有 36 个。但德军装甲营悉数编入装甲师，共组建了 10 个装甲师，而法军装甲营近半数是步兵支援部队，就连他们的 7 个装甲师也零零碎碎地使用。

战争爆发前，法国仅有的装甲兵团是所谓的"轻型机械化师"，以骑兵改编而成，编有 200 辆坦克。法国人把 3 个轻型机械化师投入比利时境内。他们还有冬季期间组建的 4 个"装甲师"，每个师只有 150 辆坦克。7 个德国装甲师（每个师平均有 260 辆坦克）犹如巨大的方阵冲过默兹河之际，法军分别把 4 个装甲师陆续投入战斗。如前文所述，法国第 1 装甲师奉命攻往迪南，却耗尽了燃料，结果被德军打垮。第 3 装甲师奉命攻往色当，可任务却是支援那里的步兵，结果，这些零零碎碎的力量被古德里安的 3 个师淹没。戴高乐指挥的第 4 装甲师是近期组建的，尚未实现齐装满员，古德里安全力攻往瓦兹河之际，第4装甲师投入战斗，攻击古德里安侧翼，结果被强大的德军推到一旁。法国第2装甲师沿瓦兹河布防，防线宽达25英里，面对这股薄弱的静态防御力量，古德里安2个先遣师迅速达成突破。

从比利时赶来的3个法国机械化师，集结在康布雷北面，虽说其中2个师在比利时平原与赫普纳装甲军[①]交战期间受到损失，可仍是一股强大的力量。他们奉命19日向南攻往康布雷和圣康坦，但命令没得到执行，因为他们的许多坦克已派往各处支援步兵。

至于英国军队，他们在法国只有10个坦克营，都分散在步兵师内。而他们的第一个装甲师，直到德军发动攻势才登船开赴法国。

---

① 译注：赫普纳装甲军指的是第16摩托化军。

注释

1. 这些介绍性说明是本书编辑利德尔·哈特上尉撰写的。为了与隆美尔的叙述有所区别，除了尾注，利德尔·哈特的编辑评述都使用斜体。

2. 第 7 装甲师编制如下：

   装甲力量：第 25 装甲团（辖 3 个装甲营）

   　　　　　　　第 37 装甲侦察营

   摩托化步兵力量：第 6 步兵团

   　　　　　　　第 7 步兵团

   　　　　　　　第 7 摩托车营

   工兵力量：第 58 工兵营

   炮兵力量：第 78 炮兵团（辖 3 个营，每个营编有 3 个连，每个连 4 门火炮）

   　　　　　　第 42 反坦克营

3. 德国陆军的部队和兵团经常用指挥官的名字称呼。

4. 曼弗雷德·隆美尔注：汉克是纳粹党的重要成员，在戈培尔的宣传部任职。由于汉克飞扬跋扈，其他军官都很讨厌他。有一次，汉克在食堂里暗示，他有权让隆美尔离开指挥岗位，这起事件发生后，隆美尔解除了他在指挥部的职务。隆美尔后来向希特勒的副官提交了一份长长的报告。战争后期，汉克出任西里西亚大区领袖，因为发誓要坚守布雷斯劳到最后一根棍棒、最后一块石头而声名狼藉。但这座沦为废墟的城市最终投降时，汉克没有留下来抵抗到底，而是坐飞机逃离，把城内军民丢给红军"善待"。此后再没听闻他的任何消息。

5. 电文写的是 eingetroffen（到达），而不是 eingeschlossen（被围）。

6. 隆美尔阐述自己经历的战役，经常使用 Gefechtsstaffel 这个词，指的是通信兵和小股战斗力量组成的一个小型直属分队，配上几部必要的车辆（例如无线电通信车），战斗中始终伴随隆美尔左右。

第二章 关闭陷阱

　　隆美尔突破后的快速推进，以夺取康布雷告终。因为5月16日比利时境内险象环生的联军终于开始撤离他们在该国纵深腹地构设的防线，18日，法国第1集团军调回来掩护后方的部分力量，已经与德军装甲部队右翼交战。从勒卡托到康布雷，德军装甲部队最后一击的惊人势头，把法军干预力量扫到一旁，但法国人的抵抗日益加强，再加上侧翼遭受威胁，德军上级部门担心不已。因此，古德里安和赖因哈特装甲军向西追击之际，右翼的霍特装甲军（隆美尔师也在其中）奉命留在原地，待步兵增援力量开抵后接防北翼。

　　我们简单总结一下隆美尔接下来两天的记述。从勒卡托进抵康布雷后，他停止前进，整顿部队，补充后勤物资，同时让部下休整，恢复体力。他打算19日傍晚继续前进，目标是前出到阿拉斯东南方高地。

　　下午晚些时候，隆美尔在师部与参谋人员商讨作战计划，军长霍特将军突然到来，下令推迟行动，理由是部队经历了前几天的作战行动，已经非常疲惫。隆美尔不同意霍特的看法，他指出："各部队已经在同一个地方休整了20个钟头；夜间借助月光发动进攻，损失比较小。"于是，霍特让步了。

　　隆美尔5月20日凌晨1点40分攻往阿拉斯，他跟随装甲先遣力量一同行动，6点到达博兰（阿拉斯南面2.5英里）。但几个摩托化步兵团没有按计划紧跟在装甲先遣力量身后，于是隆美尔乘坐装甲车返回，督促步兵部队加快速度，却发现法国军队此时已渗透他的交通线。接下来几个钟头，隆美尔的处境极其危险，直到一个步兵团带着炮兵力量开抵才扭转态势。隆美尔随后派这些部队守卫阿拉斯南面的防线，相关消息称，一些法国和英国师已集中在阿拉斯周围。

　　5月21日，第7装甲师的任务是绕过阿拉斯侧翼攻往西北方，党卫队"骷髅"师位于第7装甲师左侧，而第5装甲师攻往阿拉斯东面。隆美尔再度以炮兵力量

遮断自己暴露的侧翼，但他这次把装甲侦察营部署在装甲团之间，构成突击矛头，几个步兵团紧随其后，确保交通，保持道路畅通。隆美尔的记述表明，这些预防措施非常合理。

15 点左右，我给装甲团下达了进攻令。虽说故障和战斗损失导致该团的坦克数量大幅度下降，但这场行动完全可以说是进攻的典范。看见他们冲击的气势，我就知道，第 7 装甲师朝敌方领土展开的新突击，肯定会像前几天那样大获全胜。我本想带上莫斯特中尉、摩托车传令兵、装甲车、通信车跟随装甲团一同行动，从前方利用电台指挥战斗，可提供支援的几个步兵团行动过于迟缓，我不得不驱车返回，设法找到第 7 步兵团，督促他们加快速度。可到处都找不到该团，我们在菲舍北面 1 英里左右的地方，终于遇到第 6 步兵团一部，于是跟随他们的队列一同行进，很快转向韦利。在村子东面半英里，我们遭遇北面袭来的炮火。敌坦克从阿拉斯向南而来，我们部署在村子北面出口的一个榴弹炮连迅速朝对方开炮。

这场进攻是联军指挥官仓促组织的，企图冲破迅速困住他们部署在比利时境内的军队的罗网。为此，英国第 5、第 50 师会同第 1 陆军坦克旅（配备步兵坦克）向南攻往阿拉斯，而法军计划以 2 个机械化师和 2 个步兵师协同行动。联军的准备时间太长，直到发动进攻，准备工作还没有彻底完成。古德里安装甲军 5 月 20 日上午冲入亚眠，当晚到达阿布维尔附近的海边，就此切断联军补给线，这是致命的一击。

面对紧迫的形势，英军指挥官下定决心，立即发动进攻，不再等待法军配合。但展开进攻时，英军只投入 2 个坦克营（第 4、第 7 皇家坦克团，总共 74 辆坦克）[①]，2 个步兵营提供支援。法国第 3 轻型机械化师一部（70 辆坦克）在右翼协同行动。

我们遭到机枪火力袭击，步兵隐蔽到右侧，我和莫斯特在装甲车前方跑向炮

---

① 译注：英军坦克团大多只辖 1 个营，实际上就是营级规模，皇家坦克团准确地说是个称谓，而不是严格意义上的军队编制，所以利德尔·哈特文中不太区分"团"和"营"。

兵连阵地。看上去炮兵连对付敌坦克游刃有余，这些炮手从容不迫地朝敌坦克射出一发发炮弹，根本不理会对方的还击火力。我们沿炮兵连身后的路线跑到韦利，随后召集车辆。敌坦克炮火给我们驻扎在村内的部队造成混乱，他们以车辆堵住各条道路和一个个院落，而不是以所有可用武器击退来犯之敌。我们竭力恢复秩序，把韦利村内和周围的危急态势告知师部后，驱车赶往村西面1000码的高地，在那里发现1门轻型高射炮和几门反坦克炮部署在洼地和一片小树林内，隐蔽得非常好。我方阵地西面1200码左右，为首的敌坦克（包括1辆重型坦克）已跨过阿拉斯—博梅斯铁路线，还击毁我方一辆三号坦克。与此同时，几辆敌坦克从北巴克沿道路而行，越过铁路线朝韦利而来。局面非常危急，因为另外几辆敌坦克已逼近韦利北郊。部署在较远处的一个榴弹炮连，炮组人员丢下火炮，跟随后撤的步兵仓促逃离。在莫斯特协助下，我调集可用火炮投入战斗，迅速打击敌坦克。包括反坦克炮和高射炮在内的所有火炮奉命立即施以速射火力，我亲自为每门火炮指示目标。敌坦克的距离近得危险，必须以所有火炮展开速射才能挽救危局。我们从一门火炮跑到下一门火炮，炮兵指挥官认为射程太远，无法有效对付敌坦克，但我否决了他的异议。我现在只想以猛烈的炮火挡住敌坦克。我们很快干掉了几辆为首的敌坦克。小树林西面150码左右，一名英军上尉爬出重型坦克，高举双手，踉踉跄跄地朝我们走来。我们击毙了他的驾驶员。尽管射程达到1200—1500码，但榴弹炮连附近的反坦克炮和高射炮也以速射火力挡住敌人，迫使几辆敌坦克转身驶离。

我们随即指引炮火打击从北巴克攻来的另一群敌坦克，顺利挡住对方，击毁几辆战车，迫使其他敌坦克后撤。尽管我们在战斗中遭到敌坦克炮火猛烈打击，但各个炮组干得非常出色。最危险的局面似乎已结束，我们击退了敌人的冲击，突然，莫斯特倒在我身旁一门20毫米高射炮后。他负了致命伤，鲜血从他嘴里涌出。除了这门20毫米高射炮，我当时没发现我们附近遭到火力打击。但敌人现在以猛烈的炮火轰击我们设在树林内的阵地。莫斯特没救了，没等我们把他转移到炮位旁的隐蔽处，他就牺牲了。他是个勇敢的人，是个优秀的军人，他的阵亡让我深感悲痛。

与此同时，激烈、代价高昂的战斗在蒂卢瓦—博兰—阿格尼地区继续。敌人强大的装甲力量冲出阿拉斯，打击前进中的第6步兵团第1营，给他们的人员和物资造成严重损失。我们迅速投入反坦克炮，可这些火炮口径太小，无法有效对付装甲厚重的英军坦克，大多数反坦克炮被敌人的炮火摧毁，炮组人员阵亡，阵地也被敌坦克打垮。对方还击毁我们许多车辆。附近的党卫队部队没等遭受敌坦克攻击就向南退却。最后，师属炮兵和几个88毫米高射炮连成功地把敌装甲力量挡在博兰—阿格尼一线南面。我方炮兵击毁28辆敌坦克，高射炮干掉1辆重型、7辆轻型坦克。

　　第6、第7步兵团卷入激战之际，罗滕堡第25装甲团却以迅猛的进击到达了目标，然后徒劳地等待侦察营和各步兵团赶来。19点左右，我命令装甲团攻往东南方，从侧翼和后方打击从阿拉斯向南进击的敌装甲力量。行动中，第25装甲团与敌人轻型、重型坦克构成的优势力量及阿格内兹南面的许多火炮交战。激烈的战斗爆发开来，坦克对坦克，第25装甲团击毁敌人7辆重型坦克、6门反坦克炮，还冲破对方的阵地，自身损失3辆四号坦克、6辆三号坦克和一些轻型坦克。[1]

　　这场行动给敌装甲部队造成极大的混乱，尽管占有数量优势，可他们还是退回了阿拉斯。傍晚前后，战斗停息了，韦利西北面的态势彻底恢复。

　　这场进攻是联军被围部队在末日到来前遂行的猛烈反突击，虽说规模不大，却让德国人震惊不已。

　　他们震惊的不是这场反突击的渗透深度，而是敌坦克的装甲厚度。英军投入速度缓慢但装甲厚重的玛蒂尔达步兵坦克，他们有58辆分量较轻的玛蒂尔达 I 型，这款坦克只配备机枪，另外还有16辆分量较重的玛蒂尔达 II 型，配备2磅坦克炮。虽说玛蒂尔达 II 型坦克的最大速度只有15英里/小时，可装甲板厚达75毫米，常见的德制37毫米反坦克炮对此无能为力，炮弹经常在玛蒂尔达 II 型坦克的装甲板上弹飞。法军的索玛骑兵坦克速度更快，装甲更薄，但没薄到德制坦克那种程度。

　　英军的坦克突击，战车数量不占优势，几乎没有步兵支援，提供加强的炮兵也不多，更谈不上空中支援，因而效力大打折扣。所以，虽说这场进攻的开局看似大有希望，但很快就因为上述问题陷入停滞，最后不得不草草收兵。

　　但英军这场反突击给德军上级部门造成的心理和士气影响非常明显，与物质

影响完全不成比例。战后探讨 1940 年战局，冯·伦德施泰特元帅指出："我的军队到达英吉利海峡之际，突然发生了危急状况，是英军 5 月 21 日从阿拉斯向南发起反突击造成的。有那么一刻，我们担心步兵师还没赶上来提供支援，我方几个装甲师就被敌人切断。法军的反冲击没有一次构成这么严重的威胁。"克鲁格和克莱斯特受到的影响尤为严重。克鲁格主张停止从阿拉斯向西的一切后续推进，直到彻底肃清态势。克莱斯特也变得紧张谨慎，因此，古德里安 5 月 22 日从阿布维尔转身向北攻往布洛涅、加来、敦刻尔克之际，克莱斯特的限制令减缓了他的进军速度。

5 月 24 日，希特勒命令古德里安和赖因哈特军停止前进，此时他们距离敦刻尔克只剩 10 英里，而敦刻尔克是英国远征军逃离陷阱仅剩的港口。希特勒这道决定性命令是他拜访伦德施泰特后下达的，冯·伦德施泰特当然受到克鲁格和克莱斯特的谨慎观点影响。希特勒两天后（5 月 26 日）撤销了停止前进的命令，但阻止英国远征军逃脱的机会已大幅度减小，因为对方趁这段时间在港口周围建立起防御。

亲爱的露：

我睡了几个钟头，该给你写信了。我一切都好。我的师取得辉煌的胜利。迪南，菲利普维尔，突破马其诺防线，一夜行进 40 英里，突破法军防御前出到勒卡托，然后是康布雷，阿拉斯，我的师总是遥遥领先于其他兵团。我们现在要围捕 60 个陷入包围的英国、法国、比利时师。别为我担心。依我看，战争可能会在两周内结束。

1940 年 5 月 23 日

我的身体状况很好，目前在贝蒂讷前方。当然，一整天都在赶路。但据我估计，我们会在两周内打赢战争。天气很好，就是阳光太强烈了。

1940 年 5 月 24 日

这两天没有作战行动，对我们师来说是件好事。到目前为止，师里阵亡了27名军官，还有33人负伤，士兵的伤亡数达到1500人。也就是说，我们师的伤亡大约是12%，与我们取得的战果相比，损失不算太大。最严峻的时刻已过去，几乎不太可能再出现艰巨的战斗，因为我们现在只是牵制敌人而已。饮食睡眠都恢复正常。施雷普勒归队，可他的继任者却在距离我1码的地方牺牲了。

1940年5月26日

5月22—23日，隆美尔绕过阿拉斯西郊继续前进，这场迂回构成的威胁迫使据守阿拉斯的英军5月23日夜间撤往北面18英里的运河线，这条运河流经拉巴塞和贝蒂讷，在敦刻尔克西南方的格拉沃利讷入海。5月24日，德军装甲力量按照希特勒的命令停在这条运河线上。接下来两天，隆美尔重组他的师，英军坦克5月21日的猛烈冲击重创了第7装甲师辖内部分部队。

希特勒5月26日撤销了停止前进的命令，适逢英国人决心从敦刻尔克撤回本土。联军据守运河线的大股军力调往北面，赶去加强比利时境内的防线，博克集团军群在那里施加的压力越来越大，比利时军队土崩瓦解，次日投降。

停止进军令刚一解除，隆美尔就迅速向北重新发起攻击，直奔里尔，目标是切断仍在里尔东面掩护该城的联军部队。

战局这一阶段，由于联军交通线遭切断，他们的指挥官当然对不利的局面忧心忡忡。但从"山的另一面"看去，情况大不相同，隆美尔的记述明确证明了这一点。他强渡拉巴塞运河遭遇的困难，与当初强渡默兹河完全不可同日而语，因为对方的防御非常薄弱。隆美尔的进攻地域，英军只部署了1个营。

5月26日下午发到师部的空中侦察报告称，他们发现运河北面之敌正撤往西北面。我立即请求军部批准我傍晚前后在运河对岸设立登陆场。军部很快就批准了。

整个傍晚，我和部队待在运河旁。敌狙击手给第37侦察营造成很大麻烦，但该营在炮兵协助下，还是派出装甲巡逻队到达运河对岸，不过，敌人的激烈抵抗导致他们无法建立登陆场。第7步兵团当天傍晚取得显著战果，两个营辖内部队设法渡过拉巴塞运河，大批沉没的驳船堵塞了运河。两个营消灭几个敌机枪阵地后，在北岸站稳脚跟。除了西面的英军机枪阵地袭来的侧射火力在渡口造成些伤亡，我们设立登陆场似乎没遭遇太大困难，现在有理由相信，几个营夜间会在北岸建立更加牢固的阵地。

次日（5月27日）清晨，我驱车赶往屈安希的渡口，想亲眼看看进展。敌狙击手依然活跃，冷枪主要从左侧袭来，有些官兵中弹，冯·恩克福尔特中尉也在其中，幸亏只是擦伤。

工兵营在运河旁的小港口架起不少浮舟，搭设一座桥梁完全没问题。但他们架设的是8吨，而不是16吨桥梁，这是因为沉没或半沉的驳船堵塞了运河，16吨桥梁很难在这堆废弃物中移动。工兵试图用炸药炸开通道，但收效甚微，因为沉没的驳船非常笨重。

渡过运河继续进攻的前景看上去不太乐观。第7步兵团第2营一部已搭乘橡皮艇渡过运河，目前据守在对岸靠近运河的灌木丛里。但该营没有像我希望的那样，深入扩大立足地后掘壕据守，也没占领吉旺希村。另外，他们也没有沿北岸向西几百码肃清敌人，从而让反坦克炮和重武器渡过河去协助加强阵地。南岸重武器连提供的掩护火力也不够。第1营的情况可能也差不多 [第1营在稍东面获得一座登陆场]。

于是，我命令近期刚刚交给我指挥的第635工兵营，在屈安希被炸毁的桥梁附近克拉默营 [①] 据守的地段架设一座16吨桥梁。

然后，我亲自指导几门20毫米高射炮对付敌狙击手，一辆四号坦克很快也加入其中，这些狙击手不停地从左侧射来冷枪，接二连三地给我们造成伤亡，是个非常棘手的麻烦。我把第2营架桥点西面300—600码内的房屋悉数炸毁，还以火力扫射灌木丛，之后，我们终于安生了。两天后，我们再次渡过运河返回，我才亲眼见到这番火力是多么有效。英军士兵当时隐蔽在船闸管理员的值班房里，从我在那里发现的空弹夹数量判断，他们一直以稳定的火力打击我方侧翼。我们的几发炮弹消灭了躲在屋内的敌人。地窖里留下许多血迹斑斑的绷带，还有一具英

---

① 译注：克拉默营指的是第7步兵团第1营，营长是汉斯·克拉默少校，后来擢升上校，任第7装甲掷弹兵团团长，并非非洲军最后一任军长汉斯·克拉默。

国士兵的尸体。

我们与这些据点交火之际，工兵忙着在北岸修建坡道，奋力拖曳第一批浮舟，就在这时传来报告，实力强大的敌坦克部队从拉巴塞而来，冲击第7步兵团设在东面的登陆场，迫使克拉默营退回南岸。敌坦克里有几辆英军重型坦克[2]，目前停在北岸，以机枪和火炮朝南岸倾泻火力。我们听见右侧几百码外传来敌人的射击声，形势危急，敌坦克很可能沿运河河岸向西攻击前进，打击巴赫曼营[①]，该营位于北岸，不仅没有战术纵深，而且除了反坦克步枪，根本没有其他反坦克武器。要是对方抓住机会，几分钟内就能到达西面的渡河点。

情况非常危急。我敦促工兵全速架桥，把浮舟扎在一起即可，设法让少量火炮和坦克先渡过河去。由于许多沉没的驳船和其他障碍物堵住河道，工兵无法沿直线架设桥梁，所以，桥梁的承载力很差。第一辆三号坦克隆隆驶过，几艘浮舟摇摆不定，看上去危险万分，坦克很可能滑入运河。三号坦克终于渡过运河，我又派一辆四号坦克沿我们这一侧高高的岸堤向东行驶50码，任务是立即轰击从拉巴塞方向开来的敌坦克。四号坦克射出的炮火迫使为首的敌坦克停了下来。没过多久，北岸那辆三号坦克加入战斗，几分钟后，我们凭人力把一门榴弹炮推过运河，很快就让敌坦克的进攻陷入停顿。

我们现在开始加强这座16吨桥梁，没过多久，源源不断的车辆逐一驶过桥梁。野战炮、反坦克炮、20毫米高射炮率先渡河，然后是第25装甲团辖内部队，一个88毫米高射炮连夹杂其间。第7步兵团第2营一直在运河北岸扩大登陆场，最后在炮兵支援下占领了居高临下的吉旺希村。克拉默营调到西面的渡河点，整个步兵团后来从这里步行渡河，赶去进攻冈特勒附近的敌人。临近中午，这场行动把登陆场拓展到冈特勒—吉旺希一线，经过激烈战斗，还俘虏了大批英国士兵。我们在运河北岸夺得的地域，现在布满火炮和高射炮。中午前后，海德肯佩尔用电台呼叫我，催我赶紧回师部，因为军里把哈尔德将军的第5装甲旅交给我指挥，

---

① 译注：巴赫曼营指的是第7步兵团第2营，营长赫尔穆特·巴赫曼少校后来擢升上校，任第23装甲师第128装甲掷弹兵团团长。

用于进攻里尔。我回到师部不久，哈尔德将军带着几位团长赶到，汇报了全旅[1] 所在的位置等情况。

这些坦克隶属第 5 装甲师，该师是战前组建的，辖 2 个装甲团编成的 1 个装甲旅，每个装甲团有 2 个装甲营，而隆美尔师只有 1 个装甲团，辖 3 个装甲营。法国战局开始时，第 5 装甲师有 324 辆坦克，隆美尔只有 218 辆。

我随后和哈尔德将军驱车前往屈安希附近的桥梁，待我们到达，桥梁已搭设完毕。渡河作业进行得如火如荼，但桥梁两端陡峭的坡道导致车辆不可能行驶得太快。步兵旅已到达北岸，可他们没有车辆。第 25 装甲团在吉旺希附近做好进攻准备，大批火炮和轻型、重型高射炮部队部署在运河北岸。敌人几个炮兵连继续以猛烈的炮火轰击我方登陆场，让人不胜其烦。我方部队在北岸据守的地域还是太窄，于是我命令第 25 装甲团攻往洛尔吉 [运河北面 2 英里]，设法扩大登陆场。15 点左右，第 5 装甲旅开始跨过屈安希的桥梁。两侧接近地的坡道很陡，所以渡河作业不如我们希望的那么迅速。一些重型车辆困在斜坡上，不得不拖离。面对这种情况，哈尔德将军认为应该推迟进攻，我没采纳他的建议，命令该旅已到达北岸的坦克 18 点准时出发。

在此期间，第 25 装甲团展开长途冲刺，前出到洛尔吉附近。进军期间，该团对强大的敌防线展开代价高昂的激战，最终达成渗透。先前一直轰击我方登陆场的几个敌炮兵连，面对前进中的德军坦克全速撤离。第 25 装甲团继续攻击前进，以猛烈的火力在敌军防线打开了个明显的缺口。我师获得哈尔德装甲旅加强，随后穿过缺口。坦克越过田野打开通道，进展极为缓慢，因为尾随在后的步兵疏开队形，沿宽大的战线推进。很快，位于右侧的维尔纳装甲团[2] 追了上来，与第 25 装甲团齐头并进，第 5 装甲旅辖内其他部队跟在他们身后。我对第 5 装甲旅大批崭新的坦克艳羡不已，他们的实力远远超过我师。

---

① 译注: 按照下文所述，这里应该是第8装甲旅，旅长是约翰内斯·哈尔德少将。
② 译注: 这里指的是第31装甲团，隶属第8装甲旅。

我到达富尔内 [里尔西南方 10 英里] 东面半英里的谷仓，在通往里尔的公路追上罗滕堡的指挥车时，天色已黑。富尔内镇内的战斗似乎已结束。东面半英里外，第 5 装甲旅先遣部队正在重组。尽管夜晚已到来，可我还是命令第 25 装甲团继续进攻，封锁里尔的西出口和通往阿尔芒蒂耶尔的道路。该团应当在洛姆 [位于里尔西部边缘] 附近构设刺猬阵地，等待我给他们派遣的援兵开抵。

罗滕堡问我是否想亲自参加此次进攻，鉴于当前情况下指挥全师的任务较重，我不得不放弃参战的机会。无线电台又一次发生故障，在我看来，重要的是把师里其他部队部署到最终目标洛姆的周边阵地，可能的话，亲自指挥，务必保证他们切实到达那里。我还要确保增援第 25 装甲团的大批援兵拂晓前开抵，同时为他们组织弹药和油料补给，这项任务不太容易。总之，我打算不惜一切代价，绝不能让装甲团再次遭遇勒卡托郊外那种困难的局面。

与哈尔德将军的无线电通信中断，于是我派师部人员下达命令，让他跟在第 25 装甲团身后，立即攻往昂格洛。可我无法让该旅主力展开行动，进攻昂格洛势在必行，该旅先投入一个连，尔后投入一个营。可惜我没办法夜间驱车穿越田野，赶去亲自下达命令，因为我的直属分队没有彻底配备越野车辆。不管怎么说，夜间贸然行事非常危险，我们有可能被英军侦察巡逻队俘获，也可能遭到第 5 装甲旅分散在各处的装甲支队误击。

亲爱的露：

　　我很好。我们目前忙着包围盘踞在里尔的英法军队。我负责西南方向的作战行动。盥洗衣物这些杂事都没问题，京特 [隆美尔的勤务兵] 做得很好。我拍了好多照片。

1940 年 5 月 27 日

第 7 装甲师副官　　　　　　　　　　　　　　　　　1940 年 5 月 27 日

亲爱的隆美尔夫人：

　　请允许我向您报告，元首已指示汉克中尉，代表他本人为您丈夫颁发骑士铁十字勋章[3]。

师里每个有幸陪同在将军身旁的人，特别是我，都知道没有谁比您丈夫更有资格获得这项殊荣。他率领我师一次次赢得在我看来极为辉煌的胜利。

将军现在又一次登上坦克。要是他知道我正给您写信，尊贵的夫人，他肯定会立即指示我，向您转达他最深切的问候和他一切都好的消息。

请您原谅我的不敬，我只能用打字机写这封信，因为我的胳膊负伤后还没痊愈，无法执笔。

最后，我代表师部全体同僚和其他人向您致以最诚挚的问候。

您忠实的仆人施雷普勒

在此期间，罗滕堡彻夜向北推进，前出很远。他的部队击毁的车辆熊熊燃烧，火光标明了第25装甲团的进军路线。我命令获得加强的第6、第7步兵团纵深部署，据守新夺取的地域。仍由我亲自指挥的第37侦察营奉命前出到富尔内。命令下达后，我动身赶往富尔内，赶去监督他们的执行情况。巨大的石头路障和深深的战壕导致穿越富尔内的运动极为困难。几支车队并排行进，结果混杂在一起，很长时间都无法恢复秩序。于是，我命令大部分车辆离开道路驶入旁边的野地，等待交通秩序恢复后再驶上道路。我在车队里发现了第25装甲团油料弹药运输队一部，就让他们停到路边等待我的命令。我打算让这些车辆在第37侦察营掩护下深夜时赶赴第25装甲团。

午夜前后，我在富尔内西郊遇到第37侦察营营长埃德曼少校，告诉他次日一早投入行动，让他提前做好准备。我随后和身边的工作人员入住富尔内西郊一座房屋。[5月28日] 凌晨1点40分，罗滕堡发来电报，大意是他已到达洛姆附近的目标。这样一来，我们就切断了盘踞在里尔的联军向西逃窜的路线。我立即通知侦察营做好出发准备，又把装甲团油料弹药运输队调到富尔内西北郊，目的是尽可能在拂晓前赶赴洛姆。侦察营和补给队组成的整个车队，3点左右出发。我们向西绕道，避开昂格洛堡，我决定沿通往昂讷蒂耶尔的道路行进。我们在黑暗中驶过敌人的大批卡车、装甲车、火炮，这些装备大多丢在沟里，显然是惊慌失措的联军官兵遗弃的。拂晓到来，我们已逼近里尔—阿尔芒蒂耶尔公路，还没发现罗滕堡的坦克在哪里，我们心生不安，因为我们此时暴露在阳光下，随时可能遭到敌军炮火打击。最后，我们终于找到己方坦克。罗滕堡获悉他部署在里尔前方的部队获得增援，兴奋不已，甚至比汽油和弹药运抵还要高兴。他向我简短地汇报了夜间的战斗。他们这场进攻，先是沿富尔内—里尔公路行进，越过铁路线，该团转身向北，很快遭遇敌军坦克和强大的摩托化力量。短暂而又激烈的交战中，他们消灭了对方的坦克和卡车，许多敌军官兵仓促逃生。装甲团随后攻往洛姆，占领了里尔的西部出口。

我在洛姆周围重组麾下部队，按计划构设防御。没过多久，里尔西部出口爆发了激烈的战斗，敌人企图在坦克和火炮支援下向西突围。

侦察营部分力量和一个重武器连目前在里尔—阿尔芒蒂耶尔公路两侧遂行防御。清晨，我们发现里尔西面朝我方涌来的故军实力越来越强大，于是我赶紧呼叫重炮火力支援。

我现在决心把第6、第7步兵团调离昂格洛和富尔内南面的阵地，让他们加入洛姆南北两面的主防线。

命令刚刚下达，雨点般的炮弹就落在第25装甲团指挥所周围，这座指挥所目前也充当师部。炮弹刚刚落下，我们就发觉是己方炮兵误射，所以赶紧发射绿色信号灯。我想用电台命令炮兵停火，可炮火异常猛烈，我没办法冲到停在房屋后面的通信车旁。毫无疑问，袭来的是己方炮弹，可能是150毫米口径，我们非常熟悉这种火炮的威力。我朝通信车跑去，埃德曼少校冲在我前面几码，就在这时，一发大口径炮弹落在通讯车停靠的房门旁。硝烟散去后，第37侦察营营长埃德曼少校已阵亡，他面朝下倒在地上，后背炸得支离破碎，鲜血从他头部和后背一个巨大的伤口汩汩流出。他的左手仍攥着皮手套。这发炮弹还炸伤另外几名官兵，但我毫发无损。我们继续发射信号弹，并以电台下令停火，过了许久炮火才停息。我们后来发现，这个错误是无线电转接站错误传送开火令造成的。炮火射自友邻师重炮连。

隆美尔封锁了里尔通往西面的道路，为困住法国第1集团军近半数力量做出贡献。突围失败后，陷入包围的几个师5月31日被迫投降。

在此期间，英国远征军主力和法国第1、第7集团军残部逃到敦刻尔克，联

军在这里设立了防御登陆场，还获得低地一条洪水带掩护。事实证明，这道水障虽说无法对付扰乱性空袭，却能提供出色的地面防护。联军的防御坚持了很长时间，最终让包括 12 万法国官兵在内的 33.8 万名联军官兵 5 月 26 日—6 月 4 日经海路疏散到英国。只有几千人被俘，这些法军后卫英勇地掩护了登船的最后阶段。但这场历时三周、旋风般的战役期间，德国人共俘虏 100 万联军官兵，自身只伤亡 6 万人。

比利时和荷兰军队灰飞烟灭。法国损失 30 个师，几乎是他们总兵力的三分之一，包括大部分机动力量。他们还丧失了 12 个英国师的支援，虽然这些英国师的人员渡过英吉利海峡逃生，可他们丢弃了绝大多数武器装备，需要好几个月才能重整旗鼓。只有两个英国师仍留在法国，英国政府还派来另外两个尚未完成训练的师。

5 月 20 日接替甘末林将军出任联军总司令的魏刚将军面临的局势极为严峻。他只剩 66 个实力严重耗损的师，据守的防线比原先更长。这道新防线从阿布维尔附近的海边起，沿索姆河和埃纳河延伸，最终与依然完好的马其诺防线相连。法国人根本来不及加强这条所谓的"魏刚防线"，因为德军调集大批开进中的步兵师，很快发动新的攻势，这些师几乎没参与先前的进攻。

隆美尔第 7 装甲师奔袭里尔，一举切断法军撤往海边的通道，随后获得几天时间休整，之后向南开拔，参加法国战局的最后阶段。

亲爱的露：

里尔的战斗结束了，我们又一次率先到达里尔西门战线。我们已脱离战斗，在前线后方休整。

5 月 26 日，汉克中尉代表元首，正式为我颁发骑士铁十字勋章，还向我转达了元首的问候。三个半钟头后，我师率领 3 个装甲团攻往里尔西面，午夜前到达。我睡了一个半钟头，随后率领新锐部队，带着坦克需要的弹药和汽油赶赴前线。很不幸，我的一位营长死于己方炮火。

我们现在大概会休整几天。法国也许会放弃目前毫无希望的顽抗。要是他们不投降的话，我们就彻底粉碎他们。我一切都好，勿念。衷心祝你生日快乐。要做的事情太多了。进军途中，再加上敌坦克的攻击，我那些图林根人 [隆美尔师的原驻地在图林根] 损失了许多武器装备，必须尽快解决这个问题。在此期间，我们正以法国火炮勉强对付。

1940 年 5 月 29 日

今天准备迎接元首。我们的状态很好，明天会更好。

1940 年 6 月 2 日

元首的视察棒极了。他见到我就说："隆美尔，进攻期间我们非常担心您的安危。"他容光焕发，之后我不得不陪在他身旁。我是唯一获此殊荣的师级指挥官。

1940 年 6 月 3 日

今天我们再次开拔。6 天休整带来很多好处，多多少少帮我们恢复了技术装备的状况。

这场新进军不会太艰难。越早进行对我们越有利。我们目前所在的地区，几乎没遭受战火破坏。一切进行得太快了。请你把报上关于我的文章剪下来，虽然我现在没时间读，但日后看看这些文章大概很有意思。

1940 年 6 月 4 日

注释

1. 第 7 装甲师官方战史指出，该师当日的损失是 89 人阵亡、116 人负伤、173 人失踪。这个数字是他们攻入法国期间所遭受损失的 4 倍。

2. 隆美尔说的"英军重型坦克"显然是玛蒂尔达 II 型步兵坦克，这款坦克重达 26 吨。"重型"还意味着，与德军三号坦克（20 吨，时速 22 英里）和四号坦克（22 吨，时速 20 英里）相比，玛蒂尔达 II 型坦克的速度更慢。但英军坦克旅的实力此时只剩一个连，16 辆坦克，其中只有 1 辆玛蒂尔达 II 型。

3. 曼弗雷德·隆美尔注：第二次世界大战期间，德国为个人英勇颁发的勋章如下：

   （a）二级、一级铁十字勋章（一级铁十字勋章主要颁发给军官）；

   （b）金质德意志十字勋章（这是一级铁十字勋章与骑士铁十字勋章的中间等级，颁发了大约 3000 枚）；

   （c）骑士铁十字勋章（颁发了 1500—3000 枚）；

   （d）骑士铁十字勋章橡叶饰（颁发了 250—300 枚）；

   （e）骑士铁十字勋章橡叶双剑饰（颁发了 80—100 枚）；

   （f）骑士铁十字勋章橡叶双剑钻石饰（颁发了大约 30 枚）。

   战争后期，这些勋章也颁发给取得指挥功绩的军官。

第三章 突破索姆河

亲爱的露：

　　今天，我方第二阶段的攻势开始了。一个钟头内我们就要渡过运河 [索姆河这一段已改造成运河]。我们的时间很充裕，所以我觉得一切都准备妥当了。我会从后方观察这场进攻。我希望欧洲大陆的战争两周内结束。我这里每天都收到大量信件，全世界都发来祝贺。我没拆这些信件，因为根本没时间。

　　　　　　　　　　　　　　　　　　　1940年6月5日，凌晨3点30分

　　这场攻势由博克集团军群在右翼沿索姆河发动。埃纳河对面的伦德施泰特集团军群4天后加入。博克获得5个装甲军中的3个，其中2个编为克莱斯特装甲集群，对亚眠—佩罗讷地区遂行钳形攻势，霍特装甲军负责打击亚眠与阿布维尔之间的最右翼。古德里安向英吉利海峡实施决定性突击，立下赫赫战功后获得擢升，另外2个装甲军编为古德里安装甲集群，向东开入色当西南方勒泰勒附近的埃纳河地段。每个装甲军辖2个装甲师和1个摩托化步兵师。

　　德军最右翼的突击，6月18日夜间到达鲁昂南面的塞纳河河段 [这段征程70英里]，随后紧跟后撤之敌渡过塞纳河，这番战果，主要归功于隆美尔装甲师经过两天苦战后迅速达成突破。但克莱斯特装甲集群在右翼遂行的主要突击不仅进展缓慢，而且越是攻往巴黎方向，遭遇的抵抗越顽强。相比之下，古德里安装甲集群6月9日发动进攻渡过埃纳河，迅速取得进展。因此，克莱斯特装甲集群调往东面，支援埃纳河上的突破，这场突破成为决定性打击。古德里安装甲集群转向东南方，直奔瑞士边境，一举切断马其诺防线法军右翼的后撤路线。此时，法国军队在各处的抵抗土崩瓦解，6月16日夜间被迫提出停战。

　　虽说古德里安发展埃纳河上的突破深具决定性，但隆美尔在另一侧的突击，可以说导致了法国军队的崩溃。这个事实让他对强渡索姆河行动的开始和发展所做的记述更加重要，他的师在渡河和发展胜利期间一直担任先锋。

隆美尔在隆格普雷与昂热之间发动进攻。这里有一片平坦、沼泽化的"中间地带"，宽 1 英里左右，位于索姆河北岸的德军阵地与河流南面斜坡上的法军阵地之间。两条铁路横跨这片地区，利用不同的桥梁跨过索姆河，然后沿岸堤穿过河边的草甸，再经另外两座桥梁跨过昂热—隆格普雷公路。

法国人在昂热和隆格普雷附近炸毁索姆河上连接公路的桥梁，但没有破坏离他们防线很近的两座铁路河桥和两座铁路旱桥。这是因为按照原先的作战方案，他们还要利用这些桥梁发动进攻，结果为这种疏忽付出了沉重的代价。为防范对方改变主意炸毁桥梁，隆美尔 6 月 5 日发动进攻前，不分昼夜地以火炮和机枪火力掩护这些桥梁，6 月 5 日清晨完好无损地夺得 4 座桥梁。拆除铁轨，他的坦克和其他车辆顺利渡过河流和沼泽地带，耽搁的时间比被迫构筑桥梁和堤道少得多。

以这样的方式克服多重障碍是个了不起的壮举。要是法国人炸毁公路上最后一对桥梁，那么德国人夺得河上的桥梁也无济于事。法军指挥部举行过理论性演习，可他们认为隆美尔根本不可能在此处取得胜利。

4 点 15 分左右，我带着卢夫特中尉和我的通信参谋驱车赶往炮兵指挥所，我们在那里观看强渡索姆河这场重要进攻的开始。炮火准备准时发起，从我们所在的有利位置望去，眼前的场景的确令人惊叹不已。我方炮弹爆炸时发出的闪光似乎覆盖了所有地方，几乎听不到敌人的还击火力。

这里的情况很顺利，于是我们驱车赶往第 6 步兵团第 2 营架桥点，5 点左右收到的报告说，这里的铁路和公路桥完好无损地落入我们手中。工兵营一部已经在铁路桥上忙碌起来，拧下铁轨上的螺栓，搬走枕木，为师里的车辆驶过桥梁肃清道路。索姆河对岸，冯·翁格尔上校 [1] 指挥的步兵团顺利向前推进。我们偶尔听见短促的机枪射击声。我把通信车留在北岸，指示车组人员等桥上的铁轨清理完毕，

---

① 译注：翁格尔上校是第 6 步兵团团长，后来担任第 7 步兵旅旅长，1941 年 8 月在战斗中阵亡。

就赶紧过河，我和卢夫特中尉步行走过索姆河上的桥梁。我的通信车清晨6点驶过桥梁，炮兵、防空部队、第25装甲团紧随其后。渡河行动的进展有点慢，因为需要工兵清理的铁轨和枕木太多。

此时，我带着通信组驱车驶向最前方。我们的车辆翻越陡坡时遇到些麻烦，因为这些陡坡没有任何道路或小径。我和卢夫特中尉、海登赖希下士走入玉米地，想用望远镜察看第6步兵团两个营的情况。我们从通信车走出去几百码，一名法国兵突然出现在前方的玉米地里，很快又迅速消失了。

海登赖希走过去，找到个法国伤兵，身边架着挺机枪。我们在附近又找到更多法国兵，有的死了，有的负了伤。我师的炮火准备显然重创了敌军阵地。

在此期间，第25装甲团、炮兵、防空部队的先遣车辆到达索姆河西南面陡坡。罗滕堡上校和他的副官在装甲团前方渡过索姆河，奉命跟随第6步兵团沿宽阔的河谷赶往116高地后方，在那里占据阵地，准备进攻勒凯努瓦 [位于索姆河前方5英里]。任务简报期间，法军机枪火力几次迫使我们隐蔽。

过桥的交通又一次停了下来。一辆四号坦克的右履带脱落，彻底堵住道路，导致其他坦克和车辆无法通行。众人设法把坦克拖过桥去，但收效甚微，因为枕木卡在橡胶包边负重轮间，还把道砟推到负重轮前方。其他坦克又推又拉，总算把这辆四号坦克弄过桥去。耽误了整整半个钟头，渡河作业才渐渐恢复正常。

到上午9点，我们朝西南方的进攻取得不错的进展。盘踞在昂热的敌人一直从那里的桥梁建筑阻止我们前进，为消灭他们，我们派出一整个装甲营打击村子西郊。他们接到命令，只朝西郊之敌开火，不要卷入夺取村庄的战斗。村庄随后由奉命赶去的装甲工兵连肃清。我们看着装甲营离昂热越来越近，很快听见他们的射击声。这群坦克随后掉转方向，驶上西面的高地，但越过最高山脊的坦克寥寥无几，大多卡在高地上。驶上高地陡坡的这条路线选择得不太好。离开坦克的车组人员突然遭到敌机枪火力打击，在这片无遮无掩的地带蒙受了伤亡。此时，冯·菲舍尔上尉[①]率领一队自行火炮开抵，开始炮击昂热西郊。其他部队奉命进入

---

① 译注：菲舍尔上尉是第705摩托化步兵炮连连长，该连隶属第7步兵团，配备150毫米自行步兵炮。

登陆场阵地,为即将发起的冲击做好准备。

肃清昂热村的战斗依然不顺,我最终投入冯·哈根上尉的摩托车营[①]。该营疏开队形,步行发起冲击,我驱车返回他们身边给冯·哈根上尉进一步下达命令时,该营正要出发。没等我做出指示,昂热村射出的机枪火力击中我的装甲车。子弹撞上装甲板,幸亏没侵透,但直接命中装甲车上安装的天线和机枪。八轮装甲通信车上的一名军士待在我们身后,头低得太慢,结果身负重伤。盘踞在昂热的敌人继续以火力覆盖道路,但摩托车营终于发起冲击,很快实现了目标。

从12点起,敌人开始以重型火炮轰击我们的索姆河渡口区,我师缓慢而又稳定地向前开进之际,雨点般的炮弹落在道路两侧。索姆河西面的高地,以及我们为进攻行动整装列队的洼地,也沦为这场断断续续的猛烈炮击的目标。敌军炮火造成的伤亡不大,但严重影响士气。索姆河西面的登陆场陆续挤满各兵种的部队,很快就人满为患。

海德肯佩尔中午报告,第5装甲师要到16点才能发动进攻,第2摩托化师到目前为止只取得2000码进展。面对这些情况,我还是下令16点恢复进攻。

命令要求第25装甲团穿过第6步兵团攻往勒凯努瓦。第37装甲侦察营尾随其后,掩护装甲团两翼的后方,行进间朝道路两侧看上去可疑的树林开火。第7步兵团搭乘载具跟在他们身后。炮兵和高炮部队受领的任务是,掩护从集中地域出击的全师,尔后跟随突击部队向前跃进。进攻开始后,步兵部队负责占领先遣力量夺取的地域,进驻这些地域的炮兵、反坦克、高炮部队呈纵深配置,以这种方式提供最大限度的炮火支援,击退敌人从西面、南面或东面而来的一切反扑。

我下达了这些口头命令,没受到敌军炮火干扰,他们的炮弹仍断断续续地落入我方地域。16点整,我方坦克投入进攻,各兵种的协同非常完美,这一点可能归功于和平时期的反复演练。阻挡我们的法国殖民地部队,在116高地、104高地南坡的小树林内掘壕据守,凭借他们配备的大批野战炮和反坦克炮殊死抵抗。敌人的火力起初不太猛烈,我方坦克和侦察营经过时,朝树林射出雨点般的火力。

---

① 译注:第7摩托车营营长是冯·施泰因凯勒少校,1940年5—6月,冯·哈根上尉暂时接替他指挥该营。

我和卢夫特乘坐指挥车，跟在坦克纵队后方附近，在此期间与海德肯佩尔和几个团保持良好的无线电通信。敌人的火力不时击中我这辆指挥车的装甲板，迫使我们一次次低头隐蔽。勒凯努瓦北郊，激烈的战斗爆发开来。尽管敌人在镇郊巧妙地构设了阵地，但第25装甲团还是以惯常的方式肃清敌人。

勒凯努瓦城堡围墙处的战斗就是个典型的例子，据守在这里的是个黑人营。他们拆掉围墙上的石块，构成许多射孔，大批机枪和反坦克炮利用射孔，朝迎面而来的坦克倾泻火力。可他们在这里也没取得战果，因为我方坦克的速射，特别是四号坦克射出的炮弹，很快粉碎了对方的抵抗。一个装甲营绕过勒凯努瓦向西而去，罗滕堡率领装甲团主力，紧贴城堡围墙向前推进。跟在他们身后的装甲车长时间压制敌人，等待步兵先遣力量赶到。

射击和战斗毫不间断，我方坦克从勒凯努瓦两侧绕过，进入该镇南面开阔、无遮无掩的平原。他们穿过一片片高高的玉米地，途中遭遇的敌人不是被消灭，就是被迫撤离。我们抓获大批俘虏，许多人出于绝望喝得酩酊大醉，这些俘虏大多是黑人士兵。按照军部指示，我们的当日目标是奥尔努瓦以东地域，我决定19点25分继续进攻，穿过蒙塔涅法耶尔和卡姆昂亚眠努瓦。命令迅速下达。装甲团的坦克经过里安库尔森林，以炮火消灭了集中在森林内的大批敌人。我们左侧，敌人一辆油罐车起火燃烧，腾起巨大的烟柱，大批鞍辔齐全的马匹在平原上驰骋，马背上却没有骑手。敌人从西南方射来的猛烈炮火落入我师队列，但无法阻止我们继续进攻。坦克、野战炮、反坦克炮沿宽大的正面推进，呈纵深配置，搭载着步兵迅速越过道路东面的原野。平坦的平原上，巨大的尘云腾入傍晚的天空。

军部的命令送抵，没批准我们穿过蒙塔涅法耶尔 [索姆河前方 8 英里] 继续前进，因为我师有可能遭到己方俯冲轰炸机攻击。因此，我以口头和无线电的方式下达停止前进的命令，各部队就地据守。此举导致我师与实力强大的敌人展开激战，特别是在我们右翼。敌坦克也出现了，但很快就被我们的88毫米高射炮、反坦克炮或坦克干掉。敌人在我方阵地南面、东面、西面占据的地域遭到猛烈轰击，我们为此投入所有可用的火炮，打消了对方的进攻企图。21点10分，我通过师部发出电报："前方一切平静，敌人已被粉碎。"随后我驱车返回师部。

次日（6月6日）清晨，我一早离开师部，在汉克护卫下，驱车找到第25装甲团团长，昨天傍晚和夜间，几处爆发了激烈交战，我们对付的是敌坦克和黑人士兵。我方一个高炮连与敌炮兵交火期间，损失几门88毫米高射炮。直到上午9点，我才把团长和几名营长召集起来，向他们简要介绍当天的作战行动。

进攻10点发起。我们紧跟在装甲团身后。全师疏开队形，沿宽达2000码的正面推进，纵深达到12英里，简直就像演习。我们以这种布势登上高地，冲下山谷，越过公路和小径，径直穿过田野。我方车辆经受了考验，表现得很好，就连不适宜越野的车辆也是如此。由于坦克不时与敌人交火，这场进攻速度较慢，足以让步兵跟上，与装甲部队保持紧密联系。

经过激烈战斗，第7步兵团夺得埃尔米利。装甲团沿宽大的正面向南挺进，没经过战斗就越过科利耶尔—埃普勒谢尔公路[索姆河前方20英里]。几个毫无戒心的平民驱车行驶在公路上，结果被我们拦下。我们看见巨大的尘云从后方逼近，表明第6步兵团的运兵车即将赶到。

隆美尔6月7日取得的进展超过30英里，这场挺进切断了法国第10集团军，该集团军据守的防区从亚眠延伸到海边。英国第51高地师和第1装甲师隶属第10集团军，第51高地师部署在沿海侧翼。

上午9点左右，我离开设在卡姆昂亚眠努瓦的师部，和施雷普勒驱车出发，取道普瓦赶往埃普勒谢尔。通往普瓦的主干道上，我们遇到第6步兵师①以马匹拖曳的队列和火炮。遭受猛烈炮击后的普瓦满目疮痍，法国人在所有道路上构设了沙袋路障。许多地方仍在燃烧，但普瓦似乎没发生激烈的战斗。

我在埃普勒谢尔与军长简短会晤。霍特将军称赞了第7装甲师在索姆河南面取得的战果，简要介绍了后续作战方案，随后批准我为6月7日的进攻下达的命令。他甚至认为，以敌人目前的状况看，我们当天一路前出到鲁昂也不无可能。

我们随后赶往蒂厄卢瓦南面的184高地，左路纵队奉命上午10点从这里发起

---

① 译注：疑为第6步兵团。

进攻。我们在途中超越了第 6 步兵团和第 37 侦察营。在 184 高地，我与罗滕堡简短地商讨了一番，强调了进军期间需要注意的重点：避开村庄（大多数村庄都设有路障）和主干道；直接穿过田野前进，这样就能突然出现在敌军侧翼和后方。

1944—1945 年，盟军装甲部队很少采用穿越田野的进军方式。如果采用这种进军方式，他们也许能避免多次遭受的延误。

坦克出发了。

错误的路线，再加上利用地图修正路线过于缓慢，第 25 装甲团起初有些耽搁，但他们的进攻很快就顺利向前。

这场进军径直穿越野地，越过没有道路和小径的田野，上坡，下坡，穿过树篱、围栏、高高的玉米地。装甲部队精心选择了进军路线，这样，第 37 侦察营和第 6 步兵团越野性能欠佳的车辆也能跟随坦克履带留下的车辙印前进。

除了散兵游勇，我们没遇到敌军，但他们丢在开阔地的军车和马匹的情状表明，我们到来前不久，他们刚刚逃离。我们在弗基耶尔附近俘虏 4 名法国士兵，其中一人身负重伤，却一直朝我方坦克开火射击，直到坦克开到他面前。所有道路上挤满逃难的平民，也有士兵。有时候我们震惊地发现，难民乘坐的卡车停在旷野，男女老幼蜷缩在车子下面，惊恐万状地匍匐爬行。我们经过时朝他们大声呼喊，让他们回家去。

维莱尔东面，敌人两门步兵炮和一辆轻型坦克朝我方战车开火，结果很快就被干掉。活着的敌军士兵迅速逃入树林。

从巴藏库尔起，我们先沿田野小径行进，尔后径直穿过田野奔赴梅纳瓦尔山，没经历任何战斗就于 17 点 30 分到达那里。我们途中经过的农场，当地居民匆匆收拾行李，把被褥从楼上的窗户扔到院子里，要是我们还没到来的话，他们很快就要上路了。

另一些农场，已套好缰绳的马车堆得满满当当；妇女和儿童一看见我们就转身逃走，任凭我们怎么呼喊也不肯回家。唯一的例外发生在梅纳瓦尔山，我们在这里遇到个农夫，以前作为战俘在德国待过。他带着全家人来到我们面前，同我们握手，然后去地窖取来苹果酒款待干渴的德国军人。他说他了解德国人，没什么可怕的。

第 25 装甲团占领梅纳瓦尔 [索姆河前方 45 英里] 周边高地之际，第 37 侦察营奉命朝西面和西南面侦察搜索，直到西吉两侧的昂代勒河 [梅纳瓦尔前方 7 英里]，主力前出到他们的下一个目标梅桑格维尔。

我确定装甲团已占领梅纳瓦尔周围重要的高地，就驱车赶往舒尔茨上尉的装甲连，该连奉命进入索蒙 [福尔日莱索附近] 西面的森林地带，一路前出到主交叉路口。德国军队出现在索蒙附近巴黎通往迪耶普的主干道上，决定了大批法军车辆的命运。我赶到时，舒尔茨装甲连已俘获 40 多部车辆，车辆仍从两个方向驶来。该装甲连在索蒙东面的树林内也取得重大战果，缴获一座大型军火仓库。他们在某些地段经过激烈战斗，很快抓获了 300 名俘虏，包括一个法国军的补给部门，还缴获 10 部战斗车辆和 100 辆卡车。我们沿迪耶普—巴黎主干道返回，途中遇到一名德国装甲兵，开着法制牵引车，后面拖了辆坦克。这名年轻的士兵一脸兴奋，对自己缴获的战利品充满喜悦。我们驱车返回设在马尔科凯的新师部。一如既往，沿尘土飞扬的狭窄道路返回，与迎面而来的漫长车队交错而过不是件容易的事，没等我们回到师部，夜幕已降临。待我们到达，发现师情报参谋齐格勒少校 [1] 在院落里审问几名英法军官。我们当天抓获的俘虏、缴获的战利品非常多，而且还在不断增加。我方的损失微不足道。

亲爱的露：

你的生日恰好是我赢得重大胜利的一天。我们的进展非常顺利。敌人土崩瓦解的迹象越来越多。我们这里一切都好，非常好。我睡得很香。

1940 年 6 月 7 日

目前据守昂代勒河的是兵力虚弱的英国军队。为应对德军突破造成的紧急

---

① 译注：总参少校约阿希姆·齐格勒后来转入武装党卫队，任党卫队第 11 "诺德兰" 装甲掷弹兵师师长，1945 年 5 月在柏林保卫战期间自杀身亡。

状况，他们从守卫交通线的部队抽调了9个步兵营，组成一股临时性力量，匆匆部署在迪耶普到塞纳河这条60英里长的防线上，以掩护鲁昂。他们没有火炮，反坦克炮也寥寥无几，但当时在后方整补的第1装甲师拼凑了一个旅，以90辆坦克加强防线中央地段。隆美尔次日在该装甲旅两股力量之间突破昂代勒河防线，该旅向南退却，抢在陷入包围前在加永渡过塞纳河。

6月8日清晨，6点刚过我就打电话给军作训处长，向他汇报当前态势，还就计划中对鲁昂的进攻提出建议。我认为第7装甲师应当前出到鲁昂以东4英里，以炮火佯攻这座城市，师主力转向西南面，目标是在埃尔伯夫[鲁昂西南方15英里]突袭夺取塞纳河上的桥梁，截断塞纳河河弯。

军作训处长批准后，我和几名随行人员马上驱车赶往梅纳瓦尔教堂，还指示各级指挥官8点30分在那里碰头，听取口头简报。为加快进军速度，我亲自指挥先遣营。我们10点30分出发。低空飞行的敌机对先遣营发起攻击，但收效甚微，这说明该营准备得非常充分：他们的对空防御相当强大。我们驱车穿过阿尔格伊南郊，镇内没发现敌军踪迹。此时，师主力已奉命出发，他们动作很快，一路前出到西吉，先遣装甲连在这里遭遇敌军火力，立即予以猛烈的炮火。

短暂的交火期间，敌人炸毁了昂代勒河上的桥梁。我们从几百码外看到整个经过，立即前调身后的榴弹炮连，让他们在开阔地加入战斗。一个摩托车连赶到，几门高射炮也部署就位。几条道路已肃清，车辆驶入铁路路堤旁的隐蔽处。与此同时，我寻找着让坦克渡过昂代勒河的机会，发现西吉南面400码也许能徒涉。装甲连一部立即调到此处渡河，支援已到达对岸的步兵。

东岸附近的水深超过3英尺，但前几辆坦克顺利渡过，很快就超过步兵。可是，第一辆二号坦克渡河时，在河中央熄火，挡住了身后的车辆。就在这时，几名英国士兵高举双手，涉水朝我们走来。在他们的帮助下，我方摩托车兵着手改进渡口。他们把附近炸毁的铁路桥残块抛入徒涉场最深处，还锯断河边的柳树，用于改进徒涉场的通道。已渡过昂代勒河的一辆三号坦克返回，把熄火的二号坦克拖过河去。

就在这时，我收到电报，绍凡特中尉的侦察部队成功阻止了敌人炸毁诺尔芒维尔公路、铁路桥的企图，目前牢牢控制了两座桥梁，正以他的侦察部队在对岸构设登陆场。

听到这个好消息，我立即停止了西吉的行动，命令所有部队全速向南，在诺尔芒维尔渡过昂代勒河。师突击群过桥后继续向西。14 点，我们从西面攻克西吉，俘虏 100 名英国官兵。

我们目前采用的进军路线，尽可能绕开所有村庄。前几天我们离开道路遂行的越野突击取得不错的战果。第 25 装甲团准时发起进攻。起初，我们在途经的小村庄没遇到敌人。过了段时间，我们发现敌人的摩托车传令兵和车辆突然汇入我方坦克纵队，还在各处听到零星的枪炮声。

快到 20 点，一个装甲连奉命沿鲁昂公路行进，赶去夺取城市东面 5 英里的十字路口，为开赴那里的炮兵和高炮部队提供支援。我打算以远程炮火引发鲁昂周边之敌的恐慌，掩盖我真实的作战意图，也就是当晚晚些时候在埃尔伯夫夺取塞纳河上的桥梁。装甲连 20 点前到达十字路口，但左路纵队的进展不尽如人意，队列尾部显然卷入了马尔坦维尔周围的战斗，因此，我们无法把重型火炮和高射炮迅速部署到十字路口周围。

这场战斗似乎是英军临时拼凑的部队与德军擦肩而过造成的，他们向南退却，恰好越过隆美尔的进军路线。这场快速而又短暂的战局期间，隆美尔多次遭遇英国军队的方式，以及双方路线相交的情形，堪称他们日后角逐的伏笔。

天色渐暗，我徒劳地等待己方纵队开抵，最后，第 7 步兵团一部赶到了。显然，右路纵队也卷入了战斗，有时候，激战声近得危险，我们不得不离开道路，隐蔽在灌木丛里。之后，我方人员开始从四面八方押来俘虏，有时候还在隐蔽的停车场发现敌军车辆。最后，天色彻底变黑前，电报传来，右路纵队已到达鲁昂东面 5 英里的十字路口，与左路纵队取得联系。我们赶紧驱车赶往第 25 装甲团，命令他们攻往塞纳河上的桥梁。大约 15 分钟后，第 25 装甲团和第 7 摩托车营组成的左路纵队作为先遣力量出发，赶往塞纳河。我们带着通信分队跟在装甲团身后。没过多久天就黑了。我们途中遇到一辆抛锚的敌坦克，似乎是一条履带损坏，被车组人员丢弃在这里。

我们在博奥东郊跨过鲁昂通往蓬圣皮埃尔的主干道，第25装甲团的队列尾部遭到敌坦克或反坦克炮打击，彼此相距100码左右。由于引擎发出的轰鸣，我方坦克车组可能没听见炮声和炮弹爆炸声，一分钟内，我方坦克没有一辆还击，整个车队继续向西南方稳步行进。因此，敌火炮朝我们发射了10—15发炮弹，却没遭到反击火力。异乎寻常的是，我方坦克无一中弹。为了让各坦克车组知道右翼遭受的威胁，我命令最靠近的装甲车车长以曳光弹朝敌人开火。此举马上促使各辆坦克投入战斗，一举打哑了敌人的火炮。然后，我们彻夜行进。

黑暗中行军不是件容易的事，再加上我们的地图不够准确，这就造成很大的困难。我们驱车驶过一座座村庄，引擎的轰鸣惊醒了熟睡的村民，他们以为来的是英国人，纷纷涌上街道欢迎我们。我们驶过敌人一个高射炮连，警卫室仍亮着灯，经过时，敌哨兵朝我们敬礼。直到第二天早上，我们才发现几门高射炮已做好战斗准备，就布设在几码开外。我们在莱奥蒂厄转身向南，午夜前后到达索特维尔村，成为第一支前出到塞纳河的德军部队。

蜿蜒的道路上，一辆辆坦克停下，发出刺耳的刹车声。河对岸偶尔腾起一发照明弹。穿过塞纳河河谷的铁路线上，也有几处亮着灯光。这里见不到敌人，从各方面看，我们突袭夺取塞纳河桥梁的行动大有希望，几座桥梁就在9英里外。

无线电通信中断，夜间经常发生这种事，我们与师部和其他纵队早已失去联系。装甲纵队沿塞纳河河谷而行，离埃尔伯夫越来越近。我们行驶到一座铁路桥下方，一名妇女从道路右侧的屋子里跑了出来，冲到我的指挥车旁，抓着我的胳膊，焦急地问我们是不是英国人。我的回答让她倍感失望。我让装甲团停下，获得5辆三号坦克加强的摩托车营调到装甲团前方，任务是继续前进，派几支突击队夺取埃尔伯夫的两座桥梁，每个突击队获得几辆坦克支援。尔后，他们要牢牢控制桥梁，确保桥面畅通。摩托车营穿过装甲团前调，还要与坦克混编为突击力量，这花了点时间。此时，我们还是无法联系上师里其他部队。

时针嘀嗒作响，指向1点30分，我们焦急地等待各突击队的消息。他们早该到达埃尔伯夫的桥梁了。2点过后不久，我率领第25装甲团赶往埃尔伯夫，想亲眼看看突袭的进展。我知道，再过1—2个钟头天就亮了，装甲纵队停在塞纳河河谷的道路上极不安全，因为敌人很可能在对岸部署了炮兵。因此，我希望赶在拂晓到来前，不惜一切代价把主力转移到塞纳河一侧或另一侧的高地上。

进入埃尔伯夫，我们的车辆挤在塞纳河北面各条狭窄的街道上，情况混乱无比。我不得不步行向前，找到第7摩托车营头部。这才发现，尽管该营已到达埃尔伯夫一个多钟头，可各突击队还没有发起突袭夺取桥梁。他们告诉我，摩托车营进入埃尔伯夫后，发现桥上挤满民用和军用车辆，交通极为繁忙。另一名军官告诉我，桥梁附近遭到火力射击。

情况很混乱，摩托车营在距离桥梁几百码的镇内待了整整一个钟头，现在，成功的希望相当渺茫。但我觉得也许还有机会，于是命令摩托车营营长立即突袭两座桥梁。在夜色掩护下，我来到距离桥梁更近的地方。

平民百姓站在各条街道周围，各个十字路口堆砌着沙包街垒，某个路口躺着具法国兵的尸体。各突击队整装，又耽误了宝贵的时间。第一支突击队终于出发了，此刻是[6月9日]3点前不久。可他们没能到达桥梁，因为走出去还不到100码，敌人就炸毁了桥梁。几分钟后，第二支突击队遭遇同样的情况。从西到东，由近到远，剧烈的爆炸声接连传来，法国人炸毁了塞纳河上的所有桥梁。

我对行动的失败愤怒不已。我不知道师主力目前在何处。夜间行进期间，我们把敌人据守的许多村庄甩在身后，拂晓时，我看见鲁昂附近的空中有两具观测气球。看来我们要准备战斗了。于是我决定撤离这片孤军深入的狭长地域。部队迅速退却，幸亏塞纳河盆地笼罩在薄雾下，我们不用担心敌人从对岸开炮射击。

亲爱的露：

美好的两天，我们一直在追击，先是向南，尔后转向西南方。这是场轰轰烈烈的胜利。我们昨天行进了45英里。

1940年6月9日

我们很快会在索姆河与塞纳河之间到达海边。尽管我一直在路上奔波，但身体状况很好。我们取得巨大的战果，依我看，敌人迅速崩溃是不可避免的。

我们从没想到西方战局会这样。好几天没收到你的信了。

1940年6月10日，清晨5点

我师着手肃清既占地域。在此期间，第 5 装甲师攻克鲁昂。下午晚些时候，我师接到指示，做好攻往勒阿弗尔的准备，军部发出的确认令傍晚送抵。我们的作战方案是迅速前出到海边，切断 2—3 个英法步兵师和 1—2 个坦克营经勒阿弗尔港口逃窜的路线。第 25 装甲团接到命令，率先开入皮西西南地区。装甲侦察营的任务是尽快占领伊沃托 [鲁昂西北方 22 英里] 东郊，再朝海边搜索前进。我打算率领师主力，尽快跟随侦察营前进，然后冲向海边。

这就是说，隆美尔先从索姆河奔向西南方的塞纳河，到达塞纳河后，又要呈直角转向西北方。

[6 月 10 日]7 点 30 分，我驱车绕过鲁昂北部赶往巴朗坦，途中用电台命令师主力与我会合。伊沃托东面的侦察营报告了道路遭爆破的情况。他们还几次报告，抓获了有车辆和没有车辆的英军俘虏。有个平民声称当天清晨 5 点刚刚离开勒阿弗尔，于是他们把他送来交给我讯问。我提出问题，由一名会说法语的军官翻译，这个平民说他昨天只看见几个英国兵坐在咖啡馆里，没有兵团，也没有部队。各条道路一周前就做好在若干地段实施爆破的准备，但路上没有埋设地雷，只有些障碍物，可能要曲折绕行。此人说他要去巴黎，我觉得他说的情况挺可靠。因此，目前似乎没必要担心敌人从勒阿弗尔方向构成威胁。我把他交代的情况用电台发回师部。加满汽油后，装甲团 9 点 20 分动身赶往伊沃托，与此同时，我命令侦察营立即朝沃莱特 [伊沃托以北 20 英里的海边] 方向搜索前进。

这些命令刚刚发出，海德肯佩尔少校就发来电报，据悉，一股实力强大的敌摩托化纵队从圣桑北面的森林向西开拔，根据相关情况判断，这股力量很快会到达伊沃托。因此，侦察营奉命立即封锁圣桑—伊沃托主干道，只要敌军出现就立即开火。我率领一个重型和一个轻型高炮连，穿过装甲团全速赶往伊沃托。10 点前不久，我到达镇东面的岔路口，几分钟后，两个高炮连先后开抵。他们迅速进入阵地，奉命以猛烈的火力覆盖道路，此时，敌人的大批车辆已出现在路上。

10 点 30 分左右，装甲团到达伊沃托，我派侦察营攻往乌尔维尔东面 2 英里的十字路口，装甲团紧随其后，沿同一条道路行进。我随即把通信分队派到第一批坦克身后。师里其他部队也通过电台收到迅速跟进的命令。两支队伍沿道路行进，装甲力量居左，侦察营居右，有时候齐头并进。只要地面状况合适，坦克就沿路边小径行驶。我师现在以25—40英里的平均时速全力赶往海边。我通过师部命令各部队全速前进。到目前为止，我们还没发现值得我们注意的敌军。

我们逼近卡尼—费康主干道时，侦察营派来的摩托车传令兵报告，冯·卢克上尉[①]在主干道上发现敌卡车车队，正在围捕对方。我们立即驶向这条公路，发现少数敌军车辆已向西逃窜，但还有不少被挡在东面的道路上。看上去对方是个规模很大的编队。我马上命令不断开抵的先遣坦克、装甲车、轻型高射炮立即朝停在路上的敌人开火。很快就有大批英法官兵沿着道路跑来，向我们投降。迅速审讯一番后，我们获知对方是法国第31师先遣部队，该师本打算当日下午在费康登船。他们当中还有些走散的英国士兵。敌军车队很快被打垮，我方装甲车和高射炮冒着炮火出发，师里的车辆再次向海边全速前进。我带着通信排行驶在装甲团前方，穿过勒佩蒂特达尔到达海边[费康以东10英里，沃莱特以西6英里]。

广阔的大海，两侧峭壁林立，这个场景让每个人激动不已，我们已到达法国海岸，这个想法也让我们兴奋至极。我们下车，沿布满鹅卵石的海滩向前走去，直到海水拍打我们的军靴。几名身穿防水长外套的摩托车传令兵一直向前，海水很快没到他们的膝盖，我不得不把他们叫回来。我们身后的罗滕堡乘坐指挥坦克赶到，穿过堤岸驶入海里。我们的任务完成了，一举切断敌人撤往勒阿弗尔和费康的道路。

没过多久，旅长菲尔斯特上校带着一名法军炮兵团团长和另外几个法国军官赶到。这位法国上校对我们的前进速度深表钦佩，除此之外，他没交代任何情况。

就在这时，侦察营发来报告，说他们在费康东面的高地遭受到敌人的沉重压力。我和海德肯佩尔简短地商讨了态势，随即驱车赶往费康，却发现侦察营已控制住局面。绍凡特中尉率领的突击队攻克敌人一座海防炮台，对方一直以猛烈的炮火轰击侦察营。我们驱车朝炮台驶去，但离开车辆后只走出去200码，因为敌人仍

---

①　译注：第37侦察营营长埃德曼少校阵亡后，冯·卢克上尉接掌该营，他后来晋升上校，任第125装甲掷弹兵团团长，战后撰写的回忆录《装甲指挥官》非常畅销。

从镇子西侧和南面的高地射来炮火。从我们占领的炮台望去，镇子和港口的情形一览无遗，那里显然还有强大的敌军。

两个装甲连开抵，摩托车营奉命赶去支援侦察营，我决心从费康东郊开赴该镇南面的高地，阻止仍在镇内的敌军向南逃窜，同时尽早占领港口。这个决定引发了与敌人的一连串战斗，我们不止一次被迫更改作战计划。最后，我们冲过图尔维尔，目的是迅速到达从南面通往圣莱奥纳德的主干道。我们不能浪费时间，因为此刻已是22点。我们突然出现在图尔维尔，受到当地居民热烈欢迎，他们显然以为我们是英国人。图尔维尔南面，我们穿过一道路障，一些英国摩托车兵从费康方向而来。他们盯着我们看了一会儿，随即掉转方向，沿来的路线全速折返。我这辆指挥车上的人员想开火，但我阻止了他们，一方面因为我们的时间很宝贵，更重要的是，这会惊动周围的敌人，暴露我们绕开对方的意图。我们在路上遇到个平民，他指着北面说那里还有许多英国兵。没过多久，为首的坦克连发几炮。我不知道干吗要开炮，也没听到敌人的火力。我们继续向前，随后发现刚才那几炮瞄准的是敌人的一道路障。不到一个钟头，天色就会漆黑一片，我不能再缓慢地搜索前进，不得不命令坦克沿道路或贴着路边全速赶往圣莱奥纳德。我亲自率领这些坦克，沿越来越黑的村内街道行驶了一段路程，途中没开一枪。再次进入开阔地后，我们发现英国人已经把他们的车辆驶离公路，藏在灌木丛和树篱后。跟在我们身后的步兵和坦克挑出几部车辆，带上它们一同行进。我们没时间停下，而是全速赶往圣莱奥纳德。身后的摩托车兵与英国人短暂交火，很快打垮了对方。

冯·哈根上尉奉命率领6辆坦克，占领从费康向南穿过圣莱奥纳德的两条道路，封锁路上的交通，设立环形防御。他们没费一枪一弹就完成了任务。可是，我们的摩托车兵穿过两个装甲连向前，装甲连忙着掉头折返，道路上的交通严重堵塞。我给两个装甲连下达了命令，待摩托车营到达圣莱奥纳德，他们就连夜返回装甲团归建。我知道次日一早自己必须待在师部，因而决定跟随坦克一同返回。

当晚23点，我们踏上返程之旅。摩托车营仍严密地封锁公路，只有一个装甲连能跟我一同回去。我们驱车行驶在第三辆坦克身后。途中，我们与一些敌军车辆交错而过，对方显然在黑暗中驶入了摩托车营的车队，车上的人员被俘，有些俘虏看上去似乎奋力反抗过。突然，反坦克炮火从前方村庄袭来，为首的坦克履带中弹。敌人的火炮随即沿道路快速射击，一发发炮弹从我们头顶掠过。我们前方的几辆坦克没有还击，径直驶上道路两侧的路堤。最前方那辆坦克仍停在中弹处。我的座车与敌人的火炮仅隔150码，一发发炮弹贴着车顶呼啸掠过，情况糟透了。两三分钟后，我方坦克仍未开火还击，我跳下车，朝停在道路左侧路堤上的二号坦克跑去，在那里还遇到为首那辆坦克的车长。我告诉他，我对他没有立即开炮还击，还离开自己的战车很有意见。然后我命令二号坦克，赶紧以坦克炮和机枪朝敌人的反坦克炮阵地开火，让整个车队从左侧通过道路上这段瓶颈。

二号坦克终于开火了，不出我所料，20毫米炮弹和机枪射出的曳光弹犹如一场烟火表演，迅速打哑了敌人的火炮。我们设法把半履带指挥车驶上路堤，但对普通指挥车、装甲车、摩托车来说，这道路堤太陡，没法开上去。于是我派他们返回，跟摩托车营一同过夜。

我们随后跟随装甲连出发。漆黑的夜间找到穿越田野的道路不是件容易的事，我们随时可能遭遇敌人，因而要保持高度警惕。

亲爱的露：

　　昨天追击了60多英里，到达迪耶普以西的海边，切断了几个英法师。我们夺得两座港口，攻克几座炮台，还炮击敌舰，给她们造成严重破坏。直到凌晨3点我才返回。我们今天的任务是洗澡和睡觉。

1940年6月11日

次日[6月11日]，我师中午前后离开沃莱特，派装甲团和第6步兵团一部沿海岸前出到圣瓦莱里[也就是沃莱特以东6英里、迪耶普以西20英里的圣瓦莱里昂科]。我率领自己的直属分队，跟随装甲团行进。沃莱特东面1英里的高地，敌人的火炮和反坦克炮射出猛烈的炮火，我们转向东南方。可对方的炮火越来越猛烈，几个重型炮兵连也加入其中，所以，我方一切运动频频遭到压制。我们利用每次火力间隙逼近敌人。冒着猛烈的火力，第25装甲团离敌人越来越近，但搭乘装甲运兵车的步兵连却没有跟上。英国人在勒托附近构设了筑垒防线，借此实施顽强抵抗。他们打得非常勇猛，许多地方爆发了白刃战。与此同时，第25装甲团冲向圣瓦莱里西北面的高地，以所有火炮阻止敌人登船。我们带着直属分队，跟随装甲团驶上高地，然后步行向前走了一段距离，察看圣瓦莱里周围的情况。我们看见英军部队在港口设施间穿行，还看见更多敌军携带着火炮和车辆，位于镇北部。

装甲团官兵和师部摩托车传令兵扯开嗓门朝几百码外的敌人喊叫，让他们赶紧投降。接下来几个钟头，我们确实在圣瓦莱里北部劝说一千来人放下了武器，他们当中有不少军官。俘虏大多是法国人，英军官兵相对较少。一名英国海军军官一直在鼓舞部下，打消了他们投降的念头。最后，我们从大约200码外的峭壁上，用机枪射击这名军官，但我们后来发现，子弹没击中他。他趴在一堆石头后面装死，半小时后决定，还是投降为妙。这名英国海军军官的德语非常流利，施雷普勒少校斥责他害得这么多英军士兵负伤，他回答道："要是您处在我的位置，会做出不同的决定吗？"[1]

黄昏时，我把大批会说德语的俘虏放回驻满敌军的圣瓦莱里，让他们劝说其他人21点前投降，打起白旗列队出镇，到圣瓦莱里西面的高地集合。主要是英国人，当然也有些法国军官，拒不接受投降的建议，我们派出的说客空手而归。他们派部下全力构筑路障，还把大批火炮和机枪部署在圣瓦莱里周边阵地，特别是港口区。英国人可能想在夜间恢复登船。

面对这种情况，我师集中了包括装甲团和侦察营（此时已调到前方）在内的所有武器，21点开炮射击。一辆四号坦克击毁了防波堤上的强大路障，敌人的几门火炮部署在那里，顿时陷入一片火海。镇内各处很快也燃起火焰。15分钟后，我命令全师火力转向镇北部，就像我们次日见到的那样，这场炮火深具破坏性，可是，顽强的英国人没有屈服。

尽管当天下午的战斗相当激烈，但我师伤亡不大。令人悲痛的是，第25装甲团的营长肯特尔少校[①]被弹片击中后伤重不治。在此期间，我方步兵到达圣瓦莱里西面的高地，夜幕降临时，坦克撤离前线，轻型、重型高射炮进入阵地。步兵奉命彻夜发射扰乱火力，阻止敌人登船。

---

① 译注：肯特尔是第25装甲团第2营营长。

回到师部，我与海德肯佩尔商讨了当前态势。我们有充分的理由认为，敌人会在夜间设法突围，不是向西就是朝西南方。为应对这种情况，海德肯佩尔谨慎地采取了各种必要的反制措施，但这些措施能否及时奏效值得怀疑。为确定敌人的突围企图，次日（6月12日）清晨6点30分，我驱车赶往前线遭受威胁的地段。穿越田野期间，我看见各处的士兵都构筑了纵深配置的战壕，反坦克炮和高射炮部队也部署就位。为迅速、有效地挫败敌人的突围企图，我7点命令装甲团主力立即出动，接受我指挥。

视察完几个步兵团，我从电台里获悉，敌人在军舰掩护下，搭乘小船驶向停泊在圣瓦莱里东面近海1000—2000码的若干艘运输船。

10点左右，装甲团到达昨日的旧阵地，在此期间，我方一个88毫米高射炮连与一艘敌舰激烈交火，战斗中，2门高射炮被直接命中的炮弹炸毁。圣瓦莱里东北面1000码外，一艘敌运输船驶向外海，我方高炮连已停火。我赶紧命令旁边一门88毫米高射炮朝运输船重新开火，尽管这门高射炮的炮架中弹，4根支架已无法稳定炮身。炮组人员干得很棒，一发发炮弹很快落在运输船周围。可是，由于炮架损坏，这门88炮无法做出必要的修正，与此同时，距离海岸1000码的一艘英国辅助巡洋舰朝这门88炮还击。我下令施放烟幕掩护火炮，此举非常有效。不过，我方炮组人员没能击沉敌运输船，我只好以电台呼叫俯冲轰炸机。没过多久，我遇到一个100毫米炮兵连的前进观测员，指示他立即以炮火打击敌辅助巡洋舰。10点40分，挨了数发炮弹的敌舰起火燃烧，舰员驾驶军舰抢滩。

与此同时，我率领直属分队穿过圣瓦莱里西北面的树林，一路前出到镇内第一排房屋。罗滕堡已奉命带着装甲团驶下通向河谷的道路，逐渐逼近圣瓦莱里镇，镇内许多地方仍在燃烧。以灌木丛为掩护的我方坦克沿狭窄、蜿蜒的道路缓缓驶下，离镇内第一排房屋越来越近，最终进入圣瓦莱里镇西部。我和罗滕堡上校、卢夫特中尉走在坦克旁，没遭遇战斗，我们很快到达内港的西防波堤。对面50—100码开外，站着一群英法士兵，他们犹豫不决，步枪丢在地上。他们旁边还有许多火炮，似乎已被我方炮火炸坏。镇子另一侧火焰四起，镇内到处是军用物资，包括大批车辆。装甲团的坦克缓缓向南行驶，车上的火炮指向东面，就这样驶过停在港口西侧已被我们缴获的一排排车辆。与此同时，我们竭力说服对面的敌军官兵放下武器，走过狭窄的木桥到我们这一侧来投降。几分钟后，英国人终于接受了。起初，走过来投降的人稀稀拉拉，排成单列的队伍间隔很大，但随后过来投降的人逐渐增多。我方步兵来到另一侧，就地收容英法俘虏。

坦克绕过港口南侧朝镇东部驶去，我和步兵跨过狭窄的桥梁来到镇内的广场。市政厅和周边许多建筑物，要么已烧毁，要么仍在燃烧。敌人用车辆和大批火炮设置的路障，也被我方炮火严重损毁。英法士兵从四面八方涌入广场，在这里排成一支支队伍向西而去。我方步兵逐一清理镇内的房屋和街道。

没过多久，一名军士报告，他们在镇东面俘虏了一位法国高级将领，对方要求见我。几分钟后，伊勒尔将军穿着件普普通通的军大衣来到我面前。他走近时，陪同他的军官待在后面。我问伊勒尔将军指挥哪个师，他用磕磕巴巴的德语答道："我指挥的不是师，而是第9军。"

伊勒尔将军宣布，他准备接受我的要求，让他的部队立即投降。但他又补充道，要是部队还有弹药的话，他绝不会来这里投降。

伊勒尔将军的副官会说德语，他告诉我们，第9军辖5个师，包括1个英国师。于是，我要求这位军长返回他的军部，通过自己的指挥链下达命令，让全军投降，打起醒目的白旗立即朝圣瓦莱里方向集中。我想确保己方部队能从远处就看出敌人已放下武器。

我随后请伊勒尔将军和他的参谋人员到圣瓦莱里镇中心广场亮相，还答应了他的请求，同意他保留自己的车辆和随身物品。我命令炮兵停止炮击圣瓦莱里和周边区域，只朝海上的舰船开火。据说第5装甲师11点40分在芒讷维尔[圣瓦莱里东南方2英里]附近与敌坦克交战，我们通知该师，敌人在圣瓦莱里投降了。接下来几个钟头，部下送来不下12名被俘的联军将领，包括4名师级指挥官。最让我们高兴的是，英国第51师师长福琼将军和他的师部也在其中。我与友邻第2摩托化师师长克吕维尔将军[1]确定了分界线。此时，被俘的将领和参谋人员已集中在广场南面的房屋里。原先被俘的一名德国空军中尉刚刚获救，我们派他看押这群

---

[1] 译注：克吕维尔此时在第5装甲师任职，指挥第2摩托化步兵师的是巴德尔将军。

联军将领，他显然对身份的转变高兴不已。

最让我们惊讶的是，英国军官对自己身陷囹圄非常冷静。福琼将军，特别是他的参谋人员，在屋子前方的街道上笑容满面地走来走去。唯一让他们感到不快的是，不得不忍受我方宣传连和其他摄影师频频跑来给他们拍照、摄影。

我邀请被俘将领到德军战地厨房参加露天会餐，可他们婉言谢绝了，说他们有自己的补给物资。于是，我们就自己享用午餐了。需要安排的事情很多，我们得把俘虏送走，特别是他们中的大批军官，还要清理缴获的武器装备，确保海岸安全，同时撤离圣瓦莱里。当晚20点前后我们才回到设在奥贝尔维尔城堡的师部。

我们目前无法统计战俘和战利品总数。光第7装甲师的车辆就送走包括8000名英国人在内的12000名俘虏。据说在圣瓦莱里俘虏的总数达到4.6万人。

亲爱的露：

这里的战斗结束了。今天，敌人一名军长和4名师长在圣瓦莱里镇中心广场来到我面前，被迫向我师投降。真是精彩的一刻！

1940年6月12日

前往勒阿弗尔，视察该镇，途中没发生流血事件。我们以远程炮兵打击海上目标，今天把一艘运输船打得起火燃烧。

英法军队的12名将领在圣瓦莱里镇中心广场向我报到，听从我的命令，你能想象我当时的心情。英军将领和他的师投降最让我们高兴。当时的场面被拍了下来，毫无疑问，很快会出现在新闻纪录片里。

我们得到几天时间休整。我认为法国境内不会再有更激烈的战斗。某些地方，途中甚至有人给我们献花。当地民众对战争结束深感高兴。

1940年6月14日

今天清晨（5点30分）向南出发前，亲爱的，我收到了你6月10日的信件，衷心地谢谢你。今天，我们排在第二线渡过塞纳河，我希望在南岸取得更好的进展。巴黎和凡尔登陷落，再加上萨尔布吕肯附近马其诺防线的大缺口，这场战争似乎会逐渐变为和平占领整个法国。我们与当地居民和平相处，有些地方的居民非常友好。

1940年6月16日

注释

1. 英国海军部确认，这名军官是获得维多利亚十字勋章、大英帝国官佐勋章的 R. F. 埃尔金斯海军中校（现在是海军少将），时任第 51 高地师的海军联络官。不过，埃尔金斯当俘虏的时间不长，4 天后设法逃离，1940 年 6 月底回到英国。

第四章 朝瑟堡追击

经历了短暂的休整和重组，隆美尔装甲师调回鲁昂南面的塞纳河畔。6月9日，德军在这里跟随法国第10集团军渡过河去，法军惊慌失措，德国人几乎没从事战斗就渡过这条宽阔的河流。第10集团军随后向西退往里勒河一线，而他们的友邻军队向南后撤。为利用法军防线新出现的缺口，德国先遣步兵军迅速向南攻往卢瓦尔河，隆美尔装甲师6月16日调到他们身后，次日投入进攻，直奔瑟堡。

6月16日夜间，法国第10集团军再度退却，由于联军的抵抗已告崩溃，与法国人并肩战斗的英军残部奉命撤往瑟堡，准备重新登船返回英国。对这些英军部队来说，后撤令来得非常及时，因为他们据守的地区就在隆美尔次日上午的进军路线南面，因而赶在遭切断前顺利撤到瑟堡。

1940年6月17日，我师恢复向塞纳河以南的进军，首先开入莱格勒地区。第7装甲师接到指示，一路前出到诺南—塞镇公路。到达这条公路，我师会获得森格尔旅①加强，尔后进攻并占领法国军港瑟堡。空中侦察报告，瑟堡港内停有军舰或运输船，因此，联军很可能正在那里登船。

我师分成两路纵队推进，战局这一阶段，他们都没遭遇激烈抵抗，只摧毁了几道路障，抓获些俘虏，还缴获几辆坦克。我刚刚获悉两支队伍的头部到达诺南—塞镇公路，就命令他们绕过塞镇侧面继续攻击前进。具体路线如下：

右路纵队取道马罗凯，绕过埃库谢南部，沿主干道赶往布里尤兹，再从那里越过弗莱尔南侧，直奔兰迪萨克。

---

① 译注：冯·森格尔·翁德·埃特林指挥的是个骑兵旅，1940年6月改称森格尔混成快速旅。

左路纵队取道马塞、梅埃朗、圣布里塞、勒梅尼尔，直奔拉沙佩勒。

我率领直属分队跟随左路纵队一同行动。我们进展很快，一路前出到蒙特梅尔雷，13 点左右在这里俘虏 20 名法国士兵。我们继续攻往布塞。我在弗朗舍维尔收到报告，据说敌坦克挡住布塞入口，封锁了公路，不过，我方侦察部队还没遭到火力打击。由于左路纵队只配备装甲车，于是我下令立即转向北面。我们在途中遇到一群群小股法国士兵，没费太大周折就俘获了他们。俘虏里有几名坐汽车的军官，其中一人会说德语，于是我们请他担任翻译。我们驶过一条条小路，卷起浓厚的尘埃。没过多久，队伍头部与敌摩托车兵遭遇，以火力迅速消灭了对方。但这些摩托车兵后面，我们又遇到一支行进中的法军队伍。看见我们到来，他们大吃一惊，似乎并不急于投入战斗。于是，冯·卢克上尉 [第 37 装甲侦察营营长] 与法军上尉谈判。我凑过去，想看看队伍停止前进的原因。

法军上尉宣称，贝当元帅已经向德国提出停战建议，还指示法国军队放下武器。我通过翻译告诉这名上尉，我们没听说什么停战协议，现在奉命前进。我又补充道，我们不会朝任何一支投降后放下武器的法国军队开火。我随后要求法军上尉腾出道路让我们通过，把他的队伍挪到路旁的野地里，命令他们放下武器。这名上尉似乎仍在犹豫，不知道是否该这样做。不管怎样，折腾了半天才让这股法军让到路旁，我命令己方部队继续前进。我们从法军队伍身旁驶过，他们站在路边，火炮和反坦克炮仍挂在牵引车上。我们经过时，那名法军上尉看上去有些不安，可他的部下似乎对这个解决办法很满意。之后，我们又遇到更多法军部队，每次都朝他们挥舞白手帕，高喊战争结束了。我们以 25—30 英里的时速继续前进。接下来路过的几个村庄，挤满法国黑人士兵，他们的火炮和车辆停在果园和农家院落里。我们挥舞白手帕全速驶过，没太在意他们。就这样，我们兵不血刃顺利通过，随后又超过几支配备全新美制车辆的法军车队，17 点 30 分左右到达蒙特勒伊 [莱格勒以西 40 英里，*阿让唐西南偏西 12 英里*] 附近，我下令休息 1 小时，让大家吃点东西，最重要的是给车辆加油。

现在似乎不用担心遭遇敌军激烈抵抗，我决定 18 点 40 分继续前进，目标是 140 英里[1] 外的瑟堡。我师右路纵队编有第 7 摩托车营和第 25 装甲团一部，16—17 点在埃库谢附近遭遇抵抗，但战斗似乎已结束。我决心沿主干道完成剩下的路程，把全师编成一路纵队，取道弗莱尔、库唐斯、巴尔纳维尔奔向瑟堡。

这是条间接路线，因为库唐斯靠近科唐坦半岛西海岸，到达此处，隆美尔才转身向北，沿西海岸路线奔向瑟堡。

新目标和行军路线的详情通过电台发给师属各部队，不过，还是有一两支部队没收到电报。

18点40分，第37装甲侦察营动身赶赴瑟堡。他们奉命加快速度。没用儿分钟，我们就到达主干道，在这里遇到汉克装甲连，我命令该连加入我们的行列。右路纵队收到电台传送的命令，跟在左路纵队身后，取道弗莱尔赶赴瑟堡。

我们现在全速赶往弗莱尔。法军士兵在道路两侧宿营，我们驱车驶过时朝他们挥手。他们看见德军纵队疾驶而过，惊讶地瞪大了眼睛。各处都没发生交火。接下来几个钟头，我们的时速保持在30英里左右，排成完美的队形穿过一个个村庄。由于一时间没找到正确的道路，我们在弗莱尔短暂停顿。我们匆匆穿过镇区，人群挤在街道上，有军人也有平民，好奇地看着我们，没采取任何敌对态度。

在弗莱尔西郊，我们驶过宽阔的广场，一如既往，广场上挤满法国士兵和平民。突然，几码外一个平民拔出左轮手枪朝我的座车冲来，企图开枪射击，但几名法国士兵赶紧拉住他，阻止了他的意图。我们继续前进。我现在把整个师甩在身后，急于尽快赶到瑟堡。我很清楚，我们穿越的这片领土，到处都是法国军队，尽管他们的战斗力可能不太行。看起来，贝当的停战请求似乎人尽皆知。我没幻想师主力能跟上我们的速度，可还是认为落在后方的部队能在几小时内赶到。侦察营毫不停顿，一路向前。我们驱车行进的时间已超过12个钟头，一个个法国村镇被我们甩在身后，途中未开一枪。夜幕降临，映衬出我们右前方熊熊燃烧的烈焰，可能是莱赛 [库唐斯以北30英里，瑟堡以南34英里] 机场上的敌人点燃了汽油和油库。入夜后，和往常一样，无线电联络中断。我知道右侧的森格尔旅还没赶上来，估计他们在法莱斯附近 [也就是后方130英里处]。但这种情况没让我改变决定，因为我觉得凭手头的力量足以拿下瑟堡。

天黑后，两名军官乘汽车追上我们的队伍，赶来向我报到。黑暗中，我一开始没认出他们，两人脸上满是尘土，定睛细看，才发现是元首大本营的科尔贝克上尉和豪斯贝格中尉。豪斯贝格告诉我，他奉命调到第 7 装甲师，我当即任命他为副官。科尔贝克没派到我的师，只是借此机会见识一番前线的情形。我派身边的侍从官施托尔布吕克上尉骑摩托车原路返回，确保其他部队跟在后面，再把进攻瑟堡的命令传达给各团。除非遇到障碍，否则我们会在 3 个钟头内到达瑟堡。

我们冒着漆黑的夜色，马不停蹄地向前疾进。午夜前后，侦察营穿过拉艾迪皮 [莱赛以北 5 英里] 的镇中心广场。一些身着工作服的人惊讶地站在广场上，他们身后停着几辆满载物资的卡车。这些人大多是民工，军人寥寥无几，但周围也能见到几名忙忙碌碌的法国军官。其中一人穿过德军车队，从我的座车前跑过，消失在路旁的门廊里。我们继续前进，路过教堂时，我注意到旁边停着辆重型法制卡车，车后拖着门 88—100 毫米口径的火炮。伊泽迈尔中尉率领的侦察营先遣车辆没有停歇，奉命驶上通往博勒维尔的支路，随后迅速向前。我盘算着全师在瑟堡前方的部署方案，就在这时，队伍突然遭遇防御路障，迎面袭来的火炮和机枪火力极为猛烈。为首的几部车辆中弹，其中 3 辆起火燃烧。搭乘头车的伊泽迈尔中尉头部负了重伤，倒在燃烧的车辆旁昏迷不醒。

看来，据守路障的敌人实力很强大。此时，一轮明月挂在空中，但我不想在没有火炮和坦克支援的情况下，让疲惫的部下立即投入进攻。于是，我命令侦察营停止行动，拂晓前不再向敌军阵地移动。

从早上算起，隆美尔装甲师前进了 150 多英里，要是从他们黄昏时停下来加油算，也已前进了 100 多英里。这种速度远远超过战争期间任何一天的进展。

我随后带着通信兵驱车返回拉艾迪皮。此时，我们还是没有联系上身后的步兵团。到达拉艾迪皮，我和科尔贝克、豪斯贝格、几名摩托车传令兵站在教堂旁，一辆装甲车和一辆通信车停在一边。我们先前经过时见到的那辆拖着火炮的重型卡车此刻已不在原处。广场上那群民工也不见了。

沿瑟堡主公路驶来的一辆汽车停了下来。车上坐着一个法国海军军官，他告诉我们，他是个工兵军官，奉命监督民工队伍在这里构筑路障，阻挡德军推进。

我让他返回瑟堡，报告上级他到得太晚了。

几分钟后，在南面洗完海水浴的几名英国军官驱车返回，被我们拦下当了俘虏。冯·翁格尔上校率领第6步兵团随后开抵。我下达了次日早晨进攻敌军路障的命令。按照我的设想，我们最好能突破拉艾迪皮西北面3英里的敌军阵地，次日上午恢复朝瑟堡的冲刺。

[6月18日] 拂晓，我和豪斯贝格驱车赶往第6步兵团。夜间我已下达命令，天亮后把几名法国军官送过防线，让他们说服对面的法军立即投降。待我们到达，冯·翁格尔已经与敌人展开谈判。我们派去的几名法国军官也进入对面的阵地，这些阵地居高临下，我们看见一些守军士兵站在支撑点旁边，步枪放在地上。透过望远镜，我们还看见火炮和机枪部署在圣索沃尔教堂 [这是圣索沃尔－德皮埃尔蓬，而不是更大的圣索沃尔－勒维孔特村，后一个村庄位于东北方4英里的主干路上] 右侧。树干构设的路障挡住了通入敌军阵地的道路。

第6步兵团先遣部队的士兵站在道路两侧，也把步枪放在地上，可双方的情况不同，法军士兵身旁就是固定阵地，我们的人却无遮无掩地站在空阔处或道路上。倘若突然交火的话，我方士兵肯定伤亡惨重。我对这种缺乏预见性的做法非常恼火，命令相关人员立即整顿部队。

没过多久，冯·翁格尔和几名法国军官返回，据他们说，对面的法军部队不知道贝当的停战建议，对此全然不信。他们不打算放下武器让我们通过。这些谈判完全是浪费我们宝贵的时间，于是我又派一名法国军官过去，再次呼吁对方8点前放下武器，如若不然，我就要发动进攻。

我方部队马上以最快速度从事进攻准备。海德肯佩尔此时也赶了上来，据他报告，师属部队通过夜间行军到达了拉艾迪皮，但这场行军似乎不是一帆风顺。由于维尔那里的几条道路把"DG 7"[2] 标错了，结果，师里部分部队开往圣洛 [库唐斯以东17英里]。到目前为止，后方没发生激烈战斗，但包括师部在内的部分队伍突然遭到冲出玉米地的敌坦克袭击。我方伤亡了一些人员，还有几部车辆中弹起火。另外，我的副官卢夫特中尉夜间差点被英国或法国士兵俘虏。

由于我们经过的敌方领土没发生任何值得一提的战斗，所以我估计师里其他部队上午，最迟到中午，就能赶上来。因此，我们现在可以继续执行立即进攻瑟堡的计划了。早上 8 点，我们发现盘踞在圣索沃尔的敌人突然消失了。我们冲入敌人放弃的阵地，只找到几名伤员和一具尸体。我们以火炮和机枪打击敌后方地域，第 6 步兵团先遣营一举占领敌军阵地，这些阵地构筑得极为牢固。与此同时，我们抓紧时间移除桥梁和北面一道深深的路堑上的障碍物。我们必须拖开桥梁两侧的木方，法国人用粗大的铁链把这些木方绑在桥梁栏杆上。我们还要穿过 100 码长的路障，这些路障横跨道路，以大量 3 英尺粗的白杨树干构成。我方工兵动用了电锯，清障工作干得很棒。

9 点左右，第 6 步兵团配备装甲运兵车的先遣连作为前卫踏上通往瑟堡的公路。在圣洛杜尔维尔东北面 1.25 英里处，我带着通信分队跟随先遣排行进，右侧高地突然袭来猛烈的侧射火力。没过多久，圣洛杜尔维尔附近一个敌炮兵连加入战斗，但此时我们的人已跳下车辆隐蔽。一名伤员躺在桥梁的栏杆后面，就在我们前方几码开外。此时，我们右侧和前方，敌人的火力都很猛烈。相比之下，我方还击火力反应缓慢，为了让整支队伍动起来，我命令我这辆装甲车上的机枪组立即朝道路右侧的灌木丛开火。我还让一门反坦克炮的炮长尽快朝我们右侧最靠近的房屋和灌木丛开炮。豪斯贝格中尉负责指挥身旁所有机枪手和步枪手，迅速让他们部署就位。

这股火力射向看不见的敌人，第一门野战榴弹炮也加入战斗，以直瞄射击的方式轰击我们身后 150 码处。我方火力很快打哑了高地上的敌人，第 6 步兵团第 2 营随即发起冲击，一举攻占高地。

短暂而又激烈的战斗结束后，我师按照原先的顺序，继续赶往瑟堡，我们穿过巴尔纳维尔赶往莱皮约的速度有时候只有 6—10 英里 / 小时，太慢了，我不得不几次催促部队加快速度，因为我们在路上耗费的时间越多，盘踞在瑟堡的敌人越有可能在接近地或港内做好应对我们到来的准备。各处的电话系统完好无损，毫无疑问，瑟堡守军肯定对我们的动向了如指掌。

我们在巴尔纳维尔驶下山谷，清楚地看见左侧的大海，以及巴尔纳维尔南面高地上高大的建筑物，我们觉得这些建筑很像兵营，可四下里没有敌人的踪影。相反，我们在巴尔纳维尔入口遇到些平民，正在清理部分完工的路障。我们赶往莱皮约 [瑟堡西南方 12 英里] 途中，几次见到这种情形。12 点 15 分，我们抵达莱皮约。我们在各处都不需要战斗，即便遇到敌人，也发现他们已做好放下武器的准备。

我们的队伍没有停顿，离开莱皮约一路前行，逐渐逼近瑟堡。几具系留气球挂在港口上空，没过多久，一座炮台射出的炮弹落在我们的队伍后面。现在要投入战斗了。尽管前方还没有爆发战斗，但先遣部队几分钟后停了下来。我带着直属分队，沿队列向前驶去，想弄清停止前进的原因，却发现步兵连的装甲车停在一道强大的路障前方 100 码处，他们正与守军交涉，对方看来打算投降。冯·翁格尔走到我身旁汇报情况。法国士兵打着白旗朝我们走来，就在这时，一发 75 毫米炮弹突然落在我们当中，接着又是第二发。战斗爆发开来。

所有人的第一反应是卧倒，但许多情况下，确实有一两个勇敢的司机设法把车辆驶到隐蔽处，例如我那支直属分队的司机，他不顾袭来的炮火，把车辆驶入支路，直到避开对方的火力。敌人的炮火把第 6 步兵团为首的几部车辆打得起火燃烧。很不幸，我的部下又一次犯了严重的错误，他们直接隐蔽，而不是立即以机枪还击。

为尽快组织火力还击，我命令我这辆装甲车上的机枪手立即朝敌人的大致方向开火射击，还指示最靠近的排长马上率领他的排进攻对方的路障。可敌人的炮弹落在周围，雨点般的弹片从我们耳边呼啸掠过，让刚刚隐蔽下来的步兵冲向敌人实在不太容易。面对这种情况，海登赖希下士和我的司机柯尼希下士沉着勇敢，表现得特别突出。他们不断催促步兵前进，但我方机枪手隔了很长时间才开火，显然因为他们没看见敌人，也可能是没受过相应的训练——立即朝敌人有可能隐蔽的地方开火。

冯·翁格尔此时已接到我的命令，率领先遣营绕过瑟堡右翼攻击前进。我还指示科尔贝克上尉赶紧返回后方，尽快调一支炮兵部队投入战斗。

此刻，我这股小小的师部力量在前线已帮不上更大的忙，而我最重要的工作是尽快让师里其他部队投入战斗，于是我带着豪斯贝格中尉和海登赖希下士返回后方。我那辆通信车的司机和报务员留在车上。敌人的炮弹不停地落在路上，迫使我们兜了几个大弯，途中还要时刻保持警惕，以免遭遇敌步兵。

大约半个钟头后，我们终于回到先前行进的道路，就在这时，几名摩托车兵驶来，准备赶往前线。就这样，我们乘坐摩托车完成剩下的路程，刚开出去几百码，就遇到第 78 炮兵团第 1 营营长克斯勒中校。我命令他把几个炮兵连部署在道路两侧，以最猛烈的炮火轰击瑟堡周边高地，重点打击港内设施。我们随后全速赶往后方。我命令第6步兵团第1营进攻军港西面1000码的高地。没过多久，我又遇到一名37毫米高炮连连长，亲自带着他和他的连队来到克斯勒炮兵营部署的位置，赋予他的任务是以速射火力打击瑟堡周边高地和码头。

克斯勒炮兵营已开火，几分钟后，37毫米高射炮也朝瑟堡倾泻出速射火力，敌人赶紧收回系留气球。局势似乎朝有利于我们的一面发展。

我的指挥所设在主干道旁边的农舍，从这里听去，北面的步兵战斗声已停息。海登赖希下士设法让我的座车离开前线，毫发无损地回到我身边。车组人员一直在抗击40名英军士兵，对方突然从后面出现，朝他们开火射击。但通信下士用机枪解决了这股敌人，最终迫使对方投降。

我们与海德肯佩尔少校建立无线电联络。16点前不久，原先似乎很顺利的局势突然发生逆转，几分钟内，瑟堡的许多堡垒使用各种口径的火炮（包括超重型火炮）朝我们正取得进展的区域射出密集的弹幕。英国军舰也以重型舰炮加入其中。令我深感宽慰的是，第6步兵团已离开车辆展开队形。炮兵营和高炮连阵地遭受的炮火打击尤为猛烈，伤亡很快开始加剧。我的指挥所也受到严重威胁，我们发现明智的做法是沿树篱向西移动500码，转移到开阔地。虽说此处也在敌人监视下，可总比待在屋子里，大口径炮弹不停落在周围强得多。

谢天谢地，电台运作正常。瑟堡各座堡垒的这场速射持续了一个钟头左右。我意识到，要是敌人从瑟堡发起强有力的步兵冲击，情况对我们会很不妙，因此，我现在必须设法前调援兵，首先是第7步兵团和第25装甲团。

我听说师部已到达索特维尔 [瑟堡西南方9英里]，于是决定从那里展开后续行动。我们迅速驱车离开，由于敌人的炮火不断袭来，我们的车辆保持300码间隔。

几部车辆全速行驶，沿公路顺利返回设在索特维尔城堡的师部，没遭受任何损失。第7步兵团和第25装甲团很快开抵，另外还有师属轻型炮兵和高射炮部队。但我们的重型炮兵要到当晚晚些时候才能投入战斗。朝瑟堡的这场追击，行程超过210英里，他们无法一直保持最快速度。

我们最终决定，还是按照原先的计划行事，第7步兵团在坦克加强下，穿过安讷维尔攻往凯尔克维尔 [位于瑟堡西面3英里的北海岸]。一旦凯尔克维尔南面的高地落入我们手里，就很容易以炮火控制瑟堡的港口和城镇，尔后我们再以森格尔旅切断瑟堡东部防线。该旅要到次日才能开抵。

从昨天早晨起，我一直没睡过觉，于是 17 点左右睡了一个钟头。在此期间，第 7 步兵团和第 25 装甲团团长到来，我向他们简要介绍了当前态势，还给他们下达了进攻令。罗滕堡提醒我注意，此处的树篱和下沉路纵横交错，对坦克的行动非常不利。尽管他提出反对意见，可我还是把第 25 装甲团一个加强连交给第 7 步兵团辖内各营，用于进攻凯尔克维尔。这条进攻路线穿过托讷维尔。

几位团长走后不久，几份非常重要的地图送了进来，我随即仔细研究了这些地图。看来，我们征用的这座城堡，原先是瑟堡城防司令的府邸，我们在他的秘密橱柜里找到一整套瑟堡城防图。瑟堡南部防区工事图也在其中，但最重要的是，其中一份地图标明了要塞及其周边所有轻型、重型炮兵连的火力区。我仔细研究地图，最后得出结论，按照刚刚下达的命令，穿过托讷维尔遂行进攻很不明智，因为敌人可以集中几座堡垒的火力掩护托讷维尔。就在这时，帕里斯营传来好消息，说他们完成了占领 79 高地的任务，这座高地就在迪托棱堡西面。因此，我决定派步兵团绕过 79 高地西侧，冲击凯尔克维尔，还据此修改了先前的命令。我打算傍晚跟随步兵团赶往凯尔克维尔接近地，亲自掌握部署情况。

我带着直属分队，当晚 21 点赶上步兵团，随后跟在担任先遣力量的坦克身后。我们途经的每个村庄都挤满逃离瑟堡的法国水手和难民，但我们没遇到抵抗。天色越来越黑。我们在安讷维尔南面驶过一座大型混凝土建筑，周围设有铁丝网和高墙，显然是个防御设施。稍稍向北，我让直属分队停在几棵树下，从这里能看见第 7 步兵团的展开情况，他们进行得很顺利。我方人员很快查明，那座混凝土建筑是地下储油罐系统的组成部分。

在此期间，我已派摩托车传令兵察看周边情况，他们找到一个地方，能看见 2000 码外海军船坞的景象。借助最后的光线，我们看到内外防波堤上的防御工事，以及只停了些小船的海军军港。港内其他地方空空如也，英国人显然已离开 [最后一艘运兵船 16 点起航]。我们俯瞰瑟堡之际，身后第 7 步兵团长长的队列穿过安讷维尔，在凯尔克维尔南面和安讷维尔周边高地占据了分配给他们的阵地。跟随步兵团一同行动的轻型、重型高射炮连也进入炮位，任务是阻止敌舰船逃离港口。我们周围的敌军堡垒毫无动静，天色很快就漆黑一片。我们目前占据的阵地非常强大，因而坚信次日肯定能迫使敌人投降。

直到午夜我才返回师部。夜间，弗勒利希中校①把整个师属炮兵部署在瑟堡前方，外加调自森格尔旅的重炮营，这样一来，天亮后他们就可以集中轻型、重型火炮猛轰敌人各个支撑点和堡垒。

6月19日清晨，我和施雷普勒上尉、豪斯贝格中尉近6点时驱车出发。许多俘虏从前线各地段送入瑟堡，他们带着用法文刊印、呼吁守军无条件投降的传单。在迪托棱堡南面，我遇到容克中校②率领的第6步兵团一部。我把直属分队留在树林边缘，因为我觉得敌人近在咫尺，让车辆离开隐蔽处非常危险。

我们贴着低矮的灌木丛朝东北方走去。一名摩托车传令兵步行跟在我和两名随行军官身后。我们向前跋涉，突然看见一个机枪排的人员趴在灌木丛里。我问排长，为什么不把部下安排到阵地上，得到的回答是，他还没找到合适的发射阵地。我命令他，立即率领机枪排进入前线阵地。我正要寻找营指挥所（据说就在前面），几发炮弹突然落在身后，显然是我方火炮发射的。我们赶紧趴在右侧的堑壕里隐蔽，可一发炮弹炸死了摩托车传令兵埃尔曼，炸伤了通信官、一名军士和另一个摩托车传令兵。我确信这些炮弹是己方火炮发射的，赶紧下令，没得到我明确批准不得开炮。这道命令用电台发出。我们后来才弄清，这些炮弹不是师属炮兵发射的，而是出自一个88毫米高射炮连。

容克中校接到命令，率领营先遣力量沿灌木丛行进，前出到瑟堡郊区。敌人似乎没实施后续抵抗。和昨晚的情形一样，法国水手随处可见，成群结队的平民从各条道路涌出瑟堡，甚至穿越田野，以躲避即将到来的战斗。我用电台下达命令，立即阻止平民外流，把他们送回瑟堡，因为我们不打算炮击整座城市，只打击周边军事目标，例如堡垒和筑垒海军船坞等。

我们随后驱车赶往第7步兵团设在安讷维尔的指挥所，但冯·俾斯麦上校不在。我们途中遇到一个重型高射炮连，他们的火炮和车辆在路上堵了好几个钟头，

---

① 译注：弗勒利希中校是第7装甲师第78装甲炮兵团团长，1943年擢升少将，先后担任了第8装甲师师长、第3装甲集团军高级炮兵指挥官。
② 译注：容克中校是第6步兵团第2营营长。

还没进入阵地。我把高炮连几名军官训斥了一番，命令他们立即在道路旁占据阵地，把所有车辆驶离道路。

在安讷维尔北部边缘，我收到消息，中央堡垒射出的炮火刚刚炸死了杜尔克中尉，于是我用电台下达命令，集中炮火打击这座堡垒。没过几分钟，我方炮火轰鸣起来。第 7 步兵团指挥所为我们提供了良好的观察视界，甚至能指示炮兵稍稍修正炮火，很快，修正过的炮火袭向堡垒中部。我方炮火非常准确，四分之三的炮弹直接命中，一举打哑敌人的堡垒。为彻底打垮对方的露天炮兵阵地，我前调一个重型高射炮连，命令他们加入重型炮兵对中央堡垒的下一轮炮击（11 点发起），以直瞄火力摧毁对方的上部结构。

没过多久，冯·帕里斯少校报告，库普勒堡垒的 10 名军官和 150 名士兵刚刚投降了。我们看见我方士兵押着俘虏出现在右侧。我立即赶往库普勒堡垒，希望在那里获得察看整个瑟堡防御的绝佳视界。我们乘坐战车行驶了一段，由于堡垒伫立在居高临下的高地上，最后 500 码我们必须步行跋涉。我们穿过前进堑壕进入堡垒，在这里遇到第 6 步兵团一部和几名炮兵前进观测员。观测所完好无损，还配有出色的望远镜，整个港口和城区一览无遗。

我给海德肯佩尔少校发去电报，向他通报进攻的进展，就在这时，菲尔斯特上校从凯尔克维尔东侧赶来，说冯·俾斯麦上校正与城内派出的代表谈判，可能是我们呼吁守军投降的传单发挥了作用。

看来，双方的谈判已经开始。我立即赶到库普勒堡垒北面半英里处。敌人仍据守着海军船坞，显然不打算投降，而且朝该地区一切移动的目标开火。此时，海岸各座堡垒已不再开火。凯尔克维尔堡拒不投降，但堡垒指挥官告诉我们，我们不开火的话，他们也不开火。只有接到上级的命令他才会投降。中央堡垒现在也陷入沉默。

12 点 15 分，两辆民用汽车驶出瑟堡，车上坐的是巴黎商会代表和瑟堡警察局局长。可惜，他们不是来宣布要塞投降的，而是宣称他们打算就投降事宜与瑟堡城防司令紧急交涉，据他们说，这位城防司令待在海军船坞。他们希望不惜一切代价避免炮击，以免自己的家园生灵涂炭。我告诉他们赶紧回城，找不到城防司令，就让他的参谋长立即投降。我给的最后时限是 13 点 15 分。他们希望届时亲自回来告诉我答复。

返程途中，两辆汽车遭遇海军船坞射来的炮火，车上的人不得不下车，沿路边的沟渠爬行了一段距离。当然，我是后来才知道的。13 点 15 分，城内没做出答复，于是，我方俯冲轰炸机准时出动，朝几座海边堡垒投下炸弹，一枚炸弹直接命中中央堡垒。我们的炮兵也开炮射击。我赶紧返回库普勒堡垒，从那座绝佳的观测所察看我方火力打击效果。

猛烈的弹雨落在海军船坞，一座座庞大的军火库和一个个棚屋很快腾起火焰。浓烈的烟雾表明那里燃起烈焰。此时，几个步兵团已接到命令，趁轰炸和炮击之际占领城区。整个海军船坞笼罩在火焰和烟雾下，见此情形，我下令把炮火转向凯尔克维尔堡，迫使守军尽快投降。

炮击期间，几名法国海军军官来到库普勒堡垒，洽商瑟堡要塞的投降事宜。我把他们领到观测所，主要是让他们看看我方炮火强大的威力。凯尔克维尔堡指挥官也在其中，这位海军军官留着长长的黑胡须。他看见自己的堡垒笼罩在烟雾下，这个场景把他吓坏了，不由得问我，凯尔克维尔堡已停火，我们为何要发起炮击。我回答道："也许吧，可它没有投降。"

投降谈判进行得很快。法方发言人是个海军上校，显然有决定权，他要求我们提供书面形式的投降条款。于是我口述了以下规定："我已注意到瑟堡要塞准备投降的事实，并下令立即停火。我要求各堡垒守军打出白旗作为投降的标志，尔后列队沿瑟堡通往莱皮约的公路行进。俘虏可以携带个人物品，包括基本的口粮。我要求法军指定军士照料这些俘虏。军官到海事局集合，可以带上勤务兵。所有武器必须井然有序地存放在各座堡垒内。"

正式投降仪式定于 17 点在海事局举行。法国代表宣布他们接受投降条款，并保证严格执行，我下令停火，随后带着直属分队驱车赶往瑟堡。

海事局内，要塞参谋人员已经把投降条款传达给所有部门。由于正式投降仪式还要等一个多钟头，于是我和海德肯佩尔驱车穿过瑟堡，巡视城区和港口。我们首先察看了英军港区和港口火车站。英国人匆匆乘船逃离，把所有车辆丢在庞大的港区，数百辆卡车停在这里和邻近城区。物资几乎是全新的，大多数卡车完好无损。

我们又去了水上飞机基地，炮火没给这里造成破坏。我们随即返回海事局，发现第 7 装甲师各级指挥官聚集在院落一侧，瑟堡守军军官，包括各堡垒指挥官，站在另一侧。与部下相互敬礼后，我通过口译员向法军高级军官致辞，大意如下：

"作为瑟堡地区德国军队指挥官，我注意到要塞已投降的事实，对交战双方在平民百姓不流血的情况下达成投降协议深感欣慰。"

法军参谋长随后代表法国军官告诉我，要是还有充足的弹药，要塞是不会投降的。

这时候我们发现，瑟堡城防司令不在，更糟糕的是，担任瑟堡地区高级指挥官的法国海峡舰队司令也不在场。于是，我派师联络官冯·普拉滕上尉去两位先生的指挥部接他们，指挥部设在一座城堡内，得到反坦克炮和路障严密防护。两人赶来后，我让口译员重复了我对法军参谋长说的那番话。海军上将阿布里阿尔指出，瑟堡要塞投降没征得他的同意。我回答道，我注意到他的声明。瑟堡的投降仪式就此结束。

在此期间，我方部队占领了能从陆地到达的所有堡垒，开始肃清城区和各座堡垒。我和海德肯佩尔视察了鲁尔堡，伫立在高地上的这座堡垒俯瞰着城区和港口。我们在途中遇到一道路障，随行的八轮装甲通信车迅速处理，像踢足球那样推开前方一辆烧毁的大卡车，清理出通道。

鲁尔堡指挥官和他的副手昨天死于德军炮火，当时两人站在堡垒的墙壁旁。我走入炮台，守军仍待在里面，他们一言不发地朝我敬礼。

我随后前往凯尔克维尔堡，发现那里的机场毫发无损，但宽阔的机库里停放的 14 架飞机多多少少有些损坏。我方炮火给这座堡垒造成的破坏微乎其微，这让我深感惊讶。空阔的广场上伫立着堡垒指挥官的住房，就连窗户玻璃也没破碎。炮弹在堡垒砖墙上留下的弹坑深约 12—16 英寸，守军显然没遭受太大伤害。

与法国第 10 集团军并肩奋战的英国军队侥幸逃脱，当时的情形甚至比三周前英国远征军主力逃离敦刻尔克更危险。

艾伦·布鲁克爵士中将 6 月 13 日赶到瑟堡，全面接手指挥工作，次日得出结论，法军阵地全然无望。获得英国政府批准，他着手安排仍在法国的所有英国军队疏散，包括刚刚登陆的两个新锐师。但正与法国第 10 集团军协同作战的"诺曼部队"一

时间难以撤离，主要原因是第 52 低地师第 157 步兵旅仍在莱格勒南面的战线，第 1 装甲师第 3 装甲旅担任预备队。J. H. 马歇尔－康沃尔中将 6 月 15 日接掌"诺曼部队"，次日夜间获悉法国第 10 集团军开始朝布列塔尼总退却，于是命令麾下部队立即撤往瑟堡。

英军午夜时出发，"沿挤满士兵和难民队伍的道路跋涉了 200 英里"，24 小时内到达瑟堡。这个事实充分证明摩托化机动性对仓促逃生至关重要。他们发现取道卡朗唐直达瑟堡的道路上埋设了地雷，于是，英军坦克纵队转到穿过莱赛的西海岸路线。然后，他们在拉艾迪皮继续转向西面，取道巴尔纳维尔和莱皮约，因为主干道布了雷，还遭到封锁。几小时后，隆美尔也采取迂回手段，他选择的路线让他获得一条畅通的道路，途中没有改道。间接路线最出乎敌人的意料，隆美尔仔细考虑了个中利弊，展现出他的洞察力和远见。

马歇尔－康沃尔将军关于最后阶段的报告指出："为掩护瑟堡的登船行动，我要求第 52 师留下一个新锐营，在南面大约 20 英里处占据掩护阵地。这个营，再加上瑟堡守军 5 个法国营，应该能提供足够的掩护，我希望登船行动持续到 21 日，从而撤离所有物资和机动车辆。可敌人紧紧追击快速后撤的我方部队，他们的速度又一次打乱了我们的安排。6 月 18 日上午 9 点，60 辆卡车组成的车队搭载德军摩托化步兵到达圣索沃尔附近的掩护阵地。他们在这里遭遇抵抗，随即转身向西，赶往法军控制地域，成功渗透了沿海公路旁的阵地。法国人几乎没实施抵抗，我 11 点 30 分决定，15 点前完成疏散。担任掩护的营（国王陛下的苏格兰边民团第 5 营）12—15 点后撤，最后一艘船只 16 点起航。所有武器必须带走，除了 1 门损坏后无法使用的 3.7 英寸高射炮，还有 1 门固定式博福斯火炮无法移动。后撤期间，我方部队又丢弃了 2 门反坦克炮。最后一艘运兵船驶离时，德国人距离港口已不到 3 英里。"

这场历时 6 周的战局，隆美尔第 7 装甲师的伤亡是，682 人阵亡，1646 人负伤，296 人失踪，至于坦克的损失，只有 42 辆彻底损毁。该师抓获 97648 名俘虏，还缴获 277 门野战炮、64 门反坦克炮、458 辆坦克和装甲车、4000 多辆卡车、1500 多辆汽车、1500 多辆马拉大车。

刚刚攻克瑟堡，隆美尔 6 月 20 日就写信给他的妻子：

我不知道日期写得对不对，经历了最近几天，我丧失了日期概念。

我师疾进220—230英里，对瑟堡发起冲击，尽管设有强有力的防御，可我们还是攻克了这座强大的要塞。我们也遇到些艰难的时刻，首先，敌人的兵力是我们的20—40倍，最重要的是，他们有20—35座随时可以投入交战的堡垒，还有许多单独的炮台。但我们顺利执行了元首"尽快夺取瑟堡"的特别命令，迅速打垮了敌人……

攻克瑟堡后，对第7装甲师而言，西方战局已告结束，该师奉命南调，隆美尔从雷恩写信给妻子：

亲爱的露：

平安到达此处。战争现在逐渐变成一场穿越法国的闪电之旅，用不了几天就会彻底结束。这一切悄无声息地告终，让此地民众如释重负。

1940年6月21日写于雷恩

停战协定终于生效了。我们目前距离西班牙边境不到200英里，真希望一路开赴那里，把整个大西洋沿岸控制在我们手中。这一切太美妙了。昨天吃坏了肚子，今天已经好了。住的地方还凑合。

1940年6月25日

英法舰队的冲突很不寻常。对法国来说，与胜利方合作是件好事，给他们的和平条款也会更加宽容。

1940年7月8日

隆美尔1940年6月30日的家书，明显流露出对苏联扩张的焦虑情绪：

苏联向罗马尼亚提出的要求非常强硬。我怀疑这种情况对我们是否有利。他们正在尽力攫夺。可他们别想每次都能轻而易举地获得赃物……

　　曼弗雷德·隆美尔注：第7装甲师进军期间，先父自行采用了几种新技术，这些技术非常有效，应该记录下来。首先，他的指挥方式不太符合常规；其次，他采用了"进军线"；最后一点，他违背所有教条，在交通线上竖起标有"DG 7"的路标，一方面是让后方部队尽快赶上，另一方面也便于补给交通。

　　当然，这些自主试验招致上级和其他人的批评。父亲为自己大力辩解，最终得到理解。就连他的作战参谋海德肯佩尔少校在某些问题上也站在对立面，这让父亲极为恼火。6月13日，海德肯佩尔向我父亲提交了一份备忘录，抱怨师部与师长间的联系中断，还据此得出结论，师长应该待在后方。实际上，发生这起风波的主要原因是各级指挥官不太熟悉我父亲的指挥风格。第7装甲师组建后，父亲率领这个齐装满员的师演习的机会实在太少。结果，第7装甲师不得不多次采取临时性举措，特别是战局初期，直到战事临近尾声，他们才多多少少顺利执行了作战行动。

　　收到海德肯佩尔的备忘录，父亲写信给我母亲：

　　　　我和我的作战参谋刚刚发生了激烈冲突。我得想办法尽快把他调走。这位年轻的总参少校，明明和师部待在前线后方20英里，却担心出岔子。当然，他们与战斗部队失去了联系，而我在康布雷附近指挥这些部队。他不是想办法解决问题，而是跑到军部告状，结果惊动了上级，搞得好像师部不安全似的。直到今天他还认为自己做的事情很勇敢。我得仔细研究下文件，把这个小伙调到他该去的地方。①

　　实际上，海德肯佩尔与隆美尔的关系很好，过了几天，隆美尔火气消退后又写道：

　　　　海德肯佩尔事件昨天澄清了，现在彻底烟消云散。我觉得一切都会好起

---

　　① 译注：海德肯佩尔是个出色的参谋人员，后来担任过第24装甲军、第3装甲集团军、中央集团军群参谋长，最终军衔是中将。

来的。我跑去拜望霍特，我俩就这件事长谈了一番。我很高兴师部再次恢复平静。但维护我的权威还是很有必要的。

接下来几个月，隆美尔的日子过得和当时在法国执行占领勤务的大多数德国军官一样。我们从他1941年年初写的信件摘录部分内容，让读者了解他当时的生活和想法。隆美尔这个时期写的信很多，我们只能从中选择几封。

我昨天收到一大堆邮件，你12月21日和23日的信也在里面，看来邮寄工作逐渐恢复正常了。今天下午我们看了电影《女王之心》，我很喜欢。估计明天有贵宾来视察我们的营地。我们的居住条件并不好。周围的葡萄种植者过的日子可能和一千年前没什么不同，原始的小屋以砂岩块砌成，再配以平顶和弯曲的瓦片，就像当年罗马人居住的房屋。许多村庄甚至没有自来水，还在使用水井。没有一座屋子能御寒。一扇扇窗户根本关不严，冷风呼啸着钻入屋内。但我估计情况很快会好转……

1941年1月6日

昨天的视察非常顺利。我们住的地方算不错了，亲眼看看周边居民的原始生活，再看看那些小镇是多么贫穷，我觉得很有意思。我们的部队在各处都给人留下很好的印象。我打算2月初休假，届时，局势可能已经明朗了。我们的盟友在北非没达成预期目的，我对此毫不惊讶。他们大概觉得战争是件很容易的事，现在也想展示自己的能力。当初他们在西班牙刚刚参战时也是这样，但后来打得不错……

1941年1月8日

这里没什么新鲜事。晚上我通常和身边的军官谈论1940年5月的战时日志，他们似乎都对此印象颇深。

英国地中海舰队遭到几次猛烈打击，我们希望这种事多来几次。

1941年1月17日

注释

1. 从隆美尔的进军路线看，实际距离是 130 英里左右。

2. 隆美尔把他的师使用的进军道路标为 DG 7（Durchgangstrasse 7，第 7 装甲师进军通道），与德国人的常规做法相反，他后来为此受到批评。

第二部

非洲战争第一年

第五章 格拉齐亚尼的失败——原因和影响

领袖（墨索里尼）1941 年 2 月发表的讲话指出，1936—1940 年，意大利向利比亚派遣了一支 1.4 万名军官和 32.7 万名士兵组成的军队，还为他们提供了大量物资。他这番话听上去信心十足，给人留下深刻的印象，可残酷的事实是，这支军队远达不到现代战争需要的标准，充其量只能从事殖民地战争，打击叛乱的部落，就像格拉齐亚尼对付塞努西教团和尼格斯人那样。意大利军队的坦克和装甲车太轻，发动机动力不足，作战半径也太短。炮兵配备的火炮大多是第一次世界大战期间的货色，射程不够。这支军队的反坦克炮和高射炮太少，就连步枪和机枪也明显过时了，或者说不适合现代战争。

但意大利陆军最大的弱点是绝大多数兵团和部队以非摩托化步兵组成。北非沙漠里，面对实现摩托化的敌人，非摩托化部队几乎派不上用场，因为敌人在各处阵地都可以向南绕行，展开机动作战。面对一支现代军队，非摩托化兵团只能在预有准备的阵地遂行防御，这种打法几乎无法给对方造成任何妨碍。机动作战中，占据优势的往往是非摩托化部队造成战术限制最少的一方。由此可见，抗击英国人的意大利军队最大的劣势是他们大部分部队没实现摩托化。

格拉齐亚尼集团军①1940 年 9 月投入行动，当时，驻埃及的英国军队根本没有力量把意大利人挡在亚历山大门前。几个意大利师从拜尔迪地区出发，在塞卢姆越过埃及边境，尔后沿海岸前出到西迪拜拉尼。面对意军的挺进，实力虚弱的英军防御部队没有顽强抵抗，而是巧妙地向东退却。到达西迪拜拉尼，格拉齐亚尼没再继续前进，而是巩固既占地域，沿海岸构设交通线，囤积物资和援兵，并

---

① 译注：意大利第 10 集团军。

组织供水。他打算从这处新基地继续向东攻击前进。

要是让军需官和文职人员从容不迫地组织补给，一切进行得肯定很缓慢。军需官往往会按部就班，按照他们以往的计算行事，满足于自己的工作达到预期标准。倘若交战另一方以更大的干劲执行计划，从而实现更快的速度，那么，墨守成规的做法可能会招致可怕的灾难。这种情况下，指挥官必须果断地提出全力以赴的要求。如果担任此职者付出的努力不尽如人意，或是对组织方面的实际问题缺乏理解判断力，必须赶紧让他走人。指挥官从一开始就得让幕僚适应高速度，不断确保他们跟上这种节奏。要是他墨守成规，在任何一个方面没做到全力以赴的话，那么，他在起跑线就输掉了比赛，迟早会在快速运动的敌人手里大吃苦头，最终被迫放弃他固有的想法。

几周过去了，接下来又是几个月，可格拉齐亚尼始终停在西迪拜拉尼。素以头脑灵活、积极奋进著称的英国人利用这段时间做好了抗击意军继续进犯的准备，组织起埃及的防御。他们从大英帝国各地调集兵力，还把配备大批坦克的现代机械化部队调到埃及。英国坦克的质量远远优于意大利坦克。

虽说英军兵力远不及意大利军队，但装备得更好，拥有更优秀、更现代化的空军，速度更快、更先进的坦克，射程更远的火炮，最重要的是，他们的打击力量完全实现了摩托化。英国舰队控制西地中海，意大利战列舰中队和巡洋舰群不敢出海肃清数量处于劣势的英国军舰。最后，整个非洲战局期间至关重要的一点是，英国人控制了一条铁路线，沿海岸一路延伸到马特鲁港，与埃及的铁路系统相连，他们利用这条铁路线把物资运往前线。埃及实际上就是囤放各种战争物资的军火库。

11 月底 [实际上是 12 月 9 日]，韦维尔将军突然发动出人意料的进攻。他的空中力量率先发起打击，从最陈旧到最新式的机型，每架能起飞的战机都把挂载的炸弹投向西迪拜拉尼的意军阵地和前进机场。与此同时，英国军舰从海上发起雷鸣般的炮击，以最猛烈的炮火覆盖西迪拜拉尼和沿海公路。

随后，英国人、澳大利亚人、法国人、波兰人、印度人组成的打击力量，借助满月迂回攻击西迪拜拉尼的意军阵地，这些部队彻底实现了摩托化。经过短暂的战斗，他们一举打垮西迪拜拉尼南面 15 英里强大的意军阵地，2000 名意军官兵列队步入英国战俘营。

　　这股打击力量的主力是英军，除此之外主要是印度军队。地面力量编有第 7 装甲师、印度第 4 师（包括部分英军）、2 个英国步兵旅，共计 3.1 万人。部署在前进地区的意大利军队约有 8 万人，可他们只有 120 辆坦克，面对的却是 275 辆英国坦克，其中包括皇家坦克团第 7 营 35 辆装甲厚重的玛蒂尔达坦克。

　　英军首先进攻尼拜瓦兵营，俘虏 4000 名意军官兵，而不是隆美尔说的 2000 人。印度第 4 师随后以第 7 皇家坦克团为先锋，继续向北攻击前进，打击西迪拜拉尼地区的意军阵地。

　　英军摩托化纵队随后分开，一股继续向北攻往西迪拜拉尼地区，另一股向西开进，深入意大利军队后方。

　　第二股力量是第 7 装甲师，实际上，该师从一开始就独自从事作战行动。

　　与此同时，一波波英军步兵在步兵坦克伴随下，从东面攻向西迪拜拉尼的意军阵地，与从后方展开进攻的迂回纵队协同行动。英国海军舰炮再次发出雷鸣般的轰鸣，与战场上的喧嚣混杂在一起。这一切犹如暴风雨，迅速席卷了意大利军队，短暂的战斗结束后，西迪拜拉尼的 3 个意大利步兵师灰飞烟灭。

　　韦维尔继续进攻，很快遇到一个意大利黑衫师，意大利人打得很英勇，但经过短暂的战斗，该师还是放下了武器。12 月 16 日，韦维尔的军队到达利比亚边境，在卡普佐击败格拉齐亚尼的军队。英军炮火炸碎了意大利轻型坦克。非洲战区意大利装甲部队英勇的指挥官马莱蒂在战斗中阵亡，3 万名意大利官兵被俘。意大利第 10 集团军实际上已不复存在。

　　这场交战，英军抓获的俘虏超过 3.8 万人，还缴获 400 门火炮和 50 辆坦克，自身只伤亡 500 人。

英军赢得的胜利，显然给意大利人造成瘫痪效应。他们撤回拜尔迪和图卜鲁格支撑点，想看看敌人接下来要做什么。

12月19日，韦维尔的军队出现在拜尔迪前方，开始围攻这座要塞。杰出的澳大利亚步兵获得皇家空军轰炸机和皇家海军舰炮火力掩护，猛烈冲击要塞，迫使2万名意大利官兵投降。意军城防司令逃到图卜鲁格。

只有第7装甲师紧追溃逃的意大利军队"出现在拜尔迪前方"，因为西迪拜拉尼交战结束后，印度第4师已调往苏丹。所以，英军推迟了进攻拜尔迪的行动，直到新锐的澳大利亚第6步兵师开抵。他们11月3日发起突击，还是以皇家坦克团第7营的玛蒂尔达坦克打头阵。到第三天，英军就彻底攻克拜尔迪要塞，俘虏4.5万人，缴获462门火炮。

英军继续向西攻击前进，1941年1月8日包围图卜鲁格。尽管这座要塞的防御非常强大，驻有2.5万名守军和强有力的炮兵兵团，物资储备也很充裕，可这个一流的支撑点只坚守了两周，面对英军步兵坦克的猛烈冲击，意军的防御土崩瓦解。他们根本没有技术手段对付装甲厚重的英军坦克。

其实，第7装甲师1月6日就包围了图卜鲁格，但澳大利亚第6步兵师两周后才彻底集中，做好冲击要塞的准备。英军1月21日发动进攻，到次日清晨粉碎了一切抵抗，俘虏近3万人，缴获236门火炮。

图卜鲁格陷落后，英军进一步深入昔兰尼加，在德尔纳和迈希利从事了短暂的战斗。尽管昔兰尼加地形复杂，为防御方提供了绝佳时机，但以澳大利亚人为先锋的英军北路纵队迅速取得进展。班加西2月7日落入英国人手里。与此同时，英军一支实力强大的坦克纵队穿过姆苏斯向前挺进，意大利人显然没发现他们。这支坦克纵队攻往班加西西南方30英里的沿海公路，与格拉齐亚尼集团军沿这条公路后撤的残部展开战斗。巴尔博大道两侧进行的这场交战，以意军损毁100多辆战车、1万名官兵步入英国战俘营告终。

英军在贝达富姆附近从事的这场交战，共俘虏2万人，缴获216门火炮和120辆坦克（主要是意大利新式巡洋坦克）。英军投入第7装甲师一部，总共只有3000人，可用的巡洋坦克不超过32辆。但意军坦克分成一个个小组沿公路后撤，英军坦克通过巧妙的机动占据侧射阵地，逐一粉碎意军坦克小组。提供掩护的坦克遭击毁，意军步兵和其他部队几乎没有实施抵抗。

2月8日，英军先遣部队占领欧盖莱，就此到达昔兰尼加与的黎波里塔尼亚的边界。格拉齐亚尼集团军实际上已不复存在，残部仅仅是几支卡车车队和一群群手无寸铁的士兵，正向西仓皇逃窜。意识到自己的武器无法对付英军，意大利军队弥漫着恐慌情绪。他们损失惨重，除了伤亡者，被俘人数高达12万，还折损了600辆装甲战车和几乎所有火炮、车辆、物资。派驻非洲的意大利空军几乎被英国皇家空军消灭殆尽，损失了大部分作战飞机和地面设施。

隆美尔给出的英军俘虏、缴获总数，比他对各次战役的损失统计都更加准确。这场战局，英军俘虏意大利官兵的总数超过13万，缴获1300门火炮和400辆坦克（不包括装甲车和机枪载运车）。

要是韦维尔继续攻入的黎波里塔尼亚，那么，他这场精心策划的攻势肯定会大获成功，因为英军根本不会遇到任何值得一提的抵抗。

为阻滞韦维尔挺进，意大利人在欧盖莱、菲莱尼拱门[①]、苏尔特之间的公路埋设地雷，还炸毁了横跨干河的几座桥梁。这些爆破几乎没给英军造成妨碍，因为他们轻而易举地绕了过去。实力虚弱的意大利后卫，以一个加强炮兵团构成，驻扎在苏尔特。意大利人在胡姆斯收容了几千名散兵游勇，与的黎波里塔尼亚的意军残部拼凑在一起，开入的黎波里外围防线，守卫这座港口城市。这道半圆形防线距离市中心12英里，建在沙地上，以一道又宽又深的防坦克壕构成，由于沙地

---

① 译注：也称为大理石拱门。

松软，他们还以墙壁为防坦克壕提供部分加强，铁丝网防护着野战阵地，寥寥几座轻型混凝土结构的瞭望塔从几英里外就能看见。与图卜鲁格和拜尔迪相比，的黎波里周边防御工事完全不合格，对付叛乱的塞努西教团或阿拉伯部落也许还凑合，但肯定挡不住英国军队。

可英国人停了下来，大概觉得的黎波里迟早会像熟透的李子那样落入他们手里。他们需要时间囤积物资、组织补给，然后才能继续前进，这种做法无可置疑，但这样一来，他们也给了轴心国军队卷土重来的机会。

英军停止前进的决定是英国政府做出的，目的是把一支远征军派往希腊，认为此举能在巴尔干地区对德国构成强有力的侧翼威胁。1 月初，丘吉尔先生催促已经与意大利开战的希腊接受英国远征军支援。但时任希腊政府首脑的梅塔克萨斯将军拒绝了这项建议，理由是此举可能会激怒德国，促使他们发动入侵，而英国又无法提供足以阻止入侵的强大军力。

希腊政府做出礼貌的回绝，适逢英军攻克图卜鲁格，因此，英国政府决定让韦维尔在北非继续进攻，夺取班加西港。英军顺利完成了新行动，一举歼灭昔兰尼加的意军残部。但梅塔克萨斯将军 1 月 19 日去世，丘吉尔先生重新向希腊政府提出自己的建议，希腊政府这次接受了。于是，英国政府命令韦维尔在非洲停止前进，只留下最少的兵力据守已征服的昔兰尼加地区，准备把尽可能多的兵力派往希腊。

巴尔干地区的冒险没能持续多久。英国军队 3 月 7 日登陆希腊，德国人 4 月 6 日发动入侵，月底前就迫使英军重新登船撤离。这场代价高昂的灾难结束后，德国空降部队 5 月份突袭克里特岛，以更快的速度驱离了岛上的英军。

奥康纳将军是英国军队在北非胜利推进的具体执行者，一直急于从班加西径直攻往的黎波里，他坚信，若非补给工作造成延误，自己本来能完成这场新的跃进。许多参与策划工作的军官赞同他的观点。隆美尔也证实了这一点。

指挥官赢得一场决定性胜利（韦维尔击败意大利军队的胜利就深具决定性），要是满足于过度狭隘的战略目标，那就大错特错了，因为此时应该发展胜利。追击期间，战败的敌人意志消沉，混乱无序，这种情况下能抓获大批俘虏，缴获大量战利品。惊慌失措地朝后方逃窜的部队，除非遭到追兵马不停蹄的追击，否则，他们会作为有效的战斗人员重新组织起来，很快就能再次投入战斗。

停止追击的原因几乎总是补给线越来越长，可用的运输车辆不够，军需人员面临的困难与日俱增。由于指挥官总是过于看重军需官的意见，并根据军需官对补给情况的估计制定自己的战略计划，这就纵容军需官养成坏习惯：遇到困难就大加抱怨，而不是继续工作，发挥自己的即兴创造力，他们在这方面的能力几乎为零。但指挥官通常会无奈地接受这种情况，相应地变更自己的作战计划。

给敌人造成毁灭性打击，赢得决定性胜利后，指挥官却按照军需官的建议停止追击，历史几乎总是证明这种决定大错特错，完全是错失良机。当然，针对这种看法，纸上谈兵的军人总会迅速拿出统计数据和一些无关紧要者的先例，以此证明继续追击是错误的。可事实并非如此，智力超群的将领被智商不高但意志更坚定的对手打败，这种事过去时有发生。

指挥官最好能清楚地了解己方后勤机构的真实潜力，按照自己的预估提出相应的作战要求。这就促使后勤人员发挥主动性，他们也许会抱怨不迭，但完成的事情会比原先多几倍。

意大利军队惨败，士气遭受的影响最为严重。意军官兵有充分的理由对他们的武器彻底丧失信心，并产生极为严重的自卑感，整个战争期间他们一直抱有这种心态，因为法西斯政府始终没能给北非战场的将士配发合适的装备。从心理上说，战争期间首场交战以这样的惨败告终尤为不幸，特别是因为他们参战前雄心勃勃、豪情万丈。所以，要想重振意军官兵的斗志非常困难。

第六章 第一回合

非洲之行

1940 年年底，由于法国国内局势紧张，[1] 我没等圣诞假期结束就匆匆销假，沿冰雪覆盖的道路迅速返回波尔多，我的师当时驻扎在那里。幸好只是虚惊一场，我们没有采取行动。

接下来几周，部队进行高强度训练。我打算 2 月初休假几天，弥补没过好的圣诞节，可这次休假又给搅黄了，因为我到家后的第二天晚上，元首大本营一名副官通知我销假，立即向冯·布劳希奇元帅和元首报到。

2 月 6 日，冯·布劳希奇元帅赋予我一项新任务。

由于我们的意大利盟友面临极度危急的局面，两个德国师（1 个轻装师、1 个装甲师）开赴利比亚为他们提供援助。我出任德国非洲军军长，必须尽快动身赶赴利比亚，勘察当地的情况。

相应的计划是，第一支德国军队 2 月中旬开抵非洲，第 5 轻装师的调动 4 月中旬前完成，第 15 装甲师 5 月底到达。

提供这些援助的先决条件是，意大利政府必须承担的黎波里塔尼亚的防务，在苏尔特湾地区据守从布埃拉特附近向南延伸的防线，确保必要的空间，以便德国空军部署到非洲。也就是说，新方案与意大利人原先的计划不同，他们本来只打算坚守的黎波里防线。北非的意大利摩托化部队交给我指挥，而我听命于格拉齐亚尼元帅。

当天下午我向元首报到，他给我详细介绍了非洲的局势，还告诉我，之所以任命我担任非洲军军长，是因为我能最快地适应非洲战区完全不同的条件。元首派副官长施蒙特上校陪同我完成侦察之旅第一阶段。他还建议我先把德国军队集结在的黎波里附近，以便整体投入交战。傍晚时，元首给我看了些配有照片的英美报纸，报道的是韦维尔将军穿过昔兰尼加的进军情况。最让人感兴趣的是，报上展示了装甲地面部队、空军、海军出色的协同。

> 亲爱的露：
>
> 　　飞机12点45分降落在斯塔肯。我先去见Ob.d.H[陆军总司令]，他任命了我新职务，我随后去见F[元首]。事情发展得很快。随身行李已送到。我只带了最简单的生活必需品，其他物品也许很快能拿到。我觉得用不着告诉你，一下子遇到这么多事，把我搞得晕头转向。将顺这些问题要好几个月。
>
> 　　所以"我们的假期"又泡汤了。别难过，这没办法。我的新任务事关大局，非常重要……
>
> 　　　　　　　　　　　　　　　　　　　　　　　　　1941年2月6日

> 　　昨晚我一直在思忖自己的新任务。这也许是治疗我风湿病的办法。[2]要做的事情太多，时间少得可怜，只能尽力而为。
>
> 　　　　　　　　　　　　　　　　　　　　　　　　　1941年2月7日

　　2月11日上午，我[在罗马]向意大利最高统帅部参谋长古佐尼将军报到，意大利最高统帅部已批准把的黎波里塔尼亚的防御延伸到苏尔特湾。他们指示意大利陆军参谋长罗阿塔将军陪同我前往利比亚。我当天下午飞赴[西西里岛的]卡塔尼亚，在那里遇到德国第10航空军军长盖斯勒将军。非洲传来的新消息非常不利。韦维尔已攻克班加西，在该城南面歼灭了意大利最后一个装甲师，即将挥师的黎波里塔尼亚。可以预料，意大利人根本无法实施顽强的后续抵抗。接下来几天，英军先遣部队很可能到达的黎波里外围。由于第一个德国师要到4月中旬才能开抵非洲，因此，敌人继续进攻的话，根本指望不上这个师。必须立即采取措施，遏止英军的攻势。

　　为此，我请盖斯勒将军当晚攻击班加西港，次日上午派轰炸机打击该城西南面的英军队列。盖斯勒起初没答应，很显然，意大利人要求他别轰炸班加西，因为许多意大利军官和文职人员在那里有房产。我对此很不耐烦，于是，施蒙特上校当晚联系元首大本营，大本营批准了我的要求。几小时后，第一批德国轰炸机起飞，赶去轰炸英军运往班加西的后勤补给。

次日 [2月12日] 上午10点左右，我们这个侦察小组从卡塔尼亚飞往的黎波里。低空飞过海面期间，我们遇到许多从的黎波里返航的德国容克斯运输机，他们执行的任务可能是为进驻非洲的德国空军部队运送补给。中午前后，我们降落在的黎波里南面的贝尼托城堡。德国驻罗马武官³ 派驻北非意军司令部的联络官黑根赖纳中尉迎接了我们，还带来一个消息：格拉齐亚尼元帅被解除职务，指挥权移交给他的参谋长加里博尔迪将军。黑根赖纳向我简要介绍了非洲战区意大利军队的组织结构，还描述了意军后撤期间发生的一些令人很不愉快的事情，确切地说，这场后撤沦为溃逃。意军士兵丢掉武器弹药，爬上超载的车辆，不顾一切地向西逃窜，引发了一些极为丑恶的场面，他们甚至开枪互射。的黎波里军方人士的士气降到最低点，大多数意大利军官已收拾好行囊，打算尽快返回意大利。

13点左右，我向加里博尔迪将军报到，还汇报了自己此行的任务。他对苏尔特地区设立防御的方案没太大热情。我借助地图，向他解释了守卫的黎波里塔尼亚的计划大纲。这份计划的重点是不能再后退一步，德国空军提供强有力的支援，把所有兵员投入苏尔特地区的防御，包括首批登陆的德军特遣队。依我看，要是英军没遭遇抵抗，他们也许会继续挺进，可如果他们发现自己不得不再次投入交战，就不会直接发起冲击，而是先等待补给物资囤积完毕。我希望利用这段时间集结力量，直到我们的实力强大到足以应对敌人的进攻。

看上去，加里博尔迪对我的说辞疑虑重重。他对意军遭受的挫败灰心丧气，建议我先去看看苏尔特地区的情况，因为我初来乍到，可能不了解这片战区的困难状况。我尽量把话说得更明白些，除非他们真下定决心坚守苏尔特，否则我们是不会提供支援的。我还补充道："我很快会弄清这片地区的状况。下午我乘飞机去看看，晚上向司令部提交报告。"

鉴于形势极为严峻，再加上意大利指挥部无所作为，我下定决心，不再理会"仅限侦察"的指示，尽快把前线指挥权掌握在自己手里，最迟到首批德军开抵。当初在罗马，我向冯·林特伦将军提过自己的意图，他劝我不要这样做，在他看来，这会让我名声扫地。

当天下午，我和施蒙特上校乘坐 He-111 轰炸机，翱翔在非洲上空。我们察看了的黎波里东面的野战工事和深邃的防坦克壕，又飞过一条沙带，看上去无论轮式还是履带式车辆都很难从这里通过，这就在的黎波里前方形成一道出色的天然障碍。我们在泰尔胡奈与胡姆斯之间的丘陵地带上空继续飞行，据我们所见，这里不太适合摩托化部队运动。但胡姆斯与米苏拉塔间的平原看上去却是摩托化部队实施机动的理想场地。巴尔博大道像一根黑色的绳索，穿过荒凉地带，不断延伸，目力所及之处，既没有乔木也没有灌木丛。我们飞过布埃拉特，这是个小小的沙漠堡垒，有几座小屋，还有座栈桥。最后，我们在苏尔特那些白色房屋上空盘旋，看见意军部队据守在村东面和东南面的阵地里。

除了苏尔特与布埃拉特间的盐沼（这片盐沼只向南延伸了几英里），该地区没有一个缺口，例如沟壑和峡谷。这番空中侦察让我信心大增，我决定按计划加强苏尔特和海岸公路两侧地区的防御，以摩托化部队实施机动防御。

我们当晚见到加里博尔迪将军，向他汇报了侦察结果，罗阿塔将军也到了，还带来领袖的最新指示，为我的作战计划大开绿灯。

次日，辖布雷西亚师和帕维亚师的意大利第 10 军开赴苏尔特—布埃拉特地区设防。跟在第 10 军身后的阿列特师当时只有 60 辆彻底过时的坦克（这些坦克太轻，意大利人当初以这些坦克在阿比西尼亚追逐当地土著），奉命在布埃拉特西面占据阵地。这就是我们目前能调集的全部军力。可就连这些兵团的调动也让意军司令部大伤脑筋，因为他们没有足够的运输工具，而的黎波里到布埃拉特这段路程长达 250 英里。

所以，我们无法指望几个意大利兵团迅速开抵前线，也就是说，我们目前可用于阻挡敌人的军力，除了苏尔特地区虚弱的意大利守军，只有德国空军了。于是，我向非洲战区德国空军指挥官弗勒利希将军强调，接下来的行动对非洲战区的前景至关重要，请他务必承担这项任务。第 10 航空军军长奉命提供支援。该航空军的可用力量有限，但他们倾尽全力，不分昼夜地帮助我们摆脱困境，这番努力很有成效，迫使韦维尔的军队一直滞留在欧盖莱。

几天后，我飞往苏尔特视察意军防线。驻守在那里的意军，兵力相当于一个团，桑塔马里亚少校和格拉蒂上校领导得很好。这是我们眼下唯一能用于抗击英军的部队，所以不难理解我们对当前态势的焦虑之情。我方其他部队驻守在西面约 200 英里处。

经过我一再敦促，2 月 14 日，第一个意大利师终于开赴苏尔特。同一天，首批德军部队（第 3 侦察营和 1 个反坦克营）到达的黎波里港。由于形势危急，我催促他们赶紧卸载，还要求他们借助灯光彻夜从事这项作业。当然，敌人可能会发动空袭，可我们不得不承受这种风险。

这艘 6000 吨的运输船彻夜卸载，创造了的黎波里港的新纪录。德军官兵次日清晨拿到他们的热带装备，11 点在政府办公楼前方的广场集合。他们对赢得胜利充满信心，的黎波里凝重的气氛为之一变。在街道上举行简短的阅兵式后，冯·韦希马尔男爵 [第 3 侦察营营长] 率领部下赶往苏尔特，26 小时后开抵前线。2 月 16 日，德军侦察部队与桑塔马里亚少校的部队相配合，对敌人采取首个措施。我现在接掌了前线指挥权，施蒙特上校几天前已返回元首大本营。

亲爱的露：

一切都像我希望的那样顺利。我期盼圆满完成任务。我很好，你不用为我担心。要做的事情很多。我已经彻底察看了周边的情况。

1941 年 2 月 14 日

灿烂的阳光下，一切都很美好。我和意大利司令部处得非常愉快，无法指望更融洽的合作了。

我那些小伙已开赴前线，我们的战线向东移动了 350 英里。依我看，他们 [英国人] 可以来了。

1941 年 2 月 17 日

我每天在的黎波里与前线之间飞来飞去，从空中对的黎波里塔尼亚有了深刻的认识，对意大利人的殖民成就深感钦佩。他们在非洲各处留下自己的印记，特别是的黎波里、泰尔胡奈、胡姆斯周围。

日复一日，开赴前线的意大利和德国军队越来越多。尽管意大利方面提出不同的建议，但非洲军出色的军需官（奥托少校）还是利用小船沿海岸组织起补给运输，极大地缓解了我方卡车车队的压力。可惜，意大利人一直没有沿海岸地区修建一条铁路线，否则，这条铁路线现在会起到巨大的价值。

为尽量装作实力强大的样子，以欺骗英国人，让他们谨慎行事，我在的黎波里南面3英里的几个车间制造了大量假坦克，这些假坦克装在大众汽车上，看上去足以乱真。2月17日，敌人非常活跃，我担心他们会继续攻往的黎波里。2月18日，这种感觉更加强烈，因为我们发现大批英军部队驻扎在欧盖莱与艾季达比亚之间。为了让对方知道我们也在积极备战，我决定派第3侦察营，以桑塔马里亚营和第39反坦克营为加强，前出到瑙费利耶，与敌人接触。

2月24日，非洲的德国和英国军队首次发生战斗。我们击毁对方2辆侦察车、1辆卡车、1辆轿车，还俘虏包括1名军官在内的3名英国军人，我方没有伤亡。与此同时，第5轻装师辖内其他部队继续按计划向前线运动。

我们还是对英军的行动深感疑惑，为弄清情况，第5轻装师师长施特赖希将军接掌了前线指挥权，3月4日前出到穆格塔隘路，用地雷封锁了通道，但他没发现敌人。

此举让我们获得一片较为重要的地区，极大加强了我方阵地。切比拉盐沼从这里延伸到巴尔博大道以南20英里，除了几个地段车辆无法通行，我们很快在可供通行的地段埋设了地雷。如果敌人正面冲击这些窄道，我们很容易击退对方；实施迂回也不太可能，因为这需要在地形复杂的沙地长途跋涉。到达穆格塔，我们就位于的黎波里以东约500英里。对我方海岸补给交通来说，我们控制了拉斯阿利的小港口，与那些名字听上去很夸张的地方一样，这里其实是个荒凉、破败的所在，军需官很快着手往此处运送物资。

亲爱的露：

　　我刚刚结束历时两天的前线之行，更准确地说，是乘飞机视察前线，这条战线目前在东面450英里外。一切都很顺利。

　　要做的事情很多，暂时无法离开这里，缺席的话，我可承担不起责任。太多事情需要我亲力亲为，需要我鞭策督促。希望你已收到我先前寄出的信件。

我的部队正在前进。速度至关重要。这里的气候非常适合我，我甚至睡过头了，今天早上竟然睡到6点多……

……我们这里今天隆重上映《西线的胜利》[4]，来的宾客很多，还有不少女士，我迎接他们时说道，希望用不了多久我们就能观赏《非洲的胜利》……

1941年3月5日

我们针对穆格塔的行动，迫使英军向东退却，我们现在估计，对方的主力盘踞在艾季达比亚周围，沿海岸一路部署到德尔纳。

英军数量和质量方面的缩水，远比隆美尔意识到的更严重。2月底，杰出的英国第7装甲师调回埃及整补。他们的防线移交给第2装甲师半数力量，第2装甲师刚刚从英国本土调来，都是新兵，该师另一半兵力已派往希腊。澳大利亚第9师替换了澳大利亚第6师，由于补给方面遇到许多困难，第9师部分力量留在图卜鲁格，没有继续前调。除了缺乏经验，这些新兵团的大批技术装备和运输车辆也被抽调，用于远征希腊。另外，奥康纳将军返回埃及，接替他的尼姆将军没有在沙漠里从事机械化作战的经验。

为"最大限度地支援"远征希腊的行动而在非洲铤而走险，韦维尔有自己的看法，他认为"的黎波里塔尼亚的意大利人不值一提，鉴于意军战斗力低下，德国人不太可能冒险把大批装甲部队派到非洲"。韦维尔对德国最高统帅部的态度做出的总体判断正确无误，据他估计，已登陆的德军最多是"一个装甲旅"（第5装甲团）。从常理说，韦维尔3月2日得出的结论不无道理："我认为他（敌人）不会仅凭这么点兵力，就企图夺回班加西。"可他的估算没考虑到"隆美尔"这个因素。

敌人企图以地中海的海上行动和对的黎波里的空袭扼杀我方补给，但这个阶段没取得太大成果。3月11日，第5装甲团在的黎波里卸载，这股力量和他们堪称当时最新式的装备，给意大利人留下深刻的印象。[5]

3月13日，我把指挥部迁往苏尔特，以便更加靠近前线。我本打算和参谋长乘坐"基布利"⁶飞机赶往苏尔特。可起飞后，我们在陶尔加遭遇沙尘暴，尽管我声色俱厉地命令飞行员继续飞行，可他没理我，而是驾机返回，我只好从机场坐车赶往米苏拉塔。随后发现，我们太小看沙尘暴的巨大威力了。遮天蔽地的红色尘埃导致能见度降为零，汽车的行进速度宛如爬行。风力过于强劲，根本无法沿巴尔博大道行驶。沙子像雨水那样顺着挡风玻璃流下。我们用手帕挡着脸，吃力地喘着粗气，温度高得难以忍受，身上大汗淋漓。这就是基布利沙尘暴！我默默地向那名飞行员道歉。当天，一名德国空军军官的座机因沙尘暴坠毁。

3月15日，什未林伯爵^①率领一支德意混编部队从苏尔特开赴迈尔祖格 [苏尔特以南450英里左右]。意大利司令部要求我们采取行动，是因为戴高乐将军盘踞在利比亚南部的军队现在让人不胜其烦。但我们认为，这场行动的主要目的是获得长途远征的经验，同时测试我方技术装备能否适应非洲的条件。不久后，意大利布雷西亚师开抵穆格塔前线，腾出第5轻装师做机动部署。

3月19日我飞赴元首大本营，汇报情况并获取新的指示。元首为第7装甲师当初在法国的作战行动给我颁发了骑士铁十字勋章橡叶饰。陆军总司令 [冯·布劳希奇] 告诉我，近期不打算在非洲发起决定性打击，所以，我暂时不会获得援兵。待第15装甲师5月底开抵，我就发动进攻，歼灭艾季达比亚周边之敌，也许还能夺回班加西。我指出，我们不能仅仅占领班加西，必须控制整个昔兰尼加，因为单单守住班加西地区是无法做到的。冯·布劳希奇元帅和哈尔德大将主张削减派往非洲的兵力，全然不顾该战区的前景，我对此很不高兴。北非的英国军队目前实力虚弱，我们应该充分利用机会，彻底夺得主动权。

依我看，1940—1941年我们没有登陆英国也是错的。当时，英国远征军的技术装备损失殆尽，是我们顺利攻上英国本土的天赐良机。自那之后，登陆英国的行动越来越难，要是我们想打赢对英战争，最终还是要走这一步。

离开非洲前，我已指示第5轻装师做好3月24日进攻欧盖莱的准备，目标

---

① 译注：冯·什未林伯爵中校是第200特种团团长，隶属第5轻装师，后来又指挥第16、第116、第90装甲掷弹兵师及第76装甲军，最终军衔是装甲兵上将。

是夺取那里的小堡垒和机场，驱散守军。不久前，一支德意混编部队占领了南面不远处的迈拉代绿洲。我们必须为这支部队提供补给，而我方补给队一直遭到欧盖莱守军滋扰。

因此，我返回非洲后，第3侦察营3月24日清晨夺得欧盖莱堡垒、取水点、机场。欧盖莱的英国守军实力虚弱，可他们在整片地区埋设了许多地雷，面对我军的进攻，他们巧妙地撤走了。

夺得欧盖莱后，我们通过空军的侦察报告获悉，英军前哨似乎已退到卜雷加港隘路。

亲爱的露：

这是我们在海边度过的第一天。此处很美丽，我那辆挂车舒适得就像旅馆。早上的海水暖洋洋的，我们洗了海水浴。阿尔丁格和京特[分别是隆美尔的副官和勤务兵]住在旁边的帐篷里。我们早上在自己的厨房煮了咖啡。昨天，意大利的卡尔维·迪·贝尔戈洛将军[1]送给我一袭阿拉伯斗篷，非常漂亮，深蓝色镶红的丝绸面料，还缀有刺绣。你拿去做剧院披风肯定很漂亮……

前线没什么新消息。我不得不让部队停下，以防他们向前疾进。他们在东面20英里占据了新阵地。我们的意大利朋友有些人面带忧色。

1941年3月26日

突袭穿过昔兰尼加

我们打算5月份进攻艾季达比亚周边之敌，第一个目标是卜雷加港隘路。英国人被逐出欧盖莱后，在卜雷加港制高点和苏埃拉井盐沼南面站稳脚跟，着手构筑阵地。我们焦虑地留意着他们的活动，这是因为，倘若对方获得时间强化易守难攻的天然阵地，再布设铁丝网和地雷，那么，他们的防御就和穆格塔的我军阵地一样，很难施以正面冲击，从南面迂回也不现实。卜雷加港以南

---

[1] 译注：贝尔戈洛准将是意大利军方派到隆美尔身边的联络官。

20—30 英里的瓦迪费雷格南部地区全是沙地，车辆几乎无法通行。所以我面临的选择是，要么等待调拨给我的其他部队 5 月底开抵，但这样一来，英国人就获得时间构筑强大的防御阵地，届时我们的进攻很难实现预期结果，要么以我手头现有的小股力量继续进攻，趁敌人还没来得及加强卜雷加港阵地就把它一举攻克。我决心选择后者。实际上，我们估计，即便以手头实力较弱的军队发起进攻也能夺得隘路。卜雷加港阵地和穆格塔一样，非常适用于我们的目的，能为我们 5 月份的攻势提供合适的集中、出发地域。促使我立即采取行动的另一个理由，是我们近期的供水情况很不好，必须开凿新井。进攻卜雷加港，能让我们进入水资源丰富的地区。

我们 3 月 31 日向前而去，进攻卜雷加港英军阵地。当天清晨，我方部队与英军侦察部队在马滕贝斯切尔展开激烈战斗。下午，第 5 轻装师辖内部队冲击卜雷加港阵地，英军顽强防御，我们的进攻陷入停顿。

我和阿尔丁格、非洲军参谋长冯·德姆·博尔内中校 [①] 一整天都在战场上，下午勘察了朝海岸公路北面发动进攻的可能性。为此，我们傍晚晚些时候投入第 8 机枪营，该营越过起伏的沙丘展开猛烈冲击，迫使敌人向东退却，一举夺得卜雷加港隘路。

第 5 轻装师赢得的胜利次日晨才上报军部。英国人显然被打得仓促后撤。50 辆布伦机枪载运车和 30 余辆卡车落入我们手里。4 月 1 日，我命令麾下部队向卜雷加港和马滕吉奥费尔地区集中。

德国空军的报告清楚地表明，敌人打算后撤，施特赖希将军派出的侦察巡逻队证实了这一点。尽管上级指示我们，5 月底前不得采取此类行动，可眼前的机会非常难得，于是我下令进攻并夺取艾季达比亚。就这样，第 5 轻装师 4 月 2 日沿巴尔博大道两侧往攻艾季达比亚。敌人布设的地雷场没给我们造成太大麻烦。意大利人沿海岸公路跟进。经过短暂的战斗，我军当天下午攻克艾季达比亚，先遣部队随后迅速攻往祖韦提奈地区。巴尔博大道南面的进攻，第 5 装甲团担任主力，

---

① 译注：博尔内后来担任第 16 集团军军需主任，1942 年 1 月底在东线因事故丧生。

遭遇英军坦克后发生小规模战斗。很快，7辆敌坦克在战场上起火燃烧，我方只损失3辆坦克。这场战斗中，敌人使用阿拉伯帐篷布设的伪装非常有效，他们投入战斗时完全出乎我们意料。

黄昏时，我们已占领艾季达比亚周边到东面12英里的整片地区。意大利军队跟了上来。4月3日，我把前进指挥所迁到艾季达比亚，察看敌军动向。对方全面后撤，似乎要退出昔兰尼加。他们显然认为我军实力非常强大，那些假坦克可能起了很大的作用。

从隆美尔的先遣部队夺回欧盖莱那一刻起，韦维尔就对自己面临的风险担心不已。他指示尼姆将军，受到敌军逼迫的话，就撤到班加西附近一处阵地，还批准尼姆在必要情况下放弃港口。德军4月2日攻占艾季达比亚，韦维尔匆匆下令弃守班加西向东退却，以此保全麾下军队。但秩序混乱的后撤期间，英国军队很快就四分五裂。

当天早上我接到报告，说艾季达比亚以北20英里有20辆敌坦克，于是我派贝恩特中尉[1]去核实一番。他沿班加西公路驱车行进，一直开到马格伦，最后发现那些坦克是意大利人当初丢弃的，现在物归原主。

到目前为止，我们已俘虏800名英军官兵。英国人似乎在任何情况下都无意与我们决战，因此，当天下午我定下决心，紧追后撤之敌，一举收复整个昔兰尼加。为此，我立即指示法布里斯上校率领阿列特师先遣力量赶往本盖尼亚井，还命令第5轻装师派第3侦察营沿巴尔博大道攻往班加西。施特赖希将军有点担心他那些车辆的状况，但我不允许这个问题影响大局，绝不能因为某些琐事错失良机。

意大利的扎姆博尼将军告诉我，艾季达比亚到杰乌夫迈泰尔的小径绝对是个

---

① 译注：贝恩特18岁就加入国社党，是老党员，也是个记者。纳粹掌权后，他一直在宣传部任职，位高权重。但他认为"没有前线经历的人不是合格的宣传员"，因而投笔从戎，在非洲军从事情报和宣传工作，担任戈培尔派驻非洲装甲集团军、非洲集团军群的代表。1943年他跟随隆美尔返回欧洲，重回宣传部任职，1944年转入武装党卫军，在"维京"装甲师担任党卫军第5装甲团第2营营长，1945年3月在匈牙利死于苏军飞机的扫射。贝恩特军衔不高，但他1936年就是党卫队旗队长，后来擢升到旅队长。

死亡陷阱，他竭力劝说我不要派部队沿这条路线穿过昔兰尼加。但我对自己的观察更具信心，于是带着副官阿尔丁格中尉赶往杰乌夫迈泰尔方向。我们行进 12 英里，赶到意大利桑塔马里亚侦察营队列头部，该营隶属法布里斯的部队。行进中的意军侦察营秩序井然，队列整齐。这里的地面很适合车辆行驶，没给我们造成太多麻烦。

我 16 点左右回到指挥所，获悉第 5 轻装师报告，说他们需要 4 天时间补充汽油。在我看来，这么长的时间简直是开玩笑，于是命令该师卸空所有车辆，赶紧派这些车辆去菲莱尼拱门的师属物资堆栈，装上足够的汽油、口粮、弹药，24 小时内穿过昔兰尼加返回师里。这就意味着第 5 轻装师 24 小时内动弹不得，但敌人正在后撤，我们冒的风险不大。

此时的情况越来越明显，敌人把我们的实力估计得过于强大，为了让他们保持误判，我们必须继续摆出大举进攻的架势。当然，我眼下根本没办法以主力猛追敌军，但看起来我们应该能以先遣部队保持足够的压力，迫使敌人不停地逃窜。我希望 24 小时内前调更强大的力量，把他们集中在南翼，目标是穿过本盖尼亚井前出到泰米米，尽可能多地切断、歼灭英军部队。

黄昏时，我驱车向北，去察看第 3 侦察营的进展，该营奉命赶往班加西方向。我在马格伦地区追上他们，冯·韦希马尔告诉我，到目前为止他还没遇到任何英军部队。一位意大利神父从班加西赶来迎接他们，他告诉冯·韦希马尔，敌人已撤离班加西。应冯·韦希马尔的请求，我立即派该营开赴班加西。

返回艾季达比亚途中，我们遇到一部显然是英国军官驾驶的德国车辆。但我们没费神拦下对方，估计第 3 侦察营会俘虏他们，事实也的确如此。我们后来获悉，几个英国人在艾季达比亚西北面伏击了一名德国司机，抢走他的车辆，企图溜回昔兰尼加的己方部队。他们非常英勇，真希望他们能成功，可惜，这几名英国军人的运气并不好。

回到指挥所，我遇到意军总司令加里博尔迪将军，他对目前的战事进展一点也不高兴，反而严厉申斥我，主要因为我们的行动与罗马的命令背道而驰。他还补充道，补给状况很不可靠，谁都承担不起这种行动及其后果的责任。他要我停止一切行动，没得到他明确授权，不得采取任何后续行动。

我早已下定决心，要坚持到底，最大限度地确保自己的战役和战术自主权，更重要的是，决不能让天赐良机白白溜掉。结果，这场会晤有点剑拔弩张。我坦率地阐述了自己的观点，毫不含糊，而加里博尔迪将军希望我先获得罗马批准。可这样一来会白白浪费几天时间，我不想照办，还说无论发生什么，我都打算继续做我该做的事情。双方争得不可开交。就在这时，救星来了，德国最高统帅部发来电报，授予我彻底的自主行事权，这就按照我的意愿解决了争执。

4月3日夜间，冯·韦希马尔营在当地民众热烈的欢呼声中进入班加西。英国人纵火焚烧了所有物资仓库。

亲爱的露：

自31日起，我们一直在进攻，赢得了辉煌的胜利。我们身处的黎波里和罗马的主子也许会不知所措，柏林那些人可能也一样。我不惜冒着违抗所有命令和指示的风险，是因为眼前的机会似乎很有利。他们事后肯定会宣布一切都好，还会说要是处在我的位置，他们也会这样做。我们实现了首个目标，本来以为这个目标要到5月底才能完成。英国人争先恐后地惊慌逃窜。我方伤亡很小，战利品目前还无法统计。我兴奋得难以入睡，你肯定能理解。

1941年4月3日

次日一大早，布雷西亚师派一个加强团开赴班加西，腾出第3侦察营用于后续行动。第5轻装师主力奉命穿过本盖尼亚井继续攻击前进，什未林伯爵率领的先遣营获得加强。意大利阿列特师奉命沿同一条路线推进，前出到坦吉代尔井，尔后转身向北，赶去夺取迈希利。现在速度决定一切。我们希望抢在英军想方设法撤出昔兰尼加、逃离灭顶之灾前，不惜一切代价迫使对方部分力量与我们交战。

4月4日，我带着参谋长和阿尔丁格视察了班加西，还派第3侦察营在一个装甲连加强下，穿过雷吉马和海鲁拜赶往迈希利。当天下午，我搭乘容克斯（这里没有鹳式飞机可用）越过本盖尼亚井飞赴坦吉代尔井。我方一支支队伍沿小径隆隆向东，身后扬起巨大的尘云。我觉得我能识别出本盖尼亚井以东12英里的我军先遣部队。

当天傍晚，敌人的部署似乎大致如下：

他们的几支小股部队位于本盖尼亚井东面，其他英军部队继续守卫姆苏斯。黄昏时，第3侦察营与实力虚弱的敌军在雷吉马发生接触，随后击退对方。英军主力正全面后撤，退出昔兰尼加。

亲爱的露：

　　元首为这场意想不到的胜利给我发来贺电，还就后续行动下达了指示，与我的想法完全一致。我们占据的地盘正在扩大，现在可以实施机动了。

1941年4月4日

次日 [4月5日] 清晨，我4点通知非洲军直属连 [8]，命令他们动身赶往本盖尼亚井。我打算只要情况允许，就接手指挥最前方的部队，亲自率领他们攻往泰米米或迈希利。

我乘坐鹳式飞机察看了部队前往本盖尼亚井的进展，返回后，与施洛伊泽纳少校 [①] 商讨如何最好地组织重型补给车队。我们对使用相当复杂的道路穿过本盖尼亚井心存顾虑，最后决定，也许能取道苏卢格，把补给物资运往迈希利。

德国空军报告，英国人仍在后撤。中午前后，我命令奥尔布里希上校 [②]，立即率领一股强大的装甲力量（编有第5装甲团和40辆意大利坦克），经马格伦和苏卢格攻往姆苏斯，歼灭那里的敌军，尔后继续赶往迈希利。

亲爱的露：

　　今天清晨4点出发。非洲的大戏正在上演。希望我们这场大规模打击能赢得胜利。我的身体状况很好。这里的简单生活比法国的美食更适合我。不

---

① 译注：施洛伊泽纳是非洲军军需处长。

② 译注：奥尔布里希是第5装甲团团长，后来指挥过第35、第4装甲团，1942年9月阵亡在高加索地区的莫兹多克，死后追授少将。

知你们俩过得怎样……

1941年4月5日

当天14点左右，我乘坐容克斯飞往本盖尼亚井。着陆后，我从空军人员那里获悉，迈希利地区及其南部已见不到英军。于是，什未林纵队收到命令："迈希利已没有敌人，全速前进，拿下该城。隆美尔。"其他先遣部队也转向迈希利。我和阿尔丁格下午飞赴前线，亲自接掌先头部队指挥权。临近傍晚，我们又飞回去寻找第5轻装师的队列，发现他们正朝东北方挺进，速度很快。没过多久，我们又找到我的直属连。我随即把鹳式飞机打发回去，乘坐"猛犸"9沿小径赶往本盖尼亚井，亲自体会一番行军的艰难。两个半钟头后，我们满身尘土地到达机场，在这里获悉第5轻装师已转向迈希利。没过多久，执行空中侦察的舒尔茨中尉回来了，据他报告，强大的英军部队目前据守在迈希利及其周边。当天早些时候，海默尔少校① 奉命和两架飞机去迈希利东面的小径布雷，现在还没回来。我的情报处长鲍迪辛上尉乘坐的 He-111 被击落，他被敌人俘虏。

此时天色已黑，飞回艾季达比亚太晚了。由于发生了对我们很不利的新情况，我决定驱车赶往第5轻装师，亲自接手指挥。

我们先是开着大灯行驶，不时绕道避开地雷场，之所以能发现，是因为地雷场边缘停着起火燃烧的车辆。午夜前后，我们这支漫长、灯火通明、蜿蜒穿过沙漠的车队突然遭到英国飞机攻击。不过，对方的空袭没给我们造成任何破坏，我们继续前进，这次关闭了车灯。凌晨3点左右，我们赶到第5轻装师纵队头部，在这里遇到该师师长。队伍停了下来，我们发现走错了路。从里程表读数看，我们早该到达坦吉代尔井了，可现在什么也没看见。

没过多久，两架德国飞机从北面飞到我们上方，一架是亨舍尔，另一架是鹳式。尽管地面崎岖多石，但他们识别出我们，还是降了下来。来的是顺利完成任务的海默尔少校和他的部下。夜幕降临前，他们降落在迈希利机场，随后在通往

---

① 译注：海默尔是德国空军派到隆美尔身边的空军联络官。

东面的几条小径埋设地雷。他们在距离飞机不远处趴了一整晚，监视英军的交通。拂晓到来，他们发现英国人在他们旁边占据了阵地，但几人还是迅速冲上飞机，不受干扰地起飞了。他们报告，敌人以重兵据守迈希利，驶向东面的车流非常大。现在决不能浪费时间，否则煮熟的鸭子就飞了。我们离迈希利还有 12 英里，于是我指示贝伦德中尉率领他的小股战斗群全速赶往迈希利—德尔纳小径，找个合适的地段加以封锁。波纳特中校[①]的部队只有 15 部车辆，现在也奉命赶往德尔纳，在那里封锁巴尔博大道两个方向的交通。很快，什未林伯爵率领麾下部分部队赶到，我命令他赶去封锁离开迈希利通往东面的小径。

7 点 30 分左右，舒尔茨中尉降落在军部，据他报告，迈希利目前有 300 部英军车辆。施特赖希将军不久后也到了，我把自己的意图告诉他。之后我和几名随从驱车赶往什未林伯爵的指挥所。途中，我们看见沙地上有许多英国坦克的履带印，都向东延伸。

可惜，我们 4 月 6 日没能按计划进攻迈希利（按照计划，法布里斯的部队从东面遂行冲击，什未林从南面和东南面投入进攻），因为法布里斯傍晚才到达迈希利东面的高地。当日黄昏，我没收到任何报告，由于距离太远，我和军里大部分部队失去了无线电联络。

奥尔布里希上校报告军作战参谋（此时他仍在艾季达比亚），沙尘暴和汽油短缺严重妨碍了他们穿过姆苏斯的进展。尽管发生这些延误，可他们还是在午夜前顺利夺得姆苏斯，尔后继续赶往迈希利。4 月 7 日凌晨 2 点左右，法布里斯纵队报告，他们彻底耗尽汽油，现在没办法把炮兵力量部署就位。我们立即收集师部掌握的储备汽油，总共 35 罐，凌晨 3 点，我率领军直属连出发，希望赶在拂晓到来前让炮兵进入发射阵地。天色漆黑一片，甚至没有星光，我们根本找不到法布里斯纵队。次日拂晓我们再次寻觅，费了好大周折，终于找到他们。其间还有个小插曲，我们无意中驶入英军前哨后方，对方的前哨阵地以几辆布伦机枪载运车构成。虽然我们只有 3 辆车，其中 1 辆配备了机枪，但我们全速冲向敌

---

① 译注：波纳特是第 8 机枪营营长。

人，卷起巨大的尘云，对方看不清我们身后究竟有多少车辆。他们惊慌失措，匆匆放弃了阵地。

我们为意大利车辆补充了汽油，这支部队散开队形赶往迈希利。我们很快就看见迈希利堡，敌人大批车辆停在那里，透过望远镜，我们很容易辨识出一群群站在车辆旁的英军官兵。我率领法布里斯纵队来到迈希利东北面 2 英里，停下后占据阵地。敌人起初没有实施防御的迹象，于是我派格罗内中尉打着休战白旗过去，呼吁英军指挥官投降。他当然没接受。

糟糕的是，我们到现在也没见到奥尔布里希战斗群的影子，他们早该到达迈希利了。于是，我上午晚些时候乘坐鹳式飞机去找他。我们在 2000 英尺高度飞过沙原，很快接近迈希利附近的高地。在迈希利堡西面，我突然发现一支长长的黑色车队，肯定是奥尔布里希的部队。几名士兵在车辆旁铺出着陆指示板。最后一刻，我突然看见英军士兵戴的扁平钢盔。我们赶紧倾斜着机身飞离，英国人的机枪火力从身后袭来。我们运气很好，几乎毫发无损地逃走了，只有尾翼中了颗子弹。经历了这段小插曲，我们爬升高度向西飞去。迈希利西南方 15—20 英里，我们看见一些小型车辆向东行驶，车上的德国徽标清晰可辨。着陆后，我发现是第 3 侦察营一部，赶紧指示他们走上正确的路线。再次起飞后，我在南面 15—20 英里又看见几支德国和意大利坦克队列。他们的速度太慢，于是我降了下来，亲自指挥他们。很明显，为首的车辆驶过一片干涸的盐沼，看见东面似乎有一条宽阔的河流，于是转身折返。那是海市蜃楼，这片地区很常见。我现在命令他们全速前进。

回到军部，我徒劳地等待奥尔布里希战斗群抵达。当天下午，我再次乘坐鹳式飞机去找他们。迈希利的高地腾起黑烟，可能是一部起火燃烧的英军车辆。我们在某处飞过一条新的小径，英军车辆正沿这条小径驶向东南方。看见空中的鹳式飞机，英军士兵赶紧隐蔽，但没开火。各处都看不到奥尔布里希的部队，他们肯定又迷路了，可究竟在哪里呢？盐沼里有履带印，但很快消失在遍布石块的地带。我非常生气，也担心不已，因为昔兰尼加东面的决战完全取决于这股力量尽早开抵。太阳已落山，我们知道再过一个半钟头天就要黑了。我们向北飞去，最后终于看见地平线上腾起的股股尘云。先前英军士兵铺出着陆指示板的事件让我们提高了警惕，因而小心翼翼地飞到队列上方。是德军车辆，于是我们降落在奥尔布里希上校的车辆旁。他们毫无必要地绕道而行，我对此愤怒不已，当然这也难怪，因为他们完全不熟悉道路。[①] 我命令他们全速前进。我们通过观察和指南针飞行，最终找到军部，尽管天色已暗，但我们还是顺利降落。我不在的时候，低空飞行的英国飞机扫射了一座简易机场，几架容克斯起火燃烧。

亲爱的露：

　　我不知道日期写得是否正确。数日来，我们一直在无尽的沙漠里进攻，早就丧失了空间和时间的概念。就像你在公报上读到的那样，战事进展顺利。

　　今天又是个具有决定性的日子。我军主力在布满沙石的沙漠里行进了220英里。昨天我从前线飞回来找他们，发现他们在沙漠里。你很难想象我有多高兴。这会是一场现代风格的"坎尼会战"。

　　我一切都好，你不用担心。

1941年4月8日

　　我们定于次日上午发动进攻。4月8日清晨6点左右，我乘坐鹳式飞机赶往迈希利东面的战线，准备按计划行事。我们在大约150英尺高度飞行，接近一个意大利神射手营，该营是法布里斯上校昨天调来的。意大利人显然没见过鹳式飞机，我们突然出现在上方，把他们搞得不知所措，于是，这些意大利人从各个方向朝我们开火。双方的距离只有50—100码，我们没被击落无疑是个奇迹，但也说明这群意大利士兵不是"神射手"。我们赶紧掉转方向，很快在盟友与我方部队之间来回逡巡。我可不想被意大利盟友击落，因而让飞机爬升到3000英尺，从这个高度可以安安心心地察看战场态势。对迈希利的进攻显然已取得进展。敌人一支

---

　　① 译注：隆美尔轻描淡写地写了"愤怒不已"几个字，还说"这也难怪"，可实情远非如此。由于第5装甲团的延误，再加上自己的飞机差点被英国人击落，隆美尔情绪失控，与第5轻装师师长施特赖希大吵一架，还怒斥施特赖希是懦夫。施特赖希摘下骑士铁十字勋章，吼道："收回这句话，否则我就把这枚勋章丢到您脚下！"隆美尔不太情愿地道了歉。两人早在法国战役期间就有矛盾，积怨颇深，首次进攻图卜鲁格未果，隆美尔解除了施特赖希的指挥权。

大股车队正从迈希利向西行驶，我们继续飞行，希望找到奥尔布里希的部队，他们应该赶到了。可四下里还是见不到他们的踪影。我们在英军西面 1—2 英里处确实见到一门 88 炮及其炮组人员，觉得在这里也许能找到我方更多部队，于是降了下去，飞机滑行中撞上沙丘，没法再起飞。88 炮炮长报告，他们昨天遭到敌坦克攻击，火炮受损。附近没我方部队，所以他派一名部下开卡车去联系己方部队。英军车辆扬起的尘埃越来越近，我问他能不能开炮。这名炮长起初说可以，可随后发现驾驶卡车离开的那名部下带走了火炮击针。散开队形的英军车辆逐渐逼近，情况紧急，要是我们不想去加拿大的话 ①，就得赶紧离开！幸亏这个炮组还有一辆卡车，我们驱车驶往东南方，很快遇到一片盐沼，是我昨天飞行期间见到过的。从这里，我们终于找到了返回军部的路线。

我一回到军部，立即派海默尔少校乘坐亨舍尔飞机去找奥尔布里希和他的部下，把他们领往迈希利。在此期间，意大利阿列特师辖内部队一支支开抵，随即奉命赶往迈希利。我军上午已发动进攻，可我现在还不知道进展如何，于是带上几名随从前往迈希利，想亲眼看看交战状况。不能准确地了解态势，就无法做出正确的决定。我们没走出去多远，就陷入一场猛烈的沙尘暴，不得不在山坡旁停了一会儿。我们借助指南针穿过肆虐的风沙，终于找到通往迈希利机场的路线。我们从这里沿电报线摸索前行，逐渐接近迈希利，在此期间，我军已攻克该镇。施特赖希将军后来告诉我们，当天上午，英军几次企图向东突围，都被德意联军的炮火粉碎。在寥寥几辆德国坦克和几门高射炮支援下，我方步兵的进攻大获全胜。与此同时，奥尔布里希和他的部队也已赶到。

12 点左右，我收到波纳特中校发来的报告，说他在德尔纳封锁了巴尔博大道，俘房和战利品不断增加，可他的战斗力遭到严重削弱，现在急需增援。我立即把什未林和奥尔布里希的部队派往德尔纳。第 5 轻装师余部负责守卫迈希利的既占地域，意大利阿列特师也暂时集中在这里。

什未林的部队中午前后动身赶往德尔纳，没过多久，我率领前进指挥组 [10] 和

---

① 译注：英国人当时把俘房的德军官兵运到加拿大战俘营，故有此说。

一个高射炮排跟了上去。我们刚刚越过堡垒就遇到一场沙尘暴，把我们的编队吹得四分五裂，折腾了好长时间才重新完成编组。尽管受到延误，但我们一路疾行，18点前终于到达德尔纳。波纳特报告，他们已俘虏800名英军官兵，最让我高兴的是，整个英军指挥部几乎悉数落网。其中包括驻埃及和外约旦的英军司令 P. 尼姆将军，以及当初痛击意大利军队的奥康纳将军。我方摩托车部队包围、俘虏了他们。[11] 意大利布雷西亚师已从班加西开抵德尔纳，主要归功于基希海姆将军[①]的积极干预，他一直跟随该师前进。

第15装甲师部分力量已抵达非洲，师长冯·普里特维茨将军奉命指挥追击力量，紧跟溃逃的英军攻往图卜鲁格。第3侦察营、第8机枪营、第605反坦克营接受他指挥。当然，这股力量还没有悉数开抵，但机枪营已加满油料，做好了继续追击的准备。

收复昔兰尼加的任务已完成。[12] 但我认为，不停地追击敌人，保持压力，迫使对方继续退却非常重要。尽管从目前的经历看，我们很难切断、歼灭任何一股敌军主力，但也许能在迈尔迈里卡获得一块出色的跳板，用于夏季有可能对亚历山大港发动的攻势。当然，重新夺回意大利殖民地的宣传和心理价值很大，特别是对意大利民众。沿海岸公路迅速建立正常后勤交通的前景大好。

很不幸，我方几支部队穿越沙漠遂行突袭期间迷失了方向。我们组织若干搜索队寻找走散的部队，还派飞机在沙漠里来回搜寻。一堆大火在迈希利不停地燃烧，腾起滚滚浓烟。

亲爱的露：

　　经历了漫长的沙漠行军，我前天傍晚到达海边。我们打败了英国人，真是太好了。我很好。我的挂车今天一大早终于运到了，我希望再次安睡在里面。

1941年4月10日

---

　　① 译注：海因里希·基希海姆原本是利比亚特别指挥部负责人，但隆美尔解散了这个指挥部，派他指挥意大利布雷西亚师。

第一课

现代战争中，此前可能从来没有哪场攻势像我们这次突击穿过昔兰尼加这样毫无准备。它对指挥工作和部队即兴发挥的能力提出很高的要求，某些情况下，部分指挥官无法达到这个要求。很能说明问题的例子是，即便立即进攻提供了胜利的前景，可某些指挥官却忙着补充油料和弹药，甚至从容不迫地大修车辆，造成毫无必要的延误。对执行相应作战行动的指挥官来说，最重要的是他获得的时间，他必须充分发挥执行力，在规定时间内完成任务。进军迈希利期间，我提出的要求并不高，事实证明，发挥主动性的指挥官都完成了我赋予他们的任务。指挥官的干劲和活力往往比智力更重要，惯于纸上谈兵的军人通常不明白这点，但在实干家看来，这是不言而喻的。战役后期，我与部下的关系更加密切，他们每次都能完成我的要求。

这场进军后来受到些批评，理由是不符合上级的战略。保卢斯将军飞抵非洲，说我们穿过昔兰尼加这场快速挺进全无计划，导致英国军队撤离希腊，此举完全违背了最高统帅部的意图。[13]

对此我要指出：

首先，我对最高统帅部进攻希腊的方案一无所知，而且不管怎么说，德国发动进攻时，英国人位于希腊西南部，我们能否困住希腊的英国军队很值得怀疑。通常说来，他们总是能在形势危急时经海路把部队迅速撤走。敦刻尔克和翁达尔斯内斯的例子足以说明，希腊也是这样，德国刚刚发动进攻，英国海军就把希腊驻军撤到北非和克里特岛，众所周知，他们在那些地方早就驻有重兵。

其次，依我看，要是我们完全不理会希腊，而是在北非集中兵力，把英国人赶出地中海地区会更好些。我们投入希腊的空中力量，本该用于掩护开赴非洲的运输船队，必须充分利用在地中海获得运输空间的每一个可能性。我们应当占领马耳他，而不是克里特岛。北非强大的德国摩托化军队尔后可以夺取英国人控制的地中海海岸线，孤立东南欧。希腊、南斯拉夫、克里特岛除了投降别无选择，因为大英帝国无法为他们提供补给和支援。这份方案不仅能实现我们在东南欧的目标，还能拿下地中海地区和近东，以此作为石油来源和进攻苏联的基地，为此承受的伤亡不会比我们1941年夏季在希腊、南斯拉夫、克里特岛、北非付出的代价高到哪里去。可我们的上级对必须经海路运送补给的战区采取的任何重大行动都心存顾虑，他们那个圈子，充斥着陈旧落伍的想法，推崇昔日的"顽强奋战"，因而当时和后来一直反对上述作战行动。

进军昔兰尼加期间获得的经验，为我日后的作战行动奠定了主要基础。整个行动中，我提出许多要求，远远超过常规，从而建立了自己的标准。所有人被迫一次次重新认识这样一个事实：按照常规设定的标准建立在低于平均表现的基础上，因而不能照此行事。

我们把英国人耍得团团转，他们根本没弄清我方的真实实力。要是我方兵力真像他们想象的那般强大，那么，他们的应对可以说非常明智。他们没有以虚弱的兵力在艾季达比亚与我方决战，而是向后退却，集中己方兵力。我们夺取迈希利完全是一场突袭，敌人可能没想到我们会使用穿过本盖尼亚井的路线，或者说，他们没料到我们这么快就出现在迈希利前方。结果，英军被打得措手不及，也可能是因为我方部队故意扬起的尘埃欺骗了对方，让他们误判了我军的实力。同样，仍在昔兰尼加的敌军可能也没想到，我们这么快就前出到德尔纳。因此，这场胜利主要归功于我们的速度。顺便提一句，值得注意的是，大约12个月后英国人又犯了个错误，以部分兵力在艾季达比亚迎战我军。

韦维尔显然打算坚守图卜鲁格，倘若我军对这座要塞的首次进攻未果，他就通过海路为守军提供补给。我知道，我军在战略和战术层面都处于极度不利的境地，要是英军在塞卢姆战线发动进攻，会给我们造成很大的麻烦。我们只有两个选择，要么退回与图卜鲁格齐平的防线，这样一来，对方始终能以这座强大的堡垒作为防御支撑，估计英国人就是这样想的；或者我们坚守塞卢姆防线，这样的话，我们就暴露在各个方向的威胁下，不得不从图卜鲁格的后续行动中抽调兵力。

以下记述，充分说明了这种情况给我们的作战行动造成了多么严重的限制。

进攻图卜鲁格

4月9日，为完成运送补给和前调更多部队的行政安排，我们忙得不可开交。相关报告称，敌人在图卜鲁格周围集中了强大的兵力，正把物资装入港内的10艘运输船。可惜，德国空军忙着调集战机，能投入作战的飞机寥寥无几。意大利布雷西亚师师长中午前后到来，我告诉他，我想派布雷西亚师和随后开抵的特伦托师从西面进攻图卜鲁格，在此期间扬起大股尘埃，牵制敌军兵力；与此同时，第5轻装师穿越沙漠，绕过图卜鲁格南部，从东南面冲击要塞。

下午早些时候，我和阿尔丁格赶到泰米米，我方先遣部队已驻扎在此，我把进攻图卜鲁格的计划告诉了冯·普里特维茨将军。

此时，我认为第5轻装师正开赴泰米米。现在最重要的是把我们的兵力调到图卜鲁格前方，尽快发动进攻，因为我军迅速穿过昔兰尼加的行动把敌人打得惊慌失措，最好能在他们恢复士气、组织图卜鲁格的防御前再次施以打击。因此，我乘飞机飞往迈希利方向，打算与第5轻装师会合，但飞行30英里后遇到基布利风，不得不中断飞行返回德尔纳。待沙尘暴稍微减弱，我再次起飞，16点30分到达迈希利，发现整个第5轻装师仍在此地。他们觉得需要一两天时间保养车辆，我可不这么认为，因而命令该师当晚穿过泰米米，拂晓前开入贾扎拉地域，那里是他们进攻图卜鲁格的出发地。

4月10日清晨，我驱车驶往图卜鲁格方向，在要塞西面30英里找到第3侦察营。很不幸，他们还没有为迂回进攻的任务调整到右侧。我命令冯·普里特维茨将军跨过通往图卜鲁格的道路立即发动进攻，第3侦察营穿过阿克鲁马赶往阿代姆。随后我再次驱车驶向图卜鲁格，发现机枪营先遣部队在距离图卜鲁格10英里处遂行冲击。英军从图卜鲁格射出猛烈的炮火，很快遏止了他们的进攻。我们当时并不了解图卜鲁格防御的性质或位置。空中微光闪烁，沙尘暴袭来，先前一直很好的能见度急剧下降，我驱车返回。中午前后，什末林伯爵报告，冯·普里特维茨将军几小时前在图卜鲁格以西25英里被一发反坦克炮弹直接命中后阵亡。

我命令第5轻装师获得布雷西亚师接替后立即前出到图卜鲁格东面的巴尔博大道，封锁要塞。与此同时，一直待在坦吉代尔井的意大利阿列特师奉命开赴阿代姆。

由于态势相当混乱，第二天我还是在前线度过。对指挥官来说，最重要的是充分了解战场，以及敌我双方所处的位置。交战双方指挥官的对决，决定胜负的往往不是谁的智力更高，谁的经验更丰富，而是看谁对战场的认知更好。战事发展，结果殊难逆料时更是如此。所以，指挥官必须亲自察看实地情况，仅凭别人发来的报告是不够的，不能借此做出决定。

我们乘坐"猛犸"颠簸着驶入一条新设的小径，这条小径从阿克鲁马向南延伸，我们随后转身向东，接近阿代姆北面2.5英里的图卜鲁格—阿代姆公路。英军坦克和装甲车在我们前方的山脊上行驶，第3侦察营显然还没占领阿代姆。我们在阿代姆东北面高地发现敌人放弃的一片帐篷营地。英军炮兵猛烈轰击第5轻装师停在路上的部队，炮弹很快落在我们附近。我在图卜鲁格—阿代姆公路上遇到什未林伯爵中校，指示他从东面逼近图卜鲁格，粉碎敌人一切突围企图。然后我驱车返回阿克鲁马，设法前调更多部队。此时，图卜鲁格西南方战线见不到任何德军部队。"猛犸"顶部有个出色的瞭望塔，整片地区的情形一览无遗。在这个危险的角落，警惕地保持观察非常必要，否则，一支突然出现的英军侦察巡逻队就能轻而易举地俘房我们。我终于找到第5轻装师指挥所。没过多久，第5装甲团带着20辆坦克和机枪营赶到，我立即派他们从东南面进攻图卜鲁格。然后我再次向前，进入集中地域。稀疏的英军炮火落在几处。空阔的沙漠里，进攻遇到的困难似乎比我预想的多。

第3侦察营当天下午报告，已攻克阿代姆，我指示他们继续追击，前出到拜尔迪。其他部队正不断赶来。

4月11日，我们彻底包围图卜鲁格，首次进攻开始了。斯图卡俯冲轰炸机打击敌军工事，但我们对图卜鲁格的防御部署一无所知。更多部队4月12日开抵，我决定下午对敌支撑点发起首次大规模进攻。第3侦察营当天攻克了拜尔迪。

意大利布雷西亚师在此期间接防图卜鲁格西面的战线，当天下午发起冲击。第5轻装师对他们接到的进攻令不太满意，提出些反对意见，我没加理会。当日风沙四起，所以我们不用担心英军的炮火。16点30分左右，第5轻装师终于投入进攻，我乘坐"猛犸"跟随坦克一路向北。我方坦克接近时，敌炮兵射出的炮弹落下，但没造成太大伤亡。第5装甲团到达突击点停了下来，结果遭到猛烈炮击。最后，这些坦克停在一道防坦克壕前方，我们当时无法克服这道障碍。图卜鲁格的防御朝西面、东面、南面延伸，比我们预想的更长。我们仍未获得要塞防御资料，这些东西掌握在意大利人手里。

进攻失败后，我决心过几天重新发动进攻，届时会调来更多炮兵，意大利阿列特师也会开抵。无论如何我们都不能让敌人获得时间完成防御部署。

4月13日，我命令第5轻装师以几个侦察战斗群遂行侦察突袭，可能的话，渗透到图卜鲁格防御体系内的十字路口，炸毁防坦克壕。为分散敌指挥部的注意力，布雷西亚师奉命以火力压制要塞西部之敌，尽量扬起剧烈的尘埃，制造此处有大型集中地域的假象。

先前对图卜鲁格的突击失利后，第5轻装师丧失了信心，毫无根据地对我14日发起主要突击的计划深感悲观。该师的指挥工作没有掌握作战艺术：集中力量于一点，强行达成突破，朝两侧卷击，确保己方侧翼，尔后闪电般渗透，没等敌人做出应对就深入他们后方。[14] 我当时对敌人的估计是，如果我们以手头现有力量展开这样一场行动，成功的机会很大。需要的只是一点点主动性和现实性思维，借此找出解决之道。可惜，突袭穿过昔兰尼加前，我没有机会亲自训练麾下兵团，否则，我们本来能更好地完成在图卜鲁格面临的任务。

意大利阿列特师负责支援第5轻装师的进攻，该师还没有开抵，于是我赶去寻找他们。我在阿代姆以西22英里遇到该师先遣部队，立即命令师长巴尔达萨雷将军率领部队进入阿代姆以北地域。

18点左右，第8机枪营在波纳特中校的出色领导下发起突袭。如前文所述，他们的任务是炸毁防坦克壕，在英军防区设立登陆场。德国和意大利炮兵提供的炮火支援部署得很好。黑希特少校亲自指挥第18高射炮营[①] 几个连队，以直瞄火力打击敌支撑点，显然取得很大战果。在我看来，我方坦克和反坦克部队的进展有点慢。英国人以炮火覆盖各处，但我们遭受的损失不算太大。傍晚到来，我们还没收到炸毁防坦克壕的行动成功与否的确切报告。但很明显，波纳特的部队已突入英军阵地，构成登陆场，为次日的进攻创造了条件。

在此期间，塞卢姆战线的情况多多少少稳定下来。我方部队攻克了塞卢姆和卡普佐，英国人没采取大规模行动。

---

① 译注：此处的"第18高射炮营"其实是第18高射炮团第1营，隶属第135高射炮团。

亲爱的露:

　　图卜鲁格战役今天也许能结束。英国人非常顽强,他们的火炮很多。不过,我们会攻克这座要塞。我方大部分部队已经在沙漠里待了两个星期。这些小伙出色地坚持了下来,经受了与敌人和大自然斗争的考验。我们甚至又获得了供水。

1941年4月14日3点

　　第5轻装师的进攻发起时间定于14日0点30分。格拉蒂炮兵团[1]和第18高射炮营奉命与第5轻装师紧密协同。我建议该师渗透期间务必确保自身侧翼,尽快前调炮兵力量。

　　进攻准时发起,在重型炮兵支援下,波纳特很快发来报告,说他取得不错的进展。拂晓时,我驱车赶往铁丝网南面100码,想亲眼看看战事发展情况。进攻似乎进行得很顺利,北面打出灯光信号。突然,英军炮弹雨点般落在周围,弹片切断了我那辆通信车上的天线,我们被迫撤离。可惜,尽管我方部队明显渗透了道路西面的敌军阵地,但本该掩护他们侧翼的部队却不见踪影。于是我驱车赶往阿列特师,命令他们赶紧跟上。

　　我9点左右回到军部,收到第5轻装师发来的报告,说他们的进攻陷入停滞,原因是他们在敌军防线达成的渗透太窄。没过多久,施特赖希将军和奥尔布里希上校来到军部。奥尔布里希报告,他那些坦克到达图卜鲁格南面2.5英里,随后遭遇英军极其猛烈的炮火,不得不退到与军部平行的战线。他补充道,大部分步兵力量可能已损失。我愤怒不已,我们的坦克竟然丢下陷入困境的己方步兵独自后撤,于是命令他们马上再次出击,在敌军防线打开缺口,救出我方步兵。我希望阿列特师到达后重新发动进攻,于是立即驱车返回,去看看他们是否执行了我的命令。很不幸,他们什么也没做。我不得不敦促该师全速前进。

　　中午前后我回到第5轻装师,却发现由于敌人的炮火异常猛烈,该师同样无

---

[1] 译注: 格拉蒂炮兵团指的是格拉蒂上校指挥的意军第2快速炮兵团,隶属阿列特师。

所作为。面对这种情况，我别无选择，只得暂时放弃对图卜鲁格的进攻，设法联系波纳特营，协助他们杀开血路突围。

随后，我第三次驱车返回阿列特师，把我的决定告诉他们。我命令他们接防与第5轻装师毗邻的马道尔角以南地域，17点左右亲自陪该师一同前进。他们在杰斯尔杰莱舍挨了几发图卜鲁格射来的炮弹，顿时陷入难以言述的混乱，整个师四分五裂，乱成一锅粥，转身逃往南面和西南面。师长巴尔达萨雷将军当时和我在杰斯尔杰莱舍北面勘察地形，随着夜幕降临，他费了好大力气才重新掌握全师，率领他们进入指定位置。

4月14日夜到15日晨，我们一直无法联系上波纳特营。该营大部已被敌人消灭，波纳特中校当初在进军昔兰尼加期间立下赫赫战功，荣膺骑士铁十字勋章，却在图卜鲁格的激战中牺牲了。

次年6月20日，非洲装甲集团军最终攻入图卜鲁格，占领了该镇以南3英里岔路口南面的英军阵地，我发现这里有几辆德军坦克的残骸，是1941年4月14日被英军火炮和反坦克炮击毁的。这些坦克已到达高地，因而夺得图卜鲁格防御最重要的地点。[15] 倘若第5轻装师掩护自己的两翼，从而让炮兵和阿列特师穿过突破口跟上的话，图卜鲁格可能在1941年4月14日或15日就陷落了。

亲爱的露：

争夺图卜鲁格的交战稍稍平息了些。敌人正在登船，所以我们觉得这座要塞很快会落入我们手里。届时，我们可能会停止前进。不过，我们这股小小的军力已取得巨大的成就，彻底改变了整个南方战局的态势。

我们仍在行动中，非常忙。

1941年4月16日

我的计划是夺取马道尔角高地，投入阿列特师、特伦托师部分力量和几个德军连，在强大的炮兵支援下遂行冲击。

4月16日17点，我派阿列特师装甲营（6辆中型、12辆轻型坦克）进攻187高地。我们在他们左翼伴随这场冲击。意大利人没有停在高地南面，下车后用望远镜察看整片地区，而是径直冲上 187 高地顶峰，然后停在那里。果然，没过几分钟，英国炮兵就朝高地开火，于是，意大利人全速后撤，然后停在干河内，一个个惊魂未定。我找到意军坦克指挥官，让他疏开队形攻往马道尔角，可毫无效果。

此时，贝恩特中尉正在观察意军步兵的前进。意大利人的推进起初井然有序，可他们突然转身向西奔逃。我指示贝恩特赶紧乘装甲车追上意军步兵，弄清楚究竟出了什么问题。此时，战斗的声响平息了。贝恩特半小时后回来，据他报告，一名意大利步兵告诉他，敌人以坦克发动进攻。向东行驶几百码后，他看见一辆英军侦察车押着一群高举双手的意大利士兵，他立即朝敌侦察车开火，好让意军士兵趁机逃走。可这些意大利人却逃向英军防线。最后，一辆英军装甲车收容了这群俘虏。

我赶紧带上 3 门反坦克炮赶去，设法挽救剩下的意军残兵。我无法说服几个意大利坦克车组跟随我们一同行动。在贝恩特指挥下，反坦克炮手成功击毁英军几辆布伦机枪载运车。但意大利步兵营缺乏有效的反坦克武器，已被敌人俘虏后押走。我的副官施雷普勒少校先前一直和第一波意军步兵待在一起，设法逃脱了被俘的厄运。他说意军的前进队形过于密集，他现在率领残余的意军士兵据守阿克鲁马周边高地。我立即派出 2 个步兵连，赶去加强他的实力。

进攻马道尔角的理由是，英军设在那里的阵地对我方穿过阿克鲁马的补给线构成威胁。所以，我们 4 月 17 日再次发起冲击。意大利阿列特师还没参加任何战斗，可他们投入进攻时的 100 辆坦克现在只剩 10 辆。其他坦克落在后面，不是发动机出了问题，就是另一些机械故障。领袖居然把这种拙劣的装备交给他的军队用于作战，简直让人毛骨悚然。

我们的下一轮进攻还是很不顺利。突击部队接到指示，从一处洼地跃进到下一处洼地，每次必须等支援火力提供切实的保障再行动。可几名连长把这道指令抛诸脑后，率领部队盲目地冲向敌军。第 5 轻装师师部的口译员瓦尔中尉指挥阿列特师的坦克。意军坦克没有遵从"跟在步兵身后"的命令，而是迅速向前推进，很快就消失不见了。现在没办法联系上他们，没人知道他们在哪里。与此同时，先遣步兵已到达马道尔角前方的铁丝网，没遭遇任何抵抗。

13 点左右，一辆坦克突然出现在马道尔角顶峰北面，径直朝我方战线冲来，炮口指向我们。尘埃中，看不清这辆坦克身后是否还有更多战车。我担心敌人再次使用坦克打垮我方步兵，他们对坦克毫无抵御能力，于是我赶紧把那3门反坦克炮调到前面。此时出现了更多坦克。双方交火后，我们击毁2辆坦克，可让我们大吃一惊的是，击毁的竟然是意军坦克。瓦尔中尉没回来，他那辆坦克显然一路冲入敌军阵地，结果被对方击毁。我方步兵的进攻也被铁丝网挡住。渗透英军阵地的一切后续尝试均告失败。情况很明显，仅凭我们手头的力量，根本无法突破敌人的防御，主要原因是意军训练欠佳，装备低劣。我决定停止进攻，待更多部队开抵后再说。

4月19日，我驱车赶往拜尔迪，发现我方部队还没攻克这座要塞。格拉齐亚尼元帅的军队当初丢弃的大量技术装备，主要是车辆和数百门火炮，就扔在道路两侧。我给冯·韦希马尔中校颁发了骑士铁十字勋章，还下令以一个德军连立即夺取拜尔迪。巧的是，英国人当晚派了一个相当大的破坏组进入要塞，结果56人悉数被俘，里面还有个正规军少校。

返程途中，我们在拜尔迪西面10英里左右的地方两次遭到英国战机扫射。我那辆越野车的司机埃格特下士牺牲了，汽车中弹25发。我的摩托车传令兵坎特哈克列兵也阵亡了。一发子弹击穿"猛犸"的遮阳板，射伤了司机。我把贝恩特和受损的车辆留下，爬上"猛犸"的驾驶座亲自开车。路况恶劣至极。我想当晚赶回军部，于是在图卜鲁格前方转身向南，打算从沙漠里绕过这座要塞。夜色漆黑，我们想以星星导航，可空中阴云密布，我不得不放弃赶回军部的念头，只能等天亮后再说了。

意大利最高统帅部终于送来图卜鲁格的城防方案。这些资料里有详细的防御工事部署图，还有单兵防御工事施工图。从城防方案看，图卜鲁格的防御以两道支撑点防线构成，这些支撑点不是常见的那种配有射孔的混凝土碉堡，而是彻底埋入地下。外面一道支撑点防线以防坦克壕环绕，防坦克壕上铺有薄薄的木板，还撒上沙子和石块加以伪装，这样一来，就算凑近观察也很难看出端倪。每座防御工事直径90码左右，以几个坚固的混凝土地下掩体构成，每个掩体驻有30—40名士兵。单独的地下掩体以交通壕相连，各个角落都设有机枪、反坦克炮、迫击炮发射阵地。与防坦克壕一样，8英尺深的交通壕也覆盖了木板，上面撒了层沙土，所以在任何地段都很容易打开。每座防御工事都环绕着密集的铁丝网，所有工事以铁丝网相互连接。第二道防线设在第一道支撑点防线后方 2000—3000 码，设计大同小异，但没有防坦克壕。

我现在竭力把摩托化部队撤出环绕图卜鲁格的战线，以便机动使用这些部队。为此，我请求意大利最高统帅部再给我调拨两个静态师。

接下来几天，我继续拟制进攻图卜鲁格的方案，好歹我们现在对要塞防御的形式和布局有所了解。我打算把意大利布雷西亚师主力部署在图卜鲁格东部战线的固定阵地，腾出第 2 机枪营，再以特伦托师一部进驻拜尔迪，可能的话还要据守塞卢姆，借此替换克纳贝营①。主要突击由第 15 装甲师已开抵非洲的部队遂行，阿列特师部分力量为他们提供加强，预定的进攻线穿过马道尔角进入固定防御后方。第 15 装甲师投入主要突击的同时，第 5 轻装师在东南方战线遂行辅助突击。我希望 4 月底或 5 月初发动进攻。

亲爱的露：

　　战事渐渐平息下来，经历了三周的进攻，我终于能整理思绪了。最近几周一直很忙，我们希望很快能赢得进攻图卜鲁格的战役。

　　我们此时趴在遍布石块的洼地里，散得很开，因为英国飞机活动得很积极。弗勒利希的空中力量在敌人上方同样如此。双方的实力旗鼓相当，就是不知道英国人是否每天都调来新锐援兵。

1941 年 4 月 21 日

可没过几天，我们就遭遇新的逆转。4 月 22 日上午，敌人打垮了 201 高地的法布里斯营，尔后继续攻往阿克鲁马。我立即提醒第 15 装甲师（该师部分部队已开抵），命令他们占领 Cantoniera 31[*距离图卜鲁格 31 公里的道路养护站*] 东面的巴尔博大道。很快，机枪火力从阿克鲁马前方袭来。听到这个消息，我驱车全速

---

① 译注：克纳贝中校指挥的是第 15 装甲师第 15 摩托车营，他后来出任该师第 104 步兵团团长，战争临近结束时擢升少将。

驶向那里，途中追上第605反坦克营，于是率领该营和我们一同行进。到达后，我们获悉敌人俘虏了法布里斯营部大多数人员，之后，6辆英军坦克发起冲击，攻入意军炮兵阵地，一举摧毁那里的火炮，还俘虏了炮组人员。6辆意军坦克原本部署在那里掩护炮兵阵地，本来完全可以迎战，击退敌坦克，可法布里斯上校把这些坦克派了回来。我立即率领一个战斗群赶往法布里斯营的阵地，很快看见仍在燃烧的汽车和摩托车，两个连的火炮似乎仍能正常使用。不用说，我对意军面对敌人的奇怪表现很不满意。

在此期间，指定用于进攻的部队展开紧张的训练，理由很简单，从事阵地战的我方步兵接受的训练远远达不到英国人和澳大利亚人的标准。我们现在打算纠正这个问题。依我看，德国和意大利士兵的表现都不错。我很快放弃了派第5轻装师进攻图卜鲁格东南侧的计划，该师对此毫无兴趣，因为那个方向地势开阔，无遮无掩。

隆美尔的副官施雷普勒少校致函隆美尔夫人

亲爱的隆美尔夫人：

我知道，您收到我署名的信件可能会有点儿惊讶。不过，我不揣冒昧地这样做，是为了向您保证，您受人尊敬的丈夫一切都好。

前几天，他根本没时间写信，忙得不可开交，而且忧心忡忡。他付出的努力以及我们所有人的期望，不仅仅是在图卜鲁格，而且远在这座要塞前方，但目前不太可能实现。我们手头的德国部队太少，意大利军队派不上什么用场。他们要么不愿前进，就算勉强前进了，听见枪炮声转身就跑。哪怕只看见一个英国兵，他们也会举手投降。夫人，不用我多说，您肯定明白，这种情况给您丈夫的指挥工作造成了巨大的困难。但我相信，您收到这封信，过不了多久，特别公报就会宣布我军攻克图卜鲁格，然后，战事会再次向前发展。

我们目前驻扎在满是岩石的峡谷内，敌机很难发现我们。我们现在也有些德国战斗机，他们赶走了英国轰炸机和低空飞行的敌机。米尔希元帅已向您丈夫保证，会提供更多支援。

虽说我们的日子过得不如当初在法国，但也不算太糟糕。缴获的英军物资改善了我们配发的军队口粮。夫人，您大可放心，京特在力所能及的范围内把您丈夫照料得非常好。我很高兴您丈夫有一辆意大利挂车，至少能让他过得舒适、安静些，夜间也能抵御寒风。意大利人搞这些便利设施是很拿手的，至于其他东西，等我们到达开罗后会有的。

最新一期《帝国》杂志刊登了一篇关于您丈夫的文章，您肯定读过了。您丈夫对此很生气，在空白处写下"胡说八道"几个字。我和贝恩特谈了此事，他是帝国新闻副发言人，目前在军部任职。德国人都知道您丈夫取得的辉煌成就，真没必要雇个枪手写这种不真实的报道。

签名：施雷普勒

1941年4月22日

亲爱的露：

昨天我们在图卜鲁格前方从事激战。情况相当危急，但我们设法恢复了态势。意大利军队完全靠不住。他们对敌坦克极为敏感，就像1917年那样，遇到敌人的坦克立马投降。新开抵的德国部队进一步稳定了态势。

我昨天会晤了加里博尔迪和罗阿塔将军，泰鲁齐部长也在场。他们非常正式地为我颁发了意大利勇气勋章，还认为我应该获得意大利功勋勋章。眼下的情况，这种事实在微不足道。这几天，我终于能睡个好觉了，所以我此刻精力充沛，可以从事一切工作。一旦攻克图卜鲁格（我希望10天或两周内做到），这里的态势就会稳定下来。我们采取任何新行动前，都会在这里先休整几周。

你们俩过得怎样？肯定有好多信件沉入地中海海底了。

另：复活节就这样悄无声息地过去了。

1941年4月23日

图卜鲁格前方很热闹，再多部队开抵我都不嫌多，因为这道要塞战线上我方兵力还是太薄弱。最近几天，从军事方面看，我不太担心。但情况很可能迅速发生变化。

  ……希腊问题大概很快就会解决，届时我们会获得更多援助。保卢斯这几天要过来。争夺埃及和苏伊士运河的战役很快会打响，我们顽强的对手肯定会全力反扑的。

1941年4月25日

  4月30日18点30分左右，我方斯图卡战机攻击马道尔角。伴随警报器的尖啸，这些俯冲轰炸机扑向敌军阵地，滚滚浓烟和尘埃很快遮蔽了整座高地。我方炮兵朝突破点开炮，就我们见到的情况看，这场炮火准备很有效。我军对图卜鲁格外围防线的冲击大获成功，在紧邻马道尔角北面和南面的地段，我方部队的渗透深达2英里。敌人战斗得异常顽强，就连伤员也端起轻武器自卫，一直战斗到最后一息。21点左右，福格茨贝格尔营^①从后方冲击马道尔角，一举攻克了这座居高临下的高地。敌人倾泻出密集的防御弹幕，但主要针对我方佯攻地点，也就是从德尔纳和阿代姆通往图卜鲁格的几条道路。很不幸，几座堡垒和若干支撑点彻夜坚守，我方突击部队愚蠢地投入攻克这些据点的激战，没有继续向前彻底完成主要突击任务。敌人的据点真该留给少量突击队去对付。进攻部队为相对次要的任务偏离计划规定的主线是个严重的错误。

  意大利阿列特师列队行进，奉命夜间赶上基希海姆战斗群。次日 [5月1日] 上午，我驱车向东前往基希海姆的指挥所，途中遇到阿列特师一部，他们早该进入我军占领的阵地。待我到达基希海姆的指挥所，意大利军队刚刚停下，卸下武器弹药后进入阵地。

  我非常恼火，责成阿佩尔少校督促意大利人迅速前进。他忙了半天却收效甚微。英军炮火席卷整片地域，意大利人钻到车底下，任凭军官怎么催促，就是不肯出来。

  没过多久，五六十名澳大利亚俘虏从我们身旁列队而过，一个个高大、健壮，毫无疑问，他们代表大英帝国的精锐兵团，战斗中的情形也证明了这一点。敌人

---

  ① 译注：福格茨贝格尔少校指挥的是第2机枪营，他在非洲身负重伤，伤愈后指挥过第60掷弹兵团和"柏林"步兵师，最终军衔是少将。

的抵抗一如既往地顽强，许多地段的战斗异常激烈。尽管如此，我还是认为我们能保持进攻，最终攻克图卜鲁格。唯一的问题是，我们有没有足够的兵力保持长时间的进攻。过了一会儿，我动身赶赴进攻前线，想亲眼看看那里的实际状况，乘车行进了一段路程，剩下的就得步行。待我到达后，下令立即占据已被我军攻克的阵地，以免发生令人不快的意外。

但次日 [5月2日] 的情况表明，我们没有足够的兵力，无法展开大规模进攻夺取要塞。我别无选择，只能以当前取得的战果自我安慰：我们消除了敌人从马道尔角阵地对我方补给线构成的威胁。除了针对敌人个别支撑点的孤立战斗，现在根本谈不上采取更多行动。

接下来几天，英军对落入我方手中的地段展开几次反冲击，但收效甚微，都被我军击退。由于缺水，每天的配给量不到 1 品脱，参加进攻的许多英军士兵情绪低落，意志消沉。

亲爱的露：

昨天事情太多，我抽不出时间写信。我们遭遇的基布利沙尘暴持续了好几天，因而无法采取任何行动。不过，天气似乎正逐渐好转。

保卢斯走了，但弗勒利希刚刚打来电话，说由于基布利沙尘暴，保卢斯的座机无法起飞。图卜鲁格严重缺水，英军士兵每天只配给半升水。我希望我们的俯冲轰炸机能进一步减少他们的饮水配给。

天气一天热过一天，到了夜间才能稍事缓解。口干舌燥，喝水的欲望难以抑制。

1941年5月6日

这场进攻，我们阵亡、负伤、失踪了 1200 多人。这种情况说明，一旦机动作战沦为阵地战，伤亡曲线就会急剧攀升。机动作战中，重要的是物质，对士兵而言，这是必不可少的补充，要是没有坦克、火炮、车辆，最优秀的战斗人员也毫无价值。因此，如果坦克大量损毁，就算人员伤亡并不严重，机械化部队也无法再从事作战行动。阵地战的情况不是这样，配备步枪和手榴弹的步兵不会因为战车受损而减弱战斗力，当然，前提是反坦克炮或障碍物为步兵挡住敌装甲力量。对他们来说，头号敌人是进攻中的敌步兵。因此，阵地战始终是为消灭对方人员进行的斗争，机动作战则不然，一切取决于消灭敌人的物质。

我方突击部队伤亡惨重，主要因为他们缺乏训练。即便最小的作战行动，也总是可以采用战术技巧来减少伤亡，全体官兵必须知道这些技巧。频频发生的情况是，需要谨慎行事的时候，他们向前猛冲，这当然会导致人员伤亡；接下来，需要拿出勇气的时候，他们又过于谨慎。特别是这些小规模步兵战术，需要最大限度的谨慎，在正确的时刻与奋不顾身的冲锋相结合。

我们在马道尔角夺取的阵地遭到英军炮火持续轰击。我们的战壕很浅，因为地上布满岩石，很难挖掘，结果我方士兵一整天不敢动弹，面对成千上万的苍蝇束手无策。不少人患了痢疾，情况很严重。为分散敌军炮火，我们把假坦克部署在布雷西亚师据守的地段，很快引来英军炮兵的密集火力。可惜，前线士兵不知道如何使用这种装置，假坦克必须不断移动，绝不能在同一地点停放两周。我多次视察前线，力图给我方士兵灌输适合他们当前情况的阵地战最新理念。

意大利人很自卑，当前情况下不足为奇。他们的步兵实际上没有反坦克武器，火炮全是过时货，接受的训练也远远低于现代标准，所以我们不断面临严重的麻烦。许多意大利军官原本认为战争不过是一场愉快的冒险，现在不得不承受幻想破灭的痛苦。

对我们严重不利的问题是派驻非洲的德国空军并不隶属非洲军。因此，战斗机和对地攻击机主要执行战略任务，而不是为地面部队提供战术支援。要是德国空军驻非洲指挥官负责非洲军的战术需求，第10航空军负责战略任务，那么，我们的整个事业会好得多。

我方的补给情况不算太好，因为意大利运输船队仍把的黎波里作为最终目的地，很少使用班加西港，这给我们的公路运输造成巨大的压力。虽然德国军需官在组织沿海运输的问题上没有浪费时间，但本来可以做得更多的意大利人，却没有为此发挥更大的作用。

我们按计划对付个别英军支撑点的行动收效甚微，虽然轴心国军队接受了训练，可还是没完成这些艰巨的任务。

边境交战

围攻图卜鲁格成功与否，取决于我们能否守住塞卢姆阵地。因此，必须给北非的德意联军分配任务，具体如下：

第一股军力严密封锁图卜鲁格，坚守阵地，粉碎守军突围的一切企图。

第二股军力坚守塞卢姆防线，同时展开机动防御，对付敌人在以比尔哈基姆、贾扎拉、塞卢姆、西迪奥马尔为边界的地域实施的迂回行动，以防敌人攻击图卜鲁格周围我军部队的后方。

与英军不同，我们的非摩托化部队数量较多，这些部队只能在具备胜利前景的情况下使用，具体方式如下：

投入图卜鲁格周边防线；

坚守塞卢姆—西迪奥马尔静态防线；

坚守拜尔迪。

这就意味着，面对英军从东面发起的一切进攻，交战的重任只能由我军摩托化部队承担。占据部分固定阵地的目的仅仅是不让敌人采取某些行动。摩托化部队不能再受领第二项任务，也就是说，不能既让他们执行机动防御，又参与围攻图卜鲁格。

因此，我们的目标首先是以充足的非摩托化力量守住上述固定阵地，其次是准备好一股摩托化力量，这股军力必须强大到足以对付敌人针对我图卜鲁格战线的一切进攻，同时击退塞卢姆东面的英军摩托化力量发动的进攻。为此，必须以非摩托化部队换下静态防线上的摩托化力量。

我军5月中旬的部署远达不到这些要求。步兵力量还没有彻底占据塞卢姆防线，实际上，这条防线不过是几个轻型战斗群据守的一道前哨线。赫夫战斗群[①]以突袭的方式为我军夺得哈勒法亚山口，但此处和塞卢姆山口的防御工事还没有修筑。

---

① 译注：马克西米利安·冯·赫夫上校是第115步兵团团长，还短期担任过第15装甲师师长。他在北非荣膺骑士铁十字勋章，很快调回德国转入党卫队，在希姆莱身边负责人事工作，最终晋升到党卫队全国副总指挥兼武装党卫队上将，1945年9月死在英国战俘营。

面对这些情况，我们焦急地等待着，估计英军很快会进攻塞卢姆。

为防不测，我已下令在贾扎拉构设防线。这道防线的部署应当效仿图卜鲁格，事实证明，那里的防御对付现代进攻方式相当有效。可是，如何把非摩托化的德意部队调到这道防线仍是个问题。

5月15日清晨，英国人进攻塞卢姆附近的我军部队。我们沿边境线和哈勒法亚山口构设的支撑点遭到正面冲击，英军装甲部队还从哈巴塔地域沿断崖攻击前进，先赶往西北方，尔后向北攻往卡普佐。坚守各支撑点的部队和赫夫战斗群的摩托化分队损失惨重，不得不逐步向北退却。

韦维尔这场进攻，目的是赶在德国第15装甲师开抵前出其不意地打击隆美尔，迫使他退到图卜鲁格西面。戈特将军指挥这场行动，投入第7装甲旅（约有55辆坦克）和第22禁卫旅。

因此，我派克拉默中校[①]率领一个获得高射炮加强的装甲营赶去支援赫夫战斗群。按照计划，5月15日夜到16日晨，克拉默和赫夫的部队应当在西迪阿宰兹西面会合。我方空中侦察和据守塞卢姆—拜尔迪防线的部队发现，英国人企图把他们的部队集中在西迪阿宰兹南面，16日上午推开赫夫战斗群，尔后继续向北攻击前进，彻底打垮我们的塞卢姆—拜尔迪防线。因此，我打算让赫夫和克拉默合兵一处，以免被英军的行动逼退。

赫夫战斗群夜间朝克拉默装甲营靠拢，以防敌人次日上午把他们各个击破。但两支部队夜间相互错过，5月16日晨，克拉默装甲营独自到达西迪阿宰兹地域。出人意料的是，敌人向南后撤，显然中止了进攻。

这个例子充分说明，同一件事从"山的另一面"看去是多么不同。英国第7装甲旅攻往西迪阿宰兹，可随后收到消息，德军以反冲击重新夺回该旅后侧的卡

---

① 译注：克拉默此时是第15装甲师第8装甲团团长，后来成为非洲军军长，军衔也擢升到装甲兵上将。

普佐（隆美尔没提及此事），因此，第 7 装甲旅被迫后撤。英军司令部发现，德国人展现出的实力超过自己原先的预计，他们对此深感不安，因而决定撤出所有部队，只在哈勒法亚山口留下一股守军。他们认为最好等英国运输船队到达再展开行动，按照丘吉尔的大胆倡议，这支船队使用航程较短但非常危险的地中海航线，为北非英军送来 180 辆玛蒂尔达、100 辆巡洋坦克。这批技术装备运抵时，德国第 15 装甲师也开抵战场，抵消了英军本来能获得的优势。

接下来几天，英国人退回进攻出发线，态势再次稳定下来。英军一举打垮据守哈勒法亚的我方部队，占领了那座山口。因此，到 5 月 18 日，除了哈勒法亚山口，我方部队已回到原地。

哈勒法亚和塞卢姆山口深具战略重要性，因为海岸与哈巴塔之间只有这两处穿过高达 600 英尺的断崖，这道断崖从塞卢姆朝东南方延伸，一直通往埃及。哈勒法亚阵地控制着两条可供通行的道路。因此，敌人从埃及发动任何进攻，必须占领两座山口，这样就能获得一条相对安全的补给路线。换句话说，要是英军没占领两座山口就企图进攻拜尔迪，那么，他们就得依靠穿过哈巴塔的另一条补给路线，但这条路线很容易遭到我军攻击和扰乱。

5 月 17 日后，英军着手加强哈勒法亚的既占阵地，还在他们夺取的地域部署了坦克、火炮、反坦克炮构成的强大战斗群。可我们不打算把哈勒法亚山口就这样丢给英国人，我迅速指示赫夫战斗群，组织行动夺回山口。

亲爱的露：

今天下午我从塞卢姆和拜尔迪回来后，才抽出时间给你写信。

昨天，我们清晨 5 点出发，之后一直乘坐"猛犸"穿越无尽的沙漠，有时候沿沙漠小径（车辙印形成的沙漠道路，车辆行驶得非常艰难）行进，有时候行驶在巴尔博大道上。这趟前线之行给我留下深刻的印象。那里指挥得很好，还部署了新锐部队待命，以确保我们平安离开。我们在沙漠里结成车阵（5 辆车）过夜。就连我的副官也在我不知情的情况下守夜。你看，他们把我保护得多好。

1941 年 5 月 23 日

5月26日傍晚，3个突击群开入[哈勒法亚]山口前方阵地，27日晨发起冲击。英军被我们迅速驱离，惊慌失措地向东逃窜，大批战利品和各种技术装备落入我们手里。我方的损失相对较小。

德军夺回哈勒法亚山口，严重妨碍了英军6月中旬发动的攻势。

之后一段时间，我们致力于加强塞卢姆—哈勒法亚—拜尔迪防线，不仅全力构筑哈勒法亚山口阵地，还沿埃及边境设立了几个支撑点。视察拜尔迪防区期间，我发现了格拉齐亚尼的军队当初丢在防线上的大批物资。这些物资和技术装备扔在那里，等待我们加以利用，于是我立即下令把无人认领的意大利火炮收集起来，用于加强塞卢姆—哈勒法亚—西迪奥马尔防线。一两个德国维修车间拾掇了许多火炮，用于各支撑点。可意军司令部不同意我们的这种做法，加里博尔迪将军让黑根赖纳转告我，这些火炮是意大利的资产，只有意大利人有权使用。他们先前袖手旁观，看着这些技术装备生锈报废，待我们把第一批火炮修理完毕，他们又跳出来发表看法。但我没理会他们的反对意见。

在哈勒法亚和208高地构筑阵地期间，我们耗费了很大力气为88毫米高射炮建造发射阵地。由于空中几乎见不到目标，我们把88炮身管放平，执行反坦克任务。我对这项安排的效力寄予厚望。

这明确表明，德国人不仅知道如何利用长期存有争议的装甲战理论的进攻潜力，也掌握了以防御反击对付装甲战的理念。隆美尔是第一位在现代战争中示范"剑与盾"相结合的装甲兵将领，还证明了机动机械化作战中"防守反击"打法的价值。他巧妙地给对手布下防御陷阱，以自己的"盾"磨钝进攻方的"剑刃"，极大地加强了他的进攻效力。

如何为我军据守塞卢姆—哈勒法亚—拜尔迪防线的部队提供补给，这个问题非常重要。由于图卜鲁格的英军截断了巴尔博大道，我们为坎布特东面的部队运送补给物资不得不穿过空阔的沙漠，绕道图卜鲁格要塞南部。部队规划的卡车路线早已破败不堪，还加宽了两侧，车辆行驶得异常艰难。轻型车辆在许多地段陷入沙尘，就连卡车也很难通行。一支车队若能在一天内绕过图卜鲁格，就是个了不起的成就。我多次催促意大利上级部门修筑一条绕行的旁路，但这种可能性目前不大。他们很清楚这条旁路的必要性，可没人为此付出努力。

我们经受的另一个考验是意大利人仍把大部分补给物资运到的黎波里，很少使用班加西港。的黎波里距离前线 1000 多英里。即便在不作战的情况下，我们每天也要把包括饮水和口粮在内的 1500 吨物资运往前线，明白这一点，就很容易理解我方运输工作无法长期应付这么漫长的补给路线。但负责地中海航运的人没获得授权，我们很难解决这个问题。

格拉齐亚尼战败后，意大利声名扫地，一些阿拉伯部落蠢蠢欲动。雪上加霜的是，意大利士兵有时候会调戏阿拉伯妇女，阿拉伯人对这种行径特别愤慨。我不得不紧急呼吁意大利司令部，要求他们尊重阿拉伯人，以免我军防线后方爆发武装起义。

在此期间，意大利特伦托师的官兵卷入几起对阿拉伯人实施暴行的事件，结果，阿拉伯人杀掉几名意大利士兵，还以武力把意大利人赶出他们的村庄。这种情况下，总有人以权宜之计为由提议报复。其实，此类措施从来不是什么"权宜之计"。正确的做法是不理会这些事件，除非能找到真正的罪魁祸首。

最让我们担心的依然是严峻的战略态势，这是我们的双重任务造成的：既要继续围攻图卜鲁格，又要做好准备，应对英军从埃及发起的大举进攻。因此，我们需要获得大力支援，才能把英国人逐出图卜鲁格。我们原本希望克里特岛陷落后德国空军赶来扼杀英国连接图卜鲁格的海上交通，这样一来，要塞守军就难以为继了。可德国空军部队结束希腊和克里特岛作战后，没有调往北非。

我还要求把德国潜艇和鱼雷艇派到地中海，作为替代兵器，对付英国通往图卜鲁格的海上运输线。意大利海军对这项任务完全无能为力。战前他们的潜艇数量世界第一，可这些潜艇存在各种技术问题，完全无法用于地中海战事。他们的鱼雷艇本来在拜尔迪有一座很好的基地，是巴尔博当初建造的，可这些鱼雷艇的适航性完全无法胜任这项任务。

某天，德国国防军最高统帅部的高泽将军率领大批参谋人员来到这里，想了解在非洲部署大股军力对埃及发动进攻的可能性，并为这些军队准备驻地。高泽将军接到明确指示，不接受我指挥，但我直截了当地告诉他，我已获得授权，指挥非洲所有部队，他这才照办。

高泽与意大利当局商谈后得出结论，很难说服对方同意德国把更多部队调到北非，因为他们担心德国人会在这片战区占据数量优势，造成喧宾夺主的局面。

亲爱的露：

布劳希奇昨晚狠狠地申斥了我，我完全不明白怎么回事。看来，我发回的报告阐明了目前的状况，不太符合他们的心意。所以我们得闭上嘴巴，只提交最简短的报告。不过，我们昨晚喝了四分之三升巴伐利亚啤酒，聊以自慰吧。

除此之外，这里和塞卢姆防线都很平静。但谁也不知道，这是不是敌人重新发动进攻前的平静。

1941年5月26日

明天我会把这封信交给冯·德姆·博尔内 [时任隆美尔的参谋长]，希望它能比平日更快地送到你手上。OKH[德国陆军总司令部] 狠狠训斥了我一通，依我看很不公平，他们就这样感谢我们先前赢得的胜利？和1940年一样，我不想逆来顺受，写给 v. B[冯·布劳希奇] 的信已寄出。

我各个方面都很好，身体状况也有了明显的好转，这下你安心了吧。这里很热，热得让人难以忍受，一天中最热的时候最好待在屋内。

1941年5月29日

昨天这里华氏107度，热得要命。停在阳光下的坦克高达华氏160度，烫得不能碰。

我和OKH的争执还没完，他们要么信任我，要么不信任我。要是对我没信心，那我就要求他们尽快做出决定。我很想知道会发生什么。在这里，不出汗的时候很容易腹痛。

1941年6月2日

博尔内回来了，取得些成果。OKH 那些人恨死我了，因为我的报告也送到了 OKW[国防军最高统帅部]。可这是林特伦的问题,他不过照章办事罢了。我写给 B 的信件还没得到回复。

1941年6月11日

注释

1. 德军司令部当时收到报告，据说法国未被占领的地区可能会发生叛乱。这种情况下，德方的计划是，一旦发生起义，他们就进入并占领整个法国南部。

2. 隆美尔患有风湿，之前有人建议他去埃及治疗。因此，他妻子应该能猜出他的新任务是去非洲。

3. 冯·林特伦将军是派驻罗马的德国武官，也是德国最高统帅部驻意大利最高统帅部的代表。

4. 德国宣传部门拍摄的关于 1940 年法国战局的电影。

5. 第 5 装甲团配备 120 辆坦克，但只有 60 辆中型坦克（三号和四号）。另外，意大利阿列特装甲师还有 80 辆坦克，这就是隆美尔当时可用的全部装甲力量。

6. "基布利"是一款意大利飞机的名称，而阿拉伯语中，基布利的意思是"沙尘暴"，这个词在后文还会出现。

7. 阿尔弗雷德·英格马尔·贝恩特是派到隆美尔军中的宣传部官员。

8. 这里指的是 Kampfsteffel，不要与前文的 Gefechtsstaffel（参见第一章的注释）混淆，Kampfsteffel 是为保护军部或集团军司令部而组建的部队。军级指挥部的 Kampfsteffel 通常是连级兵力，而集团军司令部的 Kampfsteffel 一般是营级兵力。非洲战局期间，Kampfsteffel 越来越多地作为战斗群执行特殊任务。

9. 这是隆美尔的装甲指挥车，是在欧盖莱附近从英军手里缴获的。

10. 原文是 Führungsstaffel，由包括作训处长和情报处长在内的参谋人员组成。前进指挥组通常静态部署在前沿作战地域，但隆美尔带着他的直属分队／直属连，在移动中实施指挥。

11. 奥康纳奉命接替尼姆将军指挥部队，但出于可以理解的考虑，他宁愿担任顾问，待此次交战结束后再说。两人乘坐的车辆没带警卫队，途中遭遇德军巡逻队后被俘。

12. 谈到昔兰尼加地区，德国人和意大利人把该地区西部称为昔兰尼加，把贾扎拉东部地区称为迈尔迈里卡。

13. 保卢斯将军当时在 OKH 担任第一军需长，这个职务相当于副总参谋长。他认为隆美尔在昔兰尼加的快速推进导致英军撤离希腊，这种观点是错误的。英军之所以撤出希腊，是因为德军的闪电战迅速打垮了南斯拉夫，对希腊英军暴露在外的西翼构成威胁。这种情况刚一出现，希腊政府就建议英国军队撤离，以免希腊遭受火JI之灾。英国政府和部队指挥官立即接受了建议。威尔逊将军没有效仿英勇的斯巴达人坚守温泉关，而是匆匆向南撤往伯罗奔尼撒半岛，英国海军迅速赶去救援。四分之三的英军平安撤离，近 1.2 万名官兵和大部分武器装备落入敌人手里。

14. 隆美尔在这里简洁地描述了闪电战的综合特征，战争初期，德军装甲部队采用这种打法取得了决定性战果。如果说"闪电战"的称谓过于含糊，那么要想找到个恰如其分的名字就更难了。

其实，用一句话来概括再好不过。我 1920 年提出这个综合性理念时，称之为"扩大洪流"，可能更接近于表达集中力量—初期渗透—横向发展—深入渗透发展的综合含义。

15. 隆美尔在这个问题上错了，奥尔布里希的坦克其实没能到达此处。切斯特·威尔莫特是澳大利亚广播公司的战地记者，图卜鲁格遭受围攻期间他就在要塞内，他告诉我，隆美尔看见的那些坦克残骸是英国人拖到那里去的，用作反坦克炮练习射击的靶子。

第七章 1941年，英军夏季攻势

进攻失败后，英国军方声称这不过是一次战斗侦察，蒙在鼓里的英国民众当然不知道，此次行动起初的目标雄心勃勃："歼灭"隆美尔的军队，在北非赢得"决定性胜利"。这场攻势的代号"战斧"体现出以上构想。进攻时间日渐临近，韦维尔却心生顾虑，不仅因为德国第15装甲师已开抵，还出于某些技术原因。他5月28日的报告写道："就沙漠战而言，我们的步兵坦克速度太慢，敌人强大的反坦克炮火力给这些坦克造成严重损失。与德军中型坦克相比，我们的巡洋坦克在火力或速度方面也不占什么优势。"但他还是希望"把敌人驱赶到图卜鲁格西面"。

贝雷斯福德-皮尔斯将军指挥这场进攻，投入第7装甲师、印度第4师、第22禁卫旅。至于此次行动投入的坦克数量，不同的英方报告存在很大差异，从170辆到250辆不等。我们会看到，隆美尔声称第15装甲师以80辆可用坦克应对英军的进攻，但他们还获得第5轻装师的坦克支援。另一些德方资料指出，德军总共有150辆坦克，其中只有95辆三号和四号坦克。意军坦克没有参战。

6月初的许多迹象表明，英军可能会在当月中旬前后大举进攻我们的图卜鲁格防线[1]。2个英国师集中在第15装甲师阵地对面（第15装甲师已调到塞卢姆—拜尔迪—哈勒法亚地域，但该师步兵旅仍在据守马道尔角防线）。第5轻装师主力在图卜鲁格南面担任预备队。

不幸的是，我们的汽油储备严重不足，这让我们对英军即将发起的进攻有些焦虑，因为我们知道，我军的行动更多地取决于油量表，而不是战术要求。

6月14日21点左右，我指示塞卢姆防线戒备。第5轻装师辖内几支部队和部分意军奉命做好投入塞卢姆防线的准备。

6月15日清晨4点，敌人不出所料地发动了进攻。他们在海岸平原和高原上沿宽大的战线推进，迫使塞卢姆东南面和南面的我军前哨阵地退却。塞卢姆发来的头几份报告相当乐观。但敌人迅速取得进展，从上午9点起，他们以坦克冲击卡普佐。第15装甲师接到命令，形势没明朗前不得贸然展开反冲击。

在此期间，第5轻装师战斗群接到警报，他们的先遣部队已开抵坎布特南面。上午11点，该师辖内其他可用部队也接到警报，立即赶赴塞卢姆。

敌人在西迪奥马尔与卡普佐之间集中了非常强大的力量，显然企图向北发起向心突击，一举歼灭第15装甲师。为应对一切可能性，我命令拜尔迪守军坚守要塞的东西出口。可惜我没有足够的兵力守卫整个拜尔迪的防御。

此时，英国人从两侧反复冲击哈勒法亚山口，企图打通前进道路。巴赫少校[①]和他的部下英勇奋战。投入进攻的英军部队很快把这处阵地描述为"异常坚固"，还抱怨己方伤亡过于惨重。

交战首日下午和傍晚，英军包围了卡普佐，还进攻拜尔迪南部防线。[2] 傍晚晚些时候，英军冲击卡普佐。第15装甲师第8装甲团的80辆坦克与顽强向北进击的大约300辆英军坦克展开激烈的装甲战。

英国人高估了隆美尔的实力，同样，隆美尔也高估了英军的坦克数量。

第15装甲师会同第5轻装师一个装甲营（该营已赶来支援），奉命在夜间占据拜尔迪南面的阵地，准备向南重新发起反冲击。鉴于英军强大的实力，我们无法确定这场进攻一定能取得决定性战果。

第5轻装师主力接到命令，6月16日上午从西迪阿宰兹西面某处攻往西迪苏莱曼，目标是前出到哈勒法亚山口，切断英军与他们补给基地间的交通线，迫使对方后撤。第15装甲师拂晓从卡普佐两侧向南攻击前进，牵制英军主力，我打算把两个装甲师突然合兵一处，出其不意地打击敌人最敏感的地方。

---

① 译注：第21装甲师第104步兵团第1营营长威廉·巴赫此时是上尉，入伍前是个新教牧师，因坚守哈勒法亚山口而获得"地狱牧师"的绰号。被俘后，巴赫被送到加拿大多伦多的战俘营，1942年12月底因病去世，死后追授预备役中校军衔。

亲爱的露：

昨天，我们的东部地区彻日激战，就像你以前在《国防军公报》里读到的那样。今天（此时是凌晨2点30分）应该会决出胜负。这是场艰巨的战斗，所以你明白我睡不着的原因。这些匆匆写就的字句是告诉你，我很想念你们俩。这场交战很快就会结束。

1941年6月16日

交战次日（6月16日）清晨5点，第15装甲师进攻卡普佐，激烈的坦克战很快爆发开来。第15装甲师付出巨大的努力，但没能取得任何重大战果，穆赛义德很快也落入英军手中。10点30分左右，第15装甲师报告，他们被迫停止了对卡普佐的进攻。敌人仍未动摇。第15装甲师投入交战的80辆坦克，现在只剩30辆，其他的不是烧毁在战场上，就是等着回收后修理。

英军投入卡普佐交战的是第22禁卫旅和第4装甲旅（编有第4、第7皇家坦克团），这股力量配备90辆玛蒂尔达坦克。隆美尔1940年5月在阿拉斯首次遭遇英军，与这两个坦克营打过交道。

从西迪阿宰兹以西地域攻往西迪苏莱曼的第5轻装师很快在西迪奥马尔西面6英里遭遇 [配备巡洋坦克的] 英国第7装甲旅。激烈的坦克战随之而来，第5轻装师很快占据上风，顺利冲杀到西迪奥马尔东北地域，继续攻往西迪苏莱曼。这是此次交战的转折点。我立即命令第15装甲师，留下必要的少数兵力据守卡普佐北面的阵地，尽快让辖内所有机动力量脱离战斗，在获胜的第5轻装师北翼攻往西迪苏莱曼。决定性时刻到了！交战期间，一方仅仅出敌不意地调整主要突击方向，往往就能决定胜负。

敌人似乎不愿轻易放弃主动权，他们把装甲主力集中在卡普佐北面，打算次日晨猛烈冲击第15装甲师仍留在北面的部队，企图强行达成突破。为了从一开始就把我的计划强加给敌人，我命令第5轻装师和第15装甲师清晨4点30分进攻西迪苏莱曼，也就是说，赶在敌人进攻前先发制人。

次日（6月17日）清晨，第5轻装师按照规定时间出发，一路向前疾进，6点到达西迪苏莱曼附近。第15装甲师卷入激战，英军派来一股装甲力量，力图消除我军对他们构成的威胁，但第15装甲师很快也到达目标。我军两个装甲师所过之处，大量被击毁的英军坦克散落在途中。

这场行动显然完全出乎英国人意料。我们截获了对方的无线电通信，英国人声称他们的处境非常艰险。第7装甲师师长请求沙漠军队总司令来他的指挥部，听上去这位师长觉得自己无力应对眼前的局面。情况很明显，他们现在不知所措，暂时不会展开任何行动，我决心攻往哈勒法亚，收紧罗网。因此，上午9点左右，我命令第5轻装师和第15装甲师攻往哈勒法亚，阻止英军装甲力量从北面突围。英国人的汽油和弹药补给遇到很大麻烦，我希望迫使他们应战，彻底歼灭对方。

敌人一再用电台报告弹药不足。很快他们就纵火焚烧了堆放在卡普佐的物资，随后把耗尽汽油的车辆丢在沙漠里仓促撤离。他们痛苦地抱怨，坦克的损失太大了。

16点过后不久，第5轻装师和第15装甲师到达哈勒法亚山口。他们在这里掉转方向，并肩向北攻击前进。这种做法大错特错，因为这样一来，他们就把敌人挤出口袋，而不是扎紧口袋防止敌人逃脱。就这样，敌人得以穿过西迪奥马尔与哈勒法亚间巨大的缺口，不受干扰地向东逃窜。错失良机！我对此愤怒不已。两个装甲师到达哈勒法亚，就应该部署在敌人前方，迫使对方应战，阻止他们逃脱。这样，我们也许能把敌人的进攻力量歼灭大半。

隆美尔错了，英军主力已经在哈勒法亚山口与非洲军纵队头部之间撤往南面。

历时三天的塞卢姆交战就此结束。此次激战以防御方大获全胜而告终，不过，我们本来能给敌人造成更大的破坏。英军折损的坦克超过220辆，人员伤亡也很严重，而我方只有25辆坦克彻底损毁。

虽然英军到交战结束时损失了三分之二的坦克，可除了500人阵亡或被俘，只有87辆坦克被德军击毁或缴获（58辆步兵坦克、29辆巡洋坦克）。他们俘虏对方570人，还声称击毁近100辆敌坦克。这再次说明，交战双方很容易高估对

方的损失，特别是在快速机动的战斗中。

亲爱的露：

　　持续三天的交战结束了，我军大获全胜。我打算今天去视察部队，向他们致谢并下达训令。我6点就要出发，所以只能匆匆写封短信。

1941年6月18日

　　一连三天我都在环绕战场的路上。非洲军辖内部队为刚刚赢得的胜利欢欣雀跃。英国人觉得他们能以400辆坦克打垮我军。我们没有这么多坦克应对他们，但一连数日陷入包围的德意联军顽强抵抗，这让我们得以投入所有机动力量，采取果断的行动。敌人要是再敢进犯，肯定会遭到更沉重的打击。

1941年6月23日

塞卢姆交战评述

　　韦维尔为此次进攻所做的战略规划非常出色。他与其他英军指挥官的不同之处在于，他具有非凡的战略勇气，而且行事沉着冷静，无论对手采取什么措施，他都会集中麾下的兵力。韦维尔非常清楚这样的必要性：不管采取何种行动，决不能让对手在内线作战，集中局部兵力优势逐一歼灭自己的兵团。但英军重型步兵坦克速度缓慢，这让他处于极大的劣势，无法迅速应对我方速度更快的战车采取的行动。因此，英军大部分坦克行速缓慢，这是他的弱点，我们在战术上可以善加利用。

　　隆美尔对韦维尔的高度评价很有意义。因为此次交战刚一结束，对交战结果深感失望的丘吉尔就决心撤换韦维尔，派奥金莱克接任英军总司令。可以看出，隆美尔对造成英军失败的主要原因所做的分析，与韦维尔的预感不谋而合，韦维尔5月28日提醒过英国政府，不要对此次交战能赢得决定性胜利寄予太大希望。

　　敌人的计划非常简单，但大多数情况下，简单的计划比复杂的计划更具威胁。

英军正面牵制塞卢姆—哈勒法亚地域的德意联军防御力量，同时，他们企图以几个突击旅绕过断崖向北进击。他们还计划从两侧同时进攻，一举夺取哈勒法亚山口，以他们 5 月份的经历看，这场行动肯定能成功。一旦打通穿过山口的道路，他们就打算集中力量向北攻击前进，彻底打垮我军据守的塞卢姆—哈勒法亚阵地。尔后，他们很可能全力攻往图卜鲁格，为要塞解围。

此次交战，英国人大量使用了马克 II 型 [玛蒂尔达] 坦克，这款坦克的装甲非常厚，我们的大多数反坦克武器无法穿透。但马克 II 型坦克的火炮口径太小，射程太短，而且只配备穿甲弹。有意思的是，这款战车号称"步兵坦克"，却没有打击敌步兵的高爆弹。另外，就像我说过的那样，这种坦克速度太慢。实际上，马克 II 型战车的唯一用途是射穿坚硬的目标。

1941 年年底到 1942 年年初交战期间，敌人的马克 VI 型巡洋坦克首次亮相。这款坦克速度惊人，超过 40 英里 / 小时，可以说是一款非常管用的战车。可它搭载的火炮还是太小，厚重的装甲无法弥补火炮口径太小、射程不足的缺点。要是这款坦克配备更重型的火炮，可能会给我们造成很大麻烦。

英国马克 VI 型巡洋坦克通常称为"十字军"坦克。总的说来，除了它的 2 磅火炮，隆美尔对这款战车评价很高，这一点值得注意，因为英国人对"十字军"坦克火力不足深感失望，故而大加批评，却低估了它在其他方面的优势。隆美尔说这款坦克"1941 年年底到 1942 年年初交战期间首次亮相"并不正确，6 月份的"战斧"行动中，英军已投入 50 辆。

"十字军"坦克的 2 磅火炮在 1000 码距离能穿透 44 毫米厚的装甲板，稍稍优于德国三号坦克的 50 毫米火炮或四号坦克的 75 毫米短身管火炮。虽然"十字军"坦克其他部位的装甲板较薄，但炮塔正面装甲厚达 49 毫米，而德国三号、四号坦克只有 35 毫米。"十字军"坦克首次投入战场后频频发生机械故障，其他方面再有优势也很难让人满意。

此次交战的关键所在是哈勒法亚山口，巴赫上尉和他的部下顽强坚守，经历了最激烈的战斗。帕尔迪少校的炮兵营也打得非常好，说明意大利士兵得到出色的领导时同样能干得有声有色。倘若英军按计划夺得哈勒法亚山口，那么情况就会大不相同。他们本来可以进攻我军正面，同时沿海岸打击我军后方，任何情况下都可以在战术上更好地使用装甲力量。他们投入西迪奥马尔以北地域，对付我军打击力量的装甲部队，不仅没能阻止第5轻装师和第15装甲师的前进，面对我方反坦克炮、装甲、高射炮部队出色的协同作战，反而遭遇灭顶之灾。要是我方指挥官抓住机会，积极采取行动的话，本来可以在西迪苏莱曼北面歼灭更多敌军。

德军从西迪奥马尔北面发动进攻后，英军步兵坦克的速度太慢，导致韦维尔无法把主力及时从卡普佐调到轴心国军队的进攻方向。他别无选择，只能迅速后撤，从而把英军的损失降到最低。

轴心国军队赢得的胜利，坚守塞卢姆防线各支撑点的守军同样功不可没。他们当中，有人顽强击退敌人的每一次冲击，也有人奋战到最后一息。

此次交战给我们的上级部门留下极为深刻的印象。罗阿塔将军不久后来到非洲，他告诉我，意大利最高统帅部认为必须大力加强北非的轴心国军队。德军可以增加到4个机械化师，意大利提供1个装甲军（辖3个师），之后再增派2—3个摩托化师。可惜，他们这股热情没能保持太久。

要是这些援兵真能在1941年秋季开抵非洲并确保补给的话，那么，我们本来可以在迈尔迈里卡击败英军的冬季攻势（估计奥金莱克在这种情况下根本不会发动进攻）。我们的实力足以在1942年春季歼灭埃及的英国军队，进入伊拉克，切断苏联人与巴士拉的交通线，给英国和苏联造成极为沉重的战略打击。

亲爱的露：

你不用担心我的身体状况。我过得很好。我们住的地方挺干净，海拔600英尺。另外，住处四面有墙也是个优点。阿尔丁格病了几天，现在好些了。要做的工作太多。

1941年6月28日

酷热难耐，夜间也是如此。躺在床上的人辗转反侧，汗流浃背。德国军队在苏联一次次赢得胜利的消息令人振奋。到目前为止，这里一直很平静，但我没有掉以轻心。对面那些顽强的朋友迟早会杀回来。祝贺我擢升装甲兵上将的首批贺电来了。当然，我还没接到正式通知，可我觉得他们已经在广播里宣布了。

1941年7月3日

我通常会花很多时间外出视察，昨天又出去了8个钟头。你很难想象，经历这样一场跋涉后有多渴。我希望两周后飞赴元首大本营述职。但这件事最好等苏联的战事多多少少平息后再说，否则他们根本没时间考虑我这里的问题。

曼弗雷德的数学成绩进步了，真让人高兴。看来这是教学方式的问题。他在学校里的其他进步也让我高兴。

蚊子太多，我设法让办公室保持黑暗，还"击落了好多"。甚至在我写东西的时候，偶尔也会啪的一声干掉只蚊子。

1941年7月5日

没什么重要的事情要说。意军总司令昨天又来拜访，但纯粹是"同志式的"。在官方层面，我一直不赞成先前的一些事情，而且通过卡尔维表述了自己的看法，所以此次到访可能是一种善意的姿态。我今天接待了许多来宾，我们杀鸡待客，虽然我在节食，但不想错过这顿美餐。这种糊状食物放一会儿就没滋味了。我对自己的新职务非常高兴［隆美尔刚刚出任非洲装甲集群司令］。担任这项职务的都是大将，要是此处的战事进展顺利，我可能会在战争结束后晋升到这个军衔。

1941年8月21日

我昨天没写信，因为一整天都在路上，傍晚才回到新指挥部，搬进分配给我的两个房间。唉，今天早上又逮住两只臭虫，幸好是在蚊帐外。成群结队的苍蝇无穷无尽，我的捕蝇器会派上大用场。

1941年8月26日

没什么新鲜事。热得要命，夜里也毫未缓解。我又干掉4只臭虫。我把床脚放在装满水的罐子里，希望臭虫爬不上来，夜里能过得安生点。其他人被跳蚤折腾得够呛，但到目前为止，跳蚤还没敢惹我。

1941年8月27日

……至于我的健康，我觉得完全没有问题。一切又按部就班地开始了。我和新任参谋长 [高泽] 处得很好，这对我来说非常重要。不幸的是，过去24小时又发现4只臭虫，但我希望也能赢得这场"战役"。

1941年8月28日

太热了！我们打算出去洗把澡。其他没什么新鲜事。英国人即将发动进攻的传闻甚嚣尘上，也可能纯属八卦。据说英国人正在搜罗兵力，准备开入伊朗。鉴于日本人的态度，英国人通过西伯利亚连接苏联的交通线很不稳定，所以只剩下穿过波斯湾这一条路线。但这种说法听上去也很可疑。他们现在派遣军力已太晚了。

今晚没发现臭虫！可能我已干掉"最后一个莫西干人"。我甚至消灭了屋里的苍蝇。

1941年8月29日

我们在新驻地住得不错。自从我把汽油浇在铁床架上，点火烧了一通后，就再没发现臭虫，它们先前肯定躲在床架里。我们昨天去洗了把澡，但海水太热，一点不凉爽。

据说给我运来辆挂车，可它似乎沉入海里了。真可惜，可又有什么办法呢。

1941年8月30日

又热得要命，清晨一早就汗流浃背。没什么新鲜事，就是意军司令部不太满意，因为他们对这里的事情没这么多发言权。他们就各种琐碎的小事把我们搞得不胜其烦，但我们没有屈从。也许他们想挑起激烈争执，借此把我或所有德国军队赶走。真换个战区，我也没什么好遗憾的。

1941 年 8 月 31 日

昨天黄昏，我和冯·梅伦廷少校、施密特中尉 [①] 外出打猎，真带劲！最后，我从车上打中一只奔跑的瞪羚。晚餐我们吃了羊肝，非常美味。

今天会来一位尊贵的访客，梅尔基奥里少校，他是领袖的密友。我希望他的到访能解决若干问题，因为意大利人目前对我们的态度不太友好。情况与当初完全相同！但我们要从自己的利益角度出发，不能总是缄默不语。现在，我们的访客到了。

1941 年 9 月 10 日

最近几天令人兴奋。运给我们的大批物资到达班加西，卸载用了 50 个钟头，一切顺利。你能想象我是多么高兴。就地中海目前的情况看，物资运送到北非很不容易。我们现在就像是后娘养的，不得不在逆境下勉力维持。不管怎么说，等他们在苏联取得出色的进展，我们的好日子才会到来。

虽然基布利沙尘暴没出现，但屋外狂风呼啸。京特今晚要炸土豆，一连几天没好好吃过东西，我很期待。

1941 年 9 月 29 日

昨天没法写信，因为我的胃病又犯了。前天晚上我们弄到只鸡，肯定是从拉美西斯二世的养鸡场搞来的，煮了 6 个钟头，可还是硬得像皮革。我的胃无福消受。

1941 年 10 月 6 日

---

① 译注：冯·梅伦廷是非洲装甲集群情报处长，后来担任过第 4、第 5 装甲集团军参谋长，战后写了本《坦克战》；施密特出生在南非，隆美尔觉得他了解非洲，因而派他担任自己的副官，施密特战后写了畅销书《与隆美尔在沙漠里》。

我的胃病完全好了，我四处奔波，状态很好。你对我的休假计划怎么看？11月初我应该能离开这里去罗马一周，那里有许多事情需要处理。当然，我还得回来指挥作战，我们得期望补给工作正常，这样才能着手展开工作。然后，我11月底就能休假了。我知道这时候休假不是个好时机，而且我可能也不太容易适应寒冷的天气。但就我这里的工作看，11月底是最佳时机。当然，补给问题有可能打乱一切，造成休假长时间推延。

1941年10月7日

我昨天从福根里特[3]那里得到些好消息。他说大印数版（5万本）的版税不会少于25000马克。另外，米特勒父子出版社通知我，1021.5马克的版税到账了！[4]真是件好事。

我还收到来自东线的许多特别公报，不知道英国人会不会吓得畏缩不前。这里要做的事情很多。甘巴拉[5]今天过来，但他带来的是不是好消息，很值得怀疑。

1941年10月9日

昨天召开的会议，争执非常激烈，会议今天继续进行。没什么可说的，这些事情不得不忍受。从早到晚我的状态一直不错，但愿好运常在。

1941年10月10日

苏联传来的消息太惊人了！几场大规模会战结束后，估计我方军队能更快地向东进军，从而消除敌人组建一切新锐军队的可能性。英国工人似乎要造反了……

英国当然很想进攻，可她没有在欧洲大举登陆的兵力和装备。就算他们利用仅剩的道路，穿过印度，在利比亚发动进攻，都过于冒险，而且为时太晚，无法对苏联的战事产生任何直接影响。一旦我们攻克T[图卜鲁格]，他们在这方面的希望就荡然无存了。

1941年10月12日

我希望我们11月1日顺利会面。请你查查火车时刻表，然后把你到达罗马的时间告诉我。这样我就好做出安排，以便准时到达。我希望情况能允许我待到15日，但你得给我带套便装（棕色西装）。

1941年10月13日

亲爱的曼弗雷德：

你独自在家，所以我会给你多写几封信。

这里的一切按计划进行。我每天都去视察部队，大部分部队驻扎在海边。有时候我们下海洗澡。海水依然温暖，白天热得厉害，可晚上很冷，我得盖两条毛毯。我的新家布设得很漂亮，墙上贴满各地地图，特别是苏联地图，我军取得的任何进展都会立即标在地图上。

1941年10月24日

亲爱的曼弗雷德：

昨天我们又一次遭遇基布利沙尘暴。有时候，尘埃太厚了，能见度只有2—3码。今天的天气似乎好多了。

再过几天我就要飞过海去。我很高兴能在罗马与你妈妈见面，唯一的遗憾是，孩子，你没能和我们在一起。这也没办法。今年冬天我肯定会休假，到时候我们一起去打猎。我在这里不太去打猎，有些军官猎杀了猎豹，它们的窝就在布满石块的干河里。我们这里有时候会遇到大鸨、狐狸、豺狼、瞪羚。骆驼刺灌木现在长成淡绿色，还开出一朵朵小花。昨晚，英国人从海上而来，轰炸了我们。俯冲轰炸机和鱼雷机击沉他们一两艘巡洋舰，之后我们这里就安稳了。今天就写到这里吧。

1941年10月28日

除了原先的两个师，1941年和1942年上半年，没有更多德国师从欧洲调往北非，但派驻北非的一些独立部队编为第三个师，番号是第90轻装师。这个师没有坦克，只有4个步兵营，但火力较强，辖3个野战炮兵营、1个反坦克营、1个88

毫米多用途火炮（高射、反坦克）营。

第 5 轻装师的番号改为第 21 装甲师，但编制和装备没有变化。该师和第 15 装甲师一样，辖 2 个装甲营和 3 个步兵营。

隆美尔的军部当年 8 月升级为装甲集群司令部，克吕维尔中将出任非洲军军长，他的参谋长是拜尔莱因上校。非洲军只编有 2 个装甲师[6]。除了非洲军和第 90 轻装师，隆美尔麾下还有 6 个意大利师：阿列特师、的里雅斯特师，这两个师编为第 20 摩托化军；帕维亚师、博洛尼亚师、布雷西亚师，这三个师编为第 21 步兵军，用于围攻图卜鲁格；外加驻守拜尔迪的萨沃纳师。

注释

1. 联系上下文，隆美尔这里应该是笔误，他想写的是塞卢姆防线。这道防线位于图卜鲁格以东 70 英里，为围攻图卜鲁格的部队提供掩护。

2. 实际上，这场交战期间，英军装甲主力在卡普佐—穆赛义德防线北面只渗透了几英里。

3. 隆美尔的出版商。

4. 隆美尔这里指的是他的《步兵进攻》一书，战前和战争期间，他这部著作在德国销售了 40 万本。

5. 甘巴拉是意大利军长。

6. 每个装甲师编制如下：

   1 个装甲团，辖 2 个装甲营，每个营编有 4 个装甲连。按照编制表，每个装甲连有 21 辆坦克，包括指挥坦克和通信坦克在内，全团共计 194 辆坦克。但英军 1941 年 11 月发起"十字军"行动时，德国装甲师每个装甲营各有一个连留在德国。到 1942 年春季，各装甲营的第 4 连已开抵非洲，还增加了中型坦克所占的比例。1942 年 8 月，德军装甲团的编制减少到 180 辆坦克。

   1 个摩托化步兵团，辖 3 个营，每个营编有 4 个连。

   1 个炮兵团，辖 3 个营，每个营编有 3 个连，每个连 4 门火炮；1 个重型炮兵营，配备 150 毫米榴弹炮。

   1 个反坦克营，辖 3 个连，每个连配备 12 门反坦克炮。

   1 个装甲侦察营，配备 30 辆装甲车。

   工兵和其他部队。

   按照编制表，每个装甲师约有 12500 人、120 门反坦克炮。

第八章 1941年/1942年冬季战局

(弗里茨·拜尔莱因中将撰写)

很遗憾，关于非洲战争下一阶段的战事，也就是1941年年底到1942年年初的冬季战局，我们没找到隆美尔的记述。要想真正了解非洲的战术和战略问题，以及隆美尔的为将之道，这部分内容不可或缺，因此，汇编现有文件，总结这个时期的作战行动很有必要。由于我当时置身其中，因而能承担这项任务。英军发动秋季攻势前不久，我刚刚从苏联初冬的泥泞来到北非沙漠，先前在装甲战艺术大师古德里安将军麾下，在欧洲战区接受了机动作战方面的实践训练。因此，以下记述部分缘于我在利比亚战局期间的亲身经历，部分来自我手头的文件。

德意联军1941年春季的作战行动，以及迅速征服昔兰尼加，震惊了全世界。我们据守着收复的意大利领土，为防范英军猛烈反扑，我们构设了塞卢姆—拜尔迪防线，以此加强己方防御。另一方面，尽管我们付出种种努力，可还是没能攻克图卜鲁格，从而获得更靠近前线的补给港，因为班加西远在300英里外，而的黎波里更是在1000英里外。英国人知道图卜鲁格至关重要，因而实施了最顽强的防御。德意军队主力陷入这场围攻无法脱身，更糟糕的是，一切后续行动必须视图卜鲁格的情况而定。倘若敌人从埃及和图卜鲁格同时发动进攻，隆美尔的处境会变得岌岌可危。轴心国军队兵力虚弱，纵深不足，无法自由行动，补给线不断遭受威胁，各作战部队面临严重的危险：具有兵力优势、获得娴熟领导的敌军很可能把他们逼入大海、塞卢姆防线、图卜鲁格战线间的狭窄地域，包围后一举歼灭。

隆美尔毫不怀疑英国人会在年底前利用这个良机，因此，必须在他们抓住机会前攻克图卜鲁格，以此阻止对方。但对图卜鲁格采取任何行动，他不得不考虑到英国人在德军突击部队身后展开解围进攻的可能性，为解决这个问题，他被迫把机动部队主力部署在卡普佐与古比井之间。隆美尔认为，待英国人觉得德军穿过高加索进攻中东地区的危险不复存在，他们才会发动大规模进攻，届时他们会抽调重兵部署到埃及前线，确保相关计划取得成功。随着德国军队在苏联遭受逆转，我们估计敌人 11 月前后会采取行动。

1941 年 9 月，我们加强了围攻图卜鲁格的周边战线，还占据了几处合适的进攻出发点。进攻需要的援兵、武器、补给物资经地中海运来，大幅度增加了意大利送往非洲的运输量。但一如既往，运来的援兵和物资远没有达到最高统帅部许诺的数量，就连最高统帅部也认为，这个数量是绝对最低限度。结果到 9 月底，我们需要的兵力只得到三分之一，物资也只运抵七分之一。这给我们与英国人在时间上的竞赛造成严重妨碍，迫使我们把进攻推迟到 11 月；即便到 11 月，我们的兵力和物资还是不足，不得不以现有力量行事。

由于时间紧迫，隆美尔 11 月初报告意大利最高统帅部，他现在有足够的兵力发动进攻，尽管必要的物资还没运抵，但他认为必须在 11 月下半月进攻，届时其他准备工作应该就绪。但意大利最高统帅部不太了解情况，对进攻前景忧心忡忡。他们在复电里提醒隆美尔注意英国人的空中优势，还建议把进攻推迟到来年。隆美尔不肯罢休，当天回电称，以地中海目前的航运状况看，他担心再拖延下去，只会导致兵力对比对我方更加不利，所以他认为尽快发起打击至关紧要。于是，意大利最高统帅部批准他照计划展开行动。

此次突击由第 90 轻装师、第 15 装甲师、2 个意大利步兵师遂行。作为掩护力量，隆美尔把意大利甘巴拉摩托化军（辖阿列特装甲师、的里雅斯特摩托化师）和第 21 装甲师调到图卜鲁格南面和东南地域，也就是比尔哈基姆、杰斯尔埃里德、哈里盖港之间，在那里构成机动防御，对付敌人有可能对图卜鲁格突击力量身后或塞卢姆防线发起的解围进攻。这番调动 11 月 16 日完成。意大利布雷西亚师、特伦托师继续围攻图卜鲁格。

此时，隆美尔有 260 辆德国坦克和 154 辆意大利坦克。德国坦克包括 15 辆一号坦克、40 辆二号坦克、150 辆三号坦克（其中 50% 仍配备 37 毫米火炮）、55 辆四号坦克。

11 月 17 日夜间，为配合他们即将发动的进攻，一支英军突击队大胆突袭了我军防线后方 200 英里的贝达利托里亚，他们以为这里是我方司令部宿舍。其实，当时住在那里的是军需人员，2 名军官和 2 名士兵在袭击中丧生。

有趣的是，隆美尔先前的确把自己的指挥部设在这座屋子里，他住在二楼，他的副官住在楼下。英国人肯定通过他们的情报机构掌握了相关情况。

英军突击队用德语回答哨兵，虽然他们不知道口令，但哨兵没开枪，以为他们是迷路的德国人。这群英军突击队员的军装上没有任何标志，以免暴露身份。一名突击队员突然拔出手枪射倒哨兵，他们迅速冲入楼房，朝门厅左侧的房屋猛烈射击，击毙两名德国人，随后企图冲上二楼。但在楼梯处遭到德国人还击，一名英国军官丧生，另一个德国人身负致命伤。英军突击队随即撤离。

英军进攻

10月中旬，我们的陆军情报机构通报各兵团，敌人的大批作战物资和强大的部队不断涌入埃及，形势紧迫，英国人很快会大举进攻。此前的9月份，我方无线电侦听部门发现，南非师和新西兰师从尼罗河三角洲开入马特鲁港，之后对俘房的审讯也证实了这一点。但第21装甲师9月中旬对西迪拜拉尼以南地域实施战斗侦察，没发现敌人即将进攻的迹象。我们在埃及边境地区也没看见能维持大规模进攻的物资堆栈。敌人的接敌行军和展开避开了我方侦察，进攻准备荫蔽得很好。他们还实施了无线电静默，以防我们的侦听部门发现对方以接敌行军开入集中地域。我们的空中侦察（实话实说，我方用于这项任务的飞机太少了）也没发现敌军的运动，可能是因为对方只在夜间行军，昼间借助出色的伪装潜伏下来。另外，英国人运气很好，11月18日的暴雨导致我们的所有机场无法使用，当天没出动侦察机。但我方空中侦察在南翼也没发现异常，而英国人在那里设立了几座大型物资堆栈。地面侦察同样徒劳无获。结果，英军的进攻彻底实现了战术突然性。

我们后来从缴获的文件获知了英国第8集团军的进攻部署。他们的目标是歼灭德意联军，为图卜鲁格解围，尔后发展胜利，重新夺回的黎波里塔尼亚。英国第30军部署在沙漠侧翼，受领的任务是以装甲主力从边境地区攻往图卜鲁格。英国第13军部署在沿海地区，任务是在装甲部队遂行机动期间牵制塞卢姆防线的我方守军，继而向北推进，切断这些守军，尔后向西攻击前进，支援第30军。

这场攻势称为"十字军"行动，11月18日发起，英军主力实施了漫长的接敌

行军，兜了个大圈，绕过德意联军设在沿海路线塞卢姆附近的筑垒阵地。他们投入的进攻力量相当于7个师，包括图卜鲁格守军，对付3个德国师和7个意大利师。但这些数字无关紧要，因为决定问题的主要是装甲和空中力量。英军投入5个装甲旅，而隆美尔的装甲力量相当于2个德国装甲旅和1个意大利装甲旅。英国人共有724辆坦克，还有200辆备用坦克（以每天40辆的速度前运）。交战开始时，隆美尔有414辆坦克（包括154辆意大利坦克），还有大约50辆坦克在维修，但没有备用的新坦克。英军在空中力量方面的优势更大，可投入作战的飞机近1100架，面对120架德国飞机和大约200架意大利飞机。另外，突然性让他们的初期优势成倍增加。

隆美尔11月上旬在罗马。他去那里的目的是争取意大利最高统帅部批准他进攻图卜鲁格的方案，之后在罗马和妻子欢度自己的生日（11月15日），英军发动进攻前飞回非洲。

直到11月18日下午，英军已展开行动，非洲装甲集群才意识到敌人发动了进攻。面对优势之敌，我们的前哨被迫从古比井—西迪奥马尔一线后撤。11月17日我们在西迪苏莱曼俘虏了一名英国士兵，他的交代让我们掌握了对方的兵力和计划，可这些情报过于详细，我们起初怀疑其真实性，但随后的战事发展，每个细节都证明这些情报准确无误。

敌人抢先动手了，面对这种情况，隆美尔决定先不进攻图卜鲁格。他立即命令非洲军采取行动，对穿过杰卜尔塞莱向北推进的英军主力施以打击。

隆美尔取消对图卜鲁格的进攻，决定先对付敌人的攻势，这种做法是否正确，引发了许多争议。我方掩护力量也许确实足以挡住敌人的进攻，直到图卜鲁格陷落，这当然对我们更有利，届时我们可以更轻松、更自由地在迈尔迈里卡展开行动，比强大的图卜鲁格守军位于我们身后好得多。可英国人会给我们时间，让我们不受干扰地攻克图卜鲁格吗？这不是大胆和勇气的问题，而是一场赌博，隆美尔将军不肯加入其中。

英军装甲力量兵分三路攻往图卜鲁格，11月19日打击我方掩护屏障。左路纵队前出到古比井，经过激战，逼退意大利阿列特师。右路纵队遭到第21装甲师一部拦截，随后被击退到杰卜尔塞莱。在此期间，英军中路纵队渗透到西迪雷泽格机场，在断崖上站稳脚跟，距离图卜鲁格周边战线只剩10英里。

11月20日，非洲军继续对英军右翼施加压力，甚至加大了打击力度，当日的激战中击毁许多敌坦克。我方两个师顺利杀入杰卜尔塞莱—西迪奥马尔地区，这是个出色的基地，可用于打击敌中路纵队身后。考虑到我军实力虚弱，意大利军队派不上太大用场，隆美尔的计划是整合麾下机动兵团，对敌兵团各个击破，最终歼灭英军整个打击力量。

英国人不得不把他们的装甲旅零零碎碎地投入交战。这让我们取得一连串局部胜利，最终赢得整个战局期间规模最大的一场坦克战，敌装甲主力灰飞烟灭。这些战斗堪称非洲战争最有趣的场面，德军开发的战术日后还会赢得这样的胜利。此次交战充分证明了隆美尔的将才和他麾下指挥官的能力。

隆美尔11月18日返回非洲，两天后写信给妻子：

亲爱的露：

　　我刚刚到达，敌人就发动了进攻。这场交战现在到了危急关头。我希望我们能顺利渡过难关。这封信寄到时，战场上可能大局已定。我们的处境当然很不乐观。

　　我很好，勿念。

1941年11月20日

11月21日上午，非洲军打击英军装甲部队身后。经过激烈战斗，非洲军傍晚前在卡普佐小径南面到达比尔沙夫希乌夫附近的断崖，占据了实施机动防御的阵地，准备应对敌人重新发起的进攻。

前一天晚上，图卜鲁格守军从东南地段小规模出击，随后在50辆步兵坦克支援下发动猛烈进攻。敌人突破封锁线，一举打垮意大利博洛尼亚师的炮兵阵地。虽然阵地后来得以收复，可这段防线一直让我们担心焦虑。

11月22日，隆美尔下令在卡普佐小径南面遂行机动作战。昨晚，克吕维尔将军已率领第 15 装甲师赶往东面，完全没被敌人发现，他们摆开纵深布势面对敌人长长的侧翼。第 21 装甲师进攻西迪雷泽格机场，把敌人赶往南面之际，第 15 装甲师对进攻比尔沙夫希乌夫之敌的侧翼和后方施以打击。他们彻夜行进，一举打垮英国第 4 装甲旅指挥部，俘虏了旅长，导致该旅陷入混乱。

当天，图卜鲁格守军没有出击。东面的敌人对塞卢姆防线后方实施迂回机动。我们的支撑点守住了，但新西兰军队攻占了卡普佐堡。

亡灵节的坦克战

11 月 23 日的作战令要求德意联军所有机动力量发起向心突击，歼灭敌打击力量主力。

当天，隆美尔没有下达口头命令，这还是第一次，非洲军收到一份长长的无线电报，抄写和解码需要很长时间。克吕维尔将军没有等待，他知道隆美尔的总体计划，觉得自己必须采取主动。因此，他 5 点 30 分左右离开设在杰斯尔埃里德的指挥所，亲自率领麾下部队投入即将到来的决战。半小时后，非洲军军部遭新西兰人突袭，我方部队没发现从西迪阿宰兹而来的这股敌军，军部英勇抵抗后，全体人员被俘，指挥设备也被对方缴获。克吕维尔将军和我差一点落入敌人手里。

11 月 23 日晨，德意联军的布势如下：

第 15 装甲师在比尔沙夫希乌夫附近赢得胜利后正在重组。第 21 装甲师守卫西迪雷泽格地域。意大利阿列特师、的里雅斯特师集结在古比井周围。

我们认为敌装甲部队分成几个战斗群，盘踞在广阔的西迪穆夫塔沙漠高原和比尔海埃德。

克吕维尔将军的计划是进攻敌军身后，但他打算先与意大利阿列特师会合（该师从古比井赶来），以便集中所有可用坦克。7 点 30 分左右，第 15 装甲师开往西南方，发现一股强大的敌装甲力量盘踞在西迪穆夫塔周围，我们立即发起攻击。激烈的坦克战爆发开来。我们随后在哈杰费德海埃德北面发现敌人更多战斗群、庞大的驻车场、大批坦克和火炮，因此，克吕维尔将军扩大迂回范围。经过持续战斗，到下午早些时候，他已到达哈杰费德海埃德东南面某处，深深楔入敌军后方。

在此期间，意大利阿列特师先遣突击力量率领 120 辆坦克赶到，克吕维尔将军立即指挥德意装甲联军向北攻入敌军后方，目标是彻底堵住对方，迫使敌人退往第 21 装甲师设在西迪雷泽格的防线。

这场进攻开局不错，但很快遭遇敌火炮和反坦克炮构设的宽大屏障，南非军队以惊人的速度在比尔海埃德与西迪穆夫塔之间设立了这道防御。各种型号、各种口径的火炮在我军坦克前方投下弹幕，面对这道喷火的屏障，要想取得进展纯属痴心妄想。雨点般落下的炮弹把一辆辆坦克炸得四分五裂。我们不得不把炮兵力量悉数投入，逐一打哑敌人的火炮。到下午晚些时候，我们在敌军防线打开几个缺口。坦克再次向前涌去，激烈的坦克对决在战场深处爆发了。战斗来回拉锯，坦克对坦克，坦克对火炮或反坦克炮阵地，有时候正面进攻，有时候侧翼突击，机动作战和装甲战术的各种技巧发挥得淋漓尽致，敌人最终被迫退入一片狭窄地域。图卜鲁格守军的出击没能缓解危情，敌人现在知道，只有突出包围圈才能逃脱全军覆没的厄运。

混乱的交战期间，非洲军的"猛犸"指挥车载着克吕维尔将军和参谋人员，突然被几辆英军坦克包围。这辆指挥车当初是从英国人手里缴获的，车身两侧涂有德国十字标志，很容易识别，但舱盖是关闭的。幸亏几辆英军坦克耗尽了弹药，英国坦克兵一时间没弄清对方是敌是友。几名英国兵跳下马克 VI 型坦克，走到"猛犸"旁敲敲装甲板，克吕维尔将军推开舱盖，与一名英国兵打了个照面，双方都大吃一惊。就在这时，炮火落在周围。"猛犸"车上的乘员赶紧趴在薄薄的木地板上，但车辆毫发无损。德军一门 20 毫米高射炮朝英军坦克兵开火射击，他们赶紧爬上坦克，全速向南逃离，非洲军军部人员这才躲过一劫。

西迪雷泽格南面的平原现在成了尘埃、雾霾、硝烟的海洋。能见度很差，英军坦克和火炮趁机逃向南面和东面，但大部分敌军仍在包围圈内。暮色降临，战斗仍未结束。数百部/门燃烧的车辆、坦克、火炮照亮亡灵节的战场。午夜过后很久，我们才掌握了当日交战的情况，组织辖内部队，计算损失和战果，对总体态势做出判断，次日的作战行动取决于这种研判。此次交战最重要的战果是消除了图卜鲁格战线遭受的直接威胁，歼灭敌装甲力量大部，彻底粉碎了对方的企图，给敌军士气造成严重破坏。

遭遇这场挫败，英国第30军军长诺里将军决定把残余的部队向南撤往杰卜尔塞莱。他的坦克损失了三分之二，剩下的150辆七零八落地分散在各处。

亲爱的露：

　　这场交战最危险的时刻似乎已过去。我很好，仍充满幽默感和信心。到目前为止，我们击毁200辆敌坦克，守住了己方防线。

1941年11月23日

攻入埃及

此次交战，克吕维尔将军指挥得非常高明。11月24日上午，他在环路报告隆美尔（隆美尔此时还不知道图卜鲁格南面作战行动的详情），敌人在西迪雷泽格遭粉碎，只有部分力量逃脱了覆灭的厄运。这场胜利加强了隆美尔已定下的决心：朝东南方攻击前进，深入敌军后方。隆美尔随即解释了自己的作战方案："攻往图卜鲁格的大部分敌军已被歼灭，我们现在要转身向东，赶去对付新西兰人和印度人，以免他们与敌主力残部会合后联合进攻图卜鲁格。同时，我们要夺取哈巴塔和马德莱纳，切断他们的补给。速度至关紧要，我们必须充分发展击败敌军的突击势头，立即向前挺进，率领全军尽快攻往西迪奥马尔。"

隆美尔打算利用对方的混乱状况（他知道敌军阵营肯定是这样），以出敌不意而又大胆的突袭攻入塞卢姆战线以南地域。他希望给敌人造成彻头彻尾的混乱，甚至有可能迫使对方退回埃及境内。我们的整个机动力量都要投入此次行动。

我们从各兵团搜罗拼凑了一股实力虚弱的守卫力量，交给炮兵指挥官伯特歇尔将军①部署在图卜鲁格南面，应对敌人解围的一切后续企图。意大利步兵留在古比井，围困图卜鲁格的任务仍交给原先的部队。这可能是隆美尔一生中最大胆的决定，后来遭到德国某些高层人士严厉批评，他们根本不了解非洲战区，而敌人却对隆美尔的做法深表赞赏和钦佩。

---

① 译注：卡尔·伯特歇尔少将是第104炮兵指挥部司令，隶属非洲装甲集群，后来担任第21装甲师及第326、第347步兵师师长，最终军衔是中将。

当然，隆美尔也可以先消灭在图卜鲁格南面侥幸逃脱的敌军残部，但这会耗费大量宝贵的时间。因此，他认为更好的做法是出其不意地打击敌人的塞卢姆战线，同时对付他们最敏感的部位，也就是对方的补给线。就这样，11 月 24 日中午，非洲军和意大利阿列特师开始了漫长的沙漠跋涉，完全没理会英军构成的侧翼威胁，全速赶往西迪奥马尔，傍晚到达那里。行驶在纵队前方的隆美尔，率领第 21 装甲师径直穿过印度第 4 师，进入西迪苏莱曼地区，以便从东面封锁哈勒法亚战线。第 15 装甲师奉命进攻西迪奥马尔。一个混成战斗群负责夺取马德莱纳补给中心，另一个战斗群赶去摧毁沙漠铁路终点站哈巴塔周围的营地。毫无疑问，这些行动会严重打乱敌人的补给，但不可能导致他们的补给工作彻底崩溃。有些作家声称"英国第 8 集团军命悬一线，可隆美尔没能切断这根线"，这种说法毫无根据。

11 月 24 日下午晚些时候，隆美尔在格拉齐亚尼铁丝网东面的舍费尔赞井附近下达了命令，随后驱车赶往第 21 装甲师，亲自把他们部署在哈勒法亚山口。返回西迪奥马尔途中，他的座车由于发动机故障而抛锚。幸运的是，黄昏到来时，克吕维尔将军和作战指挥组乘坐的"猛犸"从旁边路过。隆美尔喊道："捎我们一段！"他和参谋长高泽冻得瑟瑟发抖。就这样，"猛犸"载着非洲装甲集群最高级别的几名军官朝边境铁丝网驶去。不幸的是，他们一时间找不到穿过铁丝网的缺口。隆美尔越来越不耐烦，推开给车辆指点方向的副官，说道："我来吧！"可这一次，隆美尔大名鼎鼎的方向感也不管用了。更要命的是，他们目前位于敌军控制的地域，骑着摩托车的印度传令兵来来往往，从"猛犸"身旁呼啸而过，英军坦克隆隆向前，美制卡车穿过沙漠。可他们都没想到，德意装甲集群几名最高级别的指挥官坐在这辆缴获的指挥车内，离他们只有 2—3 码。非洲装甲集群的 10 名军官和 5 名士兵心神不宁地过了一夜。

接下来几天，为应对不断发生的危机，隆美尔继续从一支部队赶往下一支部队，经常穿过英军防线。有一次，他驶入新西兰军队一所战地医院，此处仍在敌人控制下。毫无疑问，除了隆美尔，没人知道究竟是谁俘虏了谁。他询问医院的需要，答应提供医疗用品，离开时没人拦他。他还穿过英军据守的一条跑道，好几次遭到英军车辆追逐，但总能安然逃脱。

在此期间，第 21 装甲师没有遵照原先的指令行事，而是听从了装甲集群后方作战指挥组错误下达的命令，穿过哈勒法亚山口攻往卡普佐，与新西兰人展开危险、代价高昂的激战。非洲军辖内部队进攻西迪奥马尔的行动失败了，我们很快发现，虽说我军先前赢得几场胜利，可各处敌军的实力仍比我们预料的更强大。他们很快从震惊中恢复过来，迅速挽救了态势，我们后来得知，这是中东战区英军总司令奥金莱克将军亲自干预的结果，他从开罗奔赴前线，关键时刻撤销了坎宁安将军撤离迈尔迈里卡、退往埃及的决定。

隆美尔这场大胆出击，给英军指挥官造成心理影响，差点取得决定性结果。英军装甲部队在西迪雷泽格周围的交战中惨败，促使坎宁安 11 月 23 日考虑放弃进攻，退过边境，把部队撤到隆美尔够不到的地方重组。通过这样一场及时后撤，他就能保全自己的军队，如果在目前的状况下继续进攻，就得冒上全军覆没的危险。但奥金莱克关键时刻从开罗飞抵，否决了坎宁安的后撤建议。

次日，隆美尔以非洲军发起战略突袭。德国人攻入英军后方地域，散播恐慌和混乱。这些惊人的消息自然让坎宁安更加焦虑不安。要是让坎宁安来决定坚守还是后撤，隆美尔这场纵深挺进可能已赢得决定性胜利。但返回开罗的奥金莱克 11 月 26 日下定决心，必须给第 8 集团军换个指挥官，全力贯彻自己继续进攻的命令，就这样，奥金莱克司令部的副参谋长里奇接替了坎宁安。

奥金莱克的干预和决断让英军转危为安。但他的决定比隆美尔的突袭更像一场豪赌，因为他把第 8 集团军的命运押在英军继续进攻上。德国第 21 装甲师接到错误的命令、新西兰师和印度第 4 师的顽强抵抗是这场豪赌的决定性因素。

事实证明，隆美尔的突袭得不偿失。德军发起突袭时，他几乎已赢得交战，可这场突袭结束时，战场上的态势变得对他不利。但无论从心理还是物质方面看，胜负仅隔一线。因为隆美尔朝东南方攻往边境期间（目标是边境后方的英军补给源），实际上经过两座野战补给仓库，英军的整个进攻全赖于此。两座巨大的物资堆栈，每个占地 6 平方英里，分别位于杰卜尔塞莱东南面和西南面 75 英里，可用的守备力量只有第 22 禁卫旅。非洲军其实穿过了东面那座物资堆栈北部边缘的供水点，可他们没发现这两个重要的补给源，一方面是因为物资堆栈伪装得很好，另一方面是因为英军占有制空权。[1]

要是隆美尔在西迪雷泽格赢得胜利后，一路向南扫荡英国第30军残部，就会发现这些物资堆栈，而且很可能锁定胜局。不无讽刺的是，为追求更大的目标，他反而错过了另一个更大的目标。谨慎的传统学说可能会批评隆美尔的做法，可他的做法与历史上的"名将"堪称经典的为将之道完全一致。德军装甲力量去年在西欧以类似的方式对付联军，面临的情况更加危急，可还是赢得近代最伟大的胜利。德国人此次在非洲没能如愿，部分原因是前面提及的人为因素（最重要的是奥金莱克的介入），但很大程度上也证明了运气在战争问题上发挥的作用。

返回图卜鲁格

11月24日清晨，隆美尔把进攻西迪奥马尔的决定告知作训处长韦斯特法尔中校。韦斯特法尔提出异议，特别提请隆美尔注意这样一个情况：英军重新集中在古比井南面。可隆美尔不想讨论这个问题，拉着参谋长高泽将军上车后驶往西迪奥马尔。

没开出去多远，随行的无线电通信车就陷在沙漠里。隆美尔没有停下，而是继续向前，导致装甲集群司令部再也无法用电台联系上他。因此，奥金莱克介入指挥后，重新组织起来的英国军队攻往目前几乎无人据守的西迪雷泽格地域，韦斯特法尔想方设法联系隆美尔。他派出几架飞机去找隆美尔，可这些飞机无一返回。图卜鲁格南面的态势越来越危急，韦斯特法尔最终决定自主行事，把第21装甲师调回西迪雷泽格。

隆美尔获悉这道命令，起初觉得是敌人的伎俩，但很快发现命令真实无误。隆美尔的副官福斯中尉记述了隆美尔回到司令部的情形：

"韦斯特法尔中校自作主张，把第21装甲师调回阿代姆，隆美尔起初对此怒不可遏。回到司令部，他没跟任何人打招呼，沉默无语地走入指挥车查看态势图。高泽站在他身后。我们想暗示高泽，让他跟隆美尔说说，解释一下韦斯特法尔的

---

[1] 译注：拜尔莱因将军战后对此大发感慨，说"如果我们知道那些物资堆栈，肯定能打赢这场交战"。

决定。但没必要了，因为隆美尔突然离开指挥车，说他要睡一会儿。没人敢去隆美尔睡觉的车上汇报情况。第二天早上，隆美尔将军没再提这件事，所有人松了口气。他像以往那样和蔼，司令部的工作继续顺利进行。"①

虽说英国第 7 装甲师和南非军队无疑遭到重创，但新西兰军队、印度军队、禁卫旅、图卜鲁格守军不仅完好无损，而且相当活跃。面对这种情况，隆美尔被迫放弃了针对马德莱纳和哈巴塔 [位于布格布格以南 25 英里的沙漠里] 补给中心的作战行动，因为这种耗费时间的远程奔袭无法达成突然性，而且会过度分散我方实力。他现在集中机动力量对付新西兰军队。11 月 25 日，图卜鲁格再度爆发激战。我们部署在那里的守卫力量夹在两股敌军之间，一股来自东南方，另一股从要塞出击。伯特歇尔战斗群集结所有兵力，击退了敌人大部分进攻，意大利军队发起反冲击，遏止了对方唯一的渗透。

鉴于情况危急，隆美尔立即中止了塞卢姆战线的作战行动，率领他的兵团尽快返回图卜鲁格交战的中心地带。

亲爱的露：

自 19 日起，激烈的战斗就在图卜鲁格周边沙漠和塞卢姆防线肆虐。你会从每日公报听到大致情况。我觉得我们已度过最严峻的时刻，此次交战对整个战局至关重要。

我很好。沙漠反击战正在持续，一连四天我根本没时间盥洗。我们赢得了辉煌的胜利。

今天是我们结婚 25 周年纪念日，也许值得为此发一份特别公报。我想我不用对你说我们的婚后生活是多么美满，时光荏苒，我要感谢你这么多年来付出的爱和深情厚谊。我想谢谢你照料我们的孩子，我为他深感自豪。他的

---

① 译注：有趣的是，非洲装甲集群自行其是的不仅仅是韦斯特法尔，克吕维尔也经常违背隆美尔的命令，而且屡屡获胜，第 15 装甲师师长诺伊曼－西尔科夫、第 21 装甲师师长拉文施泰因按照自己的想法行事，违背克吕维尔的命令也是家常便饭，或许从某种程度上说明了隆美尔多次强调的"发挥主动性"。隆美尔的记述没提到的是，他与这些部下的关系并不好。再从战略方面看，隆美尔本人也多次违背领袖乃至元首的指令，OKW 认为他飞扬跋扈，对他的印象很不好，这也是隆美尔在高层没什么朋友的主要原因。

天赋日后肯定会让他出人头地。

我们的下一场行动开始了，就此搁笔。

1941年11月27日

11月28日，第21装甲师沿海岸公路两侧火速赶往坎布特，控制扎夫兰以南地域之际，第15装甲师沿卡普佐小径而下，侧翼不断遭到敌机动部队威胁。该师攻上断崖，夺得山地后，当天傍晚再次回到西迪雷泽格的旧战场。

隆美尔给非洲军军长发了封电报，请他到装甲集群设在坎布特附近的前进指挥所来。克吕维尔将军和他的部下在黑暗中找了很长时间，终于发现一部英国车辆，他们小心翼翼地凑了过去。待他们看清车内没有英国人，只有隆美尔和他的参谋长，这才松了口气。隆美尔和高泽都没刮胡子，满身尘土，因缺乏睡眠而一脸倦容。车内摆放着一堆充当床铺的稻草，还有一罐不太新鲜的饮水和几听罐头。旁边有两辆无线电通信车和几名摩托车传令兵。隆美尔就次日的作战行动下达了指示。

他的计划是包围新西兰师（该师在此期间已经与图卜鲁格守军取得联系），再次封闭图卜鲁格包围圈。为遂行此次行动，隆美尔集中了所有可用兵团，把主要突击置于西翼，以防新西兰人撤入图卜鲁格。

亲爱的露：

这场交战进行得似乎很顺利，今天也许就能定胜负，我充满了信心。

匆匆搁笔。

1941年11月29日

第21装甲师（师长冯·拉文施泰因将军已被新西兰人俘虏[1]）从东面封闭了包围圈，同时挡住敌人从南面发起的猛烈的解围进攻。黄昏时，第15装甲师向北进击，夺得重要的杜达山脊，可这处阵地夜间得而复失。

---

[1] 译注：隆美尔从来就不喜欢身为贵族的冯·拉文施泰因，听到他被俘的消息，很冷淡地说了句："拉文施泰因被英国人俘虏了。"

亲爱的露:

交战仍在继续,要想赢得胜利,我们就必须全力以赴。前景不错,可我方部队经历了12天的战斗已疲惫不堪。我的身体状况很好,精神不错,能应对一切情况。英国人俘虏了拉文施泰因。今天就写到这里。

1941年11月30日

11月30日上午,敌人集中强大的装甲和步兵力量,再次冲击我军南部防御,可他们的进攻缺乏协同,这让我们得以沿整条战线击退对方的进攻。另一方面,尽管第15装甲师一再付出努力,可还是没能攻克贝勒哈迈德,也没能联系上第90轻装师,从而把包围圈与图卜鲁格截断。

次日,我们击退了敌人从南面和东面发起的所有救援行动,还以向心突击歼灭新西兰师大部,这才彻底封闭了包围圈。

就这样,我们再次把英国守军困在图卜鲁格。另外,我们从截获的电报获悉,敌人遭受的损失相当惨重,他们打算暂时停止交战。

但隆美尔没有批准部队暂作休整。塞卢姆防线上的守军面对印度军队的猛烈冲击顽强防御,我方补给线不断遭到滋扰,拜尔迪受到严重威胁。因此,他派非洲军两个混成战斗群分别沿卡普佐小径和沿海公路前进,为我方打通交通线。他把德意机动部队主力部署在图卜鲁格东南方,在那里整补的同时,可以迅速开赴塞卢姆防线或南面对付英军主力。

英军各兵团在阿卜德小径两侧实施重组和再编组,他们的装甲车沿西迪穆夫塔—卡普佐一线构成深邃的掩护屏障。

敌人的补给情况比我们好得多,所以我们认为,对方很快会做好恢复进攻的准备。但交战暂时告一段落,装甲集群向最高统帅部报捷:"11月18日—12月1日的持续激战,我军击毁敌人814辆装甲战车和装甲车,击落127架敌机。缴获的武器、弹药、车辆目前无法估算。我军抓获的俘虏超过9000人,包括3名将级军官。"

我们后来得知,在此期间英国第8集团军的指挥权发生变更,里奇将军替换了坎宁安。

亲爱的露：

　　昨天我们在图卜鲁格战线歼灭了1个也许是2个英国师残部，稍稍缓解了战场态势。但以我对英国人的了解，他们不会轻易放弃。不过，我们现在的情况比先前好，肯定能赢得胜利。

1941年12月2日

　　我军两个混成战斗群对拜尔迪—塞卢姆的进攻失败了。12月4日，装甲集群掌握了敌人的布势。对方在古比井周围集结了一股新锐力量，很明显，他们企图绕过我军侧翼，深入我们后方，打破环绕图卜鲁格的封锁线。隆美尔决心赶在对方完成进攻准备前投入麾下所有机动兵团，打击这股敌军。

　　我方军队的实力太弱，无法维系环绕图卜鲁格的包围圈，隆美尔准备放弃封锁线东段。12月4日夜到5日晨，非洲军穿过杜达与西迪雷泽格之间的走廊（现在只有2英里宽）向西开拔，赶赴阿代姆的集中地域。意大利摩托化军从东北面开来，我军进攻古比井，应当与他们协同进行，可意大利人既没有集中，也没有保持恰当的进攻状态，非洲军只好独自行动，12月5日中午投入进攻。我军首先遭遇新近开抵战场的英国禁卫旅，随后又遇到第7装甲师整补过的几个旅。尽管如此，我们还是在傍晚前到达古比井西北面10英里。在此期间，英国人从图卜鲁格出击，夺得杜达—贝勒哈迈德高地线，终于迫使我们放弃了图卜鲁格封锁线东段。

　　12月5日中午，意大利最高统帅部一名军官奉领袖的命令来到装甲集群司令部，告诉我们1月初前不会再派来更多援兵，除了最基本的口粮和弹药，他们也无法供应更多物资。这个消息让我们失望不已。

　　奥金莱克设法给前线派去2个步兵旅和2个装甲车团。另外，第1装甲师刚刚从英国开抵，在靠近边境处展开高强度的沙漠训练，为英军后续的坦克突击提供了更多保障。

　　12月5日傍晚，隆美尔告诉我们："非洲军的进攻，没能给古比井之敌造成决定性破坏，主要因为意大利摩托化军缺阵。可以预料，古比井地域的敌军会获得新锐兵团进一步加强，很快会以优势兵力转入进攻。图卜鲁格的活动表明，敌人部署在那里的兵团仍有战斗力。尽管如此，要是以德意装甲和摩托化师余部对古比井之敌发起协同一致的进攻，似乎仍有机会赢得决定性胜利。倘若此举无法歼灭敌军大部，那么，鉴于我军人员和物资的巨大损失，我们不得不考虑中止交战，撤往贾扎拉阵地，尔后彻底退出昔兰尼加。"

12 月 6 日，非洲军又一次孤军投入进攻。意大利人报告，说他们的部队筋疲力尽，已无法继续从事作战行动。敌人慢慢退往古比井，但我军无法歼灭他们，就连迂回、包围对方部分力量也做不到。实际上，我军面临被优势之敌从两侧迂回包抄的严重威胁。[1]尽管如此，我军 12 月 7 日还是恢复了进攻，但依然徒劳无获，而且伤亡惨重。

鉴于敌人的兵力优势实在太大，以及我方部队目前的状况，隆美尔决心彻底放弃图卜鲁格，实施战斗后撤，退往贾扎拉阵地。这是个不得不做出的痛苦决定，因为德国军队连战连胜，先前给敌人造成极为严重的损失。但在图卜鲁格继续拖下去，只会导致我们已遭到削弱的力量不断消耗，最终丢掉整个利比亚。

隆美尔的勤务兵京特军士致函隆美尔夫人

亲爱的隆美尔夫人：

将军今天一大早又去指挥所了。我向您转达他最热烈的问候，还要告诉您，将军的身体很好，一切都没问题。

新的战斗让将军忙得不可开交，一点空闲时间都没有。

两周前我们离开住处，此后又搬了几次家。今天我们又一次在一条小小的干河里宿营，敌机不太容易发现此处。我们的车辆伪装得很好，看上去就是一片沙漠。我们还带着两只鸡，这件事将军肯定跟您说过。它们甚至在这里找到些绿色植物。[有人送给隆美尔几只鸡作为礼物，京特请求后，这些鸡没被杀掉，而是作为吉祥物带在身边。]

与前几周相比，今天非常平静。我们已脱离敌炮兵射程，他们的炮火原先频频落在我们周围和身后，所以，现在没有炮弹嘶嘶作响地落在附近，真让人高兴。我得搁笔了，祝您一切都好，并代表将军向您和您的儿子致以最诚挚的问候。

赫伯特·京特下士

1941年12月6日

亲爱的露：

你无疑会从《国防军公报》获悉我们的作战表现。由于意军战斗力欠佳，德国军队疲惫不堪，我不得不停止图卜鲁格外围的作战行动。我希望我军能顺利摆脱敌人的包围，守住昔兰尼加。我身体很好。你能想到我正在经历些什么，以及我焦虑不安的原因。再过两周就是圣诞节，看来今年我们没办法欢庆圣诞了。

1941年12月9日

撤离昔兰尼加

12月7日夜到8日晨，在坚守图卜鲁格西部封锁线的前提下，非洲军和意大利摩托化军与敌人脱离接触。非摩托化的意大利第21军辖内部队和第90轻装师已到达贾扎拉阵地。后撤期间，我们最大的危险是南翼，那里的敌人能轻而易举地迂回包抄我军，因此，非洲军为掩护全军侧翼做出详尽的部署。可敌人的企图没这么雄心勃勃，仅限于冲击我军正面，这些进攻都被击退。与主力相距120英里的塞卢姆防线仍在坚守，尽管现在已没有陆地路线为他们运送补给物资。

我们派出一股强大的力量，保护最脆弱、最危险的艾季达比亚瓶颈地，敌人在那里切断整个轴心国军队的生命线可以说不费吹灰之力。

这场后撤分阶段进行，不时展开独立的战斗，有时候非常麻烦，尽管如此，所有部队还是在12月12日前到达贾扎拉防线。后撤期间，敌人没能切断我方任何一个大股支队，也没给我们造成严重伤亡。

隆美尔名义上的意大利上级并不赞成他的决定，隆美尔的日记里有一段关于这种情况有趣的侧记：

"我在贾扎拉湾东南面的峡谷接待了到访的巴斯蒂科阁下，我们12月12日把指挥部设在这里。他对战事的发展方式深感不安，特别担心艾季达比亚地区，想把一个意大利师尽快调到那里。这个建议引发了相当激烈的争执，我直言不讳地告诉他，我决不允许从我手中调离任何一个意大利师交给他使用。要是别无选择的话，我就率领德国军队撤过昔兰尼加，让意大利人自生自灭。我又补充道，我非常肯定我们能杀开血路，可要是没有我们的协助，意军无法做到这一点。总之，我不想让哪怕一名意大利士兵脱离我的指挥。这番话说完，巴斯蒂科阁下反而没了脾气。"

> 亲爱的露：
>
> 　　别为我担心，一切都会好起来的。我们还没度过危机，可能还要持续一两周。但我仍有望在这里坚守下去。我目前住的这所房子配有"英雄的地窖"[防空洞或避难所]。我和部队在一起待了几天。
>
> 　　祝你和曼弗雷德圣诞快乐，我希望过不了多久就能和你们团聚。
>
> 　　　　　　　　　　　　　　　　　　　　　　　　　　1941年12月12日

12月13日，敌步兵发起强有力的进攻，一举突破意大利第20摩托化军的防线，敌侦察部队前出到泰姆拉德井，位于我军防线后方12英里。

> 亲爱的露：
>
> 　　由于意军一个主要兵团遭遇挫败，形势变得极度危急，不过我希望能挺过去。除此之外，我一切都好，住在固定的房子里。
>
> 　　　　　　　　　　　　　　　　　　　　　　　　　　1941年12月13日

与此同时，敌装甲部队[第4装甲旅]包围了非洲军位于沙漠侧翼的阵地。我军以成功的反冲击遏制了敌人的正面突破，但对方的实力相当强大，完全能重新发动进攻。除此之外最显著的危险是，敌装甲部队有可能前出到迈希利的沙漠十字路口，切断我们的补给和我军穿过昔兰尼加的后撤路线。隐瞒轴心国军队实力已然耗尽的事实毫无用处，因此，隆美尔报告意军司令部："经过4周持续不断且代价高昂的战斗，虽然全体官兵的个人表现非常英勇，但军队的战斗力呈现出衰退迹象，特别是武器和弹药补给完全枯竭。装甲集群打算 12 月 16 日继续坚守贾扎拉地域，但最迟到 16 日夜间，必须经迈希利—德尔纳后撤，否则就会被优势之敌迂回并歼灭。"

意军司令部对这份方案震惊不已。卡瓦莱罗将军 12 月 16 日赶到装甲集群司令部，与隆美尔协商了几次。隆美尔在日记里写道：

> 我 15 点 15 分与卡瓦莱罗将军会晤时指出，鉴于战事的发展，在我看来只有一种可能性，也就是夜间中止贾扎拉湾南面和泰米米附近的作战行动，把我方部队分别撤到迈希利和泰米米。敌人已包围整道防线，我们仅剩的逃脱路线是穿过泰米米的一条狭长地带。意大利军队的战斗力所剩无几。卡瓦莱罗当时没提出反对意见。

> 可是，当晚 23 点他又来到我的司令部，这次和凯塞林元帅、巴斯蒂科阁下、甘巴拉将军同来。他情绪激动地请求我取消后撤令，说他看不出有什么后撤的必要，还担心丢失昔兰尼加会在政治方面给领袖造成诸多麻烦。凯塞林大力支持他的观点，说自己完全不会考虑放弃德尔纳机场的问题。我坚持自己的立场，还指出，现在改变决定为时已晚，相关命令已经下达，有些部队已贯彻执行。装甲集群现在别无选择，必须趁夜间杀开血路后撤，否则就会遭遇灭顶之灾。我完全明白昔兰尼加最终丢失意味着什么，也知道有可能引发的政治问题。可我现在面临的选择是，要么留在原地，眼睁睁地看着装甲集群全军覆没，继而丢失昔兰尼加和的黎波里塔尼亚；要么当晚后撤，杀开血路穿过昔兰尼加退往艾季达比亚地域，至少能守住的黎波里塔尼亚。我只能选择后者。巴斯蒂科阁下和甘巴拉当晚表现得非常粗鲁，我最后不得不问巴斯蒂科，作为北非军队总司令，他打算如何应对眼前的情况。巴斯蒂科对此避而不谈，还说这不归他这位总司令负责，但他认为应该把所有部队集中起来。最后，他们离开我的司令部，没能达成目的。

12 月 16 日傍晚，非洲军和意大利摩托化军在克吕维尔将军指挥下，跨过昔兰尼加山区南部边缘撤往艾卜亚尔，而意大利非摩托化步兵兵团取道昔兰尼加 [*也就是沿海地带*] 后撤。

亲爱的露：

我们正在后撤，除此之外别无他法。我希望我们能设法退到预定防线。这个圣诞节彻底搞砸了。

我很好，刚才洗了澡，还换了衣服，过去几周我大多数时候和衣而眠。我们收到些物资，这是自10月份以来的首次。我手下的军官，没阵亡没负伤的都病倒了。

1941年12月20日

撤往 A^2——！你无法想象这里的情形。希望我军大部分部队能平安撤离，在某处站稳脚跟。弹药和汽油很少，没有空中支援。而敌人的情况恰恰相反。真受够了……

1941年12月22日

就上午接到的报告看，今天的行动进展令人满意。看来我们能顺利摆脱包围圈，平安撤出主力。要真能这样，对我来说是件很棒的圣诞礼物。我的要求不高吧！当然，意大利司令部的态度不太好。他们早该全力以赴的。

1941年12月23日

昨天傍晚，我在挂车里拆开了圣诞邮包，对你和曼弗雷德寄来的信件、礼物非常满意。其中一些，例如那瓶香槟，我直接拿到情报车上，与作训处长和情报处长分享。夜晚平静度过，但几个意大利师让我们担心不已。他们出现了解体的迹象，德国军队不得不在各处提供救援，真令人震惊。英国人在班加西肯定很失望，因为他们没能切断我军，也没找到汽油和口粮。克吕维尔已擢升装甲兵上将，这是他该得的。我每天都去前线，重组、整顿麾下部队。真希望我们现在能站稳脚跟。

另：我想我没告诉过你，施雷普勒因车祸身亡（被"猛犸"碾过）。

1941年12月25日

到12月25日，德意联军完成了撤往艾季达比亚的行动，敌人本来完全可以迂回德军，可他们没抓住哪怕一个机会。德国和意大利非摩托化部队开入艾季达比亚镇两侧的临时防线，而非洲军和意大利摩托化军在艾季达比亚周围占据阵地，实施机动防御。

值得一提的是，这场后撤结束前，英国人赢得了另一场重大"胜利"：12月19日，从意大利起航的一支护航船队抵达班加西，载有2个德国装甲连、几个炮兵连和补给物资。这是英军11月中旬发动攻势以来首支运送武器装备的轴心国船队开抵班加西。但渡海期间，船队的几艘船只被击沉，损失了2个装甲连和1个炮兵连。

英国人为什么没有穿过非常利于行驶的沙漠地带追上我军，最终在关键地点（也就是艾季达比亚）切断我方后撤路线？令人费解！隆美尔一直担心的这种危险没有发生，真够幸运的。[3]

尽管如此，我们在艾季达比亚仍面临严重威胁，这处阵地很不可靠，因为敌人可以穿过沙漠，以大范围迂回绕过我军侧翼。鉴于我方军队（特别是意大利人）的状况，再加上补给不足，长期留在艾季达比亚似乎不太明智，我们只能在这里遂行阻滞战斗，待时机成熟就把主力撤到卜雷加港。隆美尔向意大利最高统帅部汇报了自己的想法，他们考虑良久，最终被迫同意这样的观点：要是我们留在艾季达比亚，可能会丢掉一切，可如果我们撤到卜雷加港，至少能守住的黎波里塔尼亚。但这场后撤的时机还没到。

我们在艾季达比亚的防御以非洲军为中心。由于我方阵地无法承受敌军大规模进攻，守住阵地唯一的办法是运动和反击。此时，前进中的敌军已非常接近我方防线，因此，我们认为敌人会正面冲击我军防线，同时迂回我们的沙漠侧翼。12月27日，近期获得整补、再次恢复满编战斗力的英国第22装甲旅[4]穿过哈赛埃特攻击前进，其他部队在艾季达比亚投入正面冲击。历时三天的坦克战期间，敌人遭到迂回，被迫在相反的战线战斗，最终陷入包围。由于汽油短缺，我们没能彻底歼灭这股敌军，大约30辆敌坦克向东逃窜。这场挫败也给英军其他部队造成影响，遂行正面进攻的支援群和禁卫旅辖内部队退往东北方。艾季达比亚阵地面临的紧迫危险就此结束。隆美尔立即抓住眼下的喘息之机，指挥辖内部队撤出阵地，在没有敌军压力的情况下，分阶段撤入卜雷加港防线。这场后撤1月2日开始，意大利步兵率先离开，机动兵团留到最后。到1月12日，所有部队已在卜雷加港防线做好战斗准备。

这些成功的行动进行之际，哈勒法亚—拜尔迪防线（这道防线现在距离我军主力450英里）的情况明显恶化，可那里的守军仍在英勇抵抗。12月30日，敌人以强大的炮兵、空军、海军为支援，对拜尔迪发起决定性进攻，沿宽大的战线深深渗透了我方防御。我们最后几个口粮和弹药堆栈落入敌人手里，要塞指挥官获得装甲集群司令部批准，向敌人提出投降条件，1月2日交出了拜尔迪。

哈勒法亚地区，饥肠辘辘的守军一直坚守到1月17日，存储的物资耗尽，最后的水源遭切断后被迫投降。历时两个月的斗争期间，指挥该地区德意联军的意大利将军德·乔吉斯展现出高超的领导才能。

隆美尔交战中的损失与英军大致相当，约为18000人，但边境守军覆没后，他最终的损失数超过英军。大约4000名德国官兵、1万名意大利官兵在拜尔迪、塞卢姆、哈勒法亚沦为俘虏。

英军在战斗中损失的坦克更多，但隆美尔撤走后，他们得以回收、修复了许多受损的战车，彻底损毁的坦克只有278辆，而隆美尔折损了大约300辆战车（包括意军坦克）。

亲爱的露：

昨天的战斗很激烈，但我们打得很好。敌人又一次企图包围我军，迫使我们背靠大海，但以失败告终。

我回到装甲集群司令部。凯塞林和甘巴拉今天过来。高泽随后要飞赴罗马。那帮家伙根本不知道非洲的困难局面，不是忙于日常事务就是寻欢作乐。

此时在下雨，夜里狂风呼啸，寒冷刺骨。我尽量保证睡眠时间。你肯定知道，我此刻不可能离开这里。

我得去找参谋长了，就此搁笔。

1941年12月30日

今天是今年最后一天，我比平日更加想念你们俩，你们就是我最大的幸福。

我那些英勇的部下，付出了近乎超人般的努力。过去3天的激战，我们一直在进攻，击毁敌人111辆坦克、23辆装甲车。胜利背后的艰辛难以言述。不管怎样，1941年这个结局不错，也给1942年带来希望。

我很好。一只公鸡和一只母鸡习惯了这种吉普赛式的生活，它们有一半归高泽。

1942年，祝你们俩一切顺意。

1941年12月31日

到目前为止，一切按计划进行。不管怎样，好日子也许又来了。高泽昨天见到元首。我想让他和妻子在罗马好好休息两周，他在我这里待了这么久，早已疲惫不堪。① 情报处长（韦斯特法尔中校）患了黄疸病，但他还是挑起高泽的重担。凯塞林昨天在我这里。我们现在获得更多补给物资。他在马耳他干得很棒。

1942年1月5日

昨天的信写的也是1月10日，在这里真没有时间感。

到目前为止，我们按部就班展开行动。德国空军和我们埋设的地雷给敌人的追击造成很大困难。想想看，尽管我方部队大多是非摩托化的，可还是后撤了300英里，退守一条完备的防线，没遭受严重损失，这是个了不起的壮举！那些"失业"的将领一直在抱怨，我对此并不惊讶，反正批评不会让我付出太大代价。

---

① 译注：按照戴维·欧文的说法，高泽表面上是去向希特勒汇报情况，实际上是他的神经彻底崩溃了。

非洲军今天退守二线，这是自去年11月18日以来的首次。克吕维尔患了很严重的黄疸病，不知道他能否挺过去。我很快就要成为从始至终坚持下来的唯一一个德国军官。这里的夜晚寒冷、潮湿，我只好多穿几件毛衣。我的胃没什么问题，京特的饮食搞得很好。我从早到晚不停地奔波，查看部队的情况是否一切正常，这很有必要。向你和孩子送上我最美好的祝愿。

1942年1月10日

这里的情况一切正常。下一轮交战很快就会到来，但我们能渡过难关，我对此满怀信心。凯塞林今天过来，所以我9点30分才能赶赴前线。日本人赢得重大胜利，用不了几周，他们就会把英国人逐出东亚。所以，英国人更急于在北非取得胜利，但他们肯定会大失所望。我的部队再次恢复了出色的状态。

1942年1月14日

态势朝有利于我们的一面发展，我脑中充满各种计划，但在这里不敢透露丝毫。他们会觉得我疯了，可我没疯，只是比他们看得更远而已。反正你是了解我的。每天一大早我就拟制自己的计划，去年和当初在法国，这些计划哪次不是在几小时内见效的？日后应该，也肯定会这样。

1942年1月17日

此时是中午，阳光很温暖，就像故土和煦的春日。我的部下在晒日光浴。最近几天很平静，对我们非常有利。高泽从罗马写信来，元首显然批准了我做的一切，而且深表赞赏和钦佩。物资补给现在有所改善，过几天你看《国防军公报》就明白了。面对新的转机，我兴奋得彻夜难眠，你知道的，我特别期盼某件事的时候总是这样。

要做、要讨论的事情太多，就此搁笔。

1942年1月19日

此时是6点30分，一如既往，提笔给你写封短信，希望你的精神和我一样好。英国人今天可能会进攻，但我已做好准备。所以，你明白我为何心情愉快了。我们已经把前几周的艰难险阻和忧心焦虑甩到身后，全体将士也忘了这些。

等你收到这封信，应该早就从《国防军公报》获知了此次交战是如何进行的。我把时间都用于准备工作。克吕维尔还没彻底康复，我不知道他还能跟我们在一起待多久，要是指挥层发生变动的话就太遗憾了。我自己倒很好。

1942年1月20日

装甲集群2小时内就要发动反攻。我仔细权衡了利弊，决心承担相应的风险。我相信上帝会庇佑我们，会赐给我们胜利。

1942年1月21日

反攻

1月5日，一支船队载着55辆坦克、20辆装甲车、反坦克炮、各种补给物资平安抵达的黎波里。真是个好消息，不亚于打了场胜仗，隆美尔马上考虑再次进攻的问题。他重新收复昔兰尼加的方案已拟制完毕。

1月20日，隆美尔发动反攻，非洲军此时在前线有111辆可用坦克，后方还有28辆，而意大利摩托化军有89辆战车。按照作战计划，非洲军从防线南端展开行动，沿瓦迪费雷格实施迂回，意大利军队和一个德国战斗群遂行正面进攻。可惜，非洲军进展不顺，迂回敌军侧翼的行动发生延误，结果让敌人逃出包围圈。

隆美尔1942年1月21日的日记里写道：

"装甲集群即将从卜雷加港向东进攻，我对此一直保密，没有告诉意大利人，也没报告德国最高统帅部。以往的经历告诉我们，意大利各级指挥部的保密工作很差，他们用无线电发给罗马的一切消息都会传到英国人耳朵里。但我还是指示军需官，1月21日把装甲集群的进攻令张贴在的黎波里塔尼亚各座道路养护站，也就是我军发动进攻当天。待在胡姆斯的巴斯蒂科阁下看见张贴的命令才知道我们的意图，当然，他对我们事先没把这件事告诉他愤怒不已。他向罗马汇报了此事，所以，卡瓦莱罗将军几天后亲自赶到卜雷加港，我一点也不惊讶。"

1月22日，我军夺回艾季达比亚，敌人混乱后撤。非洲军随后攻往安特拉特—萨温努一线，包围了英国第1装甲师一个战斗群，该师损失117辆坦克和装甲车、33门火炮和大批车辆，数千人被俘。但我军没能彻底封闭包围圈，很大一批敌军趁机逃往北面。我军朝姆苏斯追击期间，又以向心突击干掉对方98辆装甲战车和38门火炮[5]。萨温努补给中心存有大量作战物资，现在落入非洲军手里。

> 亲爱的露：
>
> 　　我想知道，你对我们昨天8点30分发动的反攻会说些什么。我们的对手正在退却，就像被蜇了那样。接下来几天的前景看好。你能猜到我们会如何应对。我很好，就是要多睡一会儿，因为我习惯于忙到深夜，这时候工作很有成效。
>
> 　　　　　　　　　　　　　　　　　　　　　　　　　　　1942年1月22日

1月23日，卡瓦莱罗将军来到集团军司令部，抗议隆美尔装甲集团军[6]擅自行事。隆美尔在日记里记录下此次会晤的情形：

"卡瓦莱罗将军带来领袖就日后作战行动的指示。一切表明，罗马对装甲集团军这场反攻很不高兴，因而下达命令，让我们立即停止行动。会谈中卡瓦莱罗说道：'就当这是场出击，赶紧收兵吧。'我不赞成这项建议，还告诉他我已下定决心，只要部队和补给状况允许，我们就要继续打击敌人，装甲集团军终于再次转入进攻，第一击就命中敌人的要害。我们先向南攻击前进，歼灭艾季达比亚南面之敌，尔后转身向东，再朝东北方进击。就算出了岔子，我也可以退回卜雷加港防线，但这不是我的目的，我的目标比这高得多。卡瓦莱罗恳请我不要这样做，我告诉他，除了元首，没人能改变我的决心，因为投入反攻的主要是德军部队。凯塞林说了几句支持他的话，卡瓦莱罗这才骂骂咧咧地离开了。我把冯·林特伦将军留下，请他明天至少去看看战场的情形。他一直待在罗马，我想让他了解北非战区的需求。

"卡瓦莱罗做出报复，他把意大利军部分力量留在卜雷加港，另一部分留在艾季达比亚，这样一来，这些部队多多少少脱离了我的指挥。尽管如此，德军还是收复了昔兰尼加。"

亲爱的露：

历时4天的激战，我军大获全胜。此次打击命中敌人的要害。再进攻一次我们就转入防御，坐看事态发展。国外媒体对我的看法又变了。卡瓦莱罗来了，想让我遵照领袖的命令收兵。但领袖以书面形式下达给我的指令不太一样，至少他给了我更大的自主行事权。

1942年1月25日

这里一切都好。我们正在打扫战场，收拢敌人丢弃的火炮、装甲车、坦克、口粮、弹药供我们自己使用，这需要些时间。天气很冷，还下着雨，但下雨也有好处，因为英国人的飞机无法从昔兰尼加各座机场起飞了。

高泽定于2月1日回来，但他再也不会像以前那样了。这么多事情同时发生，不过我早就习惯了。

我们现在和意大利军处得很好。他们没能参加此次进攻，对此很不高兴。可这不能怪我，是他们自己的错。

1941年1月27日

隆美尔没有冒险追往迈希利，因为班加西地区对他的后方交通线构成严重威胁。因此，他1月28日突袭班加西。我军先从北面，然后从南面实施封锁，到1月29日，这座要塞已落入我军手里。我们缴获大批车辆、武器、物资，许多部队立即装备起来，实现了摩托化。

赢得这场胜利，隆美尔决心向东实施远程突击。

两个实力不算强大的混成战斗群正面进攻昔兰尼加，2月6日前夺回这片领土［不包括东面的迈尔迈里卡地区］。这一次，非洲军和意大利摩托化军无所事事地待在姆苏斯和艾季达比亚周围。要是我们同时投入这两个兵团，让他们穿过坦吉代尔井和迈希利就好了，也许已打垮并歼灭敌军主力。

因此，敌人把他们的主力平安撤回贾扎拉—比尔哈基姆—图卜鲁格地区，在那里着手构筑大规模防御工事。轴心国军队也转入防御，在迈希利与泰姆拉德井之间据守昔兰尼加东部边缘。德意摩托化兵团部署在防线后方，随时准备执行机动任务。

冬季交战就此结束，双方现在都为即将到来的夏季决战加以准备。

亲爱的露：

自2月2日以来，我一直在奔波，但我们已夺回昔兰尼加。这场交战进行得迅如闪电。我希望10天内能回家一趟，多休假几天。但在此之前，这里还有许多事情要做。

1942年2月4日

我们的战线再次平静下来，这条战线目前长达300英里（从左翼到右翼）。夺回昔兰尼加真让人高兴。我希望下一周的态势稳定得足以让我离开一段时间。顺便说一句，我又获得一枚新勋章（橡叶骑士铁十字勋章双剑饰）。

1942年2月7日

……与罗马发生龃龉，他们不赞同我的行事方式，要是我们再次撤离昔兰尼加，他们会很高兴的。

1942年2月10日

……意大利人从我手里夺走一个军，因为他们不想让我前进得太远。他们会后悔的。

1942年2月23日

冬季交战评述

英军秋季攻势的目标是把德意联军歼灭在迈尔迈里卡，征服利比亚，与自由法国军队携手占领北非海岸，以此作为进攻南欧的基地。这个军事目标未免过高了。

他们以巧妙的伪装荫蔽进攻力量的集中，天气也很有利，因而彻底实现了突然性。但无论敌人的准备工作多么熟练，多么巧妙，这场进攻执行得不太有效。甚至从一开始，对方各兵团的布势就把他们安排到不同的进攻路线。他们本该把兵力先集中在西迪雷泽格，尔后以梯次配置攻击前进。最好能同时进攻阿克鲁马，从而切断我军补给。

另外，对塞卢姆防线只需加以监视即可，用不着投入2个师进攻这段防线，结果，印度第4师被牵制在那里达2个月之久。实际上，英军主要突击力量只有1个师，编有大部分装甲力量，另一个师担任侧翼掩护，所以，他们投入此次攻势的总兵力虽多，可只有一小部分用于决定性打击。英国人违背了以下原则：作战重点的兵力从不嫌多，必须把一切力量集中到此处。第8集团军每次进攻仅投入部分力量，雪上加霜的是，他们的主要突击力量本来就不足，还经常分散使用。

分散兵力的战术招致的后果是，英军兵团被各个击破，不是遭到重创就是被歼灭，交战仍在进行之际就从战场上消失了。整个战役期间，英军司令部一次也没能把他们的兵力集中到决定性地点展开行动。这个根本性错误是他们与胜利失之交臂的原因之一。他们的指挥方式笨拙而又死板，下达的命令过于详尽，留给下级指挥官的发挥余地很小，交战进程发生变化后，他们的适应能力很差，这都是英军遭受挫败的原因。

停滞不动，刻板地遵从作战样式，在欧洲战区就糟透了，换作沙漠战场更是深具灾难性。这里的一切都是流动的，没有障碍物，没有防线，也没有可供掩护的河流或树林；一切暴露在外，无从预料；每天，甚至每个小时，指挥官必须让自己适应并重新学习这一切，保持行动自由。一切都在运动，他必须时刻保持警惕，明白自己始终处于被更狡猾、更机警、能力更强的敌人俘虏或歼灭的边缘。在沙漠里作战，思想或行动上不能保守，不能依赖传统打法，更不能因为过去的胜利而故步自封。迅速做出判断，采取行动创造变化的态势，让敌人措手不及，无从应对，决不提前做出部署，这是沙漠战术的基本原则。

沙漠战士的品质和价值，以他的体力、智力、灵活性、精神承受力、斗志、勇气、坚忍来衡量。他们的指挥官也需要这些素质，标准甚至更高，除此之外，他的坚韧、对部下的忠诚、对地形和敌情的本能判断、反应速度和斗志必须出类拔萃。隆美尔将军体现出的这些品质达到罕见的程度，我不知道还有哪位军官能与他相比。

尽管英军官兵也许缺乏德军进攻时的冲劲，可他们在沙漠里打得很好。他们的军官怀着巨大的勇气和自我牺牲精神投入战斗。隆美尔经常表述他对这些对手的敬佩之情，他见到沦为俘虏的英军官兵后说过，自己很乐意率领这样的战士投入战斗。

北非1941年年底到1942年年初的冬季作战期间，坦克无疑发挥了决定性作用，因为沙漠里没有障碍，对坦克的使用不构成限制。

因此，胜利或失败的程度可以通过击毁坦克的数量来衡量。不过，坦克的数量固然重要，更重要的是坦克的技术性能、机动性、坦克炮的口径和射程。因为空阔的沙漠里最重要的是以有效火力打击敌人，而且要实现先敌打击。要记住，在较远处击毁敌坦克至关重要。长期以来，英军的玛蒂尔达坦克令人畏惧，因为这款坦克披着厚重的装甲，很难击毁。但它速度缓慢，只配备小口径短身管火炮。1941年年底，德国三号、四号坦克在火炮射程和口径方面仍优于敌坦克，从某种程度上说，机动性也更强。这种优势一直保持到1942年5月，我们的对手终于找到了应对办法，他们投入"格兰特""李将军"坦克，后来又使用"谢尔曼"坦克。德军冬季交战赢得的胜利，很大程度归功于坦克的优势。

用于坦克炮的原则同样适用于炮兵。射程具有决定性，英国人在这方面占据上风。暴露在他们25磅炮的火力下非常危险，这款火炮的射程很远，我们无法有效还击。但我们也有一款出色的火炮，这就是88毫米多用途火炮（防空、反坦克），它的通用性一直让对手羡慕，在这方面他们始终无法匹敌。就像俘虏告诉我的那样，英国人认为我们以这款火炮对付坦克不公平，可以说88炮为德军赢得的胜利立下汗马功劳。双方步兵为机动作战发挥的作用相对较小，但塞卢姆防线的阵地战，他们承担了主要作战任务。

倘若交战双方的指挥能力、训练程度、补给状况、空军力量旗鼓相当，那么，沙漠战的主要决定因素是坦克的数量和机动性，以及坦克炮的射程，之后是野战炮的数量和射程，最后是反坦克炮的数量、口径、射程。

如果某方在这些兵器方面处于劣势，就必须以部队的素质和出色的指挥来弥补。但空中力量或补给物资不足的缺陷是无法弥补的。

亲爱的露：

　　我昨天赶去参加克吕维尔将军的生日聚会。一切都很顺利。过几天他就要休假了，可能要治疗一段时间。我希望他能回来，找个接替他职务的人不太容易。他的副手是个很刻薄的家伙。昔兰尼加现在绿意盎然，就连通常是沙漠的地方也覆盖了一层"绿毯"。海平面温暖宜人，但我们待在海拔2500英尺处，这里风很大，冷得很。虽然我们的阵地据守得很严密，但还是有许多事情要做。

1942年3月21日

　　没什么新鲜事。补给困难，特别是陆地运输，仍是个让人头痛的问题。新任陆军参谋长昨天来看望我们。甘巴拉调回意大利任职，换句话说，他失宠了。接替他的人给我的印象还不错。

1942年3月26日

　　今天应该是周日。我从国内飞回北非已有10天。我忙得不可开交，到处施加压力，以便完成最紧要的工作。我昨天晒伤了，不过我们这里有很好的药膏。

1942年3月29日

　　我昨天没写信，因为我们一直在奔波。我们都很高兴搬到新指挥部，我高兴的是，这里更靠近前线，以后不用在途中耗费那么多时间。此处也很漂亮，因为四处依然鲜花盛开。我拍了部彩色影片，过些日子就寄回家。

　　我想国内很快也会一片绿意。英国人离开我的新住处前，在门上写了句："保持清洁，我们很快会回来的！"我倒要看看他们能否兑现这句话。

1942年3月31日

　　凯塞林昨天来了。他带来些关于我们盟友的消息，听了让人不太高兴。不管他们做什么事，总是充满官僚主义，除此之外，他们根本不了解现代战争的需求。整个补给组织的速度完全跟不上趟。马耳他岛给我们的后勤补给工作造成前所未有的麻烦。

我们这里一切顺利，就是意大利兵团有点小问题。接下来3周会很忙。

1942年4月9日

周日我得接待国内来的另一位访客，是OKW一名海军上将。国内多些大人物来看望我们就好了。许多复活节包裹已寄到。形形色色的女性寄来的情书堆积如山。前几天一块弹片从窗户飞进来，穿过大衣和军上装击中我的腹部，最终被军裤挡住，留下一块盘子大小的五彩瘀伤，真够走运的！

1942年4月10日

匆匆写上几句，因为我们马上要出发去南面，会穿过一片真正的"月球景观"。这片平顶山区的黎明妙不可言。温度在零度左右，但很快会热起来。

昨天我有两次有趣的会晤，一次是与魏希霍尔德①，另一次是与甘巴拉的继任者巴尔巴塞蒂将军。我从他那里获知甘巴拉调职的原因，甘巴拉当着一群军官的面声称，他这辈子最大的心愿是获准率领一个意大利集团军打德国人。真是个蠢货！

今天就写到这里。

1942年4月25日

凯塞林今天下午过来，我很想听听他带来的消息。明天巴斯蒂科要给我颁发另一枚意大利勋章。我对勋章不是太在乎，多给我派点部队来更好。

1942年4月27日

今天直到傍晚才有空提笔写信。凯塞林今天上午在这里。没太多新消息。

---

① 译注：魏希霍尔德海军中将是德国海军派驻意大利皇家海军司令部的联络官。

罗马拟制了好多新方案，但这些方案能否成功，我对此深表怀疑，当初在元首大本营我就直言不讳地谈到这个问题。与巴斯蒂科的会晤进行得很友好，他以国王的名义为我颁发殖民勋章。这枚勋章是个硕大的银星，甚至比先前那枚勋章还要大，配有一条红色的绶带。

1942年4月28日

没太多要说的。炎热，尘土飞扬。主干道坑坑洼洼，车流量很大。

我们的前线，气氛有些紧张。英国人认为我们会发动进攻，殊不知我们也觉得他们会先动手。总有一天，两股力量会一较高下。你很快会从报上获知详情。我们都希望能在今年年底结束战争。这场战争很快就要持续整整三年了。

1942年5月12日

注释

1. 克吕维尔将军知道，只有意军协同行动才有可能歼灭敌人，他在电台里反复呼叫："甘巴拉在哪里？"可甘巴拉没出现在战场上。克吕维尔将军这句电台呼叫后来成为北非德军官兵挂在口头的俏皮话。

2. 艾季达比亚。

3. 这是因为英军补给线越拉越长，后勤工作难以为继，给他们的追击造成很大障碍。因此，他们不得不减少追击部队的数量，而且越向前推进，投入的部队就越少。重新装备的第 22 装甲旅构成装甲主力，由于缺乏汽油，两次停止前进。很明显，与英军相比，隆美尔的补给体系更加适应远程快速运动。奥金莱克本人强调指出："德军补给工作显著的灵活性给隆美尔帮了大忙。"

4. 这种说法并不正确。该旅确实有 130 辆坦克，可他们从贾扎拉出发后，漫长的沙漠行军期间损坏了不少战车，之后的战斗中又被击毁 65 辆。

5. 英国第 1 装甲师原本有 150 辆坦克，第一场交战损失 70 辆，剩下的坦克在撤往姆苏斯途中又折损了一多半。该师后撤期间还损失了 30 门野战炮、30 门反坦克炮、25 门轻型高射炮。

6. 非洲装甲集群 1942 年 1 月 22 日升级为非洲装甲集团军，部署在前线的所有意大利军队编入其中，包括：第 20 军（辖阿列特装甲师、的里雅斯特摩托化师）、第 21 军（辖帕维亚、特伦特、塞卜拉泰步兵师）、第 10 军（辖博洛尼亚、布雷西亚步兵师）。

第三部

非洲战争第二年

第九章 贾扎拉和图卜鲁格

准备[1]

为夺回昔兰尼加，我军1942年年初发动反攻，行动结束后，补给方面遇到严重的困难。

这种情况归咎于两点：首先是德国最高统帅部不太重视非洲战区，没认识到该战区巨大的重要性；其次是意大利人没有全力以赴地从事海上战争。相比之下，英国海军1942年年初非常积极，英国皇家空军也给我们造成很大的麻烦。

我隶属德国最高统帅部，他们仍未看清非洲战区的重要性，更没有意识到，只要投入相对较小的兵力，我们就能在近东赢得胜利，战略和经济价值远远超过我军征服 [苏联南方的] 顿河弯曲部。我们前方的土地蕴藏着大量原料，是一笔巨大的财富，例如非洲和中东（那里能解决我们的石油需求）。给我的集团军多拨几个师，再确保这些部队的补给，我们就能彻底击败近东地区整个英国军队。

可实际情况并非如此。上级否决了我们增派新锐兵团的请求，理由是东线对运输工具的巨大需求占用了德国有限的产能，无法为非洲战区组建更多摩托化部队。

很明显，最高统帅部的观点仍是他们1941年表述过的那一套，认为非洲是个"得不偿失"的战区，把大批物资和兵力投入此处得不到什么回报。真是个错误的观点，可悲的短视！他们急于把补给方面的困难描述为"难以克服"，可实情并非如此。解决这个问题只需要派个有能力的人坐镇罗马，赋予他权力解决涉及补给运输的一切问题。此举无疑会导致某些意大利小圈子发生摩擦，但这种摩擦可以通过一个不受政治作用影响的机构来克服。我国政府对意大利的政策过于软弱，严重损害了德国和意大利在北非的事业。

东线给德国物质资源造成的沉重负担当然不能低估，特别是东线陆军1941年年底到 1942 年年初损失了大部分技术装备。尽管如此，我还是坚信，鉴于北非战区巨大的发展潜力，应当从不太重要的地区抽出几个机械化师调拨给我们。

可是，上级部门总的说来不太了解情况，因而缺乏积极作为的意愿。

后果非常严重。我们在非洲只有 3 个德国师，兵力少得可笑，可我们就以这么点兵力迫使英军在非洲疲于奔命达 18 个月之久，还多次给予他们打击，直到我们的实力最终在阿莱曼消耗殆尽。非洲丢失后，最高统帅部不得不投入越来越多的德国师对付英美军队，最后在意大利和法国参战的师多达 70 个左右。要是 1942 年夏季给我 6 个德国机械化师，我们也许就彻底粉碎了英军，在很长一段时间内消除对方从南面构成的威胁。毫无疑问，上级部门有决心的话，为这些兵团提供足够的补给不成问题。后来在突尼斯，我们获得的补给增加了一倍，可为时已晚，我们当时陷入困境，甚至波及欧洲大陆。

1942 年 3 月，我们只收到 18000 吨物资，而非洲装甲集团军的需求量是 6 万吨，之后的情况发生了变化，归功于凯塞林元帅发挥的主动性，他的空军力量当年春季成功夺得地中海上方的空中优势。特别是轴心国猛烈轰炸马耳他岛，一段时间内消除了敌人对我方海上航线的威胁，这才让更多物资源源运抵的黎波里、班加西、德尔纳，获得增援的德意联军全速展开整补工作。

不过，英国第 8 集团军获得增援的速度显然比我们更快。英国政府付出了巨大的努力，把他们能提供的一切物资交给该集团军。一支支庞大的船队从英国和美国起航，绕过好望角，把作战物资运抵埃及各座港口。当然，这段航程长达 12000 英里，英国运输船每年只能航行一两次，还得应对我方潜艇战构成的严重威胁，肯定给敌军司令部提出了非常高的要求。尽管航程这么遥远，可英国海军和商船队还是满足了近东地区英国军队的补给需求，供应量远远超过我们。另外，英国人还能从近东地区的炼油厂获得他们需要的汽油，甚至更多。

德国轰炸机不太重视英军这些补给港口。敌人利用 3 条不同路线，把后勤物资从这些港口运往前线：

1. 使用一条铺设得很好的铁路线，从苏伊士地区直达图卜鲁格外围。

2. 经海路。英国海军建立了令人钦佩的海岸运输组织，还使用图卜鲁格港，这是北非最好的港口之一。

3. 经陆路。他们控制着海岸公路，手头掌握大量运输工具。

但更重要的是，英国某些位高权重的人士颇具远见卓识，他们竭尽全力组织起最有效的后勤勤务。在这方面，我们的对手得益于以下几个因素：

1. 北非是大英帝国的主要战区。

2. 英国政府认为，利比亚战事对整个战争具有决定性影响。

3. 英国在地中海拥有强大、一流的海空军力量，而我们在这方面只有靠不住的意大利海军人员。

4. 整个英国第 8 集团军，下到最小的分队，彻底实现了摩托化。

真正的摩托化，指的是步兵部队有自己的专用运输车辆，从这个意义上说，英军普通步兵兵团并没有"彻底"实现摩托化。大部分人员只是在车辆调度场能提供运输车辆的情况下，从一处"运到"另一处。这种兵团不具备战术机动性，依赖接力而不是同时运送，这种情况限制了他们的战略机动性。

我们很清楚，一旦英国人觉得他们具备足够的实力，就会采用一切手段全力歼灭我军。我方南翼门户大开，他们在行动方面有许多选择。[2] 我们的补给线持续受到威胁。一旦面临遭受迂回的危险，我们被迫后撤的话会困难重重，因为大部分意大利师没实现摩托化。但英国人没能利用他们掌握的机会，因为我决心先发制人。

英军防御迈尔迈里卡的方案，基本上是想把更符合他们喜好的作战样式强加给进攻方，而不是在广阔的沙漠实施机动。他们掌握第一流的阵地战技术。

但他们处理问题的前提条件大错特错。北非沙漠任何一处阵地，倘若南翼敞开，呆板的防御体系必然招致灾难。要想守住阵地，必须采取攻势防御。当然，筑垒防线对阻止敌人的某些作战行动深具价值。但为这种防线配备的兵力，任何情况下都不能以削弱机动防御所需的兵力为代价。

英军在迈尔迈里卡的战役布势如下：

英国第 50 师和南非第 1 师据守布满地雷的防线，这道防线从贾扎拉附近的海岸向南延伸。从防线南端起，一片深邃的地雷带一直延伸到比尔哈基姆，此处是英军贾扎拉防线的南部堡垒，已打造成要塞，防御阵地楔入广阔的地雷区，自由法国第 1 旅据守在此处。

英国人精心策划了整道防线，构筑这种深入沙漠的防线，还是有史以来的首次。仅这片防区就埋设了大约 50 万颗地雷。

贾扎拉防线中心以东数英里的道路交叉口设有"骑士桥"支撑点[3]，英国第 201 禁卫旅据守在此。

哈提安和贝特鲁纳周边地域是强化的筑垒地带，掩护图卜鲁格南部接近地。所谓的阿代姆"盒子"由印度第 5 师辖内部队据守。图卜鲁格充当补给基地，也是整道贾扎拉防线的固定支撑点。自 1941 年起，英国人一直致力于改进图卜鲁格的防御[4]，主要是在整个防御地域布设若干庞大的地雷场，获得加强的南非第 2 师据守这些防御工事。

所有据点配备了强大的炮兵、步兵、装甲车部队，以及充足的补给物资。整条防线的构筑以出色的技术水平而著称，所有防御阵地和支撑点完全能满足现代战争的要求。迈尔迈里卡阵地埋设了数不清的地雷，可能超过 100 万颗。我的部下后来在英军后方地域排除了大约 15 万颗地雷，由此判断，对方原本打算埋设更多地雷。

除了我先前提到的"完全实现摩托化的"部队，英国人还把一支机动预备队部署在主防御工事后方，以实力强大的装甲和机械化兵团构成（第 1、第 7 装甲师，外加几个独立装甲旅和装甲营）。

虽说英军的基本防御计划是个"次佳解决方案"，但他们的部队完全实现了摩托化，再加上巧妙构设的防御工事，让他们的防线成为我们很难砸开的硬核桃。

英军战役布势的根本缺陷是，面对英国战时内阁施加的压力，这种布势主要是为了进攻，也就是说，更适合为向西进攻提供枢纽，而不是抵御隆美尔的冲击。另外，大量补给物资堆放在西迪雷泽格北面的贝勒哈迈德前进基地，给许多英军指挥官造成心理负担，他们对指挥装甲部队实施机动犹豫不决，生怕补给基地丧失掩护。

军力对比

交战开始时，德意装甲集团军编有 2 个德国、1 个意大利装甲师，外加 1 个德国、1 个意大利摩托化师。另外，德意联军司令部还掌握 4 个非摩托化意大利步兵师和 1 个非摩托化德国步兵旅。交战期间，意大利最高统帅部又给我们派来利托里奥装甲师。因此，我们共有 3 个德国师、1 个德国旅、7 个意大利师，但只有 3 个实现了摩托化的意大利师可用于机动作战。许多德国部队、所有意大利部队实力远低于编制力量，例如第 90 轻装师，投入交战时每个连只有 50 人。意大利兵团兵力不足的情况尤为严重，实际上，意大利摩托化师相当于旅级部队，步兵师只能算团级部队。

相比之下，英军有 4 个摩托化步兵师、2 个装甲师、4 个独立机械化旅。另外，他们 7 月中旬前又获得 4 个师和一些独立装甲部队。所有部队齐装满员，都实现了摩托化。由于英国装甲师的编制和我们不同，没经过稀释，也就是说完全以装甲部队构成[5]，因此，交战开始时，双方的兵力对比约为 6：9，我军处于劣势。我们投入 320 辆德国坦克和 240 辆意大利坦克，英军以 900 来辆坦克应对。而敌人在交战期间还获得坦克补充，我们完全无法与之相比。[6]

1942 年 5 月前，我方坦克的总体质量优于相应型号的英军坦克。可这种优势现在不复存在，至少不那么明显了。夏季交战期间，美国制造的格兰特坦克首次出现，无疑能匹敌我们的长身管四号坦克，可我们发动进攻时，整个非洲只有 4 辆长身管四号坦克，而且没有适用的炮弹，所以，这几辆坦克实际上没参加进攻。而我们的短身管四号坦克在速度和机动性方面明显优于格兰特。尽管如此，格兰特也有自己的优势，它能在短身管四号坦克无法穿透这款美制坦克厚重装甲的距离一举击毁对手。我们只有 40 辆短身管四号坦克，却要对付英军 160 辆格兰特。

我方装甲兵团的主要武器是三号坦克，配备的 50 毫米火炮大多是短身管型，完全无法匹敌格兰特。英国坦克配备的仍是 40 毫米火炮，不及我们的三号坦克，但许多型号较旧的英国坦克配有 75 毫米主炮。[7]240 辆意大利坦克不是英国坦克的对手，许多官兵早就把意大利坦克戏称为"自行棺材"。

炮兵力量同样如此，英国人占有 8：5 的优势。

至于空中力量，除了双方的实力稍有些波动，可以说德意空军交战伊始与英国皇家空军势均力敌，但后来的情况就大不相同了。[8]

由此可以看出，整个装甲集团军面对的英军实力强大得多。当然，与 1942 年年末到 1943 年年初英军冬季攻势期间的情况相比，这种力量对比尚能忍受。我们只有 3 个德国师和 3 个意大利师可用于进攻，其他兵团缺乏机动性，只能留在后方。另一个因素是，2 个实力虚弱的意大利摩托化师装备拙劣，只能在获得德军掩护的情况下投入作战。

沙漠战规则

所有战区，可能只有北非呈现出最先进的战争样式。交战双方的主角都是彻底实现摩托化的兵团，没有障碍的平坦沙漠为这些兵团的作战行动提供了前所未有的可能性。只有这片战区，能让战前在理论上传授的摩托化和坦克战原则得到充分应用和进一步发展。也只有这片战区能让双方主要兵团展开纯粹的坦克战。尽管这里的斗争偶尔会变成静态战，但不管怎么说，最重要的阶段（也就是 1941—1942 年的坎宁安—里奇攻势，以及 1942 年夏季的迈尔迈里卡交战，攻克图卜鲁格）还是完全基于机动作战原则。

在军事实践方面，这是种全新的打法，因为波兰和西欧战局期间，对手采取的一切行动，我们都得考虑他们的非摩托化步兵师，结果，战术自主权受到严重限制，特别是在后撤期间。他们经常被迫投入完全不适合他们的行动，以阻挡我军推进。我们在法国达成突破后，摩托化部队直接超越、迂回敌步兵师。一旦发生这种情况，对方别无选择，只能听凭我方突击群把他们的战役预备队消耗殆尽，这些预备队通常部署在战术不利的位置，竭力为步兵撤离争取时间。

面对敌人的摩托化或装甲兵团，非摩托化步兵师必须占据预设阵地才能发挥作用。倘若这些阵地被突破或遭到迂回，后撤会导致步兵沦为敌摩托化部队无助的受害者，所以，除了坚守阵地，战斗到最后一颗子弹，他们没有别的办法。总后撤期间，非摩托化步兵师会造成严重的困难——正如我指出的那样，后撤方不得不投入摩托化兵团，仅仅是为步兵争取时间。1941 年年底到 1942 年年初，轴心国军队撤离昔兰尼加期间，我也经历过这种情况，当时，全体意大利步兵和相当一部分德国步兵（包括后来编为第 90 轻装师的大部）没有车辆，不得不以来回奔波的卡车运送，要么干脆步行撤退。彻底实现摩托化的敌军紧追不舍，完全因为我方装甲部队英勇奋战，这才掩护了德意步兵的后撤。与之类似，格拉齐亚尼失败的主要原因是，意大利集团军很大一部分是非摩托化部队，他们在广阔的沙漠里遭遇兵力较少但彻底实现摩托化的英军兵团，而意大利摩托化兵团虽然实力虚弱，无法阻止英军赢得胜利，可他们还是英勇地投入战斗，为掩护步兵牺牲了自己。

与我们相比，英国军队彻底实现了摩托化，实际上，非洲这场战争几乎完全是以摩托化力量遂行的。这场纯粹的机动作战确立了某些与其他战区完全不同的原则。这些原则会成为日后交战的准则，彻底实现摩托化的兵团必然在这种交战中占据主导地位。

把一股彻底实现摩托化的敌军包围在平坦、利于行驶的沙漠地带，有以下结果：

（a）对彻底实现摩托化的兵团来说，陷入包围是最严重的战术态势，因为敌人的火力从四面八方袭来，就算陷入三面包围，在战术上也是难以防御的态势。

（b）由于战术态势恶劣而陷入包围，敌人被迫撤离他们据守的地域。

包围敌军后，进攻方的作战行动很少把歼灭对方作为直接目标，通常是间接目标，因为任何一股彻底实现摩托化的力量，组织机构完好的话，往往能在适当的地方穿过临时构设的防御圈突出重围。这一点归功于他们的摩托化，被围部队指挥官能够出敌不意地把己方主力集中在适当的地点，随后突出包围圈。[9]沙漠里反复证明了这个事实。

因此，只有符合以下条件，才能歼灭被围之敌：

（a）陷入包围的是非摩托化部队，或者是因为缺乏油料而无法移动的摩托化部队，又或者是被围部队里包括必须加以考虑的非摩托化部队。

（b）被围部队指挥拙劣，或被围部队指挥部决定牺牲某个兵团，以挽救其他兵团。

（c）战斗力已瓦解，部队出现崩溃和解体的迹象。

（a）（b）两种情况在其他战区频繁发生，除此之外，要想包围并歼灭敌军，首先要以正面交战重创对方，摧毁敌人的内在凝聚力。我把所有旨在消磨敌人抵抗力的行动都称为"消耗战"。机动作战中，一切计划必须把消耗敌人的物质、摧毁对方的内在凝聚力定为直接目标。

从战术上说，必须以最大限度的机动性从事消耗战，特别需要注意以下几点：

（a）主要努力应当是在空间和时间方面集中己方力量，同时设法在空间上分割敌军，尔后在不同时间歼灭他们。

（b）补给线尤为敏感，因为交战必不可少的油料和弹药必须沿补给线运送。因此，务必采取一切手段保护己方补给线，同时扰乱最好切断敌军补给线。对敌军补给地域采取行动，会立即迫使对方中止别处的战斗，因为正如我指出的那样，补给是交战的根本前提，必须给予优先保护。

（c）装甲力量是摩托化军队的核心，一切取决于这股力量，其他兵团只起到辅助作用。因此，必须尽可能以坦克歼击部队对敌装甲力量展开消耗战。己方装甲力量只能用于发起最后一击。

（d）侦察报告必须在最短时间内送交指挥官，指挥官应当立即做出决定，尽快付诸实施。反应速度决定交战成败，因此，摩托化部队指挥官必须在尽量靠近麾下部队的地方实施指挥，务必与他们保持尽可能短的通信距离。

（e）己方部队的运动速度和组织凝聚力是决定性因素，需要特别注意。一旦出现混乱的迹象，必须尽快实施重组。

（f）隐瞒意图至关重要，这样才能让己方的行动达成突然性，从而利用敌军指挥部做出反应需要的时间。应当鼓励各种欺骗措施，哪怕仅仅是为了让敌军指挥官犹豫不决、踌躇观望。

（g）一旦彻底击败敌人，就应当设法打垮、歼灭混乱不堪的敌兵团主力，借此发展胜利。此时速度再次决定一切，决不能让敌人获得时间重组。为展开追击实施快速重组，同时为追击部队重新组织补给必不可少。

关于沙漠战的技术和组织方面，需要特别注意以下几点：

（a）对坦克的主要要求是机动性、速度、远程火炮，因为口径更大的火炮射程也更远，这样就能先敌开火。装甲厚度无法弥补火炮威力的不足，因为厚重的装甲完全是以牺牲机动性和速度为代价，而机动性和速度是不可或缺的战术要求。

（b）火炮必须有较大的射程，最重要的是，必须具备强大的机动性，还要能携带大量弹药。

（c）步兵只用于占领、据守阵地，目的是阻止敌人从事某项行动，或迫使对方投入其他行动。一旦达成目的，步兵应当迅速撤离，部署到其他地方。因此，步兵必须具备机动性，相应的装备应当能让他们迅速赶到具有战术重要性的地点占据防御阵地。

以我的经验看，大胆的决断是赢得胜利的保障。但指挥官必须把战略或战术上的大胆与军事冒险区分开来。大胆的行动不一定能赢得胜利，但遭遇挫败的话，他手头仍有足够的兵力，完全能应对有可能发生的一切状况。相比之下，军事冒险是"要么赢得胜利，要么己方军队彻底覆灭"的行动。有时候甚至会出现"冒险也是合理的"这种状况，例如，按照常理看失败仅仅是时间问题，争取时间已毫无意义，这种情况下，唯一的机会就是采取风险很大的行动。

指挥官能提前预测交战进程的唯一时刻，是他的兵力占尽优势，胜利已成定局，因此，"手段"不再是问题，要考虑的是"方法"。可即便这种情况，我认为最好还是实施大规模行动，而不是在战场上缩手缩脚，急于采取一切保障措辞，应对自己所能想到的敌人的每一个举动。

通常说来，军事问题没有理想的解决方案，每个方案都有优点和缺点。指挥官必须从各个方面考虑，选择看上去最好的方案，然后坚定地贯彻，接受相应的结果。任何折中都不可取。

我和参谋人员拟制的计划，应该根据这些考虑来理解，可以说是最有利情况下的最佳解决方案。我这支军队的命运与这份特定方案的成功没有任何联系，因为按照我一贯的原则，我自始至终都在考虑这样的可能性：战事的发展也许不会如我们所愿。可即便这种情况下，交战开始时的态势对我们也是有利的，最起码在可预见的范围内是这样。我们对此次交战充满乐观，对我方官兵满怀信心，信赖他们出色的战术训练和即兴发挥的经验。

几个意大利步兵师正面冲击贾扎拉防线的英国第 50 师和南非军队，就此拉开此次进攻的帷幕。我们派一股强大的炮兵力量支援意军的行动。坦克和卡车不分昼夜地在战线后方兜圈子，制造出坦克集中地域的假象。

英军指挥部预计我们会把主要突击置于贾扎拉防线北部和中部。我们希望诱使对方把装甲部队部署在这些地段的步兵阵地后方。英军指挥部不难接受德军正面进攻贾扎拉阵地的想法，因为我们更愿意采取这种行动，而不是冒险以右勾拳绕过比尔哈基姆，这是完全有可能的。就算我们无法误导英国人，诱使他们把全部装甲力量集中在这个地段，至少希望他们把部分装甲力量派到此处，从而分散对方的打击力量。[10]

昼间，我方摩托化力量的所有运动都指向意大利步兵的进攻地点，夜幕降临后再开入集中地域。打击力量编有非洲军（第 15 和第 21 装甲师）、意大利第 20 摩托化军（的里雅斯特和阿列特师）、获得 3 个侦察营加强的第 90 轻装师。这场进军是绕过比尔哈基姆的迂回运动，出发时间定于 22 点。到达比尔哈基姆，非洲军和意大利第 20 摩托化军继续前进，穿过阿克鲁马直奔海边，目标是切断并歼灭贾扎拉防线的英国师，以及守军身后的敌装甲部队。

第 90 轻装师和 3 个侦察营的任务是攻入阿代姆—贝勒哈迈德地域，阻止图卜鲁格守军撤离，防范敌援兵开入阿克鲁马地域，同时把英军与图卜鲁格以东地域的大量补给堆栈隔开。为了让敌人相信我们在该地区投入了大批装甲力量，第 90 轻装师配备了几台"扬尘器"，也就是在卡车上搭载航空发动机和螺旋桨，扬起巨大的尘埃，制造出强大装甲力量逼近的假象。我们希望借此阻止该地区的英军介入阿克鲁马交战，以免妨碍我方装甲兵团的决定性打击。

歼灭盘踞在迈尔迈里卡的英国军队后，我们的意图是迅速攻克图卜鲁格。领袖限制了我的行动自由，要求我不得越过埃及边境。

实际上，他想在我们开始进攻前，以德意伞兵和机降部队夺取马耳他岛，可出于某些莫名其妙的原因，德国最高统帅部放弃了该方案。[11] 我请求把这项令人愉快的任务交给我的军队，可惜上级没有批准。

鉴于英军的实力不断加强，我们把进攻日期定于 1942 年 5 月 26 日。

争夺主动权

1942 年 5 月 26 日—6 月 15 日

头三周，西部沙漠的消耗战极为激烈。我们一开始的情况不太好，随后在起伏不定的战斗中时而防御，时而发起目标有限的进攻，尽管对方战斗得非常英勇，可我们还是粉碎了一个个英国兵团。

由于英军实力占有优势，德意联军这场胜利让全世界的舆论为之哗然，我的对手里奇中将采取的应对措施遭到激烈批判。可英军失利真是指挥官犯错的结果吗？

此次交战结束后，我读到英国军事评论家利德尔·哈特撰写的文章，他把非洲战局期间英军司令部的缺点归咎于英国将领没能摆脱步兵战的传统思维。我也有同感。英军司令部没有从 1941—1942 年的失败中得出正确的结论。

在久经考验的体系下成长起来的军官团，一个显著的特点是对创新抱有偏见。正因为如此，普鲁士军队被拿破仑打败了。此次战争期间，这种态度也很明显，德国和英国军官圈里的许多人拘泥于复杂的理论，丧失了适应现实的能力。他们制定的军事学说详尽无遗，还认为这是一切军事智慧的巅峰。任何一种军事思想都必须符合他们的标准，否则就入不了他们的法眼。与这种标准不符的观点被视为冒险，就算赢得胜利也不过是运气和意外。这种心态会造成固有的成见，后果无法估量。

这是因为就连军事规则也受到技术进步支配。1914 年卓有成效的条例，如果说今天还能奏效的话，完全是因为交战双方（或者说至少是遭受攻击的一方）的大部分兵团都以非摩托化步兵部队编成。这种情况下，装甲力量依然充当骑兵，任务是追上并切断敌步兵。但两个完全实现摩托化的对手展开交战，适用的规则完全不同。我在上文已谈过这个问题。

无论恪守传统在军人职业道德领域多么可贵，在军事指挥领域一定要予以抵制。就现今而言，想出摧毁旧有价值观的新技术不仅仅是指挥官的事：战争潜力本身就因为技术进步而不断发展。因此，现代军队指挥官必须摆脱传统做法的桎梏，全面掌握技术问题，因为他得让自己的战争理念不断适应当前的现实和可能性。必要的话，他应当彻底改变自己的思想。

我认为我的对手里奇将军和许多老派将领一样，没有完全领会摩托化兵团的作战行动和广阔的沙漠战场究竟意味着什么。尽管他精心制定了作战方案，但注定要出错，因为这些方案本质上是一种折中。

亲爱的露：

收到这封信，你大概早就从《国防军公报》上听说了这里发生的事情吧。我们今天发起决定性进攻。肯定很艰难，但我坚信我的军队能赢得胜利，毕竟他们都知道此次交战意味着什么。没必要告诉你我会如何投身其中，我对全体官兵的期望就是对自己提出的要求。我的心与你同在，特别是这种决定性时刻。

1942年5月26日

5月26日14点，猛烈的炮火准备后，克吕维尔将军指挥的意大利步兵正面冲击贾扎拉防线。就像我说过的那样，为了让英国人相信轴心国军队的主要突击在这里，基于这种判断前调他们的装甲力量，我们给每个突击兵团各配备了一个装甲团（分别调自非洲军和意大利第20摩托化军）。两个装甲团傍晚再归建。贾扎拉防线前方的英军前哨几乎没做抵抗就退回主防御带。

在此期间，非洲军、第90轻装师、意大利第20摩托化军组成的打击力量集结在指定集中地域。黄昏前后，这股力量中的一部分开赴意军步兵进攻地带，待英军傍晚空中侦察发现他们的动向后，再掉转方向全速返回集中地域。

当晚20点30分，我下令实施"威尼斯"行动，打击力量的1万部车辆出发。我和身边的参谋人员在非洲军纵队里行进，穿过月夜，奔向即将到来的大规模坦克战。远处偶尔出现的照明弹照亮夜空，可能是德国空军在确定比尔哈基姆的位置。我紧张而又激动，不耐烦地等待拂晓到来。敌人会怎么做？他们已做了什么？这些问题在我脑中萦绕，看来，天亮后才会有答案。我方几个兵团毫不停顿地隆隆向前。一个个驾驶员费力地与前方车辆保持着联系。

拂晓前不久，我们在比尔哈基姆东南方10—12英里处休息了一个钟头，然后，这股庞大的力量再度出发，裹挟着大股尘埃沙土云，径直奔向英军后方。敌人的地雷场和假目标造成些麻烦，但拂晓后一两个钟头，装甲集团军辖内各兵团全速奔向目标，上午10点，第90轻装师报告他们到达阿代姆。此处是英国第30军的补给基地，大批物资堆栈落入第90轻装师手里。中午前后，英军指挥部反应过来，激烈的交战就此爆发。

此时，非洲军辖内的装甲部队在哈尔马特井东南方6英里左右的地方与英国第4装甲旅和印度第3摩托化旅迎头相遇，一场坦克战随之而来。遗憾的是，我方装甲部队在没有炮兵支援的情况下投入进攻，我一再提醒过他们不要这样做，应该先等待我方炮兵开火。英国人还在这里给我们准备了一个"惊喜"——非洲战场首次参战的新式格兰特坦克对我们很不利。坦克炮喷吐的火力炸碎了一辆辆德国和英国坦克。最后，我们以高昂的代价迫使英军退往阿卜德小径，可没过多久他们又卷土重来。

中午前后，我率领参谋人员赶往阿代姆的第90轻装师，我们的车队途中遭遇英军坦克攻击，不得不掉头返回。非洲军与第90轻装师失去联系。我们返回非洲军途中，突然遇到一个英军炮兵连，他们可能想从比尔哈基姆赶往图卜鲁格。虽说我的参谋人员没什么战斗力，可还是对行进中的英国人发起攻击，俘虏了他们。对方似乎被打得猝不及防。

当天下午，卡普佐小径南面，哈尔马特井东北面5英里爆发了激烈的坦克战。英国第1装甲师加入交战，该师强大的装甲部队主要从东北方发起攻击。在猛烈的炮火掩护下，英军坦克火力袭向非洲军纵队和装甲部队，这些车队从几英里外就能看见。一辆辆卡车和坦克腾起火焰和黑烟，我方的进攻陷入停顿。我的几个师又一次遭受了严重的坦克损失，许多车队陷入混乱，为躲避英军炮火逃向西南方。非洲军竭力在东面保持防御，同时向北逐步退却。激烈的战斗在遍布骆驼刺灌木丛的平原上肆虐，一直持续到夜幕降临，此时非洲军主力已到达阿克鲁马南面和西南面大约8英里处。很不幸，大部分卡车车队与几个装甲师脱离，部分步兵力量没能跟上。集团军司令部的内部联系也中断了，作训处长韦斯特法尔中校带着几辆通信车赶往非洲军，而我和司令部其他人员夜幕降临时位于哈尔马特井东北面2英里。

回顾首日的战斗，我们打垮贾扎拉防线后方之敌的计划显然没实现，朝海边的推进也以失败告终，因而没能把英国第50师、南非第1师与第8集团军余部隔开。受挫的主要原因是我们低估了几个英国装甲师的实力。另外，英军投入美制新式坦克，在我军队列撕开几个大缺口。此时，我们的全部力量与优势之敌展开激烈、深具毁灭性的战斗。[12]

当然，我们也重创了英军投入哈尔马特井东南面对付我军的几个旅。印度第

3摩托化旅的损失相当惨重，后续交战期间再也没出现。而英国第7装甲师也需要很长时间才能从当天遭受的打击中恢复过来。

但我不否认，那天傍晚我心急如焚。我方坦克损失惨重，交战的开局非常不利，仅仅一天，我们折损的德国坦克就超过三分之一。克勒曼将军[①]的第90轻装师与非洲军隔绝，目前的处境岌岌可危。英军一个个摩托化战斗群穿过敞开的缺口，搜捕我方与主力失去联系的运输车队，而非洲装甲集团军的生存有赖于这些运输车队。

尽管形势危急，我们面临重重困难，可我当晚还是对这场交战有可能实现的战果充满希望。因为里奇把他的装甲力量零零碎碎地投入交战，让我们获得各个击破的机会，我方坦克的数量每次都占有优势。英军装甲旅分散使用让人无法理解。依我看，英国第7装甲师在哈尔马特井南面的牺牲没实现任何战略或战术意图，因为我的装甲部队无论在那里还是在卡普佐小径投入交战，对英国人来说没什么不同，英军其他装甲部队后来果然在卡普佐小径参战。英国人的主要目标应该是整体使用装甲力量，把他们同时投入交战。他们不该上当受骗，在交战前或我们佯攻贾扎拉防线期间分散己方兵力。他们的部队完全实现了摩托化，本来可以快速穿越战场，赶赴遭受严重威胁的地段。沙漠里的机动作战与海战不无相似之处，海战中，把舰队半数力量留在港内，以零零碎碎的力量发动进攻同样是错误的。

次日的计划是集中力量向北攻击。第90轻装师在阿代姆地域备受压力，我打算让该师脱离战斗，与西面的非洲军会合，加强我方打击力量。

5月28日拂晓，我端着望远镜观察地平线，想看看附近有什么情况。东北面，英国军队正朝西北方向移动。此时，我们与装甲集团军辖内各部队仍未取得联系。天亮后不久，英军坦克朝我的指挥所开炮，指挥所就设在我们的车辆和直属营旁边。一发发炮弹落在周围，弹片穿过指挥车的挡风玻璃飞入车内，幸亏我们赶紧驱车逃离英军射程。当天上午，我赶往意大利第20摩托化军，命令他们跟在非洲军身后向北进击。

---

① 译注：克勒曼后来担任过第4装甲军、统帅堂装甲军军长，最终军衔是装甲兵上将。

第 90 轻装师一再遭到英军强大兵力攻击，无法执行"与非洲军会合，加强该军打击力量"的命令。大约 100 辆英国坦克投入战斗，皇家空军大批战机朝第 90 轻装师投掷炸弹，很快导致该师几支部队相互隔绝。为应对敌人的后续进攻，第 90 轻装师被迫在哈尔马特井以东 6 英里结成刺猬阵地。

幸运的是，为掩护我方纵队，我们当日晨至少构成一道防御正面。非洲军部分力量组成的这道正面位于哈尔马特井东北方。

非洲军面临的情况同样严峻。敌人在卡普佐小径北面几乎集中了他们所有可用装甲力量，一次次冲击非洲军。韦斯特法尔上午发来消息，他不得不命令意大利人进攻贾扎拉防线，阻止防线上的英国人和南非人加入交战。意军中午前后发起冲击，面对实力虚弱的英军遂行的抵抗，在埃卢埃特泰迈尔附近取得不错的进展。

我心绪不宁，想赶紧联系上两个装甲师，于是和参谋长高泽将军下午出发，力图找到一条可通行的路线赶往非洲军。在此期间，非洲军发来电报，称第 15 装甲师部分部队因缺乏弹药退出战斗，真是个惊人的消息。看来，为他们安排补给车队至关重要。下午晚些时候，我们带着几部车辆和几门反坦克炮，到达哈尔马特井北面 10 公里左右的高地，从这里能看见非洲军。眼前是沙漠战的典型场景，黑色的烟云腾入空中，给这片地貌增添了一丝异样而又不祥的魅力。我决心利用这条路线，明日清晨给非洲军派去补给车队。

我们返回战斗指挥部途中，与一支英军纵队和一支意军队列发生小规模冲突！意大利人误以为我们是敌人，袭来猛烈的火力，我们只好迅速撤离。天黑后，我们穿过意大利人在地雷场开辟的小径，一路行驶到哈尔马特井西南地域，在那里遇到己方部队，随即获悉我们外出期间英国人打垮了我的指挥部。基尔率领的直属营干掉几辆敌坦克，但英军其他纵队渗透到非洲军后勤部队，造成严重混乱，还击毁几辆载有汽油和弹药的卡车。秩序恢复后，我们夜间重新占据了原先的阵地。

当晚晚些时候，我组织了几支补给纵队，准备明日清晨亲自率领他们赶往非洲军。由于我们能找到的掩护力量少之又少，穿越敌兵团控制地域的这趟行程非常危险。

幸运的是，第 90 轻装师夜间与英军脱离接触，在哈尔马特井附近占据阵地。

另外，意大利阿列特师填补了第90轻装师与非洲军之间的缺口。这种新布势让补给纵队的行进路线更加安全。[5月29日]拂晓，我们动身赶往非洲军，一切顺利。

　　到达战场，我们发现非洲军遭到英军装甲力量从北面和东面发起的攻击。油料和弹药短缺给非洲军的行动自由造成严重限制，但这种状况现在终于缓解了。当天下午，我在这里设立了指挥所。

　　现在，集团军辖内部队彻底恢复联系，我终于能掌握整体情况了。

　　我方军力目前集中在阿卜德小径两侧，还设立了一道坚固的防线。但德意联军损失惨重，我方补给线几乎被比尔哈基姆南面的英军摩托化部队切断。意军步兵对贾扎拉防线的突击一路渗透到英军主阵地，随后在对方精心构设的防御工事前方陷入停顿。克吕维尔将军乘坐鹳式飞机外出侦察，飞机被击落后失踪，我后来听说他被英国人俘虏了。当日脱离战斗的我方将领不止他一个，第15装甲师师长冯·韦尔斯特将军负伤后也被迫离开战场。英国人集结第2、第4、第22装甲旅和第201禁卫旅，对我军防线发起向心反突击。

　　面对这种情况，要是我们按原定计划继续向北进攻就太危险了。我据此得出结论，现在重要的是为我方打击力量开辟一条安全的补给路线，所以，我决心抽调第90轻装师辖内部队和非洲军一部对付地雷场，沿缩短的防线转入防御。一旦渗透贾扎拉防线，我就打算夹断英军防线的南部堡垒比尔哈基姆。

　　我制定的这份方案基于以下假设：强大的德国摩托化力量位于海岸公路南面，英国人可能不敢以装甲兵团主力对付楔入贾扎拉防线的意军，因为一旦我的几个装甲师投入反冲击，他们就会陷入腹背受敌的窘境。另一方面，我希望意大利步兵位于南非第1师和英国第50师前方，能让向来过度谨慎的英军司令部把这些兵团留在贾扎拉防线。依我看，里奇不太可能命令这两个师在没有其他兵团支援的情况下进攻意大利步兵军，因为这种行动不符合英国人"百分之百把握"的要求。所以，我估计英军几个机械化旅会继续冲击我军精心组织的防线，在此过程中耗尽力量。我们必须以最大的灵活性和机动性实施防御。

　　采取这些行动的命令5月29日傍晚下达。

　　5月30日拂晓，各师开入指定位置组织防御。行动期间，我们探明强大的英军部队（包括装甲力量）盘踞在朱特乌埃莱卜地域，是英国第50师获得加强的第

150 旅 [陆军第 1 坦克旅奉命加强该旅，结果和第 150 旅一同覆灭]。在此期间，意大利第 10 军辖内部队顺利穿过英军地雷场，在东面建立登陆场，但穿过地雷场的几条通道遭到英军炮火猛烈轰击，给我方队列造成很大的麻烦。尽管如此，打击力量和意大利第 10 军还是在当天中午取得联系，终于打通了伸向西面的直接补给路线。昼间，据守朱特乌埃莱卜的英国旅陷入包围。

当日下午，我驱车穿过地雷场赶往意大利第 10 军军部，会晤凯塞林元帅、第 10 军军长、元首的副官冯·贝洛少校，向他们通报了后续作战方案。非洲军据守英军地雷场，挡住敌人从东北面而来的一切进攻，与此同时，我们先肃清贾扎拉防线整个南部，尔后恢复进攻。行动期间，我们打算歼灭朱特乌埃莱卜的英国第 150 旅，然后再消灭据守比尔哈基姆的自由法国第 1 旅。[①]

追击我军行动的敌人表现得非常犹豫。几个德意兵团的后撤显然完全出乎他们意料，不管怎么说，英军司令部从来就不会迅速做出应对。当天上午，我们探明英军在我方防线东面和北面各有一个集中地域，东面集中了 280 辆坦克，北面也有 150 辆，我们估计敌人随时会发动大规模进攻。可当天上午，英军对阿列特师展开几次被意军击退的进攻，还对我方防线其他地段实施了一些更加虚弱无力的冲击，除此之外没采取任何大规模行动。我们当天击毁 57 辆英军坦克。

下午，我亲自去探明进攻朱特乌埃莱卜的可能性，为次日上午冲击英军阵地调派非洲军、第 90 轻装师、意大利的里雅斯特师辖内部队。

这场进攻 5 月 31 日上午发动。面对英军顽强至极的抵抗，德意部队一码接一码地向前冲杀。英国人的防御很有章法，而且一如既往地奋战到最后一颗子弹。他们还在战斗中使用了一款新式 57 毫米反坦克炮 [6 磅炮]。尽管如此，夜幕降临前我们还是在英军阵地取得相当深的渗透。

亲爱的露：

我很好。这场交战最严重的危机已过去，我们到目前为止打得很好。不过，

---

① 译注：凯塞林元帅自愿接替被俘的克吕维尔，亲自指挥贾扎拉防线西面的步兵力量，接受隆美尔指挥，尽管隆美尔年龄比他小、军衔比他低。

接下来几天还是会很艰难。很不幸，克吕维尔和他的鹳式飞机落入英国人手里，可我还是希望把他救出来。[1]

1942年5月31日

次日，负隅顽抗的守军就会灰飞烟灭。斯图卡猛烈的攻击结束后，我方步兵再次冲向英军野战阵地。我和他们一同前进，韦斯特法尔中校陪在我身边，很不幸，英军突然射来的一发迫击炮弹把他炸成重伤，不得不紧急送回欧洲治疗，这样一来，接下来几天我就得不到他辅佐了。对装甲集团军来说，这是个严重的损失，韦斯特法尔知识渊博、经验丰富、敢于做出决定，是我身边最重要的助手之一。不过，我们的进攻仍在继续，一点点突破英军精心构设的防御，到下午早些时候彻底攻克敌军阵地。我们肃清了英军最后的抵抗，俘虏3000名英军官兵，击毁或缴获101辆坦克和装甲车，以及124门各种类型的火炮。

大致在这时候，英国第4装甲旅下达的一道命令落入我们手里，大意是不得为德意俘虏提供食物和饮水，待审讯完再说。我们对此感到不安，因为这种措施只会导致英国人与德国人之间已经很悲惨的战争进一步激化，最终沦为一场令人震惊的苦难。英军司令部显然也持相同的观点，因为我们介入后，他们立即撤销了这道命令。[2]

朱特乌埃莱卜陷落后，6月1日下午晚些时候，英军侦察部队攻击了东面和东南面掩护我军阵地的防线，猛烈的炮火齐射随之而来，主要打击我的指挥所，一块小弹片击伤了我的参谋长高泽将军。就这样，我身边最重要的两位助手同一天脱离了战斗。我决定派非洲军参谋长拜尔莱因上校暂时代理装甲集团军参谋长一职。

---

① 译注：隆美尔没能救出克吕维尔，就差一点，因为英国人把克吕维尔关押在朱特乌埃莱卜，但德军攻克该支撑点前，英国人把克吕维尔送走了。克吕维尔在开罗见到富丽堂皇的牧羊人旅馆，语带讥讽地说道："这里会成为隆美尔的司令部！"希特勒从报纸上读到这句话时开心不已。

② 译注：非洲装甲集团军把这个情况上报柏林，柏林回复："按照元首的指令，不许英国俘虏吃饭、喝水、睡觉，直到英国人撤销他们的命令。"

亲爱的露：

交战的进展对我们有利，已击毁400来辆敌坦克，我方的损失尚可忍受。

1942年6月1日

朱特乌埃莱卜已陷落，接下来轮到比尔哈基姆，我们次日就要包围、猛攻这座堡垒。从堡垒出击的英法突击队不停地攻击我军交通线，必须阻止这种行径。

沙漠里的胜利

6月1日夜到2日晨，第90轻装师和意大利的里雅斯特师开赴比尔哈基姆。他们穿过地雷场，没有遭受严重伤亡，从东面切断了这座堡垒。

我们要求守军投降，对方拒绝后，我军中午前后发起冲击。的里雅斯特师从东北面、第90轻装师从东南面进攻法军据守的防御工事、野战阵地、地雷场。我们实施了初步炮击，异常激烈的交战爆发开来，持续了整整10天。我多次亲自接掌突击部队指挥权，在非洲我很少经历这么艰巨的激战。法国人依托精心构设的野战阵地顽强抵抗，密集的地雷场环绕着一座座配有堑壕的小型防御工事、小型暗堡、机枪和反坦克炮阵地。炮火和空袭对这种防御体系完全没有影响，因为直接命中的炮弹和炸弹每次最多只能炸塌一条堑壕。要给据守这种阵地的敌人造成真正的破坏，就得消耗大量弹药。

冒着法军火力肃清地雷场的通道是一项特别艰巨的任务。我方工兵展现出超人般的壮举，遭受了惨重的损失。他们在烟幕和炮火掩护下作业，经常被迫挖掘穿过地雷场的坑道。我们最终赢得胜利，很大程度上归功于他们付出的努力。

空中是德国空军不间断的攻击（从6月2日到6月11日法军阵地最终陷落，德国空军出动了1300个战斗架次打击比尔哈基姆），地面上，各兵团组建的混成突击群在北面冲击法军阵地，而在南面遂行进攻的是第90轻装师。面对敌人出色的防御体系，我们的进攻一次次陷入停顿。

很奇怪，我们进攻比尔哈基姆头几天，英军主力按兵不动。他们唯一的举动是6月2日进攻阿列特师，但意大利人实施了顽强抵抗。第21装甲师发起反突击，态势再次稳定下来。比尔哈基姆以南地域的一支支英军突击队不断扰乱我方补给交通，让我们深感不安。对方在沙漠小径布设地雷，袭击我方补给纵队。英军"奥古斯特"摩托化战斗群特别擅长此道，我们不得不投入装甲车和自行火炮掩护运输车队。

利用这段平静期，非洲军抢修受损的技术装备，弥补先前交战中严重的物质损失。交战开始时，他们有320辆坦克，到6月2日只剩130辆可用坦克，这个数字现在又开始慢慢上升了。

亲爱的露：

交战仍在继续，但我们的处境很有利，我不太担心。我认为我们能完成任务，胜利实现既定目标。

1942年6月3日

我们觉察到敌人正在酝酿某种行动，很明显，他们很快会发动进攻，要么在北面打击我军装甲力量据守的防线，要么在南面对付我军进攻比尔哈基姆的部队。[13]6月4日夜到5日晨，我们把第15装甲师调入哈尔马特井南面的阵地，他们可以从那里根据英军动向攻往东北面或东南面。6月5日上午，此举的重要性显现出来。

猛烈的炮火准备持续了一个钟头，清晨6点前不久，英国第2、第22装甲旅会同印度第10旅和第201禁卫旅，猛攻意大利阿列特师。他们还实施佯攻，朝第21装甲师位于北面与阿列特师毗邻的防区施放烟幕，投下一道猛烈的弹幕。不久后，第4装甲旅和第42皇家坦克团也对此处发动进攻，目标是分割我方兵团。

隆美尔有几点写错了。最初从东面发起冲击的是印度第10步兵旅，该旅攻克埃斯莱格山脊，第22装甲旅超越他们继续攻击前进，第9步兵旅尾随其后。他们很快遇到麻烦。陆军第32坦克旅（辖第7、第42皇家坦克团）和第69步兵旅部分力量从北面遂行向心突击。这场进攻失败了。为挽回颓势，英军姗姗来迟地投入第2、第4装甲旅。他们的进攻杂乱无章，没能挽救印度第10步兵旅和提供支援的4个炮兵团，这股力量陷入孤立后被敌人打垮了。

所以说，英军的进攻比隆美尔想得更加零碎。至于后果，奥金莱克的电函一针见血："这场失败的反突击，可能是整个交战的转折点。"

面对英军施加的沉重压力（他们在这片地段的实力比我们强几倍），意大利阿列特师退往集团军炮兵防线，我军集中炮火挡住英军的冲击。在此期间，为缓解意军遭受的压力，第15装甲师第8装甲团开赴泰迈尔井。

装甲集团军确保自己的北翼后，从这些阵地发动反攻。沃尔茨战斗群[①]作为集团军预备队，一直部署在比尔哈基姆东北面6英里，我亲自指挥该战斗群攻入据守骑士桥的英军后方。第15装甲师在我们左侧投入战斗，任务是从南面包围敌军。很快，我方坦克从三个方向轰击英军，对方的还击一如既往地顽强，但机动性太差。傍晚前，我们在战场上击毁了50多辆英军坦克。

次日清晨6点左右，先前一直被英军的进攻牢牢压制的第21装甲师主力也行动起来，向东进攻。面对激烈的坦克战，英国人终于退却了。沃尔茨战斗群在西面封锁了安韦尔拜小径，迫使英军部队进入轴心国突击力量的打击火力下。敌人很快从东面猛攻沃尔茨战斗群，南面的敌军实施迂回，迫使该战斗群夜间撤往哈尔马特井。

轴心国军队打得非常出色。我们从三个方向施加的压力导致英军损失严重。6月5日和6日，大约4000名英国官兵（主要来自第201禁卫旅和印度第10旅）步入我方战俘营。近期开抵的印度第10旅灰飞烟灭。

这场挫败严重破坏了敌人的进攻力量。不出我所料，英军司令部没有从贾扎拉防线的两个师抽调兵力，对第21装甲师施加压力。他们也没有投入南非第2师辖内任何部队。如此关键的时刻，他们本该投入手头能调集的一切力量。倘若听凭敌人在决定性地点集中优势兵力，以各个击破的方式逐一粉碎己方兵团，那么，整体优势又有什么用呢？

英军惨败后，我们认为他们不会再发动大规模救援行动，进攻比尔哈基姆周

---

① 译注:指挥该战斗群的是阿尔温·沃尔茨上校,时任第135高射炮团团长兼非洲装甲集团军高射炮兵司令。

围的我方部队，所以我们希望不受干扰地冲击这座堡垒。

在此期间，法军阵地前方的战斗一直处于停滞状态。6 月 6 日上午 11 点，第 90 轻装师恢复对柯尼希将军麾下部队的进攻。先遣突击力量顺利逼近到比尔哈基姆堡垒半英里内，但进攻再次陷入停顿。密集的防御火力掠过遍布石块、无遮无掩的地面，雨点般落入我方突击部队，这场进攻不得不在傍晚时取消。比尔哈基姆周围的绞索收得更紧。英国第 7 摩托化旅对第 90 轻装师发起冲击，但这场虚弱无力的解围行动被击退。

6 月 6 日夜到 7 日晨，第 90 轻装师肃清了几条通道，穿过作战地域内的地雷场，几个突击群在夜色掩护下逼近到突袭距离内。沃尔茨战斗群奉命支援这场进攻。6 月 7 日晨，我方实施炮火准备和空袭后，步兵径直冲向法军阵地。尽管他们倾尽全力，可这场进攻还是被守军各种武器的猛烈火力粉碎。我们只在北面取得些渗透。对法国守军来说，这是个了不起的成就，他们现在与外界彻底隔绝。为消耗对方的精力，我们发射照明弹，还以机枪火力彻夜覆盖对方的阵地。可我们的突击队次日晨投入进攻时，法国守军再次开火，猛烈度毫未减弱。敌军士兵躲在战壕里顽强防御，我们根本看不见他们的踪影。①

亲爱的露：

前两天热闹非凡，但我们打得很顺利。你大概从《国防军公报》获知了战事的发展。战斗还会持续两周，我希望最严峻的时刻届时已过去。

我在 6 月 6 日 [隆美尔夫人的生日] 激烈的坦克战中想着你，期盼我从非洲发出的问候当天能准时送达。

1942 年 6 月 8 日

6 月 9 日，我从非洲军抽调另一个战斗群支援对比尔哈基姆的进攻。从清晨起，一波波步兵再次涌向敌军阵地。中午前后，此前仅以重武器支援战斗群在北面进

---

① 译注: 阿尔弗雷德 · 贝恩特气呼呼地写道:"…… [守军是]20 个民族的戴高乐主义者、流氓、罪犯！ "

攻的第 90 轻装师从南面的阵地加入突击。法军士兵顽强战斗到最后一刻，我军一个个突击队不断暴露在对方的火力下，损失极为惨重。但到当晚 20 点，他们终于攻到距离比尔哈基姆堡不到 220 码处。昼间，里奇投入几个摩托化营和第 4 装甲旅一个装甲团，对第 90 轻装师部署在比尔哈基姆南面的掩护部队发起虚弱无力的牵制进攻。我们没费太大力气就击退了这场冲击。

这段时间，我们与凯塞林发生了几次冲突。他严厉斥责我们进展太慢。最让他不安的是，他不得不把空军编队持续用于比尔哈基姆上空，遭受的损失相当严重 [*英国皇家空军一天内击落近 40 架俯冲轰炸机*]。他执意要求立即投入所有装甲兵团进攻法国守军。这怎么可能！我肯定不会把坦克派入地雷场，获得支撑点掩护的地雷场很难肃清。另外，这样做的话，里奇在其他战线肯定不会袖手旁观，此举无疑会导致一场灾难。我们尽力安抚凯塞林，他大概对我们遭遇的困难一无所知。

次日（6 月 10 日），巴德上校[①] 指挥的非洲军战斗群终于突入比尔哈基姆北面的敌军主阵地。异常猛烈的炮火和空袭为此次进攻提供支援，法国人为据守每个据点殊死抵抗，伤亡极为惨重。我们达成渗透后，比尔哈基姆再也无法守住了。

我们现在认为，敌人很可能会派遣一股援兵协助法国守军突围。我们通过侦察发现，此前一直扰乱我方补给路线的英国第 7 摩托化旅部分力量正朝比尔哈基姆开进。为做好防范，我命令第 15 装甲师赶赴比尔哈基姆。估计法国守军明天就会彻底覆灭。

法国人没有束手就擒，尽管我们采取了各种防范措施，大部分守军还是在柯尼希将军率领下，趁夜间突出重围，一路向西消失在黑暗中，最终与英国第 7 摩托化旅会合。我们后来发现，封锁包围圈的命令在敌军突围地段没得到贯彻执行。这种情况再次说明，无论情况多么危急，意志坚定、不轻言放弃的指挥官总是能做到些什么。[②]

---

① 译注: 巴德上校是第 15 装甲师第 115 步兵团团长，后来担任第 90 装甲掷弹兵师师长、第 81 军代理军长，最终军衔是中将。

② 译注: 柯尼希将军最终苦尽甘来，战后在德国担任法占区司令。

就这样，第 90 轻装师 6 月 11 日清晨攻克比尔哈基姆。我们俘虏大约 500 名法军官兵，大多是伤员。上午晚些时候，我视察了这座堡垒，双方为争夺此处展开的斗争堪称艰苦卓绝，我们等待它的陷落实在太久了。[14]

我们现在终于可以腾出兵力。尽管英国人在朱特乌埃莱卜、法国人在比尔哈基姆展现出非凡的勇气，可要是里奇认为这些激战能消耗我的力量，那就大错特错了。当然，我们的损失很大，但无法与英军的伤亡相提并论，因为我们在几个支撑点包围了数千名英军官兵，由于缺乏饮水和弹药，他们最终被迫投降。仅从心理因素看，听凭敌人消灭自己的整个兵团通常是错误的做法。[15] 虽说有时候命令部队战斗到底能为其他兵团争取到巨大的优势，但指挥官做出这种决定还是要三思，因为普通士兵对集团军司令的信任至关重要，而这种决定很容易削弱他们的信任。他们不会再镇定自若、毫无顾虑地遵从上级的命令，因为他们担心一旦发生危机，自己就会被抛弃。

6 月 11 日下午，我把用于比尔哈基姆的兵力派往北面，毫不延误地寻求最终的决战。

当天傍晚，我指挥的第 15 装甲师、第 90 轻装师和第 3、第 33 侦察营到达阿代姆南面和西南面 6—10 英里。为应对眼前的危机，里奇把英国第 2 装甲旅从阿克鲁马南面调到莱费井附近。英军集中的装甲力量获得强有力的炮兵支援，经过一番激战，我们 6 月 12 日中午前夺得阿代姆周边地域和卡普佐小径以南地带。第 90 轻装师攻克阿代姆，英军坦克损失惨重，400 名官兵被俘。印度第 29 旅顽强据守阿代姆盒子。

当天 [6 月 12 日] 上午，第 21 装甲师一个战斗群也向东挺进，逐步把英军装甲部队挤压到一起，对方夹在两个德国装甲师之间，彻底丧失了行动自由。这片地域已经很逼仄，可里奇又从贾扎拉防线抽调陆军第 32 坦克旅投入其中。第 15 装甲师继续攻往西北方，大获全胜的前景在望。我们已夺得主动权。

我上午率领直属营赶往阿代姆东南面的山脊，在那里察看第 90 轻装师与印度军队的交战过程。英国轰炸机持续不停的轰炸给第 90 轻装师造成很大麻烦。我后来又想赶往第 15 装甲师，但南北两面袭来的猛烈火力把我们的车辆压制在开阔地达几小时之久。当天下午我才到达第 15 装甲师，随后和他们一同向西攻击前进。

黄昏时，我们遭到己方几架斯图卡轰炸。英军战斗机紧追这些俯冲轰炸机，为加快速度，几个倒霉蛋不得不投下机载炸弹。但我们三个（拜尔莱因、司机和我）又一次毫发无损地幸免于难。

次日 [6 月 13 日]，我和非洲军待在一起，第 15 装甲师忙着肃清西面的断崖，而意大利的里雅斯特师和阿列特师正把英军逼入卡普佐小径以北地带。黄昏时，第 21 装甲师也展开行动，冒着肆虐的沙尘暴向东挺进，猛烈的风沙有时候导致能见度降到零。猎杀英军坦克的行动仍在继续，对方可能只剩 120 辆坦克，现在一辆辆损毁在战场上。猛烈的打击火力从几个方向射入英军紧密排列的队形，他们的实力不断下降，反击势头逐渐减弱。

可惜，第 90 轻装师一连几个钟头没能贯彻"在第 15 装甲师东面加入交战"的命令，英军从四面八方发起攻击，迫使该师勉力自保。直到下午，第 90 轻装师才脱离战斗，避开一支强大的英军纵队，开入新阵地。

整个上午，我们调集所有火炮，集中火力打击英国禁卫旅，迫使该旅昼间撤离骑士桥。禁卫旅充分体现出英国士兵的优点和缺点：充满勇气，韧劲十足，缺乏灵活性。配属禁卫旅的装甲部队主力，不是在昼间遭歼灭，就是在夜间撤离。

我现在打算把德意军队所有摩托化力量在接下来一两天内投入交战，全力突破到海边。贾扎拉防线的几个英国师已开始沿海滨公路向东开拔，我们必须把他们逐回西面，再加以歼灭。凯塞林的飞机出现在英军纵队上方，巴尔博大道沦为一片火海。

很明显，接下来几天会爆发异常激烈的战斗，因为英国人似乎决心坚守阿克鲁马阵地，为贾扎拉防线上的部队保留一条后撤通道。看来，里奇会为此拼光最后一辆坦克。

到 6 月 13 日傍晚，英军在这片具有决定性的地带只剩 70 辆坦克。虽然隆美尔的损失也很大，但在可用坦克数量方面，他现在的优势超过 2∶1，另外，由于德军控制战场，他可以回收、修复许多受损的坦克，而里奇则不然。

此次交战开始时对我们很不利，现在的情况越来越好，一切归功于德意官兵的勇气。

6月13日夜间，非洲军辖内2个师部署在比尔哈基姆小径西面，准备向北发起攻击，意大利阿列特师和的里雅斯特师负责掩护他们的东翼。第90轻装师向东开拔，准备进入适当的位置，迅速夺取图卜鲁格接近地。

次日 [6 月 14 日] 晨，几个德国师隆隆向北。我下令全速挺进，因为数千部英军车辆正向东逃窜。我跟随坦克一同前进，不断催促坦克车长加快速度。突然，我们遇到一片宽大的地雷场，里奇企图构设新防线，投入他手头所有坦克。我们停止前进，英国人的穿甲弹雨点般袭向我方车辆。

我立即命令几个侦察营在地雷场开辟通道，临近中午，猛烈的沙尘暴不期而至，这让排雷工作容易了些。与此同时，我还下令以170毫米火炮轰击巴尔博大道。隆隆的炮声与爆破的剧烈震颤混杂在一起，英国人和南非人正在炸毁贾扎拉防线上的弹药堆栈。

下午晚些时候，第115步兵团进攻187高地。尽管英军坦克、火炮、反坦克炮的反击火力极其猛烈，但这场进攻稳步获得进展。我的车辆也暴露在敌军火力下达数小时之久，临近17点，他们的火力慢慢减弱，这场抵抗终告崩溃，越来越多的英国士兵举手投降，一个个神情沮丧。

傍晚前，我们突破敌军屏障，战场上损毁的45辆英军坦克证明了我们赢得的胜利。经过这番激战，几个德国装甲师占领阿克鲁马以西地域，通往巴尔博大道的通道敞开了。

英国第1装甲师已丧失战斗力，趁夜间撤离战场。

第1装甲师把剩下的坦克交给第7装甲师第4装甲旅。这是英军仅剩的一个装甲旅，获得这些战车，该旅的坦克数量增加到60辆左右。

当天夜间，英国第50师辖内部队突破意大利第10军的防御向南逃窜。虽然我们击毁400部车辆，抓获几百名俘虏，可还是有大约一个旅的英国官兵逃之夭夭。突围后，英军指挥官率领一个个小股纵队穿过我军补给区，途中不断从事破坏。其实，两个英国师本来也可以从同一地段突围，最起码比他们沿巴尔博大道突围更稳妥，损失可能也更小。更重要的是，英军几个装甲旅本来不用覆灭在毫无战术希望的阿克鲁马阵地，完全可以继续战斗。结果，英军装甲力量灰飞烟灭，残部逃回埃及，里奇彻底丧失了最后的机会，再也无法有效参与迈尔迈卡的战事。

朱特乌埃莱卜和比尔哈基姆陷落后，英军司令部应该意识到，继续坚守贾扎拉防线北部再也得不到任何收益。除非利用自由法国第1旅争取到的时间，把贾扎拉防线的两个英国师调入阿克鲁马—贾扎拉地区，以机动防御应对我军摩托化力量随后的进击，否则，法国旅的牺牲就毫无意义。两个英国师有300门火炮、200—300辆轻型装甲车和布伦机枪载运车，本来能让力量对比的天平严重倾向于英军。而我的几个意大利师，配备的武器严重过时，更糟糕的是没有车辆，因而无法开入广阔的沙漠执行任务，除非德军以大批摩托化力量提供支援。所以那一侧对英军不构成威胁。

6月15日清晨，第15装甲师辖内部队跨过巴尔博大道奔向海边。可他们没遵照我的指令行事，留下来封锁巴尔博大道的支队只配备7辆坦克。结果，英国人和南非人毫不费力地干掉了这些坦克，一举突破封锁线，结果又有几股敌军逃往东面，大多在野地里逃窜。没过多久，我们终于封闭了缺口。在此期间，几个意大利师和一个德国旅也从贾扎拉防线加入追击。

亲爱的露：

我们赢得交战，敌人土崩瓦解。我们目前在扫荡陷入包围的敌军残部。我想用不着告诉你我有多高兴。我们这次大获全胜，当然，我们也在这里和那里遭受了相应的损失。高泽和韦斯特法尔都负了伤。高泽三四周后可以归队，韦斯特法尔起码要一两个月。我的身体状况很好，这些日子，我白天待在挂车里，夜间才去战场。我们也许能在7月份团聚。

1942年6月15日

当天上午，我把第21装甲师撤出阿克鲁马地区，派他们和第90轻装师及一个侦察战斗群向东穿过阿代姆。进攻阿代姆盒子及其巴特鲁纳、哈提安支撑点的部队从我身旁隆隆而过，我方坦克与据守盒子的印度部队很快爆发了交火。黄昏时，我军猛烈冲击巴特鲁纳，俘虏800名敌人，还缴获许多火炮和其他军用物资。尽管英国轰炸机实施了猛烈空袭，但第21装甲师还是在夜幕降临前到达西迪雷泽格，面对英军密集的防御火力，该师先遣部队暂时陷入停顿。第90轻装师多次进攻，但当日没能攻克阿代姆盒子的主要阵地哈提安。

在此期间，英国第8集团军残部撤往埃及边境地区。图卜鲁格和哈提安支撑点的任务显然是长时间牵制我方军队，以便英军沿埃及边境构设防线。

我认为图卜鲁格的防御仍存在重大组织缺陷，因为南非第2师部分力量调到阿克鲁马实施抵抗。我们在沙漠里赢得的胜利对英军官兵的士气造成影响，所以现在重要的是趁图卜鲁格守军混乱、士气低迷之际进攻并夺取这座要塞。速度又一次成为至关重要的因素。

第二次图卜鲁格交战

图卜鲁格是北非最强大的要塞之一。1941年，实力强大的要塞守军给我们造成巨大的困难。我们一再发起进攻，可每次都在要塞防御阵地撞得粉碎，阵亡官兵的鲜血浸透了外围工事。激烈的战斗经常在一平方码范围内肆虐。我们对图卜鲁格一点儿不陌生。

我们1941年就制定了进攻图卜鲁格的最终方案，可没等付诸实施就被坎宁安的攻势所阻，这一次，我们打算按该方案行事，一举攻克图卜鲁格。按照这份方案，我们先在西南方发动佯攻，隐瞒我方真实企图，同时压制那里的守军。尔后，遂行主要突击的几个兵团出敌不意地开拔战场。为此，他们应当绕过图卜鲁格向东开拔，让敌人误以为我们打算像1941年那样围困要塞。然后，这些兵团突然折返，开入要塞东南部战线，趁夜间展开，俯冲轰炸机和炮兵实施猛烈的炮火准备后，他们就在拂晓发起突击，一举打垮猝不及防的守军。

在我军所有官兵看来，图卜鲁格已成为英军抵抗的象征，我们这次要一劳永逸地解决这座要塞。

6月16日晨，我驱车驶往巴尔博大道，随后沿这条道路向西而去。贾扎拉的战斗已结束，又有6000名英国官兵步入战俘营。道路和两侧，英军战败的迹象随处可见。大量军用物资丢得到处都是，烧毁的车辆停在沙地，只剩黑黢黢的空壳。

一些完好无损的卡车队落入我们手里，我方战斗部队立即征用了其中一部分，负责收集战利品的部队仍在归拢其他车辆。某些英军部队显然从海路逃脱了。我们很快遇到从贾扎拉防线向东开进的我方部队。他们奉命尽快赶到图卜鲁格西部边缘，来回奔波的卡车车队把他们运往前线。现在最紧迫的任务是为进攻图卜鲁格实施快速重组。

我通过机动作战学到个经验，行动方面的机动速度和指挥方面的快速应对具有决定性。部队必须具备以最快速度协同一致地执行作战行动的能力。满足于平均水平是致命的。必须不断超越自我，努力发挥最大能力，因为付出更大努力的一方速度更快，谁的速度快，谁就能赢得交战。军官和军士必须遵循这些思路不断训练自己的部下。

依我看，指挥官的职责不能仅限于指挥所的工作，还得关心指挥细节，应当经常去前线察看情况，原因如下：

（a）准确执行指挥官及参谋人员制定的计划最重要。千万不要认为各级军官会根据自己面临的情况做出正确应对，大多数人很快会屈从于某种惯性。然后他们报告，出于这样或那样的原因，行动失败了，这些原因总是很容易想出来。必须让这些人感受到指挥官的权威，从而摆脱消极状态。指挥官是交战的推动者，必须让官兵时刻感受到他在亲自指挥。

（b）指挥官必须不遗余力地让自己的部下掌握最新的战术经验和发展，还要督促他们学以致用。他必须确保部下遵照最新的要求从事训练。部队最好的"福利"是一流的训练，因为这能避免不必要的伤亡。

（c）指挥官亲自掌握前线的情况，了解下属面临的各种问题，也完全符合他自己的利益。这是他始终保持最新想法，适应不断变化的情况的唯一办法。如果他把自己指挥的交战视为一盘棋，就会拘泥于学术理论，对自己的想法沾沾自喜。思想上不墨守成规，而是根据自己面临的状况自由发挥，这种指挥官最容易赢得胜利。

（d）指挥官必须与部下保持联系，了解他们的感受和想法，与他们同呼吸共命运，让全体官兵信赖自己。永远牢记这样一条重要原则：决不能以虚情假意应付自己的部下。哪怕最普通的士兵也有个非常敏感的鼻子，知道什么是真情，什么是假意。

印度人仍在坚守哈提安。6月16日，尽管第90轻装师展现出极大的勇气，可还是没能扩大突击队昨晚插入敌军防御体系的楔子。与英军在迈尔迈里卡构设的所有防御体系一样，此处阵地是根据最新的防御理念，以最精湛的技术构设而成。据守在这里的是印度第29旅，他们效仿比尔哈基姆守军，部分力量夜间突围后撤往南面。印度人把兵力集中在某个地段，以所有武器猛烈开火后突出包围圈，这种情况再次说明，很难有效包围一股充分实现摩托化、指挥结构完好无损的敌军。

哈提安的印军残部6月17日傍晚投降，约500名俘虏和大批军用物资落入我们手里。

非洲军昨天已攻克杜达和贝勒哈迈德这两座强大的堡垒。哈提安陷落后，我派第90轻装师赶去对付该地区仍在负隅顽抗的几个英军支撑点。这些支撑点陷入包围，随即遭到猛烈冲击。

整个非洲军和意大利阿列特师现在开赴坎布特及其南部地域。就像我前面说过的那样，我们希望转移图卜鲁格守军的注意力，同时为进攻图卜鲁格在我们后方获得必要的行动自由。但这场挺进的主要目的是打击英国皇家空军，他们从邻近的机场起飞，只要很短时间就能到达战场，给我们造成很大麻烦。我们打算把他们驱离坎布特附近的机场，这样一来，我军进攻图卜鲁格期间，他们就无法介入了。

就这样，我的军队再次向东挺进。意大利阿列特师接到的指令是与非洲军保持联系，可该师从一开始就落在后面，随后失去联络。我驱车返回去找他们，结果遭遇一场坦克战，双方互射的炮弹呼啸掠过，我们幸运地逃离这片很不友好的地带，一点也不觉得后悔。没过多久，我们以电台联系上阿列特师，让他们赶紧与主力会合。

[6月17日]当晚19点30分左右，我命令第21装甲师转身向北，还率领直属营在该师前卫前方行进了大约2英里。坎布特南面发生小规模交火，几名外籍军团士兵被俘。最后，在庞大的英军地雷场遇到些麻烦后，我们和先遣部队22点左右到达坎布特，但师主力彻夜留在地雷场前方。

6月18日拂晓，第21装甲师向北挺进，英国飞机又出现在上空。4点30分前不久，我们到达公路和铁路，这条铁路是英国人最近几个月修建的，从马特鲁港通往图卜鲁格外围阵地。我们越过铁路，顺便炸毁了一段铁轨。第4步兵团[①]夜间在公路上俘虏了500名敌军官兵，这个数字现在稳步增加。英国人直到最后一刻才撤离机场，我们缴获15架可用的飞机和大批油料，这些物资对我们非常有用。

我们当晚回到集团军指挥部，英军配备25磅炮的一个炮兵连猛烈开火，给指挥部造成严重威胁。我派基尔上尉率领直属营驱散敌炮兵连，他顺利完成任务，可英国人很快换了个位置，再次朝我们开炮致敬。我不胜其烦，只好把指挥部迁回哈提安，英国第30军军部原先就设在这里。

6月18日，我们肃清图卜鲁格与坎布特之间地域，还采取了必要的措施包围图卜鲁格。为突击行动囤积物资，这项组织工作已出色地完成。挺进期间，我们发现一些火炮仓库和弹药堆栈，是坎宁安1941年进攻期间我们被迫丢弃的。这批军用物资仍在原处，现在也被我们充分利用起来。

非洲军6月19日下午开入新阵地，第90轻装师向东进击，赶去夺取拜尔迪与图卜鲁格之间的英军补给堆栈。该师的机动特别重要，让英国人更加弄不清我方真实意图。另外，意大利帕维亚师和利托里奥装甲师（该师辖内部队刚刚开抵）负责在西面和南面掩护我们进攻图卜鲁格。

当天傍晚我们的印象是，敌人发现了我方的行动，但既不完整也不准确，因此，我军的进攻很可能彻底达成突然性。图卜鲁格要塞外，英国人没在西部沙漠部署任何值得一提的装甲力量，所以，我们对即将展开的行动寄予厚望。

尽管我们经历过艰难的时期，但全体将士斗志昂扬，对胜利充满信心。交战前夕，每个人都对即将发起的进攻紧张而又兴奋。

征服图卜鲁格

图卜鲁格守军的实力与1941年大致相当，编有大英帝国以下部队：

获得加强的南非第2步兵师

---

① 译注：原文如此，疑有误。

印度第 11 旅

禁卫旅第 2 营

陆军第 32 坦克旅指挥的几个步兵坦克团

炮兵实力加强到几个炮兵团

上述说法不太正确。南非第 2 师只有 2 个而不是 3 个步兵旅。另外，第 201禁卫旅指挥 2 个营和第三个营部分力量。陆军第 32 坦克旅只有 2 个步兵坦克营。炮兵方面，除了第 4 高射炮旅，没有其他炮兵力量。

虽说这股兵力与 1941 年差不多，但不能认为他们仍能实施组织良好的顽强抵抗，因为大部分守军已经和我们交过手，疲惫，士气低落。另外，英军指挥部的重组工作一向不快，他们也没时间建立防御机构。

除了图卜鲁格这股力量，里奇还有 5 个步兵师可用，其中 3 个遭到重创，另外 2 个是最近调来的。他的 2 个装甲师在近期交战中几乎全军覆没，但目前获得从尼罗河三角洲调来的增援和补充。

关于图卜鲁格的防御，这里再多说几句。

图卜鲁格东西两面环绕着遍布岩石、没有通道的地区，南面伸入平坦的沙原。当初巴尔博麾下的意大利人精心构筑了要塞的防御工事，而且充分考虑到进攻方会以最现代化的武器冲击要塞。诸多阵地组成的防御带环绕整座要塞，这些阵地设在地下，只能从空中确定它们的位置。每个防御阵地都配有地下交通壕，连接机枪和反坦克炮火力点。大部分防御阵地配置的火力点非常多，危急时刻，这些火力点会扯掉伪装，以最猛烈的火力打击进攻部队。由于没有可供瞄准的射孔，炮兵无法以直瞄火力打击这些目标。每座单独的阵地都环绕着一道防坦克壕，以及纵深配置的铁丝网。另外，整片防御地域可供坦克通行的地段都设有深深的防坦克壕。

大多数外围防御工事带设有几道纵深防线，强大的炮兵集中地、野战阵地、几座堡垒位于它们后方。大部分防御工事得到纵深很大的地雷场掩护。

西南面的佯攻由意大利第 21 军遂行，他们得到几辆坦克支援。非洲军和意大利第20军担任主要突击。进攻开始前，派驻非洲的德意空军会投入全部力量，猛轰要塞东南面的主要突击地段。一旦我步兵削弱敌筑垒防线，非洲军就攻向通往港口的十字路口，向西打通巴尔博大道。跟在非洲军身后的意大利第20军负责攻克英军防御工事，进入南非人身后的马道尔角。

亲爱的露：

　　我昨晚只睡了两个钟头。这是真正具有决定性的一天，希望我能保持好运。我很累，但其他方面都很好。

1942年6月20日

我的突击力量6月19日夜间进入集中地域。5点20分，数百架战机朝要塞东南部突击地段投下炸弹。我观察着这场空中突击的效果，英军阵地腾起一股股硝烟和尘埃，宛如巨大的喷泉，铁丝网和武器旋转着飞入半空。一颗颗炸弹撕开敌人的铁丝网。

空中突击刚一结束，非洲军的步兵（第15步兵旅）和意大利第20军就向前冲去，我们昨晚在地雷场开辟了几条通道。两小时后，几个德军突击群成功地在英军防线上插入了一根楔子。我那些"非洲人"发起勇猛的冲击，以激烈的白刃战夺得一处处阵地。

我方工兵8点前就在防坦克壕上架起桥梁，他们当日的功绩特别值得赞扬。很难想象冒着敌人猛烈的火力从事这项作业意味着什么。通道现在已打开，我们投入了装甲力量。

8点左右，我带着直属营驱车穿过阿列特师，进入第15装甲师作战地域。我乘坐装甲运兵车，沿通道驶过遭到英军猛烈炮击的地雷场。敌人的炮火导致我方交通严重堵塞，于是我派贝恩特中尉赶紧组织人手疏通车流。半小时后，我和拜尔莱因越过防坦克壕，查看了我方占领的两处阵地。在此期间，英军坦克从要塞外发起攻击，非洲军成为他们的打击目标，激烈的坦克战爆发开来，双方炮兵也加入其中。临近11点，我命令阿列特师和的里雅斯特师（他们克服防坦克壕后，在英军防御地域停了下来），跟上已达成渗透的非洲军。德军的进攻稳步向前，短暂的战斗中，非洲军击毁50辆敌坦克，中午前后到达西迪马赫穆德十字路口。我们拿到了打开图卜鲁格的钥匙。

我现在跟随非洲军从十字路口攻击前进。皮拉斯特里诺堡地域和高地斜坡上的几个据点朝我方进攻部队射出密集的火力。几艘英国船只起锚，似乎要驶离港口，显然想从海路疏散守军。我立即命令高射炮兵和炮兵打击这些目标，他们一举击沉6艘船只，船上的大部分人员获救。

我们继续前进，很快到达通入镇内的斜坡，在这里遇到个英军支撑点，他们的抵抗异常顽强。我派冯·施利彭巴赫中尉①去劝说50名守军投降，可对方的回答是以猛烈的火力袭向我方车辆。最后，我们的摩托车护卫胡贝尔下士在6名高射炮兵掩护下逼近敌支撑点，以手榴弹打垮了守军。

皮拉斯特里诺堡傍晚请求投降，于是我们取消了斯图卡对这座堡垒的攻击。我的部下冲击索拉罗堡，还把一艘炮艇击沉在港内。夜幕降临前，图卜鲁格要塞三分之二地区落入我们手中，非洲军当天下午就占领了镇区和港口。

6月21日清晨5点，我驱车驶入图卜鲁格镇。这里满目疮痍，遍地瓦砾，几乎每座建筑都被夷平，显然是我军1941年围攻的结果。我随后沿巴尔博大道向西驶去。英国陆军第32坦克旅旅部请求投降，交给我们30辆完好无损的英制坦克。[16]起火燃烧的车辆停在巴尔博大道两侧。目力所及之处，看到的都是混乱和毁灭。

9点40分左右，我在图卜鲁格镇西面4英里的巴尔博大道遇到南非第2师师长、图卜鲁格驻军司令克洛普将军。他宣布图卜鲁格要塞投降。尽管克洛普竭力掌控麾下部队，但他已无法推迟失败的到来。

我让克洛普将军和他的参谋长乘坐自己的车辆，跟在我身后沿巴尔博大道返回图卜鲁格。道路两旁站立着大约1万名俘虏。

到达图卜鲁格旅馆，我同克洛普将军聊了一会儿。他先前似乎与麾下部队失去了必要的联系，因而无法组织突围。战事进行得太快了。我指示这位南非将军率领他的部下，负责维持被俘官兵的秩序，还以缴获的仓库为他们供应补给。

---

① 译注：冯·施利彭巴赫是隆美尔的副官。

亲爱的露:

图卜鲁格!这场战役打得真棒!要塞区还有好多事情需要处理,可经历了这么激烈的战事,我得先睡上几个钟头。我太想你了。

1942年6月21日

我们在没有外部干预的情况下攻克了图卜鲁格,说明迈尔迈里卡的战斗已结束。对我麾下每个"非洲人"来说,6月21日堪称非洲战争的顶点。我下达了这样一道装甲集团军日训令:

全体将士!

你们迅速征服图卜鲁格,圆满地打赢了伟大的迈尔迈里卡战役。我们抓获的俘虏超过45000人,还摧毁或缴获1000多辆装甲战车和近400门火炮。最近4周漫长而又艰巨的斗争,你们以无与伦比的勇气和坚韧一次次打击敌人。你们的进攻意志让敌人的野战集团军丧失了核心力量,该集团军已做好准备,本来是要发动进攻的。最重要的是,敌人强大的装甲力量损失殆尽。我为这番骄人的战绩向全体官兵深表祝贺。

非洲装甲集团军的将士们!

彻底歼灭敌人的时候到了。粉碎英国第8集团军最后的残部前,我们还不能休整。接下来几天,我要求你们再次付出巨大的努力,彻底实现我们的目标!

签名:隆美尔

次日,隆美尔收到元首大本营发来的电报,获悉元首为奖励这场胜利,擢升他为陆军元帅。*此时的隆美尔才49岁①。接下来几天他忙得不可开交,完全忘了换上新肩章:代表元帅军衔的肩章上,有两根交叉的权杖。到达阿莱昗,凯塞林元帅才提醒隆美尔这件事,还把自己的一副肩章送给他。隆美尔当年9*

---

① 译注:隆美尔生于1891年11月,晋升元帅时快51岁了。

月到柏林谒见希特勒，收到自己的元帅权杖。他当时对妻子说道："我宁愿他再给我一个师。"

注释

1. 从这里开始，又是隆美尔本人的记述。

2. 但就像奥金莱克 1942 年 3 月 21 日在备忘录里坦率指出的那样，英军实施迂回的可能性受到限制，一方面是德国坦克的火炮具有优势，另一方面是德军装甲兵团的训练和领导更加出色。

3. 需要指出，隆美尔使用了英国人给这个至关重要的支撑点起的名字。

4. 这种说法不太正确。图卜鲁格 1941 年 12 月解围后，英国人搁置了把它打造成要塞的强化工作，1942 年仲夏前基本彻底停工。

5. 这种说法并不正确。英国装甲师近期更改了编制，目前辖 1 个装甲旅（编有 3 个坦克分队和 1 个摩托化步兵分队）和卡车搭载的 1 个步兵旅（编有 3 个营），但有时候他们会给装甲师再配 1 个装甲旅。

6. 英军最初投入交战的兵团如下：

   步兵师——英国第 50 师，南非第 1、第 2 师，印度第 5 师

   旅群——印度第 3 摩托化旅，自由法国第 1 旅

   装甲师——第 1 装甲师（辖第 2、第 22 装甲旅，第 201 禁卫摩托化旅）

   　　　　第 7 装甲师（辖第 4 装甲旅，第 7 摩托化旅）

   集团军坦克旅——第 1、第 32 旅（配备步兵坦克）

   另外，近期重新装备的第 1 装甲旅刚刚开抵，即将分配给第 7 装甲师，这样，每个装甲师都编有 2 个装甲旅。与只编有 1 个装甲团的德国装甲师相比，英国装甲师占有巨大的优势。但交战开始时，英国第 1 装甲旅还没有完全做好战斗准备，因而只能用于补充另外 3 个装甲旅遭受的损失。

   由此可见，隆美尔低估了英军装甲兵团的数量，而他一再使用"摩托化"这个词，混淆了不同类型的兵团间的区别。他估计英军投入 900 辆坦克，如果算上交战期间英军投入的补充坦克，这个数字大致准确。交战初期，英军坦克的数量优势并不大，可他们有 200 辆格兰特坦克，这款坦克的战斗力强于隆美尔手中任何一款战车，隆美尔的 240 辆意大利坦克和 50 辆二号坦克在这场坦克战中几乎派不上什么用场。

   为应对坦克方面的不利因素，隆美尔的主要武器是 88 炮，但他只有 48 门 88 炮。即便当年 10 月的阿莱曼交战期间，他也只有 70 门 88 炮。

7. 这种说法并不正确，隆美尔肯定受到了误导。

8. 英国皇家空军实际上有 604 架战机，而德意空军只有 542 架。但轴心国的 351 架战斗机，有 120 架梅塞施密特 109 型，这款战斗机优于英军的"飓风"和"小鹰"。

9. 这番评述的第一部分很合理，但结论有点极端。要是包围方的指挥官真正理解现代机动作战的防御方面，那么，被围部队是很难突围的。

10. 5 月 20 日，也就是交战开始前近一周，奥金莱克给里奇写了封长长的建议函，奥金莱克认为隆美尔很可能企图在中央地段达成突破，但他也考虑到另一种可能性。另外，奥金莱克还在信里敦促里奇把两个装甲师放在一起，让他们横跨卡普佐小径，待隆美尔的装甲部队明确投入一个或另一个方向，就集中两个装甲师，对德军装甲力量发起侧翼反突击。但里奇把第 1 装甲师部署在卡普佐小径南面，把实力较弱的第 7 装甲师摆在更南面 10 英里处，也就是暴露在外的沙漠侧翼，隆美尔的右勾拳从这里绕过。事实证明，里奇分散使用两个装甲师的战役布势非常糟糕。交战首日（5 月 27 日）上午，第 7 装甲师被打垮后陷入孤立境地。第 1 装甲师两个装甲旅中的一个姗姗来迟，奉命增援第 7 装甲师，结果孤军奋战，损失惨重。

11. 这场代号"赫拉克勒斯"的行动制定出方案后，墨索里尼 4 月底赶往贝希特斯加登会晤希特勒。两人达成一致，待隆美尔结束非洲的攻势，德意联军就于 7 月初进攻马耳他，以便德国空军抽调力量支援。可达成协议后不久，希特勒心生疑虑，与身边的顾问讨论起各种不利因素：意大利人保守不了秘密；面对如此艰巨的冒险，他们根本没有斗志；他们不会准时到达，以支援德国伞兵部队；意大利海军不敢面对英国皇家海军，很可能丢下德军部队，听任他们在没有补给的情况下陷入困境。

因此，希特勒 5 月 21 日决定，"赫拉克勒斯"行动的准备工作只在图上继续进行，如果隆美尔顺利攻克图卜鲁克，就放弃行动，因为他认为补给船只可以绕开马耳他，取道克里特岛运往图卜鲁格。虽然事实证明这种观点大错特错，但意大利海军接下来几个月过度谨慎的表现，证实了希特勒的怀疑。

12. 这种观点充分说明从"山的另一面"看去，情况是多么不同。德国人遇到新式格兰特坦克后遭受了损失，震惊之余没有充分意识到他们打乱了英军装甲力量大部，从而获得开局优势。英军受到的影响主要是缺乏强大、获得出色指挥的努力，因而没能利用进攻方当前处境的弱点和不稳定性。结果，隆美尔获得喘息之机实施重组，尔后巧妙地组织防御，以这种战术优势削弱英军的数量优势。接下来几天，他以娴熟的"诱杀"防御，为下一场更具决定性的攻势铺平道路。与大多数干劲十足的军人一样，隆美尔不太注重防御，但形势所迫时，他展现出自己对这种精妙技术本能的理解，借此为自己的胜利奠定基础。

他的打法充分证明了著名拳手杰姆·梅斯的格言："让他们来打你，他们会击败自己。"另一位伟大的后辈拳手基德·麦考伊更明确地解释了这句格言："诱使对手攻击，这样他就用上了双拳，而你还有一只拳头空着。"

13. 隆美尔获得时间加强插入英军阵地的楔子，这让奥金莱克深感焦虑。另外，他还一直敦促尽早发起间接反突击，打击敌军补给线。但里奇认为此举过于危险，他觉得必须把足够的装甲力量留在阿克鲁马附近，掩护自己的后方，而他的装甲力量并不足以同时对敌军后方施以打击。（实际上，里奇此时仍有大约 400 辆坦克可用，而隆美尔只有 130 辆德国坦克，另外还有 100 辆战斗力较弱的意大利 M13 坦克。）

因此，里奇倾向于进攻敌人占据的突出部。事实证明，这场进攻的代价极为高昂，最终导致灾难性结果。他们一次次企图以直接进攻打垮敌人，原有的坦克数量优势逐渐消失，到 6 月 6 日只剩 170 辆。就这样，德意军队的防御为隆美尔装甲力量的决定性突击铺平道路，这股装甲力量在此期间几乎没遭受损失。

14. 拜尔莱因将军指出，除了其他防御工事，比尔哈基姆周围还有步兵和重武器使用的 1200 个据点和战斗阵地。

15. 隆美尔强调这番话，可能是想起去年冬天发生的事情，当时他向西退却，丢下了边境阵地的大批守军，任由他们遭切断后被俘。

16. 这肯定是在维修车间修理的车辆，第 32 坦克旅旅部并没有交出这些坦克。经历了前一天的激烈厮杀，该旅只剩几辆坦克仍能使用，他们夜间分成小股步行逃离前，旅长下令炸毁剩下的坦克。

第十章 追入埃及

我们虽然在图卜鲁格赢得胜利，但也耗尽了最后的力量，一连数周与兵力和物质都占有优势的敌军鏖战，给我方军队造成严重破坏。不过，我们缴获了大量战利品，有弹药、汽油、食物和各种军用物资，集中力量发起后续进攻还是能做到的。

罗马方面多次向我保证，只要我们占领图卜鲁格港和马特鲁港，他们就能为非洲运送大批补给物资。这番承诺更加坚定了我的决心：利用图卜鲁格交战后英军虚弱无力的状态，全力攻入埃及。

但这不是我做出决定的主要原因。我决心不惜一切代价，决不能给英国人构设新防线、从近东调来新锐兵团据守防线的任何机会。英国第8集团军的实力目前非常虚弱，核心力量只有2个新锐步兵师，他们的装甲兵团从埃及腹地匆匆调来，不可能有任何值得一提的战斗力。总之，与过去相比，我们与英军的实力对比相当令人鼓舞。我们的企图是展开闪电般的挺进，追上第8集团军辖内兵团，抢在对方与调自中东地区的其他兵团会合前与他们交战。歼灭第8集团军逃离迈尔迈里卡交战的残部以及他们2个新锐步兵师并非不可能的事，要是我们做到这一点，英国人在埃及就再也没有可用的力量阻止我们攻往亚历山大和苏伊士运河了。

这是个有望成功的方案，值得一试。我的军队断不会遭受威胁，因为就目前的情况看，无论结果怎样，我们完全有能力自保。[1]

攻入埃及的行动后来受到某些人士批评。他们说从班加西到阿莱曼的补给线对后勤运输队来说太过漫长，很难维持，而英国人从塞得港到前线的补给路线较短，这让他们获得很大的优势。

对此，我想说以下几点：

（a）与阿莱曼相比，英军的优势本来能在塞卢姆发挥更大影响。因为他们在塞卢姆地域完全可以进入沙漠，对我军防线实施大范围迂回，以他们的装甲旅（到阿莱曼交战时，这些装甲旅不仅占有数量优势，更重要的是坦克质量方面也有优势）粉碎我们的摩托化师。另外，我方非摩托化步兵撤离塞卢姆的机会比撤离阿莱曼的机会小得多。这些非摩托化兵团是我们投入阿莱曼交战的主力，可他们在塞卢姆完全派不上用场，因为敌人在那里根本用不着突破他们的防线，只要轻轻松松地绕过去即可。尔后，非摩托化步兵会在后撤期间沦为英军唾手可得的猎物，或成为摩托化兵团的包袱。

（b）我们在塞卢姆的补给情况不会得到任何值得一提的改善，因为我方战线一直在西面，进入英国轰炸机打击距离内的不是图卜鲁格和马特鲁港，而是图卜鲁格和班加西。因此，大型船只实际上已无法驶入班加西港。这就意味着把陆地补给线延长到的黎波里，我们手头的运输工具根本无法完成这么远的路程。另一方面，英军的补给情况几乎不受影响，因为他们有铁路，用于公路运输的车辆也很充裕，还有组织良好的沿海航运可用。[2]

当然，我们进军埃及确实给我方补给车队造成严重的困难。但我们每个装甲兵和步兵都因为持续数周的激战疲惫不堪，身处罗马的后勤补给人员也应该付出同样的努力。因此，海路补给这次应当以他们一直承诺的规模，通过临时组织的方式立即运到前进地域的港口。意大利最高当局随时能做到这一点。我下令进军埃及，认为我们即将在埃及赢得最终胜利的美好前景能激励上级部门，就连意大利最高统帅部也会做出某些贡献。

基于这些和另一些类似的理由，我攻克图卜鲁格后立即请求领袖解除装甲集团军在行动自由度方面受到的限制，允许我们攻入埃及。获得批准后，我立即命令麾下所有兵团，让他们为这场进军做好准备。

我们越过埃及边境的接敌行军非常顺利。尽管前几周的战事把大家折腾得够呛，但全体将士现在干劲十足，装甲集团军再次展现出高昂的士气。我的军队6月22日向东进击。我本人6月23日跨过边境，远远落在第90轻装师后面，他们已向前挺进了很长一段路程。遥远的东面腾起浓浓的烟尘，英军已撤离边境地域。我们从缴获的文件获悉，第8集团军主力奉命据守马特鲁港阵地。现在和接下来几天最大的要求是速度。

亲爱的露：

　　我们正在运动，希望很快能发起下一场大规模打击。现在最重要的是速度。前几周发生的事情就像一场梦，被我甩在身后。高泽回来了，看上去还是很疲惫，可他在后方再也待不住了。我很好，睡得很沉。

1942 年 6 月 23 日

6 月 24 日，我和第 90 轻装师的队列一同行进，不时催促他们加快速度。很倒霉，非洲军当天的油料严重不足，一连几个钟头动弹不得。幸运的是，我们从哈巴塔火车站起火燃烧的仓库抢救出许多物资，有不少英国汽油。尽管困难重重，可我们继续前进，进展还不错，次日到达马特鲁港以西 30 英里。

我的几个兵团一再遭到皇家空军轰炸机猛烈攻击。德国空军此时正在重组，无法派出战斗机。非洲军现在只剩 50 辆坦克，成为皇家空军频频攻击的目标。我们使用的运输工具，很大一部分是缴获的英国车辆，从外表很难分辨我们究竟是德军还是英军。基尔直属营利用这一点，诱使许多英军散兵游勇自投罗网，待他们发现自己弄错了，一个个懊恼不已。

意大利人也遇到好多麻烦。6 月 25 日，阿列特师和的里雅斯特师总共还剩 14 辆坦克、30 门火炮、2000 名步兵！利托里奥师由于缺乏油料，一连几个钟头动弹不得，根本无法跟上。现在要求补给勤务人员充分发挥即兴创造力。英国空军对我们几支东进纵队的攻击持续到夜间。里奇在埃及西部仍有 200 架多引擎、360 架单引擎飞机，所以，他们出动的战斗架次接连不断。

6 月 26 日上午，一群群英国战机继续攻击，摧毁我方一个补给纵队，导致非洲军的汽油一度严重短缺。虽说遇到这些难题，可我们当天还是前出到马特鲁港西南面大约 10 英里处。英国第 1、第 7 装甲师残部撤离该地域，只留下几支侦察部队。我们认为英军不会在这里实施大规模抵抗，但他们可能会尽力阻滞我军，以便把马特鲁港和代巴周边地域诸多机场的设施和补给设备运走。

我们企图迫使英军在这里应战，设法歼灭他们的步兵主力。为此，我们打算包围马特鲁港要塞和要塞内强大的守军，尔后发起冲击攻克要塞。为了给这场突击提供必要的回旋空间，我们必须迅速向东挺进，逼退英军装甲部队，不能让他们介入要塞周边的作战行动。

　　亲爱的露：

　　　　我们前几天的进展不错，希望今天能打击敌军残部。这几天我和高泽住在车内，食物一向不错，可盥洗成了问题。我昨天把指挥部设在海边，所以这两天都下海洗澡，可海水太热，一点儿也不提神。要做的事情太多了。卡瓦莱罗和林特伦今天要过来，可能想劝我停止前进。这帮家伙总是这样！

1942年6月26日

　　同一天，也就是6月26日，里奇明显打算在马特鲁港—哈勒达井一线实施初步抵抗。[3]可是，非洲军把英军侦察部队逐回了他们的防线，第90轻装师一路挺进，在这道防线北部达成突破，傍晚时迅速冲到海岸公路，封锁了双向交通。

　　我们现在包围了马特鲁港。守卫这座要塞的兵力与图卜鲁格差不多，但这里构设的防御工事不像图卜鲁格那么精妙。外围防御埋设的地雷可能多达20万颗，盘踞在要塞内的是新西兰师和印度第10师主力，还有英国第50师和印度第5师部分部队。所以，大部分英军步兵被我们困在这里。[4]

　　在此期间，内林将军率领的非洲军[①]和意大利第20军（该军英勇而又能干的军长巴尔达萨雷将军昨天在英军火力下牺牲了）在哈勒达井以北地域撞上英军集中的装甲力量。对方投入美制中型坦克（大多是刚刚从埃及运来的），一次次冲击我方兵团。交战持续到深夜，我们在战场上击毁18辆美制坦克。可惜，由于缺乏油料和弹药，我们没能发展胜利。

　　亲爱的露：

---

　　① 译注：克吕维尔被俘后，瓦尔特·内林中将出任非洲军军长，他后来担任第24装甲军军长、第1装甲集团军司令，最终军衔是装甲兵上将。

我们仍在机动，希望一直保持到实现最终目标。当然，这么做确实很累人，可这是人生中的天赐良机。敌人以空中力量殊死反击。

附：7月份的意大利之行仍有可能。赶紧去申请护照！

1942年6月27日

就这样，英军摩托化力量又一次遭到重创，再也无法为困守马特鲁港的部队提供任何值得一提的援助。这种情况下，经历过图卜鲁格交战的英军指挥部似乎不太可能再给我们机会歼灭他们在埃及西部残余的步兵力量，因为这会让我们最终打开通往亚历山大的道路。所以我们认为，彻底实现摩托化的英军步兵会设法突出马特鲁港周边包围圈，我们的包围圈6月27日还没有彻底封闭，对方一旦突围，就能进入广阔的沙漠，尔后向东逃窜。这座要塞被封锁后不久，许多英军车辆确实企图穿过敞开的南部地区逃离。

为阻止敌人继续突围，我命令意大利布雷西亚师和帕维亚师辖内部队尽快赶到马特鲁港南面，在此期间，这些部队已利用补给卡车前调。可是，由于意军装备拙劣，运输工具奇缺，这场机动执行得非常慢。另一些意大利兵团已占据要塞西面和西南面地域。据守封锁线的所有部队奉命在夜间保持高度警惕。

指挥新西兰师的弗赖伯格将军是我昔日的老对手，他的确集中兵力，趁夜间向南突围。激烈的混战随之爆发，我设在要塞南面的指挥部也卷入其中。基尔直属营和利托里奥师辖内部队加入战斗。我方部队与新西兰人交火，导致这场混战愈演愈烈，指挥部周围很快布满起火燃烧的车辆，这让我们成为敌人不断射击的目标。我很快受够了这一幕，于是命令指挥部和工作人员撤往东南面。外人很难想象当晚的混乱场面，当时漆黑一片，伸手不见五指，英国皇家空军轰炸己方部队，曳光弹四散飞舞，德军部队也在相互开火。

凌晨时，新西兰人数百部车辆冲过我军防线东南侧的巨大缺口突出包围圈。的确，沙漠战期间临时构设一条漫长的防线，借此阻挡敌军突围非常困难，因为对方只要下定决心，就能通过自身的摩托化，突然把兵力集中在某处实施突围。[5]

6月28日清晨5点，我驱车赶往昨晚乱成一锅粥的敌军突围地段，在那里看见一些满是新西兰士兵尸体的卡车，他们是被英国飞机投掷的炸弹炸死的。虽然英军主力目前已开赴富凯，但印度第 10 师、新西兰师、英国第 50 师部分部队仍在坚守马特鲁港，还获得额外的炮兵力量和英国第 4 装甲旅新开抵的一个装甲团加强。这些英军部队部署得较为分散，组织得也不太好，仍不断企图溜出包围圈。

马特鲁港守军本来能在德军封锁道路前逃离，可他们的部分运兵车辆调拨给了新西兰师，以便该师彻底实现摩托化，担任侧翼掩护。尽管如此，大部分守军还是在次日夜间突出或溜出包围圈，不过，他们不得不丢下大部分弹药和装备。部分守军没能逃脱的事实证明了隆美尔的观点，也就是充分实现摩托化的兵团不难突围，尽管他这样描述英军并不正确。

17 点左右，第 90 轻装师、第 580 侦察营、基尔直属营、意大利第 20 和第 21 军已开抵的部队发起攻击。尽管英军的抵抗非常顽强，但第 90 轻装师进展顺利。激烈的战斗彻夜持续，一支支大大小小的英军车队企图突出包围圈，其中大多数被我军击毁。某些地方，英国人纵火焚烧仍载有战友遗体的车辆，设法步行逃离。借助月光，我们没费太大力气就俘获了大部分英军散兵游勇。一股股烈焰在马特鲁港要塞区肆虐。

　　亲爱的露：

　　　　我们打赢了马特鲁港交战，先遣部队距离亚历山大只剩 125 英里。到达目标前，我们还得从事几场交战，但我认为最恶劣的时刻已过去。我这里一切都好。

　　　　某些行动对体力的要求很高，简直让人筋疲力尽，但休整的时候，日子过得很悠闲。我们已到达图卜鲁格以东 300 英里。英国人的铁路和公路系统是第一流的！

1942 年 6 月 29 日

6 月 29 日清晨，第 90 轻装师从东面、基尔直属营和第 580 侦察营从南面杀入要塞。枪炮声逐渐减弱，最终平息下来。我们缴获大批战利品，除了几座大型补给物资堆栈，落入我们手里的各种军用物资足够装备一个师。我们击毁40辆敌坦克，6000名英军官兵步入战俘营。我军将士以非凡的勇气再次赢得胜利。可惜，弗赖伯格率领的新西兰人侥幸逃脱。我们在1941—1942年与这个师交过手，他们是英军精锐力量。要是把他们关入战俘营，而不是像现在这样继续与我们对阵的话，那我就更高兴了。

埃及西部沙漠里的最后一座要塞落入我们手中，英军又一次遭受了严重损失。不过，他们还是把大部分步兵力量撤入阿莱曼阵地，前一段时间，他们一直在这里以最快的速度构筑防御工事，还调来部分新锐部队据守这片阵地。因此，马特鲁港陷落后，我立即命令麾下部队再次出发。我们打算穿过阿莱曼，趁这里的防御工事还没完成，赶在第8集团军逃脱的残部重新组织起防御前突破这道防线。这是英军阻挡我们挺进的最后一座堡垒，一旦突破，我们就肃清了长驱直入的通道。

就这样，马特鲁港刚一陷落，我们进攻要塞的部队就再次向东进击。意大利步兵也在前进，先遣部队直奔富凯。我们的车辆继续向东行驶，经过泰费勒富凯什井机场时，突然袭来一串机枪子弹，车辆周围尘土四溅。我赶紧找到第90轻装师杰出的师长马克斯上校[1]，指示他率领一支队伍向南绕行。可情况很快就弄清了，朝我们开火的是利托里奥师，他们误以为我们是逃窜的英国人。此时敌我难辨，因为交战双方都使用英国车辆。

临近中午，我们通过无线电侦听获悉，英军正撤离哈奈什。我立即下令俘获这股敌人，结果，我方部队果然押来不少俘虏。富凯东南面几英里，第90轻装师突然遭到英军从东南方袭来的火力打击，显然是对方的侦察车。我们赶紧部署几门火炮驱散这些侦察车，之后，炮火渐渐平息。我们继续前进，又行驶了几英里，调到几条地雷带，埋设在道路两侧的地雷场之间。几颗地雷在为首车辆的车轮下爆炸，我和另外几个人排除地雷后，队伍再次出发。夜幕降临，我们停在代巴西

---

[1] 译注：马克斯指挥第90轻装师的时间非常短，但后来担任过第1、第21装甲师师长，最终军衔是中将。

面6英里处。东面传来的爆炸声清晰可辨，我们心疼不已，因为这说明英国人正在炸毁物资堆栈，这些东西本来能为我们所用的。

指挥官总有不在后方指挥部，而是和部队待在一起的时候。维持部下的士气完全是营长的活儿，这种说法纯属胡说八道。职务越高，榜样的作用就越大。普通士兵往往觉得自己与指挥官不会有任何接触，他们认为指挥官总是待在指挥部。而他们需要的是与指挥官近距离接触。恐慌、疲惫、混乱的时刻，或是向他们提出不寻常要求的时候，指挥官以身作则往往能产生奇迹，特别是他发挥聪明才智为自己制造出某种传奇色彩的话。

这个时期对全体将士的体力要求达到极限，这种情况下，军官以身作则，不断为部下树立榜样尤为重要。[6]

亲爱的露：

马特鲁港昨天陷落了，我们继续前进，直到深夜才停下。我们已向东开进了60英里，目前距离亚历山大不到100英里！

1942年6月30日

6月30日上午，我发现第15装甲师先遣部队已远远越过代巴。非洲军缴获大量战利品，包括英军一个150毫米炮兵连，他们立即把这些武器投入使用。不幸的是，意大利人又遇到麻烦，午夜前才到达阿莱曼以西地域。

外出侦察时，我在"电报小径"[7]南端遇到两辆卡车和一门苏制火炮[8]，一辆卡车仍拖着火炮。旁边一辆卡车载满冲锋枪和步枪。看来是英国人趁炮组睡觉的时候突然袭击，俘虏了他们。我们在代巴的道路旁发现一座大型口粮仓库，还把指挥所设在其中一座小木屋，但战斗轰炸机的攻击很快迫使我把指挥所迁到东面。没过多久，我们又听见低空飞行的敌机发出的射击声，他们显然已部署到新机场。于是，我们再次搬家。很不幸，我们的几部车辆被烧毁了。

当天下午，我与麾下几名将领和参谋长商讨进攻阿莱曼防线的事宜。我们决定次日清晨3点进攻。此时，我那些"非洲人"正开入他们的集中地域。我下午穿过猛烈的沙尘暴驱车向东，途中遇到拜尔莱因上校，他赶往集团军司令部的途中穿过英国第 7 装甲师的队列，这个师已被我们突破。

我和拜尔莱因再次商讨了次日的进攻。傍晚时，情况已经很明显，我们无法按照计划时间表展开行动，因为参与进攻的各兵团严重受阻，部分原因是后撤中的英军不断滋扰，另一方面是因为地形的复杂程度出乎意料。

注释

1. 有趣的是，面对外界批评他养成了冒险的习惯，隆美尔显然很敏感，一再为自己辩解。总的说来，他的日记提供了许多证据，说明他的作战方案是深思熟虑过的，大胆也是建立在反复权衡的基础上。

2. 拜尔莱因将军注：隆美尔的观点基本是正确的，但要补充一点，我们在塞卢姆而不是阿莱曼集结兵力的话，确实能更长久地拖住蒙哥马利。毫无疑问，这意味着一场拖延，耽误的不仅仅是第 8 集团军的攻势，还会影响英美联军在西北非的行动，因为蒙哥马利发动进攻牵制隆美尔的军队前，盟军不太可能登陆西北非。但被补给状况如此恶劣的情况下，非洲装甲集团军争取到的时间，能否让他们获得优势，足以弥补塞卢姆与阿莱曼相比的劣势（就像隆美尔说的那样），这一点值得怀疑。

   韦斯特法尔将军在《西线德军》一书中阐述了这样的观点：取消塞卢姆攻势，把非洲战区的德意空军调到卡塔尼亚，用于夺取马耳他岛可能会更好。这种观点很难站得住脚。且不说德国和意大利到现在也没打算进攻马耳他（OKW 和意大利最高统帅部有 18 个月时间这样做，可一直没下定决心），就是把迈尔迈卡交战期间损失惨重的德意空军撤离也是不可能的，除非有谁打算在图卜鲁格陷落后立即把制空权拱手让给英国人。实际上，隆美尔的记述为自己的行动方案给出了非常明确的理由。但还有一点应当提及，1942 年夏季，OKW 为德国第 7、第 10 装甲师提供了热带装备，准备把他们派往非洲。此举肯定让隆美尔认为，自己可以依靠数量翻番的德国装甲兵团。但这两个师后来被派往苏联战场。

3. 隆美尔的判断没错，英军确实打算坚守马特鲁港。实际上，他们计划在这里实施最后的抵抗。但 6 月 25 日傍晚，奥金莱克撇开里奇直接指挥第 8 集团军，他和自己的副参谋长 E. E. 多尔曼 - 史密斯将军共同采取措施，应对眼前的危机，做出的第一个决定就是放弃坚守马特鲁港的计划，让第 8 集团军保持机动。推翻里奇的方案非常正确，因为从隆美尔的记述可以看出，他的计划就是要切断并歼灭第 8 集团军余部。

4. 这种说法并不正确，马特鲁港守军已撤离，新西兰师部署在马特鲁港以南 20 英里。

5. 隆美尔没弄清状况，也可能是他的叙述较为混乱。他的部队在马特鲁港主阵地与新西兰人设在明加古艾姆的偏远阵地之间突破，部分部队 6 月 27 日包围了新西兰师。但新西兰第 4 旅夜间发起刺刀突击，借助月光步行突围。该师余部乘坐车辆，跟在第 4 旅身后穿过缺口，或向南绕行后逃出包围圈。弗赖伯格在白天的战斗中身负重伤，这场突围由英格利斯准将指挥。

6. 拜尔莱因将军注：隆美尔对军官以身作则的问题非常重视，他当初担任维也纳新城军校校长时，对受阅的 1938 级毕业生发表的讲话充分说明了这一点："无论在公务还是私生活方面，你们都要成为部下的榜样。永远不要置身事外，要让部下看见你和他们一样，也在忍受疲惫和饥寒。言行举止要有分寸，要得体，还要教会下属也这样。说话时不要恶语相对，这通常说明你有短处想要隐瞒。"

7. 这是条沙漠小径，两旁排列着电报线和电线杆，在战线后方从西迪阿卜德拉赫曼向南延伸到盖塔拉洼地。

8. 德军在东线缴获了大批苏制76毫米火炮，运抵非洲后，隆美尔把这款火炮作为野战炮和反坦克炮使用。

第十一章 丧失主动权

在阿莱曼受阻

我的装甲集团军与占据优势的英国军队激战了 5 周。其中 4 周，激烈的战斗围绕图卜鲁格周边来回拉锯。我们时而发起目标有限的进攻，时而实施防御，借此消耗英军兵力，最终赢得胜利。骑士桥和贾扎拉陷落后，我们冲击图卜鲁格。英军先撤到马特鲁港，尔后退守阿莱曼防线。

一连串交战导致我集团军的实力到达枯竭的边缘。我们储备的物资，包括立即可用的战利品逐渐耗尽，我军将士之所以能坚持下去，全凭他们惊人的气概和赢取胜利的意志。我们不仅没得到补充兵和物资，更让人难以置信的是上级完全不了解这里的情况，补给部门 6 月份给非洲运送了 3000 吨物资，而我们的实际需求量是 6 万吨，可这个数量从来就没达到过。图卜鲁格陷落后，缴获的仓库无疑帮助我们克服了补给方面的危机，但我们迫切需要己方提供充足的物资来解决相关问题。

罗马方面本该组织补给维持我的集团军，可他们没能做到，还找出这样或那样的借口。事后说一句"实在难以做到"是很容易的，因为生死并不取决于找到解决方案。倘若大家齐心协力地寻找办法和手段，所有人本着同样的精神展开工作，技术上的难题无疑是能克服的。

我方补给工作的失败，主要基于以下原因：

（a）许多负责补给的部门没有为此全力以赴，仅仅因为他们没受到紧迫形势的直接威胁。罗马一派和平景象，就算没解决问题，那里也没有立即发生灾难的危险。许多人没意识到非洲战争正接近顶点，有些人确实认识到这一点，可出于某种莫名其妙的原因，他们没有加紧努力。我很了解这种人。只要遇到困难，他们就宣称维持我的集团军是个根本无法解决的难题，还以一系列统计数据来证明所言非虚。这些人没有任何创造力和主动性，早该在事态恶化前卷铺盖滚蛋，派其他能做到的人取而代之。

（b）在海上保护我方运输船队是意大利海军的职责。可许多海军军官和不少意大利人一样，不是墨索里尼的支持者，宁愿见到我们失败而不是胜利。所以，他们想方设法实施破坏。但我们无法借此得出正确的政治结论。

（c）意大利法西斯高层的大多数人太腐化，太自负，派不上任何用场。通常说来，他们根本不想和整个非洲战事扯上任何关系。

（d）确实有殚心竭虑为我们提供补给的人，可他们在罗马臃肿复杂的组织迷宫里很难取得任何进展。

现代战争中，补给问题决定战役的胜负，记住这一点就很容易明白灾难的阴云是如何笼罩在我这支军队头上的。

另一方面，英国人不遗余力地控制局势。他们以令人钦佩的速度组织新锐力量开赴阿莱曼防线。他们的领导清楚地意识到，非洲战场的下一场交战会决定未来很长一段时间的态势，另外，他们非常冷静地看待所发生的一切。一时的危机让英国人付出了巨大的努力，一如既往，极度危险的时刻往往能让他们做到原先认为不可能做到的事情。致命的危险堪称克服固有思维的良方。

后来，罗马的补给部门突然找到了办法，把大量补给物资运抵突尼斯，数量之多是我们此前在非洲所未见的，匪夷所思的是，我们1942年拥有的船只，当时大部分已被盟军炸沉，而且，英国人对地中海的控制也比我们进军阿莱曼期间严密得多，但意大利人还是运来那么多物资。可惜为时已晚，因为敌人一向高于我们的船运补给量，此时已翻了几倍。

到目前为止，我和我的司令部勉强应付补给问题，主要是利用我军缴获的大量物资。我们的运输工具，85%是缴获的敌军车辆，这个时期过后依然如此。我的部下始终竭尽全力，我们反复打出的王牌，是某些德国武器优于英军同类装备。但看看英军装备的新式坦克和反坦克炮，似乎有迹象表明英国人即将掌握物质优势。如果真是这样，显然意味着我们的末日很快就会到来。

所以，仅仅出于这个原因，我们就必须采取一切措施，赶在大批武器装备从英国或美国运抵前，打垮近东的英国军队。就这样，阿莱曼前方7月份爆发了一连串激烈而又血腥的交战，这些交战的主要特点是皇家空军昼夜不停的持续轰炸。我们在阿莱曼防线攻克几处筑垒工事，越过这些工事向东挺进了几英里。可我们的进攻随后陷入停顿，实力逐渐耗尽。我们遭遇占有极大优势的英军装甲兵团，他们势不可挡地冲向我军防线。我们一鼓作气打垮了第8集团军残部，占领埃及东部的机会无可挽回地丧失了。

7月1日，正如我们昨晚预料的那样，非洲军迟迟才对阿莱曼防线发起攻击。这场进攻起初取得不错的进展。

凌晨2点30分，我从代巴南面的指挥所驱车赶赴前线，想看看行动的进展。海岸公路遭到英军炮兵猛烈轰击。当天早上，两个英国轰炸机编队朝直属分队和我们的车辆旁倾泻下机上搭载的"礼物"。我先赶往非洲军指挥所，调集炮兵对付英军火炮。凌晨1点，我已请求德国空军把所有可用战机投入当日的交战。现在，英军炮火渐渐消退。冒着轰炸机和低空飞机持续不停的打击，我们在"警报小径"[这条沙漠小径紧贴前线，长度与前线相当，能让所有部队迅速进入主作战地域]上的31高地设立指挥所。附近几个炮兵连受到英国战机"重点关照"。上午9点左右，第21装甲师冲击代尔谢恩支撑点，近期从伊拉克调来的印度第8师在此处顽强据守。

据守代尔谢恩支撑点的是印度第18步兵旅群[①]，而不是一个整师。

敌人庞大的地雷场再次给我们造成很大麻烦，第21装甲师停止前进，激烈的战斗爆发开来。

中午前后，我们察看南面第21装甲师与印度军队的战斗进展。英军炮火落在我的直属分队周围。部署在我们西北面的集团军直属营遭到猛烈炮击，几部车辆烧毁。

第90轻装师报告，他们清晨3点20分投入进攻。行动起初进展顺利，可7

---

① 译注：旅群指的是配备各种支援单位的旅，也就是加强旅，是一种临时性编制。

点 30 分左右，他们在阿莱曼筑垒防线前方陷入停顿，这段防线构筑得非常强大。

直到中午前后，第 90 轻装师向南机动，这场进攻才再次向前。该师逐渐杀入阿莱曼东南地域 [那里是一片非常柔软的沙地]，构成一道南北向防线，16 点左右重新发起突击，目标是突破到海岸公路，继而封锁阿莱曼要塞，歼灭守军或迫使对方突围。此举对英军构成致命威胁，于是，他们集中所有火炮，雨点般的炮弹袭向我方进攻战线，我军部队的进攻速度渐渐放缓，最终被英军猛烈的炮火压制。第 90 轻装师紧急请求炮兵支援，因为师属炮兵的战斗力所剩无几。我立即派基尔直属营开赴该师南面，自己乘坐装甲车赶去察看情况，以便做出决定。可是，英军猛烈的炮火很快迫使我们折返。

[非洲军军长] 内林 16 点发来报告，称非洲军已攻克大半个代尔谢恩印军支撑点。傍晚，该支撑点的战斗结束了，我们俘虏 2000 名印军官兵，还摧毁或缴获 30 门火炮。

下午晚些时候，我决心把手头一切力量投入第 90 轻装师南翼，协助他们达成突破。在直属分队护送下，我与基尔直属营会合。密集的炮火再次射入我们的队列。英军炮弹从北面、东面、南面呼啸而来，高射炮发射的曳光弹穿过我方部队。面对如此猛烈的火力，我们的进攻陷入停顿。一发发炮弹落在我们目前控制的地域，迫使我们赶紧疏散车辆匆匆隐蔽，一连两个钟头，我和拜尔莱因不得不趴在开阔地。雪上加霜的是，一支强大的英国轰炸机编队突然朝我们飞来。幸亏没等对方到达，一群护送俯冲轰炸机实施空袭的德国战斗机就把他们驱散了。尽管英军高射炮火极为猛烈，可我方俯冲轰炸机还是一次次发起攻击，进攻地域很快腾起一股股烈焰。黄昏时，英国人的火力终于有所减弱，我命令直属分队尽快离开，返回原先的指挥部，我们已到达的这片地域交给直属营控制。

当晚 21 点 30 分，我命令第 90 轻装师借助月光继续进攻，设法前出到海岸公路。我希望尽快在此处打开通往亚历山大的道路。英国人不断加强受威胁地段的防御。德国空军指挥官夜里向我报告，英国舰队已离开亚历山大。这种情况促使我下定决心，接下来几天必须全力取得决定性战果。英国人似乎不再相信自己的好运气，正准备后撤。我相信，一旦我军部队沿宽大的战线达成突破，必然导致对方惊慌失措，彻底陷入混乱。

可是，面对敌人猛烈的炮火和机枪火力，第 90 轻装师的夜袭陷入停顿，该师现在只剩 1300 人。他们的北面是敌人精心构设的混凝土防御工事，东面是强大的野战防御体系。事实证明，面对这种防御根本无法取得任何进展，哪怕次日恢复进攻也不可能达成突破。

阿莱曼要塞南面的野战防御，此时远谈不上强大，不仅不够绵亘，还缺乏纵深。隆美尔显然看清了这一点，因而对进攻受阻深感失望。

在此期间，非洲军 7 月 2 日继续朝东北方进攻。他们的目标是突破到阿莱曼东面 8 英里的海边，尔后以猛烈的冲击攻克要塞。英军先向南退却，可没过多久就猛烈攻击我军敞开的南翼。第 15 装甲师调来阻挡这场进攻，师属装甲部队很快卷入与英军的激战。第 21 装甲师辖内部队也不得不在布满灌木丛的沙地遂行防御。傍晚前，面对英军 100 辆坦克和大约 10 个炮兵连，整个非洲军被迫转入激烈的防御作战。

这种说法有点夸大，可能是英军在此处投入 2 个格兰特坦克中队，因而加强了隆美尔这种看法。德军的突击力度不够，证明这一点的是这几天俘虏的德国士兵都已疲惫不堪。

英军运抵前线的坦克和火炮越来越多。奥金莱克将军亲自接掌阿莱曼的指挥权，娴熟地指挥麾下部队，战术手段比里奇高明得多。他似乎以明确无误的冷静态度对待眼前的态势，因为我们采取的一切措施都无法让他接受"退而求其次"的解决方案。接下来的战事，这一点表现得尤为明显。

对阿莱曼防线徒劳无获的冲击持续了三天，我决定次日的进攻结束后，暂时取消这场攻势。之所以做出这个决定，是因为敌人的实力不断加强，而我方兵团的战斗力遭到严重削弱，每个师的兵力不超过 1200—1500 人，最要命的是补给情况极为紧张。

亲爱的露：

　　这里完全没有时间概念。争夺亚历山大前方最后一处阵地的斗争异常艰巨。我在前线待了几天，就睡在车里，或在地上挖个坑。敌人的飞机把我们折腾得够呛。但我希望能应对这一切。衷心感谢你那些充满爱意的信件。

　　堆积如山的邮件到了。伯特歇尔［隆美尔的秘书］还没来，他大概和我那辆挂车在西面450英里外。

1942年7月3日

　　我的指挥所与先遣突击部队离得不远，7月3日，英军炮兵对指挥所周边炮击了几个钟头，我中午前后命令非洲军前进，再次冲击英军防线。取得初步进展后，这场进攻最终遭到对方的向心防御火力压制。同一天，意大利军队出现了瓦解的迹象，阿列特师负责掩护装甲集团军南翼，新西兰军队对他们发起冲击，结果大获全胜。该师30门火炮损失了28门，400人被俘，其他人惊慌逃窜。

　　这场败仗完全出乎我们意料，因为先前在骑士桥周围历时数周的激战中，面对英军一次次猛烈冲击，尽管阿列特师伤亡不轻，可他们在德军火炮和坦克支援下，确实打得很顽强。但现在，意大利人已无法胜任对他们提出的高要求。

　　我军南翼遭受威胁，意味着非洲军本打算一举击溃敌人的进攻，现在只能由第21装甲师独自遂行，这样一来，进攻力度不免太小了些。第90轻装师后来加入其中，可还是无法取得决定性战果。进攻陷入停顿。

　　面对这种情况，次日继续进攻的话，除了白白消耗我方兵力，起不到任何作用。无论英军指挥部多么需要喘息之机，我们都不得不让部队休息几天，设法进行大规模整补。我们打算尽快恢复进攻。

　　接下来几天，英国人很可能发动反攻，为此，装甲集团军辖内各兵团实施重组，沿既占战线转入防御。

亲爱的露：

　　很可惜，战事没有像我期望的那样发展。阻力太大，我们的实力已然耗尽。可我还是希望找出办法实现我们的目标。我太累了，筋疲力尽。

1942年7月4日

这几天对我们极为关键，我希望能顺利度过。炮弹的爆炸导致高泽脑震荡，拜尔莱因可能不得不暂时接替他。兵力的补充和集结非常缓慢。像这样坚持下去真不容易，我们离亚历山大就差60英里。但这种不利局面会过去的。

1942年7月5日

我们现在的企图是，把摩托化和装甲部队逐一撤离前线重组整补，派意大利步兵师接替他们，麻烦的是，大多数意大利步兵师目前仍在后方地域。第21装甲师7月4日撤出前线。英国人显然认为我们开始撤军了，他们展开追击，沿4000码宽的战线突破我军防线，40辆英军坦克随后向西攻击前进。[1] 情况麻烦至极，因为我们在这片地段没有可供防御的反坦克炮或火炮弹药。集团军炮兵司令报告，各炮兵连的弹药消耗殆尽。幸亏我们在策希战斗群找到个尚具战斗力的炮兵连，他们以最后几发炮弹挡住前进中的英军。我立即下令大量使用包括假坦克和假88炮在内的诱饵，把这股英军引开，以免他们继续进攻。然后，我们着手为几个炮兵连补充弹药。幸运的是，我们在已攻占的代尔谢恩支撑点找到1500发炮弹，至少能让几个使用25磅炮（也是缴获的）的连队继续战斗。意大利人仍有弹药，所以我们认为这场危机暂时过去了。

很不幸，各兵团的整补工作进行得非常缓慢，由于某些莫名其妙的原因，非洲航线寥寥无几的船只没有驶入图卜鲁格或马特鲁港，而是到达班加西或的黎波里。也就是说，我们不得不使用运输车队或为数不多的沿海船只，把所有补给物资运往前线，这段距离长达750或1400英里。当然，这完全超出了我们的运输能力。

这个时期，英军的活动仅限于在某些地段遂行小规模进攻，这些行动都被我们击退。意大利步兵逐渐开抵前线，接替了我们的摩托化部队。这个时期的一个显著特点是英军炮火准备的耗弹量惊人。例如，7月7日夜到8日晨，英军炮兵朝第15装甲师3英里宽的防御地段倾泻了1万发炮弹。尔后，英国步兵在漆黑的夜间摸索前进，逼近我方前哨线，突然把炸药包投入我们的防御哨所。突袭过后，敌坦克对我们疲惫不堪的部队遂行的冲击持续了一整天，我那些部下冒着炽热的骄阳，一直趴在战壕和散兵坑里。英军的战术确实在这段防线取得些战果，可他们企图继续前进，被我方局部预备队的猛烈反冲击逼退。

7月8日，我们拟制了关于装甲集团军总体实力的报告，具体如下：

德国军队

非洲军，辖第15和第21装甲师，共计50辆坦克。每个师编有1个步兵团（300名战斗兵、10门反坦克炮）、1个炮兵团（编有7个炮兵连）；

第90轻装师，编有4个步兵团，共1500名战斗兵，外加30门反坦克炮和2个炮兵连；

3个侦察营，共计15辆装甲车，20辆装甲运兵车，3个缴获的炮兵连；

集团军属炮兵，辖11个重型、4个轻型炮兵连，以及陆军高射炮力量（26门88炮、25门20毫米高射炮）。

意大利军队

第20摩托化军，辖2个装甲师和1个摩托化师，共计54辆坦克和8个摩托化营（1600名战斗兵），外加40门反坦克炮和6个轻型炮兵连；

第10、第21军部分力量，共计11个步兵营，每个营200名战斗兵，外加30个轻型、11个重型炮兵连。另外4个重型炮兵连由意大利集团军军属炮兵控制。[2]

由此可见，我这些兵团已无法冠以"师"的番号。而意军呢，战斗力低下不是战斗导致的结果，整个战役期间基本都是这样，只有摩托化和装甲师蒙受了严重损失。

这段时间，我仔细研究了阿莱曼防线的守备力量，找到了最薄弱的地段，我们打算7月9日在此处猛烈冲击新西兰人，夺取他们的阵地，以此作为实施突破的基地。

7月8日夜间，第21装甲师一个战斗侦察群渗透到阿卜德山，据守在那里的是新西兰军队。次日晨，装甲集团军以第21装甲师、利托里奥装甲师、第90轻装师攻往英军防线南部地段，达成突破后，前出到与战斗侦察群夜间在战线中央地段渗透点相平行的地方。新西兰人后撤，印度第5师辖内部队和英国第7装甲师一部为他们提供掩护。[3]新西兰军队退却后，第21装甲师占领了整个阿卜德山。下午早些时候，我在阿卜德山遇到第21装甲师师长冯·俾斯麦将军，同他商讨了后续作战方案。我们企图从这里向东攻击前进，彻底攻克阿莱曼防线。

　　阿卜德山的地形非常有利，敌人在这里精心构筑了混凝土支撑点、炮台、庞大的地雷场。新西兰人还丢下大量弹药和武器装备，我们不明白对方为何要弃守这处阵地。我决心夜间把指挥所前移到阿卜德山，在混凝土掩体内过夜。当晚很平静。鉴于印度第5师和英国第7装甲师昼间已被我方攻击力量击退，我们打算第二天全力进攻。

　　次日（7月10日）清晨5点左右，北面沉闷的隆隆炮声把我们惊醒，我立即产生预感，这不是个好兆头。就在这时传来惊人的消息，敌人从阿莱曼阵地出击，一举打垮了在海岸公路两侧据守防线的意大利塞卜拉泰师。敌人正向西猛追逃窜的意大利人，情况非常危险，因为他们有可能取得突破，彻底摧毁我方的补给。我立即率领集团军直属营和第15装甲师一个战斗群驱车向北，指挥他们投入战场。从阿卜德山发起进攻的计划不得不取消，因为目前留在南面的打击力量实力太弱，无法执行向东突击的任务。

　　在此期间，海岸边的战斗很快结束了。塞卜拉泰师儿乎彻底覆灭，分配给该师的大部分炮兵连损失殆尽。有些炮兵连连长似乎没有朝逼近的敌军开火，因为他们没接到命令。意大利人没有实施抵抗，而是弃守防线，丢下武器弹药惊慌失措地逃入广阔的沙漠。多亏当时领导集团军司令部的冯·梅伦廷中校果断采取行动，我们才挡住英军的冲击。他匆匆调集机枪和高射炮，而第164步兵师正开赴前线，获得该师第328步兵团[①]一部协助，他在集团军司令部西南面3000码处设立了临时防线。

　　中午前后，从南线调来的部队冲击英军突出部侧翼，但面对英军从阿莱曼射来的密集炮火，这场突击陷入停顿。次日（7月11日），英国人在海岸公路南面继续进攻，投入强大的炮兵和空中力量，另外几支意大利部队，这次是的里雅斯特师，被对方打垮后当了俘虏。我们不得不从南部战线抽调更多兵力投入海岸公路南面的激战。没过多久，整个集团军属炮兵加入战斗，敌人的进攻力度逐渐减弱。

---

　　① 译注：应为第382步兵团。

英军沿海岸线这场突击不仅消灭了塞卜拉泰师主力和的里雅斯特师大部，还控制了该地区的重要地段。我们不得不得出结论，意大利人已无力坚守防线。以意大利的标准看，我们对他们提出的要求过高，他们承受的压力太大了。[4]

为维持部下的士气，一些优秀的意大利军官确实付出了很大努力。例如我尊敬有加的意大利第21军军长纳瓦里尼将军，为此做了他所能做的一切。我在后面的章节还会谈谈意大利军队的问题。

看来，我们近期无法发动任何大规模进攻。我不得不命令所有德国士兵离开帐篷或休整营地开赴前线，因为意大利军队的战斗力几乎丧失殆尽，目前的局面非常严峻。

战线转为静态

日复一日，补充兵和新锐兵团源源不断地加入英国第8集团军，英军指挥官再次牢牢掌握了他们的部队。当前态势迫使我们放弃了进攻计划，我们最终不得不摈弃这样的想法：英军各兵团还没有从第8集团军夏季战役遭受的惨重损失中恢复过来，我们可以在阿莱曼战线与他们一决雌雄。因为第8集团军获得补充和整顿后，英军指挥官完全可以率领他们全速进逼。事实证明，我们无法把迈尔迈里卡的大捷发展成最终的胜利。

战线现在转为静态，这对英军司令部有利，因为他们很擅长现代形式的步兵战和阵地战。在步兵坦克和火炮支援下遂行局部进攻是英国人的拿手好戏。阿莱曼战线北面临海，敞开的南面与盖塔拉洼地相连，是一片平坦、松软的沙地，布满大大小小的盐沼，机动车辆根本无法通行。这条战线没办法迂回，静态战就此形成，交战双方对此都有丰富的经验和理论知识，谁都无法创造任何革命性技术，借此打垮另一方。静态战中，发射更多弹药的一方往往能赢得胜利。

我在阿莱曼付出的努力，就是为了避免呆板的静态战（英国人是静态战高手，他们的步兵和坦克车组接受过这方面的训练），进入亚历山大前方广阔的沙漠，在那里我可以利用战术优势打一场沙漠战，可我没能如愿，英国人遏止了我的军队。

过去几天，英军司令部展现出极大的勇气和进取精神。他们发现疲惫不堪的意大利人士气低落，认定对方是个易于得手的猎物，所以，英军很可能继续进攻。

为挽回塞卜拉泰师溃败造成的不利局面，消除阿莱曼西面的英军阵地对我军南部战线构成的威胁，我决心以第 21 装甲师进攻阿莱曼要塞。此次进攻定于 7 月 13 日发动，我们调集每一门火炮、每一架战机提供支援。第 21 装甲师先以闪电般的速度挺进，把要塞地域与东面隔开，尔后突入要塞。

亲爱的露：

　　我们正慢慢克服前几天极为严峻的态势，但危机的气氛挥之不去。我希望明天能继续取得进展。

1942 年 7 月 12 日

　　今天又是这场艰巨斗争中一个决定性的日子。沙漠里的一切悬而未决。信短情长，问候你和曼弗雷德。

1942 年 7 月 13 日

可这场进攻失败了，甚至没到达澳大利亚第 9 师防线，该师几天前接替南非第 1 师守卫要塞地域。除了敌军猛烈的炮火，以及对方精心构设的防线，防线上甚至半埋了许多坦克，进攻失败的另一个原因，可能是第 21 装甲师的步兵力量没有集中到意军防线，而是部署在后方 2000—3000 码。结果，进攻刚刚开始，英军炮兵就猛烈轰击我进攻部队，他们还没越过己方防线，就被密集的炮火挡住。

黄昏时，我决定停止行动。我的情绪糟透了，猛烈的沙尘暴持续了一整天，严重降低了英军的能见度，这对我们是多么有利啊！我们确实错失了难得的良机。

隆美尔这段话不太容易理解，似乎是一种感慨，而不是解释原因。整体态势对隆美尔非常不利，所以此次失败很难避免。

亲爱的露：

　　我对昨天的进攻充满期待，结果大失所望，行动没取得任何进展。但我不得不承受这种打击，我们正鼓起勇气迎接新的作战行动。我身体很好，今天太热了，所以我换上短裤，这还是第一次。东线战事的进展太棒了[5]，这让我们深受鼓舞，满怀勇气地坚持下去。

1942年7月14日

我再次命令第21装甲师次日（7月14日）展开行动，目标是意大利塞卜拉泰师在阿莱曼西面丢失的阵地，澳大利亚人正在加强这处阵地。猛烈的空中突击后，第21装甲师投入攻击，可步兵又一次姗姗来迟，没充分利用初步轰炸的效力。皇家空军猛烈打击我方车队，英军炮兵再次投入所有可用火炮。我方部队背对太阳，由南向北一路冲杀到公路与铁路之间的地域，进攻在这里陷入停顿。澳大利亚人是我们当初围困图卜鲁格期间的老对手，激战爆发开来，一直持续到夜间。我们原本打算次日继续进攻，但一场更加严重的挫败迫使我们改变初衷。

7月14日夜到15日晨，英国第1装甲师主力冲击鲁韦萨特岭，渗透了意大利第10军的阵地。没过多久，他们就突破布雷西亚师，渗透到德军坦克和炮兵阵地，激烈的近战随即爆发，终于挡住英军先遣部队。次日清晨，英国人继续进攻，顺利夺得鲁韦萨特岭，他们的主力从这里向西攻击前进。部分英军随后再次转身向东，进入意大利布雷西亚师、帕维亚师身后，结果，两个意大利师的大部分人员当天上午沦为英国人的俘虏。

祸不单行，我们自己设在代尔谢恩东南面的防线也土崩瓦解，我方几个高射炮支队不愿朝一群群被俘的意大利官兵开火，结果被敌人打垮。英军清晨攻入代尔谢恩，这个支撑点丢失的话就麻烦了，全凭几个侦察营和非洲军一个战斗群殊死奋战，这才避免了灾难。

我赶紧取消了第21装甲师在北面的进攻，把他们调入代尔谢恩西南面的非洲军集中地域。非洲军下午发起反突击，面对敌人的顽强抵抗，进攻慢慢取得进展。傍晚前，我们封闭了对方的渗透。当天的战斗，我们俘虏了1200名英国官兵。

第二天（7月16日），英军再次进攻，但这次仅仅是局部冲击。当天清晨，对方实施了猛烈的炮火准备，澳大利亚人在坦克支援下投入进攻，夺得塞卜拉泰师 [这里指的是该师残部] 据守的几个支撑点。他们把此次行动中俘虏的许多意军官兵送交我军防线，其他的押回后方。德意炮兵的向心火力，再加上我方机动高射炮的猛烈打击，迫使敌人很快放弃了既占地域，身后丢下许多死伤者。

我清晨5点视察前线，经历了英军炮兵的猛烈炮击和皇家空军的空袭，当天上午在非洲军军部与几位军长商讨如何控制当前的困难局面。会谈几次被打断，因为6—15点，非洲军军部附近遭到的猛烈轰炸不下9次。

7月16日夜间平安无事，可次日清晨6点左右，我刚刚走到指挥车旁，一份份电报便接踵而来。澳大利亚人又从阿莱曼出击，这次攻往西南方。他们很快在特伦托师、的里雅斯特师防区渗透我方防线，俘虏了大批意大利官兵，现在企图向南卷击我军防线。

亲爱的露：

在我看来，目前的情况糟透了，至少从军事上说是这样。敌人利用他们的优势，特别是步兵兵力优势，企图逐一歼灭意大利兵团，而德军各兵团的实力太弱，无法以一己之力苦撑危局，真让人欲哭无泪。

1942年7月17日

我们一直打算在中央地段发动进攻，夺回意大利军遭受英军冲击期间丢失的地盘，当然，这份计划现在不得不放弃，因为我们必须把为此集中的德军部队全速北调，赶去封闭敌人新的渗透。面对德国军队迅速构设的临时防线，澳大利亚人很快丧失了突击势头。我这些"非洲人"下午发起反冲击，傍晚夺回原先的阵地。敌人在其他地段对特伦托师发起类似冲击，但被意军炮火和猛烈的空中打击逼退。

当天，为击退英军的进攻，我们不得不投入最后一股德军预备队。英军的实力稳步增长，与他们相比，我方的兵力少得可怜，能守住当前防线就算万幸了。16点左右，凯塞林元帅和卡瓦莱罗伯爵来到我的指挥部。我反复强调过补给情况的严重性，而卡瓦莱罗一如既往，还是对后勤方面的困难嗤之以鼻。接下来就是长时间的扯皮，最后，我和凯塞林要求意大利当局做出具体决定。这番会谈又一次清楚地表明，我们多么接近山穷水尽的地步，根本无法指望意大利当局提供援助。卡瓦莱罗答应用驳船为集团军运送补给物资，还说通往前线的铁路很快会重新开通。他还保证提供更多意大利兵团。根据我们以往的经验，这番承诺能否兑现要打个问号，后来证明，我们的怀疑是对的。

亲爱的露:

　　昨天可以说是特别艰巨、特别关键的一天。我们挺过来了。但这种状况不能持续太久，否则防线会破裂。从军事上说，这是我经历过的最艰难的时刻。当然，援兵在望，可问题是我们能否活着见到他们到来。你知道我是个彻头彻尾的乐天派，但眼前的情况漆黑一片。不过，这个阶段总会过去。

1942年7月18日

接下来4天，前线逐渐平静下来，英军没再发动大规模进攻。这是暴风雨前的宁静。7月19日和20日，我们发现奥金莱克把大批坦克和火炮调入战线中央地段的集中地域。

7月21日夜间，暴风雨袭来。一波波英国步兵冲向第15装甲师防区，突入他们的防线。但我方部队封闭了敌人的渗透，还俘房500名英军官兵。由于意大利军队近期的损失极为惨重，我们部署在防线上的兵力相当薄弱，哪怕缩短防线也无济于事，我军防线目前已撤到与我们夺取的代尔谢恩、阿卜德山相平行的位置。另外，我们几乎没有预备队。

实力强大的澳军在北部战线也发起攻击，还获得坦克支援。面对德意步兵的激烈抵抗，这场进攻逐渐朝西南方发展。

[7月22日]8点左右，英军在中央地段发起主要突击，投入新西兰第2师、印度第5师、英国第1装甲师，以及这个月刚刚从英国本土运抵的陆军第23坦克旅。在100多辆坦克支援下，英军猛烈冲击我们设在代尔谢恩和更南面的防线。支撑点南面，德意步兵顽强坚守阵地，最终被敌人打垮。上午9点，危险的局面出现在我军防线后方。最后，敌坦克先遣力量在"石质小径"陷入停顿，我们在这里击毁大批敌坦克。第21装甲师的装甲力量隆隆向前，一举击退敌人。中弹损毁的敌坦克越来越多。

中央地段的态势极为严峻，我们不得不从战线南端抽调更多兵团。交战肆虐了一整天，我们不仅以最大的机动性从事战斗，还投入最后的预备力量。英军的突击势头渐渐消退。黄昏时，澳大利亚人又一次在北面发起冲击，但没取得太大进展。我们的防御火力压制住前进中的澳军步兵，我的机动兵团很快干掉了达成突破的敌坦克。

傍晚到来，我们这场防御战无疑大获全胜，俘虏1400名英军官兵，击伤击毁140辆敌坦克[这个数字大致正确]。大部分受损的英军坦克停在我军控制的地域，所以，敌人无法回收这些战车。

可我方的损失也不小，特别是考虑到我们的兵力本来就不多。虽说装甲力量损失不大，但实力虚弱的步兵部队遭受的损失超过3个营。我们非常担心，要是英军继续进攻的话，麻烦就大了。

不过，英国人显然认为停止进攻更好些，可能他们也打得筋疲力尽。次日，战场再次平静下来，但空中除外，德国空军投入一切力量打击对方。敌人发动进攻前，装甲集团军工兵部队一直忙着布设一个个地雷场，这项作业现在恢复了。他们把英国、德国、意大利制造的各种地雷埋入沙地，几片防区很快得到强大的地雷场掩护。

7月22日的战斗结束后，我给所有部队下达了这样一道训令："7月22日的防御作战大获全胜，我谨向英勇奋战的全体将士致以最崇高的敬意。我坚信敌人再度来犯的话，必然会落得同样的下场。"

提供补充的步兵部队过去几周开入我方防线，逐渐填补了几个兵团巨大的兵员缺口，遗憾的是，并非所有部队都适合热带勤务。第164步兵师辖内部队从克里特岛空运过来，可他们没携带重武器和车辆。一个意大利伞兵师的几支部队也开抵前线，从外表看，这是股精锐力量。与此同时，装甲集团军全力加强防线。尽管情况获得改善，但我们不能认为迫在眉睫的危险已过去，除非我们在防线后方集结起足够的战役预备队。

亲爱的露：
　　昨天风平浪静。我去了大洼地[盖塔拉洼地]，那片洼地远远低于海平面，太奇妙了！我们的兵力再次慢慢充实了，最大的麻烦已然消失。

1942年7月26日

7月26日的月夜，澳大利亚人又一次发动进攻，这次投入旅级兵力。他们的目标是阿莱曼—阿布德韦斯小径西面的德军防线。他们在完全保密的情况下完成集结，待皇家空军实施猛烈轰炸后投入进攻，因而在很大程度上实现了突然性。尽管德意炮兵立即投下弹幕，可澳大利亚人还是渗透了我军防线，把一个德国营歼灭大半。不过，布里尔战斗群[①]、第3侦察营、基尔直属营发起猛烈反冲击，最终粉碎了澳大利亚人插入的楔子，把损失惨重的敌人逐回他们的防线。

近期获得补充的英国第50师也对我军防线中央地段发起冲击，打垮了一个意大利营部分力量。第200步兵团和非洲军一个战斗群投入反冲击，一举击退这股敌军。

在这里投入进攻的是英国第50师辖下的第69步兵旅，第1装甲师紧随其后。但第1装甲师师长嫌南非工兵在地雷场开辟的通道不够宽，由于他迟迟没有向前挺进，整个进攻行动错失良机。第69步兵旅一度遭到截断，付出重大损失后才获救。

英国人又一次遭到重创，上千人被俘，还损失了32辆坦克，英军司令部对继续进攻丧失了信心。德意联军的防线表明，对方再以这种规模的兵力遂行突击，是无法达成突破的。现在可以肯定，我们能守住当前防线，经历了先前那些危机，我们至少有些收获。虽说英军在阿莱曼交战中的损失比我们高，但奥金莱克付出的代价并不过分，因为对他来说最重要的是阻挡我军继续挺进，很不幸，他做到了。

隆美尔的最后一句话是对奥金莱克在这关键几周取得的成就下的定论，但前面那句话不太正确。奥金莱克没有"对继续进攻丧失信心"，尽管他的某些部下可能的确如此。回顾近期的交战结果，奥金莱克勉强得出结论，获得新锐预备队、接受更充分的训练前，第8集团军无法发动卓有成效的攻势。7月份的阿莱曼交战，第8集团军的伤亡超过13000人，但也俘获7000名轴心国官兵（包括1000名德军官兵）。

---

① 译注：布里尔战斗群指的是格奥尔格·卡尔·布里尔少校指挥的第606高射炮营。

要是英国军队更加熟练地执行作战方案，付出的代价会更小，获得的战果也会更大。尽管如此，交战双方的损失相差不大，相比之下，隆美尔更无法承受这种损失。他的记述明确表明，7月间差点被英军击败。另外，他的挫败感本身就具有致命性。

回顾

　　重要的夏季战局就这样结束了。它始于一场辉煌的胜利，可我们攻克图卜鲁格后，大英帝国庞大的力量再次发挥了作用。我们征服阿莱曼、占领苏伊士运河地区的机会稍纵即逝。我们以原先的兵团从事每一场新行动，英国人却把一个个残破不全的师撤离前线整补，同时投入齐装满员的新锐兵团，充分恢复前线的战斗力。我的部下不停地战斗，人数越来越少，阵亡、负伤、患病者越来越多。原先那些营，一次次乘坐缴获的车辆驶向敌军防线，他们跳下卡车，穿过沙地冲向敌人。原先那些坦克车组，一次次驾驶他们的坦克投入战斗，而把火炮推入阵地的还是原先那些炮手。全体官兵这几周的英勇表现，已达到血肉之躯所能承受的极限。

　　我向麾下部队提出苛刻的要求，所有士兵、军官和我本人都不例外。我知道，图卜鲁格的陷落和第8集团军的崩溃是非洲战争的重要时刻，通往亚历山大的道路已敞开，前方几乎没有敌军，要是不全力以赴抓住这个千载难逢的良机，我和我的司令部就太傻了。倘若和过去一样，胜利取决于我那些将士的意志力，那么，我们早就攻陷阿莱曼了。可是，由于欧洲大陆的补给部门懒懒散散，我们的补给来源枯竭了。

　　随之而来的是，许多意大利兵团的抵抗力土崩瓦解。出于同志情谊，特别是作为他们的总司令，我有责任明确指出，意大利兵团7月初在阿莱曼遭遇的挫败，不是意大利军人的过错。意大利人积极肯干，无私奉献，是我们的好同志，考虑到他们的服役条件，可以说意军的战斗表现始终高于平均水准。毫无疑问，每支意军部队，特别是摩托化部队取得的成就，远远超过意大利陆军一百年来实现的一切。许多意大利将领和军官，作为男子汉和军人赢得了我们的敬佩。

　　意军失败的原因，根源在于整个意大利的军事和国家体制，在于他们低劣的装备，也在于许多意大利军政领导人对战争普遍缺乏兴趣。意军的失败，一次次导致我无法实现自己的作战计划。

概括说来，意大利武装部队的缺陷是以下原因造成的：

大多数情况下，意军指挥部无法胜任沙漠作战任务，这里需要迅速做出决定，立即采取行动。意大利步兵接受的训练远远达不到从事现代战争需要的标准。他们的装备太差了，仅这个原因，他们就无法守住自己的阵地，除非获得德军支援。除了意大利坦克技术缺陷严重、火炮射程太短、发动机动力不足，意军武器装备质量低劣的最佳例子也许是他们配备的火炮：缺乏机动性，射程不足。他们的反坦克武器完全不够。另外，他们的伙食糟糕至极，意大利士兵经常向德国同志索取食物。最糟糕的是，意军官兵不平等的现象随处可见。士兵在没有战地厨房的情况下饿肚子，他们的军官却不肯放弃几道菜的伙食标准。许多军官认为没必要亲临前线，为部下树立榜样。因此，意大利士兵产生自卑感，在危急时刻抵挡不住也就不足为奇了。顺便说一句，意军士兵的需求少得可怜。许多具有远见卓识的意大利军官为改变这种风气付出了真诚的努力，可这些问题在短期内获得改善的希望不大。

进军阿莱曼期间，我竭力避免的是，交战双方在亚历山大西面任何一道战线集结物质力量。我不想让英军再获得重新装备的机会，因为我很清楚，一旦对方获得整补，我们届时要对付的敌人，物质优势会远远超过他们当初在迈尔迈里卡的状况，而且他们还会从夏季的失败汲取教训。但我最想避免的是这场战争在阿莱曼陷入停顿，沦为战线固定的机械化静态战，因为这恰恰是英军官兵反复训练过的交战样式。英国士兵的优点，例如坚忍顽强，会发挥最大作用；而他们的缺点，例如死板、缺乏机动性，对这种交战样式毫无影响。

可我们的企图没能如愿，后续战事一点也不乐观。

当然，我们也给英军造成了严重损失。5月26日—7月20日，6万名英国、南非、印度、新西兰、法国、澳大利亚官兵步入我方战俘营。我的部下还击毁英军2000多辆坦克和装甲车。遂行进攻的英国集团军的武器装备在沙漠里损失殆尽，他们的数千部车辆现在为我们所用。

但我们的损失也很大。仅德军就有2300名官兵阵亡，7500人负伤，2700人被俘。意大利军队阵亡1000多名官兵，还有1万多人负伤，被俘5000人左右。不用说，物质损失同样严重。

所以，我军赢得几场重大胜利后，规模庞大的夏季战局结束了，但危险的间歇期随之而来。

亲爱的露：

除了敌空军猛烈打击我方补给线，一切平安无事。我们得到的喘息之机，每一天都值得庆幸。好多人患病。不幸的是，许多跟随我征战了很久的军官也病倒了。就连我也疲惫不堪，尽管我现在把自己照料得还不错。

可惜，从图卜鲁格通往前线的英国铁路线暂时无法运行，我们在等火车头运抵。

为坚守阿莱曼阵地，我们经历了非洲战场最激烈的战斗。我们都患了痢疾，但目前还能忍受，一年前我得的黄疸病比这个严重多了。

1942 年 8 月 2 日

补给问题遇到麻烦。林特伦在罗马做不了什么，意大利人总是当面骗他，说他们的补给任务执行得非常好。

1942 年 8 月 5 日

凯塞林昨天来这里。接下来会出现什么情况，我们俩意见一致。目前的问题是充分利用这几周做好准备。情况每天都变得对我有利。

1942 年 8 月 10 日

1942 年 8 月底，派驻非洲的德国军队，理论上的编制如下：
非洲军——25000 人

371 辆坦克

246 门反坦克炮

72 门火炮

5600 部车辆（包括 600 部履带式车辆）

第 90 轻装师——12500 人

　　　　220 门反坦克炮

　　　　24 门火炮（余部没派到非洲）

　　　　2400 部车辆（包括 250 部履带式车辆）

集团军属炮兵——3300 人

　　　　56 门火炮

　　　　1000 部车辆（包括 100 部履带式车辆）

第 164 步兵师——11500 人

　　　　45 门反坦克炮

　　　　36 门火炮

（该师本来要改为轻装师，但需要增加的反坦克炮和机动车辆没有运抵，他们只有大约 300 部车辆，包括缴获的英国车辆。）

注释

1. 实际上，"40 辆英军坦克"大多是装甲车。奥金莱克的 3 个装甲车团编入第 2 装甲旅，该旅改称"轻装甲旅"。英军这场突破，部分兵力几乎渗透到代巴。

2. 拜尔莱因将军注：按照编制表，这些兵团的坦克和反坦克炮数量应该是：非洲军（第 15、第 21 装甲师）371 辆坦克、246 门反坦克炮；第 90 轻装师 220 门反坦克炮；意大利第 20 摩托化军（阿列特师、利托里奥师、的里雅斯特师）430 辆坦克、120 门反坦克炮。

3. 这场后撤是为了避免据守孤立阵地的风险。德军并没有真正渗透阿莱曼防线，实际上，这里也没有常规军事意义上的"防线"。另外，英军后撤也可能是为了让隆美尔感到不安，打乱他的前进速度。

4. 奥金莱克的目标是打击隆美尔的软肋，也就是意大利军队和他们的士气，借此造成裂缝。多尔曼 - 史密斯在这段关键时期是奥金莱克的重要助手，也是间接路线的热心倡导者。两年前，他协助制订了从后方打击格拉齐亚尼集团军，在西迪拜拉尼击溃对方的作战方案。

5. 德军 6 月底在东线发起攻势，目标是夺取斯大林格勒和高加索油田。

第十二章 与时间赛跑

我们暂时停止进攻阿莱曼防线，击退敌人的反扑后，战线平静下来。双方都利用喘息之机整补己方部队，前调新锐力量，为整顿部队再次展开竞赛。

装甲集团军付出的一切努力，都是为尽早恢复进攻，因为我们夏季战局赢得的胜利，不出所料地让纽约①和伦敦的盟军阵营倍感恐惧和沮丧。所以，他们肯定会竭力阻止我装甲集团军继续攻往亚历山大。图卜鲁格陷落后，他们无疑会给第8集团军增派大批援兵，但从英国或美国起航的船运，绕道好望角抵达北非需要两三个月，这就给了我们几周时间。我们估计，从英国和美国运给第8集团军的大量补充（常规补充除外），可能会在9月中旬到达。届时，双方的力量对比肯定对我们严重不利，我军会彻底丧失发动进攻的机会。所以，我们打算先发制人。

另一些原因也促使我们尽快发动进攻。英国人每天都在他们的防线上埋设越来越多的地雷。我们打算实施迂回，绕过阿莱曼主阵地，但这场行动首先要突破英军防线南部，面临的困难与日俱增。我们制定的计划，决定性因素是速度和突然性，必须尽快穿过英军防线，一路前出到敌防线后方的开阔地带，出其不意地给对方造成个既成事实。要是我们不得不耗费很长时间克服英军强大的防御，就会丧失突然性。

另外，由于近东和印度近在咫尺，英国人很快会调集重兵，部署在阿莱曼阵地对付我们。调自印度、叙利亚、伊拉克的新锐部队会开抵防线。英国人肯定会梳理每个可用的物资堆栈，再利用定期抵达埃及的航运，为这些部队提供装备。我们估计到8月20日，算上新开抵和整补过的部队，英军的实力会达到70个步

兵营、900 辆坦克和装甲车、550 门轻型和重型火炮、850 门反坦克炮。[1]

7 月底到 8 月初，英国第 50 师和南非第 1 师重返前线，两个兵团几乎已得到彻底整补。不久后，与其他兵团辖内部队重组的印度第 10 师也恢复了战斗力。7 月份，几支大型船队抵达苏伊士，我方空中侦察报告，运抵那里的船舶吨位高达数十万吨。

所以，我们要想跟上英国第 8 集团军稳步增长的实力，就得在补给领域付出艰巨的努力。可我们在补给这个重要问题上遭遇了严重的危机。这场危机的起因和影响如下：

7 月底以来，英国皇家空军调整了他们的行动重点，转而打击非洲各港口与前线间的我军交通线，扫射我方运输车队，还接二连三地击沉我们的驳船和沿海船只。拜尔迪和马特鲁港内的船只根本无法避开英国轰炸机的注意，图卜鲁格港内的船只更是频频遭到打击。德国空军在前线忙得不可开交（皇家空军投入前线的力量也在稳步增长），只能以虚弱的力量保护海岸公路和沿海水域。因此，8 月初，皇家空军一天内就在拜尔迪港击沉 3 艘沿海船只。另外，英国海军也不断滋扰沿海水域。

由于意大利海军无法提供护航驱逐舰，我方大部分补给船只不得不驶入班加西或图卜鲁格港，这给我们的公路运输造成沉重的负担。雪上加霜的是，图卜鲁格 8 月 8 日遭到英国轰炸机猛烈空袭，主码头严重受损，吞吐量下降了 20%，对我们的打击很大。

8 月初，我们获得的补给物资几乎无法满足日常需求。补充兵想都不要想，加强实力更是不可能。车辆状况特别让人担忧，恶劣的路况，再加上运输工具持续不停地用于各项任务，导致我们始终有 35% 的车辆处于维修状态。我们使用的运输工具，约 85% 是英国或美国制造的车辆，所以没有太多零配件库存，维修部门面临的困难可想而知。

第 164 步兵师和意大利"闪电"伞兵师辖内部队刚刚运抵，没有自己的车辆，因而给其他兵团的运输单位造成负担。

我们现在努力把所有缴获的车辆从运输部门淘汰掉，换上德国制造的新车或修复的车辆。在意大利，有 2000 多辆卡车、近 100 门各种类型的火炮等着运送给德国军队，其中部分物资在那里囤放了快一年。由于我们当时的重型航运遇到许多麻烦，这批物资运往非洲进行得非常缓慢。德国国内还有 1000 部车辆和 120 辆坦克，待我们需要再交付。

装甲集团军辖内的德国部队，17000 名官兵自战局开始就在非洲从事战斗，他们多多少少受到非洲气候影响。大多数情况下，他们与装甲集团军共进退，凭的是一股干劲和杰出的团队精神。但考虑到他们的健康问题，现在是时候让他们中的大部分人离开非洲返回欧洲了。我当然不愿失去这些久经沙场的老兵，可我必须请求上级派新兵替换他们，因为他们大部分人仅凭美好的意愿，已无法应对前线的危机。阵亡、负伤、患病导致 4 个德国师缺员 17000 人，最重要的是，战局伊始这些部队的兵员就不足。所以，我们在兵员方面的问题同样严重。[拜尔莱因将军估计，德军此时的战斗兵力约为 34000 人。]

不过，最大的问题还是补给。补给组织工作存在严重缺陷，给我们造成不利局面。地中海航运掌握在意大利最高统帅部手里。唯一能对补给问题发挥些影响的德国部门由冯·林特伦将军负责，多年来，他一直是派驻罗马的德国武官。意大利人讨论船队和港口的海空掩护问题时才会召见凯塞林元帅和魏希霍尔德海军中将。装甲集团军对补给问题仅有的发言权是提交"优先清单"，也就是说，这份清单列出贮存在意大利的物资运往非洲的先后顺序——如果真能运到的话。

我们对航运清单和抵达港口没有任何发言权，最要命的是，我们无权质疑分配给德国和意大利军队的物资比例。从理论上说，运抵的货物应该一家一半，可实际上，分配给德国军队的物资越来越少。皮斯托亚师的情况就是个好例子，该师计划 9 月中旬开抵，届时用于利比亚而不是前线，8 月初，该师三分之二的人员和 300—400 部车辆经海路运抵，而第 164 步兵师辖内部队已开赴前线，却只运来 60 辆汽车。另外，阿莱曼战线的许多意军部队以惊人的速度整补，一部部车辆换成意大利运来的新车，却没有一部德国替换车辆从意大利运抵装甲集团军，这种情况一直持续到 8 月初。

政治事务影响补给或作战方案不是什么好事。就这两个问题而言，必须毫不留情地肃清来自其他领域的不良影响，必须集中一切努力实现唯一的目标，也就是赢得军事胜利，而不考虑其他任何因素。

装甲集团军德意官兵的比例大致是 2 ∶ 1，82000 名德军官兵，42000 名意军官兵。以下是意大利最高统帅部 8 月份经地中海为两支军队运送的物资比例：

运给装甲集团军辖内的德国军队：8200 吨（需求量的 32%）；

运给装甲集团军辖内的意大利军队、利比亚的意军和平民：25700 吨（其中800 吨用于当地居民）；

运给德国空军：8500 吨。

这些数字不言而喻。

装甲集团军想方设法积极争取自身的利益，但没能获得任何改善，最后总是以笔墨官司告终。例如，皮斯托亚师运抵非洲浪费了宝贵的航运资源，我们提出抗议，意大利人却信口开河，说他们运送该师是从爱琴海抽调了新的航运力量。以当时的情况看，他们应该把手头可用的每艘船只都用来为装甲集团军运送物资，确保集团军与英军继续战斗。

卡瓦莱罗一次次莅临前线视察，一再保证会设法捋顺补给问题。可经常发生的情况是，待他下次到访却又笑着说，自己承诺的事情太多，不可能一一兑现。

非洲的卸船作业慢得急死人，这往往是观念陈旧、缺乏主动性、没有任何技术创造力的结果。图卜鲁格港的卸载量每天只有 600 吨，我们始终无法提高这个数量，结果，一艘艘货船在港内停留的时间太长，面临被英军轰炸机炸毁的危险。我们一再要求加强港口建设，派意大利劳工在邻近海湾修建卸载设施，提供更多码头设备，强化图卜鲁格的防空力量，可这些建议收效甚微。

我们对图卜鲁格到代巴这段缴获的英国军用铁路寄予厚望，本以为很快能组织起通往前线的大规模铁路交通，大力缓解我方公路运输的压力。可这方面也没有立即采取行动。

我上面说到的这些问题，原因在于机构臃肿、得过且过，这是意大利后勤部门的特点。

冯·林特伦将军作为德国派驻罗马的武官，可能要考虑许多外交关系问题，因而无法为我们的事业提供卓有成效的帮助。他与意大利人打交道，地位和权威都不及对方。给我们造成很大麻烦的另一个因素，是德国与意大利的政治关系，所以我们不能开诚布公地指出意大利司令部的缺陷，要求他们改正。公开讨论存在的问题，这种做法更符合一个真正的联盟，可我们没有这样做，而是虚与委蛇，反复宣称一切井然有序，维持表面假象的同时却输掉一场场交战。德国政府这种态度限制了冯·林特伦先生的职责范围，再加上他的军衔不够高，无法就上层政策事务提出抗议。

所以，我们需要一位权威人士，由他负责地中海和北非水域所有海上交通的组织和掩护工作，授予他全权，指挥与作战行动相关的所有轴心国陆海空部队，履行特定职责，以此支援我方的要求。为此，我建议最高统帅部把地中海航运的控制权交给凯塞林元帅，授予他特殊的权力。之所以提出这项建议，是因为我考虑到以下因素：

凯塞林元帅愿意帮助我们在阿莱曼赢得胜利；他具有坚定的意志，是外交和组织方面的一流人才，非常了解技术问题。凯塞林的靠山是德国空军和戈林，因而能获得最高层大力支持，这样就能解决关乎意大利的上层政策问题。

可惜，这项建议起初没获得采纳，即便后来付诸实施，也不是我希望的形式。

上述缺陷造成的后果非常严重。装甲集团军辖内的德国兵团 8 月 1—20 日的物资消耗量几乎两倍于同一时期经地中海运抵的物资，这个事实足以说明一切。结果，我们本来就很微薄的库存物资进一步下降。这个时期结束时，德军的实力下降到 16000 人、210 辆坦克、175 辆运兵车和装甲车、1500 部其他车辆。[2] 要不是我们当初在迈尔迈里卡和埃及西部缴获英军几座大型物资堆栈，装甲集团军现在可能已不复存在。部队配发的口粮糟糕至极，单调得看一眼就不想吃。油料和弹药供应情况一如既往地严重，我们只好采取最严格的节约措施。我们经常被迫下达命令，禁止各部队施以任何形式的扰乱火力，目的仅仅是节约弹药。而英国人却充分发挥他们的物质优势，炮兵的轰击动辄数个钟头，我方官兵不得不在炎热、荒芜的阵地忍受各种艰难困苦。

8 月间，后勤部门本该不遗余力地为我们提供油料和弹药，可就像我明确指出的那样，他们没有这样做。几个德国兵团的整补工作也不尽如人意。尽管意军得到较高的补给配额，可就连意大利第 20 摩托化军辖内的步兵部队都还缺半数车辆，因此，该军 10 个摩托化营只有 4 个具备机动性，另外几个营在广阔的沙漠里完全派不上用场。领袖一直要求我们进攻，意大利第 20 摩托化军是一股重要的突击力量，可该军的 220 辆坦克，由于发动机磨损，再加上驾驶员经验不足，至少有一半开不了多远就会抛锚。

至于英军一方，我们估计 9 月初会有一支超过 10 万吨的大型船队满载运给第 8 集团军的新式武器和军用物资抵达苏伊士港。因此，装甲集团军必须在此之前发起进攻。由于补给物资全面短缺，我们这场进攻仅限于打击阿莱曼防线的英国第 8 集团军，占领亚历山大和开罗周边地区。但进攻日期不得不一再推延，因为我们必须等大批油料和弹药运抵，没有这些物资，不可能发动进攻。

装甲集团军施加种种压力，敦促后勤部门及时提供必要的物资储备。尽管这些要求绝非无法做到，可他们就连我们的最低需求也没能满足。也许罗马当局认为非洲的胜利已成定局。但卡瓦莱罗 8 月底通知我，他们已派出几艘油轮，会及时到达这里，不会耽误进攻。万一这些油轮被击沉，他们已集中的其他船只会在护航力量掩护下立即出发。凯塞林也对装甲集团军承诺，紧急情况下，他的运输机中队每天能为我们运送 500 吨汽油。卡瓦莱罗说，届时他会派潜艇和军舰给我们送来最急需的物资。

亲爱的露：

　　昨天我还是无法给你写信。我现在好些了，偶尔能起床待一会儿，但我还得回德国治疗 6 周。我的血压总归会恢复正常的。元首派来的医生应该在途中了。我现在肯定不能离开自己的岗位，除非我能放心地把工作交给副手。现在还不知道来的是谁。我今天又做了检查，医生说我恢复得不错，真让人欣慰。非洲战场消耗将领的速度惊人，18 个月里，每个师换了 5 位师长，难怪我也要去大修了。

1942 年 8 月 24 日

阿尔弗雷德·英格马尔·贝恩特中尉致函隆美尔夫人

亲爱的隆美尔夫人：

　　您收到我从非洲寄来的这封信，无疑会感到惊讶……我写这封信的原因，是向您报告元帅的身体状况。您丈夫已经在非洲待了19个月，比任何一位40岁以上的军官待的时间都要长，据几位医生说，元帅的体格好得惊人。经历了进军期间的艰难困苦，他现在不得不承担起阿莱曼前线的重要职责，他为此焦虑不已，已经有许多个夜晚没有好好休息了。另外，这里恶劣的季节又到了。

这些情况肯定会造成影响，所以，除了重感冒的所有症状和非洲典型的消化功能紊乱，他近期还出现了虚脱的迹象，我们这些获知情况的人不免焦虑万分。虽然没有直接危险，可要是他不好好休息一段时间，很容易因为过度劳累给身体造成器质性损害。

给他看病的医生是符兹堡大学的霍斯特尔教授，他是德国最著名的胃病专家，经常为元帅提供医疗建议，还照看他的健康状况。元首已获知此事，他同意待这片战区大局一定就让元帅回欧洲好好休养一段时间。在那之前，我们会尽一切努力让他过得舒适些，还要劝他注意自己的身体。

根据元帅的身体状况，我们准备并随身携带他可能需要的一切。我还搭了个小厨房，找了个不错的厨师。新鲜水果和蔬菜每天空运过来。我们钓鱼，打鸽子，设法弄到鸡和鸡蛋，好让元帅尽快恢复体力。[3]

给元帅开小灶不太容易，这种事情最好别让他知道，他从来不肯在伙食方面搞特殊化。

夫人，请您千万不要对这封信有什么误解。主要因为一份长长的医疗报告已送交 OKW，以我的经验看，这份报告肯定会引发关于元帅身体状况的各种谣言，此类传言总是传得很快。我怕您听到毫无根据的传言会担心，所以不揣冒昧地写信向您汇报真实情况。没什么可担心的，元帅需要的只是不久后回欧洲好好休息一段时间，都安排好了。他必须安安心心地睡觉，少些烦恼，放松身心，当然，这些要求对他这种干劲十足的人来说不太容易。

元首日后肯定需要我们的元帅去执行同样重要、同样伟大的任务，为此，元帅必须好好保重身体。所以，与他的健康有关的一切，我们都会十二分重视，完全是预防措施。

夫人，请您不用担心。至于元帅的人身安全，日后的作战行动中，我会再次尽全力护卫他，因为我们每个人，包括军官和士兵，都已做好为元帅献出生命的准备……

1942年8月26日写于埃及

亲爱的露：

凯塞林今天来这里，就我们目前最严重的问题与我长谈了一番。罗马的工作把他折腾得够呛。他得到很多承诺，兑现的寥寥无几。他对那帮蠢货过于乐观了，只会让他产生苦涩的失望之情。

这里一切都很平静。英军炮兵有时候会猛烈开火，朝我们这里倾泻几千发炮弹。可我方部队早已疏开，所以此类炮击没造成太大破坏。

1942年8月27日

这里的气氛越来越紧张。我昨天与各兵团指挥官协商了一番。韦尔斯特将军回来了，重新接掌他的师。他指挥得特别出色，1月份的战斗中干劲十足，后来在5月庞大的交战期间负了伤。我的身体状况很好，完全恢复了，希望能经得住接下来热闹非凡的日子。高泽这次留在司令部，韦斯特法尔陪我去前线。我觉得高泽坚持不了太久，6月初，英国人的轰炸机和火炮猛烈打击我方阵地，自那天起，他一直头疼。我希望他回欧洲好好休养一段时间。

1942年8月29日

新的突破方案

1942年8月底，英军在阿莱曼防线的布势大致如下：

印度第5师、英国第50师、澳大利亚第9师据守北部地段，南非第1师部署在他们身后的海岸，这些兵团统归第30军指挥。

英国第13军负责防线南部地段，第7装甲师和若干侦察部队部署在防线上，新西兰第2师据守第7装甲师北面的防线。第1装甲师部署在战线中部和南部后方，我们后来发现，第10装甲师也在那里。[4]

装甲集团军的计划如下：

装甲集团军的摩托化集群，编有非洲军、意大利第20摩托化军、第90轻装师，开入战线南部的集中地域，采取一切防范措施，以免被敌人发现。装甲力量分批开入新阵地，每次四分之一，展开期间必须做好伪装，所以这场运动要持续好几天。待装甲力量就位，轮式车辆一次性开入集中地域，原先的阵地交给补给车辆占据。我们必须不遗余力地隐瞒己方的企图。

英军的战役布势表明，他们在战线南部地段只部署了小股力量。我方侦察部队多次报告，敌人在南面只有薄弱的地雷防御，比较容易渗透。我们打算以德意步兵的夜袭攻克这些阵地，紧跟在步兵身后的装甲兵团击退敌军。尔后，非洲军和意大利第20摩托化军步兵力量迅速向东攻击前进，估计天亮前就能到达距离出发点25—30英里的哈马姆西南地域。

守卫我方防线南部的意大利第10军遂行防御，部分力量据守现有阵地，另一部分占据我军新占领的阵地。第90轻装师和意大利第20摩托化军一部，在与英军阿莱曼防线平行的位置及其东面掩护我军侧翼，击退对方一切冲击，我们估计战役初期阶段该地域会遭到非常猛烈的攻击。

拂晓时，摩托化集群［主要是非洲军］就向北突击，一路前出到海边，尔后向东穿过英军补给地域，设法与敌人决战。我方摩托化集群出现在英军补给地域，可能会吸引对方的摩托化力量，这样一来，敌人就没有足够的力量克服第90轻装师的防御，抢在我方摩托化集群做出有效应对前截断他们。我们这份作战方案很大程度依赖于英军司令部及其部队缓慢的应对，因为以往的经历告诉我们，对方做出决定再付诸实施，总是需要较长时间。所以，我们希望把这场行动作为既成事实强加给英国人。

尔后的战事会快速发展，绝不能让决战沦为静态战。留在阿莱曼防线的德意步兵反复发起小规模冲击，借此牵制大股英军，而在英军防线后方展开的决战，我们可以凭借部队更高一筹的机动作战能力和指挥官高超的战术技能，弥补我方物质力量的不足。待我们把敌人与他们的补给仓库隔开，英国人只剩一个选择：要么在防线上苦战到底，要么突围后向西逃窜，放弃对埃及的控制。

总的说来，行动成功与否取决于补给问题，当然还有以下因素：

（a）我军开入集中地域必须遮敌耳目；

（b）迅速突破英军防线，从而攻入敌军后方，换句话说，侦察的准确性至关重要。

8月底，意大利最高统帅部承诺的弹药和油料还没有运抵。对我方行动不可或缺的满月已开始亏缺，继续拖延下去，我们就得放弃恢复进攻的一切想法。

卡瓦莱罗元帅通知我，获得妥善护航的油轮几小时内就会到达，最迟明天。

我希望这个承诺能兑现，也相信凯塞林元帅的保证：紧急情况下，他每天能为我空运500吨汽油。但最重要的是，倘若这段满月期我们不采取行动的话，就会彻底丧失最后的进攻机会。于是，我下令8月30日夜间发动进攻。

亲爱的露：

拂晓终于到来。等待了这么久，我一直忧心忡忡，反复考虑是否该等我需要的一切运抵后再展开行动。我深感担忧的许多问题，一直没得到令人满意的解决，有些东西严重短缺。可我还是决定冒险行事，因为再次获得月光、力量对比等有利条件又得等上很长时间。就我而言，我会尽全力赢得胜利。

至于身体情况，我觉得自己的状态非常好。眼前的战事至关重要，我们这场进攻获胜的话，可能会在某种程度上决定整个战争进程，就算失败，我也希望至少能重创敌人。诺伊拉特谒见了元首，他向我致以最美好的祝愿。元首非常了解我的焦虑。[5]

1942年8月30日

注释

1. 算上防线后方整补的部队，以及守卫尼罗河三角洲的力量，隆美尔的估计大致正确。英军以 5 个师据守防线（包括 1 个装甲师），但后方还有 6 个师（包括 3 个装甲师）和几个独立旅。其中 2 个师会在 8 月底前调往前线。

   当时，英军就在阿莱曼防线部署了大约 480 辆坦克、230 辆装甲车、300 门中型火炮和野战炮、400 门反坦克炮。相比之下，隆美尔当时只有 229 辆德国坦克和 281 辆意大利坦克。

   在此期间，英国战时内阁派亚历山大将军接替奥金莱克担任中东战区英军总司令，还任命蒙哥马利将军接掌第 8 集团军。

   隆美尔有 4 个德国师和 8 个意大利师（各有 2 个装甲师）。当然，对比双方师的数量无法真正说明问题。隆美尔获得补充兵的速度比英军慢得多，几个意大利师，除了缺乏战斗意志，装备也极为低劣，无法与英军或德军相提并论。

2. 列举这些不足时，隆美尔把缴获后使用的英国车辆也计入其中。

3. 拜尔莱因将军注：霍斯特尔教授是隆美尔在北非的医疗顾问，两人的关系相当密切。一天，高泽请教授为元帅检查身体，隆美尔那段时间经常头晕目眩，可他总是勉力支撑。检查了一番，霍斯特尔教授和高泽将军联名发了封电报，大意如下："隆美尔元帅患有慢性胃炎、肠黏膜炎、鼻白喉，血液循环问题也很严重，身体状况不适合指挥即将到来的进攻行动。"

   隆美尔认为唯一能替代自己的人选是古德里安将军，于是请求 OKW 任命古德里安代理装甲集团军司令。OKW 当天傍晚复电称"古德里安没接受"。于是，隆美尔决定亲自指挥此次交战，进攻开始前不久，霍尔斯特教授又给 OKW 发了封电报："总司令的身体状况目前有所改善，可以在持续获得医护的情况下指挥交战。不过，还是有必要找个替代他的指挥官。"

4. 隆美尔的敌情判断有几处错误，而且他没发现另一些兵团和部队：

   （1）英国第 50 师不在防线上，交战第三天（9 月 2 日）才前调了一个旅。

   （2）南非第 1 师部署在第 30 军防区中央地段，这片防区从海边延伸到鲁韦萨特岭。

   （3）第 1 装甲师没参加此次交战。

   （4）第 13 军辖内第 10 装甲师有 2 个装甲旅，而第 7 装甲师只剩 1 个轻型装甲旅。

   （5）英军还有个独立装甲旅，也就是第 23 旅，部署的位置可以随时支援两个军中的任何一个。

   （6）第 13 军还编有第 44 师，该师部署在哈勒法山脊。

   （7）防线南部地段的第 7 装甲师，身后没有任何兵团或部队。第 10 装甲师和第 44 师部署在新西兰第 2 师身后，也就是位于第 13 军防区北部地段后方。

   正如亚历山大在电函里明确指出的那样："这份计划的目的，是尽可能强有力地据守海岸与鲁韦萨特岭之间地域,从哈勒法山脊严密防御的预设阵地,对攻往山脊南面的敌军构成侧翼威胁。"隆美尔惯于迂回包抄,英军的计划是个间接应对方案。多尔曼 - 史密斯当初拟制了这份方案,奥金莱克欣然采纳。经亚历山大批准,接掌第 8 集团军的蒙哥马利"基本接受了该方案",同时以更多步兵力量加强哈勒法山侧后方阵地。事实证明此举纯属多余,第 44 师没有参战。英军集中的大股装甲力量构成侧翼威胁,迫使隆美尔转身向北对付这股敌军,放弃了原定的大范围迂回。他对英军装甲力量精心构设的阵地发起冲击,但遭遇挫败。

5. 拜尔莱因将军注:霍斯特尔教授说,进攻当天早上,隆美尔走出他的挂车,脸上布满愁容。他说道:"教授,今天发动进攻是我这一生最难做出的决定。要么东线军队胜利到达格罗兹尼,我们在非洲顺利前出到苏伊士运河,要么……"他做了个失败的手势。

第十三章 哈勒法山，成败关头

8月30日夜到31日晨，装甲集团军的步兵力量和摩托化集群对英军阿莱曼防线的几座南部堡垒发动进攻。

我军部队穿过己方地雷场东部边界后不久，遭遇了一片始料未及、异常强大的英军地雷场，敌人的防御非常顽强。冒着猛烈的炮火，我方工兵和步兵最终在这片障碍开辟了几条通道，但付出的代价相当高昂，不仅人员伤亡惨重，还耗费了许多时间，许多情况下，他们不得不努力三次才肃清通道。这片地雷场埋设了大量地雷（我们估计，我军进攻地段至少有15万颗地雷），纵深很大，还布设了好多诡雷。

没过多久，英国皇家空军开始接力轰炸我军进攻部队占领的地域。伞式照明弹把黑夜变成白昼，一个个大股航空编队朝我方部队投下高爆炸弹。

集团军司令部工作人员彻夜守在电话旁，一份份报告源源不断地传来。尽管战况仍存在很大的不确定性，但有一点渐渐明朗：战事不会完全按照我们的预想进行。8点左右，我在卡拉赫山附近收到非洲军发来的第一份报告。由于敌人的地雷场异常强大，该军没能到达指定目标。拂晓时，非洲军先遣力量和侦察部队到达我方地雷场以东8—10英里。英军依托强化阵地顽强抵抗，阻滞了我军的前进。这让受威胁地域的敌军部队获得时间，给英军司令部发出警报和态势报告，英军指挥官趁此机会采取必要的应对措施。这种喘息之机对敌人非常重要，因为他们只要坚守防线足够长的时间，就能让英军机动部队占据恰当的位置，对达成突破的德意军队迅速采取反制措施。

几分钟后传来消息，第21装甲师师长冯·俾斯麦将军触雷阵亡，非洲军军长内林将军也在空袭中负伤。

我的计划是让摩托化力量借助月光向东挺进30英里，拂晓向北发起打击，但没能奏效。突击部队被强大、始料未及的地雷场阻挡得太久，整个计划依赖的突然性已丧失。面对这些情况，是否该放弃进攻，我们对此犹豫不决。我们不再享有时间优势，按照原先的预想，一旦我军在南部迅速达成突破，英国人需要时间查明情况，然后再做出决定并付诸实施，其间不会对我们的行动采取激烈的反制措施。可这番希望破灭了，敌人知道我们在哪里。我打算看看非洲军的情况再做决定。

没过多久，我获悉非洲军在参谋长拜尔莱因上校的出色领导下，已克服英军地雷场，即将向东攻击前进。我同拜尔莱因商讨了态势，最终决定继续进攻。

内林将军负伤后，参谋长拜尔莱因接替他指挥非洲军。

英军装甲部队已集中，准备立即投入交战，面对这种情况，我们无法继续向东卷击，因为英国第7装甲师在南面，第1和第10装甲师在北面，对我军侧翼构成持续威胁。我们不得不决定提前转向北面。

现在确定的进攻目标是，非洲军冲击132高地，布艾特山—哈勒法山交给意大利第20摩托化军。据我方空中侦察报告，这道山脊防御严密，我们后来发现，据守在那里的是近期从英国本土运抵的第44步兵师。以往类似的经历告诉我们，哈勒法山脊是整个阿莱曼阵地的关键所在，争夺山脊的战斗会非常激烈。因此，我请求凯塞林元帅接下来几天猛烈轰炸哈勒法山脊。

非洲军补充油料和弹药耽误了不少时间，13点左右才恢复进军。这场进攻冒着猛烈的沙尘暴进行，起初进展顺利，意大利利托里奥装甲师与非洲军携手并进。可惜阿列特师、的里雅斯特师受到耽搁，他们仍在肃清雷区通道，辖内部队依次穿过英军防御体系。结果，意大利第20摩托化军直到15点才向前挺进，从一开始就落在非洲军左后方。

我在非洲军军部与拜尔莱因再次商讨当前态势和我们的计划，随后驱车赶往几个意大利师，催促他们加快速度。

在此期间，非洲军的车辆和坦克艰难地驶过覆满进军路线的柔软沙面。沙尘暴来回肆虐了一整天，把我的部下折腾得够呛，但也导致皇家空军没能猛烈打击我方部队。由于通行困难，非洲军的汽油储备很快就消耗殆尽，我们16点取消了进攻132高地的计划。意大利第20摩托化军仍落在后面很远处，但第90轻装师已到达指定位置。几个侦察营在东面和东南面提供掩护。

夜幕降临，我方部队沦为皇家空军猛烈打击的目标，主要针对我军侦察部队，但其他部队也没能幸免，只是程度稍轻些而已。一架敌机在空中盘旋，投下一串串照明弹，另一些敌机投掷炸弹，几架俯冲攻击的敌机坠毁在侦察部队被照明弹照亮的车辆间。这场低空攻击压制了我方一切运动，许多车辆中弹起火，燃起熊熊烈焰。侦察部队伤亡很大。

在此期间，卡瓦莱罗承诺的汽油仍未运抵非洲，另外，我们穿过敌军地雷场的补给车辆遭到我军突出部南面的英军装甲部队（第7装甲师）严重干扰。因此，9月1日晨，我不得不暂时停止大规模行动，命令摩托化部队避免一切大规模行动，最多只允许实施目标有限的局部进攻。

根据这项决定，非洲军9月1日上午仅以第15装甲师发起攻击；第15装甲师主力击毁若干英军重型坦克，前出到132高地以南地域，可他们的汽油也差不多耗光了，只得取消这场局部进攻。

一整天，非洲军不断遭到皇家空军猛烈打击。这片光秃秃的地带无遮无掩，纷飞的碎石加剧了炸弹爆炸的威力，我们的伤亡相当惨重，仅非洲军军部就有7名军官阵亡。

第二天早上，我处理了指挥方面的几件事务，随后驱车穿过非洲军既占地域。10—12点，我们遭到不下6次敌机攻击。有一次，我刚刚躲入窄窄的战壕，炸弹就从空中落下。一块8英寸大小的弹片刺穿了摆在战壕旁的铁锹，炽热的金属碎片落在我身边。一群群低空飞行的战斗轰炸机不断袭来，一次次发起攻击，我方部队遭受了很大伤亡，许多车辆在沙漠里燃烧。

当天下午，我转移了指挥所，鉴于恶劣的补给状况，我再次考虑是否要停止交战。

英军轰炸机编队的不间断攻击持续了一整天。他们的炮兵也很活跃，完全不在乎弹药，我们射出一发炮弹，他们还击10发。所以，大股兵团的运动和计划时间表的行军已难以为继。德国空军寡不敌众的战斗机一次次冲向英国轰炸机中队，但很少能突破到目标，因为他们每次都遭到拦截，不得不与对方掩护"党代会"轰炸机中队的战斗机展开角逐。

隆美尔这里指的是英国轰炸机中队完美的编队飞行，把他们比作纽伦堡党代会庆典期间从空中飞过的空军编队。

所以，敌轰炸机编队几乎不受干扰地飞行，投下大量炸弹，对我方部队实施区域轰炸，一天内出动多达 12 次。

意大利人保证的汽油还没有运抵非洲。当天傍晚，装甲集团军只剩一个油料基数，就算节约使用，这么点汽油也只能让我们的补给车队行驶很短时间。

一个油料基数指的是部队在正常路面行驶 100 公里需要的燃油量，也就是说，地形不能过于复杂。

到 9 月 2 日，本该 9 月 3 日运抵的 5000 吨汽油，2600 吨已沉入海里，还有 1500 吨仍在意大利。

当晚 23 点到 9 月 2 日晨，敌机一次次对我们实施接力轰炸，投下各种规格的炸弹。指挥所周围又一次遭到攻击，我躲入堑壕，10 码外的一辆汽车中弹起火。

那晚过后，我决定取消进攻，分阶段撤到塔凯—盖塔拉山口。我的理由是空中态势过于严峻，补给情况恶劣至极。这场进攻已没有获胜的希望，部分原因是我们没有汽油，也没有足够的战斗机掩护，另一个原因是，此次交战已到达物质力量决定胜负的阶段，继续在 132 高地周边高原遂行进攻，只会发展成物质消耗战。

英国人在此期间把强大的装甲力量集结在哈勒法山与盖塔拉山口之间，之后一直待在集中地域。他们随后多次发起局部进攻，但这些冲击很容易击退。我们对英国第 8 集团军新司令蒙哥马利将军的印象是，他是个非常谨慎的人，不想承受任何风险。

蒙哥马利已采取措施，准备发动强大的反攻，甚至还组织了追击力量。但他最终决定收复原先的防线就好，"有条不紊地为稍后发动的大规模攻势加以准备"。因此，他采取克制态度，没有设法截断隆美尔的后撤。

当天傍晚，我与凯塞林元帅会晤，向他详细说明了英军空袭造成的影响，特别是他们对布满坦克、火炮、车辆的地域实施的"地毯式轰炸"。他答应尽己所能地帮助我们。

可9月2日夜到3日晨，非洲军、几个意大利装甲师、第90轻装师再次遭到英军强大的轰炸机编队不间断的打击。一串串伞式照明弹让整片沙漠沐浴在耀眼的光芒下。镁燃烧弹无法扑灭，落在地上继续燃烧，照亮了整片地域。与此同时，大量高爆弹、杀伤弹甚至地雷投向我方部队占据的地域。以前偶尔被敌人击中的88毫米高射炮，英国人现在发现后从空中施以打击，结果被他们击毁了不少。他们还击伤、击毁我们数百部车辆。

次日，我方部队按计划后撤。英国人只发起几次孤零零的进攻，除此之外，还是以空中力量和火炮对付我们。凯塞林通知我，他会派遣每一架可用战机，打击我军突破地段北面的英军，那里的敌人显然打算攻击我军侧翼。

夜间，皇家空军只出动少量架次打击我方战线，而德国空军对印度第10师发起攻击，对方正准备进攻布雷西亚师和拉姆克旅，这场空袭似乎驱散了对方的接敌行军。另一些敌兵团也攻击我军侧翼，特别是新西兰军队，可他们实力太弱，没能取得任何渗透，而且被我们轻而易举地击退了。

英国人对意大利第10军的夜袭付出了惨重的代价，不少人阵亡。我们俘虏了200名敌军官兵，新西兰第6旅旅长克利夫顿准将也在其中。

次日上午，我与克利夫顿准将交谈了一番。他说自己被意大利人俘虏，真是奇耻大辱。克利夫顿先前一直劝说意大利人投降，告诉他们，英军强大的装甲部队就集结在意军阵地前方，意军士兵惊慌不已，开始卸掉步枪枪栓，可就在这时来了个德国军官，坏了他的好事。克利夫顿对整件事沮丧不已。我坦率地告诉他，新西兰士兵的许多行径违反了国际法。这个师屡屡犯下屠杀战俘和伤员的罪行。他说这种情况可能是因为新西兰师里有许多毛利人的缘故。除此之外，他还表示绝对有把握赢得胜利，知道我军的进攻已被击退。克利夫顿也是非洲战场的老将，自 1940 年起就率领部队与我们交战，还参加过希腊战局和 1941 年年底到 1942 年年初的冬季战局。

我觉得他是个勇敢而又讨喜的家伙。克利夫顿明确提出请求，他是德国人的俘虏，不能把他送到意大利。我想满足他的愿望，于是违反相关指示，把他送到马特鲁港一座德国仓库。可 OKW 后来下令把克利夫顿交给意大利人。

移交前夕，克利夫顿要求去厕所，结果爬出窗户消失得无影无踪。我们赶紧用电台通知各部队搜捕。几天后，我身边几名参谋外出猎瞪羚，突然看见个疲惫的身影步履蹒跚地在沙漠里踽踽而行，拎着个看上去像是水桶的东西。他们凑过去查问，这才发现他是我们搜捕了好久的克利夫顿，于是赶紧让他上车，把他带了回来。不久后，我去病房又和他交谈了一番，对他的壮举深表钦佩。徒步穿越沙漠绝非血肉之躯能做到的，他看上去彻底累垮了，这一点也不奇怪。为了让他别再干蠢事，我把他直接送到意大利。[1] 我后来听说克利夫顿穿着短裤，戴着徽章，乔装成希特勒青年团领导人逃出意大利战俘营，就以这身打扮越过边境逃入瑞士。[2]

　　亲爱的露：

　　　　我经历了一段异常艰难的日子。由于补给方面的原因，再加上敌人的空中优势，我们不得不停止了进攻——否则我们肯定能赢得胜利。实在没办法。我匆匆返回司令部，这是今天的第一次，我甚至脱掉靴子洗了脚。我仍希望情况会好转。衷心祝福你和曼弗雷德。

　　　　另：俾斯麦阵亡了，内林也负了伤。

1942 年 9 月 4 日

英国人似乎不太愿意打一场硬仗。他们确实没必要这么做，因为时间拖得越久，物质条件对他们越有利。

交战期间被俘的一些英军官兵交代，英军指挥部早就知道我们计划在 8 月 25 日前后发动进攻。甚至有几个俘虏指出，一名意大利高级军官把我们在战线南部发动进攻的计划透露给了英军司令部。[3]

9月6日上午，我们终于完成了后撤，各部队利用我们占领的英军强大的阵地转入防御。进攻已告失败，我们彻底丧失了夺取苏伊士运河的最后机会。现在，我们只好眼睁睁地看着敌人充分利用英国的工业生产能力，最重要的是美国巨大的工业潜力，这是我们宣战的结果，战争潮流最终会变得对我们不利。

三度空间

我们这场进攻，失败的原因如下：

（a）与我们收到的侦察报告相反，英军在南部构筑的阵地非常强大。

（b）皇家空军的空中突击毫不间断，异常猛烈，他们几乎彻底掌握了制空权，死死压制我方军队，我们无法顺利展开，更没办法按计划时间表挺进。

（c）汽油是我们实现作战计划的必要条件，可一直没有运抵，卡瓦莱罗承诺的油轮，有的沉没了，有的姗姗来迟，还有的根本就没派出。另外，凯塞林当初保证，紧急情况下每天为前线空运500吨汽油，可惜他也没能兑现诺言。

韦斯特法尔将军在他的书中指出，凯塞林确实给前线运送了500吨汽油，可他的飞机在途中把这些油料"消耗殆尽"。

我们的伤亡很大，主要是皇家空军的轰炸和低空攻击造成的。德国和意大利军队570人阵亡，1800人负伤，570人被俘，也就是说，共损失3000人左右。物质方面的损失主要是车辆，共折损50辆坦克、15门野战炮、35门反坦克炮、400辆卡车。

据各兵团报告，我们俘虏350名敌军官兵，击毁或缴获150辆英军坦克和装甲车。我们还击毁对方10门野战炮、20门重型反坦克炮。

亚历山大的电函称，英军阵亡、负伤、失踪1640人，还折损68辆坦克和18门反坦克炮，野战炮没有损失。

英方估计敌人阵亡、负伤4500人（两倍于隆美尔给出的数字），但只俘虏300人。他们从战场上收集到51辆坦克（包括42辆德制坦克）、30门野战炮、40门反坦克炮。

我们通过这场交战得到个重要的教训，影响到一切后续方案，实际上，甚至给我们继续从事战争也造成深远影响。这个教训就是，如果对手以强大的空中力量掌握制空权，派重型轰炸机编队不顾自身安危地发动大规模空袭，会导致战役和战术方面的地面行动变得难以为继。

我方官兵后来把这场交战称为"六日赛"[4]——从进攻开始到我军撤入新阵地，交战持续了6天。

我军进攻期间，英军地面部队几乎没现身。蒙哥马利没打算以大规模反攻夺回南部防线，真这样做的话，他可能会遭遇挫败。相反，他依赖强大的炮兵和空中力量发挥作用。除此之外，我方交通线一直遭到英国第7装甲师的扰乱攻击。针对我方的行动，英军指挥官的应对无疑是正确的，非常适合当前情况，不仅给我们造成严重破坏，还保存了他们的打击力量。

我们估计，6日交战期间，敌人朝我集团军突击部队占领的地域投下1300吨炸弹。虽说这个数量比阿莱曼交战期间投向我们的炸弹多不到哪里去，但远远超过非洲战局迄今为止任何一场交战。

不管怎么说，以下两点非常清楚：

（a）这种规模的空中活动给摩托化力量造成瘫痪性影响；最重要的是，区域轰炸严重破坏了我方部队。

（b）英国人竭力取得完整的制空权，同时充分发挥制空权的作用。

我们毫不怀疑英军的实力即将获得加强，他们的空中力量同样如此，因为我们估计10万吨的船队9月初已抵达苏伊士。我们据此得出结论，即将到来的战事，皇家空军会投入比刚刚结束的交战多几倍的战机对付我们。所以，我们必须料到以下后果：

敌人会从空中打一场消耗战。广阔的沙漠里，敌机投掷炸弹打击无遮无掩的摩托化部队特别有效；摩托化部队的车辆、坦克、火炮，无论是在行军，在集中地域，还是在进攻，都会沦为轰炸机和低空飞行的战机易于得手的目标。敌人完全能以这种方式猛烈打击我方军队，迅速打垮我军战斗力，而他们自己的力量不会遭受任何显著消耗。

从指挥角度看，对方能获得以下优势：

（a）彻底掌握制空权，他们就能获得完整、不间断的侦察报告。

（b）他们能更自由、更大胆地展开行动，这是因为，倘若出现紧急状况，他们可以投入空中力量，粉碎对手的接敌行军、集中和其他各种行动，或阻滞敌人，直到己方采取有效的反制措施。

（c）一般说来，放缓己方的运动相当于加快敌人的行动。由于速度是机动作战最重要的因素之一，不难看出这会造成怎样的影响。

另外，掌握制空权能给敌人的补给车队造成严重破坏，对方的各种物资很快会严重短缺。他们可以持续监视通往前线的各条道路，彻底切断敌人的昼间交通，迫使对方只能在夜间从事补给运输，这就丧失了宝贵的时间。稳定的补给流至关重要，没有后勤补给，军队就动弹不得，更无法投入交战。[5]

我们据此得出必然的结论。我们真正需要的是空中均势，或至少接近于均势。这要求凯塞林的空军力量提供大力支援，特别是截击机和战斗机，但最重要的是增加重型轰炸机中队的数量。

空中力量均衡后，旧有的交战规则才能再次生效。当然，交战双方激烈的空中活动会给某些战术造成限制。

从事战斗者，哪怕配备了最先进的武器，面对彻底掌握制空权的敌人，打起来就像野蛮人对抗现代欧洲军队，困难重重，几乎没有获胜的希望。由于德国空军在其他战区疲于奔命，凯塞林获得的加强根本无法与英国人相提并论，前景无望，我们不得不面对这样的事实：英国皇家空军可能很快会获得绝对制空权。

为应对敌人即将发动的进攻，我们部署防御时，必须设法把英军空中优势的影响降到最低。目前我们面临的最大威胁来自空中。这种情况下，我们的防御不能再依靠实施机动的摩托化力量，因为他们很容易遭到敌空中力量打击。我们现在必须以野战阵地抵抗敌军，构筑的防御工事必须抗得住最现代化的战争武器。

我们不得不接受这样的事实，敌人凭借空中力量，能够随心所欲地阻滞我方的行动，无论白昼还是夜间（使用伞式照明弹）。面对敌人的空袭，没人能待在车内继续行进。"六日赛"的经历告诉我们，一切计划时间表沦为废纸。也就是说，我们今后要把阵地构筑得非常强大，足以让局部守军在没有战役预备队支援的情况下坚持很长一段时间，直到援兵（无论他们被皇家空军阻滞多久）开抵。

英军掌握空中优势的事实，让我们先前应用并多次取得胜利的战术规则化为乌有。除非我们也投入强大的空中力量，否则对敌人的空中优势没有真正的应对之策。日后的每一场交战，英美空中力量都会成为决定性因素。

注释

1. 拜尔莱因将军注：隆美尔与克利夫顿准将两次交谈期间，霍斯特尔教授都在场，他说了件有趣的事。

   与克利夫顿交谈时，隆美尔指出，英国忽略了这样一个事实：欧洲真正的危险在亚洲。

   克利夫顿从马特鲁港逃脱，隆美尔非常担心自己对亚洲（也就是日本人）的说法可能会引发政治风波，因而采取各种措施，竭力抓捕克利夫顿。

2. 隆美尔掌握的情况不太准确。克利夫顿确实在意大利多次越狱，第五次终于逃了出去，但没到达瑞士边境就在科莫湖附近被捕。他当时化装成商船水手，而不是希特勒青年团领导人。尽管他第八次越狱期间受伤很重，但第九次越狱终于成功逃离德国。

3. 拜尔莱因将军注：这种说法从来没得到任何一方证实。

4. 英文译者注：这个称谓源于德国著名的自行车比赛——Sechstagerennen。

5. 拜尔莱因将军注：这个观点非常重要，隆美尔后来做出的许多决定，都基于此次交战和后来阿莱曼交战的相关经历。最重要的是，1944 年夏季，盟军即将发动入侵，隆美尔决定在海滩对付来犯之敌，而不是冒上从法国腹地展开接敌行军的风险——正常情况下，后一种做法是正确的。

第十四章 阿莱曼，无望之战

我们对英军阿莱曼防线的进攻失败了，随之而来的新阶段最终导致我们的北非战线彻底崩溃。9月6日—10月23日，双方又爆发了激烈的"补给战"。我方大败亏输，英国人以巨大的优势赢得胜利。

不难想象我们对进攻失败的感受。卡瓦莱罗当初承诺，补给船只会在8月底或9月初抵达，肯定不会耽误我军进攻，可事实是，这些船只9月8日才抵达北非。在此期间，我们的补给状况到了岌岌可危的程度，主要因为我们收到的物资从来没有达到预期数量，1942年头8个月，我们收到大约12万吨物资，仅仅是最低需求量的40%。

当然，随着英国战略空军和皇家海军在地中海的行动日趋活跃，我们面临的困难越来越大，这是事实。敌机一次次攻击我方各座港口，炸毁一个个补给设施。海上损失的船舶吨位越来越大，意大利人为非洲航线提供的船只越来越少。到1942年年初，意大利共损失130万吨船只，相比之下，他们新造的船只少得可怜。盟军击沉的船舶数量稳步上升。当年2月到7月底，敌人击沉10艘执行非洲航运的船只，而7月底到10月中旬，又有20艘商船葬身海底。实际上，目前的情况是，即便我们付出最大的努力，也不见得能解决补给问题。过去的错误和疏忽导致我方补给组织工作陷入这样的境地：就算现在想再次实现勉强过得去的补给状况，也已毫无希望。

18个月前，德军总参谋部一些高级军官宣称，维持非洲战区是个无法解决的问题。这种观点在国防军统帅部最高层很有市场，结果，意大利和欧洲那帮玩忽职守的家伙继续待在自己的岗位上，因为高层人士总是乐于听取并接受他们的观点。他们对运输状况的估计完全站不住脚，不管怎么说，至少1942年夏末前是这样。这种评估是陈旧观念的产物，暴露出夸夸其谈的本质：逃避一切困难，还竭力证明这些困难是无法克服的。我们本该从一开始就祛除这些迂腐的偏见和成见。

我经常想到经济学教授与商人的区别，还以他们的财务状况做出判断。商人与教授可能不在同一知识层面，但商人的想法以客观事实为基础，为实现目的倾尽全力。而教授对现实的认知往往是错的，他可能确实有很多想法，却没能也不急于实现，仅仅满足于自己有这些想法。所以，商人在财务方面更加成功。

纸上谈兵者与真正从事战斗的军人，往往也存在同样的区别。不光是军事事务，也包括整个生活，最重要的因素是执行力，也就是促使某人投入全部精力完成特定任务的能力。仅具备知识素养的军官通常只适合担任参谋人员，他可以做出评判，并提供相关资料展开讨论。但一切理智的结论，都需要指挥官以他的执行力跟进并付诸实施。

这些评述同样适用于补给问题。我们今天面临的种种问题，究其原因，除了我说过的各种弊端，就是相关人员缺乏现实意识，完全没有主动性和干劲。为说明这一点，我也许应该指出一些本来可以做到的事情：

（a）没有证据表明意大利海军主力执行过护送运输船队或运送紧急物资的任务。当然，真这样做的话，罗马的出租车就没有汽油了。

（b）没有证据表明高层组织、实施过进攻马耳他的事宜。我当初提议让我来执行这项任务，我相信，只要为我提供所需要的兵力，再加上海空军的适当支援，肯定能夺取这座岛屿要塞。一旦马耳他落入我们手里，英国人就无法继续遏制地中海中部的船运交通。马耳他的得失，关乎成千上万名德意将士的性命。

（c）没有证据表明意大利开始大量生产驳船和沿海船只，或在海军掩护下组织起令人满意的沿海航运勤务。

（d）没有证据表明相关部门沿海岸新设了配备码头设施的卸货港，或迅速加强现有港口的卸载量。

元首大本营某些人一直强调补给组织工作是多么困难，我绝没有低估这些困难的意思，只是从正确的角度看待问题而已。1942 年年底，阿莱曼交战结束后，维持非洲战区显然已不复可能。但当年春季和夏季本来可以建立可靠的航运交通，这是毫无疑问的。这样一来，我们就能征服整个地中海海岸线，之后，跨越地中海的航运交通就不存在任何问题了。可惜，元首大本营不理解在决定性地点建立战略重心的艺术。

我们的进攻失败后，我立即向元首大本营和意大利最高统帅部汇报了情况：

"非洲装甲集团军的德军将士承担着非洲战争的重任，抗击大英帝国最精锐的部队，必须毫不间断地为他们提供维持生计和交战必不可少的补给物资，每艘船只、每架运输机都应当用于这个目的。如果做不到这一点，就无法继续维持非洲战区，待英军发动大规模攻势，整个集团军迟早会陷入危险境地，遭受与哈勒法亚守军相同的厄运。"

与此同时，英国人的实力稳步增强。到 9 月 11 日前后，他们把 5 个步兵师和 1 个装甲师摆在前线，2 个步兵师和 2 个装甲师作为集团军预备队部署在防线后方，还有 2 个步兵师守卫尼罗河三角洲。面对这种状况，我们的焦虑感与日俱增。我们请求上级大量提供重型反坦克炮，至少在某种程度上抵消英军巨大的装甲力量优势。我们还请求尽快再调拨一个师。

口粮也成了问题，我们在迈尔迈里卡缴获的物资即将耗尽。视察前线期间，我不断听说劣质的口粮导致病员越来越多。这种原因造成的减员，有些师特别严重，主要是因为师里的官兵在非洲征战太久，或者不适应热带服役。

我再次向元首大本营指出事态的严重性，还强调必须利用一切航运力量，全力以赴地解决我们的补给问题，否则，德意装甲集团军无论如何也无法在北非长期坚持下去。

我要求上级部门 9 月份至少为我们提供 3 万吨物资，10 月份，待第 22 空降师到达 [1]，需要提供 3.5 万吨物资。我还要求把德国和意大利境内留给装甲集团军的所有车辆运来。我们还就皇家空军攻击我方部队的影响提交了详细而又准确的报告，要求大力加强我方空中力量，特别是战斗机。可我们很快发现，这些要求获得满足的可能性微乎其微。

我认为，要抵御英军即将发动的进攻，以下物资储备必不可少：

弹药——8 个基数

汽油——可供每部车辆行驶 2000 英里

口粮——30 天存量

我明确指出，只有满足这些要求，装甲集团军才有可能成功实施防御。

亲爱的露：

　　我的身体恢复得很好，我觉得谁也看不出我的健康状况有什么不妥。可医生逼着我回德国休养，不想让我再拖延下去。但我得等施图梅到来，把工作安排好才能离开。

　　一方面，离开一段时间，又能与你重逢的前景让我欣喜不已，可另一方面，我担心自己对这片战场的焦虑之情无法释怀，哪怕我无法亲临前线。我知道丘吉尔好像说过，他只能守住埃及几个月，但我坚信他正考虑4—6周内以优势兵力发动新攻势。唯一能阻止他的是德国军队在高加索地区赢得胜利。

　　高泽无法适应热带服役，不得不离开6个月。韦斯特法尔的情况看上去也不太好，他患了肝炎［黄疸］。［情报处长］冯·梅伦廷中校得了阿米巴痢疾，今天动身回国了。昨天又有一位师长负伤，这样一来，所有师长和军长10天内彻底换了一遍。

1942年9月9日

　　我一切都好。形势起起伏伏，现在离开几周正是时候。英国人似乎在印度忙得焦头烂额，而且非常担心高加索战线。我希望这对我有好处。昨天又起了风沙，但没有发展成真正的沙尘暴。我收到曼弗雷德31日寄来的信，真让我高兴。

　　很可能没等这几封信寄到，我人就先到了。不过，我还是继续写，谁知道会发生什么事呢？

　　维也纳新城的情况如何？一想到我回来后能见到的一切就兴奋不已。这7个月，曼弗雷德肯定又长高不少，快赶上我了吧。

1942年9月11日

9月14日凌晨，180架敌机接力轰炸图卜鲁格港和周边地域，敌人企图以强大的兵力登陆要塞区。我们从缴获的文件获悉，他们的任务是摧毁码头设施，炸沉停泊在港内的船只。

　　我们部署在半岛的几个高炮连立即以猛烈的火力还击。德意军队迅速集结突击力量，一举包围登陆之敌。我们担心英国人企图攻占图卜鲁格，赶紧派部分摩托化部队开赴要塞。但图卜鲁格守军很快恢复了态势，阵亡、被俘的英军官兵很多，几个高炮连报告，他们击沉3艘驱逐舰和3艘登陆舰或护卫舰。次日，德国空军再次施以打击，据报击沉1艘巡洋舰、1艘驱逐舰、几艘护卫舰，还炸伤不少英国船只。

9月15日，我亲自飞赴图卜鲁格，表彰了守军出色的防御行动。作战报告指出，英军这场突袭其实把我们搞得措手不及，图卜鲁格确实是我们最大的防御弱点。我担心敌人发动进攻时可能会故技重施，于是指示洛姆巴尔迪海军中将和戴恩德尔将军^①全力确保要塞的安全。

> 亲爱的露：
>
> 　　昨晚我从图卜鲁格回来了。听到关于这场失败的登陆行动的特别公报，你肯定很高兴。这里的一切似乎已恢复正常。施图梅今天到达罗马，我希望一周内就能离开。
>
> 　　凯塞林今天上午来我这里，其实我昨天在图卜鲁格与他会过面，还交谈了一番，他是从元首大本营赶来的。争夺斯大林格勒的交战似乎很艰巨，牵制了我方大批军力，要是把这些兵团用在南方，情况可能会更有利。
>
> 　　我听说李斯特元帅退役了，你知道，我非常敬佩他。
>
> 　　　　　　　　　　　　　　　　　　　　　　　　　1942年9月16日

这是英国人对我军后方地域最猛烈的突袭。通常说来，此类小规模袭击由斯特林上校指挥的突击队²遂行。这些突击队从库夫拉绿洲³和盖塔拉洼地展开行动，有时候深入昔兰尼加实施破坏，给意大利军队造成很大麻烦。他们一次次煽动阿拉伯人反对我们，幸亏这些煽动收效甚微，否则游击战会让我们疲于奔命。首次发生游击战后，不要对人质施以报复，这一点也许至关重要，因为此举只会引发

---

① 译注：奥托·戴恩德尔少将是第556集团军后方地域指挥官。

民众复仇的怒火，有助于加强游击队的实力。不采取报复手段，让事件平息，比枪杀无辜者好得多。杀掉人质只会激怒整片地区的民众，死掉的人质会成为烈士。意大利指挥官赞同我的观点，因而没太理会阿拉伯人偶尔搞的袭击。

在此期间，尽管医术高超的霍斯特尔教授悉心照料，可我在非洲马不停蹄地奔波了 18 个月，身体状况严重恶化，现在不得不立即返回欧洲长期疗养。我不在的这个时期，施图梅将军担任装甲集团军司令。他 9 月 19 日到达我的司令部。当天晚些时候，我同卡瓦莱罗元帅、军需主任奥托中校召开会议。奥托和我齐声抱怨恶劣的补给状况，还对意大利当局把更多兵团运往的黎波里塔尼亚深表不满。这些兵团对前线战事毫无用处，只会占用作战部队急需的船运吨位。除了皮斯托亚师，领袖还下令把另外两个师调到的黎波里塔尼亚。同时，装甲集团军辖内各意大利兵团中在非洲服役超过两年的人悉数调离，而且没派来补充兵。一如既往，卡瓦莱罗答应会考虑德方的利益。

9 月 21 日，我和高泽、拜尔莱因飞赴锡瓦绿洲，去视察那里的德意守军。我们受到阿拉伯民众热烈欢迎。我们向当地酋长呈上礼物，一个个部落成员穿着色彩斑斓的漂亮长袍，我们给他们拍照留念。我收到个信封，上面贴着绿洲发行的每一张邮票，还盖了当日的邮戳。

次日，我把装甲集团军的指挥权移交给施图梅将军，还指出，一旦英军发动大规模攻势，我就中断疗养立即返回非洲。听我这么说，施图梅似乎很不高兴，觉得我对他没信心。其实我绝无此意，我只是认为，即便最高明的装甲将领，也无法就阿莱曼战线发生的紧急状况做出正确的决策，除非他很熟悉英国人的伎俩。仅凭只言片语无法把相关经验传授给副手。阿莱曼战线平静与危急的日子是完全不同的。

第二天（9 月 23 日），我怀着沉重的心情前往维尔纳，再从那里飞赴意大利。我打算再次告诉意大利人，要让我们在埃及坚持下去，就必须在补给领域付出更大的努力。

9 月 23 日，我与意大利人达成以下协议：利比亚的意大利人立即提供 3000 名劳工，在战线后方修筑一条道路。那里几乎没有铺面道路，大部分小径覆满厚厚的沙层，随处可见的坑洞深达 18 英寸，在这种路上行驶，车辆耗损得非常厉害，特别是我们那些司机开得像疯子，一点不爱惜车辆，再加上零配件短缺，所以我们再也承受不起这种消耗了。

意大利人答应给非洲运送 7000 吨钢轨和枕木，用于修筑铁路交通。

意大利人还答应进攻并占领库夫拉绿洲，以免此处成为英军实施破坏突袭的基地。

把卡瓦莱罗的承诺与截至 10 月中旬实际做到的加以对比，是件很有趣的事。

巴尔巴塞蒂将军接到提供 3000 人的要求，马上宣称自己调不出这么多人手，最多只能拨出 400 人。而这 400 人实际只到了 100 来人，所以那条道路永远修不成。

铁轨和枕木也没有运抵。铁路上唯一完成的作业是第 90 轻装师的官兵施工的。

归根结底，巴尔巴塞蒂和卡瓦莱罗都不愿采取行动，进攻库夫拉绿洲根本无从谈起。所以一切照旧，英军突击队的威胁依然存在。

卡瓦莱罗元帅的种种承诺，可能只是想让我闭嘴，他觉得我大概要过很长一段时间才会重返非洲履职。

9 月 24 日，我同领袖商讨了当前态势。我明确无误地告诉他，除非补给物资满足我先前提出的最低数量，否则我们就不得不离开北非。尽管我苦口婆心，可我觉得他还是没明白事态的严重性。过去两年，我一次次亲自向他汇报后勤补给方面的困难，可除了 1942 年春季，情况没获得任何显著改善。尽管他们没有回应，但非洲的战事好歹没出岔子，当然，身处欧洲的人根本不知道，我们在非洲往往要面临哪些艰难的抉择。他们总是对我们说："你们放手干吧！"可是，没有物质条件我又能做些什么呢？他们的信任固然令人欣慰，可坦率地说，我们这些置身非洲战场的人更看重充足的物资。我们不会高估自己，深知我们赢得的每一场胜利都是自然原因[4]决定的。

不管怎样，我高兴地获悉，德意后勤部门建议近期投入大量法国船只用于非洲航运。另外，维持非洲装甲集团军的工作交给大区区长考夫曼，他非常能干，在组织和技术问题方面很有天赋。所以，我好歹见到一缕曙光。

过了几天，我向元首报到。装甲集团军先前取得的成就显然给元首大本营留下了很好的印象，他们现在希望在地中海地区赢得决定性胜利。

我向元首概述了进攻阿莱曼防线的过程和失败的原因，重点强调了英国人巨大的空中优势，还谈到皇家空军轰炸新战术的影响，最重要的是，这种轰炸严重限制了摩托化部队的展开，面对敌人的空袭，摩托化部队毫无办法。我还说，克服敌人空中优势唯一的办法，就是立即把我方强大的空中力量派到非洲。

我详细汇报了恶劣的补给情况，和先前与领袖会晤时一样，毫不掩饰以下事实：除非彻底改善补给情况，否则我们无法继续前进。我具体阐述了改善我方后勤补给的可能性，还要求提高分配给德军部队的物资比例，因为德军作战兵团的人数远远超过意大利人。我再次指出，面对英军即将发动的进攻，9 月份给装甲集团军运送 3 万吨、10 月份运送 3.5 万吨物资，是我们成功防御不可或缺的前提条件。

我以下面这段话结束了自己的汇报：

"我很清楚，以地中海目前的海空战略态势看，需要付出巨大的努力，才能确保德国的补给物资安全、不间断地运抵非洲。这给德国和意大利的运输勤务提出极高的要求，需要加强运输船队。但只有满足我提出的条件，在非洲承担主要战斗任务的德国军队才能继续待在这片战区，抗击大英帝国最精锐的部队。"

会晤期间，我发现元首大本营的气氛非常乐观。特别是戈林，似乎对我们面临的困难不屑一顾。我谈到英国战斗轰炸机以 40 毫米炮弹击毁我方坦克，这位帝国元帅觉得自己受到冒犯，嚷道："这不可能，美国人只懂得如何制造剃须刀片！"我答道："帝国元帅先生，我们要是能得到些剃须刀片就好了。"

幸亏我们随身带了发穿甲弹，是一架低空飞行的英国战机朝我们的坦克发射的，整个坦克车组几乎悉数阵亡。

元首答应，接下来几周会投入大批 Siebelfaehren[一个名叫西贝尔的德国工程师设计的平底渡船]，大幅度增加装甲集团军的物资补给。这种渡船吃水很浅，鱼雷会从船底穿过，船上还安装了几门高射炮，因而能对付袭来的敌机。它的缺点是，无法在波涛汹涌的海上使用，不过，地中海向来风平浪静。元首给我看了这款渡船的生产数据，看来，不久后克服补给方面的困难大有希望，当然，前提是不能太晚。

我在元首大本营还得到保证，配备 500 管火箭炮的一个火箭炮旅很快会派往非洲，40 辆虎式坦克和自行火炮也会尽快以平底渡船和意大利船只运过去。

我后来发现，这些承诺过于乐观，而且是基于不准确的生产数据，平底渡船无法按规定的规模完成生产计划，运抵非洲的火箭炮和虎式坦克也没达到承诺的数量。

这些日子，我不得不勉强应付新闻记者，消除关于我身体状况的各种传言。目前这种情况，我当然不能实话实说。不管怎样，我必须说得乐观点，希望借此推延英军的攻势。

之后我前往塞默灵[5]治疗肝病和高血压。"六日赛"期间，霍斯特尔教授不断检查我的身体状况，离开非洲前，他一再要求我待在欧洲长期疗养。在塞默灵，除了广播、报纸、施图梅将军和韦斯特法尔上校偶尔写来的信件，我与外界彻底隔绝。可我的军队处在险恶的境地，我的内心当然无法真正地平静下来。德国潜艇在大西洋的作战行动特别让我心焦。

德国对美国宣战，等于把美国整个工业潜力推入盟国的战时生产。我们这些身处非洲的人，非常清楚美制武器的性能。在欧洲疗养期间，我找到些美国生产能力方面的数据，确实比我们高许多倍。美国人能把他们的物资继续运往欧洲、苏联、非洲，这一点取决于大西洋战役。我意识到，倘若英美两国成功消除德国潜艇对盟国船队的威胁，或至少把这种威胁削弱到可承受的程度，那么我们赢得胜利的希望就很渺茫了。可如果我们扼杀他们的海上航线，那么美国的整个工业能力对盟军就起不到太大帮助。当然，事实证明，美国人几个月后使用定位装置和直升机，击沉我方许多潜艇，导致我们几乎无法继续使用这款兵器。[6]

非洲传来的消息也不妙。英国空军越来越活跃，第8集团军的实力稳步加强。非洲装甲集团军一直在等待对方大举发动进攻。他们认为英国人会在几个地段同时采取行动，然后把全部力量投入最有可能达成突破的地段。

我们估计，英军坦克方面的优势达到2∶1，这个数字已包括我方的300辆意大利坦克，可这些战车的战斗力很有限。我们只有少量配备75毫米火炮的坦克，而英国人搭载重型火炮的战车多达几百辆。[7]我们的210辆德国坦克，只有大约30辆四号坦克，剩下的大多是三号坦克，其中近半数配备短身管火炮，所以，这些战车严重落伍。[8]至于300辆意大利坦克，除了我多次提到的技术缺陷，大多老旧不堪，只能勉强用于作战行动。再加上补给物资完全达不到我们需要的标准，所以，几乎每个领域都存在严重的短缺。

此时，装甲集团军只有 4 艘航速较快的内燃机船（共计 19000 吨）和 7 艘航速较慢的大型船只（共计 4 万吨）可用。另外 8 艘船只（共计 4 万吨）在港内维修。

我的副手施图梅将军这个时期乘坐汽车和飞机来回奔波，竭力加强集团军的防御准备，以达到我提出的要求。他现在也彻底意识到后勤补给的短缺，整个非洲战局全赖于此。事情拖得越久，情况就越明显：尽管集团军付出种种努力，可补给状况没得到太大改善。现在一切为时已晚。

防御方案

阿莱曼防线位于地中海与盖塔拉洼地之间，我们通过侦察最终确定，大型车队无法穿越这片洼地。因此，除了阿卡里特阵地，阿莱曼是北非唯一一道无法从南端迂回的防线。其他所有阵地都可以采用正面牵制、南端迂回的方式打垮。其他任何地方都能以摩托化力量绕过敌防线南端实施突袭，在敌军后方以机动作战寻求决定性胜利。侧翼敞开这种状况，多次实现了出敌不意的效果。

但阿莱曼的情况不同。只要派步兵牢牢守住整道防线，就能排除敌人突然出现在自己后方的可能性。敌人必须强行突破，也就是说，守军完全可以长时间坚守防线，直到机动预备队赶来加入交战。

所以，我们在阿莱曼面对完全不同的战术状况。防御在这里有一定的优势，因为守军可以掘壕据守，还可以埋设地雷掩护己方防御，而敌人的进攻暴露在依托阵地的守军火力下。进攻方别无选择，只能以突击克服守军防线。其他地方的交战，例如 1941—1942 年的塞卢姆，1942 年夏季的贾扎拉，双方以完全机动的样式遂行，谁都没从己方阵地获得任何初期优势，因为彼此的坦克和车辆都在无遮无掩的沙漠里。进攻方可能稍稍处于劣势，因为上面提到的两个战例，防御方都据守一道向南延伸的防线。我们在塞卢姆的情况就是这样，我军部署在塞卢姆—哈勒法亚山口防线的是非摩托化部队，他们只能用于固定的筑垒阵地。而英军在贾扎拉的情况却不是这样，因为贾扎拉防线上的英国师完全实现了摩托化，虽说他们给我方补给造成些小麻烦，却无法弥补他们没能投入骑士桥—阿克鲁马战场的损失。就像我解释过的那样，机动作战至关重要的一点是看哪一方能在空间和时间方面集中自己的力量。

先前的交战一次次证明，广袤的沙漠里，我们在训练和指挥方面明显优于英军。虽然我们认为英国人肯定从多次交战和小规模战斗中吸取了许多战术教训，可他们无法摒除所有缺点，因为造成这些缺点的原因不在于他们的指挥，而是英国军队极度保守的结构，这种结构虽然很适合防线固定的阵地战，却完全不适合广阔沙漠里的交战。

尽管如此，我们还是不敢冒险把防御重点置于广袤沙漠里的作战行动，理由如下：

（a）双方摩托化师的实力对比完全不对等；英军获得源源不断的摩托化援兵之际，我们只得到些非摩托化部队，他们在开阔的沙漠里派不上太大用场，所以，我们只得选择一种也能让他们发挥作用的交战样式。

（b）英国人的空中优势，再加上皇家空军的新战术，给我方摩托化部队的战术使用造成严重限制，这方面的情况我已详细阐述过。

（c）我们一直缺汽油。我可不想因为汽油耗尽再次陷入不得不中止交战的尴尬境地。机动防御作战期间，汽油短缺意味着灾难。

基于这些原因，我们现在不得不依托步兵据守的筑垒防线实施防御。

也就是说，英国人首先要设法达成突破。英国陆军非常适合执行这种任务，我们对此毫不怀疑，因为英军的整个训练，完全基于他们从第一次世界大战的物质战学到的经验。虽然技术方面的发展对这种战争形式产生影响，但没有造成天翻地覆的变革。英国军事评论家早就大声疾呼摩托化和装甲化的战术影响[9]，可英国领导人不敢冒险，没把迄今为止未经过实验的作战样式作为和平时期训练的基础，也没有在战争中加以应用。这种失误过去给英军造成严重的负面影响，但对即将到来的阵地战和突破战不会有太大妨碍，因为大范围地雷场让装甲部队丧失运动和作战自由，被迫沦为步兵坦克。这种作战样式能让杰出的澳大利亚和新西兰步兵充分体现出价值，英军炮兵也会发挥作用。

我们认为，必须全力阻止英军达成突破，鉴于上文给出的理由，我们无法遂行机动防御作战。我们的摩托化兵团不足以掩护步兵撤离一条40英里长的防线，不管怎么说，步兵届时可能已卷入激战，根本无法脱离战斗。

这让我们得出两个必然的结论：

（a）我们必须不惜一切代价坚守己方阵地。

（b）敌人取得任何渗透，必须立即以反冲击肃清，以防对方把渗透发展成突破，因为我觉得，如果对方达成突破，肯定会把全部打击力量投入突破口。

我们构设防御体系来满足这些需求。我们确保各部队据守牢固的阵地，防御密度也要达到要求，这样一来，即便遭到英军最猛烈的冲击，受威胁地段也能坚守很长时间，足以让机动预备队赶到，无论皇家空军把他们阻滞了多久。

归根结底，我们部署的防御，仅以小型前哨阵地守卫与中间地带毗邻的地雷场，纵深 2000—3000 码的主防线设在第一片地雷场西面 1000—2000 码。几个装甲师部署在主防线后方，这样，他们就能以坦克炮轰击防线前方地域，加强防区的防御火力。倘若敌人的进攻在任何一处形成重点，部署在南北两面的装甲和摩托化师就封闭遭受威胁的地段。

我们构筑防线期间使用了大约 50 万颗地雷，其中一部分是从英军地雷场起获的。布设地雷场期间，我们特别注意确保各静态兵团不仅能实施正面防御，侧面和后方也具备自卫能力。我们还把缴获的大批英国炸弹和炮弹用于防御，某些情况下采用电力引爆的方式。意大利部队与他们的德国同志交叉部署，这样，每个意大利营身旁都有个德国营。不幸的是，意大利人的武器装备过于低劣，我们不得不把这些武器平均分布在整条防线上，以确保每个地段也有德国武器可用。

我们的前哨阵地配备了军犬，英军逼近地雷场会发出警告。我们希望把敌人肃清地雷场的速度尽量拖缓到前哨阵地丢失殆尽。可惜，非洲战场可用的地雷大多是防坦克地雷，步兵踏上去没有危险，所以排雷也比较容易。

就这样，我不在的这个时期，集团军沿这些防线转入防御。可事实证明，面对占尽优势的英国军队，我们付出的努力纯属徒劳，但这不是我们犯错造成的，而是因为我们投入交战时的条件根本无法赢得胜利。[10]

风暴袭来

为了让读者更全面地理解隆美尔对阿莱曼交战的叙述，我们有必要先谈谈英军的作战方案。蒙哥马利沿一条机动范围受到限制的战线发动进攻，派步兵为装甲力量开辟道路。他还把进攻重点集中在北部地段。

这里的主要突击以利斯第 30 军的 4 个步兵师遂行，从右到左分别是澳大利亚第 9 师、第 51 高地师、新西兰第 2 师、南非第 1 师。印度第 4 师执行局部牵制任务。一旦在敌军地雷场打开两条通道，拉姆斯登第 10 军辖内第 1、第 10 装甲师就穿过通道，在地雷场另一端占据阵地击退敌装甲部队有可能发起的反冲击，尔后继续前进。

南部地段，霍罗克斯编有第 44、第 50 步兵师及第 7 装甲师的第 13 军，设法以辅助突击分散敌军注意力，牵制对方的预备队，特别是第 21 装甲师。

虽然第 8 集团军只有 3 个装甲师，但他们还有 3 个装甲旅，这样算起来，英军共计 6 个装甲旅，外加 1 个轻型装甲旅，而德军和意军各有 2 个装甲旅。

1942 年 10 月 23 日打响的阿莱曼交战，导致非洲战局变得对我们不利，实际上，这场交战可能是整个战争的转折点。我们那些英勇的将士投入交战时，各方面的条件令人沮丧不已，可以说几乎没有赢得胜利的希望。

200 来辆德国坦克和大约 300 辆意大利坦克，面对英军 1000 多辆占有性能优势的战车。没错，我们的火炮数量不少，可许多是过时的意大利火炮，我们还有很多缴获的火炮，但严重缺乏弹药。另外，英国人现在彻底掌握了地中海上方的制空权，不仅轰炸我方港口，还从空中严密监视我们的海上航线，英国海军也积极展开活动，几乎彻底瘫痪了我方海上交通。这一切导致我们的物资储备少得可怜，交战刚刚开始，各种东西就发生短缺，后面的叙述能清楚地看出这方面的影响。

10 月 23 日很平静，与阿莱曼战线的其他日子别无二致，可当晚 21 点 40 分，一场猛烈的炮火准备沿整条战线打响，最后集中在北部地段。如此猛烈的炮火在非洲战场前所未见，而且贯穿了整个阿莱曼交战。除了遂行进攻和防御的各师师属炮兵，蒙哥马利还在北部地段集中了 15 个重型炮兵团[11]，也就是说，他在 35 高地与代尔谢恩之间部署了 540 门口径超过 105 毫米的火炮。英国人以惊人的准确度轰击已探明的我方阵地，给我军造成巨大伤亡，皇家空军的轰炸机也加入这场炮火准备。

我方通信网很快被猛烈的炮火摧毁，前线几乎无法发回任何报告。前哨阵地奋战到最后一颗子弹，随后不是阵亡就是投降了。

英军异常猛烈的炮火堪比第一次世界大战期间的规模，面对这种打击，意大利第 62 步兵团部分官兵逃离防线，朝后方溃败。意军部分完工的防御工事暴露在这场龙卷风般的火力下，他们被打得失魂落魄。到凌晨 1 点，英军已打垮我方前哨阵地，沿 6 英里宽的正面渗透我军主防线。我方步兵殊死抵抗，可他们的重武器大多被敌人的炮火炸毁。英军一次次前调坦克，很快打垮了意大利第 62 步兵团残部，突入我方防线，在这里终于被我们集中的炮火挡住。凌晨，第 164 步兵师两个营也被英军火炮的向心火力歼灭。

出乎英军司令部的期望，这场攻势进展不大，速度也较慢，主要是地雷场的密度造成的。拂晓到来，他们刚刚在地雷场清理出一条供装甲部队通行的道路，英军坦克昼间企图穿过地雷场，却被德军迅速挡住。另一条通道，英军装甲部队仍困在地雷场内。步兵重新发起夜袭，次日上午总算完成了预定目标。第 10 军 4 个装甲旅随即展开 700 辆坦克和强大的炮兵力量，掩护 6 英里宽的突破口，准备应对德军装甲部队的反突击，蒙哥马利希望对方采取行动。

装甲集团军司令部设在前线后方几英里的海边，施图梅将军听到英军猛烈的炮火准备，可是，由于己方弹药储备少得可怜，他没有批准炮兵轰击英军集中地域。依我看，这种做法不对，因为开炮还击的话，至少能削弱英军进攻力量。待我方炮兵最终开火，效力已大不如前，英国人此时已在他们夜间占领的防御前哨安顿下来。10 月 24 日拂晓，集团军司令部只收到寥寥几份报告，具体情况很不明朗。于是，施图梅将军决定赶赴前线。

集团军代理参谋长韦斯特法尔上校劝施图梅带上护卫车和通信车，就像我以前那样。可施图梅只让比希廷上校随行，没带任何护卫，他说自己最远就到第 90 轻装师师部，没必要带上其他车辆。

10 月 24 日清晨，密集的炮火再次袭来，这次是在南部地段，英国人很快在那里以步兵和大约 160 辆坦克发动进攻。他们一举打垮我方前哨阵地，随后停在我军主防线前方。

这里是英国第 13 军的作战地域，第 7 装甲师进攻当晚穿过第一片地雷场，但被猛烈的防御火力挡在第二片地雷场前方。次日夜间，英军在狭窄地段达成渗透，可装甲部队企图通过时，又被防御火力挡住。由于损失不断增加，蒙哥马利停止了南部地段的进攻，他想保存第 7 装甲师的实力，之后用于其他地段。

10 月 24 日下午，我在塞默灵接到凯特尔元帅打来的电话，他告诉我，阿莱曼的英国军队自昨天夜里起一直在进攻，还获得强大的炮兵和轰炸机支援。施图梅将军失踪了。他问我身体情况如何，能不能返回非洲重新接掌指挥权。我说可以。凯特尔说他会把事态发展情况随时通报给我，至于是不是要我回去接手指挥，他会及时告诉我的。接下来几个钟头，我一直处于极度焦虑的状态，傍晚才接到元首亲自打来的电话。他说还没找到施图梅的下落，估计不是被俘就是阵亡了，随后问我能否立即返回非洲。他说需要我动身前会再打电话来，因为他不想打断我的疗养，除非英军的进攻构成真正的危险。我命令我的飞机做好次日早上 7 点起飞的准备，随后驱车赶往维也纳新城。午夜过后不久，元首终于打来电话。鉴于阿莱曼的事态发展，他认为必须派我飞回非洲接掌指挥权。第二天早上，我的座机起飞了。我知道此去非洲前途未卜，因为部下发来报告，说装甲集团军收到的补给物资远远达不到最低需求。至于后勤补给状况坏到怎样的程度，我暂时还不知道。

10 月 25 日上午 11 点左右我到达罗马，在机场遇到冯·林特伦将军，他是驻罗马的德国武官，也是德国最高统帅部派驻意大利最高统帅部的代表。他向我汇报了非洲战区的最新情况。敌人实施猛烈的炮火准备后，占领了 31 高地南面的我军部分防线，彻底歼灭第 164 步兵师和意大利军队几个营。英国人还在进攻，施图梅将军依然下落不明。冯·林特伦将军还告诉我，非洲战区只剩 3 个油料基数，前几周一直没有为那里运送汽油，部分原因是意大利海军没提供船只，另外就是发运的船只被英国人击沉。简直是灾难，的黎波里与前线之间，每部车辆剩下的燃料只够行驶 300 公里，就算用于路况良好的地区，这么点汽油也不够我们实施长时间抵抗。这种情况会让我们根本无法做出正确的战术决策，从而严重限制我们的行动自由。我愤怒至极，因为我离开非洲时，集团军在利比亚和埃及还有 8 个油料基数，尽管这个数量也远远达不到 30 个油料基数的最基本需求。以往的经历表明，每交战一天需要一个油料基数，没有汽油，军队就动弹不得，无法应对敌人的行动。冯·林特伦将军对此深表遗憾，但他说自己最近一直在休假，没多关注补给问题。

隆美尔大发雷霆是有道理的，因为面对即将到来的交战，派驻罗马的德军代表几乎没有为解决装甲集团军的补给问题做出任何努力。不过，该受到斥责的是林特伦的副手，而不是这段时间一直在休病假的林特伦。

我觉得此次交战获胜的希望非常渺茫，怀着沉重的心情，我乘坐鹳式飞机飞越地中海，10 月 25 日黄昏抵达集团军司令部。他们当天中午找到施图梅将军的遗体，把他送到德尔纳。很明显，他沿"警报小径"驶往前线，在 21 高地附近突然遭到英国步兵袭击，反坦克炮和机枪火力袭来。比希廷上校[1]头部中弹身亡，司机沃尔夫下士赶紧掉转方向，施图梅将军跳下车，却不料挂在车外，司机全速驶离敌人的火力。施图梅将军肯定是心脏病突发，从车上摔下，司机却没有发现。周日上午，我们的人在"警报小径"旁找到施图梅将军的遗体。大家都知道他有高血压，不适合在热带地区服役。

我们都对施图梅突然去世深感遗憾。他不辞辛劳，出色地指挥军队，还夜以继日地在前线奔波。就在 10 月 24 日最后一次动身赶往前线时，他还告诉集团军代理参谋长，他认为明智的做法是把我请回来，因为他在非洲战区的经历太短，再加上英军强大的实力，以及我方恶劣的补给状况，他无法确定自己能否打赢这场交战。其实，我并不比他更乐观。

冯·托马将军[2]和韦斯特法尔上校当晚向我汇报了目前的交战进程，还特别提到，由于弹药短缺，敌军进攻头一晚，施图梅将军禁止炮击对方的集中地域。结

---

[1] 译注：安德烈亚斯·比希廷上校是第 580 高级通信指挥部负责人，北非战争期间一直跟随隆美尔左右，阵亡后追授陆军少将。

[2] 译注：非洲军军长内林负伤后，拜尔莱因短时间接掌该军，但随后换上冯·托马中将，托马先前担任过第 6、第 20 装甲师师长。

果敌人占领了我方部分地雷场，还以相对较小的损失打垮了我们的守备力量。汽油短缺，所以我们无法实施任何大规模运动，只能派部署在危险地段后方的装甲部队展开局部反冲击。第15装甲师辖内部队10月24日和25日多次发起反冲击，可面对英军猛烈的炮火和皇家空军不间断的轰炸，他们损失很大。到10月25日傍晚，该师119辆坦克只剩31辆仍能使用。

北非储备的汽油所剩无几，一场危机正在形成。途经罗马期间，我要求意大利当局立即投入所有可用的潜艇和战舰，帮助运送油料和弹药。我们的空军仍无法阻止英国人的轰炸攻势，也没能击落大批英军战机。皇家空军的新型战斗轰炸机就是最好的例子，装甲集团军直属营使用缴获的英军坦克，结果这些战车都被对方的战斗轰炸机击毁。

我们接下来几天的目标是不惜一切代价把敌人逐出我军主防线，收复原先的阵地，以免对方在我们的防线上造成一个伸向西面的突出部。

当天夜里，我方防线再次遭到英军猛烈炮击，炮火愈演愈烈，一路向前延伸。我只睡了几个钟头，[10月26日]清晨5点又回到指挥车，随即获悉英国人在炮火掩护下彻夜冲击我军防线，某些地段，他们射来500发炮弹，我们只能还击1发。几个德国装甲师的主力已投入前线。英国人的夜间轰炸机一直在我方部队上空盘旋。午夜前不久，敌人攻占了28高地[12]，这是北部地段至关重要的制高点。他们随后把援兵调到此处，打算次日晨继续进攻，目标是扩大地雷场西面的登陆场。

第15装甲师、利托里奥师辖内部队和一个"神射手"营迅速冲击28高地，我们部署在该地域的火炮和高射炮集中火力提供支援。很不幸，这场进攻进展缓慢。英军官兵殊死抵抗，鲜血浸透了这片贫瘠的土地，平日里，就连最穷的阿拉伯人也不稀罕这些土地。英军猛烈的炮火袭向我方进攻地域。傍晚时，神射手营部分部队终于占领了高地东部和西部边缘。高地仍控制在英国人手里，后来成为敌人多次发起作战行动的基地。

当天我从北面察看进攻行动。敌机朝我方部队投下一波波炸弹，英军投入28高地周围的兵力越来越多。我命令炮兵集中火力，驱散敌人在28高地东北面的运动，可我们的弹药太少，此举没能奏效。昼间，我前调第90轻装师和直属营，加强对28高地的冲击。英国人不停地从28高地把新锐力量投入进攻，很明显，他们企图突破到代巴与西迪阿卜德拉赫曼之间。于是我把的里雅斯特师调到代巴以东地域。下午晚些时候，德国和意大利俯冲轰炸机编队发起自杀式攻击，打算驱散驶往西北方的英军卡车车队。大约 60 架英军战斗机突然攻击这些航速缓慢的俯冲轰炸机，迫使意大利战机把炸弹丢向己方防线，德军飞行员全然不顾严重的损失，继续遂行攻击。我们在非洲从没见过如此密集的防空火力，英国人射出的数百发曳光弹在空中纵横交错，整片天空沦为烈焰地狱。

在坦克支援下，英军一次次发动进攻，企图穿过 28 高地南面的我军防线向西突破。当天下午，160 辆敌坦克投入猛烈的进攻，终于消灭第 164 步兵师已遭受重创的一个营，楔入我军防线，朝西南方渗透。随后的激战，残余的德国和意大利坦克设法击退了这股敌军。仅仅一天，第 15 装甲师就损失 61 辆坦克，利托里奥师折损 56 辆。

皇家空军的夜间攻击毫不停顿，昼间每隔一个钟头就派来 18—20 架轰炸机组成的编队，不仅给我们造成严重的人员伤亡，还导致我方官兵疲惫不堪，甚至产生了自卑感。

英军官兵也打得筋疲力尽，情绪沮丧，普遍认为这场进攻可能要被迫中止了。虽说德意装甲部队 10 月 25 日和 26 日的进攻损失惨重，但英军装甲部队 26 日投入进攻后的损失也很大。实际上，双方相继提供了"直接路线"代价高昂、徒劳无获的实例，也就是说，徒有顽强的斗志，却没得到精明的领导。英军装甲部队指挥官越来越怀疑，这样打下去能否取得突破，他们的步兵疲惫不堪，对己方遭受的损失灰心丧气。

蒙哥马利终于下定决心，认为暂停进攻、变更作战方案不失为明智之举。他让麾下部队休整，同时实施重组，还把第 7 装甲师从南面调往北面。另外，英军 27 日和 28 日继续实施小规模进攻，以此保持正面压力，其中一次甚至投入了一整个装甲旅。

后勤补给现在到了山穷水尽的地步。我们原本指望"普洛塞庇娜"号油轮能暂时缓解汽油短缺的窘境，可她被英国飞机炸沉在图卜鲁格港外。剩下的汽油只够维持的黎波里与前线之间两三天的补给运输，还没算上摩托化部队的需求，他们也在指望仅剩的一点点燃料储备。我们现在真正该做的，是把所有摩托化部队集结在北部地段，以集中、预有准备的反突击把英军逐回主防线。可我们没有汽油，无法展开大规模反突击。所以我们只能让防线北部地段的装甲兵团零零碎碎地攻击英军突出部。

由于敌人的行动犹豫不决、谨慎小心，我们集中所有装甲力量发起进攻本来是能成功的，尽管这种集结肯定会遭遇英军最猛烈的炮火和空袭。不过，为了让作战行动更加流畅，我们可以向西后撤儿英里，尔后全力以赴地打击英军，在开阔地域击败他们。英军炮兵和空中力量无法像以往那样介入坦克战，因为很容易误击己方部队。

但我们的汽油少得可怜，从南部战线抽调兵力的决心不太好下。这样做的话，汽油只够维持1—2天机动作战，另外，一旦英军在南面发动进攻，我们的装甲部队就再也无法赶回去了。不过，我还是决定把整个第21装甲师调到北面，尽管我知道汽油短缺会让该师再也无法返回南面。另外，情况很明显，敌人接下来几天会把主要努力用于北部地段，企图在那里取得决定性战果，于是我把集团军半数炮兵力量调离南部防线。与此同时，我报告元首大本营，除非补给状况立即获得改善，否则我们会输掉这场交战。以往的经验看，补给获得改善的希望非常渺茫。

亲爱的露：

　　我昨晚18点30分抵达。情况危急，要做的工作很多！我在家悠闲自在地过了几周，现在要适应新环境和手头的工作不太容易，差别太大了！

1942年10月26日

10月26日夜间，英国轰炸机的空袭持续不停。凌晨2点左右，英国人突然在北部地段以各种口径的火炮发起猛烈炮击。射击声和炮弹爆炸声很快就难以分辨，炮口的闪烁和炮弹的爆炸照亮夜空。敌人持续的空袭严重阻碍了第21装甲师和阿列特师三分之一力量的接敌行军。拂晓前，第90轻装师和的里雅斯特师已经在西迪阿卜德拉赫曼南侧周围占据阵地。

当日 [10月27日] 晨，我命令所有兵团，以他们能投入的每一门火炮，全力压制不断逼近的英军突击力量。

英军使用的战术，缘于他们显然用之不竭的弹药储备。此次交战期间，他们还把新式谢尔曼坦克首次投入战斗，这款坦克出色的性能远远优于我方任何一款战车。敌人进攻我军防线前，先是极为猛烈的炮火准备，一连持续几个钟头。遂行冲击的步兵随后在弹幕和人工施放的烟幕后向前推进，排除地雷，肃清障碍物。遇到困难的地段，他们往往在烟幕掩护下改变进攻方向。待步兵在地雷场清理出通道，重型坦克就向前开去，步兵紧随其后。英国人夜间实施这种机动，展现出高超的技艺，看来，他们进攻前肯定接受了大量艰苦的训练。

随之而来的遭遇战，配备大口径火炮的英军坦克逼近到2000—2700码内，集中火力打击我们的反坦克炮、高射炮、坦克，我方兵器在这种射程无法击穿敌坦克的装甲。敌坦克消耗了大量弹药，有时候，他们朝某个目标发射的炮弹超过30发，装甲弹药运送车随时为他们补充炮弹。跟随坦克一同行动的炮兵观测员指引英军的炮火。

亲爱的露：

　　这是场艰巨的斗争。没人知道我背负着怎样的重担。一切再次变得岌岌可危，我们冒着最大的困难殊死奋战。不过，我希望我们能挺过去。你知道我会全力以赴的。

1942年10月27日

寸土必争

10月27日清晨，英军再次从28高地南面的突入点攻往西南方。上午10点左右，我动身赶往"电报小径"。敌人两个轰炸机编队，每组18架飞机，10分钟内把机上搭载的炸弹投向我军防御阵地。整个前线仍笼罩在英军毁灭性的炮火齐射下。

我们打算下午发起局部反冲击，第90轻装师进攻28高地，第15、第21装甲师以及利托里奥师、阿列特师一部进攻L地雷场与I地雷场之间的英军阵地。

14点30分，我再次驱车前往"电报小径"，齐格勒少校与我同行。第90轻装师辖内部队在开阔地带展开，准备投入进攻，15 分钟内遭到 18 架轰炸机组成的编队三次轰炸。15 点，德国空军的俯冲轰炸机扑向英军战线。我们部署在北部地段的所有火炮和高射炮，以猛烈的炮火轰击预定进攻地段。我方装甲部队随后向前推进。英军猛烈的炮火袭向我方队列，面对强大的反坦克防御，我们这场进攻很快陷入停顿，敌人把反坦克炮半埋起来，还部署了大量坦克。我们损失很大，不得不后撤。一般说来，在敌人占据防御阵地的情况下，坦克在这种地域遂行冲击很难取得成功，可我们除了进攻别无他途。第 90 轻装师的进攻，也被英军猛烈的炮火和敌机雨点般投下的炸弹粉碎。该师发来报告，称无法攻克 28 高地。

当天傍晚，几个装甲师派出强有力的支队，投入前线封闭缺口。第 90 轻装师辖内几支部队也开赴前线。德国空军当天运来 70 吨汽油，只够我方车辆行驶很短的距离，我们不知道还能获得多少汽油，也不知道各师凭目前配发的几吨油料能支撑多久。"尽量少动"这句话比以往任何时候出现得都多。

傍晚我们再次向罗马和元首大本营求救。可情况获得改善的希望已荡然无存。很明显，从现在起，英国人会一点点消灭我们，因为我们在战场上几乎无法运动。而到目前为止，蒙哥马利只投入了半数打击力量。

亲爱的露：

谁也不知道，过几天我是否还能坐下来安安心心地给你写信，也可能永远没机会了。不过，今天还能写上一封。

激战仍在肆虐。尽管一切都对我们不利，但我们也许还能坚持下去；这场交战输掉的话，会给整个战争的进程造成极为严重的后果，因为英国人几天后就能兵不血刃地占领整个北非。我们会全力阻止这种情况的发生，可敌人的优势太大，我们的资源太少了。

我能否化险为夷，全凭上帝的意旨。战败者的命运会很惨，但我对得起自己的良心，我为赢得胜利已倾尽全力，从来没有逃避过艰难险阻。

我清楚地记得前几周在家的情形，以及你们俩对我意味着什么。最后一刻我还在想你。

1942 年 10 月 28 日

次日 [10 月 28 日]，我被迫决定把更多部队调往北面，代价是南部防线的重武器和德军部队几乎抽调一空。接替他们的是阿列特师先前在北部战线作战的部分力量。当天上午，英军 3 次冲击北部防线，每次都被我方装甲部队击退。很不幸，我们又损失了不少坦克。

和前几天一样，德意军队不断遭到猛烈轰炸。德国空军倾尽全力支援我们，可面对敌人巨大的数量优势，他们付出的努力徒劳无获。

补给情况还是糟透了。为满足我们对油料和弹药的紧迫需求，意大利人正在动员辅助巡洋舰和驱逐舰。可惜，他们通知我们，只有几艘船只驶往图卜鲁格，大部分运输船还是驶向班加西。以往的经历告诉我们，从这些港口把物资运往前线要好几天，所以，待补给物资交到我们手里，很可能为时已晚。

自 10 月 28 日中午起，强大的英军装甲力量集结在 I 地雷场的迹象变得非常明显。我们估计对方即将发起决定性突破，于是以我方剩余力量做好应对准备。由于几个德意步兵师伤亡很大，我们不得不把整个非洲军投入防线。

我再次告诉各级指挥官，此次交战关乎我们的存亡，全体将士必须尽己所能。

当晚 21 点左右，英国人开始猛烈炮击 28 高地以西地域。很快，数百门英军火炮集中火力打击 28 高地北面第 125 团第 2 营 [①] 的防区。

英军的新攻势就此拉开帷幕。这场进攻形成个直角，从先前插入隆美尔防线的宽大楔子出击，向北攻往海边。英国人企图切断隆美尔防御阵地突出的北翼，打开个缺口，尔后沿海岸公路攻往代巴和富凯。

向北突击的行动由澳大利亚第 9 师和第 23 装甲旅部分力量遂行，只取得部分战果，坦克损失很大。

英军 22 点左右发起突击，这场进攻的力度非同凡响。但我们集中该地区所有火炮，设法挡住对方的冲击，敌人主要从 I 地雷场出击。再往北，I 地雷场与 H 地

---

① 译注：第 125 装甲掷弹兵团第 2 营隶属第 164 轻装师，奋战了整整一夜，打得非常英勇。

雷场之间的缺口，英军坦克和步兵成功达成渗透。此处的激烈厮杀持续了 6 个钟头，敌人最终打垮第 125 团第 2 营和第 11 神射手营。两个营陷入包围，暴露在四面八方袭来的火力下，但所有官兵仍在殊死抵抗。

在此期间，集团军司令部已迁到西面。我带着些官兵，一整晚待在海岸公路，这里与司令部原址大致处在一条直线上。我们清楚地看见黑暗中炮弹爆炸的闪烁，也听见激战的隆隆轰鸣。英军轰炸机编队一次次飞来，朝我方部队投下致命的炸弹，或是把整片地区笼罩在伞式照明弹的耀眼光芒下。

谁也无法想象我们此刻心急如焚到怎样的程度。我无法入眠，到 [10 月 29 日] 凌晨 3 点还在来回踱步，不停地考虑这场交战可能的进程，以及我也许不得不做出的决定。英军的进攻猛烈至极，而且他们完全可以继续加大压力，面对这种情况，我们还能坚持多久值得怀疑。很明显，我不能坐等对方达成决定性突破，必须在此之前向西退却。可这个决定势必导致我方非摩托化步兵折损大半，一方面是因为几个摩托化兵团的战斗力所剩无几，另一方面是因为步兵部队已彻底卷入战斗，一时间很难脱身。所以，我们必须再试一次，以坚韧而又顽强的防御挡住敌人，迫使他们停止进攻。希望很渺茫，但后撤必然引发机动作战，而汽油短缺的问题导致我们既无法后撤，也无力从事机动作战。

如果我们最终被迫后撤的话，那么，集团军的主要目标是把尽可能多的坦克和武器撤到西面，决不能让技术装备在阿莱曼战线损失殆尽。所以我当天早上决定，倘若英军施加的压力太大，就在交战到达顶点前把部队撤到富凯阵地。

这道后方防线，从海边的富凯向南延伸，和阿莱曼战线一样，终点在盖塔拉洼地。

亲爱的露：

情况还是很严峻。毫无疑问，你收到这封信时，我们能否坚持下去早已成定局。我不抱太大希望。

夜里，我大睁双眼躺在床上，肩上的重任让我根本无法入睡。白天我疲惫至极。

> 如果出了岔子，会发生些什么？这个念头日夜折磨着我。真发生这种情况的话，我不知道有什么出路。

1942年10月29日

10月29日上午，英军在猛烈的炮火掩护下继续进攻第125团第2营。为救援该营，或至少减轻他们的压力，第90轻装师发起攻击，却遭到敌人猛烈的炮火打击。不过，第125团第2营残部还是在这场进攻的掩护下与敌人脱离接触，杀开血路与友邻部队会合，营里其他人员不是阵亡就是负伤被俘。

但我们预料的大举进攻当日没有到来。这是暴风雨降临前的宁静。早上7点，拜尔莱因上校从欧洲返回，参加了简短的会议后赶往非洲军，那里现在非常需要他。

亚历山大和蒙哥马利发现隆美尔把第90轻装师调到沿海地带，破坏了英军在那里迅速达成突破的前景，两人认为最好把进攻路线调整到原先的方向，敌人部署在那里的防御力量已削弱。变更进攻方向需要重组部队，所以代号"增压"的新攻势直到11月1日夜间才完成准备工作。

11点半左右，我收到惊人的消息，接替"普洛塞庇娜"号的"路易斯安那"号油轮被敌人从空中发射的鱼雷击沉。我们现在真遇到大麻烦了。我把这个消息引发的坏情绪发泄到巴尔巴塞蒂将军头上，他代表滞留在罗马的卡瓦莱罗元帅，刚刚来到集团军司令部就遭到我痛斥。最让我怒不可遏的是，全副武装的意大利辅助巡洋舰和其他舰船依然驶向班加西，没把载运的物资运往前线，因为他们不愿进入英国鱼雷攻击机的航程。

很明显，现在就连罗马那些人也明白过来，除非立即为装甲集团军的摩托化兵团提供足够的汽油，否则整个集团军就会面临覆灭的厄运。他们立即决定投入潜艇、军舰、民用飞机和一切航运工具。要是图卜鲁格陷落后他们就这样做，我们10月底也不会在阿莱曼战线止步不前。可现在一切都表明为时已晚。

10月29日平安度过，英军还是没发动大举进攻。他们显然在重组。我和韦斯特法尔上校商讨富凯方案的细节时，突然传来惊人的消息，据说2个英国师已穿过盖塔拉洼地，到达马特鲁港以南 60 英里。我们震惊不已，因为事先完全没想到这种行动，更谈不到任何防御措施。于是我们赶紧命令驻扎在后方的几支部队迅速开赴受威胁地域。可次日上午，我们却发现意大利最高统帅部传来的这个消息纯属胡诌。

亲爱的露：

　　态势稍稍平静了点。我睡了一会儿，精神很好，希望能渡过难关。

1942 年 10 月 30 日

　　除了我们的北部地段遭到猛烈炮击和空袭，前线总的来说较为平静。皇家空军当天集中力量打击海岸公路，低空飞行的敌机击毁不少我方车辆。一艘意大利船运来 600 吨汽油，稍稍改善了油料问题，这让我们松了口气。

　　我们当天勘察了富凯阵地。装甲集团军遭到英军空中力量和炮兵重创，还能阻挡英军多久，我们已不抱太大希望，对方随便哪天，甚至任何时刻，都可能达成突破。广阔的沙漠里，意大利步兵兵团成为沉重的包袱，因为他们几乎没有任何运输工具。我们 1941—1942 年撤离昔兰尼加期间，围攻图卜鲁格的意大利军队位于战场西面，很容易撤到摩托化和装甲力量构设的掩护屏障后方。可眼下，步兵后撤，意味着对蓄势待发的英军摩托化部队敞开前线中部和南部地段。我们现在唯一能做的，就是在夜色掩护下出敌不意地撤出步兵力量，派手头所有车辆运载部队，待我方摩托化力量构成宽大的防线，再向西实施战斗后撤。但我们必须等英军先动手，确保他们的力量加入交战，绝不能让他们把强大的兵力突然投入我军防线上的缺口，从而强行达成突破。

　　我命令第 21 装甲师 10 月 30 日夜间撤出 K、L 地雷场西面的防线，尔后实施机动，的里雅斯特师接替第 21 装甲师。这些行动夜间进行之际，英军猛烈的炮火齐射突然落在北面第 125 步兵团据守的防区。集团军属炮兵和高射炮部队立即打击 H 地雷场南面的英军集中地域，可我们无法驱散该地域密集的敌步兵和装甲兵团。英军实施了一个钟头的炮火准备，澳大利亚人投入进攻，正面牵制第 125 步兵团，还从南面打击该团侧翼。与此同时，英军一股强大的装甲力量，从 28 高地以北地域隆隆向北，打垮了意大利第21军一个轻型炮兵营，意军官兵英勇抵抗，不是战死就是杀开血路撤到邻近地段。

10月31日晨，30辆英军重型坦克到达海岸公路，猛烈冲击据守第二道防线的第361掷弹兵团部分力量。第21装甲师正与的里雅斯特师换防，唯一能用于反冲击的部队是第580侦察营。我立即驱车赶往西迪阿卜德拉赫曼，在清真寺东面设立指挥所。在此期间，敌人已突破到海边，切断了第125步兵团。冯·托马将军和拜尔莱因10点左右来到我的指挥所，奉命指挥接下来的反冲击，我们为此投入第21装甲师和第90轻装师辖内部队。进攻开始前，我方俯冲轰炸机实施了猛烈的空中突击，该地域所有炮兵力量也开火射击。

亲爱的露：

　　情况再次严重了，除此之外，我一切都好。我已习惯艰难的局面。想想一周前我还和你在一起，真让人感慨万千。

1942年10月31日

我们12点左右投入进攻，但没能渗透，因为敌人集中炮火，再加上空中打击，驱散了我方坦克和步兵。不过，我们好歹与第125步兵团恢复了联系。冯·托马将军的打击力量次日重新发动进攻，迫使敌人退过铁路线撤往南面，终于救出第125步兵团两个营。

11月1日下午早些时候，我和冯·托马、施波内克将军①、拜尔莱因上校赶往16高地，察看交战地域的状况。当天的能见度很好，"棚屋"火车站 [靠近艾萨山，英国人称之为"汤普森邮局"] 飘扬着红十字旗。火车站周围停着7辆坦克残骸，远处还有30—40辆损毁的英军装甲车。英国人显然忙着撤离伤员，所以我方炮兵也不再开火。

昼间，一波波英国轰炸机，每波18—20架战机，对28高地北面的我军防线

---

① 译注：施波内克少将是第90轻装师师长，后来在突尼斯战役期间被新西兰军队俘虏，最终军衔是中将。

空袭了不下 34 次。数百架英国战斗机遍布空中，皇家空军大批战斗轰炸机一整天沿海岸公路打击我方补给车辆。

一如既往，补给情况极为恶劣，不过，空运到图卜鲁格的物资有所增加，稍稍缓解了汽油的短缺。我们的弹药少得可怜，英军发动进攻以来，只有 40 吨弹药运抵非洲海岸，迫使我们尽量节约弹药。我们不得不下达命令，只能以扰乱炮火而不是集中火力打击英军集中地域。

到目前为止，英国人只使用了几个师，他们仍有大约 800 辆坦克集中在北部地段我军防线前方，准备投入决定性进攻。而我们只有 90 辆德国坦克和 140 辆意大利坦克可用于交战。但卡瓦莱罗 11 月 1 日傍晚发来的电报充分说明了罗马当局对当前局势的看法：

致隆美尔元帅：

　　您亲自领导的这场反攻大获全胜，领袖授权我向您转达他的衷心感谢。领袖还让我向您传达，他坚信目前进行的交战，在您指挥下一定能赢得最终胜利。

乌戈·卡瓦莱罗

我很快发现，元首大本营对非洲战事的了解也强不到哪里去。出色的军事声望有时候不是件好事。你知道自己的极限，可其他人总是期待你创造奇迹，还把每次失败归咎于恶毒的意图。

在此期间，我收到关于富凯阵地的侦察报告。陡峭的斜坡让此处阵地的南端可以挡住敌坦克，这样一来，我们有望在紧急情况下坚守阵地，直到英军前调他们的炮兵力量，这也许能为我们从欧洲调来援兵争取时间。

我们暗中策划的事情，可能通过某种渠道泄露给元首大本营。反正我后来获悉，他们早就掌握了我们为这场行动制定的时间表。①

---

　　① 译注：元首大本营不知道隆美尔打算退守富凯阵地，因为隆美尔明确告知前线部队准备后撤，可他发给意大利最高统帅部和元首大本营的电报却冗长拖沓，含糊其辞，故意隐瞒自己的意图。

亲爱的露：

　　我离家归队已经一周了。这星期的战斗非常艰巨。我们时常怀疑能否坚持下去。尽管损失惨重，可我们每次都挺过去了。我一直来回奔波，哪里有危险就赶到哪里。昨天上午，北面的情况非常严峻，到傍晚多多少少稳定下来。尽管我身体很好，可这场斗争还是对神经提出很高的要求。一些补给物资应该在途中了。但事态已然无望时才姗姗来迟地提供支援，实在是一出悲剧。

1942年11月1日，周日

"不成功便成仁"

　　11月1日夜间，英军不出所料地发起大规模攻势。一连3个钟头，数百门英军火炮射出的炮弹雨点般落向我军主防线，夜间轰炸机持续不停地打击德意军队。大批英国步兵和坦克跟在徐进弹幕后向西攻击前进。部署在28高地两侧的第200步兵团首当其冲。英军很快达成渗透，坦克和装甲车向西而去。我们投入第90轻装师的预备队，经过一番激战，终于挡住了敌人的推进。英军已楔入我方防线，他们不断加强楔子内的兵力。

　　英国第30军沿狭窄的战线（4000码宽）投入进攻，但以接力的方式保持突击势头，因而取得较大纵深的渗透。两个步兵旅在第23装甲旅支援下，冲开一条4000码长的通道穿过敌军新阵地，挺进期间不断肃清地雷场。第9装甲旅随后穿过通道，目标是继续挺进2000码，拂晓前渗透隆美尔的火炮屏障。第1、第7、第10装甲师紧随其后。亚历山大的电函称："蒙哥马利将军下达了明确的指示，倘若第30军无法达成目标，第10军几个装甲师就向前冲杀，实现预定目标。"可事实证明，这些指令没起到什么作用。

　　没过多久，大批英军兵团突破了第15装甲师设在28高地西南面的防线。新西兰步兵和强大的英军装甲部队（我们从缴获的文件获悉，敌坦克多达400—500辆）向西挺进，尽管的里雅斯特师一个团和一个德国掷弹兵营英勇抵抗，可还是被敌人打垮，拂晓前，对方前出到"电报小径"西面。

我那些炮兵观测员报告，另外 400 辆敌坦克在地雷场东面蓄势待发。英军一个个坦克和装甲车独立战斗群纷纷向西突破，猎杀我方后勤补给部队。

亲爱的露：

异常激烈的战斗再次爆发，形势对我们很不利。敌人凭借优势力量，逐渐把我们赶出阵地。这意味着结局。你能想象我的感受。空袭！空袭！持续不停的空袭！

1942 年 11 月 2 日

当日 [11 月 2 日] 凌晨，非洲军的反冲击取得些战果，但损失了不少坦克，因为我们的坦克根本无法匹敌英军重型战车。除了前面提到的坦克力量，英军指挥部还往 4000 码深的渗透地域投入 15 个炮兵团和耗之不尽的弹药，但我们终于封闭了敌人的渗透。我们不顾弹药短缺，以所有火炮和高射炮猛烈射击，这才阻止了英军继续渗透。

我们眼下很难掌握确切的交战态势，因为我方通信线都被敌人炸断，无线信道也遭到干扰。战线多个地段一片混乱。

第 21 和第 15 装甲师部分力量还没有投入交战，现在他们分别从北面和南面出击，企图夹断敌人的楔子。激烈的坦克战随之而来。英国空军和炮兵毫不松懈，继续猛轰我方部队。中午前后一个钟头内，7 个轰炸机编队，每个编队 18 架战机，不停地把炸弹投向我方部队。88 炮是我们对付英军重型坦克唯一真正有效的武器，但一门接一门被敌人炸毁。虽然我们把所有可调来的高射炮悉数派到前线，但当天也只有 24 门高射炮可用。很快，我们几乎把所有机动力量都部署到前线，还梳理了行政单位，尽量腾出可用的补充兵，即便如此，我们的战斗兵力也只有交战开始时的三分之一。我不断驱车赶往前线，从高地察看战斗进程。

英国人一辆辆击毁利托里奥师和的里雅斯特师的坦克。意大利 47 毫米反坦克炮对付英军坦克并不比我们的 50 毫米反坦克炮更有效，意军官兵开始出现瓦解的迹象。利托里奥师、的里雅斯特师辖内部队向西逃窜，意军军官已无力掌控自己的部队。

　　下午早些时候，北部地段局势的严重性迫使我们决定把阿列特师沿"电报小径"调往北面，这就彻底剥夺了南部防线的兵力。延误了一段时间，我通过参谋长终于联系到拜尔莱因上校，把这个决定告诉了他。阿列特师下午晚些时候动身向北，还带走南部防线的大部分炮兵力量。我还决定缩短防线，把第125步兵团撤出阵地，重新部署到正面朝东的防线，与"电报小径"拉成直线。

　　当天傍晚，我收到关于装甲集团军补给状况的报告，可以说非常危急。我们当天发射了450吨弹药，但3艘开抵图卜鲁格的驱逐舰只运来190吨弹药。

　　英国人现在几乎彻底掌握了制空权和制海权，这片区域一直延伸到图卜鲁格前方，他们一次次从空中打击图卜鲁格镇区和港口。前几天他们还击沉了港内几艘船只。由于我军加强了运动，汽油再次告急，可我们仍要从事最激烈的战斗。

　　傍晚前后，情况已经很清楚，英国人正把二线装甲力量集中到渗透地段。看来，我们的末日即将到来。非洲军只剩35辆可用坦克。

　　从"山的另一面"看，情况大不相同。第9装甲旅的兵力折损了75%，损毁87辆坦克，尽管第2、第8装甲旅穿过通道增援第9装甲旅的进攻，可面对前方的反坦克炮和两侧对坦克构成的威胁，这场进攻还是陷入停顿。次日（11月3日），英军依然没能继续前进，给隆美尔提供了趁机溜走的好机会。

　　现在是撤往富凯阵地的时候了。我们的一些后方设施已运往西面。夜间，南部防线的我方部队撤往我们18月底发动进攻前占据的阵地。第125步兵团开入西迪阿卜德拉赫曼以南地域。第90轻装师、非洲军、意大利第20军缓缓退却，以便各步兵师步行或乘坐车辆撤离。英军此前的追击总是犹豫不决，他们的行动往往谨慎得令人难以理解，所以我希望利用这一点，至少挽救部分步兵力量。

　　经历了10天的交战，装甲集团军已耗尽实力，根本无法抵御敌人下一次突破企图，我们估计对方明天就会重新发动进攻。由于我们严重缺乏车辆，显然无法有序撤离非摩托化部队。另外，我们的摩托化力量深深地卷入交战，无法指望他们都能脱离战斗。面对这些情况，我们不得不考虑到集团军逐渐覆灭的可能性。我把这些想法汇报给元首大本营。

我们11月3日的意图，是在英军对代巴以东10英里向南延伸的一片地域施加压力前撤离。我们在战线中部和南部地段脱离战斗，敌人没发现，我们没有车辆可用，大部分重武器不得不靠人力推行，后撤进行得非常缓慢。尽管困难重重，但南部防线的几个师还是在当天早上到达新阵地。

> 亲爱的露：
>
> 　　此次交战对我们非常不利，敌人凭借压倒性优势粉碎了我们。我正设法救出集团军部分力量，不知能否做到。我彻夜难眠，一直在盘算如何把我那些可怜的部下带离困境。
>
> 　　我们面临艰难的时刻，可能是一个人所能承受的最为艰巨的时刻。阵亡者很幸运，对他们来说一切都结束了。我怀着诚挚的爱意和感激之情一直想着你。也许一切都会好起来，届时我们又能重逢了。
>
> 1942年11月3日

11月3日会成为历史上值得纪念的日子，不仅因为我们当天终于明白，战争的好运离我们而去，还因为从这一天起，上级不断干预我们的作战行动，装甲集团军的自主决策权受到严重限制。

当天早上我就惴惴不安，尽管我们提交了明确的态势报告，可上级部门没有从我们面临的状况得出正确的结论，所以我决定派副官贝恩特中尉直接向元首汇报情况。贝恩特的任务是把我们的处境明确无误地告知元首大本营，并指出丧失非洲战区可能已成定局。他还要为装甲集团军争取最充分的行动自由。英国人正设法包围、歼灭我们，我要做的是竭力避免落入他们手里。我打算在尽可能多的中间阵地从事阻滞战斗，迫使敌人每次都要前调炮兵力量，避免一切决战，待我方实力壮大后再说，或是把装甲集团军主力撤回欧洲，在非洲只留小股力量掩护这场撤军。

上午9点，我驱车向东，沿海岸公路赶往前进指挥所。大批车辆堵在路上，主要是意军各种车辆，令人惊讶的是，英军战斗轰炸机没出现。10点左右，冯·托马将军和拜尔莱因上校报告，非洲军还剩30辆可用坦克，英国人在该军前方排成半圆形阵势。对方只采取试探行动和局部进攻，似乎正在重组，并为各兵团提供补给。真是个好机会，我立即命令部分意大利兵团撤离。尽管我们多次提醒，可巴尔巴塞蒂答应提供的车辆仍没到来，所以，意大利官兵不得不徒步跋涉。密集的车队早已向西而去。意大利步兵出发，很快把道路挤得满满当当。可英国人马上发现了我方动向，派出200来架战斗轰炸机打击海岸公路。他们的轰炸机中队也极为活跃。当天上午，仅非洲军就遭到强大的敌轰炸机编队不下11次空袭。

18架英国战机投下密密麻麻的炸弹，我的司机左冲右突，好不容易才逃离险境，我们中午前后回到指挥所。13点30分，元首发来命令，大致内容如下：

隆美尔元帅：

鉴于您目前的处境，毋庸置疑，必须坚守阵地，决不后退一步，把每一支步枪、每一名士兵投入战斗，除此之外别无他途。我们正尽全力帮助你们。敌人虽然占有优势，但已呈强弩之末。更强的意志战胜兵力更多的敌人，这在历史上数见不鲜。您可以告诉您的部队，不成功便成仁，没有其他选择。

阿道夫·希特勒[13]

这道命令要求我们做到不可能做到的事情。哪怕最忠诚的军人也会被炸弹击毙。尽管我们一五一十地汇报了情况，可元首大本营似乎还是不清楚非洲战场的真实状况。能帮助我们的是武器、汽油、飞机，而不是命令。我们对这道指令震惊不已，非洲战局期间，我第一次不知如何是好了。我们遵照最高当局的指示，命令各部队坚守既有阵地，不由得产生了一种冷漠感。我不得不这样做，因为我一直要求别人无条件服从命令，所以我自己也不能违背这项原则。要是我知道后来会发生什么，肯定会采取不同的措施，因为从那一刻起，为避免集团军覆灭，我们不得不一再规避元首和领袖的命令。但上级部门首次干预非洲战争的战术行动，还是让我们震惊莫名。[14]

就这样，西撤的行动停了下来，我们采取一切措施加强己方战斗力，还报告元首，继续坚守既有阵地，意味着装甲集团军必然全军覆没，继而丢失整个北非。

这道命令给全体将士造成强烈的影响。按照元首的指令，他们准备牺牲到最后一人。集团军官兵视死如归的精神让我们心痛不已，从上到下每个人都知道，即便付出最大的努力，我们也无法改变交战的结局。

当天上午，英军雨点般的炮火袭向我们放弃的阵地，直到下午才追击已撤离南部地段的意大利第10军。该军击退了敌人对他们北翼的进攻。对方的装甲车在我军防线后方大肆袭击，给意大利第10军造成很大损失。[15] 这些敌装甲车已突破我军防线，不断扰乱我补给运输，提供给意大利第10军的补给，就连最低限度的饮水和口粮也难以为继。最后，我们不得不派意大利装甲车护送补给车队。

博洛尼亚师早已向西开拔，几名意大利参谋军官没办法让该师返回防线，因为根本找不到他们的行军纵队。

亲爱的露：

交战仍在肆虐，激烈度毫未减弱。我不再，或者说几乎不再抱有获胜的希望。贝恩特今天飞赴元首大本营汇报情况。

随信附上我存的25000里拉。

我们的命运掌握在上帝手里……

另：让阿佩尔把里拉换成马克。注意外汇管理条例！

1942年11月3日

当天傍晚，我派贝恩特中尉前往元首大本营，向他们报告，要是执行元首的命令，德意装甲集团军的最终覆灭就是这几天的事，而且我们已经因为执行这道命令遭到严重损失。当晚晚些时候，贝恩特从马特鲁港发回报告，说从傍晚17点左右到他21点抵达马特鲁港，挤得满满当当的两条交通线遭到低空飞行的敌机持续打击。起火燃烧的车辆在许多地段堵住公路，交通严重堵塞。不少司机和人员丢下车辆，徒步向西逃窜。许多地段能看见丢弃的坦克和车辆。

11月3日的夜晚平安度过，英国人没什么特殊举动。我们浪费了太多时间，本来完全能以较小的伤亡把部队撤到富凯阵地。英军指挥官竟然给了我们这样的良机，我想都不敢想，可这个机会就这样白白浪费了。

11月4日上午，冯·托马将军指挥的非洲军与冯·施波内克将军指挥的第90轻装师在马姆普斯拉山两侧据守薄弱的半圆形防线，这道防线朝铁路线南面延伸了大约 10 英里，在那里与意大利摩托化军的防线相连，该军编有阿列特师，以及利托里奥师、的里雅斯特师残部。意大利特伦托师、拉姆克伞兵旅、意大利第10 军守在南面。

英军实施了一个钟头的炮火准备，8 点左右发动进攻。这场猛烈的冲击获得约200 辆坦克支援，一直持续到中午，冯·托马将军亲临前线，非洲军和第 90 轻装师投入全部兵力，最终击退敌人的进攻，但非洲军可用的坦克只剩 20 辆。

亚历山大的电函指出：“到目前为止，单从追击行动看，我方的伤亡可以忽略不计；11 月 4 日，第 8 集团军可投入近 600 辆坦克对付 80 辆德军坦克。”

德军可用的坦克数量甚至比他估计的还要少。此次交战，英军损失近 500 辆坦克，几乎是德军损失的 3 倍，但英国人完全能承受，他们在力量对比方面占有巨大的优势，不利的交换比算不上什么。只要各级指挥官下定决心，部队的耐力仍能承受，他们就能赢得最终胜利。这就是问题的关键所在。

凯塞林元帅当天上午来到我的司令部。不出我所料，元首的决定是基于德国空军乐观的态势报告，所以，我们俩争吵了一番。凯塞林认为元首从东线战事学到个教训，眼前这种情况，必须不惜一切代价坚守防线。[1] 我明确地告诉他：“到目前为止，我一直认为元首把集团军指挥权交给我是理所当然的，可这道疯狂的命令简直就是颗重磅炸弹。他不能把他从苏联学到的经验盲目地用于非洲战事。他真该把这里的决策权交给我。”[16]

实际上，元首下达这道指令还有另一些原因，随着时间的推移，我们才渐渐明白。虽然听上去很荒唐，可元首大本营向来把宣传放在首位，军事利益处于从属地位。他们绝不会亲口告诉德国人民和全世界，阿莱曼交战打输了，而是认为能以“不成功便成仁”的命令避免失败的厄运。我们此前在非洲享有的行动自由，

---

[1] 译注：隆美尔的记述对凯塞林颇多指责，但他始终没有附上凯塞林的主张或原话。这次争吵也是这样，其实，凯塞林获悉隆美尔只剩 20 来辆坦克，马上改变了态度：“我觉得应该把元首的电报看作呼吁，而不是一成不变的命令。”他还劝隆美尔“随机应变，元首并不想让您和您的部下葬身此处”。

从这一刻起不复存在。

结束了与凯塞林的会晤，我驱车赶往非洲军，他们的军部设在战线西面几英里的防空壕里。离开前，我打电话给拜尔莱因，告诉他第90轻装师目前严重向东突出，如果英军施加的压力太大，非洲军只能慢慢后撤。我到达非洲军军部，作训处长报告，英国人还没把炮兵力量调到非洲军防线前方，他们现在似乎已停止进攻。

集团军参谋长韦斯特法尔打电话告诉我，英军突破了意大利第20军南面第21军的防线，意大利第21军辖内部队正向西退却。面对英军重型坦克，意大利反坦克炮起不到什么作用。上午10点左右，英军一股强大的装甲力量出现在意大利第20军前方，没过多久，几个意大利师，特别是他们的炮兵，遭到敌人猛烈的炮火打击，皇家空军也不停地轰炸。韦斯特法尔补充道，情况非常严峻，双方爆发了激烈的坦克战。

13点左右，拜尔莱因从前线回到非洲军军部，向我汇报了全军的情况。军直部队[17]一直在马姆普斯拉山据守防线中央地段，第21装甲师在他们北面，第15装甲师在他们南面。两个装甲师挖掘了阵地，隐蔽得很好。但拜尔莱因继续说道，军直部队的实力几乎已耗尽，他没办法劝说冯·托马将军离开前线，这位军长可能打算战死在那里。军直部队损毁的车辆和武器在马姆普斯拉山上燃烧，英军坦克准备冲过山脊向西突破之际，拜尔莱因徒步逃脱了。

军部南面和东南面扬起巨大的尘云，意大利第20军性能低劣的小型坦克在那里与敌人浴血奋战，他们面对英军上百辆重型坦克，对方已绕过他们敞开的右翼。我派冯·卢克少校率领的侦察营封闭意军与非洲军之间的缺口，他后来告诉我，意军是我们当时最强大的摩托化力量，他们打得非常英勇。冯·卢克以他的火炮竭力提供支援，但无法改变意大利摩托化军的命运。一辆辆意军坦克被炸毁或起火燃烧，同时，英军猛烈的炮火齐射覆盖了意军步兵和炮兵阵地。15点30分左右，阿列特师发来最后一份电报："敌坦克渗入阿列特师南部，阿列特师陷入包围，位置在阿卜德井西北面5公里。阿列特师的坦克仍在战斗。"

经过英勇战斗，意大利第20摩托化军傍晚前全军覆没。阿列特师与我们并肩奋战得最久，我们失去了这些忠诚的意大利战友，他们的装备很差，我们提出的要求可能远远超出了他们的能力。

从非洲军军部俯瞰眼前的战场，我们看见英军强大的坦克编队也突破了非洲军防线，正隆隆向西挺进。

下午早些时候的战场态势如下：非洲军右侧，敌人强大的装甲力量歼灭了意大利第 20 摩托化军，在我方防线打开个 12 英里宽的缺口，强大的敌坦克编队穿过缺口向西攻击前进。这样一来，我们部署在北面的部队就面临陷入包围的威胁，几个敌兵团的坦克数量优势达到 20 倍。面对英军的冲击，第 90 轻装师出色地守卫着防线，非洲军官兵也实施了英勇抵抗，可他们的防线已被敌人渗透。这里没有预备队，因为所有可用人员和火炮都已投入前线。

就这样，我们竭力避免的情况还是发生了：我方防线遭突破，完全实现了摩托化的敌军部队涌入我们后方。冯·托马将军率领军直部队竭力阻挡英军突破，正如我们后来从英国广播里获悉的那样，军直部队拼光后，冯·托马将军被俘。不能再考虑上级的命令，我们必须挽救现在还能挽救的东西。我与再次代理非洲军军长的拜尔莱因上校协商后，下令立即后撤。

这个决定至少能挽救装甲集团军的摩托化力量，后撤行动延误 24 小时造成的恶果，是我们损失了几乎全部步兵力量，以及大批坦克、火炮、车辆，已无法在任何地方有效抗击英军的推进。后撤令 15 点 30 分下达，各部队立即付诸实施。

让各纵队保持良好的秩序完全做不到，因为只有快速后撤才能让我们免遭英军空袭，而敌人的空中打击当日到达顶点。没能立即到达公路并向西狂奔的部队悉数损失，敌人沿宽大的战线发起追击，打垮了途中遭遇的一切。

次日上午，元首和意大利最高统帅部都发来电报，批准集团军撤到富凯阵地，可这些命令下得太晚了。①

---

① 译注：隆美尔撤到富凯阵地的想法和做法无疑是正确的，但先斩后奏这种事，在通信发达的现代战争中很难实现，隆美尔此举埋下了祸根，从这之后，希特勒不再对他信任有加。客观地说，此类具有战略性的决策，本来就不是集团军司令能做主决定的，与"对不对"没太多关系，斯大林格勒的保卢斯也是如此，所以他（集团军司令）和曼施泰因（集团军群司令）都不敢自作主张。

注释

1. 拜尔莱因将军注：第 22 空降师是个摩托化步兵师，在东线长期鏖战后调离苏联。上级本打算把该师调到非洲，但一直没有付诸实施。

2. 有趣的是，隆美尔似乎不太清楚英军此类行动使用了不同的特种突袭部队，因而用"突击队"一词，囊括了 S.A.S（特种空勤团）、L.R.D.G（远程沙漠战斗群）和另一些游击队性质的特种部队。

3. 库夫拉绿洲位于图卜鲁格以南 500 英里左右，在撒哈拉沙漠深处。

4. 拜尔莱因将军注：隆美尔用"自然原因"这个词，显然是指从事沙漠战需要的弹药、汽油、物资的绝对最低量。

5. 维也纳附近的山区度假胜地。

6. 美国庞大的战争潜力给隆美尔留下极为深刻的印象，他认为这种潜力不可避免地导致战争态势对德国严重不利，因而不加分辨地把所有威力强大的新式武器归功于美国人的发明。格兰特和谢尔曼坦克的出现，使德国人丧失了坦克质量方面的优势，这一点无疑加强了他的看法。实际上，主要的定位装置，也就是称为 H2S 的雷达设施，是英国人发明的，最终改变了潜艇战和空战进程。

7. 隆美尔低估而不是夸大了双方的力量对比。德意坦克相加的话，英军坦克的数量优势接近 2.5：1，要是只算德国坦克，英军的优势达到 5.5：1。更重要的因素是，英军配备 75 毫米火炮的坦克超过 500 辆，其中 400 辆是谢尔曼式，剩下的是格兰特和李式。隆美尔只有 38 辆配备 75 毫米火炮的坦克。

8. 四号坦克配备 75 毫米火炮，三号坦克配备 50 毫米火炮。两款坦克的早期型号使用短身管火炮，后期型号换上长身管火炮。火炮身管加长，射程和侵透力也随之增加。

9. 出版商注：以下是拜尔莱因将军为德文版 Krieg ohne Hass（《没有仇恨的战争》）写的脚注，由此可以看出，为何隆美尔的家人急着找利德尔·哈特上尉编撰本书英文版，并撰写前言。

   拜尔莱因将军写道：隆美尔这里指的是利德尔·哈特上尉和富勒将军。他认为，要是英国人多多关注两位作家战前阐述的现代作战理论，他们遭受的大部分挫败本来是可以避免的。战争期间，隆美尔元帅召开会议和私下交谈时，我们多次谈到利德尔·哈特的军事著作，这些著作令我们大为折服。所有军事作家，利德尔·哈特给隆美尔元帅留下的印象最深，极大地影响了他的战术和战略思想。隆美尔和古德里安 样，在许多方面可以说是利德尔 哈特的"门徒"。

10. 拜尔莱因将军注：不少作家多次指出，施图梅将军没有按照隆美尔的方案部署阿莱曼的防御。我在这里必须明确澄清，隆美尔离开非洲前下达了构设防御的命令，施图梅仅仅是执行命令而已。

11. 隆美尔说的"重型炮兵"，英国陆军实际上归为"中型炮兵"。进攻开始前的炮火准备，英军共投入大约 1200 门火炮。

12. 英国人根据地图上的形状，称之为"肾形岭"。

13. 隆美尔给出的是简略版，这道命令全文如下——

隆美尔元帅：

我和全体德国人民，怀着对您领导能力和您麾下德意联军英勇精神的坚定信念，注视着你们在埃及从事的防御作战。鉴于您目前的处境，毋庸置疑，必须坚守阵地，决不后退一步，把每一支步枪、每一名士兵投入战斗，除此之外别无他途。大批空军援兵正派给南线总司令。领袖和意大利最高统帅部也在全力为你们运送各种物资，以便你们继续战斗下去。敌人虽然占有优势，但已呈强弩之末。更强的意志战胜兵力更多的敌人，这在历史上数见不鲜。您可以告诉您的部队，不成功便成仁，没有其他选择。

阿道夫·希特勒

14. 曼弗雷德·隆美尔注：由于记述里存在这样的段落，我父亲 1944 年决定烧掉关于阿莱曼交战的部分手稿。可这个想法没能付诸实施，因为他当年 10 月 14 日就过世了。

15. 11 月 2 日，皇家龙骑兵团的装甲车以拂晓的薄雾为掩护，溜过德军反坦克屏障，南非第 4 装甲车团跟在他们身后。

16. 曼弗雷德·隆美尔注：其实，凯塞林确实和我父亲讨论过规避希特勒指令的办法。凯塞林认为，隆美尔作为战地指挥官，应该做出他认为正确的决定。

17. Kampfstaffel，如前文所述，这支部队相当于连级力量，起初负责保护军部，但一直用于特殊战斗任务。

第十五章 回顾阿莱曼交战

我们输掉了非洲战局的决定性交战。之所以具有决定性，是因为这场失败导致我们损失了大部分步兵和摩托化力量。可令人震惊的是，德国和意大利当局认为失败的原因不在于补给不力，不在于空中劣势，也不在于"不成功便成仁"的命令，而是因为指挥不力，全体官兵没有恪尽职守。那些指责我们的人，军旅生涯向来以从未上过前线而著称，他们遵循的原则是"weit vom Schuss gibt alte Krieger"（远离战斗成就了老兵）。

甚至有人说我们丢掉武器逃之夭夭，说我是个失败主义分子，是逆境中的悲观主义者，因而负有很大责任。我当然不能坐视他们不断诽谤我英勇的部下，结果，后来发生了许多激烈的辩论和争吵。特别是那帮幸灾乐祸的家伙，一直对我们昔日赢得的胜利心存妒意，以前不得不保持沉默，看见我们遭遇挫败，马上跳出来大肆攻讦。这一切的受害者是我的部下，我离开突尼斯后，他们被英国人俘虏，而那些高谈阔论的战略家仍在考虑对卡萨布兰卡采取行动。

实际上，那些身居高位者，虽然不能说他们缺乏掌握实际情况的能力，但至少可以说他们没有面对现实并得出正确结论的勇气。他们宁愿像鸵鸟那样把头扎入沙地，活在军事白日梦里，总是在部队或战地指挥官中寻找替罪羊。

回顾往事，我觉得自己唯一的错误，是没有提早24小时规避"不成功便成仁"的指令。要是不执行这道命令，我也许能挽救集团军整个步兵力量，至少能保存半数战斗力。

为了让后世历史学家弄清我们当时在阿莱曼面临的情况和境地，我做出以下总结：

一支军队能否承受交战的压力，首要条件是充足的武器、汽油、弹药储备。实际上，战斗打响前，军需官就已决定了交战的结果。没有枪炮，最勇敢的战士也无计可施；没有足够的弹药，枪炮发挥不了作用；机动作战中，如果没有车辆和足够的汽油拖曳火炮，那么再多的火炮和弹药也派不上太大用场。补给的维持，在质量和数量方面必须与敌人旗鼓相当。

第二个必要条件，是在空中力量方面与敌人达成均势，或至少接近于均势。[1]如果敌人掌握制空权并充分利用的话，那么，己方的指挥处于不利境地，必然受到以下限制：

（a）敌人使用战略空中力量，可以扼杀另一方的补给，特别是在这些补给物资必须运过海的情况下。

（b）敌人可以从空中发动消耗战。

（c）敌人充分利用空中优势，给另一方的指挥造成影响深远的战术限制。

日后，地面交战开始前必然先进行空中交战，由此决定哪一方承受上述战役和战术劣势，从而在整个交战期间被迫采用折中解决方案。

以我们的情况看，上述两个条件根本无从实现，我们不得不承受相应的后果。

由于英国人掌握了地中海中部的制空权，再加上我提到过的其他原因，装甲集团军获得的补给只够勉强维生，甚至在平静的日子也是如此。为防御作战囤积物资根本无法做到。另一方面，英军可用物资的数量远远超过最让我们担心的程度。任何一个战区，从来没有像阿莱曼这样，在这么短的战线上集中这么多重型坦克、轰炸机、火炮，以及耗之不尽的弹药补给。

英国人掌握的制空权非常彻底。某些日子，他们出动800个轰炸机架次，2500个战斗机、战斗轰炸机、低空飞机架次。而我们最多只能出动60个俯冲轰炸机、100个战斗机架次[2]，而且这个数字还不断减少。

总的说来，英军的指挥原则没变，他们的主要战术特点是有条不紊地严格遵循既有规定。但以阿莱曼交战而言，英军的原则实际上帮助第8集团军赢得了胜利，原因如下：

（a）双方没有在广阔的沙漠里交战，因为我们的摩托化力量调到前线，支援正面作战的各步兵师。

（b）英军在武器数量和质量方面都占有优势，采取任何行动都能达成突破。

英军打垮我集团军的方法，是基于他们压倒性的物质优势，具体如下：

（a）炮火高度集中。

（b）强大的轰炸机波次持续实施空中突击。

（c）有限的局部进攻，大量使用各种物资，展现出极高的训练状态，完全遵照他们以往从事战斗的经验和情况。

另外，英国人制定计划基于精确计算的原则，而奉行这种原则的前提条件是充分掌握物质优势。他们其实没有作战艺术可言，完全凭借炮兵和空中力量。他们的指挥向来反应迟钝。我们11月2日夜间开始后撤，过了很长时间，英军才发起追击，要不是那道倒霉的指令横加干预，我们也许能带上步兵主力平安撤到富凯阵地。英军指挥部始终表现出惯有的谨慎，缺乏果断的决定，所以他们一再让装甲兵团单独进攻，而不是在北部战线把900辆坦克悉数投入，从而以最小的努力和伤亡迅速取得决定性战果。其实，他们只要在炮兵和空军掩护下投入半数坦克，就足以歼灭我经常在战场上动弹不得的军队。零碎投入兵力的战术也让英军遭受了高昂的损失。英军指挥部可能想保留装甲力量用于追击，因为他们的突击兵团显然无法为执行追击任务实施快速重组。[3]

训练装甲和步兵兵团时，英军指挥部出色地利用了以往与轴心国军队交锋的经验教训，当然，他们采用的新式打法，必要的前提是配备大量弹药、物资、新式装备。这些新式打法具体如下：

坦克战术

英国人装备了火炮口径和装甲厚度都超过我方战车的新式坦克（包括格兰特、李、谢尔曼式，据说更重型的丘吉尔式坦克也出现了[4]），再加上耗之不尽的弹药补给，才让他们的坦克新战术成为可能。

他们把轻型坦克部署在前方，装备大口径火炮的重型坦克越来越多地留在后面。轻型坦克的任务是吸引我方反坦克炮、高射炮、战车火力。一旦我们的火炮和战车暴露位置，英军重型坦克就以猛烈的火力打击他们发现的一切目标，最大距离可达2700码，可能的情况下，他们会从高地反斜面开火。英军坦克火力似乎总是由中队长引导。这种战术需要大量弹药，机枪载运车负责前运弹药。他们以这种方式击毁我们的坦克、机枪巢、高射炮和反坦克炮炮位，而我方火炮在这么远的射程根本无法穿透他们的重型坦克，另外，我们也承担不起这么大的弹药消耗量。

炮兵战术

此次交战，英军炮兵又一次展现出他们举世闻名的优越性。他们最大的特点是机动性强、反应快，完全能满足突击部队的需求。英军装甲部队显然带着炮兵观测员，以便在最短时间内把前线的需要告知炮兵。除了充裕的弹药补给带来的优势，英军的火炮射程也较远，这让他们获益匪浅。英军在较远距离以炮火覆盖意军炮兵阵地，意大利人根本没有还击之力，因为他们配备的火炮，射程大多不超过6000码。到目前为止，我方炮兵使用的主要是过时的意大利火炮，这种状况让我们的处境极为狼狈。

步兵战术

敌人以炮兵、坦克、空中力量粉碎我方防御，随后投入步兵遂行冲击。

英军先以炮火压制我们的前哨（他们早就通过空中侦察确定了这些阵地的位置），再派训练有素的工兵在烟幕掩护下排雷，在我方地雷场清理出宽大的通道，尔后以坦克发动进攻，步兵紧随其后。他们以坦克充当机动炮兵，各突击队逼近我方防御哨所，在近距离内突然冲入我军堑壕和阵地。一切进行得有条不紊，完全按照他们受过的训练实施。英军执行每个单独的战斗都会集中优势兵力。他们的炮兵紧跟在步兵身后，粉碎一切最后的抵抗。他们通常不朝纵深发展胜利，仅限于占领已攻克的阵地，前调援兵和炮兵，在这些阵地实施防御。夜袭依然是英军的拿手好戏。[5]

有没有其他应对方案？

就像我详细解释过的那样，我们交战开始时的布势，是以过去获得的经验教训为指导。尽管敌人在炮兵和弹药方面占有巨大的优势，可我们一旦把步兵部署在阿莱曼战线，必然要在那里迎战。倘若我们立即后撤，就不得不放弃堆放在阿莱曼的所有弹药，因为我们没有运输工具把这些弹药运走，另外，我们在后方也没有任何值得一提的物资补给，无法弥补弹药损失。除了非摩托化步兵后撤期间有可能遭受的严重损失，我们还会丧失预设阵地的优势，因为我们还没在富凯构筑防御工事。结果，英军在我方地雷场遭受了很大损失，我们还把存放在阿莱曼战线的弹药儿乎都射向了敌人。

交战期间，我们的战术应对取决于战况需要和有限的物质资源。

交战结束后，根据我们得到的经验教训，我设想了一个方案，也许能让我们在埃及西部实施更成功的防御，抗击蒙哥马利占有物质优势的军队从亚历山大发起的进攻。当然，我们无法把这项方案付诸实施，因为我们没有足够的汽油。另外，我们为构筑阿莱曼防线耗费了太多无可替代的资源。但我提及这份方案，是因为它包含几点实质性内容。

首先，把非摩托化步兵部署在富凯防线，尽可能多地使用地雷，把阵地构设得与阿莱曼防线相似，这些准备措施非常必要。富凯防线和阿莱曼防线一样，南端位于盖塔拉洼地，因而无法迂回。另一个优势是，富凯防线南面有一道大约12英里长的陡坡，坦克和车辆无法通行。

我们可以派摩托化兵团和侦察部队据守阿莱曼防线，再把摩托化力量部署在富凯与阿莱曼之间实施机动防御。

倘若英军发动进攻，可能会以下述方式发展：我们的侦察部队和摩托化兵团撤离阿莱曼防线，英军摩托化力量跟随他们进入开阔地域。尔后在有利于我们的位置，双方的机动力量展开交战，这样一来，英军炮兵团就无法掩护他们的摩托化兵团。这场交战在富凯防线前方进行，当然，我方装甲部队无法长时间抵御英军实力强大的打击力量。不过，以往的经历表明，我们也许能迫使过于谨慎的英军一次次陷入战术困境，给他们的打击力量造成严重损失。接下来就是必然到来的时刻，英国人把他们的军力集中在战场，构成占据上风的威胁，换句话说，就是持续进行的机动作战变得对他们更加有利，这时候，我们必须让己方摩托化力量脱离交战，在他们遭受过高损失前撤回德意联军防线。富凯防线前方这场机动作战，唯一的目的是把英军打击力量消耗掉一部分。

英军进攻富凯，遭遇的防线与阿莱曼相似，又没有强大的炮兵力量提供支持，必然要付出惨重的代价。所以，他们不得不前调炮兵，这就意味着他们必须前移所有设施。这样一来，我们就获得喘息之机，这段时间可以完成许多事情，火箭炮团也许能运抵，我们还可能收到虎式坦克，不管怎么说，也许有人能采取切实有效的措施改善我们的补给状况。即便如此，我们能否在非洲战区坚守更长时间，这一点仍值得怀疑。我之所以在笔记里写下这些，是因为我后来在的黎波里塔尼亚、突尼斯制定的计划和采取的行动，都基于同样的原则，这些原则是根据我们在阿莱曼的经验教训形成的。

我说过，我们的防御计划是个折中方案，既无法弥补我们在空中力量或补给方面的劣势，也无法让我们的步兵实现摩托化，只是尽力解决这些问题罢了。

这样的折中不是理想的解决方案，我们只能以微薄的资源尽力而已，不得不忍受无法改变的劣势。现在的问题是，我们必须从绝望的境地争取最好的结果。最优秀的战士拿着干草叉，面对手持冲锋枪的对手恐怕也做不了什么。

我们不是没发出过警告，英军发动进攻前几个月，装甲集团军就指出，除非在非洲建立最低限度的物资储备，再运抵一定数量的援兵和补充兵，否则无法实施卓有成效的防御。这些条件都没得到满足，那些大肆攻讦我们的人对此心知肚明。我只举一个例子，我们要求提供的 30 个油料基数只得到 3 个。我们提出的物资数量，是基于我们对英军实力增长的预计。我当然无从预见英国人的军力究竟有多强大。

面对这种情况，装甲集团军在阿莱曼根本没有获胜的机会。与各方面都占尽优势的敌人相比，我们唯一的优势是占据了预设阵地，但遭到猛烈炮击和轰炸后，这些阵地很快面临英军步兵的冲击，他们一码接一码侵入我方防御体系。北部防线一段段落入英国人手里，轴心国军队最终丢失了整个北部防线。继续在阿莱曼实施防御毫无意义，因为我方部队据守简陋的临时阵地，只会暴露在敌人持续不停的空袭下，另外，英军猛烈的炮火还会粉碎我方集中的车辆。继续坚守只会导致全军覆没。

交战初期，我们遂行的反突击没有集中全部力量，因为南部地段的英军集中地域，让我们有充分的理由担心，倘若我们调离所有摩托化力量，对方可能会在那里发动进攻。再加上汽油短缺，我们届时无法把阿列特师和第 21 装甲师再派回南面。因此，交战那个阶段，我们把所有摩托化力量从南部战线调往北面的风险实在太大。

　　还有个非常重要的问题需要指出。我们部署在北部防线的所有兵团，面对英军轰炸和猛烈炮击的消耗速度，比我方防御火力消耗英军进攻力量的速度快得多。大多数英军部队待在出发阵地，车辆半埋起来，遭受的打击相对较小。但北部地段就像个血肉磨坊，投入其中的所有部队，无论兵力多少，很快就被磨成齑粉。

　　德军将士和许多意大利官兵在交战中表现得非常英勇，哪怕灾难临头也是如此，实在让人钦佩不已。这支军队取得了 18 个月的辉煌战绩，这是个几乎没人能企及的记录。我那些部下在阿莱曼奋战，不仅仅是为了保卫祖国，也是为保卫非洲装甲集团军的传统。这支军队从事的斗争，尽管失败了，但还是会成为德国和意大利民族史上辉煌的一页。

阿莱曼交战期间，德国空军出动的战斗架次 [6]

日期	总架次	战斗机架次	投弹吨数
1942 年 10 月 24 日	107	69	5.0
1942 年 10 月 25 日	140	49	22.0
1942 年 10 月 26 日	113	63	28.1
1942 年 10 月 27 日	147	78	29.1
1942 年 10 月 28 日	163	106	20.2
1942 年 10 月 29 日	196	129	29.1
1942 年 10 月 30 日 [7]	200	125	30.5
1942 年 10 月 31 日	242	128	43.3
1942 年 11 月 1 日	141	80	12.8
1942 年 11 月 2 日	175	111	20.7

阿莱曼交战期间，德意装甲兵团的战斗力

战斗性质	日期	德意兵团的坦克数量		
		二号、三号、四号坦克	中型坦克	轻型坦克
防御和目标有限的反突击	1942 年 10 月 24 日	219	318	21
	1942 年 10 月 25 日	154	270	21
	1942 年 10 月 26 日	162	221	21
	1942 年 10 月 27 日	137	210	21
	1942 年 10 月 28 日	81	197	21

续表

战斗性质	日期	德意兵团的坦克数量		
		二号、三号、四号坦克	中型坦克	轻型坦克
防御和目标 有限的反突击	1942 年 10 月 29 日	109	190	21
	1942 年 10 月 30 日	116	201	21
	1942 年 10 月 31 日	106	198	21
	1942 年 11 月 1 日	109	189	21
	1942 年 11 月 2 日	32	140（估计）	15（估计）
决定性突破	1942 年 11 月 3 日	24	120（估计）	0（估计）
	1942 年 11 月 4 日	12	0	0

注释

1. 隆美尔以前在空中力量处于劣势的条件下赢得胜利，似乎与他的观点相悖。另外，仔细研究他这份记述，另一个不利因素的影响同样明显：对战术技能的要求越高，风险也越大。

2. 这个数字指的仅仅是德国空军，意大利人也出动了大约 100 个战斗机架次。

3. 隆美尔得出的印象是错误的，详情可见后文。

4. 此次交战出现了 4 辆丘吉尔式坦克。

5. 英军夜袭战术的发展过程很有意思。第一次世界大战结束后，几位军事思想家大力倡导以夜色为掩护发动进攻的价值，但大多数军人持反对意见，认为风险太大，很容易发生混乱。最后，夜袭的观点说服了 1932 年成立的一个战争部委员会，但该委员会的议案还是受到大部分指挥官的抵制或忽视。弗雷德里克·派尔爵士是少数例外之一，这位干劲十足的坦克指挥官当时在埃及指挥一个步兵旅。他热情地接受了这项理论，还制订了一套在沙漠里从事夜袭训练的大纲。蒙哥马利当时是他手下的营长，起初也对夜袭持怀疑态度，但训练期间改变了自己的观点。蒙哥马利 1942 年重返埃及接掌第 8 集团军，在所有进攻行动中充分利用夜袭战术，以此作为突入敌军阵地的重要手段。

6. 这些数字是非洲战区德国空军指挥官塞德曼将军提供给隆美尔的。

7. 1942 年 10 月 30 日的数字是估计。

第十六章 全面后撤

11 月 4 日夜间，装甲集团军撤到富凯。这场退却沿一条宽大的战线遂行，主要是穿过广袤的沙漠，海岸公路笼罩在英军照明弹的耀眼光芒下，不断遭到皇家空军攻击。我们与英军装甲力量展开竞赛，双方都为同一个目标倾尽全力。

英国第 1、第 10 装甲师达成突破，奉命攻往西北方，在代巴和西面的杰拉勒横跨海岸公路。第 7 装甲师、新西兰师和配属的装甲部队执行大范围迂回，穿过沙漠直奔富凯。

11 月 4 日傍晚，这些追兵已深入隆美尔遭受重创的军队身后，希特勒的干预，延误了德意联军的后撤。但到次日下午，德军残余的摩托化部队，大多设法溜过一连串"活板门"顺利逃脱。面对英军空中和地面攻击的夹射火力，他们居然逃脱了，实在让人难以置信，特别是考虑到海岸公路的拥堵和混乱。

事后，英国人把没能阻止德军逃脱的原因归咎于突如其来的降雨，蒙哥马利在他的记述中称："敌人免于全军覆没，完全是因为 11 月 6 日和 7 日的暴雨。" 11 月 6 日傍晚的倾盆大雨，确实为隆美尔"逃脱"的最后阶段助了一臂之力，但此时德意联军的前景已有所好转。英军这场追击，最紧要的阶段是 11 月 4 日昼间和夜间，当时，德意军队看似绝无逃走的可能。可是，隆美尔的部下以缘自绝望的勇气展开行动之际，蒙哥马利的军队却放缓了速度，这是交战期间付出旷日持久的艰巨努力后的自然反应。而隆美尔的名气，特别是他绝地反击的魔力，也让英军持谨慎态度。另外，英国人担心黑暗中发生混乱，因而停下来过夜，没有一路向前封锁海岸公路，延缓了截断逃窜之敌的行动，这场行动原本是大有希望的。

下一个阶段，英军的追击不仅受到泥泞妨碍，还因为缺乏足够的汽油而无法保持势头。

我的许多部队严重缺乏车辆，不得不依靠装甲兵团的运输工具。尽管如此，这些部队还是很难挽救他们的士兵，因为距离富凯足足有 60 英里。位于南面的伞兵和意大利人不得不徒步跋涉。就像我前面说过的那样，由于英军装甲车部队渗透我军防线，大肆扰乱我方补给运输，我们一连数日无法为南面的部队提供适当的补给，结果，这些兵团的汽油和饮水严重短缺。

我下达了所有必要的命令，夜幕降临后不久，司令部也撤离代巴西南地域，沿铁路线南侧退到富凯。漆黑的夜间，我们的车辆不时偏离小径，陷入深及车轴的沙丘，车上的人每次都得把车辆拖出来，再把它推回小径。这一幕让我想到，当初在图卜鲁格获胜后，我们不顾一切地想要攻到亚历山大。当时，我那些将士经历了长时间征战早已疲惫不堪，尽管如此，他们还是充满斗志，沿这条小径一路向前，希望抓住最后的机会，夺得非洲战局的主动权。可惜，补给没跟上，我们现在不得不承受恶果。败退的这个夜晚，回想起来苦涩不已。

临近 [11 月 5 日] 早上，我们到达富凯机场周围一道铁丝网，不得不停下。我们右侧的海岸公路仍笼罩在照明弹耀眼的光芒下，英国人投掷的炸弹继续落向我方卡车队列。我们在机场停留了几个钟头，拂晓驱车驶往西南面 2 英里的高地，把装甲集团军司令部设在那里。

元首和领袖批准后撤的命令，尽管为时过晚，可还是发来了，命令里要求我们必须救出所有德国和意大利部队，特别是非摩托化部队。我们对此无能为力，因为先前的指令恰恰是阻止我们解救步兵。另外，如果我们等待上级批准，损失的就不仅仅是步兵，还包括几个装甲和摩托化师。我们现在能不能长时间坚守富凯阵地，以便德国和意大利步兵部队赶上来，就要看命运女神的意思了。

我打算以摩托化力量坚守此处阵地，直到步兵完成后撤，或是到英军彻底控制局面，能主宰我们的后撤速度，准备对我方摩托化力量发起最后一击的时候。如果发生后一种情况，我只能设法挽救能挽救的部队，再也无暇顾及没能撤离的步兵，否则我们就会全军覆没，没有一兵一卒能在塞卢姆逃过边境。我之所以反复强调这一点，是因为某些对非洲情况一无所知的蠢货，事后指责我们把意大利步兵抛弃在阿莱曼的困境里。

11 月 5 日，非洲军大部、第 90 轻装师、部分意大利摩托化部队到达富凯周边地域。英军调自二线的新锐力量，包括大约 200 辆坦克和 200 辆装甲运兵车，紧跟在非洲军后卫部队身后。意大利第 10 军和第 1 伞兵旅夜间顺利到达代巴西南地域。严重缺水的情况下，这场漫长的徒步跋涉严重消耗了这些兵团的实力。

当天中午，我方摩托化部队与占据极大优势的英军装甲力量在富凯展开激烈交战。沙尘暴频频让能见度降为零。很快，英军一支强大的迂回纵队朝我们敞开的南翼而去，情况很明显，我们再不后撤的话，一切都完了。

富凯与马特鲁港之间的海岸公路乱成一片。一支支车队把道路挤得满满当当，卡车上载满散兵游勇，皇家空军的战机主宰一切，对每个有价值的目标一次次发起攻击。我先去视察海岸公路上的防线，然后驱车向南赶往非洲军，当时还是上午，该军已卷入激战。待我回到指挥部，发现英军实施迂回的报告已送抵。

没过多久，装甲集团军司令部遭到敌人两次轰炸，对方显然通过无线电流量确定了司令部的位置。我和韦斯特法尔趴在窄窄的壕沟里，等待地毯式轰炸结束。没过多久，几辆谢尔曼坦克出现在视野里，朝他们看见的一切目标开火射击。这一点无疑表明，我们与英军之间已没有任何部队。

由于敌人在第 15 和第 21 装甲师之间突破非洲军的防御，我们已没有任何预备队，我不得不下令撤往马特鲁港，我的心情很沉重，因为几个德国和意大利兵团仍在徒步跋涉。

命令下达后，我们也出发了。又是个漆黑的夜晚，我们再次驱车狂奔。偶尔有几座阿拉伯人的小村庄在黑暗中隐约可见，很快被我们甩在身后，几部车辆与车队头部失去联系。最后，我们在一座小村落停下，等待拂晓到来。此时我们仍无法确定，集团军残部能否顺利逃到西面。我们的战斗力量所剩无几。意大利步兵主力损失殆尽。意大利第 21 军，部分力量在顽强抵抗占有压倒性优势的英军期间遭歼灭，另一部分后撤期间被敌人追上后束手就擒。我们当初一再要求意大利后勤部门为该军提供车辆，可这些车辆没有运来。意大利第 10 军在富凯东南面步行跋涉，缺水、缺弹药，坦率地说，他们逃到西面的希望不大。这些兵团只有运输梯队位于海岸公路，缓缓向西撤退的过程中，他们的通行堵塞了道路。我们没办法让车队恢复秩序，这需要时间，而我们现在要做的是抓紧时间尽快向西撤退。

至于意大利第 20 摩托化军，11 月 4 日就几乎全军覆没了，军部现在只掌握几个连和支队。坦克和车辆被打散后分散在各处，已无法投入战斗。

目前尚具战斗力的只有第90轻装师残部、非洲军两个师（兵力减少到两个小股战斗群）、非洲装甲掷弹兵团、一些临时拼凑的德军部队、第164轻装师残部。坦克、重型高射炮、重型和轻型火炮在阿莱曼损失严重，现在所剩无几。[1]

11月6日拂晓，我们打算重新集结，好歹让装甲集团军司令部恢复些秩序，这绝非易事，因为我们的车辆散落在各处。我们设法召集小股部队，忽然发现一名英军黑人士兵躲在我那辆汽车附近。没过多久，我们北面的几辆卡车起火燃烧。忙碌了一番，我们好不容易把车辆聚拢起来，当天上午穿过马特鲁港南面布满地雷的区域，行驶到东面1000码处，在那里设立集团军司令部。

道路上的情况恶劣至极。一支支车队混乱不堪，既有德军也有意军车辆，堵塞了地雷场之间的通道。车辆难得向前行驶一段，很快又重新堵住。许多车辆不得不拖曳其他车辆行进，汽油严重短缺，因为后撤行动大幅度增加了油耗。

第15装甲师和第90轻装师到达马特鲁港西南面的指定位置，而第21装甲师不得不以装甲集团军剩下的坦克，在盖萨拜西南面构成刺猬防御，目前运来的汽油只够非洲军一个师使用。充当诱饵的福斯战斗群[2]仍留在富凯阵地，夜间显然遭到英军一股强大的装甲力量迂回。11月6日上午10点左右，这股敌军投入60辆坦克，进攻几乎完全动弹不得的第21装甲师。该师竭力自保，拼凑起全部力量才击退这场进攻。从富凯返回的福斯战斗群，突然从后方打击这股英军，给对方造成很大伤亡。该战斗群随后在第21装甲师西南面占据阵地，借此阻止英军包围该师的一切企图，第21装甲师残余的坦克此时已动弹不得。奉命为他们运送汽油的车队还没到达。敌人一次次冲击第21装甲师，最后，该师下午炸毁了所有无法行驶的坦克，乘坐轮式车辆向西退却。行驶了几英里，他们又一次被迫构成刺猬防御。最后，我们连夜给该师残部运去些汽油，这才让他们继续向西转移，最终进入指定阵地。

在此期间，我那些队伍稳步向西退却，目前已接近塞卢姆。当天下午，意大利的甘丁将军赶来，代表卡瓦莱罗元帅询问我们的情况和计划。他来得正好。我向他详细介绍了交战的情形，重点强调了补给危机和元首、领袖的指令造成的影响。我直言不讳地告诉他，以目前的实力对比看，我们没法在任何地方站稳脚跟，英国人愿意的话，完全可以继续前进，一路杀到的黎波里塔尼亚。我们决不能迎战，只能设法长时间阻滞对方，以便我方混乱不堪的队伍跨过利比亚边境。待到达利比亚，才有可能恢复些秩序，因为只要这些队伍仍在边境另一侧，就处于遭切断的危险下。因此，速度至关重要。由于汽油短缺，我们无法以残余的装甲和摩托化力量从事战斗，运给我们的每一滴汽油必须用于让部队逃离险境。甘丁带着震惊的神情离开我的司令部。意大利最高统帅部显然把战争看得过于简单。例如，阿莱曼的7月危机期间，我告诉过卡瓦莱罗元帅，一旦英军构成突破的威胁，我们只有两个选择，要么坚守防线，两三天后因为缺水被迫投降，要么向西实施战斗后撤。卡瓦莱罗说他无法为这种情况提供指导意见，还说根本就不该考虑这种事。真是个简单的解决办法！

当天，我们顺利构设了一道牢固的防线，还击退了敌人一切进攻。虽然对方肯定知道我们的实力很虚弱，可他们的行动还是非常谨慎。各处的德军部队，也有些意大利部队，纪律严明，给人的印象很好，看上去各级军官牢牢掌握着各自的部队。夏季，我们满怀希望地征服了这片地区，现在却不得不放弃，对每个人来说都是沉重的打击。

尽管11月4日抵达班加西的船只运来5000吨油料，这个数量前所未有，可汽油补给情况还是糟糕至极。我军土崩瓦解的消息显然促使罗马当局采取了行动，可他们把汽油运到班加西又有什么用呢？需要汽油的是前线，我方一支支队伍等在那里。顺便说一句，英军空袭班加西期间，5000吨汽油炸毁了2000吨。我们竭力说服意大利人和凯塞林把汽油直接运到前线。

这个时期的倾盆暴雨导致许多小径无法通行，迫使我们只能依靠海岸公路，这条公路的许多地段堵得水泄不通。但暴雨也给英国人造成麻烦，他们无法派部队迅速穿越沙漠迂回我们。结果，双方的速度都严重下降。

暴雨给英军穿过沙漠实施迂回造成的影响，比隆美尔想的更严重。11月6日夜间的倾盆大雨，把英军的沙漠进军路线变成泥沼。卡车运送的新西兰师、各装甲师的车载步兵旅和他们的补给梯队陷入其中。坦克的行进速度严重减缓，但给他们造成更大阻碍的是，支援部队和补给物资无法跟上。

20 年代最早一批装甲战倡导者，曾主张新式军队应当完全建立在履带式车辆的基础上，他们还强调了使用并依赖轮式车辆的缺点。1941 年秋季，德国陆军在苏联丧失了赢得决定性胜利的机会，就是因为装甲师使用轮式车辆的部队陷入泥潭。现在轮到英国陆军提供另一个反面教训了。

但这不是英军追击失败的唯一原因。第 1 装甲师在代巴首次转向后，再次掉转方向，赶去封锁隆美尔在马特鲁港西面的逃生路线。他们的速度很快，超过隆美尔沿拥堵的海岸公路后撤的速度。但 11 月 6 日雨势变大前，该师辖内装甲旅因为缺乏汽油两次停止前进，第二次停顿时，他们已接近隆美尔的后撤道路。更让人恼火的是，英军达成突破前，第 1 装甲师师长布里格斯将军就主张至少派一个装甲师载上足够的汽油，执行长时间追击任务。但英军上级部门认为必须谨慎行事，还把用于交战的弹药视为首要需求。

两次停顿的结果是，英军次日的迂回追击仅以一个装甲车团和第 4 轻型装甲旅部分部队执行，事实证明这股力量太弱，无法截断或压制后撤之敌。第 10 装甲师当时停在富凯，随后奉命沿海岸公路朝马特鲁港攻击前进。但这场直接追击只是迫使隆美尔的后卫部队沿预定路线退却，还让对方获得了不断阻滞追兵的良机。

双方都减缓了速度，我希望借此让摩托化力量恢复些秩序，在马特鲁港多守几天，为我们构设塞卢姆防御争取些时间。[11 月 7 日] 上午，我与意大利第 20 摩托化军军长斯泰法尼斯将军、他的参谋长鲁杰里交换了意见，该军大股部队几乎已没有逃脱的希望。他们仍在收容大批散兵游勇，全军兵力现在只稍稍超过一个营，外加 10 辆坦克。他们留在马特鲁港的备用坦克，早就因为沙漠里的长途行驶而严重磨损。我们不得不炸毁部分坦克，另一些用车辆运往后方。我命令意大利人撤往布格布格和卡普佐，在那里收容溃兵，把他们编成一支支部队。

我们当日上午发现，英军的运动并不像我们起初预料的那样受到严重妨碍，对方当天很可能到达我方防线。于是，我到非洲军军部与拜尔莱因商讨下一步行动。我们达成一致，任何情况下都决不能迎战，贸然迎战的话，肯定会导致我们残余的摩托化部队损失殆尽。经历了第 21 装甲师昨日的不幸事件，拜尔莱因正竭力调运汽油。很可惜，第 21 装甲师的损失相当严重，他们从阿莱曼抢救出来的 30

辆坦克，现在只剩4辆完好无损。还不止如此，昨天的事件中，该师在彻底动弹不得的状况下遭到英军攻击，损失了几乎所有火炮。

经过商讨，我命令全军尽可能长时间坚守防线，集中火力打击敌人一切进攻准备。但各部队决不能卷入无法轻易脱离的交战，倘若敌人加大压力，就慢慢退往后方阵地。

上午10点左右，拉姆克将军率领旅里的600名官兵向我报到。我们先前听说，英军在与富凯大致平行的地方追上后撤中的意大利第10军，经过短暂的战斗，把他们悉数俘虏，所以，我们对拉姆克和他的部下逃出沙漠没抱什么希望。这群伞兵顺利逃脱，实在是个了不起的成就。他们的车辆很少，但以伏击的方式缴获了一些英国卡车，就这样实现了摩托化。拉姆克的指挥肯定很出色。我们一直不太喜欢这个旅，因为他们遵循德国空军的惯例，总是要求得到特殊待遇。例如，他们希望我把伞兵调离前线，节约使用他们这支特种部队。这一次他们又生气了，因为我们没为他们提供用于后撤的车辆。可这是没办法的事，我们根本没有车辆，再说我们也不能彻底抛弃意大利人，带上所有德军部队逃离。不过，我们现在派路过的车辆捎上这些伞兵，送他们去后方休整。

这一整天，英国轰炸机和密接支援战机组成的强大编队不断攻击海岸公路，给我方纵队造成严重的人员伤亡。英军一次次进攻第90轻装师构成的我军后卫，不仅以失败告终，还吃了大亏。他们还发起三次迂回攻击，每次都以步兵在坦克支援下遂行，但都被我军击退。当天下午，一股强大的英军越过坚硬多石的地面向西而去，他们在那里能取得更快的进展，不太受降雨影响。

不清楚隆美尔指的是哪支英军部队，可能是第4轻型装甲旅辖内一部，但这支部队谈不上"强大"。11月7日受阻后，英军主力实施重组，当时的情况很明显，隆美尔已逃之夭夭，所以英军的后续行动是一场长跑，而不是短距离冲刺。为缓解补给问题，显然有必要缩减追击力量，这股追兵现在只编有第7装甲师和新西兰师（配属了装甲部队）。追击力量交给第10军指挥，11月8日再次动身，首个目标是边境线，下一个目标是图卜鲁格。新西兰师沿海岸公路攻击前进，而第7装甲师沿断崖顶部的内陆路线行进。打击隆美尔后卫力量的任务主要交给皇

家空军，他们从前进着陆场展开行动，这些着陆场通常位于地面主力部队前方。

*　　到达边境阵地后，新西兰师停下重组，第1装甲师接替他们继续挺进。*

　　我们决定把集团军司令部撤到西迪拜拉尼地域。起初我们想从海岸公路南面穿过，可雨水把一条条小径变成泥沼，几部车辆陷入其中，费了好大力气才拖出来。之后我们决定，还是沿海岸公路撤退。几个钟头后，我们在西迪拜拉尼机场附近设立新司令部。没过多久，军需官送来边境地区发来的报告。一支庞大的车队，可能长达30—40英里，堵在哈勒法亚和塞卢姆山口这一侧，由于不断遭到皇家空军的轰炸机和低空飞行的战机攻击，越过这些山口的后撤行动可能要持续一周。敌人不太可能轻易放我们逃脱，于是我下达命令，调派大批军官赶去指挥交通，让车队加快速度穿过山口。所有车辆必须昼夜不停地行驶，不要理会敌人的轰炸和低空飞机的滋扰。我命令高射炮部队赶往该地域布防。德国空军指挥官告诉我，德国战斗机已奉命飞赴遭受威胁的地域。我们希望守住塞卢姆—哈勒法亚防线，长时间抵御英军先遣部队，至少要让我们把各支队伍重新编为战斗部队。

　　由于航运异常艰难，我们估计短期内不会有补充兵从欧洲运抵。所以，如果英军继续追击，我们就不得不撤离昔兰尼加，到达卜雷加港前无从考虑在其他地方实施抵抗。我希望待我们到达那里，会有更多物资运抵的黎波里塔尼亚，这样我们就能重新装备起来，对付英军追兵，从而抓住机会，击溃部分敌军。

　　英国人现在似乎派了一个装甲师绕过马特鲁港南部，于是我命令所有部队夜间撤离该地域，退往西迪拜拉尼，第90轻装师担任后卫。11月7日夜间，英军转身向北，企图截断我军的后撤，可陷阱里空空如也，他们只找到几部烧毁的车辆，这是因为汽油短缺，我们不得不炸毁的。除非先从正面牵制敌军，否则，以迂回运动困住对方的企图毫无意义，因为防御方总是能以摩托化力量（如果他们有汽油和车辆的话）挡住迂回纵队，主力趁机溜出陷阱。

　　当晚，敌人的轰炸机不停地打击塞卢姆—哈勒法亚阵地。我们这场后撤，当时面临两个迫在眉睫的问题，首先是我方队列能否及时穿过山口，其次是我们的汽油补给。只要庞大的队伍仍堵在山口这一侧，几个摩托化战斗群就得设法阻滞敌军，以一切手段确保山口畅通。次日晨，等待穿过山口的车队仍长达25英里，由于皇家空军的攻击持续不停，车队夜间的通行速度非常缓慢。

[11月8日] 上午8点左右，我遇到拜尔莱因，告诉他大约104艘舰船组成的舰队正逼近非洲，也就是说，英美盟军很可能从西面打击我们。11点左右，这个消息得到证实。其实，就像韦斯特法尔不久后告诉我的那样，英美军队已于夜间登陆西北非。这意味着非洲轴心国军队的末日即将到来。

中午前后，我驱车向西，途中遇到集团军军需主任奥托，与他同行的是集团军新任工兵司令比洛维乌斯将军[①] 和贝恩特中尉。奥托少校报告，我们那些车辆的后撤还需要两天，由于道路交通堵塞，很难把补给物资运给作战部队，而铁路每天只能运送几吨物资。于是我决定让意大利第20军、第3侦察营、非洲军取道哈巴塔后撤，缓解公路交通压力，腾出山口供担任后卫的第90轻装师使用。我毫不延误地掉转方向，驱车返回，把这个决定告知各兵团。我在布格布格遇到斯泰法尼斯将军和冯·卢克少校，向他们介绍了情况。

14点过后不久，我遇到拜尔莱因上校，和他讨论了英美军队在西面登陆给我们造成的后果。至于我命令非洲军使用哈巴塔北面的山坡后撤，拜尔莱因提出反对意见，他认为非洲军的车辆无法实施这种越野机动。我告诉他，我很清楚困难之处，可现在别无选择。但我答应他11月9日再做出最终决定。

在此期间，英军不少车辆和侦察车出现在我们南翼，密切监视我方动向。福斯战斗群和第3侦察营为此朝铁路线南面派出几支侦察队，这样就可以及时发出关于敌军动向的警报，以便我们采取必要的应对措施。沿海地带，敌人没有投入大股力量对我们施加压力，仅以装甲车保持接触。

正如我当日傍晚见到的那样，我方队伍现在较为顺利地驶过两座山口。许多军官组成交通岗和交管小组，终于让车辆交通恢复了秩序。现在看来，所有卡车车队11月9日中午前驶过山口大有希望，这样，非洲军就可以使用这条道路了。由于汽油奇缺，许多车辆不得不靠其他车辆拖曳，真能顺利通行的话，会极大地缓解当前局面。眼前的情况，让惊慌失措、组织机构彻底陷入混乱的后勤单位恢

---

① 译注：卡尔·比洛维乌斯少将先后担任非洲装甲集团军、非洲集团军群工兵司令，最终军衔是中将。他1943年被俘后关押在美国塔拉霍马附近的战俘营，1945年3月突然用背包带自缢身亡。

复秩序，是不可能做到的，只能让他们继续逃窜，待他们冷静下来，再设法把他们引入秩序并然的路线。这种状况持续几天，官兵的自信心和执行纪律的本能逐渐恢复，就能毫不费力地实施重组了。

领袖下达了命令，要求我们坚守塞卢姆防线。可这道防线根本无法长时间据守，因为敌人强大的装甲力量已穿过西迪奥马尔南面的广阔沙漠，我们没有足够的兵力阻挡敌人这股装甲或反坦克部队。所以，决不能考虑坚守塞卢姆防线。德军摩托化部队的伤亡确实很惨重，但总兵力下降得并不厉害，不管怎么说，至少无法与彻底实现摩托化的英国第8集团军夏季的损失相比。现在最重要的是把每个德国和意大利士兵，以及尽可能多的物资运到西面，要么在更远处站稳脚跟，要么把这些人员和物资运回欧洲。在此期间，意大利人把皮斯托亚师和另外几个营调到利比亚—埃及边境，还想把这些部队交给我指挥。但我没接受，因为我现在没有必要的装备解决他们的通信、运输、补给问题。

11月9日晨，我们还有大约1000部车辆滞留在山口东面的沿海平原。车队驶过山口的速度，比我们预计的快些。我方纵队当日上午又遭到敌机几次低空攻击，我的几辆护卫车也没能幸免，但受损不严重。我通知拜尔莱因，非洲军可以使用沿海公路穿过山口。由于塞卢姆山口的情况有所改善，我还下令疏散西迪拜拉尼以西地域。

装甲集团军此时的兵力大致如下：

为据守塞卢姆防线，我们部署了2000名意大利、2000名德国战斗兵，配备15门德国反坦克炮和40门德国野战炮，外加几门意大利反坦克炮和野战炮。

作为机动预备队，我们有3000名德国、500名意大利战斗兵，11辆德国和10辆意大利坦克，20门德国反坦克炮，24门高射炮，25门野战炮。

我们就这么点兵力，决不能坐等英军几百辆坦克和几个摩托化步兵师发动进攻。

意大利"青年法西斯"师本该从锡瓦绿洲调到塞卢姆，但没能及时开抵，所以只好调到卜雷加港。我们没办法在迈尔迈里卡抵御英军的进攻，当然，就这样放弃好不容易赢得的领土，无疑让我们心生痛苦。但违背军事合理性的勇气是愚蠢的，哪位指挥官主张这样做的话，就是不负责任。

亲爱的露：

我很好，谢谢你的来信，奉上我衷心的问候。

1942年11月9日

敌人在阿莱曼达成突破后，我一直没机会写信，但今天可以写上几句。一支军队遭敌军突破后的状况很不好，必须杀开血路逃生，在此过程中会丧失仅剩的战斗力。我们不能一直这样下去，因为我们身后有敌人强大的追兵。

我的身体状况还不错。至于其他方面，我现在必须坚持到底。赛德雷尔和比洛维乌斯都到了，这里的情况肯定让他们心烦意乱。

1942年11月10日

撤离昔兰尼加

在此期间，我们获悉轴心国军队已登陆突尼斯，力图应对盟军从西面构成的威胁。尽管如此，英美军队仍有可能从那片区域对装甲集团军采取行动。如果发生这种情况，我觉得装甲集团军最好的应对措施是控制昔兰尼加两侧的丘陵地带，用飞机、潜艇、小型船只把官兵从这片地区撤回欧洲，最终彻底退出北非。

11月10日夜间，英军数百架战斗轰炸机借助照明弹的光亮，猛烈打击卡普佐周边地域，给我们造成很大损失。

次日上午晚些时候，英军沿海岸发动猛烈进攻，我们还发现敌人的装甲车集中在南面。因此，第90轻装师接到命令，中午前后沿穿过塞卢姆的公路后撤。该师按计划行事，当天下午完成后撤，最后一批车辆通过后，他们炸毁了穿过山口的道路。

行政梯队，分散的人员和单位，现在都退入昔兰尼加。仍具备战斗力的兵团做好了实施阻滞防御的准备。我们甚至没办法在贾扎拉防线站稳脚跟，因为这里也需要机动支援，可就像上文给出的数字表明的那样，我们根本提供不了这样一股兵力。有多少官兵和行政梯队一同撤往后方，我们也不太清楚。

鉴于突尼斯的局势，我请卡瓦莱罗和凯塞林元帅来北非会晤，想从他们那里了解突尼斯防务的确切情况，另外，尽管突尼斯战线吃紧，可我至少要为我们据守卜雷加港防线的军队争取些援兵。目前的局势要求做出战略决策，战术决策往往需要一定的勇气，而战略决策必须考虑到有可能出现的一切后果，而且原则上应当彻底满足安全需求。

可卡瓦莱罗和凯塞林都觉得没必要来非洲，于是我决定派贝恩特中尉次日去元首大本营汇报情况。几天后他回来了，说元首大本营根本不了解他汇报的情况。元首让他告诉我，不要考虑突尼斯的问题，采取行动时要坚信那座登陆场一定能守住。这就是我方最高统帅部典型的态度，面对即将到来的一连串逆转，他们还是这种态度，而这些逆转恰恰是这种态度造成的。我们在所有战区取得的战术成就非常出色，但由于缺乏坚实的战略基础，因而没能把我们的战术技能引领到正确的路线上。其他方面也是这样，贝恩特报告，元首的态度远谈不上亲切。虽然他表示对我"深具信心"，但很明显已经大发雷霆。元首答应就补给问题提供积极支援，还说我们应该尽快呈报各方面的需求，他会为我们供应一切。另外，元首要求我们不惜一切代价坚守卜雷加港阵地，因为这里是发动新攻势的跳板。

在此期间，穿过昔兰尼加的后撤仍在继续。我们在塞卢姆前方补充了油料，又能行驶60—100英里，但这是昔兰尼加地区最后的油料储备。贮存在班加西的汽油无法前运，因为运输部门负担太重，一支支卡车车队载满了非摩托化部队和伤病员。另外，我方许多队伍仍处于极为混乱的状况。因此，我们11月10日准备撤离迈尔迈里卡时，面临非常严重的问题。我明确无误地告诉上级部门，现在必须把提供给装甲集团军的大批军用物资运到黎波里，目前还能做到，再过几周，英军战机就会从苏尔特海岸起飞，赶去轰炸黎波里。

事实证明，我方部队穿过图卜鲁格、贾扎拉地雷场的狭窄通道非常艰难，因为这些通道受到敌轰炸机、战斗机、装甲车部队的严重威胁。

英国人派一个装甲师［第7装甲师］绕过西迪奥马尔南面，企图追上我方军队，于是我们退到与图卜鲁格平行的位置。敌人11月11日追击期间，在哈勒法亚阵地一举打垮了皮斯托亚师一个营，以及3个德国陆军炮兵连。[3] 我方几支队伍仍在拜尔迪通往图卜鲁格的道路上，后卫力量位于塞卢姆与拜尔迪之间，相关报告称，英军突然出现在坎布特机场南面。我担心对方会向北挺进，一举切断通往西面的道路。幸运的是，他们一直待在南面，这才让我们得以顺利后撤。英军的空中活动也不像昨天那般猛烈。我们利用从机场和仓库弄到的最后一点汽油储备，中午前后到达阿代姆—图卜鲁格一线。直到这时，英军才朝公路攻击前进，但他们截断的道路东面，此时已没有我方部队。

图卜鲁格存有 1 万吨物资，我们打算在这里尽量多坚守一阵子，这样至少能疏散部分物资。尽管我们一再提出，除了汽油不要其他东西，可到 11 月 11 日，几个运输机中队还是送来 1100 人。这些士兵在战斗中派不上太大用处，因为他们没有适当的装备，也没有车辆，只会成为我们运输的累赘。

我们收到一封封电报，要求我们在后撤期间尽量争取时间。但后撤的速度现在取决于敌人和我们的汽油情况。

11 月 12 日，贾扎拉瓶颈再次发生严重的车辆堵塞，迫使我们必须在图卜鲁格防线坚守到傍晚。数百部车辆不得不靠其他车辆拖曳，有些是发动机出了故障，还有些纯粹是耗尽了汽油。各处的纪律都很好，德意纵队先前弥漫的恐慌情绪现在已消失，所有人都坚信自己能顺利逃脱。一如既往，汽油的情况没得到任何改善，德国空军许多运输机大队被牵制在突尼斯，每天运给我们的汽油不超过 200 吨。

现在有迹象表明，英国人企图实施迂回，绕过阿克鲁马，从西面逼近图卜鲁格，我们不得不决定撤离这座要塞。图卜鲁格现在只有象征意义，从军事上说，除非牺牲集团军大部分兵力，否则以目前的情况绝无可能守住要塞。我们可不想重蹈英军 1942 年的覆辙。因此，第 90 轻装师撤离后，敌人 11 月 12 日夜间兵不血刃地占领了图卜鲁格。

整个后撤期间，我们充分发挥想象力，给敌人布下各种新奇的诡雷，迫使他们的前卫保持最大的谨慎。集团军工兵司令比洛维乌斯将军干得很漂亮，不愧是德国陆军最优秀的工程兵之一。

第二天傍晚，英国人显然再次企图迂回我们，他们派一股相当强大的力量攻往塞杰奈利。空中侦察报告，1000 多部敌军车辆向西而行。

亲爱的露：

[法属] 北非的交战已接近尾声[4]，只会导致我们的处境更加不利。这里的末日很快也会到来，因为我们正被优势之敌打垮。集团军不该受到责难，

他们打得非常英勇。

1942年11月13日

11月13日中午前后，装甲集团军首支特遣队到达卜雷加港防线。尽管几条隘路的交通严重堵塞，但我方队伍的运动，多多少少还是按计划进行。

很不幸，我们依然没办法把汽油从班加西运到东面，几条道路堵得很厉害，通往迈尔季的铁路线也无法使用，因为意大利人炸毁了铁轨。所以，我们不得不请求德国空军派运输机提供援助。

英军攻克贾扎拉防线，我们的处境非常艰难，因为敌人完全可以实施各种迂回运动，包围整个昔兰尼加。我们必须密切监视迈希利周边各条小径，以便及早派出摩托化部队，拦截英军突击纵队。撤离昔兰尼加的工作现在不得不全速进行。一场场非洲战役反复表明，贾扎拉防线是一切西撤行动的关键。虽然我们1941—1942年间以巧妙的机动逃离，没有遭受严重损失，但贝尔贡佐利的军队受到非摩托化步兵严重拖累，结果被困在那里。

隆美尔指的是意军在西迪拜拉尼惨败后，1940年年底到1941年年初穿过昔兰尼加的后撤。

亲爱的露：

我们再次向西退却。我很好，但我想，用不着告诉你我在想些什么吧。我们每天都为敌人没有紧追不舍而庆幸。我不知道我们能后撤多远，这取决于汽油，可空运的汽油还没有到来。

你们俩好吗？尽管思绪万千，可我一直惦念着你们。如果我们丢失北非，这场战争会怎样？它会如何结束？我真希望自己能摆脱这些可怕的念头。

1942年11月14日

次日，我们面临严重的汽油危机，德国空军运来60吨，而我们一天需要250吨，凯塞林当初答应提供这么多油料。汽油严重不足，再加上暴雨软化了一条条小径（我们本打算使用这些小径，借此缓解公路的交通压力），结果，我们当日没能到达预定目标。情况如此危急，途中又受到耽搁，真让人心急如焚，因为我说过，速度现在决定一切。不过，暴雨也让敌人无法穿越沙漠小径，他们的行动同样发生延误。

自 11 月 12 日起，卡瓦莱罗元帅一直待在利比亚，尽管我一再要求，可他觉得没必要过来与我会晤。相反，他代表领袖，通过德国空军武官里特尔·冯·波尔给我发来命令，要求我们在昔兰尼加至少再坚守一周。这道命令还指示我们不惜一切代价守住卜雷加港阵地，因为非洲战区轴心国军队的命运全赖于此。当初在阿莱曼前方，要是卡瓦莱罗元帅以这股劲头为装甲集团军提供补给就好了，退一步说，哪怕他现在开始积极供应物资也行。我们总是恪尽职守，我那些部下凭借勇气克服的一个个困难，远比后勤补给人员遇到的任何问题都更加艰巨。现在轮到上级部门按照我们制定的规范付出同样的努力了。卡瓦莱罗元帅是个典型的办公室军人，智力超群，但意志薄弱。物资的组织，人员的调动，具有建设性的一切，需要的不仅仅是智力，还需要忠于职守的干劲、动力、坚定的意志，不能计较个人得失。纸上谈兵的军人，大多把战争视为纯粹的智力问题，还轻蔑地把精力充沛、干劲十足的人称为"莽夫"，可他们自己从来就不具备这些素质。他们对自己的专业资格洋洋自得，而为这种资格背书的是他们的同类人。这帮人把一切好事归于自己，至于坏事，都是"莽夫"干的。是时候在德国和意大利肃清这种心态了。

11 月 15 日，汽油危机更加严重，几艘驶往班加西的油轮中途折返，另一艘油轮驶离班加西时，船上还有 100 吨汽油没卸载。雪上加霜的是，德国空军运来的油料依然少之又少。由于汽油缺乏，非洲军直到中午才出发，傍晚前再次停下，车辆的油箱已空空如也。第 90 轻装师还有少量汽油。当天上午，我明确无误地告诉里特尔·冯·波尔，我希望获得足够的油料，不要答应给 250 吨，结果只运来60 吨。公路还是堵得厉害，非洲军几乎没获得任何弹药补给。最要命的是，某些过于积极的家伙炸毁了迈尔季的弹药堆栈，我们急需的弹药就这样灰飞烟灭。当天，英军的空中活动再次活跃起来，在瓶颈地炸毁我们许多车辆。另外，敌人似乎正在组织补给，很快会恢复追击。意大利船只过早离开班加西，导致我们没能多疏散些仓储物资，本来我们是能把这里搬空的。撤离港口前，我们本该采取一切可能的措施疏散物资，至少应该把弹药带走。

11月15日夜间仍在下雨，英国人的追击速度很慢，我方工兵抓紧时间为他们安排了各种小惊喜。战火又一次席卷了美丽的昔兰尼加，从那些巨大的瓦砾堆仍能看出这片种满玉米的殖民地昔日的辉煌。意大利人在昔兰尼加和的黎波里塔尼亚完成了殖民壮举，而原先占有这里的阿拉伯人，听凭土地荒废，既没有手段，也没有资金和技术从事耕种。意大利农民通过艰苦不懈的劳作，建立了许多新移民定居点，特别是在迈尔季和贝达利托里亚周边地区（第90轻装师在这里设立了后卫防线），他们从沙漠里一码码夺回土地。

我详细了解过这些定居点的布局。这里过去是沙漠草原，只能饲养少量阿拉伯牛羊，再加几小块大麦地。古罗马时代就已出现的灌溉系统依然存在，但早已沙漠化，而且沦为废墟。阿拉伯人根本不知道如何在昔兰尼加的黏土地种植小麦。最初的意大利殖民者想在非洲开创新生活，可他们一直受到叛乱的赛努西教团压迫，这种情况持续到1929年，意大利政府对满怀敌意的阿拉伯人采取了行动，意大利殖民者才开始大量涌入昔兰尼加。意大利人在利比亚实现的一切，无疑归功于墨索里尼。他提供了慷慨的金融信贷，还在各定居点兴建社区水井和灌溉系统。昔兰尼加和的黎波里塔尼亚建起成千上万座房屋，小麦的收成相当可观，战争到来后，多年的努力毁于一旦。我们后撤期间，阿拉伯人给当地殖民者造成严重破坏，不仅毁了他们的田地，还抢走他们的房屋。昔兰尼加发展成"罗马的粮仓"，现在似乎成了遥不可及的梦想。

亲爱的露：

我们又顺利后撤了一段距离。最糟糕的是，现在下起雨来，导致部队的运动更加困难。汽油短缺！真让人欲哭无泪。我们希望坏天气也给英国人造成妨碍。

1942年11月16日

非洲军还是动弹不得，意大利后勤总部却忙着实施疯狂的破坏。他们炸毁弹药堆栈，破坏引水点，可这些物资和设施是维持战斗部队急需的东西。我们在最后关头总算阻止了他们炸毁班加西水电工程的念头。

第二天早上，后撤进展依然不顺，英军以强大的兵力紧追第90轻装师，我们位于姆苏斯附近的侧翼也出现了相当数量的敌军。也就是说，要是我们不想让装甲集团军在班加西周边地区遭切断后被歼灭，就得尽快撤离昔兰尼加。当然，汽油短缺一如既往地给我们造成很大的麻烦。意大利人几天前答应派军舰为我们运送油料，可这些军舰根本没有开抵。

幸运的是，德国空军很快发来报告，说暴雨引发的洪水给姆苏斯的英军迂回纵队造成严重妨碍。汽油严重短缺，我们没办法以摩托化部队抵挡英军在那里的推进。

英军这场迂回机动投入的兵力不多，只有两个装甲车团，外加一些支援兵器。亚历山大在电函里写道："敌人正穿过山地后撤，我们可以效仿昔日的策略，派一股军力穿过沙漠，在艾季达比亚或附近截断敌人，这是个很大的诱惑。但蒙哥马利将军不愿冒险，特别是考虑到后勤补给的困难，因此，他命令第10军仅以装甲车沿这条路线展开行动。但后来我们发现敌人因为缺乏油料暂时停止了后撤，第10军这才接到命令，可能的话加强迂回力量，但当时的情况已无法做到这一点。"

11月18日拂晓，英军装甲车和坦克从姆苏斯发起试探行动，但被我方掩护部队击退。我们上午获悉，运送油料的意大利驱逐舰掉头折返。没过多久又收到报告，据说15艘运输船和同样数量的护航军舰组成的英国舰队位于德尔纳东北方，正向西航行。我们估计英军企图登陆班加西，因此，尽管海浪汹涌，我们还是命令载有坦克和物资的所有驳船立即起航出海。留在班加西的物资悉数摧毁。接下来几个钟头，大部分驳船沉没了，我们从昔兰尼加港只抢救出很少一部分物资。港口和码头设施彻底炸毁，班加西居民陷入极大的混乱，这座饱受摧残的城镇在战争中第五次易手。

非洲军前卫艰难地撤到祖埃提奈地区，在这里重组后向东设防。我们仍有数百部车辆需要拖曳。尽管敌人构成严重威胁，我们的物资极度短缺，但各部队保持了堪称典范的纪律，一切行动多多少少按计划进行。第33侦察营一次次击退姆苏斯西面的英军迂回纵队。11月19日清晨，第90轻装师撤离班加西。当日昼间，整个非洲军到达新阵地，第90轻装师据守艾季达比亚。我们完成了撤出昔兰尼加的行动。

从贾扎拉到艾季达比亚这场后撤可谓险象环生，因为英军随时可能穿过迈希利，一举切断我军。我方部分部队由于汽油耗尽在公路上堵了好几天，英军战机一次次攻击这支长达60英里的纵队，战果颇丰。我们获得的汽油几乎都是运输机送来的，从德国空军的角度看，数量不算少，可无法满足集团军的需求。尽管如此，我们还是完成了预有计划的后撤，从图卜鲁格到卜雷加港，我们几乎没损失一兵一卒。

到达艾季达比亚，我们的汽油消耗殆尽。的黎波里有500吨汽油，布埃拉特还有10吨，可就连布埃拉特也在250英里外。造成这场危机的主要原因，是我方运输机现在无法从意大利飞抵前线。当天，一艘载有4000吨汽油的意大利油轮被击沉在米苏拉塔外海，但另一艘载有1200吨汽油的小型油轮平安抵达的黎波里。我们赶紧把每一辆尚能行驶的补给卡车派往的黎波里抢运汽油。[①] 军队停在沙漠里动弹不得，无论多久都是件极其危险的事情。巴斯蒂科元帅说他会全力帮助我们尽快把已卸载的500吨汽油从的黎波里运到欧盖莱。

与此同时，我们以手头有限的资源全力加强卜雷加港防线。这道防线的位置非常理想，在海岸南面几英里处紧邻一片大约10英里宽的盐沼，所以，防线前方很长一段距离车辆难以通行。要是敌人从东面发动攻击，同时企图迂回我方阵地，从后方攻克这片防御的话，就得向南绕行很长一段距离。北非的作战行动，越向南延伸，风险就越大。尽管如此，我们守卫卜雷加港防线还是需要使用摩托化部队，这股力量至少要足以对付敌人的迂回纵队。这里的一切行动，倘若双方的实力旗鼓相当，那么进攻方在整个交战期间都会处于困难的战术境地，因为他们向南延

---

① 译注：战争期间有时候确实会发生奇迹。11月21日，塞德曼乘鹳式飞机赶来告诉隆美尔，欧盖莱与卜雷加港之间的海岸边漂浮着数千个箱子和油桶，是被击沉的油轮上的货物。这批物资给隆美尔的军队帮了大忙，但也能看出非洲装甲集团军的补给情况到了怎样的地步。

伸的补给线必然会遭到机动防御干扰。这种情况下，防御计划的要点是封锁卜雷加港隘路，严密据守盐沼通道，把一股机动力量（配备足够的汽油和弹药）部署在防线后方。没有这股力量或没有汽油，就无法守住卜雷加港阵地。

我们很快发现，交战双方都在卜雷加港阵地集中力量。英国人需要组织他们的后勤补给。此次交战的结果，取决于我们能否在敌人准备进攻前通过摩托化力量获得某种加强，并确保这股力量的汽油和弹药补给。

在此期间，意大利青年法西斯师、皮斯托亚师、斯佩齐亚师（后两个师只有部分部队开抵非洲）已进入卜雷加港防线，在巴斯蒂科元帅指导下着手修筑防御工事。新开抵的"半人马座"装甲师，辖内部队部署在防线后方。伞兵、第164轻装师、意大利第21军残部也集中在卜雷加港附近。我刚一到达该地区就指出，无论防御工事多么强大，都无法为我们提供太大帮助，因为敌人可以迂回我们整道防线，尽管不无困难。我继续说道，非摩托化的意军兵团，届时会和阿莱曼的同志一样，沦为英军装甲和摩托化旅轻而易举的猎物，他们根本无法在广袤的沙漠里挡住英军。

为了让上级部门了解这种情况下的战术部署，再加上卡瓦莱罗元帅不肯来非洲与我会晤，我只好派德·斯泰法尼斯将军去罗马向领袖和卡瓦莱罗元帅当面汇报。德·斯泰法尼斯是个精明的军官，精通战术，非常清楚意大利陆军的不足之处。他奉命向上级强调这样一个问题：没有足够的物资储备，指挥官的决策自由会受到严重限制，只能勉强应对当前情况，永远无法确定明天会发生什么。现在要改变阿莱曼开始的战事进程已为时过晚，唯一要做的是面对现实，着眼于长远利益，竭力从当前情况下争取最好的结果。所以，我们不能在卜雷加港迎战敌军。

我对德·斯泰法尼斯将军交代了此行的任务，他随即飞赴罗马。一个钟头后，我驱车找到意大利第21军军长纳瓦里尼将军，该军编有皮斯托亚师、斯佩齐亚师、青年法西斯师。纳瓦里尼也很清楚，以目前的兵力对比看，在卜雷加港防线应战无异于自取灭亡。我向他保证，我会谨慎应对，决不会再次牺牲意大利步兵。

我们回顾了1942年年初发生的事情，还探讨了再次突袭艾季达比亚前方的英军，歼灭对方部分力量的可能性。当然，我们这种讨论纯属纸上谈兵，根本没有付诸实现的希望，因为我们没有汽油，也没有足够的坦克歼击力量来完成这项方案。

补给物资现在无法像 1941 年年底那样集中到的黎波里，而是运往突尼斯，所以我们没办法为反攻集中必要的物资储备和替换装备。

除此之外，眼前的处境与我们 1941 年年底到 1942 年年初面临的状况非常相似。英国人再次以部分力量追击我军，把他们的主力留在后面。尽管英军的后勤补给组织非常出色，可还是无法维持艾季达比亚的全部军力。其实，只要有效摧毁昔兰尼加各座港口，对从东面发起进攻的军队来说，艾季达比亚周边地区必然成为要点，因为从这么远的距离维持一支军队，无法仅凭公路上的应急措施。所以，这支军队很大一部分力量不得不留在迈尔迈里卡。而防御方在西面有充足的补给基地，完全可以在敌人其他兵团到达前，打击并歼灭对方的先遣力量。即便敌人从昔兰尼加抽调援兵，也很可能到得太晚，无法对交战发挥作用。尔后，他们也会遭受攻击，被优势之敌歼灭。

如果我从东面挺进的话，决不会在艾季达比亚迎击对方的反攻，而是向后退却，直到我和其他兵团会合再投入交战，就像韦维尔 1941 年做的那样。

1942 年 1 月，我们投入局部优势兵力，在敌人获得有效援助前，打击并粉碎了英军先遣力量，具体原因我已分析过。这一仗导致里奇的攻势最终土崩瓦解。可这次，此类方案完全是空谈，根本无从实现，因为与 1941—1942 年的情况不同，现在无法满足必要的条件。最让人恼火的是，英军的布势其实非常适合我们采取这样的行动。

此次全面后撤是我们在阿莱曼战败的结果。一旦我们克服最初的混乱，德国和意大利官兵的行为都堪称典范。除了在阿莱曼遭受的伤亡，我们的损失并不大。[5] 阿莱曼交战前，我们有大约 9 万名德国官兵（包括空军和海军），7 万人获救，还不包括数千名空运到欧洲的伤病员。

关于非洲战区的未来，我们一直不知道德意最高当局的战略决策是什么。他们没有实事求是地看待问题，实际上是他们不肯这样做。最让我们惊讶的是，他们突然恢复了能力，把大批物资运往突尼斯，数量多得与我们过去获得的补给完全不成比例。罗马当局终于意识到迫在眉睫的危险。可英美军队此时的补给量已成倍增加，还稳步加强了战略制空制海权。轴心国船只一艘接一艘葬身地中海，很明显，即便付出最大的努力，我们也无法决定性地改善补给状况，我们深陷泥沼，再也无力自拔。

管理不善,作战失误,各种偏见,不断寻找替罪羊,这一切现在到了急性发作期,而为此付出代价的却是德国和意大利的普通士兵。

注释

1. 阿莱曼交战期间，德国和意大利装甲兵团的实力参阅上一章的附表。

2. 福斯上尉原先是隆美尔的副官，现在是第 580 侦察营营长。

3. 拜尔莱因将军注：据守哈勒法亚山口的意大利营投降后，英军夜间占领了山口，拂晓前派一个装甲旅赶往山口后方的高原。该旅随后向西攻击前进，第 90 轻装师当时部署在山口后方的休整阵地。冯·施波内克将军当天早上刚好驱车向东，突然看见逼近中的英军装甲旅扬起的尘云。他赶紧通知全师，在最后一刻让他的部队平安撤离。

4. 登陆阿尔及利亚的盟军正向东挺进，11 月 12 日，英国伞兵和突击队夺得距离突尼斯边境 50 英里的邦纳港。但盟军的整体进展较慢。

5. 拜尔莱因将军注：从阿莱曼交战伊始到我们退回卜雷加港防线，装甲集团军的伤亡如下：德军 1100 人阵亡，3900 人负伤，7900 人被俘；意军（大致数字）1200 人阵亡，1600 人负伤，2 万人被俘。这些数字来自非洲装甲集团军司令部提交的报告。

第十七章 回欧洲磋商

接下来几周，上级部门的认知局限给我们造成的麻烦远远超过英军一切活动。就像我说过的那样，我们现在只有一条出路——决不能迎战敌军。无论我们的上级多么渴望，成功抵御英军的迂回机动纯属幻想。

我们现在的战斗力，只剩阿莱曼交战前的三分之一，既没有物资堆栈，也没有补给仓库，老实说，目前只能勉强维持。到达的黎波里的船只有寥寥几艘，特别是油轮，一艘接一艘沦为英国鱼雷机和潜艇的受害者。我建议把油轮伪装成商船，可相关部门没有付诸实施。英国人攻击我们的汽油运输，看上去只击中我方战争机器的一部分，可其他部分的正常运作完全取决于这一部分。

我当时天真地认为，上级部门对装甲集团军的态度缘于对我方处境和前景的误判，可能是意大利人和德国空军某些离奇的报告造成的。我希望终有一天能唤醒他们，让他们认清当前的真实情况。可我后来发现，身居高位者往往不愿接受令人不快的现实，而是像鸵鸟那样把头扎进沙地，直到一切都不可收拾才让步。

德·斯泰法尼斯将军飞赴罗马期间，元首发来的电报确认了领袖的命令——不惜一切代价坚守卜雷加港防线。电报里还答应为我们提供大批坦克、反坦克炮、高射炮，可以往的经历告诉我们这些承诺意味着什么。我们再次接受巴斯蒂科元帅指挥，"以满足纯属形式上的考虑"。

装甲集团军攻入埃及前，隆美尔一直隶属巴斯蒂科。但阿莱曼交战期间，他直接对意大利最高统帅部和元首大本营负责。

英国人正在调集物资和兵力，我决定利用这段喘息之机，向意大利最高统帅部和元首大本营汇报这里的真实情况，促使他们得出正确的结论。我已阐述过部分计划，但考虑到前后关联，我再详细介绍如下：

（a）鉴于目前的补给状况，我们既得不到逾期几个月的坦克、车辆、火炮补充，也无法囤积必要的物资维持机动作战，没办法在的黎波里塔尼亚任何一处抵御英军的猛烈进攻。原因是敌人可以从南面迂回任何一处可能的阵地，防御的重任因而落在摩托化部队肩头。

因此，有必要从一开始就考虑完全撤离的黎波里塔尼亚的事宜，以便退到加贝斯，据守西南面与杰里德盐沼相接的一道防线，最终在那里站稳脚跟。

这道防线位于突尼斯边境以西120英里，在的黎波里与突尼斯城中间。它掩护着海岸与一连串湖泊和沼泽（杰里德盐沼）之间只有12英里宽的通道。

从卜雷加港撤往突尼斯，两件事至关重要：首先是最大限度地争取时间，其次是以人员和物资的最小损失执行这场行动。

我们最大的难题是非摩托化的意大利军队。速度最慢的兵团——如果不打算放弃他们的话——总是决定全军的后撤速度。面对彻底实现摩托化、各方面占有优势的敌人，这个劣势深具灾难性。因此，我们绝对有必要赶在英军发动进攻前，把几个意大利师调到西面的新阵地，把摩托化部队留在卜雷加港牵制英军，在各条道路埋设地雷，利用一切机会破坏敌军前卫力量。英军指挥官向来过度谨慎，决不会冒险采用在他看来完全陌生的大胆方案。所以，我方摩托化部队必须保持不断活动的假象，迫使英军的行动更谨慎、更缓慢。让我深感满意的是，蒙哥马利决不会冒险发起果敢的追击，真这样做的话，其实是没有任何风险的。实际上，从长远看，如果他采取这种行动，蒙受的损失会比他有条不紊地要求每个战术行动都具备压倒性优势小得多，他想在各个方面实现压倒性优势，只能牺牲速度。

我们撤往突尼斯的行动需要分成几个阶段，迫使英军尽可能多地采取接敌行军。这又是赌英军指挥官的谨慎，后来证明完全是合理的。我们先停在布埃拉特，然后停在泰尔胡奈—胡姆斯，但我们不打算在这些地方应战，而是让步兵在我们遭受攻击前撤离，以机械化兵团稍事抵抗，阻滞敌人的挺进。最后，我们坚守加贝斯阵地，那里和阿莱曼一样，无法从南面实施迂回。

（b）我们在加贝斯把交战的重任交给非摩托化步兵。此处阵地不适合摩托化部队遂行攻击，只能集中大量兵力和物资达成突破。因此，蒙哥马利需要几个月时间把足够的物资运过整个利比亚，这样才能让他进攻阿卡里特干河［*这道障碍横跨加贝斯隘路*］的行动获得胜利保障。[1]这几个月，我方摩托化部队可以用后撤期间运抵突尼斯的物资整补。会同这个时期登陆突尼斯的第5装甲集团军，我们有机会形成个真正的拳头。

对我们来说，最大的危险是突尼斯容易遭受攻击的西部边境，那里为英美军队创造了发动进攻的绝佳时机。因此，我们必须先发制人，集中所有摩托化力量发起突如其来的打击，歼灭部分英美兵团，把他们的余部赶回阿尔及利亚。在此期间，由于没有大量弹药储备，蒙哥马利无法对加贝斯防线采取任何行动。

待我们击败突尼斯西部的英美军队，重创敌进攻力量，必须尽快实施重组，尔后打击蒙哥马利，把他逐回东面，阻滞他的展开。当然，由于地形不利，行动难度会很大。

（c）从长远看，利比亚和突尼斯都无法守住，因为正如我说过的那样，非洲战事取决于大西洋战役。任何一个战区，从感受到美国压倒性的工业生产能力那一刻起，就再也没有最终赢得胜利的任何机会。就算我们占领整个非洲大陆，只要留下一小片地带供敌人从事作战行动，让美国人运来他们的物资，我们最终必然丢失整片大陆。战术技能只能推迟崩溃，无法改变该战区的最终命运。

因此，我们在突尼斯的目标还是尽量争取时间，疏散那些久经沙场的老兵，把他们用于保卫欧洲。以往的经历告诉我们，为突尼斯集团军群提供充足的补给和装备是做不到的，这就意味着我们必须削减那里的作战部队，只留下兵力较少但装备精良的兵团。如果盟军为寻求决定性结果发起大规模进攻，我们就逐步缩短防线，以运输机、驳船、军舰疏散更多人员。第一道防线设在从安菲代维莱延伸到突尼斯城周围的丘陵地带，第二道防线设在邦角半岛。待英美军队最终征服突尼斯，他们会发现一无所获，最多只逮住寥寥无几的俘虏，这样一来，我们就剥夺了他们的胜利果实，就像我们当初在敦刻尔克遇到的情形。

（d）撤到意大利的部队可以编成一股打击力量。无论从受过的训练还是战斗经验看，这些官兵都是我们对付英美军队的最佳人选。我和他们的关系非常密切，仅凭这一点，他们在我指挥下所能发挥的价值，就远远超过他们的实际人数代表的战斗力。

接下来几周，我与各上级指挥部门讨论了我的看法，希望他们最终接受我的建议，可事实证明，这纯属奢望。11 月 22 日，我与巴斯蒂科元帅会晤，不仅阐述了以上观点，还强调指出，如果我们现在必须执行"在卜雷加港坚守到底"这道指令的话，就意味着整个集团军灰飞烟灭，除非及时撤销相关命令。

"我们要么早 4 天丢失阵地，保全集团军，要么 4 天后阵地和整个集团军悉数丧失。"我以这句话和类似论点竭力阐明真实情况。纳瓦里尼将军也全力劝说巴斯蒂科元帅，巴斯蒂科可能也知道我们的建议是唯一可行的办法，只是表面上仍持反对意见。他没多说什么，因为撤离的黎波里塔尼亚造成了严重的劣势，我们对此不抱幻想，但现在别无选择。巴斯蒂科元帅最后答应，尽量把我们的观点客观地转达给上级部门。

亲爱的露：

就实际战斗而言，最近几天较为平静。暴雨断断续续，给日常生活造成诸多不便，特别是因为我一直住在挂车里。

今天我又有了栖身之处，还弄到张桌子，真够奢侈的。我给你写了几封大吐苦水的信，实在很抱歉。虽然我现在不敢指望态势发生有利的转机，可有时候确实会出现奇迹。

1942年11月21日

11 月 24 日，凯塞林和卡瓦莱罗元帅终于来非洲与我会晤，这是我期待已久的。此次会晤在昔兰尼加与的黎波里塔尼亚交界处的菲莱尼拱门[2]举行，凯塞林、卡瓦莱罗、巴斯蒂科和我共同出席。

卡瓦莱罗和凯塞林的态度都过于乐观，为了让他们认清现实，我开门见山地介绍了自阿莱曼以来的战斗过程，还强调了这样的事实：各部队打得很好，但交战前极为恶劣的补给情况是造成我军惨败的原因。尽管我们把无法行驶的车辆拖回，还尽可能多地疏散了物资，可我们的重装备几乎损失殆尽，部分丢在阿莱曼战线，还有一部分丢在后撤途中。集团军目前的战斗力只相当于一个实力虚弱的师。我补充道，3 个意大利步兵师的武器装备派不上太大用场，而且决不能让他们与英军交手，所以我们无法守住卜雷加港防线。我再次提出撤离的黎波里塔尼亚，可凯塞林和卡瓦莱罗坚决反对。凯塞林完全从德国空军的立场看待问题，认为此举会对突尼斯的战略空中态势造成影响，而卡瓦莱罗呢，完全活在虚幻的世界里。

我告诉他们，过两三周再考虑后撤就太晚了，届时，英军会投入 800 辆装甲战车、400 门火炮、550 门反坦克炮猛攻我军防线。我们现在必须下定决心，如果他们真想守住卜雷加港防线，就得在一周内把以下装备和人员运抵前线：

50 门 75 毫米反坦克炮

50 辆长身管四号坦克

78 门 100—150 毫米口径的野战炮

用于以上装备的运输工具和充足的弹药

至少 4000 吨汽油和 4000 吨弹药

我们还需要空军提供大力支援。

以过往的经历看，这些要求不可能得到满足，所以唯一的办法就是向西撤退。最后，他们俩都提不出合乎逻辑的理由反对这番推论。倘若英军实施迂回机动，我们在战术上该如何应对呢？我就这个问题咨询他们的意见，两人不置一词。他们来这里不是为了解相关情况，从而做出理性的决策；他们认为都是我们犯的错，觉得他们能以夸夸其谈的豪言壮语提高我们的斗志。他们视我为头号悲观主义者，后来，我成了"胜利时自鸣得意，失败时悲观绝望"的家伙，这种说法传遍后方，某些纸上谈兵的人士急于自欺欺人，不假思索地全盘接受，我怀疑凯塞林和卡瓦莱罗是始作俑者。不管怎么说，两位元帅显然都不支持我的提议。

读者应该记住，隆美尔这些记述是在非洲战局惨败后不久写就的，后来也没时间做出修改。特别是他对凯塞林苛刻的评论，绝非深思熟虑的结果。隆美尔后来的看法明显不同，就像他离世前不久，于 1944 年写就的最后一章表述的那样，待他从更好的角度看待非洲战事，就对凯塞林的品质做出了更高的评价。

补给情况还是糟糕至极。我们每天需要 400 吨物资，而经陆路运抵前线的补给只有 50 吨，一方面是因为我们用于运输的车辆不够，另一方面是因为从的黎波里到前线的距离太远。结果，各种不足随处可见。

11 月 26 日，我们获知了上级对此次会晤的反应。凯塞林要求我们派部队守卫的黎波里，领袖却坚持自己的主张，指示我们坚守卜雷加港防线。另外，墨索里尼还希望我们尽快对英军发动进攻，届时，获得加强的德国空军会提供支援。我们当然清楚这种支援的力度有多大，因为我们经历得太多了。在英军发动进攻的情况下，巴斯蒂科元帅有权决定是否有必要后撤。可意大利最高统帅部却指示他，为了让我坚定信心，不发生最紧急的情况，不得下令后撤。做事得体的巴斯蒂科立即与我联系，以便做出初期安排。

这些命令让我愤怒至极。迄今为止，装甲集团军司令部一次次把我方部队从困境救出，要是把这些事情交给意大利最高统帅部，集团军早就完蛋了。现在罗马当局又一次率性而为，我决定飞赴大本营谒见元首。我想请他亲自做出战略决策，把撤离北非作为一项长期政策。我已阐述过装甲集团军的战役和战术观点，我打算把这些观点摆在他面前，说服他接受。

我们 11 月 28 日早上起飞，下午到达拉斯滕堡。16 点左右，我先与凯特尔、约德尔、施蒙特交谈了一番，凯特尔和约德尔的态度极为谨慎，而且有所保留。

17 点左右，我奉命去见元首。此次会晤的气氛一开始就很冷淡。我汇报了集团军在交战和后撤期间不得不面对的种种困难，一切足以证明，我们在作战的执行方面无可指摘。

很不幸，我当时过于唐突地指出，由于相关经验表明，无法指望航运情况获得改善，现在应该把放弃非洲战区作为一项长期政策。不能再对那里的形势抱有幻想，一切计划都应该针对可实现的目标。如果把集团军留在北非，必然会覆灭。

我原本指望与元首理性地讨论这些观点，还打算更详细地阐述一番。可我没能说下去，刚提到战略问题，就像点燃了火药桶。元首勃然大怒，发出一连串毫无根据的斥责。元首大本营的多数人从没去过前线，可他们似乎赞同元首说的每一句话。为说明我们面临的困难，我提到这样一个事实，非洲军和第 90 轻装师 15000 名战斗兵，只有 5000 人有武器，其他人手无寸铁。这句话又激起元首的怒火，他斥责我们只顾逃命，丢弃了武器装备。我强烈抗议这种指责，还直言不讳地指出，待在欧洲根本无法了解前线的战斗是多么激烈。我们的武器被英军轰炸机、坦克、火炮炸成碎片，我们能把所有德国摩托化部队撤离简直是个奇迹，特别是考虑到汽油严重短缺，我们每天的后撤速度只有几十公里。我还指出，如果美国人登上非洲大陆，其他集团军也会遭受同样的厄运。[①]

可是，这个问题没有讨论余地。元首说他1941年年底到1942年年初在东线坚守的决定挽救了苏联战场的危局，所以我们在北非也要坚守到底。我这才意识到，阿道夫·希特勒根本不想知道真实情况，他情绪激动，完全丧失了理智。他说，在非洲继续坚守一座大型登陆场是政治上的需要，因而不能撤离卜雷加港防线。他会尽一切可能为我提供补给。帝国元帅戈林陪我去罗马，元首授予他特殊的权力，让他与意大利人和各相关部门交涉。但我们过去交涉得不少，也没见到什么成效，因而不抱太大希望。

离开元首大本营，我和戈林乘火车前往贡宾嫩，在那里换乘戈林的专列赶赴罗马。我们的最高统帅部全然不知战场的实情，为他们自己的错误肆意指责前线将士，这让我出离愤怒。我在帝国元帅的专列上见到他各种滑稽的表演，更是无法忍受。他本人似乎一点也不觉得丢人现眼。他自吹自擂，身边那帮马屁精无聊的阿谀奉承把他逗得哈哈大笑，开口闭口谈的都是珠宝和名画。换个时间，他的行为也许很有趣，可现在真是气死人。

戈林是个野心勃勃的家伙，而且毫不顾忌地使用各种手段发展这种野心。他认为自己能在非洲前线轻而易举地赢得声望，因而企图以德国空军掌控那里的一切。他的禁卫军"赫尔曼·戈林"装甲师已开赴突尼斯。[3]事实会证明，他对非洲战区提供的各种机会所做的估计大谬不然。我们在任何一条战线，从来没遇到过像北非英军和后来的美军这种对手，他们训练有素，指挥得非常出色，武器装备更不用说了。与他们相比，我们唯一的优势是更先进的战争理念，可一旦物质条件不复存在，这种优势也就无济于事了。因此，低估我们的西方对手纯属发疯。

---

① 译注：隆美尔此次到访元首大本营非常突然，事先既没告诉巴斯蒂科，也没通知OKW，待他到达维也纳新城才给元首大本营打电话。此举反映出隆美尔不够成熟的心态，也就难怪凯特尔和约德尔态度冷淡了。希特勒见到隆美尔更是大吃一惊："没得到我批准，您怎么敢擅离职守？"此次会晤，可以说是隆美尔与希特勒原本相当密切的关系的分水岭。请读者留意盟军入侵诺曼底前夕，隆美尔又一次脱岗，这种事很难说是偶然。

这段时间，我最大的敌人是戈林。我觉得他想打发我回家，好让他实现自己的北非梦。我呈送元首大本营的各种态势评估，他都不屑一顾，认为纯粹是悲观主义。他产生了荒诞的想法，觉得我过于情绪化，只会打顺风仗，一旦战事不利就变得悲观沮丧，患了"非洲病"。他据此得出结论，打胜仗需要个坚信胜利的将领，再加上我是个病人，因而有必要考虑是否该解除我的指挥权。关于"情绪"，我想说的是，灾难性局面即将到来，我们这些身处前线的人当然不会兴高采烈，而帝国元帅坐在他的豪华车厢里经历这一切，所以双方的看法完全不同。[①]

为避免彻底浪费机会，我指示口才很好的副官贝恩特中尉，想办法让戈林接受加贝斯方案[撤入突尼斯，据守加贝斯防线]。我对戈林的观点气愤不已，迟早会跟他吵起来，这会断送我有可能得到的机会。

贝恩特以最夸张的形式阐述了加贝斯方案的种种优势，确实引起戈林的兴趣。贝恩特还特别指出，两个集团军的摩托化力量合兵一处攻入阿尔及利亚，这种宣传效果肯定会轰动全世界。戈林深表赞同，立即决定支持这份方案。

可这场胜利很短暂，因为我们到达罗马后，凯塞林竭力反对加贝斯方案，认为这会加剧突尼斯遭受的空中威胁。我指出，其实我们别无选择，因为我们迟早要被迫后撤，应该趁特别有利的时候，充分利用集中兵力的优势。可帝国元帅认为，马耳他—阿尔及尔—的黎波里这片空中三角区造成的劣势抵消了加贝斯方案的优势。因此，决不能撤到加贝斯防线，这个问题不再考虑。我心中暗忖，空中三角区的说法纯属无稽之谈，在我们看来，轰炸我方港口的英国战机从哪里飞来没什么区别，但我意识到争论无济于事，所以缄默不语。

与领袖会谈期间，戈林宣称我把意大利军队丢在阿莱曼，完全不顾他们的死活。没等我驳斥这种荒诞的说法，墨索里尼就开口了："这我还是头一次听说；隆美尔元帅，您指挥的后撤堪称杰作。"

面对当前情况，意大利人比我方最高统帅部理智得多，他们开始支持我撤

---

① 译注：本书第二十一章，隆美尔1944年6月15日写给妻子的家书里提到"记住我们1942年11月谈的话"。夫妻俩的谈话就发生在戈林的专列上，11月29日，隆美尔夫人在慕尼黑上车，和隆美尔一同去罗马。但两人究竟谈了什么，具体内容不明。

到加贝斯阵地的提案。不过，现在还没有达成真正的协议。在此期间，我给装甲集团军下达了命令，如果英军发动进攻，必须在卜雷加港防线坚守到最后一兵一卒，我还提到元首的命令。意大利人看得很清楚，此举必然导致全军覆没，因此，领袖批准我构设布埃拉特防线，采取措施把非摩托化的意大利步兵部队及时撤到该防线。摩托化部队也获准在英军发动进攻的情况下后撤。所以，我好歹取得了些成果。

12 月 2 日上午，我们在意大利最高统帅部就后勤补给问题召开会议。我早就提请他们注意这样的事实：几乎所有船运都为 [突尼斯的] 第 5 装甲集团军服务，我这个集团军甚至没获得维持生计的必要物资，可战斗的主要重负落在我们肩头。德国空军和意大利各部门之所以积极为第 5 装甲集团军提供补给，可能是希望他们在西面发动攻势。

会议刚开始，戈林就指出，我必须不惜一切代价在布埃拉特长时间坚守下去，如果有可能的话，应当从卜雷加港对敌人发起进攻。

会议转而讨论补给物资运往的黎波里的若干技术问题。戈林积极地建议，我们也许可以向英国人学习，布设一道水雷屏障，让突尼斯与意大利之间的航道免遭敌潜艇从两侧发起的攻击。德国有足够的水雷可用。意大利海军当然不赞成此类方案，提出各种反对意见。

听到这些讨论，我心如刀割。要是最高当局早点关注这个问题，几个月前把会议上的这些想法付诸实施，我们本来能在非洲赢得胜利。许多人似乎不到火烧眉毛的紧要关头，永远不肯动起来。

凯塞林下令把一些最新式的 88 毫米高射炮改道运往突尼斯，这让我深感不快，我们急需这些火炮，元首也答应调拨给我们。凯塞林在补给问题上的态度对我们很不友善，只顾他自己，这很不幸，可完全是事实。最后，他下令把这批高射炮运回的黎波里。

最有意思的是，戈林对意大利人的政治态度涉及非洲的困难局面。虽然上级一直不许我们在意大利人面前谈论他们的军队和国家的缺点，也不得要求他们做出改进，可戈林却对卡瓦莱罗谈起真正的根本问题，例如意军拙劣的装备，他们的海上战略，以及类似的棘手话题。当然，唯一的结果是惹恼了对方，而且毫无转圜余地。我在前一章就提请大家注意，德意同盟建立在无法令人满意的政治基础上，这是造成非洲战争失败的大部分麻烦和错误的根源。同盟战争总是会导致盟友间的不睦和摩擦，因为每个国家看重的都是自己，而不是盟国的利益。面对这种情况，正确的做法是把所有分歧摊在桌面上，而不是用沉默的斗篷遮盖起来。许多意大利人发自内心地认为轴心同盟是个骗局，因而坚信，即便最终赢得胜利，我们也不太会考虑他们的利益。

目前普遍的看法是，如果丢失的黎波里塔尼亚，意大利的政治危机会给墨索里尼造成严重威胁。戈林突如其来的强硬表现，很可能进一步削弱墨索里尼的地位。许多意大利人受够了战争，都在考虑如何脱离战争的苦海。

飞回非洲的途中，我意识到我们现在不得不自谋出路，为防止某些疯狂的命令毁掉整个集团军，我们必须充分发挥自己的技能。

注释

1. 拜尔莱因将军注：隆美尔在这里表述得不是太清楚。他的意思显然是说，从塞得港到马雷斯的距离很远，为一支军队组织补给物资需要几个月时间，而不是说蒙哥马利到达马雷斯后需要几个月囤积物资。

2. 英国第 8 集团军称之为"大理石拱门"。

3. 拜尔莱因将军注：这段评述很有趣。隆美尔坚信戈林企图实现个人野心，各种迹象表明了这一点。而隆美尔一直强烈反对组建武装党卫队和空军野战师。1943 年间，他多次建议希特勒，重建一支统一的陆军，不需要这些"禁卫军"。

第十八章 退往突尼斯

德国最高统帅部对我们的处境全无了解，我在非洲的全体参谋人员获知此事，无不深感震惊。

在此期间，英国人可没闲着。他们把炮兵部署到位，建起物资堆栈，还积极实施侦察。此时，我们已超出从西西里展开空运作业的航程，汽油补给情况愈发严峻。实际上，我们现在几乎完全动弹不得。汽油严重短缺，德国空军出动的架次仅限于最重要的任务。

11月间，虽然有5000吨汽油运抵非洲交给装甲集团军，但在途中被英国人击沉的油料不下8100吨。要是大家知道运抵的5000吨汽油很大一部分是德国空军运来的，就能清楚地看出，船只被击沉、汽油损失的规模有多大。

面对这些情况，我们能否把各兵团撤到布埃拉特，现在似乎很成问题。英军有可能12月中旬发动大规模进攻，我们必须在此之前撤离。12月3日，我和巴斯蒂科元帅商讨了态势，决定继续尽我们所能，把真实情况汇报给上级部门。至于其他事情，只能等他们承诺的油料运抵后再说了。

接下来几天，汽油补给状况没得到改善。我们最初的想法是等囤积起足够的油料再让全军后撤。可我们很快放弃了这个念头，因为12月5日英军过不了多久就会发动进攻的迹象更加明显。于是，我们12月6日夜间把意大利军队转移到后方。尽管需要保密（我敢肯定，一旦英国人发现我们的意图，会立即发动进攻），可意大利人弄出很大动静，他们的部分车辆甚至开着大灯在月夜驶向后方。

就这样，意军利用一个个夜晚向西撤退，几乎把我们收到的些许汽油消耗殆尽。另外，为前线运送弹药的作业也停了下来。我方装甲和摩托化部队动弹不得，根本无法应对英军的进攻。一封封告急电报发往欧洲。敌人把空中侦察和部分地面侦察集中在南面，很明显，他们企图以大范围迂回穿过沙漠，包抄我方防线。因此，我军恢复机动性变得越来越紧迫。

亲爱的曼弗雷德：

是时候送上我对你14岁生日的祝福了，这份祝愿肯定不会到得太晚。

战事非常艰巨，我能不能回到你身边来看很成问题。你知道，我们现在与英国人的斗争是多么艰难，他们的优势有多大，我们获得的补给多么少。再这样下去，敌人的巨大优势会彻底粉碎我们。我们进行了英勇、屡屡获胜的斗争，待这一切结束，我们不得不经受悲惨的命运。但我们会尽全力避免失败。

现在对你来说，亲爱的曼弗雷德……你马上要14岁了，很快会离开学校。你得知道时局的艰难，尽量在学校里多学点东西，这是为你自己学的。你可能很快就要独立自主，对我们所有人来说，这个时代可能会变得非常、非常艰难。听你妈妈的话，她总是一心为你好的。你在希特勒青年团耗费的时间太多，肯定会影响学业，我不太满意……

1942年12月8日

亲爱的露：

没什么新鲜事。前线稍稍热闹起来。一如既往，我们的补给状况还是很糟糕，这让我头痛不已。你能不能给我寄本英德词典来，我有用。①

我非常期待读到你的来信。内林被解除了指挥权[1]，接替他的是一位大将，我不知道他是不是能干得更好。

再过几天就到圣诞节了，我衷心祝你们俩圣诞快乐。

1942年12月11日

12月11日夜间，英军猛烈炮击我们的几个支撑点，随后沿北面的海岸公路发

---

① 译注：过了段时间，隆美尔还没收到词典，于是又写信催他妻子，这是个意味深长的要求。

动进攻。没过多久，我方部队与英军一支侦察队交火，对方的任务是侦察迈尔杜马附近的路况。因此，蒙哥马利的意图终于暴露了。英军一次次冲击北面的我军支撑点，我们很快打消了疑虑，对方确实发动进攻了。

德国和意大利非摩托化部队已完成后撤。眼下最重要的，是不能让我方部队过深地卷入卜雷加港防线的交战，于是，我们当天傍晚下令后撤，从19点起，作战部队和运输车辆组成的队列连绵不断地向西开拔。以摩托化部队抗击英军的迂回突击毫无希望，我们的汽油所剩无几，继续留在原地纯属自杀。

蒙哥马利本打算12月16日发动进攻，但他月初发现隆美尔有后撤的迹象，因而提前展开行动。他的计划是以第51高地师遂行正面冲击，第7装甲师在该师左翼前进，新西兰第2师执行大范围迂回，目标是在欧盖莱以西60英里、迈尔杜马附近的马特拉廷干河切断隆美尔的后撤路线。整个进攻由利斯指挥的第30军遂行，该军接替了第10军。

到12月9日，新西兰师已集中在哈赛埃特周围，12月12日从后方位置开始执行迂回行动。蒙哥马利命令第51师11日夜间展开大规模突袭，牵制敌军注意力，12月14日再发起正面进攻。但隆美尔把这些初步突袭当作英军进攻的开始，于是加快了预有计划的后撤，结果破坏了蒙哥马利的方案。

我们的汽油只够摩托化部队退到穆杰塔阿地区，如果英军没有实施迂回进入迈尔杜马地域，我们打算在这里停下，等待对方重新发动进攻。

英军指挥官制定的计划有个错误。相关经历肯定告诉他，我们很可能不会在卜雷加港应战。因此，他本该等迂回力量完成运动，沿海岸公路挺进，与正面进攻及时协同后，再炮击我军支撑点，进攻我方防线。

12月10日，冯·阿尼姆大将指挥的第5装甲集团军在突尼斯组建。可惜，这个新司令部与我们几乎没有任何协同。[1] 这个时期，我们强烈地感觉到，非洲战区

---

① 译注：隆美尔和冯·阿尼姆的关系很恶劣，彼此看不顺眼，就连他们的参谋人员也没有联系，更别说"协同"了。

应该设立单一指挥机构，统一指挥命运休戚相关的两个集团军。

穿过苏尔特

我的军队再次穿过大苏尔特地区干旱的荒芜之地向西退却，可能这是最后一次了。后撤按计划在夜间进行，英国人显然没发现，因为第二天（12月13日）早上，他们猛烈炮击我们原先的阵地。这一整天，英军战斗轰炸机不停地攻击穆杰塔阿瓶颈地段。

当天上午晚些时候，一股优势之敌对阿列特师战斗群发起攻击，该战斗群部署在欧盖莱西南面，右翼紧靠舍比拉盐沼，左翼与第90轻装师相连。他们随后与80辆英军坦克展开激战，一直持续了10个钟头。意大利人打得非常出色，怎么称赞都不为过。意大利"半人马座"师装甲团傍晚发起反冲击，一举击退敌军，战场上丢下烧毁或被击毁的22辆坦克和2辆装甲车。英军切断第90轻装师的企图破灭了。

一整天，我不停地朝迈尔杜马地域派出侦察力量，以防敌迂回纵队突然袭击海岸公路。

当天，英国人击沉了载有3500吨汽油的一艘油轮和两艘快船。这对我们是个沉重的打击，特别是因为英军从南面构成威胁，所以，加快后撤速度至关重要。

我们非常担心侧翼的情况，因而派飞机实施空中侦察，他们很快报告，强大的英军正朝迈尔杜马攻击前进。看来，我们现在不得不用上最后的汽油。敌人给我们提供了绝妙的反击机会，可我只能眼睁睁地看着，什么也做不了，真是气死人。英军指挥官部署的南路迂回只投入了2000部车辆组成的一支纵队，要是我们有汽油的话，一切就简单了，我会留下小股力量据守穆杰塔阿隘路，以摩托化部队主力进攻并歼灭敌迂回纵队。可是，眼下的情况却给我们造成致命的危险。

因此，我们夜间再次后撤。第二天早上，第21装甲师作为后卫据守穆杰塔阿隘路。上午10点左右，我把集团军司令部迁到瑙费利耶以东大约30英里，当天下午，我收到德国空军指挥官发来的消息，说英军已到达迈尔杜马东南方20英里。的确是个坏消息，因为我们的汽油所剩无几，只能在途中设法弄到些补充。与此同时，掩护南部防线的第3侦察营，面对优势之敌的强大压力，渐渐退往迈尔杜马。

中午前后，英军一个轰炸机编队飞抵，为首的敌机盘旋了很长时间，这才选中我的司令部作为投弹目标，可能是塞德曼将军极为显眼的鹳式飞机吸引了对方的注意力。集团军情报处长的汽车烧毁，另外几部车辆也中弹受损。

当天下午，第15装甲师和第21装甲师一个战斗群赶往迈尔杜马前线，打算守住巴尔博大道，确保第21装甲师主力的后撤路线，该师仍在穆杰塔阿鏖战。为避免仍在穆杰塔阿战斗的我方部队陷入停顿，我终于下令撤到与菲莱尼拱门平行的防线上。

傍晚，英军突破了第3侦察营设在迈尔杜马附近的防御，一股强大的敌军向西攻往瑙费利耶，企图追上我军。

我现在决定把附近所有部队部署在瑙费利耶周边地域。非洲军夜间开赴新阵地，第90轻装师作为后卫留在马特拉廷干河。拂晓，我发现第21装甲师在赶往瑙费利耶的途中，而第15装甲师获得汽油补给太晚，目前仍坚守在迈尔杜马。

12月16日清晨，英军步兵占领了第90轻装师后卫防线前方的制高点。第15装甲师到达巴尔博大道，英军主力紧追不舍，他们的先遣部队已跨过这条公路。不过，第15装甲师驱散敌先遣力量，以很少的伤亡杀开血路退往瑙费利耶。由于英军主力追得太紧，第15装甲师没办法按照预定计划，在第90轻装师南翼守住后卫防线。结果，第90轻装师也无法守住阵地，不得不退往瑙费利耶。

亲爱的露：

我们在鲜花盛开的草地上扎营。但我们正在后撤，唉，局面毫无改善的希望。再过8天就是圣诞节了，我很想知道那时候我们会在哪里。

1942年12月16日

南面的英军纵队现在又一次企图截断我们。开罗广播电台宣称，我们已被关在瓶子里，英军指挥官马上要塞住瓶口了。听到这种说法，我告诉身边的军官，只要我们能把油箱灌满，瓶子里很快就会空无一物。我们的汽油只够退到瑙费利耶，而且看不到大批物资运抵的迹象，尽管面临陷入包围的威胁，可我只能在瑙费利耶地域再坚守一天。为防止敌人迅速冲往海岸公路，在我们身后切断这条通道，各兵团奉命沿海岸公路向西纵深部署。因此，非洲军在瑙费利耶周围构设的屏障沿海岸公路向西延伸，依次是第33侦察营、第580侦察营、非洲装甲掷弹兵团、第90轻装师。意大利青年法西斯师和阿列特师战斗群据守苏尔特地域。

当天夜间，我方部队开入各指定地域，天亮前就位，但又一次耗尽了油料。[12月17日]上午，英军在瑙费利耶西南面6—10英里发动进攻，非洲军辖内部队和第33侦察营卷入激烈的战斗，这些部队已丧失机动性。交战越来越接近海岸公路。最后，几吨汽油终于运抵，非洲军辖内部队和第33侦察营随即发起反冲击，激战中击毁20辆敌坦克。他们确保了道路的畅通，汽油补给运到，面临包围威胁的各部队沿海岸公路继续向西退却。

上午9点，我离开司令部，赶去劝说巴斯蒂科元帅和我一同反对"不惜一切代价坚守布埃拉特阵地"的命令。我认为布埃拉特阵地仅仅是中间防线，最好能迫使英军长时间停顿，可一旦他们重新发动进攻，我就打算撤到泰尔胡奈—胡姆斯。很明显，意大利最高统帅部还是会在最后一刻批准后撤，换句话说，他们会等到集团军面临的危险大得就连从罗马的角度也能看出，才会下达命令，但这样一来很可能为时过晚。要是上级部门始终允许我们遵循最终目标行事，而不是一次次在最后关头批准我们做出紧急决定，那么，我们本来可以更加有条不紊地制定撤往加贝斯的方案，结果对我们会更有利。

我在路上与纳瓦里尼将军讨论了这件事。他对此不太乐观，认为汽油严重短缺，我们能不能后撤得那么远很值得怀疑。我指出，现在最重要的是决不能应战，必须尽一切努力避免遭到英军正面牵制。当然，我们的后撤速度取决于每天能运抵的少量汽油，这是事实。[2]可我觉得仍有一线希望，英国人可能不会以主力在南面遂行迂回机动。如果他们真这样做的话，那么，我们能否逃脱早就不止一次成为值得严重怀疑的问题了。

12点左右，我在布埃拉特会晤巴斯蒂科元帅。我再次强调，现在必须开始考虑撤离的黎波里塔尼亚，这件事非常重要。我们最终达成一致，联名发了一份态势评估报告，再次要求意大利最高统帅部做出决定。我负责起草报告。会谈期间，巴斯蒂科元帅详细解释了撤离的黎波里塔尼亚会造成哪些后果。但以目前的补给情况看，这些后果无法避免。军人必须学会接受现实。

巴斯蒂科本人非常清楚，我们守不住布埃拉特。我请他把泰尔胡奈—胡姆斯看作下一道中间防线。结束会晤，我立即口述了态势报告，要求上级批准我们把非摩托化步兵分阶段撤离布埃拉特阵地。我还提出，从更长远的角度出发，所有行动思路应当以执行加贝斯方案为基础。我这份报告提出的所有要点，巴斯蒂科元帅都表示赞同。

装甲集团军的补给情况没得到改善。驶向的黎波里的10艘大型船只被英国人击沉9艘，最后一艘没装载油料。

雪上加霜的是，突尼斯的情况也让我们焦虑不安。我们没收到关于那条战线完整的情况报告，因而无从判断那里的态势。两个集团军只能认为对方能守住自己的阵地，并采取相应的行动。我最担心英美军队可能会做出正确的决定，从突尼斯南部进攻加贝斯瓶颈，从而在两个集团军之间插入一根楔子。实际上，这正是我急于西撤的部分原因，要是让我自行决定，而我又有更多汽油的话，装甲集团军可能早就退入突尼斯了，绝不会像现在这样拖拖拉拉。

> 亲爱的露：
> 　　我们再次卷入激烈的战斗，获胜的希望非常渺茫，因为我们什么都缺。面对集团军的悲惨命运，以及由此造成的后果和影响，个人的命运实在不算什么。
> 　　巴斯蒂科昨天也沮丧失望。西面的情况似乎好不到哪里去，特别是那里的港口。我们希望再坚持几天，可汽油短缺，没有汽油我们什么也做不了。
> 　　　　　　　　　　　　　　　　　　　　　　　　　1942年12月18日

12月18日，我视察了布埃拉特阵地，韦斯特法尔利用有限的资源，一直在指导部队构设防御。他们埋设了8万颗地雷，但大多是防步兵地雷。德国和意大利劳工单位在防线几个地段挖掘了一道防坦克壕。

在此期间，英国人宣布他们封闭了瑙费利耶周边包围圈，即将肃清包围圈内的残敌。据说我方几支部队困在包围圈内，徒劳地企图突围。实际上，我们只有一个排^①陷入包围，而且就连这个排最后也突出包围圈。

12月19日下午，领袖发来训令，回复了巴斯蒂科元帅和我联名发给意大利最高统帅部的态势报告。以当时的情况看，这道训令的措辞纯属夸夸其谈，大致如下：

"抵抗到底！我再说一遍，德意集团军所有官兵必须在布埃拉特阵地抵抗到底！"

战斗该如何进行，墨索里尼是怎么想的？我早已倾尽全力，想让上级部门对沙漠作战的艺术有所了解，还特意强调过度看重土地得失是个错误的观点。最重要的原则是保持机动，找到战术有利的位置，然后再投入交战。以我们目前的情况看，这处有利的位置就是加贝斯防线。尽管如此，我不得不再次命令部队"抵抗到底"。

我立即发电报询问卡瓦莱罗元帅，如果敌人在南面迂回我军，根本不与布埃拉特守军交战的话，我们该怎么做？

卡瓦莱罗元帅回电称，不管交战如何进行，决不能再次牺牲意大利军队。于是我找到曼奇内利将军，派他亲自驾车去告诉巴斯蒂科元帅，我没办法在布埃拉特阵地"抵抗到底"，同时让意大利军队撤离，所以他必须定下决心。可巴斯蒂科的回答闪烁其词。

巴斯蒂科的处境也很麻烦。他非常清楚我们面临的种种困难，而且就像我说过的那样，他最终意识到，我们无法在加贝斯这一侧的任何一处实施长时间抵抗。可巴斯蒂科作为利比亚总督，又觉得自己不能挺身而出，积极赞成撤离的黎波里塔尼亚。另外，他也知道卡瓦莱罗那帮人正等待机会搞掉自己，他们犯了错，却想让他当替罪羊。

实际上，我当时非常担心英军指挥官可能会在南面继续努力，设法迂回我们。要是他真这样做的话，布埃拉特阵地可能会兵不血刃地易手。

由于行政事务方面的原因，蒙哥马利无法继续向前大举推进。所以他宁愿等

---

① 译注：这个排隶属第15装甲师第115装甲掷弹兵团。

待囤积起足够的物资，然后再毫不停顿地一路攻往的黎波里。"我还担心确保后方地域的问题，因此，策划下一阶段的进军时，我打算等第30军再次向西进击，就赶紧前调一个军占据欧盖莱阵地。"他想前调的是第10军，该军编有第1装甲师、第50师、印度第4师。但1月4日和5日的狂风给班加西港口造成破坏，由此引发的补给问题延误了第10军的前调。

无独有偶，德国空军又一次攻讦我们。凯塞林宣称我们把本该用于前线的汽油用在后方地域，正因为如此，我们无法以摩托化力量发动反攻。这种指责毫无根据，唯一的目的可能是想捏造事实，以此解释运给我们的油料少之又少的原因。实际上，我们获得的汽油，95%用于撤离前线部队，给作战兵团添加油料。唯一未经批准就擅取油料的是空军部队。过去几天，数百部后勤补给卡车停在路上，油箱空空如也，部队现在几乎没有足够的弹药阻挡敌人。因此，我们对无中生有的指责愤怒不已，于是立即给凯塞林发了封电报，把我们对此事的想法告诉了他。

英国人似乎正在从事大规模补给作业，为更彻底的迂回机动加以准备。一眼望不到头的一支支车队从图卜鲁格和班加西开来，沿巴尔博大道向西行驶，两座港口的卸载工作正全速进行。

英军远程沙漠战斗群，按照精心策划的方案行事，猛烈打击我方补给运输。他们一次次在我军防线后方袭击补给卡车，埋设地雷，砍断电线杆，还采取另一些类似的邪恶行动。我们很难逮住这些突袭小组，因为他们只是短暂出现，随后逃入沙漠，消失得无影无踪。

摩托化部队在苏尔特继续坚守阵地之际，其他部队为构筑布埃拉特阵地付出了巨大的努力。我们埋设手头每一颗地雷。万一领袖真决心在布埃拉特坚守固定防线，我们至少要做好准备。当然，最好是利用我们的一切资源构设泰尔胡奈—胡姆斯防线，非摩托化意大利步兵在那里可以更好地发挥作用。

很快，布埃拉特防线就强大到足以抵御英军相当规模的突破企图，当然，前提是对方遂行正面冲击。和北非其他地方的阵地一样，敌人完全可以从南面迂回，进攻巴尔博大道，甚至不需要接触筑垒防线。如果对方决定投入几个师实施这种行动，那么，仅凭摩托化部队就能决定交战结果。可是，除了缺乏汽油，没办法从事机动作战这个事实，我们的摩托化部队也处于绝对劣势。非摩托化部队无法迅速形成交战重心，因而缺乏机械化作战最重要的素质。由于非摩托化部队缺乏速度，敌人可以逐一击破他们，每次都投入局部优势力量，各个击破地歼灭这些非摩托化部队，自身却不会遭受严重损失。

接下来几天，我一再指出，英军可能不会正面冲击布埃拉特阵地，而是绕过这处阵地的南翼。万一发生这种情况怎么办？我向上级寻求指导，可每次得到的答复都是让我按照领袖的命令行事。罗马那些人怕得要死，没人敢独立做出决定，总想把责任推给别人。问题得到合理的回答前，我决不放弃。我可不想沦为罗马那些纸上谈兵的战略家的替罪羊。

亲爱的露：

今天我特别想念你们俩。曼弗雷德，再次祝你14岁生日快乐，我想你收到我祝贺你生日的信件了吧。我祝你们俩圣诞快乐。上帝会一如既往地庇佑我们。

……我今天一大早就要去前线，晚上会和部下一同欢庆圣诞。感谢上帝，他们的精神很饱满，不能让他们看出我们面对的局面是多么严峻，这得下很大功夫。

凯塞林昨天在我这里。他又许下新的承诺，估计和以前没什么两样。这些承诺很难兑现，因为敌人正在破坏我们所有补给算计。

1942年12月24日

12月24日美丽而又晴朗的早晨，我们7点出发，赶去视察前线以南地域。我们先沿巴尔博大道行驶，随后在两辆意大利装甲车护送下，穿过奇特的泽姆泽姆干河驶往费希埃。我们很快发现了英军车辆的车辙印，可能是斯特林的部下留下的 [实际上是远程沙漠战斗群]，他们一直在这片地区滋扰我方后勤运输。车辙印还很新，我们提高了警惕，看是否能逮住几个英国佬。在费希埃附近，我突然看见一部孤零零的车辆。我们追了上去，可很快发现车组成员是意大利人。集团军司令部直属营也有部分部队在这里，他们昨天突然袭击了英军突击队，缴获的地图上标有英军物资堆栈和支撑点。他们目前正在梳理这片地域，想逮住个把英国人。

返程途中，我们遇到一群瞪羚，我和安布鲁斯特①[装甲集团军司令部的翻译]从疾驶的汽车上开枪，各击中一头快速奔跑的瞪羚，给我们的圣诞大餐加了道菜。

待我回到集团军司令部，这才获悉英军以4500部车辆在苏尔特南面发动进攻，目前正向西挺进。而在苏尔特，第15装甲师的官兵刚刚聚在一起准备欢度圣诞，就收到敌人进攻的消息，他们不得不收拾行装匆匆撤离。17点左右，我和拜尔莱因参加了司令部直属单位的圣诞聚会，我收到件礼物，是个微型汽油桶，里面装的不是汽油，而是一两磅缴获的咖啡。所以，就连圣诞节我们也没忘记最紧迫的问题。20点，我邀请身边几名参谋人员分享了我们上午猎到的瞪羚。

次日[12月25日]，英军停止前进，似乎在等待援兵和物资前运。据守后卫防线的第90轻装师和第580侦察营逐步撤到布埃拉特阵地后方。

趁此机会，我从敌人那个方向检查了布埃拉特阵地，想看看我们的伪装效果。当初在阿莱曼，英军集中炮火打击我方88炮阵地，企图从一开始就消灭对他们构成最大威胁的这些火炮。所以，我们此次大量部署了假炮，以分散英军炮火。

到12月29日，我方所有部队已撤到布埃拉特防线后方。

亲爱的露：

　　我们的命运逐渐显现出来。补给物资一直很缺，除非发生奇迹，我们才能坚持得更久。后面的事情只好听天由命。只要有可能，我们就会继续战斗。我们上次见面，讨论最重要的事情时，我就预见到这种情况。

　　这些艰难的日子，我特别想你。我不断告诉自己，一切都会好起来。你要振作精神，我也会这样。

1942年12月28日

我们现在投入交战。我对交战结果不抱任何希望，双方的力量对比悬殊。

---

① 译注：维尔弗里德·安布鲁斯特中尉不仅会说一口流利的意大利语，还是个模仿天才。隆美尔咆哮着痛斥意大利指挥官，安布鲁斯特就以同样的噪音和语调同步翻译。

我们的物资几乎消耗殆尽，所以现在只能认命，愿上帝推进我们的事业吧。昨天我在前线，今天还得过去。

1942年12月30日

　　凯塞林今天又来了，情况也许会"稍稍"变得对我们有利。希望不大，可还是有一点。当然，不能指望太多。

　　我中午见了巴斯蒂科，他现在越来越觉得自己是总司令。我只好忍气吞声。不管怎样，既然他是总司令，就得承担责任……

　　……我非常担心东线的战事[斯大林格勒]。但愿我们能克服难关。我的军队精神面貌很好，他们不了解整体局势，这是件好事。

1942年12月31日

布埃拉特的喘息之机

　　出乎我们意料，敌人在布埃拉特停了下来，我们又一次获得喘息之机，赶紧再次请求把意大利军队撤到泰尔胡奈。要想避免陷入敌人从南面来的包围，就得像当初在卜雷加港那样，趁情况没有恶化之际，先把非摩托化的意大利军队撤离。

　　英军只以小股军力追击隆美尔的后撤到达布埃拉特防线。蒙哥马利计划1月15日以第30军进攻这道防线。

　　为此，我12月31日又与巴斯蒂科元帅商讨了一番。意大利最高统帅部犹豫再三，现在显然下定决心：不能让军队冒上在布埃拉特覆灭的危险。可他们还是希望二者兼得，认为我应该坚守布埃拉特阵地，全力抗击敌军，真出现全军尽没的危险，就向西退却。他们说，的黎波里塔尼亚的抵抗必须再坚持至少一两个月。我立即回复称，我们在的黎波里塔尼亚还能待多久取决于蒙哥马利，而不是意大利最高统帅部，非摩托化部队必须立即后撤，待英军发动进攻就太晚了。我提醒他们注意，到目前为止，敌人总是在我方火力射程外，对我们实施迂回包抄。

　　巴斯蒂科元帅随即问我，是否准备亲自命令非摩托化部队撤离。这当然是个办法，但肯定会让我进一步开罪意大利最高统帅部，最终给整个集团军造成不利影响。另外，他们无疑会利用这个机会，再给我下一道领袖令。所以，这是个原则问题。于是我回答道，我必须获得巴斯蒂科元帅的正式批准，再安排各步兵师撤离，但他们何时后撤由我来决定。

一支军队总是寻找替罪羊，一有错误就推出个牺牲品，这是个很不好的现象。这种状况通常表明最高领率机构存在严重问题。它彻底扼杀了下级指挥官的决策意愿，因为他们总是设法为自己做的一切找到确切的依据，可结果往往是可悲的诡辩，而不是能发挥作用的决策。这种状况通常的结果是，碌碌无为、只会传达上级意见的军官获得晋升，而那些不甘平凡、有自己看法、深具价值的军官却被打入冷宫。

巴斯蒂科元帅是个非常正派的人，军事知识渊博，道德高尚。他和我一样，对战争态势看得非常清楚。很不幸，意大利最高统帅部交给他的任务，是向我传达领袖的意见。可这些意见通常是错误的，所以巴斯蒂科总是在随后的争论中站在错误的一方。其实，他经常帮我说话，尽管上级部门毫无意义地固执己见，但巴斯蒂科积极斡旋，我们最终顺利撤出的黎波里塔尼亚，他的居中调停可以说功不可没。

值此新年前夕，我们怀着阴郁的心情坐在车内。大家避而不谈军事态势，以免破坏眼下还算不错的气氛。

> 亲爱的露：
>
> 　　去年，我们的情况稍稍有所缓解，所以我怀着新希望迎来1943年，至少在某些方面是这样。
>
> 　　我向你和曼弗雷德致以最衷心的新年祝福。我和拜尔莱因、博宁①舒适地坐在我们那辆小型指挥车里，一直待到午夜，我们的思绪不时飘回故乡……
>
> 　　　　　　　　　　　　　　　　　　　　　　　　　　　　1943年1月1日

---

① 译注：博吉斯拉夫·冯·博宁中校此时是非洲装甲集团军作训处长，后来担任第14装甲军、第56装甲军、匈牙利第1集团军参谋长，还担任过OKH作战处长，最终军衔是总参上校。

几天后，巴斯蒂科元帅下达命令，批准我们把意大利部队撤到泰尔胡奈—胡姆斯防线。但这道命令有个附加条件，要求我们把英军挡在的黎波里防御阵地前方至少6周。我早就说过，固守此类目标毫无意义。我当然想多争取些时间，可从来没打算保证坚守多久。我立即汇报了自己的看法，请巴斯蒂科转告意大利最高统帅部。

1943年1月初这段平静期，我和拜尔莱因不停地奔波，竭力弄清这片即将发生战斗的地区，把整片战场的情形牢记在脑中。我们还忙里偷闲地参观了古罗马时代的城市大莱普提斯，这座古城的废墟仍兀立在那里。一位意大利教授担任向导，他用流利的德语给我们介绍了此处的特色。可我们有点儿心不在焉，更多地想着蒙哥马利，而不是古代遗址。另外，我们前几天累得够呛，严重缺觉，这种情况现在终于显现出来。我的副官冯·哈特德根中尉表现得最为突出，他居然在两座女性塑像间睡着了，拜尔莱因给他拍了张照片。

　　亲爱的露：

　　　我这里没什么新鲜事。敌人还是没冒险发动进攻。我不知道这种情况还会持续多久。我昨天给海伦妮和格特鲁德写了信。天气依然很冷，有风，每天要到中午太阳升起后才会暖和点。我在非洲还真不习惯这种情况。我收到冯·吕普克的来信，他是一年前被俘的。他关在南非，和另一个人设法逃脱后向北跋涉了4个月。最后，一个祖鲁人又把他交给了英国人。

　　　最近收到的信件很少，大多是去年11月的信。好多信件大概沉入海底了。我的情绪稍好了些，我们现在有望在某处站稳脚跟了。

1943年1月5日

　　　凯塞林和卡瓦莱罗来这里，还有高泽。可他们现在甚至不敢做出承诺。我们得尽力自保。高泽回头会打电话给你，请你帮我买两副饰有权杖的元帅肩章。这里依然平静，我们的朋友非常谨慎。

1943年1月7日

没什么新消息。我们的对手正忙于处理其他事情，这让我们得以进一步恢复秩序。昨天我朝内陆行驶了很远一段距离，今天打算再外出侦察一番。

你还好吗？总的说来，战地邮局和后勤工作一样糟糕。曼弗雷德收到我的生日贺信了吗？他在信里没提到。

1943 年 1 月 8 日

在此期间，英军继续向前，很明显，他们还是打算把进攻重点置于南面。英国轰炸机再次加强活动，日夜不停地攻击我方补给设施。1 月 1—8 日，30 吨弹药运抵前线，可我们消耗了 50 吨。同一时期，我们消耗了 1900 吨汽油，只运来 800 吨。

1 月 10 日前后，英美军队从突尼斯进攻加贝斯隘路 [位于的黎波里与突尼斯城中间] 的威胁变得特别严重。这场行动很可能把两个装甲集团军隔开。卡瓦莱罗元帅因而问我，能否往加贝斯隘路派一个师。这条隘路是我们的生命线，所以我建议派出第 21 装甲师，从突尼斯为他们运送补给。该师 1 月 13 日上午向西开拔。①

亲爱的露：

我们再次出发了。你能想象我有多焦虑。这些漫长的不眠之夜，我的思绪与你同在。

1943 年 1 月 13 日

今天是拜尔莱因的生日，我们刚刚为他唱了小夜曲。整个非洲军都非常敬重他，很多事情多亏了他。情况目前没有太大变化。昨天有沙尘暴，敌人没发现我军的动向。东线的情况似乎再次好转，让人松了口气。但从长远看，那里的战事发展完全取决于补给物资。这方面的情况用不着我告诉你了。敌人的空军非常活跃。

1943 年 1 月 14 日

---

① 译注：上级本来让隆美尔抽调第 164 轻装师，隆美尔却派出实力较强的第 21 装甲师，而且让该师把所有坦克、火炮和其他装备留下，到达突尼斯重新获取装备。

我们通过无线电侦听获悉，敌人已完成准备工作，打算 1 月 15 日发动进攻。我们已确定，对方在几座前进机场集中了 400—500 架战机，与阿莱曼交战期间他们投入的空中力量相比，这个数字确实不多，可还是比德意战机的数量多出一倍，而且我们没有重型轰炸机。1 月 15 日，双方的力量对比大致如下：

英军 （以下是大致数量）		轴心国军队	
		德军	意大利军队
坦克	650 辆 [3]	36 辆	57 辆
火炮	360 门	72 门	98 门
反坦克炮	550 门	111 门	66 门
装甲车	200 辆	17 辆	16 辆

英军 1 月 14 日夜间前调炮兵。15 日拂晓，第 7 装甲师和新西兰第 2 师部分部队在南部地区率先发动进攻。他们先以大约 140 辆坦克和 100 辆装甲车进攻福尔蒂诺师，尔后直接打击第 15 装甲师。第 15 装甲师挡住对方的冲击。中午过后不久，英军前调炮兵力量，再次发动进攻，激烈的坦克战随之爆发，整体战况对我们有利。英国人在战场上丢下 33 辆坦克残骸，我方损失 2 辆战车。

战线其他地段的英军也向前运动，很明显，他们会投入全部力量继续进攻，主要突击集中在南部。我们的汽油和弹药都不足以在这样的交战中确保防御，所以我下令退往西面。所有德国和意大利部队夜间开拔。

亲爱的露：

我们开始后撤了。后撤速度取决于敌人的压力。我的感觉不太好，原因很明显。贝恩特又走了，估计明天会回来。

我的身体状况还不错，当然，此时的神经特别紧张，我必须控制好自己。

1943 年 1 月 15 日

的黎波里塔尼亚的末日

次日，即 1 月 16 日，英军紧追不舍，一股强大的敌军很快以 100 辆战车攻击第 15 装甲师的 30 辆坦克。该师南北两翼没有任何掩护力量，处境很不利。英军莽莽撞撞地闯入第15装甲师的火力打击范围，激战中又损失20辆坦克。第90轻装师击退英军第51高地师，对方已渗透到后卫防线的前哨阵地。

我们再次尝到汽油短缺的窘迫，随着运动加剧，汽油消耗量当然也急剧攀升。出于这个原因，再加上敌人的实力稳步加强，我们已无法在开阔地更长久地从事战斗，因而不得不避免过深地卷入交战。

亲爱的露：

　　我们已激战了两天。南翼的战斗非常艰巨，面对敌人压倒性的冲击，除非出现奇迹，否则我们根本没办法长时间抵抗下去。你知道的，我早就料到这种结果，尽管其他人直到最近还对我们的处境抱有乐观的看法。日后的战斗，我们会恪尽职守，忠实地履行国家赋予我们的职责。

1943年1月17日

1月17日，后卫战在拜尼沃利德附近爆发开来，第7装甲师主力似乎想迂回、切断我方部队。因此，第90轻装师实施战斗后撤。

这条防线的南翼彻底敞开，现在已无法长期坚守，除非我们冒上损失很大一部分部队的风险。因此，我下令1月17日夜间撤往泰尔胡奈—胡姆斯防线。为确保意大利步兵部队平安撤离，我还下达命令，待摩托化部队到达泰尔胡奈—胡姆斯防线，立即把意大利步兵运回的黎波里前线。

1月17日中午，我告知利比亚意军司令部参谋长，面对敌人的巨大优势，守住泰尔胡奈—胡姆斯防线的希望不复存在。我们要有心理准备，英军最快1月20日就会出现在的黎波里前方。

意军步兵向西转移之际，强大的英军紧追不舍，顺利前出到我军防线。意军司令部告诉我，泰尔胡奈—胡姆斯防线难以迂回。从其他方面看，在这里实施防御的条件很不错，因为英军从南面或东南面发起任何进攻，必然要在多沙的不利地形实施。的确，要是物资囤积情况更好些，我们本来能阻挡敌人很长一段时间，这是毫无疑问的。

亲爱的露：

　　战斗仍在继续，激烈度毫未减弱。我们目前在丘陵地带，有望稍稍站稳脚跟。但双方实力的悬殊无法弥补。贝恩特回来了，凯塞林现在替代了他，更受元首宠信。贝恩特此次出行非常有用，也很及时，但能否达到预期目的就是另一回事了。已经发生了那么多事，更恶劣的情况也许还在后头。贝恩特给我带来元首最热烈的问候，他依然对我充满信任。眼前这种情况，我们实际上只是尽力而为，能否成功很值得怀疑。

　　眼下的局势变得非常严峻，东线也是如此。德国可能很快就要实施总动员，每个德国人，不分居住地、地位、财产、年龄，都要为战争付出努力。你应该及时留意合适的工作岗位。曼弗雷德也是如此，他可能很快就得站在钳桌或高射炮后面。你知道，这关乎德国民族的生死存亡。我写这封信，是想开诚布公地告诉你可能会发生些什么。最好能早点习惯这种想法，这样就更容易适应。当然，敌人的情况也好不到哪里去，特别是苏联人。很长一段时间里，他们残酷地逼迫民众付出最后一盎司力气。只有这样才能解释他们近期赢得的胜利。

1943 年 1 月 19 日

　　1 月 19 日，大约 200 辆英军坦克沿通往泰尔胡奈的公路挺进，企图一举打垮我方部队。但我军炮兵集中火力挡住这股敌军，对方损失惨重。

　　当天上午，我把集团军司令部设在泰尔胡奈西北面高地上的农舍，从这里能看见英军车辆沿泰尔胡奈—盖尔扬公路行驶扬起的滚滚尘埃，这条公路位于泰尔胡奈南面。几个钟头后，我赶到第 15 装甲师，发现英军即将投入一个完整的装甲师攻往盖尔扬。敌人的企图深具威胁，我赶紧以全部炮兵力量施以打击。现在必须实施重组。第 164 师、伞兵旅辖内部队、侦察部队在西面构成一道屏障，防止英军攻往泰尔胡奈—贝尼托堡公路。敌人很快调来炮兵，猛轰泰尔胡奈附近的我方阵地。与以往相比，英军指挥官此次行动执行得非常卖力。

　　在此期间，北部地区没发生重要的战斗，我们得以按计划让胡姆斯地域的部队顺利脱离战斗。

黄昏时，敌人的企图终于清楚地暴露出来，他们猛攻胡姆斯和泰尔胡奈是为了牵制我方部队，同时以大规模迂回穿过盖尔扬。成千上万部英军车辆集中在南面。昼间，德国空军竭力阻挡英军南路纵队的进击，但收效甚微；傍晚，敌纵队距离盖尔扬只剩30英里，已跨过泰尔胡奈—盖尔扬公路。获知这个消息，我不得不决定立即弃守泰尔胡奈，腾出一股实力足够的打击力量，对付在我方侧翼纵深推进之敌。另外，也有必要尽快撤离仍待在胡姆斯地域的意军部队。

1月19日夜间，所有行动按计划进行，次日晨，我军展开情况如下：

（a）第90轻装师夜间接替了胡姆斯地域的意大利步兵，作为后卫据守阵地。

（b）第164师据守泰尔胡奈西面的隘路，伞兵旅纵深部署在该师身后，以防英军进攻公路。

（c）第15装甲师、卢克侦察战斗群部署在阿齐济耶周边地域，阻挡敌人从盖尔扬向北进攻。

（d）意大利青年法西斯师和"半人马座"师战斗群部署在苏尔曼南面，应对英军仍在西面遂行的进攻。

当天清晨，的黎波里方向传来剧烈的爆炸声，说明意大利人正在爆破港口设施。所有重要的仓库悉数炸毁，守住港口的希望已荡然无存。

亲爱的露：

我们昨天的情况还不错，但补给问题导致我方的处境日趋恶化。敌人竭力想把战事尽快向西发展……

……保卢斯的处境可能比我糟得多。他面对的敌人残忍至极。我们只能寄希望于上帝，但愿他不会抛弃我们。[保卢斯指挥斯大林格勒地区的军队，遭苏军切断后陷入重围。]

1943年1月20日

[1月20日] 清晨，卡瓦莱罗元帅根据领袖的指示发来电报，领袖指出，我决定把军队撤离泰尔胡奈—胡姆斯防线，把他们部署到阿齐济耶—苏尔曼地区，应对敌人即将发动的大规模攻势，违背了他"坚守泰尔胡奈—胡姆斯防线至少3周"

的指示。他认为眼下的情况还没有严重到必须后撤的程度，我的决定未免过于仓促。必须坚守，否则就无法为构筑马雷斯防线争取足够的时间。卡瓦莱罗在电报里明确阐述了领袖的指示，要求我奉命行事。

收到这封电报，我们倒吸一口凉气。遭突破或迂回的阵地是毫无价值的，除非能以机动力量击退敌军迂回纵队。不管战略方案多么出色，要是战术上无法执行，也就毫无用处了。

为此，我立即致电意大利最高统帅部，但当天下午，我获得与卡瓦莱罗元帅面谈的机会，凯塞林和巴斯蒂科元帅也在场。我就早上收到的电报阐述了自己的看法，还言辞凿凿地指出，我从没接受过领袖和卡瓦莱罗元帅交代的坚守期限。会晤的气氛变得相当紧张，快结束时，我要求意大利最高统帅部做出明确决定：我们是在泰尔胡奈—胡姆斯迎战英军，最终全军覆没，还是把集团军转移到突尼斯？我最后对卡瓦莱罗元帅说道："您要么在的黎波里多守几天，损失整个集团军，要么早几天丢失的黎波里，保全集团军守卫突尼斯，请您下定决心。"会晤期间又传来了一个坏消息，14艘运送汽油的驳船在的黎波里以西的海面被英军鱼雷艇击沉10艘。

次日[1月21日]，敌人在前线各地段发起猛烈冲击。几支强大的英军纵队设法穿过盖尔扬与泰尔胡奈之间的干河（意大利人认为这些干河根本无法通行），第164轻装师部署在泰尔胡奈西面的后卫力量面临遭切断的威胁。我赶紧派弗朗茨将军[①]指挥的战斗群去解决这个问题。

在此期间，其他英军部队企图从东面夺取第164师辖内部队在泰尔胡奈西面据守的山口，但没能成功。敌人投入该地段的兵力不断加强，鉴于我军右翼岌岌可危，我不得不命令非摩托化步兵撤离的黎波里防线，用车辆把他们转移到扎维耶地域。"是否要在的黎波里坚守到最后一刻？"代表领袖的卡瓦莱罗元帅不肯明确回答这个问题。他指示我，必须保全军队，但也要尽量争取时间。

顺便说一句，当日发生的事情，充分证明我1月19日的判断正确无误，摩托

---

① 译注：这里指的可能是第19摩托化高射炮师师长戈特哈德·弗朗茨少将。

化部队转移到苏尔曼—阿齐济耶地区完全合理。要是我们遵照领袖的指令行事，继续留在泰尔胡奈—胡姆斯防线，集团军所有步兵力量会陷入包围后遭歼灭。

> 亲爱的露：
>
> 　我昨天没时间写信，事情太多，从早忙到晚。罗马发来严厉的申斥，因为我们面对敌人施加的压力没能坚守得更久。我们已竭尽全力。昨天的事态发展充分证明我采取的行动合情合理。以目前困难的补给情况看，我们能否长期从事斗争很成问题。我们想战斗，而且会尽可能长久抵抗下去。我和我们的盟友存在些问题，这不需要我告诉你。最重要的是，我们应该料到，他们会愈发粗鲁无礼。我觉得他们很快会和我们分道扬镳。彼此是不同的民族和国家，这是不会变的。
>
> 　　　　　　　　　　　　　　　　　　　　1943年1月22日

敌人向西的运动持续到1月22日，此时，他们已经把6000部车辆调到泰尔胡奈，估计1月23日就会发动进攻。因此，我不得不下令撤离的黎波里，毕竟这里的设施都已炸毁。

这场预有计划的后撤，是冒着敌人沉重的压力和战斗轰炸机一刻不停的攻击在夜间完成的。我们顺利疏散了储存在的黎波里的几乎所有物资，对军需人员来说，这是个了不起的壮举，因为海路只能疏散7%的物资，剩下的93%不得不通过公路运输。我们把带不走的粮食交给地方行政长官，让他分发给当地民众。

> 亲爱的露：
>
> 　我希望目前这场机动顺利进行。周围的乡村景色非常优美，和平时期悠然自得地在这里旅行无疑是种享受。不知道是否会有这样的机会。
>
> 　　　　　　　　　　　　　　　　　　　　1943年1月23日

从1月23日中午起，英军投入强大的兵力冲击的黎波里防线，但被我军击退。我们现在必须立即撤离3万名意军步兵，去协助构筑马雷斯防线。为确保他们的后撤不会遭到敌人突然袭击，剩下的部队再次沿通往西面的公路构成掩护屏障。当天下午，我抽空参观了塞卜拉泰的古罗马遗迹。

英国第 8 集团军在阿莱曼发动进攻后，历时 3 个月，前进了 1400 英里，终于攻入的黎波里。

的黎波里陷落后，英军短暂停顿，重组部队并前运物资。这是个好消息，因为我们得到喘息之机，至少来得及把贮存在祖瓦拉的物资运走。

亲爱的露：

　　昨天的行动都按计划进行。我简直没办法告诉你，这场后撤和随之而来的一切对我来说是多么艰难。从早到晚，我一想到非洲的局势真有可能严重恶化，就痛苦不已。我绝望至极，简直没办法工作。也许其他人能在这种情况下见到希望并有所作为吧。例如 K[凯塞林] 就非常乐观。也许他在我身上找到了集团军没能长时间抵抗下去的原因。他不知道我麾下部队真正的战斗力，特别是意大利人，也不清楚双方的实力对比给我们造成的压力远大于敌人出色的摩托化带来的麻烦，对方通过坦克、装甲车、有利的补给状况实现了强大的机动性。我焦急地等待着，想看看究竟会发生些什么。我会尽量坚持下去。K 现在是我的上司。

1943 年 1 月 25 日

拜尔莱因将军注：此时，意大利人、南线总司令、元首大本营一致要求召回隆美尔，理由是他违背元首和领袖的命令，擅自放弃泰尔胡奈—胡姆斯阵地。隆美尔起初对这些动议倍感痛苦。

1 月 26 日，我们把集团军司令部迁到本加尔丹以西地区 [已跨过突尼斯边境]。我们在途中看见突尼斯与利比亚边境间的铁路线正在修建。要是我们能在苏尔特防线坚守 3 个月，突尼斯与苏尔特之间的铁路线也许能完工。意大利人战前没有沿北非海岸修建铁路线，给我们造成极大的不利，因为维持长达数百英里的后勤补给线，必要的前提条件是大部分物资可通过铁路或海路运送。公路运输要耗费大量汽油，很不经济。

当天中午，意大利最高统帅部发电报通知我，鉴于我健康状况不佳，待我军到达马雷斯防线，就解除我的指挥权，具体日期由我决定。接替我的梅塞将军负责组建意大利集团军司令部，他当初在东线指挥过意大利远征军。后撤期间的种种经历让我身心俱疲，再也不想给一群不称职的人当替罪羊了，于是我请求意大利最高统帅部尽快派梅塞将军来非洲，这样他就可以加入他的新司令部了。①

亲爱的露：

　　这几天我就要把集团军指挥权交给意大利人，唯一的理由是"我目前的健康状况不允许我继续担任指挥职务"。当然，真正的原因不是这个⁴，主要是声望问题。尽管各个方面都面临难以言述的困难，可我为维持整个战区尽了全力。我对那些部下深感抱歉，他们对我非常重要。

　　我的身体确实不太好。头痛得厉害，神经过度紧张，最重要的是血液循环问题，导致我无法休息。霍斯特尔教授给我开了安眠药，还想方设法帮助我。我可能要休息几周才能康复，可东线的局势那么严峻，我大概还是要待在前线。

1943年1月28日

[1月26日]15点左右，我赶去视察马雷斯防线，评估此处阵地的价值。这道防线[在突尼斯境内80英里]位于大海和迈特马泰山之间，以一连串陈旧过时的法国碉堡构成，这些碉堡根本达不到现代战争需要的标准。另外，法国停战后拆除了碉堡里的武器装备。所以，除了防御敌军炮火，这些碉堡在战斗中派不上太大用场，我们不得不依托法国旧碉堡间的野战阵地实施防御。这道防线的南部，坦克完全无法通行。中部陡峭的干河也起到些防坦克的作用，但训练有素的坦克

---

① 译注：隆美尔其实对梅塞出任德意装甲集团军司令深感不满，他认为"至少该派一位德国将领来接替我"。

组员完全能克服这道障碍。北端一片盐沼掩护着防线，但盐沼的许多地段，车辆仍能通行。这道防线所处的位置也不太好，位于一些高地后方，这些高地妨碍了防御方的远程炮兵观测，但为进攻方的火力控制提供了绝佳时机。所以，我们必须派部队据守高地，这就严重分散了我方兵力。

从战略上说，意大利最高统帅部选中这道防线很成问题，因为敌人完全可以实施迂回，尽管有些难度，可确实能做到。1938 年，法军将领卡特鲁和戈奇以卡车搭载一个撒哈拉连进行迂回试验，以确定这种机动是否可行，试验结果表明，无法迂回马雷斯防线。可蒙哥马利麾下的英军机动性远远优于法国沙漠部队。如果他们实施这种行动，那么，我们占据马雷斯防线和防线上所有防御工事还是毫无用处。因此，我针对敌人采取此类行动的可能性及时发出了警告。

鉴于马雷斯防线存在问题，我要求占据杰里德盐沼与大海之间的阿卡里特防线。[马雷斯防线后方 40 英里的] 这道防线，敌人无法迂回，因而能让我们有效地使用非摩托化步兵。我强调指出，我方摩托化力量实力不足以既守住一侧的哈马防线，又守住另一侧的加夫萨防线，同时再支援马雷斯防线。可上级部门对此视而不见。当然，英军后来真的实施了精心策划的迂回机动，导致马雷斯防线彻底丧失作用。面对敌人从三个方向达成突破的威胁，拜尔莱因成功地率领他的摩托化力量退到阿卡里特，没遭受太大损失，可如果我们一开始就在加贝斯全力构筑防御阵地，情况会好得多。

隆美尔此处指的不是加贝斯镇，而是西面 15 英里横跨阿卡里特干河的隘路。他有时候称之为加贝斯防线，有时候又称之为阿卡里特防线。

1 月 31 日，巴斯蒂科元帅交出指挥权，随即返回意大利。我和他不止一次发生过摩擦，可几乎都是意大利最高统帅部下达的某些指令引发的。总的说来，我们合作得很好，他经常支持我的意见。尽管上级部门的想法很奇怪，但装甲集团军还是毫发无损地退到马雷斯，没有沦为某道"奋战到底"的命令或其他指令的受害者，很大程度上归功于巴斯蒂科元帅。

几乎是同时，卡瓦莱罗元帅也被解除职务，这是个深受欢迎的好消息。早就该派更具能力的人换掉他。

2月1日前后，英军在的黎波里港的交通运输活跃起来，使用了几艘轻型油轮。我方空中侦察报告，他们还有些更大的船只。当然，德国空军根本无法阻止对方的运输作业。英军从东面开始了接敌行军，我们估计，第8集团军很快会以原有的全部力量扑向我们。

差不多在这个时候，梅塞将军到达非洲。和大多数从东线来的人一样，他对非洲战事的看法相当乐观。我打算过一段时间，待集团军彻底站稳脚跟，再把指挥权交给梅塞。

亲爱的露：

没什么新鲜事。这是下一场交战前的平静。指挥权的变更，似乎（据说）是早就安排好的。当然，意大利人一直要求获得指挥权。

1943年2月2日

1月间，我们的一些高射炮兵在突尼斯以突袭的方式，打垮英军远程沙漠战斗群一支纵队，还俘虏了第1特别空勤团团长戴维·斯特林中校。由于看押不力，斯特林伺机逃脱，他在途中遇到些阿拉伯人，就劝说对方，把他送回英军战线的话会获得奖赏。但阿拉伯人的商业眼光很敏锐，觉得他的报价太低，于是把他送到我们这里，打算换取11磅茶叶，我们很快达成交易。就这样，英军失去了一位能力出众、适应力很强的沙漠战斗群指挥官，此类特种部队给我们造成的破坏，远远大于同等实力的其他英军部队。[1]

1943年2月15日，第15装甲师后卫部队终于撤入马雷斯防线前方阵地，从阿莱曼到马雷斯这场漫长的后撤终于结束了。经历了一连串挫败，全体官兵的斗志依然顽强，简直是个奇迹，归根结底是因为他们觉得自己没被敌人击败，只是寡不敌众而已。

---

① 译注：按照 OKW 的"突击队令"，此类突击队员被俘后，无论是否身着军装，都应就地处决，但隆美尔没执行这道命令。斯特林在战俘营里活到战后。

亲爱的露：

霍斯特尔教授昨天又来看我，建议我尽快接受治疗。可是，只要我还能站起来，就不会离开战场。

1943年2月7日

我下定决心，无论健康状况如何，不接到命令决不交出指挥权。就目前的情况看，我打算坚持到最后一刻，哪怕是违反医嘱。你会理解我这种态度的。至于罗马派来的接任者，只好请他再等等了。[①]

1943年2月8日

到今天，我踏上非洲土地已整整两年。这是顽强奋战的两年，大多数时候，我们面对实力占有很大优势的敌人。今天，我想起麾下英勇的官兵，他们为了祖国恪尽职守，对我的指挥充满信心。无论是在我个人领域，还是为了整个事业，我都全力履行自己的职责……我们必须竭尽全力，击退袭向我们的致命危险。很不幸，一切都是补给造成的问题。我希望上级会认可我与麾下官兵坚持到最后一刻的决定。你会理解我这种态度的。对一名军人来说，这是他唯一的选择。

1943年2月12日

回顾，从阿莱曼到马雷斯

机械化作战中，只要满足一定的条件，后撤也总是能为指挥官（哪怕他掌握的兵力很少）提供大量战术机会。这些条件如下：

（a）他的部队必须保持完整，而且战斗力尚存。

（b）后撤期间，每个新集中地域必须提供足够的汽油、弹药、口粮、替换装备。

敌人越向前挺进，补给线就拉得越长，就算他们勉力维持，也必然把越来越

---

① 译注：梅塞将军倒不着急，还宣称"作为隆美尔元帅的继任者，是我一生最大的荣幸"。梅塞堪称最具能力的意军指挥官，1943年5月向英军投降后，很快就以意大利联合交战军参谋长的身份加入盟军一方。

多的部队留在后面。前进期间，补给线拉长，后撤期间，补给线缩短。后撤中的军队总是能集中力量，因此，他们对敌人形成局部优势的时刻必然会到来。

这一刻，如果后撤中的军队获得足够的汽油和弹药，就掌握了绝佳时机。他们可以转身打击前进之敌，如果对方愚蠢到停下来迎战的话，就歼灭敌军。这种行动必须以最快的速度遂行，确保敌人来不及前调援兵。

基于这种考虑，不等阿莱曼交战到达顶点，我们就打算脱离战斗。整个交战期间，我们在指挥方面受到很大限制，这是我们编有大量德国和意大利非摩托化兵团造成的。我们知道，这些限制在后撤期间会造成很大的麻烦，果然，我方摩托化部队不得不一次次长时间抵御英军，以便意军顺利完成后撤。

可事情随后发生了变化。遵照元首和领袖的命令，11月3日和4日，我们不得不迎战英军。这两天决定了我们后来的命运，因为我们损失近200辆坦克，几乎是我方剩下的所有战车，还包括很大一部分意军兵团。这导致我们丧失了后撤期间遂行机动作战的一切机会，因为整个集团军支离破碎，除了继续后撤，几乎做不了什么。我们最大的希望，是迫使敌人反复实施接敌行军，然后再展开，这样就能为我方争取到时间。我们确实做到了这一点。无论在卜雷加港还是在瑙费利耶，在布埃拉特还是在的黎波里，蒙哥马利始终没能歼灭我们。但我们也没办法以摩托化力量发动反攻。

这种情况实在让人扼腕，因为敌人一次次给我们提供了发起反攻的绝佳战术时机。蒙哥马利最热衷的是把足够的预备力量调到身后，而且就连最小的风险也不想冒。英军指挥部的应对速度相对较慢。我军后撤的初期阶段，英军投入的迂回纵队实力太弱，要是我们有汽油的话，早就歼灭他们几次了。蒙哥马利应该把主要突击置于迂回纵队身后，因为这种迂回最有可能迫使我们应战。另一方面，英军指挥官在布埃拉特和的黎波里展现出真才实学，明显克服了以往过于谨慎的心态。他们以极大的干劲和活力做出决定，我们不得不付出巨大的努力才能挽救危局。

我正确评估了为集团军提供补给的可能性，在这份评估的基础上得出正确的战略结论，可以说尽到了自己的职责。所有事情我们都考虑到了，还充分利用了当前情况。从战术上说，这场后撤没有按照英国人的意图进行，而是完全根据我们的预定计划实施，对方歼灭装甲集团军的企图彻底落空。集团军克服了一切困难，甚至包括德国和意大利上级部门不合理的命令，他们一次次从遥远的欧洲发来指令，把抵抗到最后一颗子弹当作灵丹妙药。其实，应该是抵抗到最后一滴水。最值得感谢和钦佩的是我方全体将士，尽管不停地后撤，口粮很差，压力巨大，可他们在最危险的情况下也没有退缩，展现出的战斗力一点不亚于他们攻克图卜鲁格那天。

我们的上级部门从一开始就不愿接受"最终撤离的黎波里塔尼亚不可避免"的观点，结果白白浪费了我们许多时间和物资。因此，加强布埃拉特防线的整个工作最终毫无用处，泰尔胡奈—胡姆斯的防御工事同样如此。要是一开始就让意大利步兵直接撤到加贝斯防线，要是把埋在利比亚但毫无用处的那些地雷埋在加贝斯，我们付出的努力和耗费的物资可能更有价值。

注释

1. 内林原本是非洲军军长，被派去指挥突尼斯的防务，但冯·阿尼姆很快接替了他。

2. 这一点值得强调，因为它始终关系到英军穿过的黎波里塔尼亚期间德意军队采取行动的一切战略和战术推论。

3. 蒙哥马利为此次进攻前调的坦克实际是 450 辆。他打算以第 51 师沿海岸公路攻击前进，第 23 装甲旅在该师左翼发展局部杠杆作用，第 7 装甲师和新西兰第 2 师执行大范围迂回机动。蒙哥马利亲自指挥海岸公路的行动，这样，利斯也许就能更加自主地指挥迂回行动，这场迂回打算取道拜尼沃利德和泰尔胡奈，直奔的黎波里。

4. 这一段存疑，因为手写原件的文字难以辨认。

第十九章 两条战线之间

　　集团军撤入马雷斯防线，我们再次按照不同的战略原则展开工作。利用"内线优势"，我们现在得以集中摩托化部队主力，打击突尼斯西部的英美军队，有可能迫使他们退却。我们不用担心行动期间蒙哥马利会发动卓有成效的牵制性进攻，因为此类进攻如果没有强大的炮兵和轰炸机支援，肯定会在马雷斯防线上陷入停顿，对方还会遭受严重损失。我们打算先粉碎敌军集中地域，消除英美军队从加夫萨攻往海边，分割我们两个集团军的威胁。完成这场行动，打击力量就迅速返回马雷斯对付蒙哥马利。我们建议，发动进攻前不久，先把 [马雷斯以东 20 英里的] 梅德宁和本加尔丹地域丢给英国人，以防他们在预有准备的防御阵地应对我方进攻。

　　作为这些行动的前奏，第 21 装甲师（该师已转隶第 5 装甲集团军，实力再次获得加强）2 月 1 日进攻法伊德山口 [加贝斯隘路以北 80 英里]，目标是夺取山口，以此作为攻往西迪布济德和斯贝特拉 [分别位于法伊德山口以西 15 英里、西北面 35 英里] 的出发地点。该师以迂回进攻的方式冲上山口，还抓获 1000 名俘虏。

　　突尼斯登陆场面临的最大危险，是美军从 [加贝斯隘路西北方 70 英里的] 加夫萨攻往加贝斯，导致两个轴心国集团军相互隔绝。所以，我们的首个目标是粉碎突尼斯西南部的美军集中地域。为此，第 21 装甲师和第 10 装甲师部分力量奉命打击西迪布济德和斯贝特拉地域的美军，任务是打垮、尽可能歼灭盘踞在这些地方的敌军。与此同时，我这个集团军组建的一个战斗群负责对付加夫萨的美国守军。我们暂时没有确定后续战役目标。[1]

　　2 月 14 日，第 21 装甲师从法伊德山口登陆场向前运动，对驻守西迪布济德地域的美国第 2 装甲师实施包围进攻。[2] 他们从正面牵制美军兵团，一个装甲战斗群绕过北部地区，深深楔入美军侧翼，另一个战斗群奔向西迪布济德，从后方攻击敌人，把对方逼入万分艰难的战术境地。激烈的坦克战爆发开来，我那些装甲兵都是身经百战的沙漠战老手，把经验不足的美国兵打得溃不成军，很快，大批格兰特、李、谢尔曼坦克在战场上起火燃烧。美军主力遭歼灭，残部逃往西面。

赢得这场胜利，我敦促负责此次行动的第5装甲集团军夜间乘胜追击，迫使敌人不断退却，一举拿下斯贝特拉。我们必须全力发展战术胜利。溃败之敌逃窜当天，我们不费太大力气就能把他们一网打尽，拖到次日，对方很可能以齐装满员的状态重新出现。

可是，第21装甲师直到2月16日夜间才追击退却之敌。2月17日上午，该师到达斯贝特拉前方。美国人利用他们的延误组织了防御，展开巧妙而又激烈的战斗。如果当时指挥第21装甲师作战行动的齐格勒将军[3]在西迪布济德赢得胜利后立即下令追击，根本不需要为争夺斯贝特拉展开鏖战。不过，第21装甲师傍晚前终于打垮对方的抵抗。这几天，美国第2装甲师损失150辆坦克[4]，1600人被俘。第21装甲师的损失很小。

美国人缺乏实战经验，现在轮到我们从一开始就给他们灌输一种混乱无序的自卑感。

第21装甲师在斯贝特拉获胜，没等我的战斗群发动进攻，美国人2月14日夜间就撤走加夫萨守军。[①]非洲军和意大利"半人马座"装甲师辖内部队2月15日下午兵不血刃地占领了加夫萨。

2月16日上午，我们沿通往加夫萨的公路驱车向前，途中遇到阿拉伯人一支支长长的队列，他们驱赶着满载赃物的驮畜。这些人把废弃的房屋和建筑里能拿走的东西全拿走了，在他们看来，最珍贵的是各种木制品。阿拉伯人对这门好生意欣喜不已，慷慨地把鸡和鸡蛋送给我的部下。美国人炸毁了存放在堡垒内的弹药，没对住在附近的居民发出任何警告，结果震塌了30座房屋。当地居民从废墟里掘出30具阿拉伯人的尸体，还有80人失踪。所以，他们对美国人痛恨不已，大肆庆祝自己获得了解放。

---

① 译注：原文如此。如果美军2月14日夜间撤离，就不是因为斯贝特拉沦陷，而是西迪布济德的惨败所致。

在此期间，我的直属营赶往西南方，任务是炸毁迈特莱维的铁路隧道。他们在那里缴获大量汽油和一些火车车皮。迈特莱维存有 20 万吨磷酸盐，要是我们能把这些原料运回欧洲，无疑会充分加以利用。利本施泰因[5]奉命率领非洲军战斗群攻往 [加夫萨西北方 40 英里的] 富里亚奈，他们打垮了美军的顽强抵抗，2 月 17 日夺得这个重要的中心。可惜，守军纵火烧毁了他们储备的物资。侦察部队发来报告，说就连泰贝萨 [加夫萨西北方 80 英里] 的盟军也在焚烧仓库。我们缴获、击毁了十几辆搭载或拖曳 75 毫米火炮的美军装甲车。我军随后大胆地朝泰莱普特攻击前进，那里的敌人被迫烧毁了机场上的 30 架飞机。

看上去美国人正撤往泰贝萨。他们的指挥部似乎紧张不安，一时间举棋不定，缺乏经验的指挥官首次面对复杂的情况往往会这样。我们的行动已顺利进行了 4 天，我打算集中全部兵力攻往泰贝萨，夺取这个重要的空军基地和后勤、运输中心，深深楔入盟军后方。非洲的局势一直对我构成很大的风险，因为我的兵力始终处于劣势。但我从来不赌，即便最大胆的行动，我也会保留足够的兵力，随时应对一切突发状况，从来不担心会大败亏输。可面对眼前的情况，我不得不冒上更大的风险。

亲爱的露：

我的身体状况还不错。但这里的指挥机构很快会变更。我不说你也知道这对我的打击有多大。可我对此无能为力。我希望接受治疗后康复如初，恢复以往的活力，这样我就能再次全力以赴地投身战事了。

1943 年 2 月 18 日

毫无疑问，要是盟军指挥部采取正确的行动，投入大股兵力打击我们漫长的侧翼，夺取我方补给基地，迫使我军进攻力量陷入孤立无援的境地，那么，我们策划的行动就岌岌可危了。可那些迄今为止只在书本上研究过战事的指挥官，往往对敌人的行动做出直接而不是间接应对。[6]初学者通常缺乏勇气，只根据军事上的权宜之策做出决定，而不考虑他们心中最重要的问题。

我相信，两个集团军的装甲和摩托化力量合兵一处，全力攻往泰贝萨，必然迫使英美军队把主力撤回阿尔及利亚，从而严重耽搁他们的进攻准备。这场突击要想取得成功，必要条件是立即展开行动，而且打击力量必须强大到足以迅速打垮缓过神来的敌人实施的一切抵抗，一举突破到开阔的公路。朝北面的突击必须深入敌军防线后方，确保敌人无法把预备队调到各山口阻挡我军前进。我方部队控制了一些山口和公路上的战略要地，我对此很满意，这样一来，我们就能挡住敌人对我军侧翼的攻击。尽管如此，但敌主力会不会输掉与我方打击力量的这场角逐，仍是个悬而未决的问题。

冯·阿尼姆大将不觉得拟议的这场行动有可能赢得胜利，也许是因为他想把第 10 装甲师留在他的作战地域，用于执行他自己构思的行动。所以，冯·阿尼姆坚决反对这份方案。其实，他根本不了解真实情况，与西方敌人的交战经验少之又少，因而对敌人的指挥缺点一无所知。

于是，我决定立即把我的建议上报意大利最高统帅部和南线总司令。拜尔莱因设法说服突尼斯地区德国空军司令塞德曼将军，让他相信这场行动完全有可能大获成功。我相信始终乐观的 [南线总司令] 凯塞林和意大利人会毫不犹豫地批准我的方案，因为这关系到我军再次发动进攻的问题。另一方面，领袖也急需一场胜利，巩固他在国内的政治地位。

当天傍晚，凯塞林通知我，他批准我的计划，会向意大利最高统帅部汇报。于是，我们焦急地等待意大利人做出决定。可直到午夜，什么消息也没有，意大利人显然不太着急。我们又发了封电报，催促他们尽快做出决定，否则就会浪费太多时间，给行动的成功前景造成妨碍。

2 月 19 日凌晨 1 点 30 分左右，意大利最高统帅部终于回电，批准了这场行动，但做出重要修改：不是攻往泰贝萨，而是取道塔莱攻往卡夫。[7] 意大利最高统帅部的短视令人震惊而又难以置信，实际上，这种短视最终导致整个计划流产。沿这条路线进攻，离前线太近，势必让我军遭遇敌人强大的预备力量。

其他时候，我们的上级部门无比乐观，简直不知道接下来该对我们提出怎样的要求；可确实需要魄力的时候，他们又没勇气做出果敢的决定。现在没时间争论，否则就无法展开有效的行动，我们必须全力粉碎美军集中地域。

就这样，非洲军战斗群立即赶赴卡塞林 [斯贝特拉以西 20 英里，富里亚奈以东 20 英里] 西北面的卡塞林山口。第 21 装甲师奉命从邻近山谷攻往斯比巴 [斯贝特拉以北 25 英里]。第 10 装甲师辖内部队在他们身后赶往斯贝特拉，从那里，他们可以和斯比巴的第 21 装甲师合兵一处，也可以支援卡塞林的非洲军战斗群，具体视情况发展而定。

在此期间，盟军调集突尼斯北部的一切力量，迅速开往西南部遭受威胁的前线。此时，他们用于掩护南翼的兵力相对较弱。

非洲军战斗群在卡塞林周边地域展开之际，第 3 侦察营向前冲去，企图越过山口，但敌人以猛烈的反冲击打退了该营。[据守该地域的是美国第 34 师。]

门通装甲掷弹兵团[①] 发起冲击，取得些初期战果后，也以失败告终。问题在于他们的进攻方式不对。这些军官在沙漠里战斗得太久，突然发现自己面对着欧洲阿尔卑斯山那样的地形。山口两侧的山峰高达 5000 英尺，美军士兵和炮兵观测员守在山上。很不幸，门通可能低估了美国人，他只在山谷里遂行进攻。他本该结合山峰和山谷战术，夺取山口两侧高地，消灭敌炮兵观测员，一举攻入敌军后方。

2 月 19 日 13 点左右，我驱车赶往非洲军战斗群指挥所，想了解确切的战况。我们在途中不时遇到些美军车辆，驾驶员死在方向盘后，显然是我方空袭的受害者。我军部队继续押来一群群美军小股散兵游勇。我派比洛维乌斯将军率领一个战斗群迂回攻击卡塞林山口。然后我又赶往第 21 装甲师，该师一直在耽搁时间，但随后取得不错的进展。我现在还无法决定把第 10 装甲师投入哪个方向。

可是，第 21 装甲师很快在斯比巴前方陷入停顿。持续不停的暴雨浸透了各条道路，给该师造成严重耽搁，他们随后遭遇一片密集的地雷场，敌人在此处的防御非常严密。[据守在这里的是英国第 1 禁卫旅。]

经过激烈战斗，第 21 装甲师克服了第一道地雷障碍，但最终陷入停顿。他们也犯了同样的错误：在山谷内遂行正面冲击，而不是发起进攻跨过山丘。

虽说恶劣的天气给我们造成种种困难，实际上对我们非常有利，因为敌人的空中力量无法充分发挥效力，否则，他们肯定会在这片峡谷般的深邃山谷里给我

---

① 译注：奥托·门通上校指挥的是第 288 特种部队，这股力量 1942 年 10 月改称非洲装甲掷弹兵团，隶属第 90 轻装师。

们造成极为严重的打击。

我们的两个进攻地点，我担心的事情终于发生了。敌人抓住机会把预备队调到我们难以攻击的山顶阵地，而且还在争取时间，前调更多援兵。要是我们进攻泰贝萨，可能没遭遇激烈抵抗就顺利取得进展，而在这里，我们早早遇到敌军，而且此处的敌人不需要匆匆开赴前线，因而组织有序，完全有时间从容不迫地做好防御准备。

我相信卡塞林的盟军实力弱于斯比巴，因而决定把进攻重点置于卡塞林地域，再把第 10 装甲师投入交战。

2 月 20 日早上 7 点，我驱车赶往非洲军设在卡塞林的军部，在那里遇到第 10 装甲师师长冯·布罗伊希将军。很不幸，他只带来半数力量，冯·阿尼姆出于自己的目的，把第 10 装甲师另一半力量留在北面。该师摩托车营已投入行动，我在途中与他们交错而过。

美军火炮和迫击炮部署得非常好，以居高临下的火力遏止了门通的一次次进攻。现在，第 10 装甲师摩托车营即将投入战斗。很不幸，我们整个上午没听见更没看见该营参战。我询问冯·布罗伊希究竟怎么回事，他告诉我，他打算把摩托车营留下来执行追击任务，因而派另一支部队遂行冲击，而这支部队此时仍在赶往前线的途中。宝贵的时间又一次白白浪费了。我非常生气，命令各级指挥官靠近前线，亲眼看看那里的真实情况。我还命令摩托车兵立即投入进攻，因为美国人的实力每个钟头都在加强，我们的处境越来越艰难。

从中午起，我军恢复进攻，激烈的近战随之而来。火箭炮首次在非洲投入战斗，事实证明，这是款非常有效的武器。

17 点左右，我们终于攻克了山口。美军打得相当顽强，门通装甲掷弹兵团损失惨重。黄昏时，我们发现一支敌装甲部队位于山口另一侧。这股敌军把部分力量部署在侧谷内，显然想赶去支援卡塞林守军。我立即派一个装甲战斗群穿过山口。这场挺进，利用重新搭设的桥梁迅速跨过哈泰卜河，把敌人打得措手不及，他们被迫背山而战，很快就被第 8 装甲团经验丰富的装甲兵消灭殆尽。战斗发生在近距离内，没过多久，敌人就丢下坦克和车辆，企图翻越山峰徒步逃亡。我们缴获大约20 辆坦克和 30 辆装甲运兵车，这些车辆大多拖曳一门 75 毫米反坦克炮。美国人的装备非常精良，组织方面有很多值得我们学习的地方。他们特别引人注意的一个特点是车辆和零部件的标准化。英国人的经验借助美国的技术装备得到充分发挥。

我估计敌人次日会反扑，因而决定把非洲军纵队和第10装甲师（或者说我们获得的该师部分力量）暂时留在卡塞林周围，以便对敌人一切行动采取有效的反制措施。

但2月20日夜间，我方几支队伍从卡塞林出发，沿卡塞林—塔莱公路向北攻击前进，向西攻往泰贝萨。敌人已撤离。

第二天早上（2月21日），我驱车赶往卡塞林山口，去查看我们击毁的美制坦克。缴获的装甲运兵车排成长长的队列，穿过山口返回，有些车上挤满美军俘房。路上停着3辆彻底损毁的美制装甲车，看来碾上了他们自己埋设的地雷。比洛维乌斯告诉我，意大利神射手营的精锐力量进攻期间与我们配合得非常好。可惜，他们的营长阵亡了。

敌人目前的计划似乎是在新阵地实施阻滞战斗，同时保持防御。基于这种假设，我决定立即攻入敌军后方。中午前后，第10装甲师动身赶往杰尔达堡，任务是切断那里的路口和铁路线，让敌人无法使用。非洲军战斗群负责击退哈姆拉之敌，在通往泰贝萨的公路上夺取山口顶峰。第21装甲师守住既有防线。我把部队部署在几个危险地点，希望借此让敌人比我们更分散。与此同时，第5装甲集团军应当在他们的作战地域设法以正面进攻牵制敌军，防止对方把更多援兵投入南部战线。

到13点，第10装甲师正迅速攻往塔莱[卡塞林以北55英里]，途中打垮英军一个反坦克连，这是对方接敌兵团的先遣部队。中午前后，我带着拜尔莱因和霍斯特尔赶往第10装甲师，该师的前进速度还不够快，我得不断催促他们保持速度，他们似乎还没意识到自己正与盟军预备队赛跑。为准确判断形势，我驱车赶往最前方的侦察部队，想看看那里发生的情况。到达目的地，我发现他们趴在紧靠阿拉伯村庄的仙人掌林里。猛烈的炮火落在村内，鸡飞狗跳一片混乱，各种牲畜家禽逃向四面八方。拜尔莱因弄到些鸡蛋。很快，我们也不得不寻找隐蔽。拜尔莱因带着他宝贵的战利品爬入仙人掌林。我们安然无恙，那些鸡蛋也完好无损。

我们随后赶往500码外的一座山丘，从那里观看我军的进攻过程。17辆被击毁的坦克停在我们前方，都是马克 VI 型，所以，它们这么快就从北面而来不足为奇。但我们也惊奇地发现，这些坦克安装了 75 毫米火炮。[8] 我方炮兵很快与敌人的火炮交战，没过多久，我们又遭到坦克炮火打击，不得不再次转移。途中，我们看见一些被击毁的反坦克炮旁躺着几具英国士兵的尸体。阿拉伯人劫掠了这些阵亡的士兵，剥光了他们的衣物。幸亏这帮盗尸者没遇到我们，否则我肯定会给他们留下终生难忘的教训。没过多久，我再次驱车赶往道路东面的步兵部队，要求他们加快前进速度。我命令冯·布罗伊希将军，让装甲掷弹兵乘坐坦克前进。待他们遇到敌军阵地，完全来得及下车投入战斗。

19 点左右，第 10 装甲师顺利攻入敌人据守的塔莱。我方部队冲入该镇，英军一个营没来得及开火就被我们的坦克先遣力量打垮。这群坦克掉转方向，从后方打击敌人，把他们逐出阵地，我们还俘虏了 700 名敌军官兵。可是，我们很快又被迫撤离塔莱，因为敌人调来英国第 6 装甲师和其他盟军兵团更多部队。

行动开始前，我们请求冯·阿尼姆把第 5 装甲集团军的 19 辆虎式坦克[9]借给我们。要是我们在塔莱有这些战车的话，也许能挺进得更远。可冯·阿尼姆拒绝了我们的请求，说这些坦克都在维修，我们后来发现他是胡诌。他想留下这批虎式坦克用于自己的进攻行动。

2 月 21 日下午晚些时候，我从第 10 装甲师驱车返回，看见非洲军进攻方向爆发了猛烈的炮兵对决。他们的队伍似乎进展甚微，待我回到指挥所，发现相关报告证实了我先前的印象。非洲军取得了些初期进展，面对敌人不断加强的抵抗，前进速度逐渐放缓。很不幸，他们也一直待在谷底，没有同时在两侧的高地上挺进，从而以迂回攻击敌军侧翼的方式，消灭对方设在山口的阵地。这是我军部队第三次犯同样的错误。正确的做法是把进攻重点置于两侧的高地，但要记住，林木茂密的地形无法使用坦克。美军的防御执行得非常巧妙。他们让我进攻队伍平安无事地沿山谷而上，然后从三个方向突然施以猛烈的打击火力，迅速迫使我方部队停下。美军炮兵的灵活性和准确性让比洛维乌斯的部下深感震惊，对方猛烈的炮火击毁了我们许多坦克。他们后来不得不后撤，美军步兵紧追不舍，导致后撤沦为代价高昂的退却。

2 月 22 日上午，我再次驱车赶往塔莱，在那里被迫得出结论：敌人的实力太过强大，我们的进攻已难以为继。

13 点左右，凯塞林元帅带着韦斯特法尔[①]和塞德曼来到我的指挥所。我们一致同意，继续攻往卡夫没有成功的希望，因而决定分阶段停止此次攻势。

于是，第 10 装甲师和非洲军战斗群夜间撤回卡塞林，占据山口西北面的阵地。第 21 装甲师 [东路力量] 暂时留在斯比巴，但要做好接到命令后在道路上布雷并后撤的准备。

凯塞林问我，是否愿意接掌集团军群指挥权。显然，由于卡塞林攻势，我不再是 persona non grata（不受欢迎的人），虽然有失败主义情绪，但再次成为"可接受的人"。可是，经历了最近几个月发生的事情，再加上元首已指定冯·阿尼姆大将担任集团军群司令，所以我谢绝了凯塞林的提议。不管怎么说，我不太想在德国空军和意大利最高统帅部麾下从事指挥工作，也不愿继续忍受他们对战术问题的干涉。凯塞林元帅固然有不少优点，可他对非洲战区的战术和战役条件一无所知。他以乐观的态度看待一切，我们这次打败美国人，进一步加强了他不切实际的幻想。他认为美军战斗力低下，诸如此类的胜利日后还会多次出现。虽说美军官兵现在确实无法与英国第 8 集团军那些老兵相提并论，可他们以更精良、更丰富的技术装备和更灵活的战术指挥弥补了自己的经验不足。实际上，美军装备的反坦克武器和装甲车非常多，即将到来的机动作战，我们不是没有获胜的可能，但希望不大。美国人的防御战术也是第一流的。他们从最初的震惊里迅速恢复过来，调集预备队据守山口和其他合适的地点，很快就成功挡住我军的挺进。不过，他们的部队不是都来得这么快，我坚信，如果我们当初攻往泰贝萨，本来能在遭遇激烈抵抗前越过该镇向北挺进得更远。

2 月 23 日，我方最后一个兵团撤到卡塞林山口防线后方。坏天气结束了，从当天中午起，我们在富里亚奈—卡塞林地域遭到美国空军猛烈打击，对方的空袭力度与我们当初在阿莱曼遭受的打击相当。各种类型的敌机，以机炮和炸弹不停攻击穿过谷底退却的我方部队，一架架观测机把无数个炮兵连的火力引向这片地

---

① 译注: 韦斯特法尔 1943 年 2 月调任南线总司令作战指挥处处长。

区一切有价值的目标。仅卡塞林上空，15 分钟内我们就看见 104 架敌机。16 点左右我赶往前进指挥所途中，18 架轰炸机在我们前方 100 码实施地毯式轰炸。这场空中突击一直持续到夜幕降临，盟国空军的实力和打击力量确实给我们留下深刻的印象。

斯贝特拉—卡塞林交战就这样结束了。交战伊始，德军装甲部队打垮了稚嫩的美国人，赢得重大胜利，我们本该发展胜利，深深楔入敌军地域，粉碎他们的突尼斯战线。可惜，意大利最高统帅部下达的命令没批准我方进攻力量奔向这个重要目标，而是直接进入盟军预备队的作战地域。美军在卡塞林山口顽强抵抗，迟滞了第 5 装甲集团军辖内部队开抵，导致我们没能出其不意地突入敌军腹地，对方借此争取到时间，不仅在后方组织起防御，还把预备力量调到关键地点。

某些德军指挥官领导能力欠佳，再加上第 5 装甲集团军不太配合，扣下部分本该用于此次行动的部队，导致这场进攻过早受阻。我们没能把美军逐出哈姆拉高原，肃清西翼也就无从谈起了。

亲爱的露：

直到今天我才有空提笔写信。尽管这几天的交战让人筋疲力尽，但我的身体状况还不错。可惜，我们无法长时间守住既占地域。

1943 年 2 月 23 日

非洲集团军群

2 月 23 日傍晚，意大利最高统帅部发来命令称，为满足突尼斯地区统一指挥的迫切需求，在我的领导下组建非洲集团军群。这道命令让我喜忧参半。一方面，我很高兴自己能再次对部下的命运发挥更大影响（梅塞将军不久前接手指挥马雷斯防线）；但另一方面，我不太愿意继续给元首大本营、意大利最高统帅部、德国空军充当替罪羊。

亲爱的露：

我的指挥权升了一级，所以必须交出原先那个集团军的指挥权。拜尔莱因继续担任我的参谋长。这是不是永久性解决方案还无法确定。虽然这几天累得够呛，可我的身体状况还不错。

　　东线发表的公报，现在听上去似乎又有些好转。经历了那些极为严峻的时期，总算有了些曙光。

1943年2月24日

　　2月24日，我会晤第5装甲集团军作训处长，商讨他们的作战方案。冯·阿尼姆策划了一场迂回进攻，打算歼灭盘踞在迈贾兹巴卜［突尼斯城以西40英里］周边地域的敌军。我批准了这份方案，但不同意他们完成行动后撤离迈贾兹巴卜平原，退回出发地域的后续计划。这片平原是敌人为进攻突尼斯城集中摩托化力量的理想地域，因而可以说是我方防线的"阿喀琉斯之踵"。

　　傍晚，我在德国空军司令部见到韦斯特法尔上校，他代表凯塞林元帅，请求我在卡塞林后卫阵地再坚守几天，必要情况下配合第5装甲集团军攻往巴杰的行动。这是我第一次听说巴杰这个地名和第5装甲集团军的作战计划。我没有同意，因为这个目标对他们寥寥无几的兵力来说实在太高了。不管怎么说，这场行动本该在我们进攻塔莱那天发起。

　　遗憾的是，第10装甲师不可能继续留在卡塞林了，因为该师已开始撤离，我们估计，他们目前的阵地接下来几天会遭到猛烈的包围攻击，为击退敌人的进攻，我军势必付出重大伤亡。

　　这是意大利最高统帅部思路平庸的典型例子，他们缺乏现实感，无法对军事态势做出理性的判断。他们的作战方案不是基于情况真正的可能性，而是以愿望主导自己的想法。虽然罗马那些人觉得他们有能力做出影响突尼斯战事的战术决策，可他们无力协调第5装甲集团军进攻巴杰和我们进攻塔莱的行动。要是他们当初做到这一点的话，本来可以大大增加两场行动获胜的机会。

　　第5装甲集团军2月26日发动进攻。此次突袭似乎把敌人打得措手不及，因而较为轻松地取得突破。可敌人很快发起猛烈的反突击。多雨的天气在某些方面给进攻造成不利，因为我方突击部队前调重武器非常困难。

　　进攻持续了几天，不管怎么看都无法取得重大战果，我方部队遭受的伤亡，远大于我们给敌人造成的损失，在任何地方都没发展成顺利运行的战术机动。实际上，此次进攻纯属浪费兵力。最让我愤怒的是，我们在非洲的虎式坦克本来就没几辆，冯·阿尼姆先前不肯借给我们用于南部攻势，现在却让它们穿过沼泽山谷，结果，虎式坦克根本无法发挥主要优势，也就是重型火炮的超远射程。这些重型坦克不是陷入泥沼，就是被敌人打得动弹不得。投入行动的19辆虎式坦克损失了15辆。驶入狭窄山谷的其他坦克也是如此，被英军击毁了不少。我赶紧命令第5装甲集团军尽快停止这场徒劳无益的行动。不幸的是，我离开非洲后，这场攻势仍在完全相同的情况下继续进行。他们冲击一座座高地，简直就是第一次世界大战物质战的重现，僵化的战术手段也如出一辙。

亲爱的露：

……东线传来的好消息让我们振奋不已。看来，情况终于又要好转了。

但愿我们能在这里赢得一场重大胜利。我绞尽脑汁，没日没夜地想找到解决办法。很遗憾，根本没有赢得胜利的条件。一切取决于后勤补给，几年来始终如此。

我的健康状况还不错。心脏、神经、风湿病给我造成不少麻烦。但我打算尽可能长久地坚持下去。

1943年2月26日

阿尔弗雷德·英格马尔·贝恩特中尉致函隆美尔夫人

亲爱的隆美尔夫人：

2月初，您丈夫的身体和精神状况非常糟糕，霍斯特尔教授认为，他必须立即接受至少8周治疗。元帅接受治疗的最迟日期定于2月20日，已通过南线总司令呈报元首大本营。

加重您丈夫病情的另一个因素，是指挥问题一直没得到解决。意大利人派来接替者，可德国方面始终没有发表声明或下达命令召回元帅。他们在等他请病假，但元帅的看法非常正确，他说自己决不请病假，我已上报他的意见。

他属于自己的部下，要是他自行决定离开时间，几天后又发生什么意外的话，肯定会有人指责他缺乏预见，走得太早。

与此同时，某些无法推延的行动不得不发起，两个集团军辖内部队都要参加，打击西方国家的军队。元帅发现有人心生妒意，就做出让步，把指挥权拱手让与他人。可初期胜利没有像他预想的那样迅速发展，于是他又介入其中，还提出大胆的建议（顺便说一句，上级部门修改了他的建议），重新获得了指挥权。这又是场机动作战。那天晚上，他要了瓶香槟，还说他觉得自己就像个再次听到战鼓声的老兵。接下来几天，他的身体状况有所好转，旁人很容易认为他已恢复如初。霍斯特尔教授诊断，元帅的健康状况确实好转了，因而同意他继续指挥战事，过几周再接受治疗。

我把这些情况报告给元首和南线总司令，不过，元帅可能并不知情。成功的作战行动进行之际，我们收到上级的决定：组建隆美尔集团军群，把两个集团军编入辖内。这进一步证明了元首和领袖的信任。我想借此振作元帅的信心，说即便经历了大踏步后撤，他还是得到元首和领袖的充分信任。元帅在这方面总是持相反的看法。但元首和领袖的信任之情再清楚不过了。

休完病假，元帅是否会返回非洲，取决于战事的发展。如果我们在非洲继续进攻，我想他会回来的。如果不回来，那么，元首向来把元帅视为善于进攻的猛将，肯定会派他去其他地方执行大规模进攻任务。当然，届时他会肩负更重的责任，但这份重任也给予他必要的激励。所以结果还不错。其实他完全可以依赖自己的幕僚。

前几天，元帅驱车从部队身边驶过，全体官兵的喜悦之情溢于言表。进攻期间，他出现在一个先前不归他指挥的师里，一直跑到装甲先遣部队前方的侦察兵那里，就像他常做的那样，和他们一同趴在泥泞里躲避炮火，这群侦察兵的眼睛为之一亮。还有哪位指挥官能像元帅这样赢得部下的充分信赖呢？

塞默灵的房子没再续租，但我认为元帅3月下旬还是会回去一趟，可能是月底。届时，他会带上些随行人员，例如2名军官、6名军士和士兵，以撰写他的交战报告。

我希望这封信能让您了解具体的情况。

致以美好的祝愿，希特勒万岁！

您忠诚的贝恩特

1943年2月26日

亲爱的露：

我经历了一个非常艰难的时期，日后可能会更加艰巨。我希望有足够的体力熬过这一切。我的神经从没让我失望过，这次必须坚持下去。要是我有足够的军用物资就好了，可补给线非常困难。

1943年2月27日

我是否要开始接受治疗，这件事还没定。对我来说，离开这里不是件容易的事。

1943年3月1日

我目前仍在指挥集团军群，可烦心事也不少。施蒙特给我写了封非常好的信。元首很担心我。可我暂时无法离开。我必须再坚持一段时间。其实我并不介意换个职务。我做的每件事都要听命于罗马，可责任都由我来负，我觉得难以忍受。我经常觉得自己的神经要崩溃了，就好像长时间走在面临万丈深渊的小径上，稍有不慎，后果不堪设想。春天到了，鲜花盛开的树木，草地，阳光，对所有人来说，这是个美好的世界，存在能让他们满足和快乐的一切。能做的事情太多了，特别是在一望无垠的非洲大陆。

1943年3月3日

我很期待高泽今晚到来，他回来担任集团军群参谋长。情况允许的话，我休病假期间，冯·阿尼姆代理我的职务。可现在还不行，我暂时不能离开，我们正面临深具决定性的事情……

1943年3月4日

我奉上级的命令去执行一场大胆的新行动前，先向你和孩子致以最深的爱意。

1943年3月5日

在此期间，我2月23日接到命令，上级要求我按照先前的建议，进攻梅德宁的英军阵地。这是个非常艰巨的行动，如果没能实现预定目标，也就是粉碎英国第8集团军的集中地域，从而推迟他们的进攻，那么，非洲战区轴心国军队的末日就将到来。在这方面心存幻想是毫无意义的。

此前的2月20日，蒙哥马利已开始进攻第15装甲师后卫防线的南部地段，目的是缓解突尼斯西部战线的压力。我的部下与占有压倒性优势的英军装甲部队彻日厮杀。第15装甲师面对最困难的情况，一次次以仅剩的20辆坦克发起反冲击，竭力确保后撤路线畅通。该师出色地从事了战斗，夜间撤入马雷斯防线前哨阵地。蒙哥马利随后进入我们打算与他交战的地域，比我们预料的更早。所以，该轮到我们采取行动了。

由于第5装甲集团军的进攻行动，第10、第21装甲师开入马雷斯防线晚了几天，这让蒙哥马利获得更多时间，在既占地域构设了防御。

蒙哥马利也获得时间加强梅德宁的兵力。到2月26日，他已调来整个第51师加强第7装甲师。到隆美尔3月6日终于发动进攻时，蒙哥马利还前调了新西兰师、第201禁卫旅和另外2个装甲旅。3月4日傍晚，他完成了防御部署，除了400辆坦克，他还投入500多门反坦克炮。因此，隆美尔形成局部优势打击力量的机会消失了。

第8集团军参谋长德甘冈将军在回忆录里写道："蒙哥马利坦率地向我承认，此次为协助第1集团军而采取的行动，导致他丧失了平衡，所以我们要加倍努力，做好应对敌军进攻的准备……到3月5日，我们已做好准备，集结了强大的兵力应对敌人的进攻。隆美尔错失良机，我们终于松了口气。"

对梅德宁地域的英国第8集团军发动进攻，注定是一项艰巨的任务，不仅因为蒙哥马利的部队经验丰富，还因为那里地形复杂，可供选择的战术可能性寥寥无几，除非有大量汽油可供接敌行军期间使用。我们在任何地点发动进攻，都无法达成出敌不意的效果。

所以，我们的整个行动，只能寄希望于英军在梅德宁地域还没来得及完成防御部署。之所以决定发动进攻，是因为我们只有两个选择，要么等待英军进攻我方防线，随后遭受惨败，要么通过粉碎敌军集中地域来争取时间。

我们围绕进攻的具体方式展开激烈争论，最后采纳了梅塞将军的建议，把一个装甲师部署在公路上，另一个装甲师部署在泰贝杰山后方，只把一个装甲师置于山脉另一侧。

几名参谋提出把行动推迟到下一个满月，我不能接受这项建议，因为到那时，敌人肯定会完成准备工作。

这些延误造成行动进一步推延，但我们最终把进攻日期定于 3 月 6 日。我 3 月 5 日把前进指挥所迁到图坚 [位于马雷斯防线南端内陆 20 英里] 南面的 715 高地，与各进攻兵团指挥官商议了一番。这座高地的视野非常好，能望见梅德宁后面很远的地方。

次日晨，空中阴云密布，薄雾笼罩整片战场。6 点整，我方炮兵发起炮火准备，隆隆的炮声犹如锤击。火箭炮射出的一枚枚火箭弹穿过层层薄雾，落入下方山谷。与此同时，第 10 装甲师穿过哈卢夫向前而去，没有受到敌人干扰。

进攻的开局非常顺利，但很快遇到英军设在丘陵地带的强大防御阵地，这些阵地获得地雷和反坦克炮掩护。敌人构设了面朝东南方的强大防线。我们一次次投入冲击，但收效甚微。我方俯冲轰炸机企图介入战斗，却在迈塔米尔丘陵上方遭遇空前密集的高射炮火。从 715 高地已看不见太多情形，于是我赶往前线，很快发现这场进攻已告失败，根本没办法挽救颓势。17 点左右，我下令停止进攻，守住既占地域，回收受损的车辆。傍晚时，我被迫决定彻底停止此次行动。

这场进攻在突入阶段陷入僵局，整个行动完全没办法顺畅运行。英军指挥官在编组军队方面干得非常好，以惊人的速度完成了防御准备。我们的进攻迟了大约一周。很明显，从英军做好准备那一刻起，进攻就丧失了意义。我们的损失很大，40 辆坦克彻底损毁。[10]

但最残酷的打击，是我们知道再也无法干扰蒙哥马利的准备工作。一时间愁云惨淡，我们不得不面对英国第 8 集团军即将发动的进攻。集团军群继续留在非洲无异于自寻死路。

非洲的末日

早在 2 月底我就指示两位集团军司令（冯·阿尼姆大将和梅塞将军）各自起草他们对突尼斯局势的判断。两份报告都指出，集团军群无法守住目前的阵地。我把他们的报告归纳如下：

两个集团军目前在突尼斯据守的防线长约 400 英里，重心在两处，一处位于突尼斯西面和西南面地区，另一处位于海岸与山脉之间的马雷斯防线。我方防线，约有 350 英里防御得很薄弱，由于我们缺乏兵力，某些地段根本无人据守。第 5 装甲集团军的防线大部分是山地，可即便在山地，敌步兵从后方发起的进攻也能攻克几乎所有防御薄弱的山口。两个集团军之间，杰里德盐沼两侧各有个巨大的缺口，旱季，这些缺口为敌军摩托化力量提供了绝佳的行动时机。

集团军群面对盟军即将发动的攻势，我计算了包括美国人、英国人、法国人在内的敌军兵力，得出以下结果：

1600 辆坦克

1100 门反坦克炮

850 门火炮

战斗兵约 21 万人

我估计盟军会采取正确的行动，以他们的全部力量同时攻击我方占据的登陆场。我们的防线根本无法抵御这种进攻，对方很快会渗透我们的步兵屏障，用不了多久，我们就得把所有战役预备队投入发生危机的各个地段。

据此，我得出以下结论：

从长远看，我们无法守住长达 400 英里的防线，应该把它缩短到 100 英里。我对新防线的建议如下：

第 5 装甲集团军的防线递延到曼苏尔山，从那里越过山脉，延伸到安菲代维莱。若能迫使敌人离开迈贾兹巴卜和布阿拉代地域，越过山脉退往西面，对我们会很有利。当然，这项建议意味着放弃突尼斯很大一部分地区，包括几座机场，还给敌人提供了连接东、西集团的陆地交通线。但缩短防线的优势是，与目前的防线相比，新防线也许能让我们坚守得更久。如果目前这道漫长的防线崩溃，意大利第 1 集团军 ① 就再也收不到补给，两个集团军会被敌人逐一击败。届时再想缩短防线就无法实现了，因为我们已没有足够的兵力。这意味着非洲登陆场彻底丧失。

我随后谈到补给问题，还指出，抵御敌人的大举进攻必须囤积必要的物资，需要把我们每个月获得的船运量增加到 14 万吨。以过去几年的经历判断，这个数字无法实现。

我在报告结尾处写道：

鉴于事态的严重性，日后该如何长期遂行突尼斯战局，我要求对相关计划尽早做出决定。我们估计敌人会在下一个满月发动攻势。

元首大本营迟迟没回复我的建议，多次催促后，我终于从凯塞林那里获悉，元首不赞同我对态势的判断。回函附了份交战双方的力量对比表，完全由团的数量构成，根本不考虑他们的摩托化程度、装备、军队数量。这种对比的目的是想证明，非洲集团军群的实力并不像我们一直强调的那么差。

当然，如果我方部队适当地实现摩托化，配备现代化武器，再获得足够的物资储备，本来可以守住突尼斯大片地区。可这些条件无从实现，所以我们唯一的办法是依托精心构设、重兵据守的阵地实施防御，再以小股摩托化力量消除敌人在我方防线达成的渗透。非摩托化部队据守的防线，无论防御密度如何，最长也就 100 英里，绝无可能达到 400 英里。

很明显，由于这段时间我们获得的补给量有所增加，上级部门产生了幻想。当然，与以往相比，我们近期得到的物资确实不少：1 月份达到 4.6 万吨，包括 50 辆坦克、2000 部车辆、200 门火炮；2 月份又运来 5.3 万吨，包括 50 辆坦克、1300 部车辆、120 门火炮。可他们应该记住，英美军队现在的武器装备，比过去更加先进、更具效力，他们的部队配有大量火炮和反坦克炮。而现在运给盟军的

---

① 译注：意大利第 1 集团军就是隆美尔原先指挥的非洲装甲集团军。

物资数量，比奥金莱克当初在埃及获得的补给多出许多倍。

带着这些想法，我3月7日驱车返回贝尼泽勒坦，向齐格勒将军和拜尔莱因上校道别。拜尔莱因已获得任命，在梅塞将军的司令部担任德国参谋长，我相信他在任何情况下都会全力以赴。最重要的是，我们必须确保集团军不会因为意大利人的某些失误而陷入灭顶之灾。当天上午，我终于决定再次飞赴元首大本营。我觉得自己有责任全力唤醒高层人士，让他们真正明白突尼斯的实际作战问题。更重要的是，我至少要设法挽救麾下部队。于是，我请暂代我指挥集团军群的冯·阿尼姆将军来司令部，这才得知他和冯·韦尔斯特将军今天早上被召到罗马去了。我很恼火，立即打电话向凯塞林抱怨一番，于是他取消了原定的会议。我次日把集团军群指挥权交给冯·阿尼姆，3月9日飞往罗马。

到达罗马，我立即赶往意大利最高统帅部，会晤安布罗西奥上将。我很快发现，意大利人并不希望我返回非洲，他们认为元首会命令我休病假。这与我的想法大相径庭，因为我希望上级采纳我的方案，然后继续指挥集团军群一段时间。

我随后和安布罗西奥、韦斯特法尔一同去见领袖，与他会谈了大约25分钟。我简明扼要地对墨索里尼阐述了我对非洲战事的看法，还解释了我得出的结论。可他似乎毫未察觉眼前的困境，还找出种种理由来证明他的观点是多么正确。他最担心的是，万一突尼斯沦陷，意大利国内舆论会为之哗然。他提出再给突尼斯调派个意大利师，我没接受，还说倒不如给那里现有的部队提供更好的装备，这样他们就能顽强抗击英军了。整个会谈期间，领袖一直说德语，语气很亲切，尽管快结束时变得有点刻薄。贝恩特后来告诉我，领袖本来想授予我意大利金质军事勇气勋章，可我的"失败主义"情绪让他恼火，故而打消了这个念头。尽管如此，他还是感谢我在非洲战局期间取得的巨大成就，还表示他对我的信任丝毫未减。

其实，我一向对领袖敬佩有加。和大多数意大利人一样，他可能是个伟大的演员。尽管他竭力扮演，可他肯定不是罗马人。领袖智力非凡，但他过于情绪化，因而无法贯彻自己雄心勃勃的计划。不过，意大利人民无疑欠他很多，蓬蒂内沼泽的排水系统，利比亚和阿比西尼亚的殖民化，可以说没有他就没有这一切。很不幸，领袖的许多同伴不像他那样怀有理想主义，而是大肆从事有组织的贪污。领袖现在发现自己的梦想破灭了，对他来说，这是个痛苦的时刻，而且他无力承担相应的后果。也许我不该在最后说那番话，可我对他们一贯的乐观主义深恶痛绝，所以还是忍不住一吐为快。

中午前后，我询问当时刚好也在罗马的帝国元帅是否有空接见我，他递话来，说我应该和他一同乘他的专列去元首大本营。赫尔曼·戈林似乎很想和我一起去元首大本营。我谢绝了他的建议，因为我想向元首单独汇报，不想让戈林在一旁不停地插话，他的话总是带有强烈的乐观色彩，深得元首欢心。

3月10日下午，我到达苏联境内某地的元首大本营。傍晚时，元首邀请我去喝茶，和他私下交谈一番。斯大林格勒的灾难似乎让他心烦意乱，意志消沉。他说，一个人遭遇挫败后，总是容易看到事情的阴暗面，这种倾向会让他得出错误而又危险的结论。他不接受我的看法，似乎认为这些观点把我变成了彻头彻尾的悲观主义者。我尽量加重语气，强调指出，我们在非洲的部队必须回意大利重新装备，然后才能用于保卫我们的南欧侧翼。我甚至向他保证（通常情况下我不愿这样做），我能以这些部队击退盟军对南欧的一切入侵。可这些话徒劳无益。元首指示我休病假，尽快恢复健康，然后去指挥针对卡萨布兰卡的军事行动。[11]在他看来，突尼斯不会出什么岔子，他也不愿缩短防线，因为这样一来就无法重新发动进攻了。我请求继续让我指挥集团军群几周，这段时间足以看出美国人是不是真要发动进攻，可元首没接受。不过，他似乎意识到，有必要把步兵立即从马雷斯撤到加贝斯，在那里构筑加贝斯防线。

戈林次日来到大本营，又给元首带来一波毫无根据的乐观消息。元首为我颁发了橡叶双剑骑士铁十字勋章的钻石饰①，除此之外一切照旧。我为挽救部下，让他们返回欧洲大陆的一切努力均告徒劳。我飞回维也纳新城，随后去塞默灵接受治疗。

没过多久，英美军队发动了进攻。

虽然元首起初下令把部队撤到阿卡里特阵地，可很快又撤销了这些命令。显然凯塞林也飞到了元首大本营，不仅带来更好的消息，还找到了愿意倾听这些消

---

① 译注：隆美尔是首位获得骑士铁十字勋章钻石饰的陆军军官，排在他前面的5位都是空军人员。

息的人。对凯塞林来说，守住马雷斯防线非常重要，因为正是他和意大利最高统帅部把我们带入这个烂摊子的。他后来与冯·阿尼姆会晤时，说我忽略了一点，没把加贝斯阵地纳入马雷斯防线，把两道防线加固成一道强大的防御阵地，而这恰恰是元首的想法。这番话明确无误地说明，他对真正的问题一无所知。以我们手头的兵力，既要抵御英军对马雷斯的进攻，又要在哈马[位于加贝斯隘路的内陆接近地]抗击英军，还要对付美军对加贝斯后方的攻击，同时做到这一切是不可能的。如果英美军队突破到我军防线西面的海边，我们在马雷斯防线付出的一切努力就毫无用处了。既然意大利步兵在马雷斯防线无法充分发挥作用，撤到阿卡里特也就势在必行了。无论这片三角地带是否得到加固，只守卫伸向马雷斯的突出部是荒唐可笑的。顺便说一句，后来发生的不幸事件，完全证实了我的判断。

元首大本营下达命令，要求对召回我这件事绝对保密，因为我的军事威望仍能震慑敌人。可是，目前的战略态势毫无希望，就算拿破仑在世也无能为力。乐观的情绪帮不上任何忙。部队必须射击和移动，这就需要弹药和汽油，为获得这两种物资的充足供应，我们苦苦等待，最终却一无所获。冯·阿尼姆的职务一点不让人羡慕，为了让上级认清现实，他绞尽脑汁，付出了自己所能付出的一切努力，但纯属徒劳。

不出我们所料，蒙哥马利派第10装甲军绕过迈特马泰山，攻往曼内里尼将军的防区[12]，同时从北面进攻马雷斯防线。与此同时，美国人以大约一个装甲师的兵力，从加夫萨向前推进。从战略上说，他们这场行动策划得非常好，迫使我们不断采取临时性战术对策，主要是协同应对敌人针对马雷斯防线和曼内里尼将军防区的进攻。这对各级军官的即兴创造力提出很高的要求，想到拜尔莱因在梅塞将军身旁，我多少放心了些。

尽管敌军攻势很猛，可事实证明，我方军队完全可以从马雷斯撤到阿卡里特干河，还能保持相当一部分战斗力。但我方部队来不及在新阵地设防，蒙哥马利很快就在新防线取得纵深渗透，导致阿卡里特阵地无法据守。意大利军队作为一股战斗力量，实际上已不复存在。意大利第1集团军很大一部分炮兵力量（包括德国和意大利炮兵），没对战事做出任何实质性影响，就在马雷斯防线损失殆尽。在此期间，第10装甲师成功阻止了美军突破到加贝斯[后方]，自身也付出高昂的代价。意大利第 1 集团军残部和第 10 装甲师退到安菲代维莱防线，我还在非洲时就下令构筑这道防线，冯·阿尼姆继任后继续修筑。尽管我们遭遇重挫，但艾森豪威尔[13]没能实现他的主要战役目标——把意大利第 1 集团军与第 5 装甲集团军隔开。他没有充分加强自己的右翼，而是把麾下部队投入北面我军顽强据守的山头阵地，结果付出了惨重的代价。要是他按照战略要求集中兵力，本来是可以避免这一切的。所以，他本该对突尼斯西南部发起主要突击，把意大利第 1 集团军与第 5 装甲集团军隔开，尔后与蒙哥马利协同行动，一举歼灭意大利第 1 集团军，再把突击重点转向法赫斯桥或迈贾兹巴卜，歼灭第 5 装甲集团军。像这样猛攻北部山区，对美军的战役目标起不到任何帮助。

目前据守安菲代维莱阵地的兵力非常薄弱。意大利第 1 集团军的步兵和炮兵很大程度上已不堪战斗。他们的摩托化力量也在开阔的南面消耗殆尽。运往非洲的补给物资几乎已停止，实际上，除了我们的上级部门，几乎每个人都知道末日即将到来。我待在塞默灵的医院，请求上级赶紧把部队撤出非洲，但毫无结果。我又提出，至少要把高泽、拜尔莱因、比洛维乌斯这些无可替代的人救出来，可还是没有下文。（冯·阿尼姆派高泽将军去意大利参加会议，这让他逃过一劫；拜尔莱因患病，已飞到意大利；比洛维乌斯将军被俘。）

5 月 6 日，美国人[14]攻往迈贾兹巴卜，伴随不断向前的徐进弹幕，以及盟军轰炸机猛烈的空中突击，他们迅速在我方防线取得纵深渗透，第 15 装甲师几乎全军覆没，敌人的渗透发展成突破。防线崩溃，没有武器也没有弹药，一切都结束了。非洲战场上的这支军队只好投降。

噩耗震惊了元首大本营，士气随之彻底崩溃。除非你知道前线将士浴血奋战之际，后方某些高层人士仍争权夺势到了怎样的程度，否则无法理解这一幕。戈林尤为活跃，企图压陆军一头，他的空军野战师就是个开始。他大概想让德国空军赢得伟大的军事胜利，从而推行自己的方案。该在何处赢得这场胜利呢？戈林看中了北非，觉得在这里取得胜利容易些。他几乎没有任何军事经验，因而把一切看得过于简单。

不可否认，戈林在组织方面很有天赋，智力也高于平均水平。可他太看重享受，没把全部精力放在如何实现自己的方案上。

他还介入斯大林格勒的战事。我后来听说，元首当时想命令第 6 集团军司令向西突围，戈林却对他说道："我的元首，你不能软弱！我们能以空运为斯大林格勒提供补给。"

我认识的人都步入英美战俘营，真让人痛心。更令人震惊的是，我们不仅意识到好运不再，还知道我方指挥部无法应对日后的艰巨考验。第一批盟军士兵踏上意大利领土那一刻，墨索里尼就完蛋了，复兴罗马帝国的美梦就此破灭。

注释

1. 这场战役统称"卡塞林交战"。

2. 其实是美国第 1 装甲师。德军这场进攻完全出乎美国人意料，因为盟军司令部认为对方会攻往北面 40 英里的丰杜克。布拉德利在战争回忆录里写道："这种看法是个近乎致命的臆测。"

3. 齐格勒中将是第 5 装甲集团军副司令。①

4. 艾森豪威尔司令部的战地记者也给出同样的数字。亚历山大在电函里指出，美军的损失包括 86 辆中型坦克，不过他没提到轻型坦克的损失数。

5. 利本施泰因少将是第 164 轻装师师长。

6. 隆美尔这个观点，是他深受"间接路线战略"影响的又一个例子。

7. 也就是说，这场突击向北攻往盟军身后，而不是隆美尔建议和策划的那样，朝西北方攻往敌军交通线。

   按照隆美尔的说法，是意大利最高统帅部更改了进攻方向，有趣的是，丘吉尔先生却在他的战争回忆录第四卷里声称，他认为向北攻击是隆美尔自己做出的选择。紧急情况下接手指挥的亚历山大将军在电函中指出，他估计隆美尔会选择向北攻击的路线，因为那个方向更容易得手，于是"命令安德森将军集中装甲力量守卫塔莱"。以亚历山大对隆美尔的了解，他认为隆美尔可能会寻求"更大的战术胜利"，而攻往泰贝萨更像战略行动，而不是战术行动。

   由此看来，如果隆美尔按照原定方案行事，很可能导致盟军丧失平衡。

8. 隆美尔弄错了。英国的马克 VI 型坦克（"十字军"坦克）是一款速度很快的战车，1941 年入役时只配备 2 磅火炮（40 毫米），1942 年的后期型号装有 6 磅火炮（57 毫米）。这款战车从没搭载过 75 毫米主炮。但原型"十字军"坦克的近距离支援款装有 3 磅榴弹炮（约 76 毫米），隆美尔看见的可能就是这种坦克。

9. 这些重达 56 吨的新款重型坦克装有 88 毫米火炮，威力大于交战双方列装的任何一款战车，虎式坦克披挂的装甲也更厚（正面装甲厚达 102 毫米）。

10. 蒙哥马利指出，德国人在战场上丢下 52 辆坦克。英军只有一个坦克中队参战，没损失战车。

    如果说哈勒法山为阿莱曼的胜利铺平了道路，那么，梅德宁交战就为蒙哥马利顺利进攻马雷

---

① 译注：德军没有"副司令""副军长""副师长"这些职务，齐格勒其实是第 5 装甲集团军"常任全权代表"。之所以设立这项职务，是因为希特勒不希望隆美尔那种情况再次发生，也就是说，一切取决于军队指挥官的个性。集团军司令必须与一位同级别的军官商量着来。但最重要的是，这项新规定旨在确保集团军司令赶赴前线期间，全权代表始终待在司令部，以便随时做出相关决定。

斯防线创造了条件。德甘冈恰如其分地评论道："研究蒙哥马利从事的各场战役，很有意思的是，你会发现，他赢得每一场伟大攻势的胜利前，必然先取得防御的胜利。"

11. 卡萨布兰卡位于大西洋沿岸，希特勒这句话表明他正在构想一场反攻，把盟军彻底逐出非洲。这充分说明他的妄想到了何种程度。

12. 这片防区位于杰里德盐沼与马雷斯防线（这道防线倚靠迈尔马泰山）内陆端之间，掩护集团军侧翼，曼内里尼将军指挥的意大利军队据守这片防区。

13. 艾森豪威尔将军2月初出任北非战区盟军最高统帅，但负责前线指挥的是亚历山大将军。

14. 隆美尔喜欢用"美国人"这个词代替盟军，这里可能就是个例子，也可能仅仅是笔误，因为他在最后一段写的是"英美"。

最后这场进攻，在迈贾兹巴卜地域遂行主要突击的是霍罗克斯将军指挥的英国第9军，该军投入英国第4师和印度第4师，为第6、第7装甲师攻入突尼斯城开辟道路。布拉德利将军指挥的美国第2军，以第1、第9、第34步兵师及第1装甲师发起强有力的侧翼突击，在北面攻击前进，5月7日进入比塞大，几乎是同时，英军也攻入突尼斯城。

第四部

意大利

第二十章 意大利，1943年

（曼弗雷德·隆美尔撰写）

那是1943年3月中旬，我站在维也纳新城城外庞大的机场等待我父亲，我们先前收到电报，说他马上会从元首大本营回来。终于，一架黄绿色涂装的双引擎海因克尔轰炸机降落在灰色的跑道上。机身下方的舱门打开，我父亲攀着纤细的铝制梯子慢慢下了飞机。

我们握手时，他对我说道："元首不让我回非洲了，冯·阿尼姆接掌了集团军群。"

一两天后，母亲陪同父亲离开维也纳新城，继续他由于阿莱曼交战爆发而中断的治疗，我留在家里，以免影响学业，只有周末才乘火车去看望父母。

那时候我才14岁，自然无法准确记录下父亲那几周说的一切。可那段时间的某些事情给我留下的印象很深，直到今天仍记忆犹新。

所以，我至今还记得，父亲告诉我，他"已失宠，暂时无法指望获得重要职务"时，我是多么震惊。的确，他那段时间和元首大本营几乎没什么联系，除了报纸上和广播里的公报，他得不到任何消息，每天只是埋头撰写他的非洲回忆录。

激烈的战斗在马雷斯防线和阿卡里特阵地周围肆虐之际，父亲在书房里不安地来回踱步，这间宽敞的书房是医院为他提供的。他对交战结果不抱任何幻想。他严厉批评最高统帅部，甚至涉及希特勒本人，我当时是希特勒青年团的积极分子，听到他这些话，内心非常矛盾。非洲地区的德意官兵步入盟军战俘营前几天，父亲突然接到元首大本营打来的电话，命令他去见希特勒。

从那天起，父亲戎马生涯的新阶段开始了。在此期间，他首次近距离见识到希特勒的政治和军事领导力，这段经历促使他最终与纳粹政权决裂。

可惜，从1943年5月10日到他奉命视察大西洋壁垒那天，他没有留下相关文字记录。唯一留存的文件只有私信和笔记形式的日记，日期从1943年5月10日到9月6日，其中包括多次会议的速记。以下记述就缘于这些材料，以及母亲和我的回忆。

1943 年 5 月 10 日，各条战线面临的危机到了惊人的程度。第 6 集团军 32 万德军将士在斯大林格勒废墟全军覆没，23 万人阵亡，另外 9 万人被俘。类似的灾难也在突尼斯形成，那里驻有 13 万德国官兵。

这就是父亲 5 月 10 日下午早些时候降落在滕珀尔霍夫机场时的情况。他到达后，立即有人带他去元首的住处，在那里他见到希特勒，元首脸色苍白，神情不安，自信心明显动摇了。

父亲后来告诉我们，元首当时对他说道："我早该听您的话，现在说什么都太晚了。突尼斯的战事很快就要完蛋了。"

没过几天，报纸和广播宣布了非洲集团军群投降的消息。战争后期，希特勒毫无意义地牺牲了成千上万德军将士，父亲反而对他那些部下成为西方国家的俘虏颇感欣慰。不过，突尼斯的军队投降后，从他寄回的家书还是能看出这件事对他的打击有多大。

　　亲爱的露:

　　　　今天和蔡茨勒（哈尔德的继任者）共进晚餐，交谈得很愉快。我们对所有问题的观点完全一致。

　　　　我听说冯·阿尼姆受到英国人非常得体的对待，所以我希望比洛维乌斯、塞德勒、科尔贝克和其他勇敢的小伙也不会太遭罪……

1943 年 5 月 15 日

　　　　……高泽今天来了。我真高兴，因为这意味着难以忍受的孤独期结束了。我以前那个司令部的许多军官可能很快也会和我们团聚，到时候有许多事情要做。

　　　　我身体很好。但孤寂感和突尼斯战事的最后阶段给我造成很大打击。不过，这一切会过去的。

1943 年 5 月 18 日

昨天平安而又迅速地到达这里[1]。两分钟后，高泽从相反方向出现了。现在我们要静下心来工作了。生活中总有种种困难需要克服。但我相信，我们一定能渡过难关。我现在觉得愉快多了，有事情要做的时候，一个人就会忘掉过去的一切烦恼。

我们短暂相聚的时光很美好。你要让曼弗雷德多待在家里。这个刚刚14岁半的小伙子再过几个月就要进军营了，我暂时还无法习惯这件事。对你来说，这种离别就更难受了……

1943年5月24日

父亲在信里写的"渡过难关"，可能指的是整个战争，因为他当时没有受领具体任务。但不要误解他的话，觉得他还认为德国能赢得全面胜利。不过，他确实觉得德国人民的军事能力足以迫使敌人缔结一份可以忍受的和约。

父亲把他的看法告诉希特勒，但很快发现，关于"最高统帅对德国人民负有怎样的责任"这个问题，元首的看法与父亲一直认为的完全不同。他1943年间与希特勒的两次会晤，给他留下非常深刻的印象。父亲后来对母亲和我说起过。关于第一次会晤，他说他与希特勒就英美两国的物质力量进行了长时间交谈。希特勒当时非常担心意大利，这个国家似乎随时会土崩瓦解。父亲觉得，是时候把自己对战争总体态势的看法告知希特勒了。

他指出，特别公报发布得越来越少，每个月损失的潜艇超过30艘，照这样下去，战争肯定无法持续太久。东线和意大利的情况也不好。当然，由于1943年实施了劳动力总动员，德国会生产更多的武器和弹药。他随即问道："可就算如此，我们赶得上整个世界的产量吗？"

父亲说话时，希特勒一直垂头聆听。他突然抬起头说道，他也知道赢得胜利的机会极为渺茫。可西方国家不肯同他媾和，目前掌权的那些人肯定不会这样做，而愿意和他谈判的人又没有权力。他从来不想与西方国家开战，可既然对方要打，现在就得把战争进行到底。

母亲告诉我，父亲后来表述了这样的观点，希特勒1943年就明白战争输掉了。可随着灾难越来越多，自己受到的批评越来越多，他越发绝望地抓住每根稻草，竭力让自己相信仍能赢得胜利。

防线破裂，成千上万德国官兵葬身于此，敌人强大的轰炸机编队在德国上空留下一道道尾迹，这一切激起希特勒病态而又无能的仇恨，他个性中邪恶的一面显现出来，昔日的一场场胜利掩盖了这一面。现在，短短几个月就发生了改变。

父亲告诉母亲，1943 年 7 月底一个晚上，他听到希特勒就结束战争的问题所做的第二次发言，令他震惊不已。

希特勒说道："如果德国人民无法赢得战争，那么他们只配腐烂掉。"不管怎么说，最优秀的德国人都牺牲了，就算被敌人击败，他也会为每一座房屋而战，决不给敌人留下任何东西。一个伟大的民族必须英勇地战死，这是历史的必然。

谈到这件事，父亲评论道："有时候你觉得他不再是个正常人。"

父亲是在欧洲古老的军官传统下成长起来的，这些传统深刻地灌输给他无条件服从的原则。从他 1943 年圣诞节写给我的信里，就能看出他对这个问题的基本态度。

亲爱的曼弗雷德：

……再过两周，你就要离开家庭，加入空军辅助部队，开始一段新生活了……你必须学会迅速、毫无异议地服从上级的命令。经常会有你不喜欢的命令，你不理解的命令也是家常便饭，你必须不加质疑地服从。上级不会就自己的命令跟下属长时间闲扯，更没时间给你解释清楚……

1943 年 12 月 25 日

可是，父亲现在越来越清楚地认识到，即便对高级指挥官来说，服从命令也是有限度的。一边是希特勒的命令，想把全体人民和他一同拖入灾难的深渊；另一边是 8000 万德国人民，他们参加战斗，不是为了毫无意义地牺牲在家园闷燃的余烬里，而是为了生存。1943 年下半年，父亲觉得自己该下定决心了。

经常有人问我们，我父亲是何时决心干预希特勒把整个德国拖入毁灭深渊的计划的。我和他 1943 年 12 月的交谈也许能提供些线索。我对此次谈话记得特别清楚，因为我们谈的主要是我的私事。

当时，德国各地掀起声势浩大的宣传，号召年轻人加入武装党卫队，而不是陆军。每个街角都张贴了色彩鲜艳的征兵海报。人人都知道，党卫队的装备优于陆军；军装也更帅气。所以我也想加入武装党卫队，还把我的决定告诉父亲，想征得他同意。

他的反应很激烈："不行！你就加入我服役了30多年的同一个军种吧。"

父亲通常都很开明，这类事情一般会让我自行决定，于是我不依不饶地提出自己的观点。可这次，他没让我说下去。他告诉我，虽然他完全认同党卫队士兵的素质，但无论如何都不会让我听命于那个人指挥，据他所知，此人正在执行大屠杀。

我问道："你说的是希姆莱吗？"

"没错。"他答道，告诉我此事要绝对保密。战争态势每况愈下，他听说希姆莱那帮人企图以这种做法断了德国人民的退路。我觉得他当时无法确定希特勒是否知道发生的事情，因为元首大本营从来没提过大规模处决的事件。要不是他1944年头几个月获得更多信息，充分证实了这些罪行，还让他了解到犯罪行径的程度，他可能永远不会下决心结束战争，必要时发动起义。父亲以往对元首崇拜不已，但从那一刻起，他内心的忠诚崩溃了。元首犯下的罪行，促使父亲采取了反对他的行动。

但政治领域出现这些变化前，意大利发生了重大军事事件。1943年间，父亲不是重要当事人，而是从近距离观察这些事件的发展。

7月9日夜间，盟军登陆部队进攻西西里岛。[2] 虽然意大利军队在岛上部署了近30万兵力和1500门火炮，可他们几乎没有抵抗，战斗重任从一开始就落在岛上2个（后来是4个）德国师肩头。同时，德国陆军和空军争夺指挥权的斗争再次爆发。父亲日记里的相关条目表明了他对这个问题的态度。

> ……傍晚，与元首召开形势讨论会。胡贝将军接掌指挥西西里岛战事。
>
> 1943年7月15日的日记

> ……中午，形势讨论会。戈林想让施塔赫尔将军担任总司令，而不是胡贝。

我征得胡贝同意，建议派拜尔莱因将军担任他的参谋长。元首同意了。东线，苏军坦克损失惨重。我军正封闭敌人在布良斯克达成的突破。打电话给拜尔莱因将军，但没找到他。

傍晚，与元首召开形势讨论会。胡贝奉命发动进攻。派出的德国伞兵到达我军防线参加战斗的只有300人。德国空军的指挥不过如此！

1943年7月16日的日记

中午去见元首，冯·克鲁格元帅也在场。东线苏军沿整条战线发动攻势。我军暂时遏制了敌人的进攻。目前没办法抽出任何一个师。我听说有人建议元首，不要派我去意大利指挥，因为我和意大利人的关系不太好。我觉得背后放冷箭的是德国空军。就这样，我去意大利的计划又推迟了。元首可能会晤了领袖。

1943年7月18日的日记

虽然父亲设法让胡贝获得指挥西西里岛德军部队的任命，但德国空军成功阻止了他本人的任命，原定计划是派他担任意大利地区德军总司令。

不久前，一名英国信使的尸体冲上西班牙海滩，在他身上找到的文件表明，盟军正策划入侵希腊。[3] 希特勒决定任命我父亲为东南线总司令，指挥该战区所有德国和意大利军队。可仅仅过了24小时，情况突变，需要立即召回我父亲。他以笔记形式写下的两则日记，多多少少让我们知道了这段巴尔干插曲。

……与元首长谈。我奉命把希腊的详细情况直接汇报给他。那里的部队，除了意大利第11集团军，只有1个德国装甲师（第1装甲师）和3个步兵师。

1943年7月23日的日记

8点乘飞机离开维也纳新城，11点到达萨洛尼卡，这里热得要命。

17点会晤勒尔大将。勒尔认为此处的情况完全取决于补给。在我看来，还要付出许多努力，才能把希腊打造成堡垒。明天先飞往各处视察，了解该地区的情况再接手指挥。高泽将军也认为此地的状况不太乐观。

21点30分，瓦利蒙特将军打来电话，说意大利第11集团军肯定交给我指挥。我想设立德国军级指挥部，把几个德国师直接置于我指挥下，而不像元首大本营建议的那样，让他们听命于意军指挥部。23点15分，OKW打来的电话改变了一切。领袖遭扣押。我被召回元首大本营。意大利局势不明。

1943年7月25日的日记

从这些日记内容可以看出，意大利的政变完全出乎希特勒意料。元首大本营的气氛紧张。局势仍不明朗，所有人焦急地等待新消息。父亲接到命令，把部队集中在阿尔卑斯山，做好有可能开入意大利的准备。他的日记记录下那几天的气氛。

12点到达拉斯滕堡，直接赶往狼穴[元首大本营的名称]。与元首召开形势讨论会。所有党政军要人都来了，包括海军元帅邓尼茨、外交部部长冯·里宾特洛甫、党卫队全国领袖希姆莱、帝国部长戈培尔博士等。冯·克鲁格元帅会上汇报了东线态势。苏军在奥廖尔达成的突破仍未肃清。与此同时，美国人占领了西西里岛西半部，已取得突破。

意大利的局势晦暗不明。墨索里尼倒台的原委还不得而知，巴多格里奥元帅按照国王的命令就任政府首脑。尽管国王和巴多格里奥都发布了公告，但我们认为意大利很快会退出战争，或至少说，英国人过不了多久就会在意大利北部进一步实施大规模登陆。[4]

会后与元首共进午餐。意大利部长法里纳奇也来了，他是逃出来的。

罗马显然发生了针对法西斯党成员和财产的暴力事件，不过，除了小规模摩擦，德国人与意大利人之间还没发生严重冲突。法里纳奇告诉我们，意大利一周内就会提出停战建议，最多10天。英军随后可能会在热那亚和里窝那登陆。与我军部队的联系依然畅通。

我希望尽快派我去意大利。

晚上与古德里安会谈。

1943年7月26日的日记

与元首召开形势讨论会。冯·魏克斯元帅接掌希腊的指挥权。尽管两个意大利集团军驻扎在北面，而且显然会叛变，但出于政治原因，我不能进军意大利。不过，一切都在准备中，我的任务是监督德国军队集中。

1943年7月27日的日记

我准备开入意大利，就像与元首商讨过的那样，但暂时还不允许我跨过1938年的旧边境线……关于意大利的局势，现在传来些新消息。墨索里尼召集的法西斯大委员会，宣称反对他的行动方针，随后展开讨论，18票反对，8票赞同，2票弃权。据说墨索里尼会后打算谒见国王，但途中被几名军官保护性监禁。之后，巴多格里奥负责组建新内阁。据传，在巴多格里奥领导下，意大利正全面抓捕法西斯党徒……

16点45分，福伊尔施泰因将军[1] 和西格尔上校赶来参加会议。福伊尔施泰因指挥一个战斗群，如遇不测，该战斗群负责打通布伦纳山口。

1943年7月28日的日记

次日（7月29日），父亲会晤了福伊尔施泰因将军（他身材矮壮，留着黑胡子，是个一流的山地战专家）和蒂罗尔大区领袖霍费尔。此次会晤的速记记录说明了德国最高统帅部当时面对的基本战术问题。

霍费尔：这就是我要求您做的。今天您能跨过布伦纳山口进入意大利，明天您就不得不诉诸武力才能通过，真发生这种情况，意大利人会实施爆破，导致铁路线至少6个月无法使用。

福伊尔施泰因：大区领袖想赶紧行动起来。

霍费尔：没错。整条铁路线已做好爆破准备，所以我主张，不管手头有多少兵力，得马上出其不意地冲过去。

---

① 译注：山地兵上将瓦伦丁·福伊尔施泰因是奥地利人，时任第51山地军军长。

隆美尔：OKW 还没做出决定。

霍费尔：您不该把兵力部署在边境，除非您准备立即进军。意大利人已注意到这种情况……要是我们真打算介入的话，就得把事情做好。现在正是时候，再过一两天，我们就做不到了。他们会炸毁道路，派兵驻守数百个碉堡。从今天起，意大利人已着手在第二、第三道防线布防……多年来，他们一直在构筑阿尔卑斯山壁垒。

隆美尔：这我都知道。今天总比明天重要。可我们必须等待，这是政治需要。

霍费尔：元帅先生，我的确是个门外汉，可我不是信口开河。我认为，要是您不立即跨过布伦纳山口，日后就得大费周折。我请求您赶紧采取行动。

隆美尔：我必须等待元首的命令，不能草率行事。

霍费尔走后，隆美尔告诉福伊尔施泰因：您知道我认为会发生些什么吗？我觉得丘吉尔拒绝了意大利政府的示好，所以他们打算死撑到底，但意大利国内的形势会迫使他们媾和。

就像下面几封信表明的那样，虽然父亲确实怀疑巴多格里奥的目标是单独投降，但他起初也对意大利新政府的真实意图一无所知。他最担心意大利人在盟军伞兵协助下突然采取行动，封锁几个山口，直到盟军占领整个意大利。为确保不发生这种情况，父亲7月30日命令福伊尔施泰因将军跨过布伦纳山口，占领遭受威胁的几个山口。但他本人还是遵照希特勒的亲口指示，没有踏足意大利领土。

亲爱的露：

我和我的指挥部在慕尼黑待了几天。与东南欧的任命相比，这次的任务更合我的胃口。并不是说这件事易如反掌。墨索里尼垮台后，意大利人现在的心思已经很明显，他们想拎着大包小包投身另一方。可他们能找到出路吗？这一点无法确定。新人想找到出路不太容易，可能首先会发生混乱。东线，苏联人的攻势似乎慢慢减弱了，奥廖尔周围除外，那里的激战仍在肆虐。

1943年7月29日

南方的局势似乎稳定下来，日趋明朗。意大利新政府继续站在我们一边参战并非不可能。诚然，反法西斯分子的活动越来越猖獗。可现在就连教皇也想依靠我们，在他看来，我们无疑是危害较轻的一方。我还没获准进军意大利。

1943 年 7 月 30 日

我眼下不能离开，短时间内可能没办法回家，因为新工作已开始，部队正在调动。出于某些原因，我现在还没获准进入意大利，甚至不能越过 1938 年的旧边境线。这种情况让人很不愉快，可我只能接受现状。反正凯塞林迟早会在意大利搞得焦头烂额。

最近几天的情况非常危急，尽管意大利人提出抗议，可我们还是让一个加强师跨过边境开入南蒂罗尔。我希望意大利人恪守本分，帮助我们保卫他们的国家。不管怎样，这里成为战区已经是无法改变的事，他们干吗要以他们可怜的武器装备挑起战端呢？对我们来说，在意大利从事战争比在国内打好得多。

我昨天在米滕瓦尔德开会时遇到舍尔纳[5]。他很不错，号称"北极航道的恶魔"，胖乎乎的，性格活泼，说个不停。

1943 年 8 月 3 日

意大利北部的军事行动，7 月 31 日继续进行。意大利人对德军的推进有何感想，父亲会晤福伊尔施泰因的速记提供了宝贵的证据。

福伊尔施泰因：我方部队的进入比较顺利，意大利博尔扎诺省省长通力合作。但不能彻底相信意大利人，我们必须继续控制布伦纳山口。

隆美尔：的确如此，但特别要注意防空，还要防范破坏行径。

福伊尔施泰因：意大利兵营里满是士兵，足够编成一个军。意大利士兵对德国军官的态度，比对他们自己的军官要好。他们的中级军官没什么用处。

隆美尔：因为士兵根本不认识他们。

福伊尔施泰因：顺便说一句，我们发现所有爆破药室都是空的，也没遇到任何地雷。

隆美尔：意大利人的态度会不会一直这样呢？

福伊尔施泰因：只要罗马下达命令，他们的态度随时会改变。

隆美尔：所以我们要做好自卫的准备。

福伊尔施泰因：我们成立了情报机构，专事留意意军调往北部。意军一个山地师的部分力量，此时正在开赴米兰的途中。据说他们每人只有10发子弹，显然是因为弹药短缺。

隆美尔：很有可能。他们的工业从来就没有真正地正常运转过。

福伊尔施泰因：我们的虎式坦克在混凝土道路上遇到不少麻烦，损失了两辆，一辆烧毁，另一辆翻覆。我甚至到处寻找维修车间、物资仓库、汽油。仓库里倒是装得满满当当，可负责人要求先征得罗马批准。

隆美尔：这种拖延策略完全是老一套，他们从来就不做出决定。布伦纳山口的通行情况如何？

福伊尔施泰因：我们打开了障碍物，没再封闭起来。由于没签发更多过境许可证，那里的交通现在很通畅。

德国提出抗议后，意大利军队不得不允许德军入境，接下来几天，两国的关系突然紧张起来。可情况随后又恢复正常。"他们会站在我们一边战斗吗？"这是意大利南部每个人都在思考的问题。谁也不知道意大利新政府的真实意图。

德军牢牢控制了意大利边境山口，不再向前推进。父亲的看法与德国驻罗马的机构完全不同，他还是觉得意大利与英美两国的谈判陷入僵局，仅仅因为这个原因，他们暂时没跟德国翻脸。

紧张的气氛渐渐缓和下来。意大利和德国士兵很快又在一起踢足球了。但驻扎在意大利的德国官兵不知道的是，政治气氛此时已到沸点。

父亲这段时间的日记和信件，从B集团军群的角度阐述了当时的情况。[6]

福伊尔施泰因将军报告，布伦纳山口昨天中午发生了紧急情况，意大利人企图阻止第44步兵师继续开进。格洛里亚将军下了命令,要是第44师继续前进的话,他们就开火。部署在布伦纳山口的意大利下级部队没执行这道命令,第44师进展顺利,大部分意大利官兵撤往南面。

傍晚时,意大利军队在博尔扎诺举行示威行军。紧张的气氛后来又平息下来。据福伊尔施泰因将军说,侦察部队报告,对方在维罗纳——博尔扎诺地区驻有重兵,约6万人。

1943年8月2日的日记

局势缓和了。就连报纸的报道也表明,意大利人现在希望与我们合作。自6点起,党卫队"警卫旗队"师一直忙着跨过布伦纳山口。

1943年8月3日的日记

军需总监瓦格纳将军来了,还留下来吃午饭。他告诉我们,军工产量从秋季起会大幅度增加,能让我们渡过难关。他还说东线消耗的弹药高得惊人,由此推断,苏联人的损失小不了。

总领事冯·诺伊拉特男爵[7]下午来我这里。他说他知道意大利打算退出战争,也知道艾森豪威尔与巴多格里奥的谈判。他还说英国人打算在的里雅斯特和热那亚登陆。"与盟军谈判期间,艾森豪威尔断然否决了意大利人让德国军队撤离的要求,坚决主张所有德国和意大利部队必须无条件投降,还要交出所有军用物资。巴多格里奥不肯接受这一条,但双方通过亲英的意大利海军重新建立联系。美国和英国都在寻求单独与意大利人谈判,因为他们都想独占优势。一旦意大利投降或爆发革命,估计盟军会登陆的里雅斯特和热那亚,主要突击置于的里雅斯特……"

1943年8月4日的日记

我在父亲的日记里找到份文件,是冯·里希特霍芬元帅的参谋长克里斯特上校1943年8月5日呈交的报告。他在报告里指出,240架轰炸机只有120架能升空作战,整个意大利战区只有80架战斗机可用。

他说冯·里希特霍芬元帅认为不能相信意大利人，哪怕他们眼下对德国人表现出善意。实际上，意大利军队完蛋了，因为他们根本没有从事战争的物资。不过，要是把他们编入德军部队，也许还能发挥点作用。

父亲指出，他的看法与里希特霍芬完全一致，他不知道是谁赋予自己"仇意分子"的危险名声。

关于意大利人的政治态度，克里斯特说他们很高兴摆脱法西斯主义，还认为元首同墨索里尼而不是国王打交道是错误的。

> 亲爱的露：
>
> 我的集团军群缓缓移动。重要的是让部队顺利跨过意大利边境，以此震慑敌人，让他们不敢发起大规模行动。
>
> 意大利人似乎想和我们一同行动，墨索里尼不太可能复辟了。他那个党太腐败，几个钟头就被消灭得干干净净。我听说墨索里尼最后没干成一件事。当然，从某些方面看，这对我们有利，因为欧洲现在只剩下一个巨头……
>
> 　　　　　　　　　　　　　　　　　　　　　　　　　1943年8月6日

> OKW与几位意大利领导人昨天在塔尔维西奥会晤，这是意大利人的拖延手段。与此同时，他们把特伦蒂纳师、尤利亚师麾下部队和山地师一部派往布伦纳山口各处。
>
> 　　　　　　　　　　　　　　　　　　　　　　　　1943年8月7日的日记

> 一支党卫队侦察部队奉命赶往拉斯佩齐亚实施侦察，由于意大利人布设了路障，他们没能越过奥拉。意大利人显然想阻止德军占领拉斯佩齐亚海军基地。
>
> 　　　　　　　　　　　　　　　　　　　　　　　　1943年8月8日的日记

10点45分，冯·菲廷霍夫将军从元首那里回来后向我报到。他奉命指挥意大利南部的两个军。元首打算撤离意大利南部，"除非把意大利南部和西西里岛上的师调到罗马南面，否则我很难放心"。他认为英国人不会在意大利南部登陆，因为那里疟疾肆虐。另外，他再也不相信意大利人的承诺了。

　　凯塞林与冯·菲廷霍夫的合作可能也不太轻松，因为凯塞林想把更多德国军队投入意大利南部。元首仍不批准我进入意大利，他认为这无异于宣战，"因为我是唯一一个率领他们赢得过胜利的将领，意大利人对我敬畏有加"。至于意大利法西斯主义的问题，元首打算日后再讨论。我打电话给约德尔，再次要求提供重型反坦克炮。意大利海军活动得越来越积极，甚至攻击了直布罗陀港。

　　11点05分，党卫队区队长奥斯滕多夫向我报到，他是地区总队长豪塞尔指挥的党卫队第2装甲军参谋长。我向他介绍了情况，还提醒他注意，元首希望我们在意大利采取的立场建立在善意理解的基础上……

1943年8月9日的日记

亲爱的露：

　　这两天我得飞往元首大本营，但不会在那里待太久。与靠不住的意大利人处得很不愉快。当着我们的面，他们声称绝对忠于共同的事业，可转过身就给我们制造种种麻烦，还偷偷与盟军谈判。可惜，元首不许我进入意大利，与这帮蠢货开诚布公地谈谈。贝恩特写信给我，汉堡和柏林的疏散工作让他忙得不可开交。汉堡的伤亡肯定很大，这只会让我们陷入更加艰难的境地……

1943年8月9日

　　罗阿塔给福伊尔施泰因将军写了封厚颜无耻的信，在信里抱怨福伊尔施泰因对意大利人的态度完全不是盟友间该有的样子。狡猾的意大利人又一次颠倒黑白。只要他们把那些师派往南部战线，双方的摩擦马上会消失。然后，我们就可以把德国师调往南面，再也不用担心己方补给线。

　　据美国人报道，苏联人有媾和的倾向。若真是这样，就给我们创造了做梦也想不到的机会。

1943年8月9日的日记

意大利人仍不肯让德国军队控制阿尔卑斯山口。他们认为不能相信我们，也不理会我方补给线对我们是多么重要。我们可不敢冒上有朝一日发现意军或英美军队封锁山口的风险，所以决不能让步。我敢肯定，只要往某座山口扔颗炸弹，就能根治他们的牛脾气。

1943年8月10日的日记

尽管有空袭警报，可我9点30分还是飞往元首大本营，到达后刚好来得及参加中午的形势讨论会。戈林、邓尼茨、施图登特、希姆莱也在场。

东线，哈尔科夫附近爆发激战，苏联人在该城西面大举突破。列宁格勒附近是一场消耗战，猛烈的炮火持续了一整天。

关于意大利，元首和我对局势的判断完全一致。元首似乎打算很快就把我派过去。和我一样，他不相信意大利人的忠诚。我说，我认为是时候对意大利人提出明确的要求，以便为共同从事的战争创造基础。意大利人在防御方面什么也没做，现在该着手准备了。元首说意大利人正在争取时间，好最终摆脱战争。丘吉尔和罗斯福召开的会议[魁北克会议]，鉴于意大利人显然也参加的事实，目的很可能是敦促意大利人改换门庭，这种情况下，盟国无疑会提出些不太苛刻的条件。

元首显然打算按原计划行事，恢复意大利的法西斯主义，因为他认为这是确保意大利人无条件忠诚的唯一保障。他严厉批评马肯森、冯·林特伦、凯塞林的工作，因为他们仍对局势做出完全错误的判断，甚至对意大利新政府充满信心，特别是凯塞林。

戈林说，元首是唯一能保证意大利国王宝座的人。元首不同意这种说法，说意大利新国王并不想让他（希特勒）保证自己的王位，不管怎么说，国王完了。另外，英国人早就收买了他……

晚餐前会晤约德尔。他根据我们的建议制订了计划，把控制范围延伸到意大利北部。我提出新的建议：控制范围扩大到整个意大利；集团军群司令部设在罗马附近，以便对意大利最高统帅部和政府施加影响。争论一番后，约德尔同意了。

1943年8月11日的日记

傍晚召开形势讨论会。冯·里宾特洛甫也出席了，还让冯·诺伊拉特总领事听命于我。我说，我担心和意大利人的谈判一无所获，因为他们打算背叛我们。我建议西西里岛上的部队实施阻滞战斗，遭受敌军重压再撤回意大利，另外还要构设四道防线:(1)科森扎—塔兰托;(2)萨莱诺;(3)卡西诺;(4)亚平宁山脉的后方防线。这些建议获得批准。元首提出异议，认为既然把防线设在科森扎北面，就得把卡拉布里亚的机场前移，必须设在卡坦扎罗颈部。他认为这项计划实现不了，因为意大利人会反对。他还指示我代表他参加与意大利最高统帅部召开的会议，任务是弄清对方的态度，约德尔也参加。

形势讨论会上，元首一直在研究文托泰内岛的航拍照片，墨索里尼被囚禁在这座岛上。[8]他留下邓尼茨和施图登特，商讨解救墨索里尼的事宜。我可不想揽这活儿，因为我看不出有什么好处。

1943年8月11日的日记

按照希特勒的指示，父亲和约德尔8月15日前往博洛尼亚，会晤意大利陆军总参谋长罗阿塔将军，设法弄清整体局势。但此次会晤前的兆头不太好，因为父亲获知意大利人打算利用这个机会，要么在食物里下毒除掉他，要么安排意大利士兵劫持他。于是，他带上一个德国掷弹兵连，控制了会议大楼，与意大利哨兵并肩站岗。

会议纪要表明，约德尔和罗阿塔就意大利占领军突然撤离法国发生争论。约德尔询问对方此举的目的究竟是什么，罗阿塔答道："仅仅是为保卫意大利收拢兵力。眼下的情况是，62个意大利师只有24个驻扎在国内，而这24个师，可以说只有11个真正具备战斗力。不管怎样，这些部队都用于对付我们共同的敌人，也就是英国人和美国人。"

意大利陆军总参谋长借此说明意大利陆军实力不足，父亲和约德尔又请他解释，为何那么多意大利部队开赴北部。罗阿塔说只调动了一个山地师，从苏联前线调回的这个师损失惨重，先前因为政府更迭，出于政治原因调往南面，现在不过是返回阿尔卑斯山执行原先的驻军勤务。这个师身后，另一个师也在调动，但仅仅是为保障铁路线的安全，防范破坏活动和英国人的攻击。罗阿塔将军继续说道:

"这两个师唯一的任务是保障铁路线。不管怎样，且不说最高统帅部对德国没有任何不友好的意图，就算有，也不会愚蠢到认为仅凭两个仍在整补的师，就能守住意大利边境，抵御德国的入侵吧。"

罗阿塔将军随后反戈一击："最高统帅部不能容忍外人质疑意大利下达指示和命令的正当性。这种质疑是严重的侮辱。最高统帅部不想再讨论相关细节。直接保卫意大利领土的任务必须让意大利人执行，就像王宫的警卫只能由意大利人担任那样。德国人可以承担防空任务。意大利不会派部队守卫边境，某些防御工事也许能见到两三个人，他们只是从事维护工作而已。不管怎么说，大部分防御工事没有武装。"

约德尔企图把意大利发生革命作为德军介入的理由，罗阿塔立即打断了他的话："意大利没发生革命，不过是政府更迭罢了。旧政府自寻死路。我们解决了随之发生的情况，你们没有不信任我们的理由。"

但约德尔将军指出，德国方面坚持认为，保护己方补给线的任务必须由德国军队掌握。

双方就这个问题没达成协议，因为彼此对占领的真正原因心知肚明。

会议终于谈到编组德国和意大利军队，保卫意大利，抵御英美军队的问题。罗阿塔提出，应当把党卫队警卫旗队师派往撒丁岛，其他德军部队尽可能部署到意大利南部。很明显，指挥权仍掌握在意大利最高统帅部手里，就连隆美尔元帅也得听从他们的命令。父亲和约德尔当然不会接受这种建议。就这样，此次会晤彻底失败，轴心联盟破裂了。父亲在日记里简要总结了此次会晤的结果。

> 意大利人对他们的某些主张拒不让步，例如，铁路线只能由意军保护，意大利境内所有部队的指挥权统归意大利最高统帅部。他们宣称，我方的要求是不信任他们，还觉得他们的荣誉受到冒犯。
>
> 1943年8月15日的日记

值得注意的是，意大利人8月15日才就停战问题首次接触盟国。罗斯福和丘吉尔8月16日给斯大林发了份照会，开头处这样写道："英国驻马德里大使8月

15 日报告，代表巴多格里奥的卡斯泰拉诺将军带着英国驻梵蒂冈公使的荐信来到这里。卡斯泰拉诺宣称自己获得巴多格里奥授权，特地来此声明，如果日后允许他们加入盟国的话，意大利愿意无条件投降。这似乎是可靠的，英国驻梵蒂冈公使也证实，巴多格里奥以书面文件的方式授予卡斯泰拉诺全权……"[9]

父亲 1943 年 8 月 18 日的日记谈到博洛尼亚会晤的另一个结果。

　　……林特伦将军写信来，说罗阿塔将军对博洛尼亚会晤期间德军封锁会议大楼抱怨不迭。我回函称自己对此一无所知。

1943 年 8 月 18 日的日记

父亲对希特勒战后的计划知之甚少，因为希特勒本人对此的想法似乎随着战争的持续不断发生变化。

法国 1940 年战败后，父亲的印象是，希特勒的目标是解决整个欧洲问题。1940 年 7 月 21 日，凯特尔元帅代表希特勒在贡比涅森林对法国停战委员会宣读的声明似乎表明国家社会主义政府打算采取合理的政策："经过英勇抵抗，法国在一连串激烈的战役中战败了。对这么英勇的敌人，德国无意让停战条件或停战谈判带有任何屈辱的特点。"

父亲告诉我们，非洲战局期间他多次建议希特勒，德国应该让法国成为对英战争的伙伴，与法国缔结和平条约，保证法国的海外资产。

据父亲说，虽然法国 1941 年或 1942 年肯定会对这种解决方案心动不已，但希特勒没同意。元首给出了他认为难办的理由：德国与法国缔结军事联盟会激怒西班牙和意大利，因为这两个国家都想吞并法属北非大片地区。他倒没有低估德法联盟的价值，只是做不到而已。

父亲离世前不久，我们一同散步，他对我谈起他对欧洲问题的个人看法，大致如下。

他说在他看来，拿破仑通过一场场征战统一了欧洲各民族，可他的政策没能保持这种统一，结果酿成了欧洲的悲剧。若非如此，欧洲各国本来是可以免遭浩劫的，想想 1866 年、1871 年、1914—1918 年的战争。德国的悲剧在于，她不知道如何在此次战争期间实现欧洲的统一。否则，世界就不得不与3亿欧洲人，而不是8000万德国人打交道了，德国的战争目标也不会与其他民族的切身利益发生冲突。父亲说他直到1943年才对希特勒提出这些想法，但收到否定的答复。可能就是他日记里提到的这件事，这则日记记录的是1943年9月4日，也就是盟军首次登陆意大利南部第二天元首大本营召开的会议。

> 元首给人的印象是沉着而又自信。他打算尽快派我谒见意大利国王。他同意我对意大利境内作战行动的构想，也就是沿海岸实施防御，但约德尔反对，认为这种防御对现代战争全然无效。元首认为，欧洲各国组成联盟的构想为时过早。
>
> 东线的态势越来越危急，苏联人大举突破……我们不打算在卡拉布里亚进攻英军，相反，我们会撤离该地区。
>
> 20点30分与元首共进晚餐，他提醒我，与意大利国王打交道要小心。
>
> 　　　　　　　　　　　　　　　　　　　1943年9月4日的日记

接下来一周，登陆卡拉布里亚的盟军一路前出到桑格罗河。1943年9月9日，艾森豪威尔的登陆艇驶往萨莱诺海滩那天，意大利投降的消息传遍了德国。

很可惜，父亲这个时期的日记在战后的混乱中遗失。但我们通过其他资料和他的私信，多少能了解随后发生的事情。

首先是韦斯特法尔将军，他在《西线德军》一书里，谈到意大利海军部长德·库尔滕海军上将1943年9月7日到访南线总司令部的情形：

"德·库尔滕解释说，从目前一切迹象判断，盟军登陆欧洲大陆迫在眉睫，意大利海军不想在这场至关重要的斗争中待在港内袖手旁观。他们不愿沦为另一场斯卡帕湾袭击的受害者。因此，意大利海军最重型的舰艇很快会从拉斯佩齐亚出击，航行到西西里岛西角周围，与英国舰队决战，要么胜利，要么葬身大海。这场行动必须保密到最后一刻，因此，起锚前才能让德国对空联络小组登舰。德·库尔滕的情绪非常激动，他泪流满面，再加上他声称母亲是德国人，自己也有德国血统，这番话给人留下非常深刻的印象。凯塞林和我都没想到，这是欺瞒我们的诡计，意大利舰队即将开赴马耳他岛投降盟军。"

1943年9月8日，韦斯特法尔将军应邀去罗阿塔将军设在蒙特罗通多的总部参加会议。他在书中描述了此次会议的情形：

"会谈期间，德方人员从罗马打来电话：广播里刚刚报道，意大利与盟国签署了停战协定。罗阿塔说，这肯定是敌人的诡计。会谈结束后，他说希望日后我们彼此间的合作更加密切。返回途中，罗马街头人潮汹涌，一个个兴高采烈，说明意大利投降是千真万确的事。"

韦斯特法尔继续写道："第二天晚上，罗阿塔给我发了封电传电报，说我们会晤时，他确实不知道意大利投降一事，他以个人的荣誉保证自己说的都是真话。"

再来看看我父亲的信件。

亲爱的露：

所以，意大利的背叛已成事实。我们对他们的判断都是对的。我的计划目前进展顺利，可眼下这场变故导致整个局面非常困难。不过，我们会竭力挽救局势的……

1943年9月9日

当然，意大利发生的事情早在意料之中，我们竭力避免的情况现在还是发生了。南部的意大利军队同英军并肩作战，携手对付我们。而在北部，我们正解除意军的武装，把他们作为俘虏送到德国。对一支军队来说，这种下场真够丢人的！……

1943年9月10日

这些行动还没结束，父亲突然患了阑尾炎，他在写给我的信里提到此事。

亲爱的曼弗雷德：

谢谢你9月13日的来信。听说你还在放假，我很担心，真希望你别把学到的东西都忘了。我的阑尾手术很顺利。一切发生得太突然了。当晚8点，我的感觉还不错，可一个半钟头后，右腹部剧烈疼痛。倒霉的是，疼痛一点没缓解，折腾了一整夜，最后我在医生帮助下睡了一会儿，第二天早上动了手术。

到目前为止，我这里一切顺利。我们解除了叛徒的武装，用车辆把他们大多数人运走了。我在信里夹的白色厚信封内放了两张替你收集的邮票……

1943年9月24日

德国国防军把意大利陆军的武装解除完毕，希特勒打算把意大利的最高指挥权交给我父亲，把凯塞林调到挪威的一个司令部。

母亲和我清楚地记得，希特勒和我父亲讨论过发动反攻，夺回意大利南部乃至西西里岛的可能性。父亲认为机会不大，他不敢保证能以现有兵力守住意大利。他最担心盟军正面牵制意大利中部的德军部队，尔后派海军陆战队和伞兵突然登陆波河河谷，一举切断德国军队，从而打垮"欧洲壁垒"整个南部防线。

为此，父亲建议弃守意大利南部和中部，在波河河谷南面的亚平宁防线遂行防御。这样可以缩短海岸防线，加大防御密度。另一方面，凯塞林却认为，完全可以在罗马以南地区抵抗很长一段时间。我们从韦斯特法尔将军的记述可以看出凯塞林的司令部是如何看待当前形势的。

"……我们也征询了隆美尔的意见。可他认为敌人的两栖能力相当强大，太靠南的防线非常危险，一旦敌人在海岸更高处登陆，整个集团军群可能会陷入包围。他不想为这种风险承担责任，但他也承认，据守罗马以南防线需要的兵力仅仅是亚平宁防线的一半。希特勒犹豫了很长一段时间……11月中旬，他命令隆美尔接掌凯塞林麾下军队。电报发出后，他又改了主意，命令凯塞林元帅自1943年11月21日起接掌意大利战区最高指挥权。"

父亲从意大利寄回的最后一封信，谈到这些事情。

亲爱的露：

这项任命还没确认，据说元首改了主意。不管怎么，他没有签署命令，公布这项任命。当然，我只知道这些。也许是因为我对那个职位没抱太大希望，也许是我迟迟没接掌指挥权的缘故，当然也可能是完全不同的原因。所以，凯塞林目前还在这里。我可能会被调走。不管怎样,我都会坦然接受。

东线的情况非常危急。看来我们不得不在非常艰难的情况下弃守第聂伯河河曲部,这样一来,我们可能也无法守住克里木,那里的敌人同样占有巨大的优势。我真不知道我们从那里能退往何处。

我今天会晤了格拉齐亚尼元帅,他是个品格高尚的人,和我认识的其他意大利军官完全不同。当然,他现在没有任何实权了。就连意大利警察现在也无法行使权力。我们不得不协助他们。日本大使也来了。他们似乎非常尊重我……

昨天去亚得里亚海沿岸,途中参观了中立的小国圣马力诺。我在城内快速游览了一番,买了些邮票,刚要离开,一位部长代表执政官跑来找我,说执政官很乐意接见我。于是我们又返回城堡……

……当然,这个国家希望德意志帝国尊重他们的中立。好吧,我们拭目以待。自1600年以来,圣马力诺就没参与过战争。拿破仑当初想扩大这个国家,给他们一批火炮,再给个港口,可执政官谢绝了,他们宁愿做个小国。一个人可不能成为圣马力诺的国民……

1943年10月26日

1943年11月21日,父亲在维拉弗兰卡机场登上专机,永远离开了意大利。他飞去接受新的任务。他要返回诺曼底遍布树篱的起伏丘陵,1940年,他的成名之路从这里穿过,此处也会成为他最后一次军事失败的地方。

注释

1. 按照德国的保密规定，隆美尔不能透露自己在何处，但很明显，这封信是在东普鲁士的拉斯滕堡写的，希特勒的大本营当时设在那里。

2. 盟军登陆西西里岛发生在 7 月 10 日凌晨。蒙哥马利的英国第 8 集团军和巴顿第 7 集团军在西西里岛东南部很长一段海岸抢滩登陆。几个意大利海岸防御师立即土崩瓦解，整个防御重任完全落在担任预备队的两个德国师肩头。他们实施了顽强的战斗后撤，退往西西里岛东北角的墨西拿海峡。在另外两个匆匆调来的德国师协助下，他们把盟军彻底肃清全岛的行动阻滞到 8 月 17 日。但盟军顺利登陆，危险地逼近意大利本土，强化了意大利人民的和平愿望，导致墨索里尼垮台。

3. 这是英国人搞的欺骗措施，目的是把德国人的注意力从盟军入侵西西里岛的行动转移开。这起"泄密"事件发挥了重要作用，盟军入侵西西里岛两周后，希特勒把隆美尔派往巴尔干半岛。这表明，除了入侵西西里岛前的欺骗效果，英国人的"泄密"继续给希特勒的计划造成影响，从而以声东击西的方式，再次给盟军进攻意大利本土的行动帮了大忙：德国人担心，盟军进攻西西里岛仅仅是一场强大的佯攻，主要突击还是针对希腊，继而向整个巴尔干半岛发展。埃文·蒙塔古负责此次欺骗行动的策划和执行，他近期披露了整件事的来龙去脉，看过达夫·库珀《心碎行动》的读者，肯定能看出这部小说的情节出自何处。

4. 这个观点很有意思，也非常重要，说明德国和意大利最高统帅部都认同凯塞林的观点，也就是英美军队会利用海上力量优势，在意大利这条"腿"的上部登陆，而不是在"脚"或附近登陆——可盟军就是这样做的。另外，虽然盟军沿半岛吃力地推进了几个月，可德军司令部还是认为对方会在北面登陆，从而绕开己方防线。他们没想到盟军缺乏登陆艇，也不愿意在陆基航空兵的掩护范围外冒险登陆。

5. 曼弗雷德·隆美尔注：后来擢升陆军元帅的舍尔纳，当时指挥挪威北部的德国军队。他对各级下属严厉无情，令人生畏，因而得到 Schrecken der Eismeerstrasse（"北极航道的恶魔"）的绰号。1944 年，舍尔纳平步青云，先是指挥一个集团军，随后指挥南乌克兰集团军群。他后来出任库尔兰集团军群司令，最后担任中央集团军群司令，在捷克斯洛伐克一直抵抗到 1945 年 5 月。战争最后阶段，他变得更加残酷，更加让人讨厌。停战后，舍尔纳丢下自己的部下，换上便装企图逃入美军控制区域。他确实逃到了目的地，但美军司令部把他和 16 万隶属东线军队的德军官兵交给了苏联人。据遣返回国的战俘称，舍尔纳目前在帮苏联人训练山地部队。

6. B 集团军群的司令部班子，就是隆美尔短暂担任巴尔干战区总司令的指挥机构。墨索里尼垮台后，希特勒匆忙加强自己的南翼，准备派军队进驻意大利，隆美尔率领 B 集团军群司令部赶往慕尼黑，分配到一些部队。8 月 15 日，隆美尔正式接掌意大利北部的最高指挥权。意大利改换阵营后，B 集团军群司令部 9 月 12 日迁到加尔达湖。11 月，希特勒决定让凯塞林统率整个意大利战区，隆美尔交出麾下部队和 B 集团军群半个司令部。希特勒随后派他视察、改善从丹麦到比利牛斯山脉整个北海和大西洋沿岸的防务，他的核心指挥机构暂称特设 B 集团军群。这项决定把他推入西线总司令冯·伦德施泰特元帅的势力范围，再加上隆美尔的任务定义不明确，必然造成困难的局面。1944 年年初，希特勒部分解决了这个问题，他把入侵战线主要地段（从荷德边境到卢瓦尔河）的作战指挥权交给隆美尔 B 集团军群，不过，该集团军群归伦德施泰特节制。B 集团军群司令部随后扩大，但没有自己的军需部门，行政工作仍由伦德施泰特的司令部处理。

7. 他是德国前任外交部长的儿子。

8. 墨索里尼 7 月 25 日倒台后遭逮捕，随后被送往蓬扎岛，该岛位于那不勒斯西面，加埃塔湾的文托泰内岛附近。几天后，为安全起见，意大利人又把他送到撒丁岛北部海岸外的马达莱纳岛。希特勒策划营救方案时，发现意大利人用飞机把墨索里尼送回了意大利，囚禁在阿布鲁齐群山顶峰一座戒备森严的滑雪旅馆内，那里只有缆车能到达。但斯科尔策内率领一支乘坐滑翔机的小股特遣队，9 月 8 日夜间大胆降落在山顶，虚张声势地迫使警卫投降，随后用一架轻型鹳式飞机救走墨索里尼。

9. Sherwood, *The White House Papers*, Vol. II, page 741.

第五部

入侵

第二十一章 入侵，1944年

（弗里茨·拜尔莱因中将撰写）

非洲战局结束后，1943年7月，我在东普鲁士的元首大本营首次见到隆美尔元帅。他住在原陆军总司令那座半木结构的房子里。我们俩先前出席了元首的形势讨论会，此次会议是别尔哥罗德—库尔斯克攻势 [希特勒为赢得东线的胜利，发动的最后一场大规模攻势——利德尔·哈特][1] 失败后几天召开的，进攻期间，我方突击部队陷入苏军反坦克炮屏障和防御工事，新式坦克折损大半。我们在苏联发动夏季新攻势的一切希望就此破灭。

会议结束后，我和隆美尔坐在他的书房里，讨论总体军事形势。这个时期，他已适应了彻底改变的战略态势，对日后如何从事战争充满想法。由于此次会谈是隆美尔这段时间对战争局势看法的唯一证据，所以我尽量把自己记得的情况记录下来。

他说道："您知道，拜尔莱因，我们丧失了主动权，这一点毫无疑问。我们刚刚在苏联首次学到，仅凭蛮勇和过度乐观是不够的。我们必须采取全新的打法。接下来几年别想在西线或东线重新发动攻势了，所以我们得充分利用防御通常能获得的优势。对付坦克的主要防御手段是反坦克炮，而在空中，我们得生产战斗机，大批战斗机，暂时放弃轰炸敌人的念头。我对形势的看法，不像当初在非洲那么悲观，但赢得全面胜利当然也不太可能。"

我问他，他设想的防御，具体该如何执行呢？

他回答道："我们必须在内线作战。东线，我们得尽快撤到一条合适的、预有准备的防线。但主要努力应当是粉碎西线盟军开辟第二战线的一切企图，这是我们的防御重点。要是我们挫败他们的行动，那么，我们的前途会更光明。我们很快就能生产出大量作战物资。元首几天前告诉我，到1944年年初，我们的月产量有望达到7000架飞机和2000辆坦克。只要我们阻挡英美军队两年，在东线重新建立作战重心，就会时来运转。届时我们会让苏联人再次付出惨重的代价，迫使他们逐渐交出主动权。到那时，我们就能缔结一份可以接受的和约。"

隆美尔继续谈论防御战术，他说道：

"拜尔莱因，您还记得我们在非洲进攻英军的反坦克屏障是多么艰难吧。面对这种防御，必须投入训练有素的一流部队才能取得战果。我仔细研究了我方军队在苏联的经历。苏联人非常顽强，但不够灵活，他们和英国人不同，永远发展不出深思熟虑、诡计多端的打法。苏联人总是正面冲击，以巨大的人力和物力为代价，企图凭借纯粹的数量优势赢得胜利。

"要是我们给每个德国步兵师先配备 50 门 75 毫米反坦克炮，再增加到 100 门甚至 200 门，把这些火炮部署在精心准备的炮位，以大片地雷场掩护，那么我们就能挡住苏联人。反坦克炮的生产比较简单，只要求它们能在合理射程内击穿苏联人任何一款坦克的装甲，同时可作为步兵炮使用。

"我们在坦克产量方面追上敌人毫无希望，但大量生产反坦克炮肯定能做到，因为敌人不得不为他们的进攻大批量生产坦克。制造一辆坦克耗费的人力和物力，也许能制造 10 门反坦克炮。

"我们假设苏联人进攻一片布满地雷的区域，反坦克炮构成屏障，譬如纵深 6 英里，那么，即便对方投入大量兵力，也会在头几天陷入困境，届时他们只能缓慢向前挣扎。在此期间，我们可以把更多反坦克炮部署在防御屏障后方。如果敌人每天取得 3 英里进展，我们就构设 6 英里深的反坦克屏障，让他们耗尽实力后陷入停顿。我们依托阵地从事战斗，而他们不得不在开阔地遂行进攻。我们损失反坦克炮，对方损失坦克。我们可以使用苏联的马匹或手头的临时性工具转移火炮。苏联人就是这么干的，我们得学习他们的做法。一旦部队发现能守住阵地，士气就会再次上升……坦克、精密的反坦克炮、各种其他装备必须削减产量。我们在东线最后的机会，就是彻底装备军队，实施顽强防御。[2]

"但西线才是最重要的地方，要是我们把英美军队赶下大海，那么，他们需要很长时间才能卷土重来……"

我后来听说隆美尔元帅去法国组织防御，抵御盟军入侵，不由得想起这番交谈。他认为，无论在东线还是法国，机动作战已无法取得胜利，不仅仅因为英美军队的空中优势，还因为德国军备工业的坦克、火炮、反坦克炮、汽车产量再也追不上西方盟国。1943 年 12 月 31 日，隆美尔视察大西洋沿岸期间，呈送希特勒的报告阐述了自己想到的解决方案。他谈到盟军有可能实施登陆的地段，有趣的是，他起初对盟军登陆地段的判断与他后来的看法完全不同。

他写道：

"敌人登陆行动的重点，很可能针对第 15 集团军防区（加来海峡），主要因为我们对英格兰和伦敦市中心实施的远程攻击大多从这片地区发起。由于海况复杂，敌人最关心的问题可能是尽快控制一座或多座能处理大型船只的港口。另外，他们可能会倾尽全力，尽快夺取我们实施远程攻击的地域。

"……敌人的主要突击，很可能针对布洛涅与索姆河河口之间地段，以及加来两侧，他们在这里能获得远程火炮充分支援，对进攻和前运补给物资来说，这条海路最短，也为他们使用航空兵力量创造了最有利的条件。至于敌空降部队，我们估计，他们会以空降兵主力从后方打垮我方海岸防线，迅速夺取我们发射远程导弹的地域。

"……敌人何时发动进攻，这个问题殊难逆料，但他们会想方设法，抢在我们对英格兰发动远程进攻前采取行动。如果因为恶劣的天气或不利的海况没能做到这一点，他们也会在我们的远程战役开始时或开始后不久发动进攻。因为我们对英格兰的攻击持续得越久，造成的影响就越明显，必然会破坏英美军队的士气。因此，不利于登陆的恶劣气候到来时，我们发动远程攻击，会给敌人的行动造成极大的不利。[3]

"……敌人的入侵，很可能先展开猛烈的空中突击，然后在大批战舰施放的烟幕和密集的火力掩护下实施登陆，同时辅以重型轰炸机的狂轰滥炸。除了海上登陆，他们可能会把伞兵投到主要突击地段的海岸防御后方，从身后打垮我方防御，在最短时间内建立主登陆场。

"我们设在海岸的防线目前较为薄弱，届时会遭到敌人猛烈轰炸和炮击，而敌军部队搭乘数百艘装甲突击舟和登陆艇，在夜色或雾气掩护下，沿宽大的正面逼近，我方遭到重创的防线能否击退敌人很成问题。倘若我们无法击退对方的登陆，他们很快会渗透我方兵力稀疏的浅近防线，与防线后方的伞兵部队取得联系。

　　"我们无法指望部署在海岸后方的少量预备队发起反突击，因为我们没有自行火炮，也没有足够的反坦克兵器，无法消灭敌人强大的登陆力量。以往的经历告诉我们，英军官兵会迅速巩固既得战果，尔后在优势空中力量和舰炮大力支援下顽强坚守，他们的观测员在前线指引炮火。

　　"我们目前据守海岸线的兵力过于薄弱，敌人很可能在几个不同地点建立登陆场，在我方海岸防御实现重大渗透。一旦发生这种情况，我们必须迅速投入战役预备队，把敌人赶下大海。这就要求战役预备队部署在非常靠近海岸防御的地方。

　　"另一方面，如果我们的主力预备队必须从遥远的内陆前调，那么，这场运动不仅要耗费许多时间（敌人很可能利用这段时间加强他们的渗透点，要么组织力量防御，要么朝内陆攻击前进），途中还会遭到敌人持续不停的空袭。我们要记住，敌打击力量占有数量和物质优势，他们训练有素，还有巨大的空中优势，依我看，我们能否在陆地上打赢一场大规模交战，是很值得怀疑的。英美军队的空中优势一次次发挥了重大作用，导致我方大股兵团根本无法运动，无论是白天还是夜间，也无论在前线还是在前线后方。我方空军只能在极少数情况下出现，支援我们的作战行动。"

　　隆美尔从这些观点得出的结论很有启发性。他必须以手头现有资源，也就是那些装备低劣的步兵师，确保击败武装到牙齿的盟军部队。隆美尔继续写道：

　　"……因此，我认为必须想方设法使用各种权宜之策，在多多少少获得强化的海岸地带从事交战，击退登上海滩之敌。这需要构筑一片布有地雷的筑垒地域，从海岸朝内陆延伸5—6英里，对海面和陆地方向同时设防。现有的地雷场只设立了铁丝网，几乎起不到阻碍作用，敌人很快就能穿过宽大的通道。我设想的雷区由若干地雷场构成，每座地雷场的宽度和深度都达到几公里，按计划布设在海岸与内陆6公里的防线之间。我知道这份计划需要大量地雷，但目前我们只在海岸和内陆防线前方布设地雷，其他地方埋设假雷，这样，地雷还是够用的。

　　"雷区内的某些地段，大致与海岸平行，而且沿通往海岸的道路延伸，为便于我军反冲击，这些地段必须保持畅通。我们与英军交战的经历表明，大型地雷场内设立的孤立支撑点很难攻克。另外，这种雷区非常适合辅助部队或预备力量据守。

"因此，部署在海岸的各个师有两项任务：一是据守海岸，对付敌人从海上登陆的力量；二是守住内陆5—6英里的陆地防线，对付敌空降部队。如果敌人把伞兵投入雷区，那么在那里消灭他们不会太难。

"加大防区纵深非常必要，哪怕只是为了降低敌人空袭轰炸和海上炮击的效力。海岸防御师师长应当把指挥所设在自己负责的雷区内，从某种意义上说，他就是这片地域的要塞指挥官。

"如果这些雷区中的某处没遭到攻击，据守这片雷区的师可以调出来增援其他地方，情况允许的话，以辅助或其他防御部队接替他们。这样一来，即便以少量兵力据守，这些雷区仍具备强大的防御力。

"……主海岸作战地域的前进地带，部署的反坦克武器和速射机枪数量太少。我们必须集中一切打击力量，趁敌登陆部队仍在海面上，最迟在他们登陆期间消灭对方，因此，必须大力加强各师主作战地域前方的防御力量。只要敌人的突击舟和登陆艇仍在海上，防御就比较容易，一旦对方抢滩后卸下人员和武器，他们的战斗力会成倍增加。

"因此，遭受威胁最严重的地段，重型反坦克炮、自行火炮、防空部队必须在防区前方待命，他们可以从那里冲向海岸，与仍在弃舟登岸的敌军交战。

"……我认为，急需把两个预备队师放在海岸防御东面不远处，沿布洛涅与索姆河河口之间受威胁最严重的地段部署，这样，判明对方的突击重点，他们就可以尽快介入战斗，支援海岸防御师，防止敌人建立任何登陆场。这不是大股兵团的行动，而是以小股战斗群逐一消灭已下船或正在下船的敌人。争夺海岸的交战可能会在几个钟头内结束，相关经历表明，后方部队迅速介入是决定性因素。预备队遂行反突击要想取得成功，条件之一是德国空军投入所有可用战术空中力量支援进攻，最重要的是击退敌轰炸机编队。"

隆美尔利用手头资源的方法，充分说明了他在即兴创作方面的天赋，以及他对技术细节的了解。新防御方案表明，他完全游离在传统学说和体系外，是最后一个"变得固执己见，对自己的想法沾沾自喜"的人。我们接下来简要介绍隆美尔这份方案的主要技术细节，相关资料缘于他签署的各份文件。

地雷场

隆美尔在备忘录里写道：

"历时两年的非洲战局期间，我得以试验布雷在各种交战样式中的重要性，对敌人大量使用地雷的手法特别熟悉。相比之下，我方资源很少。1941 年年底到 1942 年年初，我们赢得迈尔迈里卡和昔兰尼加交战后，英国人最大限度地使用地雷构设新防线，该防线从贾扎拉向南延伸 50 英里进入沙漠。他们在这道防线和图卜鲁格前方，两个月内埋设了 100 万颗地雷，还设立了相互关联的地雷场，某些地段的纵深达到数千码。

"……随后在围绕比尔哈基姆、贾扎拉防线、图卜鲁格接近地，以及最终在争夺图卜鲁格的战斗中，我们一次次发现，我方部队不得不克服敌人一个个地雷场，对方把大批反坦克炮部署在地雷场深处，某些地方甚至安排了坦克。战斗异常激烈，由于我方士兵英勇顽强，各级军官坚韧而又不乏灵活性，这些交战总算顺利结束了。我由此了解到大规模布雷的价值。如果据守英军阵地的是德国军队，那么这些阵地几乎不可能攻克。"

因此，隆美尔根据他从非洲学到的经验，认为大型雷区能为装备低劣的德国步兵师 [4] 提供抵御英美军队的条件。

接下来这段内容，摘自 B 集团军群工兵司令迈泽将军 1944 年 3 月 17 日的信件，说明了隆美尔布雷方案的规模。

"……第一阶段，也就是沿海岸 1000 码地带，以及沿陆地防线的类似地带，每码需要 10 颗地雷，所以整个法国需要 2000 万颗地雷。再算上该地区其他地段（8000 码），法国就需要 2 亿颗地雷……"

虽然隆美尔为完成布雷作业付出巨大的努力，可这项工作开始得太晚，没能充分发挥作用。要是希特勒 1943 年夏季就派隆美尔组织大西洋和海峡沿岸防务，那么，后来的入侵战本来会对德国有利。隆美尔在法国组织生产地雷，利用大量缴获后未使用的炸药制造了 2000 万颗防步兵地雷。下一段摘自《B 集团军群作战日志》的内容，充分说明了隆美尔取得的成就：

"截至 1944 年 5 月 20 日，4193167 颗地雷埋设在海峡沿岸，其中 2672000 颗是根据隆美尔的倡议埋设的，而且大多数地雷 3 月底过后才埋设。同一时期，也是根据隆美尔的建议，初期生产阶段临时制造了 1852820 颗地雷。"

地雷场内的战斗如何进行，以下段落摘自隆美尔撰写的文件，说明了他的构想：

"固定的坦克、支撑点群、支撑点、火力点之间和周围，都布设纵深极大的地雷场。这些地雷场埋有各种类型的地雷，而且很可能是威力强大的地雷。如果敌人踏足这片地域，企图穿过地雷场进攻我方防御工事，他们会发现这项任务极度困难，不得不杀开条血路，穿过我方炮兵的防御火力构成的死亡地带。不仅在海岸，就连后方地域的我军阵地周围，也设有许多大范围地雷场。企图从后方朝海岸渗透的所有伞兵部队不得不与这些雷区打交道。"

前滩障碍物[5]

关于这种障碍物的用途，隆美尔写道：

"……自 1 月底以来，前滩障碍物的布设工作沿整个大西洋海岸进行，某些重要地段已经快完工了。有人会问，为什么不早点开始这项作业呢，这样不就能构设一道更加强大的障碍吗？答案是，我们先前没想到这种形式的障碍。这么晚才构设障碍物也有个好处，因为敌人不得不到最后一刻才适应这种新的防御形式，他们的登陆艇肯定会遭受严重损失。实际上，这些新障碍物可能会导致敌人长时间推延攻势……

"敌人搭乘大批登陆舰艇、两栖车辆、防水和水下坦克发起登陆行动，我们布设新式水下障碍物的目的，不仅仅是阻止对方逼近海滩，还要炸毁他们的登陆设备和人员。这道水下屏障以装有地雷和炮弹的各种障碍物构成。我们必须想方设法，把障碍物深深地安装在水下，确保它们在任何潮汐状态都能生效。英美军队近期的入侵演习把登陆时间定于退潮后两小时，但在此之前，他们企图以火炮和轰炸机摧毁我们设在前滩的假障碍物。我们都知道，以炮火摧毁铁丝网障碍是多么困难。那么，他们想给构设得如此坚固、又宽又深的障碍带造成足够的破坏，确保登陆部队顺利通过，更是难上加难。他们不仅需要大量弹药和炸弹，还需要很长一段准备期。就算出乎我们意料，敌人成功摧毁水下障碍物，我们还能据此知道敌人从哪里来，及时做好防御准备，同时前调预备队。

"敌人给我们的时间越多，我们构设的障碍就越强大。我们希望，遂行防御的各个营或早或迟地报告，他们构设的障碍带又深又密，还配备了成千上万颗地雷和炮弹……"

据迈泽将军称，他们准备构设四道水下障碍带。1944 年 5 月 17 日的信件描述了这些水下障碍带：

第一道：涨潮时，位于水下 6 英尺；

第二道：12 英尺潮汐的半潮时，位于水下 6 英尺；

第三道：退潮时，位于水下 6 英尺；

第四道：退潮时，位于水下 12 英尺。

盟军发动入侵时，绝大多数地段完成了头两道障碍带，特别是诺曼底。尽管隆美尔为构设障碍带做了大量准备工作，但时间太紧，没能完成位置较低的两道水下障碍带。

我们可以从《B 集团军群作战日志》看出隆美尔取得的成就：

"截至 1944 年 5 月 13 日，我们沿海峡防线构设了 517000 个前滩障碍物，其中 31000 个障碍物安装了地雷。"

防空降障碍物

隆美尔还解释了构设防空降障碍物的目的和执行办法。

"我现在谈谈防空降的问题。敌人发动入侵，很可能投入手头一切力量，以期迅速赢得胜利，沿海岸某处控制一片宽大的立足地。敌人掌握了大批训练有素、实力强大的空降兵团。因此，我们必须做好准备，防范敌人以这股力量对付我方海岸防区，对方可能会突然袭击，也可能在短暂而又猛烈的空袭后投入行动。他们也许会在月夜、拂晓或黄昏，沿海岸或内陆几英里里空投大批伞兵。也可能使用滑翔机，把师级空降部队运到我们的海岸防线后方，企图从身后打垮我方防御。另一个可能性是，敌人把空降兵团运到遥远的腹地，执行战役任务，或者分成一个个小股战斗群散布在法国各处，目的是迅速动员秘密军 [*法国游击队*]。但只要我们坚守海岸，无论是战役部署的空降部队还是分成小股分散在纵深腹地的敌兵团，我们迟早都会消灭他们。

"……因此，重要的是，我们必须在敌空降部队有可能登陆的所有地域，以这样的方式做好防御准备：除了我方防御火力迅速开火给敌人造成的伤亡，对方的飞机和滑翔机着陆时会遭到重创，人员和物资严重损失……各师应尽早采取必要措施，在海岸与陆地防线之间地域彻底插上桩子。"

隆美尔设想的障碍物，是以100英尺的间隔，把大约10英尺高的桩子插入地下。他当然知道，仅凭这些桩子无法对乘坐滑翔机登陆的敌人构成致命威胁，因而下令，在大多数桩子顶端装上缴获的炮弹，还以线缆连接起来。这样，拉动线缆就能引爆炮弹。试验表明，滑翔机降落在设有防空降障碍物的地域肯定会遭受严重损失，成功的希望微乎其微。盟军入侵前几天，隆美尔获得100万发缴获的炮弹，用于装备这些障碍物，可惜它们来得太晚，根本来不及安装。

隆美尔寄自西线的信件

1943年12月—1944年

虽然我们非常详细地了解到隆美尔针对盟军入侵的防御构想，但很可惜，由于没有这个时期的相关叙述，我们无从得知他个人的更多想法。唯一可靠的资料是他这几个月写给妻子和儿子的家书，我们从中摘录最有趣的段落，加上注释以飨读者。

隆美尔沿丹麦海岸视察期间

亲爱的露：

我们今天再次出发，赶往最北面的地段。这趟往返行程几天内会结束，然后就要开始文书工作。东线和南线的苦战仍在继续。我在远处袖手旁观是何感受，我不说想必你也知道。

我听说征兵范围扩大到14岁的孩子。据说会根据这些小伙的年龄和体格，把他们分配到劳工单位或防御部门。

1943年12月8日

我们从首都[哥本哈根]回来了。几天书面作业后，又要继续工作了。

在丹麦仍能买到你想要的一切，当然，丹麦人只卖给他们的同胞。我用手头的钱买了几件圣诞节用的东西。[隆美尔和所有德国军官一样，只准携带规定数量的丹麦货币。]

1943 年 12 月 11 日

到达法国后

……昨天平安到达。我住在一座美丽的城堡里 [位于枫丹白露]，以前这是德·蓬帕杜尔夫人的城堡。但我不会在这里待太久。就像今天的新闻宣布的那样，我明天才会动身。看来他们不想过早告诉英国人和美国人我在这里。

我今天和 R[伦德施泰特] 共进午餐。他看上去很高兴，我觉得一切顺利，但我必须先了解整体情况，看看再说。

这座古老的城堡是个美丽的所在。两个世纪前，法国人为他们的上层阶级建造的住处非常气派、宽敞，相比之下，我们太小家子气了。

1943 年 12 月 15 日

昨晚通过电话获知你们俩一切都好，真是太好了。曼弗雷德 1 月 6 日接到征召令，这是件大事。他肯定很高兴，可对我们，特别是对你，看见孩子早早离家无疑是痛苦的，我们需要很长时间才能适应这件事。

祝你们圣诞快乐，尽情享受你们俩仍在一起的时光吧……我昨晚和司令部全体军官共度圣诞，后来又跟士兵们待在一起，但目前的氛围谈不上真正的快乐。

1943 年 12 月 25 日

结束了长途奔波，今天返回。我见到许多东西，对已取得的进展深感满意。要是准备时间再充裕些，我就有把握赢得西线防御战。京特明天会带只手提箱回去，你让他把我的棕色便装、轻便大衣、帽子带回来。我想出去走走，总不能老带着元帅权杖吧……

……东线局势：明显稳定下来。

……南线：激烈的战斗仍在继续，遭遇敌人更加猛烈的进攻。

……西线：我认为我们能击退敌人的入侵。

1944年1月19日

昨天 O.T⁶送给我两条腊肠犬，我成为养狗人士了。其中一只1岁，毛很长，留着漂亮的胡须，另一只才3个月。小的一只很快就和我非常亲近，大的那只没这么快。它们俩此刻趴在我的办公桌下。只要有人进来，大的那只就吠叫起来。晚上，它们俩偶尔会叫几声，可能是思念以前的主人了。

1944年1月21日

眼下的工作干得真让人泄气。一次次遇到官僚和头脑僵化的家伙，他们抵制一切新的、进步的事务。可我们还是要想办法解决问题。我得把两条猎犬分开，大的那只亲热过了头，差点把小的那只弄死。

1944年1月26日

东线的态势还是非常紧张，相当严峻，虽然我们击毁了大批敌坦克，前3天多达860辆，可他们总能提供足够的补充。

意大利局势的发展情况，就像我一直担心的那样。敞开的侧翼缺乏掩护，非常危险，但我觉得我们肯定能设法恢复态势。

我在巴黎定做了一件新上衣，旧的那件太小太紧了……

1944年1月29日

亲爱的曼弗雷德：

我对你成为德国空军辅助人员后写来的第一封信很是欣慰，因为你已经很好地适应了新环境。对你这么大的孩子来说，离家服役不是件容易的事。2月份你也许能休假几天，到时候你必须把你的情况原原本本地告诉我们。这里事情太多，我还不能说我们已做好战斗准备。风平浪静时，众人懒懒散散，得过且过。但平时和战时的差别非常大，我觉得必须为这里的艰难时刻做好准备。

我经常外出，无论去哪里，总是扬起大量尘埃。

祝你一切顺利，致以最热烈的问候。

你的父亲

1944年1月31日

亲爱的露:

没有重要的消息。斯大林似乎对他的盟友提出了各种要求，例如给他一支舰队，实力相当于原意大利地中海舰队，由美国和英国从现有海军资源调拨舰只，再给他3个地中海港口（塔兰托，另一个在巴勒斯坦，第三个在北非）、阿拉伯地区三分之一的石油，还要确定盟军在西欧开辟第二战线的准确日期。如果这些条件得不到满足，斯大林就不再受他与盟国先前达成的协议的束缚。这种说法属实的话就好了。我昨天见到的许多情形让人欢欣鼓舞。虽然我们仍有许多缺点，可还是满怀信心地等待即将到来的事情。

1944年3月31日

英美军队暂时不采取行动看来对我们有利。这对我们的海岸防御深具价值，因为我方实力日益加强，至少地面上是这样，空中还谈不上。可即便如此，也能在一段时间内让我们再次获得优势。

我那条小狗非常可爱，喜欢甜食。它现在睡在我房内的行李架下面，很快就要接种防瘟热疫苗。我昨天又出去骑马了，可关节今天很不舒服。

古德里安今天下午过来。最近我和盖尔·冯·施韦彭堡发生激烈冲突[7]，他不同意我的计划，我对他的态度也很粗暴，上级下达的命令解决了问题，要求按照我的意思办。

1944年4月27日

O.T又送给我一条皮毛顺滑的棕色大猎犬。它很年轻，听话又可爱，很快就能适应新生活。埃尔博 [就是隆美尔原先那只小狗，他把稍大的那条送回老家交给妻子，不幸被汽车轧死了] 起初看上去有点不高兴，但现在和它的伙伴玩得很开心。喂食时，埃尔博一开始挺吃亏。不管怎么说，它们俩昨天跟我一连去了山上4次。要么我尽快把埃尔博给你送去，要么你自己去找条狗。这些动物能缓解你的焦虑，让你暂时摆脱烦恼，真奇怪。

1944年5月8日

5月中旬了，还是没有任何动静，不过，敌人在意大利境内发动钳形攻势，很可能是春季或夏季重大事件的序幕。我外出一两天，与部队官兵说说话。最近几周取得的成绩相当惊人。我相信敌人进攻期间会遭遇艰难的时刻，最终无功而返。

1944年5月15日

一两天前，我首次打电话给元首。他情绪不错，对我们在西线的工作大加称赞。我现在希望作业进度再快点。

天气还是很冷，最后下起雨来。英国人不得不耐心等待。我等着看6月份能否离开一两天，眼下不太可能。不幸的是，意大利战事不太顺利。敌人在火炮方面的巨大优势已经撕开我军防线，更别提他们的空中力量了。

1944年5月19日

昨天，这里的空中又热闹起来。我们没办法介入。今天到目前为止还算安静。敌人在意大利赢得胜利，对我们真是不幸。我方地面力量并不处于劣势，只是敌人在空中和弹药方面占有压倒性优势，与当初北非的情况如出一辙。我希望西线的情况会好些。到目前为止，还谈不上真正的防空准备。几天前空袭造成的破坏已修复……

……伦德施泰特昨天来看望我们。下午我和一名被俘的英国军官交谈了一番，他是个通情达理的人。

1944年5月21日

最高统帅部针对入侵所做的准备

1944 年 3 月 20 日, 希特勒对西线三军种司令发表讲话, 阐述了他对西部战区所发挥的作用的看法。他在讲话中指出:

"……很明显, 英美军队肯定会在西线登陆。没人知道他们如何到来, 更不知道他们从哪里来。同样, 我们也无法就这个问题做出任何推测。无论对方如何集中船只, 都不能也不该视为证据或迹象, 表明对方已经在挪威到比斯开湾这条漫长的西线, 或者在地中海——要么是法国南部海岸, 要么是意大利海岸或巴尔干地区——选中一片登陆地段。这种集中随时可以在恶劣的能见度掩护下移动或转移, 无疑是佯动。他们在我们漫长防线的任何一处实施登陆都是不可能的, 除非是海岸被峭壁打断的地方。最适合他们登陆, 因而成为遭受威胁最严重的地区是两座西海岸半岛——瑟堡和布雷斯特, 那里对他们深具诱惑, 非常适合形成登陆场, 在那里登陆后, 他们可以大量使用空中力量和各种重型武器, 有条不紊地扩大整座登陆场。

"……目前对敌人来说重要的是夺取一座港口, 从而实施最大规模的登陆。仅这一点就足以说明西海岸各港口至关重要, 因此必须下令把这些港口变成要塞, 要塞司令全权负责当地三军种的训练和作战。他的任务是想方设法把要塞打造得坚不可摧。必须由他个人负责, 确保要塞坚守到最后一颗子弹、最后一罐口粮, 直到继续坚守的可能性荡然无存。

"……任何情况下, 我们都不能让敌人整个登陆行动的持续时间超过几个钟头, 最多一两天, 他们在迪耶普的尝试就是个好例子。一旦击败对方的登陆, 我们决不能让他们卷土重来。他们除了遭受严重伤亡, 还需要几个月准备时间, 才能重新展开行动。这不是阻止英美军队卷土重来的唯一因素。首次入侵遭遇挫败, 会给他们的士气造成毁灭性打击。这会阻止罗斯福在美国连任, 幸运的话, 他大概会在监狱的某个角落了此残生。英国的情况也是这样, 厌战情绪会比以往任何时候更加强烈地显现出来, 丘吉尔年迈多病, 加之声望一落千丈, 可能再也无法推动新的登陆行动。我们可以在很短时间内, 以同等兵力对付敌人的数量优势(50—60 个师)。粉碎敌人的登陆企图, 不仅对西线具有局部决定性, 也是整个战争进程及其最终结局唯一的决定性因素。

"我们目前在欧洲有45个师，东线急需这些师，一旦西线赢得决定性胜利，必须把这些兵团调往东线，从根本上改变那里的态势。因此，在西线战斗的全体官兵必须牢记，这里是最具决定性的战线，战争的结局和帝国的命运全赖于此。每个人的努力都是至关重要的，这种认识必须成为全体官兵思维过程不可或缺的组成部分。"

希特勒这番讲话以速记的形式记录下来，最明显的问题是元首大本营缺乏决断。虽然几个地点很可能成为盟军登陆地，但在此阶段，相关迹象没能说服元首大本营，他们不肯把兵力集中到这些地方。实际上，希特勒在两种观点间犹豫不决，冯·伦德施泰特元帅和盖尔·冯·施韦彭堡持一种观点，隆美尔持另一种观点。

盖尔·冯·施韦彭堡将军目前只负责驻法国装甲兵团的训练工作，但他希望把驻扎在巴黎周围的装甲师编为装甲集群，由他来指挥。为了让自己的主张更具说服力，他特别强调了盟军空降部队在巴黎周围登陆的可能性。他还认为，应该让英美军队登陆，甚至达成渗透，这样就能以大规模反攻消灭对方，把他们赶下大海。

虽然他的第一个主张被所有专家否决，但第二个主张却很有市场，因为大多数德国高级军官迄今为止只在东线打过仗，只了解二维形式的战争，根本不知道英美军队掌握的制空权给南线战区造成怎样的影响。另外，他们觉得英国人和美国人从事机动作战的能力欠佳，认为西线敌军不可能是德国东线老兵的对手。

从隆美尔的记述可以看出，他在北非获得了丰富的经验，对最新、最先进的战争样式了如指掌。而那些在法国反对隆美尔观点的军官，没有一个对付过如此高明的敌人，更没有谁像隆美尔在非洲那两年所做的那样，在战术方面精益求精。他主张把可用的装甲师调到受威胁最严重的海岸，说明他对战略原则一无所知，这种说法毫无根据。其实，他在非洲从事的机动作战之所以屡屡获胜，主要原因就是他每次都能在正确的时间把最大兵力集中到正确的地点，他深谙此道，这方面的经验远远超过其他人，特别是冯·施韦彭堡将军。[8]

另外，隆美尔确实要求从德国再抽调6—8个装甲师、5—7个摩托化师，作为战役预备队部署在巴黎地区。5月17日，我和隆美尔在拉罗什吉永[隆美尔的司令部所在地]就东线将领与具备非洲作战经验的指挥官之间存在的差异长谈了一番。我们在公园散步，隆美尔大致说了以下内容：

"我们从东线来的朋友根本不知道在这里会遇到什么状况。西线完全见不到大群狂热的乌合之众，在上级驱使下冲向我军防线，既不考虑人员伤亡，也不借助战术技巧；我们在这里面对的敌人，善于发挥天生的智慧，充分利用诸多技术资源，毫不在乎物资消耗，每次行动安排得井井有条，就好像反复演练过似的。拜尔莱因，仅凭蛮勇再也成不了合格的军人了，他得有足够的智慧，才能充分发挥战斗机器的作用。我们在非洲发现，敌人就能做到这些。"

根据近期从东线获得的经验，我完全赞同他的观点。[①] 苏联战场给我们造成严重打击的是那里出现的一种自卑情绪，缘于我军士兵低劣的装备，以及 OKW 拙劣的战役指挥，一再给我们造成严重而又毫无意义的伤亡。除此之外，我方官兵还害怕沦为俘虏，在苏联人手里遭受不人道的对待。相比之下，非洲战区总是对智力提出更高的要求。

我记得隆美尔对我说过："您不知道，说服这些人有多难。他们当初怎么也不接受机动作战的理念，可我们目前在西线丧失了机动自由，他们又死死抱着机动作战不放。其实情况很明显，一旦敌人获得立足地，就会把手头所有坦克和反坦克炮投入登陆场，让我们撞得头破血流，就像他们在梅德宁做的那样。要想突破这种防御，你得在大量火炮掩护下，有条不紊地缓缓进攻，可我们没办法及时投入大批炮兵力量，当然，这是盟国空军造成的。战争初期凭借坦克横冲直撞的日子一去不复返，东线也是这样，实际上，这种打法逐渐落伍了。"

这几周，隆美尔竭力说服其他人接受自己的观点。但最高统帅部摇摆不定，在主力预备队的问题上没有偏向任何一方。希特勒批准隆美尔沿法国海岸构设防御，仅仅因为他总是对修建大规模防御工事的想法青睐有加，并不代表他赞同隆美尔的思路。至于战役预备队，希特勒和他的幕僚更倾向于接受盖尔·冯·施韦彭堡的建议，因为他们也不相信，敌空军发挥的作用能影响地面部队的运动。

以下内容摘自隆美尔 1944 年 4 月 23 日写给约德尔大将的信件，很能

---

① 译注：拜尔莱因从非洲返回欧洲，赋闲了一段时间，很快赶赴东线指挥第 3 装甲师，此时已擢升中将。

说明问题：[9]

"尽管敌人占有空中优势，可如果我们能在最初几小时把大部分机动力量顺利投入遭受威胁的海岸防区，那么，我相信我们能在入侵首日彻底打垮敌人对海岸的进攻。虽然敌人的猛烈轰炸在许多地方彻底炸塌了我们的野战阵地、防空洞、交通壕，但到目前为止，他们给我方强化混凝土防御工事造成的破坏微乎其微。由此可见，所有阵地浇筑混凝土是多么重要，就连设在防线后方的火炮、高射炮炮位、预备阵地也应该这样。

"最让我焦虑的是机动力量。3月21日的会议已就这个问题做出决定，可他们到现在还没有置于我麾下。有些部队分散在内陆大片区域，这就是说，他们届时会姗姗来迟，无法对争夺海岸的交战发挥任何作用。由于敌人的空中优势非常强大，我们能料到，摩托化部队朝海岸的一切大规模运动必然暴露在猛烈、长时间持续的空袭下。可如果没有装甲师和摩托化部队迅速提供支援，我们的海岸师很难应对海上之敌和内陆空降部队同时发动的进攻。他们的陆地防线兵力太薄弱。所以，作战部队和预备队的部署应当遵循这样的原则：只需要最少的运动就能增援最有可能遭受攻击的地段，无论是低地国家、海峡地区、诺曼底还是布列塔尼。还要确保敌海上力量和空降部队逼近期间就被我方火力消灭大半。

"和我不同，盖尔·冯·施韦彭堡将军可能很了解和平时期的英国人[1]，但他从来没在战斗中与他们交过手。他认为最大的危险是敌人在法国内陆深处实施战役空降，因而寄希望于快速反制措施，他部署麾下部队主要基于这种想法。另外，他不希望把装甲师派到海岸防御的陆地防线后方，尽管敌人有可能在那里实施空降。我的看法不同，我认为最大的危险是敌人使用手头各种兵器，特别是空降部队，沿宽大的战线突破我方海岸防御，从而在欧洲大陆获得一片立足地。依我看，只要我们守住海岸，消灭登陆之敌，迟早会粉碎敌人战役性质的空降。另外，以我们的经验看，过去在我方部队控制地域实施登陆的敌空降部队总是全军覆没。

---

① 译注：装甲兵上将施韦彭堡与莫德尔、布赖特、拜尔莱因一样，也担任过第3装甲师师长，此时是西线装甲集群司令。施韦彭堡的语言能力过人，30年代初期当过驻英国、比利时、荷兰的武官，所以隆美尔说他"很了解和平时期的英国人"。

我认为以这种方式消灭敌空降力量，付出的代价远远小于从外部进攻已登陆之敌，他们能在几分钟内部署大批反坦克炮，尔后获得轰炸机编队支援。我和冯·施韦彭堡将军就这个问题发生激烈争执，只有尽快把他置于集团军群指挥下，才能贯彻我的战役构想。

"战争中最具决定性的战役，德意志民族的命运，都系于一线。如果不能统一指挥所有可用力量从事防御，不能把我们所有机动力量尽早用于海岸交战，那么就很难赢得胜利。如果我等到敌人实施登陆，再通过正常渠道要求投入机动力量，势必造成延误。这意味着他们可能会到得太晚，无法成功干预争夺海岸的交战，更无法阻止敌军登陆，也许会导致第二个内图诺[10]，这种情况对我们非常不利……"

隆美尔又一次碰了壁。5月份，他提请上级注意诺曼底地区遭受的威胁，要求把一整个高射炮军调到奥恩河与维尔河之间，把一个火箭炮旅调入卡朗唐以南地域，把党卫队第12装甲师调入科唐坦半岛，再把装甲教导师[11]调到阿夫朗什附近。另外，他还要求海军立即在塞纳湾布设水雷 [德国海军当时在比斯开湾布雷]。隆美尔本指望以这些措施部分解决诺曼底地区守军兵力不足、防御工事薄弱的问题，可这些要求无一得到满足。

以下内容摘自隆美尔6月3日的日记[12]：

"下午和西线总司令 [冯·伦德施泰特] 在一起，司令 [隆美尔] 打算回德国一趟。

"1944年6月5—8日，这段时间对入侵的担心稍有缓解，因为接下来几天的潮汐不利于登陆行动，另外，空中侦察也没发现敌人即将登陆的任何迹象。现在最要紧的是去上萨尔茨堡与元首面谈，告诉他面对敌人的入侵，我们在兵力和物质方面的劣势到了怎样的程度，请他再调拨2个装甲师、1个高射炮军、1个火箭炮旅到诺曼底……"

隆美尔获得冯·伦德施泰特批准，打电话给元首的副官长施蒙特将军，告诉他自己很快过去。6月5日上午，隆美尔乘车离开拉罗什吉永的集团军群司令部。

入侵日

6月5日夜间漆黑一片，月亮偶尔冲破低矮的云层，把清冷的月光洒向诺曼底海岸。一个个孤立的防御哨所，哨兵沿巡逻路线来回走动。

夜幕降临后不久，盟军轰炸机单调的嗡嗡声再次响起，很快传来炸弹在海岸各处的爆炸声。诺曼底遭到夜间轰炸并不罕见，可当晚的空袭不断加剧，很快达到前所未见的强度。午夜过后，更多大股航空编队朝内陆飞来，突然，"探路者"飞机投下的"圣诞树"①照亮了海岸后方大片区域。从凌晨1点起，数千名伞兵跳入标记地域，数百架载有火炮、车辆、人员的滑翔机，降低高度后着陆。隆美尔安装的防滑翔机桩没能阻止敌机着陆，因为这些桩子既没有用铁丝网连成一片，也没有装上地雷。它们确实给滑翔机造成严重破坏，但机上搭载的人员和装备大多平安着陆。

附近德军各哨所的指挥官冲向军用电话，向上级报告敌人正在登陆，于是，整个指挥机构运转起来。[13]内陆的激战迅速趋于白热化，因为盟军伞兵立即攻向海岸，企图冲破海岸防御。第一批士兵很快就在这场决定德意志帝国命运的交战中阵亡了。

塞纳湾沿岸几座雷达站，几天前被盟军的空袭炸毁，现在成了瞎子。由于天气恶劣，德国空军没有在英吉利海峡上空实施侦察飞行，德国海军的前哨舰只也停在港内。因此，德军司令部完全没发现庞大的盟军舰队已驶过海峡，10个钟头前就越过德国前哨舰只构成的警戒线，顺利集结在塞纳湾。直到5点30分，盟军舰炮猛烈轰击德军阵地，他们才如梦初醒。炮弹一发发落下，6艘战列舰、23艘巡洋舰、104艘驱逐舰以舰炮发起一场空前的炮击，一个个盟军轰炸机中队相继飞抵诺曼底上空，一次次实施地毯式轰炸。

在舰炮火力掩护下，英美特种部队逼近海滩，跳下小型装甲艇，开始爆破退潮时暴露在外的滩头障碍物。要是德国人把低水位线下方的低矮障碍物构设完毕，对方就不可能执行爆破作业了。没过多久，舰炮继续压制海岸防御之际，大批登陆艇朝海滩驶去。

猛烈的炮火下幸免于难的德军士兵发现狠狠打击敌人的机会来了。无论周围

---

① 译注：就是照明弹，这个绰号缘自第一次世界大战。

的炮火如何肆虐，大多数人依然坚守各自的阵地，直到阵亡或武器被炸毁。他们甚至在某些地段阻挡了对方的登陆，尽管这条防御薄弱、缺乏纵深的防线大部分地段是无法守住的。英美步兵从海滩缓缓向前，在各座孤立的防御哨所间渗透，最终在几个地段与空投到德军防线后方的伞兵会合。两栖坦克驶上滩头，为盟军步兵向前发起主要突击提供强有力的装甲支援，德国守军对此束手无策，他们只有地雷、少量"铁拳"[14]、几门孤零零的反坦克炮。

几个师寥寥无几的预备队迅速投入危机发生地，要是他们在对方登陆之际投入战斗的话，是能取得些战果的。可他们的行军队列一次次遭到盟军成群结队的战斗轰炸机攻击。在几位德军师长看来，这就像是与一股大潮的斗争，人人都知道，这股洪潮很快会把微不足道的抵抗席卷一空，尔后涌向内陆。所有预备队悉数投入，再也没有其他可用力量了。德军的海岸防线，许多地段开始崩溃，到下午，情况已经很明显，盟军的登陆大获成功。

入侵地域，德军唯一可用的装甲兵团是福伊希廷格尔中将指挥的第21装甲师，该师驻扎在卡昂附近，配备150来辆坦克、60门突击炮和自行火炮、大约300辆装甲运兵车。6月6日晨，福伊希廷格尔集结师里部分力量，对奥恩河东面的英军伞兵发起反冲击。他的部队开往集中地域，突然接到第7集团军的指令，让他们对奥恩河西岸遂行反冲击。福伊希廷格尔立即更改自己的命令，可宝贵的时间白白浪费了，他们现在只能以一个战斗群[15]攻往奥恩河西面。该战斗群确实攻到海岸，但面对这种威胁，英军指挥官把伞兵部队投入该战斗群后方，迫使他们停止进攻向后退却，以免被对方切断。[16]

因此，到6月6日傍晚，情况看上去一点也不乐观。德军防线右侧，英国人夺得一座20英里宽、3—6英里深的登陆场，而美军在左侧控制了两处立足地。德军守住中间地域，封闭了英美军队的渗透。可他们已经把可用的预备队悉数投入战斗，各级指挥官焦急地等待主力装甲部队，希望他们尽快开抵，把敌人赶下大海。但援兵没有到来。弹药即将耗尽，整条防线不得不节约使用。幸免于难的参谋人员对即将到来的战斗产生了特有的绝望感。

此时，后方究竟发生了什么事情？6月5日夜间，冯·伦德施泰特元帅对装甲教导师和党卫队希特勒青年团装甲师发出警报（要是当初采纳隆美尔的建议，这两个师此时已到达海岸），可 OKW 告诉他，目前还不能确定诺曼底登陆就是敌人的主要登陆，所以他还得再等等。这造成进一步延误，直到 6 月 6 日傍晚，两个装甲师辖内部队才朝海岸开拔。隆美尔的参谋长施派德尔将军把他叫回法国，和施派德尔一同工作的人，大多同他处不来。

隆美尔如何看待交战头几日的情况？从他 1944 年 6 月 10 日撰写的文件能看出些端倪：

"到目前为止，诺曼底的交战进程清楚地表明了敌人的企图：

"（a）在奥恩河与维尔河之间获得一座深邃的登陆场，以此作为跳板，日后朝法国内陆发起强有力的进攻，很可能攻往巴黎。

"（b）切断科唐坦半岛，尽快攻占瑟堡，从而获得一座能发挥更大登陆能力的重要港口。（随着战事发展，似乎也有这样的可能，如果战斗过于激烈，敌人就放弃科唐坦半岛，集中手头所有力量早早攻入法国内陆。）

"由于海岸防御部队顽强抵抗，再加上我方可用预备队及时发起反冲击，尽管敌人的进攻付出了巨大的努力，可进展比他们预想的慢。而敌人投入的兵力似乎也多于他们原先的计划。

"很明显，敌人在强大的空中力量掩护下加强他们的地面力量，我们的空军和海军无法给对方造成任何妨碍，特别是白天。因此，登陆场内敌军获得增援的速度远远快于我方预备队开抵前线的速度。

"由于敌人占有空中优势，我们无法把党卫队第 1 装甲军、第 7 火箭炮旅、高射炮军、迈因德尔军[①]尽快调到奥恩河和维尔河，以这些力量对敌登陆部队发起反突击。火箭炮旅、高射炮军、迈因德尔军仍在开赴前线的途中，党卫队第 1 装甲军在激烈的战斗中被迫转入防御。

"集团军群目前能做到的，是以逐渐开抵的部队在奥恩河与维尔河之间建立绵亘防线，挡住敌人的进攻。很不幸，我们在这种情况下无法救出仍在海岸许多地段坚守的部队。

---

① 译注：迈因德尔军指的是空降兵上将欧根·迈因德尔指挥的第 2 伞兵军。

"集团军群竭力投入步兵部队，尽快替换防线上的装甲兵团，以便把装甲力量转移到防线后方，重新构成装甲预备队。

"接下来几天，集团军群打算把作战重点转移到卡朗唐—蒙特堡地域，歼灭该地域之敌，消除来自瑟堡方向的威胁。届时，我们才能对奥恩河与维尔河之间的敌军发起进攻。

"我们在诺曼底地区的作战行动受到严重阻碍，在某些地方甚至无法展开行动，原因如下：

"（a）敌人的空军力量过于强大，有时候甚至形成压倒性优势。就像我和身边的参谋军官多次经历的那样（包括党卫队全国副总指挥泽普·迪特里希在内的战地指挥官也报告了同样的情况），从前线到后方大约60英里，敌人完全控制了整片战场的天空。昼间，敌人强大的战斗轰炸机、轰炸机编队几乎彻底压制了我们在道路、小径、开阔地带的交通，致使我军部队朝战场的机动几近瘫痪，而敌人却运动自如。后方地域各交通隘路不断遭到空袭，很难为作战部队运送弹药、汽油这些必不可少的补给。

"就连小股部队在战场上的运动（炮兵进入发射阵地、坦克集结等），也会立即遭到深具毁灭性的空中打击。白天，各作战部队和指挥部被迫隐蔽在林木茂密的地域，躲避敌人持续不停的空袭。6月9日，党卫队装甲军后方地域的情况是，大批敌战斗轰炸机中队不停地盘旋在战场上方，一个个强大的轰炸机编队朝我方部队、村庄、桥梁、路口投下大量炸弹，完全无视当地居民的死活。我方防空力量和空军似乎无力阻止敌空中力量给我们造成瘫痪和破坏，对方一天内出动了27000个战斗架次[17]。陆军和武装党卫队辖内部队利用一切手段顽强防御，可弹药不济，就连换防也得在最困难的情况下进行。

"（b）重型舰炮的影响。敌人投入的舰炮多达640门，这些速射炮威力强大，打击范围内，我方步兵或坦克根本没办法采取任何行动。不过，尽管遭到猛烈炮击，我方海岸守军和蒙特堡地域遂行反冲击的部队依然极其顽强地坚守阵地。但我们认为，除非我海空力量打垮敌人，否则敌人的战舰还是会继续支援陆地上的战斗，特别是对科唐坦半岛，他们根本不在乎大量消耗弹药。

"（c）美国人的物质装备远远优于我们的各个师，他们不仅有大量军用物资，还有许多新式武器。党卫队全国副总指挥泽普·迪特里希告诉我，敌装甲兵团似乎能在远达2500码的距离开炮射击，不仅大量使用弹药，还获得强大的空中支援（阿莱曼交战的情形也是如此）。另外，他们在炮兵方面的巨大优势非常明显，弹药补给源源不断。

"（d）他们大量使用伞兵和空降部队，而且非常灵活，我方投入的部队很难击退对方。只要他们降落在我方部队未设防的地域，就立即掘壕据守，我军步兵即便获得炮兵支援，也没办法驱离对方。我们必须料到，敌人会实施更多空降，特别是在我方部队未设防的地域。很不幸，我方空军没能按照预定计划打击敌兵团。敌人充分利用空中力量，每次都能把我们的机动部队压制数日，而他们的机动力量和侦察部队却能继续行动，这给我们造成极为困难的局面。

"尽管敌人消耗了大量物资，但我们各军兵种的官兵以最大的毅力英勇奋战。我要求把这些情况告知元首……"

可希特勒否决了隆美尔赶去打击卡朗唐—蒙特堡地域美军登陆场的计划，反而命令B集团军群以目前获得的增援力量，从卡昂地域发动进攻，打击英军登陆场。但科唐坦半岛的美军登陆场有可能成为对方切断整个科唐坦半岛的行动基地，因而潜在威胁大于英军登陆场，另外，美军目前部署在登陆场内的兵力也较少。由于英军获得增援的速度远远快于我方，几乎从一开始就获得主动权，所以，希特勒下令从卡昂地域发动的进攻一无所获。

施派德尔将军在《我们保卫诺曼底》一书里指出，OKW禁止西线总司令和B集团军群司令从塞纳河北面抽调任何师级力量，把使用每个师的决定权控制在自己手里。他们还给B集团军群司令部和西线总司令部发去一份份情报报告，以此说明盟军在不列颠群岛保留了足够的兵力，完全能发动第二次登陆。隆美尔离世前不久告诉儿子，他起初也考虑过，如果把德军主力调离加来海峡，盟军完全有可能在那里实施登陆。盟军企图把所有德军部队牵制在诺曼底，再以空袭炸毁塞纳河上的桥梁，尔后登陆加来，继而攻入鲁尔区，这种意图不无可能。但他后来意识到，把德军主力留在加来海峡是个致命的错误。

入侵战役期间，希特勒两次会晤冯·伦德施泰特和隆美尔。第一次是1944年6月17日在苏瓦松附近，隆美尔首先发言，汇报了当前态势，阐述了德军官兵被迫在极度困难的条件下从事战斗的情形。他请求希特勒视察前线，直接同战地指挥官聊聊，亲自了解前线的真实情况，冯·伦德施泰特附议。丘吉尔一如既往地视察了登陆场前线的英军部队，西线德军官兵都知道这个消息，不免对元首至今还没来看望他们深感失望。会议记录表明，隆美尔结束发言时提出个方案，建议再次设法与盟军交战。他后来告诉家人，这场行动可能会失败，但不管怎么说，至少有四分之一的成功机会。要是照目前这种死板的打法，必然招致致命的结局，整个 B 集团军群会在几周内灰飞烟灭。[18]

"B 集团军群司令提醒，不要以进攻的方式大规模肃清防线，因为这会消耗各装甲师的实力。他建议把若干步兵师调入奥恩河地段。目前投入的几个装甲师留在卡昂西面，各预备兵团集中在两翼。完成接敌行军，各部队向南做有限后撤，目的是朝进犯之敌的侧翼发起装甲突击，在敌军舰炮火力外从事交战……"

第二天早上，一枚射偏的 V1 飞弹落在大本营驻地附近，希特勒立即取消行程飞返德国，没再理会西线的命运。隆美尔建议的行动无疾而终，西线的胜利要靠"寸土必争"来实现。

1944 年 6 月 29 日，冯·伦德施泰特和隆美尔再次谒见希特勒，想弄清最高统帅部对入侵战线态势的看法，这次是去贝希特斯加登。会议纪要逐一记录下希特勒对两位陆军元帅阐述的观点，给人的印象是，他当时的思维非常混乱。

"……元首详细了解了战况，特别是敌人掌握的制空权、敌舰炮火力的影响、英军大量消耗物资、有条不紊但缺乏灵活性的打法，随后就继续斗争做出以下指示：

"（a）元首首先指出，遏制敌人的进攻至关重要，这是肃清登陆场的先决条件。

"（b）德国空军使用最新型战机（喷气式和火箭动力轰炸机），在登陆场上空与敌机交战，消灭对方，使登陆场之敌陷入持续不安的境地。

"（c）继续在海上布雷，一是打击敌军补给，二是让留在沿海水域的敌舰艇惊恐不安。

"（d）以特种炸弹[①]对付敌战列舰。关于这个问题，元首明确指出，他认为

---

① 译注：特种炸弹指的大概是无线电制导炸弹。

击沉敌人的战列舰至关重要。

"(e)在补给路线部署防空阵地。为此,应当把旧机炮和其他防空武器安装在阵地内,防空阵地沿巴黎通往交战地区的补给路线设立,这样敌机就无法扫射道路。

"(f)立即提供1000架新生产的战斗机[19],至少一周内要有几天能在有限地域上空获得空中优势。以每架战斗机每天出动3个架次算,我们目前可用的战斗机,每天就能出动1500个架次。

"(g)海军投入一切可用力量,包括鱼雷艇、E艇、U艇。但海军元帅邓尼茨报告,目前可投入的舰艇数量非常少,只有勒阿弗尔的1艘鱼雷艇、12艘E艇、8艘装有Schnorchel(水下通气管)装置的U艇。"

冯·伦德施泰特和隆美尔谈了他们对局势的看法。隆美尔还问希特勒,除了其他方面,他怎么会幻想仍能打赢战争呢?经过一番争论,两位陆军元帅估计自己会被解除职务。可出人意料,隆美尔仍官居原职,只有冯·伦德施泰特被召回,冯·克鲁格元帅取而代之。希特勒、约德尔、凯特尔把隆美尔称为我行我素、桀骜不驯的失败主义者,这种评价给冯·克鲁格造成先入为主的印象。他们还告诉冯·克鲁格,西线战事并不像隆美尔说的那么不堪。因此,冯·克鲁格赶到隆美尔的司令部时,和大多数刚刚到达西部战区的东线指挥官一样,充满过度乐观的情绪,还严厉申斥了隆美尔。隆美尔不愿对自己遭受的攻讦逆来顺受,因而就这个问题给冯·克鲁格写了封信:

致西线总司令 　　　　　　　　　　　　　　　　　　　1944年7月5日
陆军元帅冯·克鲁格先生 　　　　　　　　　　　　　　集团军群司令部
　　随函附上我对诺曼底迄今为止的军事态势的看法,敬请查阅。

　　您刚来视察,就当着我的参谋长和作训处长的面对我大加斥责,大意是"就连您,现在也得学会服从命令",这句话深深地伤害了我。我要求您告诉我,究竟出于什么原因做出这样的申斥。

　　　　　　　　　　　　　　　　　　　　　　　　　　(签名):隆美尔
　　　　　　　　　　　　　　　　　　　　　　　　　　陆军元帅

随信附上的文件，隆美尔已转呈希特勒，他在文件里又一次明确无误地批评了诺曼底战役的进程：

B 集团军群司令　　　　　　备忘录　　　　　　1944 年 7 月 3 日
　　　　　　　　　　　　　　　　　　　　　　集团军群司令部

我们无法长时间坚守诺曼底海岸、瑟堡半岛、瑟堡要塞，具体原因如下：

（1）驻守诺曼底的防御力量过于薄弱，有些部队的兵员严重超龄（例如第 709 师，平均年龄高达 36 岁），他们的装备完全不符合现代要求，弹药存量太少，防御工事的修筑工作滞后，补给严重不足。

（2）敌人入侵前，B 集团军群多次请求增派援兵，特别是 5 月底诺曼底遭受的威胁愈发明显时，可这些请求都被否决。其中最重要的一项请求是把党卫队第 12 希特勒青年团装甲师调入莱赛—库唐斯地域，这样就能对敌人在科唐坦半岛西海岸或东海岸的登陆立即施以压倒性突击。我们估计，在对方占有空中优势的情况下，党卫队第 12 装甲师从塞纳河南面的驻地前调，至少需要两天时间，途中必然会遭受严重损失。约德尔大将完全知道这一点，因为敌人入侵前不久，他通过布勒将军又一次问我，党卫队第 12 装甲师多久才能投入诺曼底的战斗。可是，我一再要求把这个师编入我麾下的请求遭否决，我只得到这样的承诺：一旦敌人发动进攻，就把该师交给我指挥。

（3）我要求把装甲教导师部署在能迅速介入诺曼底或布列塔尼海岸交战的地方，可这个建议也遭到否决，因为上级担心敌人可能会在巴黎附近实施空降。

（4）敌人先前就猛烈、不受任何干扰地空袭了我方炮兵阵地和防御工事，5 月底，集团军群要求把强大的防空力量部署在这些遭受空袭的地点。按照第 3 高射炮军军长的建议，我提出把整个高射炮军部署在奥恩河河口与蒙特堡 [瑟堡东南方 18 英里] 之间，因为敌人的活动表明，该地域面临的威胁尤为严重。这个请求还是没得到满足，结果，高射炮军作为机动力量部署，四个团中的一个驻守索姆河两岸，另一个实力虚弱的团位于奥恩河与维尔河之间。高射炮军分散使用，给诺曼底的防御造成非常不利的影响，相关人员还以缺乏汽油的借口开脱。战斗打响时，该师另外两个团留在V2飞弹发射地附近提供掩护。

（5）我预料到，敌人发动进攻后，我方援兵的运动会非常困难，因而建议把第7火箭炮旅调入卡朗唐以南地域，加强诺曼底地区的防御。这个请求还是没得到批准，直到敌人登陆，该旅才交给我指挥。因此，入侵头几日，第7火箭炮旅没能参加战斗。

（6）为了不让敌人获得出色的登陆条件，我一再敦促海空军及时在塞纳湾布设最新型的水雷。这片海湾的水深较浅，特别适合布设水雷。这项请求没得到响应。直到敌人登陆，相关部门才开始布雷，可当时的作业条件已非常困难，只能从空中实施。

（7）根据从西线抽调弹药在后方基地和陆军弹药仓库建立预备库存的方案，军需总监5月份下达命令，削减了诺曼底地区的弹药存量。此举本来会导致诺曼底地区的弹药存量比现在更少。幸亏集团军群听从马克斯将军[20]的倡议，抵制了这道命令。

（8）尽管有铁路网和海上交通线，但由于敌人猛烈轰炸铁路设施，我们的补给情况，特别是诺曼底地区，甚至在敌人入侵前就难以为继。

（9）敌人在欧洲大陆顺利夺得立足地，B集团军群的意图是待援兵开抵，先消灭卡朗唐北面的登陆场，从而消除科唐坦半岛和瑟堡要塞面临的一切威胁，尔后再进攻奥恩河与维尔河之间的敌军。可OKW不同意，而是命令我们把进攻重点转到奥恩河口东侧。

（10）党卫队第12希特勒青年团装甲师先遣部队直到6月7日上午9点30分才到达卡昂西北地域，他们实施了75英里的接敌行军，途中遭到低空飞行的敌机重创。他们既没有时间也没有空间实施编组，进攻没能奏效。

装甲教导师不得不行进110英里，先遣部队6月7日13点才到达卡昂西面的战线。他们的开拔也受到低空飞行的敌机干扰，导致轮式车辆部队与履带式车辆部队脱离。结果，该师没能投入进攻，实际上，他们甚至难以守住阵地，因为敌人此时的实力越来越强大。这一切导致的结果是，装甲教导师没能与仍在巴约奋战的第352步兵师辖内部队取得联系，更别说提供支援了。

第2装甲师先遣部队不得不从索姆河两岸驻地调来，直线距离长达160英里，6月13日开抵。整个师投入战斗还需要7天。

第3伞兵师从布列塔尼开赴圣洛东北面的交战地域，直线距离长达135英里，这场接敌行军需要6天，在此期间不断遭到来自空中的威胁。待该师开抵，进攻巴约已不复可能，因为强大的敌军占领了塞里西森林。

第77步兵师需要6天才能集结大批部队，投入科唐坦半岛北部的战斗。

所有预备队到得太晚，无法以反冲击粉碎敌登陆部队。待他们开抵，敌人不仅把相当强大的力量送上滩头，还在空中力量和炮兵强有力支援下发动了进攻。

（11）我方空军的支援没有达到预期规模。从前线到后方60英里左右，敌人控制了整片战场的上空。他们投入一个个战斗架次，以庞大的空中力量粉碎沿海地域的防御设施，还有效阻止了我方预备队的接敌行军，以及补给物资的前运，这一切主要通过破坏铁路系统来实现。

（12）海军的活动也没达到最初承诺的规模，例如，他们只投入6艘潜艇，而不是40艘。由于气候条件恶劣，6月5日夜间，前哨舰只没值守塞纳湾。而潜艇对登陆舰队采取的行动规模相对较小。敌人6月12日空袭勒阿弗尔，德国海军损失了不少本来可用于对付敌登陆舰队的舰艇。

敌人发动入侵后，德国海军立即在塞纳湾布设水雷，但到目前为止，没取得显著战果。敌人继续以最大规模实施登陆，据党卫队第2装甲军报告，对方的舰炮每天都以"前所未见的规模"实施炮击，给我方防线造成严重的困难。

（13）集团军群没有参与后勤补给工作，没有自己的军需部门，起初也无权对西线总司令部的军需官发号施令。

（14）指挥渠道不尽如人意。敌人发动入侵时，集团军群既无法指挥西线装甲集群的机动兵团（参见上文），也不掌握火箭炮旅。我在报告里已就高射炮军等兵团的"指导"问题提出自己的看法。只有效仿蒙哥马利和艾森豪威尔，统一而又紧密地指挥各军兵种，才能确保最终的胜利。

（签名）：陆军元帅隆美尔

冯·克鲁格刚刚视察完诺曼底前线，就彻底改变了自己先前的观点。他承认，隆美尔6月底呈交元首大本营的报告说得合情合理："敌人的制空权在时间和空间方面限制了我方一切运动，我们根本无法估算时间。这种限制导致我方师级以上的装甲或摩托化兵团只能在夜间机动，或趁恶劣的天气展开行动，通常说来，此类行动的目标非常有限。但如果获得足够的高射炮防御，小股装甲战斗群仍有可能在昼间采取行动。"

隆美尔留存的文件，看不出他与"7·20"事件有任何关联，主要是因为他销毁了相关证据，以免自己或其他人受牵连。但还是有一两个问题需要澄清。

隆美尔自1943年夏季起就认为，紧急情况下，可能有必要与盟军缔结合理的和约，哪怕违背希特勒的意愿也在所不惜。但从隆美尔后来对妻儿说的话来看，他似乎认为，盟军入侵前就发动政变推翻希特勒是个错误的做法，还提出以下几点理由：

（1）盟军入侵前，德国唯一的战线在东面。发动政变可能会导致东线崩溃，致使苏军大潮涌入中欧，英国人和美国人根本无法阻挡他们。

（2）1944年春季，发动军事起义的心理条件还不成熟，因为派驻法国的大部分德军官兵确信自己能击退英美军队，而德国凭借新式兵器（喷气式战斗机、秘密武器、新型坦克），最终能挡住苏联人。

（3）如果德军成功击退入侵，英美两国就会放弃"德国必须无条件投降"的要求，因为他们担心苏联人占领整个欧洲，或德军在苏联重新发动攻势。所以这是迫使盟国达成有条件和平的最后机会，决不能轻易放弃。

隆美尔认为，如果击退盟军入侵，西方国家最终会接受"与新德国在东线并肩战斗"的想法，他觉得西方盟国大力支持布尔什维克主义简直是不可思议的事。隆美尔能干而又忠诚的参谋长施派德尔将军赞同他的看法，盟军入侵前，施派德尔已经联系各指挥部，还讨论了采取相关行动的可能性。

"7·20"事件发生后，隆美尔对家人和一些军官说过"施陶芬贝格搞砸了，随便一名前线士兵本来都能干掉希特勒"这种话，可我们必须记住，由于希特勒冷酷无情地绞死了参与"7·20"事件的将领和政客，隆美尔才说出这种激愤之语。实际上，他对刺杀希特勒的行动一无所知，如果他知道，是不会赞成的。隆美尔离世前不久对儿子曼弗雷德说道：

"刺杀希特勒是愚蠢的行径。我们害怕的不是此人的所作所为，而是德国人民眼中他身上的光环。起义不该在柏林，应当在西线发动。我们发动起义要达成哪些目的呢？归根底是希望英美军队不受阻碍地进入德国，占领德国全境，停止空袭，再把苏联人挡在德国境外。至于希特勒，最好的办法是给他来个既成事实。"

可能就是基于这种观点，隆美尔和施派德尔最终意识到，法国境内的防线几周内就会土崩瓦解，因而决心与西线盟军单独媾和。一切都准备妥了，他们甚至说服了冯·克鲁格和其他许多军官，可命运之神7月17日介入，隆美尔在利瓦罗附近遭到盟军低空飞机攻击，身负重伤，"hors de combat"（丧失了战斗力）。

这起事件发生前不久，隆美尔给希特勒发出最后一份报告，目的是紧急而又清晰地阐明自己的情况，以免落下暗箭伤人的口实。

B集团军群司令 　　　　　　　　　　　　　　　1944年7月15日

　　　　　　　　　　　　　　　　　　　　　　集团军群司令部

诺曼底战线的情况日趋恶化，目前已呈极度危急的态势。

由于战斗异常激烈，敌人大量使用各种物力，特别是火炮和坦克，再加上他们在交战地域上空不受限制的制空权，导致我方伤亡极为惨重，几个师的战斗力迅速下降。从国内派来的补充兵数量很少，由于交通状况恶劣，需要数周才能开抵前线。我军伤亡总数高达9.7万人（包括2360名军官），也就是说，平均每天伤亡2500—3000人，到目前为止，只派来1万名补充兵，真正到达前线的只有6000人。

我们的物质损失也很严重，补充的数量少得可怜，例如，我们损失了225辆坦克，而到目前为止，只获得17辆补充坦克。

新开抵的步兵师都是新兵，他们配备的火炮、反坦克炮、近战反坦克武器很少，遭受数小时猛烈的炮击和轰炸后，根本无法长时间抵抗敌人的大举进攻。相关战斗表明，敌人大量使用物资，就连最英勇的军队也会被逐一粉碎，在此过程中损失人员、武器、地盘。

由于铁路系统遭破坏，再加上从前线到后方90英里的道路和小径受到敌空中力量威胁，我们的补给状况极为恶劣，只能为前线运送最低限度的必需品。因此，我们目前不得不在各个方面厉行节约，特别是火炮和迫击炮弹药。这些情况很难获得改善，因为敌人采取的行动，正稳步削弱我方可用的运输能力。另外，敌人的空中活动很可能变得更加活跃，因为他们在登陆场内使用了许多简易机场。

我们没办法把具备战斗力的新锐力量前调到诺曼底战线，除非削弱第15集团军据守的英吉利海峡防线，或法国南部的地中海防线。但接管第7集团军的整道防线迫切需要两个新锐师，因为诺曼底地区的所有部队已筋疲力尽。

相比之下，敌人每天都把新锐部队和大量军用物资运抵前线。他们的后勤补给作业不受我方空军干扰。敌人施加的压力与日俱增。

面对这些情况，我们必须料到，敌人用不了多久就会突破我军薄弱的防线，主要是第7集团军防线，尔后深入法国腹地。装甲集群的局部预备队已卷入他们那段防线的战斗，由于对方掌握制空权，他们只能在夜间运动，除了这股力量，我们手头没有任何机动预备队抵御敌人的突破。一如既往，我方空军的行动几乎没什么作用。

我们的部队在各处打得都很英勇，可这场不平等的斗争已临近尾声。我们急需从这种情况得出正确的结论。作为集团军群司令，我觉得自己有责任说明这一点。

（签名）隆美尔

相关事件很快证实了隆美尔关于第7集团军防线即将遭到突破的警告。蒙哥马利在卡昂地区发动钳形攻势，圣洛地域承受的压力与日俱增。由于B集团军群预计盟军即将进攻该地域，笔者[21]指挥的装甲教导师奉命从英军作战地域调往圣洛。关于随后发生的战斗，我1944年8月18日向集团军群呈交了报告。我们后来在隆美尔的文件里找到了这份报告的副本，以此作为以下记述的基础。

我师经过激战，原先的实力只剩50%，雪上加霜的是，我不得不把剩下的装甲力量分出一半，留在原先的防区支援接替我师的步兵师。

7月23日前后，美军已经为随后的攻势夺得合适的出发阵地，还攻克了圣洛。

装甲教导师在该镇西面据守长达 6000 码的地段，凭借虚弱的预备队，构成纵深4000 码的一片防区。师里仅剩的 50—60 辆坦克和自行反坦克炮部署在静态阵地，充当装甲反坦克炮，装甲掷弹兵在各自的野战阵地掘壕据守。

7 月 24 日，400 架美军轰炸机空袭我师防区，但没造成太大破坏，我的高射炮营甚至击落 10 架敌机。预计中的地面进攻没有到来。

但次日，执行战术任务的盟国空军实施了整个战争期间最猛烈的空袭。我后来从美方资料获知，7 月 25 日那天，包括 1600 架"飞行堡垒"和其他轰炸机在内的空中力量轰炸了装甲教导师的防区，这场空袭从上午 9 点持续到中午前后。尽管配备了最好的坦克、反坦克炮、自行火炮，可据守防线的各部队几乎被空袭扫荡一空。炸弹形成的地毯来回铺开，消灭了炮兵阵地，掀翻、掩埋了坦克，夷平了步兵阵地，摧毁了所有道路和小径。到中午，整片防区犹如月球的景观，到处都是弹坑，我们根本没办法掘出武器装备。所有通信均告中断，无法实施指挥。此次空袭给我方官兵造成的冲击难以言述。有些士兵吓疯了，精神错乱地在没有遮掩的地方跑来跑去，直到被弹片击倒。空中风暴袭来的同时，美军炮兵调集无数火炮猛轰我师野战阵地。

空袭期间，我在瑞热地区拉沙佩勒附近的一个团级地域指挥所，恰好位于轰炸中心。我们待在一座古老的诺曼城堡里，城墙厚达 10 英尺，获得的保护比其他人好得多。炸弹形成的地毯一次次朝我们席卷而来，大多在几码外。地面震颤不已。朝外面匆匆瞟上一眼，就看见整片地域笼罩了一层灰尘，泥土喷泉高高地窜入空中。一连几个钟头，我们没办法走出地窖，直到下午，我才离开城堡，骑摩托车返回师部（我早就学会，宁可骑摩托车也别坐车，入侵战役期间，我的座车被击毁 6 辆之多，还阵亡了几名司机）。返程途中，我们一再遭到战斗轰炸机滋扰。

待我到达师部，关于敌军渗入轰炸地域的首批报告刚刚送抵。我师少量幸免于难的支队实施了抵抗，但大部分部队已被敌人进攻前的战术空中支援消灭殆尽。其他地段实力虚弱的预备队企图以反冲击阻止雪崩，可这番尝试还在集结阶段就被敌炮兵和空中力量粉碎，没发挥任何作用。到次日上午，美军完成了突破。

整个上午，美军继续向南挺进，先是在轰炸机和战斗轰炸机支援下使用步兵，下午又把大批坦克调到前方。进军期间，他们彻底打垮了我师残余力量，师部和寥寥无几的残兵败将向南退却。我把师部设在一座诺曼农舍里，周围是典型的诺曼底乡村，遍布纵横交错的树篱、低矮的山丘、下沉的道路。突然，侦察兵报告美军坦克出现在我们附近，很快，几辆敌坦克从我们旁边隆隆驶过。我方几部车辆停在不远处的灌木丛里，美军装甲兵开火，把这些车辆打成一团火焰。高爆弹击中我们这座农舍的前屋，我和5名部下趴在隔壁房间。逃离农舍是不可能的，因为美国人正以机枪火力扫射房门。后面的窗户被封住了，我们活像落入陷阱的老鼠。敌坦克逐渐向前，火力平息下来，我们落在美军战线后方。直到傍晚，我们才趁机溜回己方防线。我在下沉的道路上跋涉了几个钟头，午夜前后才遇到我师一部走散的车辆，把我捎到部署在后方的部队。

美军继续涌入开阔地带，根本没人阻挡他们，就像隆美尔预料的那样。他们转身向西攻往库唐斯，一举切断、歼灭了我们在科唐坦半岛战斗的部队，在德军防线打开个巨大的缺口，巴顿集团军穿过缺口涌入法国腹地。这是末日的开始。OKW打算调集力量攻往阿夫朗什，切断巴顿集团军，但集结期间就被大批美军轰炸机粉碎，根本没能发动进攻。要不是英美空军，这场反攻本来可以早点发起，几乎可以肯定，我们能赢得一场辉煌的胜利。因此，和整个入侵战役一样，此次反攻之所以失败，完全因为盟军彻底掌握了空中优势，这就是隆美尔和大多数指挥官的看法。

入侵战役期间，隆美尔和西线其他指挥官肩负的责任相当重，因为这条战线决定了德国人民的最终命运，决定了苏联游牧部落能否进入柏林，也决定了德国最后的城镇是幸免于难还是沦为废墟。隆美尔这个时期的信件保留了下来，我们得以看出他当时的感受。

亲爱的露：

　　……这场艰巨的战斗是军队不得不经受的。我昨天待在前线，今天还得过去。敌人的空中优势给我军的运动造成严重妨碍，根本没办法解决。这种情况可能很快会发生在其他地方。但我们会竭尽全力。

1944年6月10日

电话线昨天的状况很不好，聊胜于无。战况对我们非常不利，主要因为敌人的空中优势和重型舰炮。我们只能出动300—500个战斗架次，却要对付敌人的27000个架次。我昨天向元首做了汇报，伦德施泰特同样如此。现在轮到政治发挥作用了。我们估计下一场打击可能更加沉重，几天内就会落在其他地方。两个世界强国长期养精蓄锐，现在全力投入战斗，很快会产生决定性结果。我们只能尽力而为。我时常思念家里的你，衷心希望一切能有个尚可忍受的结局。

1944年6月13日

战斗极为激烈。敌人在空中力量、舰炮、人力、物力方面的绝对优势开始显现出来。上层是否意识到情况的严重性，并得出正确的结论，在我看来殊为可疑。各处的后勤补给越来越紧张。你们俩还好吗？我还没收到你们的消息。

1944年6月14日

我昨天又赶赴前线，情况没有好转。我们必须为严重的事件做好准备。党卫队和陆军官兵都以最大的勇气顽强奋战，可力量对比对我们越来越不利。我方空军在交战地域上空发挥的作用很有限。我的身体状况还不错。尽管不得不抛弃许多希望，但我必须保持昂扬的斗志。你肯定能想到我们很快要面临多么困难的决定，记住我们1942年11月谈的话[22]。

1944年6月15日

今天得以派专人把这封信转交给你。我昨天见到元首，他目前在西线。我向他做了详细汇报，阐明了一切。如果说OKW一开始还认为前线将士打得不好，那么，我现在纠正了他们的观点。我们的对手为我方军队的英勇表现提供了最佳证明。当然，我方大部分部队已被敌人猛烈的轰炸和舰炮齐射打垮，可活着的人仍在不顾一切地顽强奋战。要是他们早点采纳我的建议，我们本来能以3个师在入侵首日夜间发起反突击，也许已击退敌人的进攻。开赴前线的几个装甲师不得不行进250—400英里，许多地段的战斗进行得很不顺利，这造成严重耽搁。现在许多问题已得到解决，我希望接下来的情况会比前一周好些，能少操点心。远程打击[23]让我们深感宽慰。交战头几天，许多将领牺牲了，法莱①也在其中，他是第一晚阵亡的，也就是6月5日夜到6日晨。

……敌人迅速突破到巴黎的可能性目前看来不大。我们获得许多支援。元首态度亲切，非常幽默，他意识到事态的严重性了……

1944年6月18日

军情态势不太好，敌人以空中力量猛烈打击我方后勤补给，目前彻底扼杀了补给交通。如果双方展开决战，我们会陷入无弹药可用的窘境。你能想象我有多焦急。这种情况下，就连瑟堡也无法长时间坚守。我们必须为严重的事件做好准备。

1944年6月23日

东线又爆发了激战。[24]我希望那里的战事至少能顺利些。尽管守军英勇抵抗，但瑟堡很难坚守太久。敌人凭借大量炸弹和炮弹，可以在任何地方发动进攻。可悲的是，我们无法以同样的方式还以颜色。我马上要去前线了，就像我几乎每天都做的那样。

1944年6月24日

我此刻在医院，得到很好的照料。当然，我得静卧休息，两周后才能移动。我的左眼肿胀，现在还睁不开，但医生说会好转的。夜间，我头疼得厉害，白天又觉得好多了。我出事的时候，元首遇刺，真让我震惊不已。这起事件没造成恶果，我们得感谢上帝。此事发生前不久，我向元首汇报了对当前局势的看法。[25]

---

① 译注：法莱是第91空降师师长。

我对丹尼尔 [*隆美尔的司机*] 的牺牲深感悲痛，他是个好司机，也是个忠诚的战士。

向你和曼弗雷德致以我所有的爱意和最美好的祝愿。

1944 年 7 月 24 日 [26]

几周后，隆美尔自行决定返回德国继续治疗，以免在负伤的情况下落入敌人手里。他不知道此举决定了自己的命运，因为希特勒此时可能已决心收拾他，尽管他 7 月 24 日还给隆美尔发了封电报：

陆军元帅先生，请接受我最美好的祝愿，希望您早日康复。

阿道夫·希特勒

关于隆美尔生命最后几个月的情况，他的文件里没有相关记录。不过，隆美尔 15 岁的儿子曼弗雷德当时被派回家，在他父亲身边做事，曼弗雷德自然能通过日常交谈了解到父亲的许多观点。

注释

1. 除了标明利德尔·哈特，本章所有文中注释和尾注都是拜尔莱因将军写的。

2. 隆美尔1943年8月6日的日记也阐述了这些观点："重组各步兵连，从而为连级部队提供更多反坦克武器的必要性日趋明显。还应该为步兵连配备四联装高射炮，可能的话，把这些高射炮装在自行式底盘上。必须减少步兵的数量来增强火力。"

   毫无疑问，战争初期德军赢得的胜利完全是因为法国、英国、苏联步兵缺乏反坦克武器，面对大规模坦克突击束手无策。但战争临近结束，各条战线的情况都表明，精心构筑的防御阵地，配以现代化武器，昔日历次战争展现出的基本优势依然有效。

3. 施派德尔将军在《我们保卫诺曼底》一书里告诉我们，隆美尔不断询问新式武器的最新发展情况。隆美尔夫人和曼弗雷德都记得，盟军入侵后，隆美尔告诉他们，盟军登陆前他就建议使用V型武器打击英国南部海岸的入侵港口，延缓盟军的行动。但希特勒没接受，说V1飞弹不能用于对付小于伦敦的目标，另外，他想等V型武器生产出足够的数量再投入使用。

4. 例如1944年1月底，第7集团军配备32种不同的武器，弹药型号多达252种，其中47种不再生产。整个集团军只有170门75毫米反坦克炮、68门88毫米高射/反坦克炮。（摘自《B集团军群作战日志》）

5. 设在水面下的障碍物，充当"人工暗礁"，阻挡或炸毁抢滩的船只。这些障碍物的类型如下：

   （1）插入海底的桩子，许多桩子的顶端安装了防坦克地雷。

   （2）混凝土三角锥，顶端装有钢刀片或防坦克地雷。

   （3）各种其他设施，例如缴获的防坦克障碍物。

   （4）隆美尔倡导的"胡桃夹子雷"，就是把桩子插入连接一发重型炮弹的混凝土外壳。登陆艇撞上桩子，发生杠杆作用，桩子另一端压迫引信，继而引爆炮弹。

   （5）滩头照明装置，用于照亮逼近中的敌人。

6. 托德组织。这个组织以德国高速公路建造者弗里茨·托德的名字命名，负责在前线地区修建桥路、道路、碉堡、铁路等。

7. 利德尔·哈特注：他们俩的冲突，是对几个装甲师的具体部署问题意见不合，后文还会谈及。

8. 7月初，冯·施韦彭堡的装甲力量被英美空军逐一粉碎，就连诺曼底的灌木丛和树篱提供掩护也无济于事。他被解除职务后写信给隆美尔：

   亲爱的陆军元帅先生：

   离开指挥岗位之际，请允许我在正式道别前说上几句。这片战区近期的交战，比我以往经历过的任何一次都更严酷，不仅让我编入B集团军群，有幸在您指挥下作战，还给我带来内在的变化。

您的军人品质和经验，把我惯于服从的脾气变成某种不同、比以往更具意志力的东西。

我们一同经历了这些短暂而又艰难的战斗日，您对我和我的部队信赖有加，我想请您接受我由衷的感谢。我觉得自己的军旅生涯已告终结，所以认为我可以这样说，而不用担心受到误解。

您忠诚的冯·施韦彭堡男爵

1944 年 7 月 6 日

9. 3 月 21 日，隆美尔成功说服了希特勒，预备队驻扎在海岸附近很有必要。可只过了 24 小时，希特勒又改了主意。就是在这个时期，隆美尔创造了这样一句"格言"："最后一个走出他房门的人总是对的。"

10. 利德尔·哈特注：1944 年 1 月 22 日，盟军在靠近罗马的安齐奥和内图诺登陆，盟军通常称这个区域为安齐奥，德国人则把它称为内图诺。凯塞林成功封锁了盟军登陆部队，但这场登陆还是在德军横跨意大利半岛的主防线后方插入根深具威胁的楔子，5 月底，盟军从南面重新发动进攻，安齐奥登陆场内的部队也冲出封锁圈。来自两个方向的打击，迫使德国人放弃了包括罗马在内的整个意大利中部，撤到佛罗伦萨北面亚平宁山脉的哥特防线。

11. 利德尔·哈特注：该师师长就是拜尔莱因将军。

12. 这段内容摘自隆美尔的副官保管的隆美尔私人日记。盟军入侵前几天或入侵期间，隆美尔本人没有撰写任何日记条目。这里摘抄的内容可能是盟军登陆后一段时间写的。

13. 利德尔·哈特注：尽管德军指挥机构运作起来，但盟军广泛而又持续的空袭导致他们的指挥严重脱节。

14. 相当于反坦克火箭筒。

15. 利德尔·哈特注：该战斗群配有 50 辆坦克和 1 个装甲掷弹兵营。

16. 利德尔·哈特注：实际上，第 6 空降师以滑翔机运载的余部傍晚抵达，按照原定计划增援拂晓前着陆的两个伞兵旅。在此期间，他们还投下大量降落伞，但搭载的是物资，而不是伞兵。这波迟来的空降及时出现，打乱了德军装甲部队的行动，他们自然认为这是敌人对己方地面反冲击采取的空中反制措施，后来，德国方面的许多记述仍坚持这种看法。

17. 利德尔·哈特注：这个数字严重高估了，即便 D 日当天，盟军战略和战术空中力量也只出动了 10585 个战斗架次。

18. 此处引用的段落摘自会议记录，以及隆美尔的副官保存的日记里的相关条目。

19. 甚至在盟军入侵前，希特勒就多次谈到这 1000 架喷气式战斗机。其实，喷气式战斗机此时还没有做好战斗准备。虽然战争结束前，德国生产了 1988 架喷气式战斗机，但从来没有大量使用过。

20. 利德尔·哈特注：马克斯是第 84 军军长，该军掩护诺曼底地区的盟军入侵地段。

21. 利德尔·哈特注：指的是拜尔莱因。

22. 阿莱曼交战后不久，隆美尔1942年11月面见了希特勒和戈林，他后来在罗马告诉妻子，这场战争输掉了，必须尽快设法达成妥协的和平。

23. 利德尔·哈特注：隆美尔指的大概是V1飞弹对英格兰的袭击。

24. 利德尔·哈特注：苏联红军6月23日发动1944年夏季攻势，打击普里皮亚季沼泽北面的维捷布斯克地域。德军将领建议在红军发动进攻前，把军队撤到别列津纳河防线，抵消对方的攻势，但希特勒严禁后退一步。红军一举突破德军过度拉伸的防线，一周内朝德军纵深挺进150英里，跨过明斯克—华沙高速公路。到7月中旬，他们已深入波兰和立陶宛。红军部署在普里皮亚季沼泽南面的几个集团军加入这场攻势，到7月底，这场联合攻势已到达华沙附近的维斯瓦河，在南面跨过桑河，也就是说，5周内取得450英里进展。他们最后在这里停下，重新建立后方交通线，直到1945年1月才对德军中央防线重新发动进攻，他们攻往奥得河，距离柏林仅剩60英里。

    在此期间，红军部署在左翼的集团军以一场庞大的迂回穿过罗马尼亚、南斯拉夫、匈牙利，11月4日到达布达佩斯郊外，但这座城市直到1945年2月13日才陷落。1944年秋季，红军部署在右翼的集团军攻入波罗的海诸国，德国北方集团军群遵照希特勒的命令，龟缩在库尔兰半岛。

25. 隆美尔在这封信里肯定陈述了某种观点。他先前发给希特勒的电报，要求元首从西线无可避免的崩溃得出正确的结论。

26. 这是隆美尔负伤后写给家人的第一封信。他口述了信的内容，但没法签名。他6月24日—7月17日的家书不知所终。

第二十二章 最后几天

(曼弗雷德·隆美尔撰写)

1944 年 8 月中旬的某一天，我在乌尔姆郊外的炮位上执勤，突然接到连长打来的电话："您父亲已返回黑尔林根，您调到他身边工作，收拾东西今天就回去吧。"

一辆指挥车把我载回黑尔林根，汽车穿过花园大门，停在屋子前。女仆开了门，我把军用背包丢在地上，没理会叮当作响的饭盒，匆匆洗了手，然后走入书房。父亲坐在低矮的咖啡桌旁边的扶手椅上，左眼裹着黑色的绷带。他的左侧面颊遭受重击后有点变形。他站起身子，双脚有些发颤，我们互致问候。对我的询问，他答道："我的状况目前看来还不错，还是头痛，左眼闭着，也没法移动，但一切都会好起来的。"

我们坐下，父亲转向母亲，脸上的表情严肃起来，继续诉说自己在诺曼底的经历。和其他交谈一样，我尽自己的记忆，把他的话记录如下。

父亲说：

"我在诺曼底履行的职责受到希特勒严重限制，随便找个军士长就能执行。他对一切问题横加干涉，否决我们提出的每项建议。英军和美军起初只有两个登陆场，较弱的一个在科唐坦半岛，巴约附近的那座较强。我们当然打算先进攻较弱的那座。但并未实现，因为希特勒认为进攻较强的登陆场更明智。结果这场三心二意、分散兵力的进攻被扼杀在襁褓里。我们抽出一个师，希特勒就命令我们把这个师送回原处。我们下令'抵抗到最后一颗子弹'，上级却把命令改为'抵抗到最后一滴血'。瑟堡最终投降，他们给我们派来军事法庭顾问。这就是我们获得的援助。

"全体将士的表现非常出色。头几天，他们争夺'铁拳'，都想扛着这种武器率先投入战斗，甚至为此打架。可随之而来的是绝望，因为我们什么也做不了。

几天后，一位军长 ① 的座车遭到英军低空飞行的战机攻击，他身负重伤，瘫倒在座位上。副官想赶在敌机再次攻击前把他拖出来，可他稳稳地坐在车内，说道："别管我了，我宁愿死在这里。"敌机的下一轮扫射击毙了他。"

父亲颤颤巍巍地站起身，朝窗外凝望了一会儿，随后继续说道："可所有的勇气都无济于事，我们的伤亡太大了。有时候，我们一天遭受的伤亡，抵得上1942年我在非洲整个夏季交战期间的总伤亡数。我也算意志坚强的人，可有时候几近崩溃。无论你走到哪里，听到的都是伤亡报告、伤亡报告、伤亡报告。我从来没以这样的损失战斗过。要不是我几乎每天都去前线，简直无法相信我们每天要报销一个团。"他突然转过身，靠在窗座旁："最糟糕的是，这一切既没有目的也毫无意义。我们已无能为力，每开一枪都是在伤害自己，因为会招来敌人上百倍的还击。这场战事越早结束，对我们所有人就越好。"

我们面面相觑。我随后说道："新式武器也许能让我们转败为胜。"

"胡说八道！"父亲说道，"根本没有这种武器。此类传言唯一的目的是让普通士兵坚持得更久些。我们完蛋了，高层大多数人对此心知肚明，只是不承认罢了。就算他们愚蠢至极，也不至于看不清任何人一眼就能看穿的事实。"

医生要求我父亲卧床休息几周，可他没有听从医嘱。他根本躺不住。每天一大早，我都能听见他慢慢下楼的声音，过不了多久，我就要跟他进书房，给他读文件或报纸。我们吃罢早餐，通常会展开长时间讨论。我当时是个15岁的空军辅助人员，尽管听到那些事情，但在我看来，元首身上依然笼罩着荣耀的光环。因此，父亲批评时，我总是说些偏向政权的话。然后他就以极大的耐心给我分析他的观点。有一次他说道："战争很少给参与其中的人带来什么好处。但通常没人询问战争参与者的看法。战争一旦爆发，继续战斗就是为了尽力结束它。可得不到更多东西时该怎么办呢？最好立即停止战争。你看，这就是我们今天的处境，但我们在东面对付的敌人是个例外，我们决不能在他们面前投降。这是场生死存亡的斗争，导致问题趋于复杂。我们现在该做的，是确保西面的敌人占领整个中欧，把苏联

---

① 译注：这里说的是第84军军长马克斯将军。

人挡在我们的国境外。"

父亲听说东线部队正调往西线，不由得勃然大怒。待他获知一个装甲师从波兰调往荷兰，怒不可遏地喊道："这帮蠢货！他们只考虑癣癞之疾，凄惨的日子再延长几个月对他们又有什么好处？东线会土崩瓦解的，苏联人的下一场进攻就会进入德国境内，我们都知道这意味着什么。"

直到此时，我还从未听说过父亲企图在西线单独媾和，也不知道他与"7·20"事件后被捕的那些人有什么关联。因此，我们听说一些盖世太保在附近逡巡，对我们这座房子里发生的一切深感兴趣，我震惊不已。大约就是在那时，我陪父亲一同散步，几乎每天都穿过住宅附近的树林。某天早上，我和父亲坐在他屋里，他突然说道："曼弗雷德，看那里，可能埋伏着某些家伙，他们也许想悄无声息地干掉我，又不愿弄出太大动静，所以，他们有可能在树林里实施伏击。可我不想因为这个不出去散步，这样吧，我们日后出门带上手枪，你就拿我那支8毫米口径的。这帮家伙的第一枪肯定打不中。真交火的话，我们要做的就是朝子弹袭来的方向乱射一气，他们肯定要隐蔽，至少没法瞄准了。"

我起初不太明白父亲这番指导的意思，直到他有一天对我说道："曼弗雷德，告诉我，希特勒突然绞死了那么多人，这些人认为战争输掉了，应当尽早结束它，这种看法不无道理，你们这些年轻人对此怎么看？"

"我说不好，"我回答道，"他们待在炮位的时候，都很厌恶战争，可大多数人还是认为我们能以某种方式赢得胜利——"

父亲打断了我的话："可战争已经输掉了，要是我也宣布准备结束这场战争，哪怕违背希特勒的意愿呢？"

我问道："你干吗要问这个问题？"

"好吧，暂且不提这个。"他说道，"不管怎么说，有一点是明确的，整个民族的命运和福祉绝不能取决于一小撮人的突发奇想。必须有所限制，否则，最匪夷所思的事情可能会在没人注意的情况下发生。"

从那天起，我感觉祸事即将到来。

当时，父亲坚信苏联与西方列强几年内必然爆发战争，来看望我们的军官大多持同样的看法，但和他们不同，父亲认为西方国家会赢得胜利，哪怕需要很长时间才能见分晓。关于这个问题，父亲从法国回来一个月后，与我交流了一番，我对此记忆犹新。那是夜里22点左右，在黑尔林根他的大书房里。父亲穿着他那件棕色单排扣便装，坐在我对面的扶手椅上。他的伤情有所好转，又恢复了活力，但左眼依然肿胀，右眼远视多年，所以上级派我暂时回家，替他阅读文件。那晚，一本关于原材料分布的统计书让他很感兴趣，但他合上书放在桌上，我们谈到将来，当时看来前景一片暗淡。

父亲说道："苏联和西方国家势同水火，他们会发生摩擦，甚至可能开战。也许不会在我们崩溃后立即爆发，因为全世界都厌倦了战争。危险会在几年后到来。"

"英国人和美国人的前景很不妙，你不觉得吗？"我问道，"西方国家的陆军，规模根本无法与苏联军队相提并论。"

父亲回答道："这不是决定性因素，我们在诺曼底有更好的坦克，更精锐的师，可又有什么用呢？没用的，小伙子，美国人掌握着制空权，他们会将它攥紧在手里。对任何一支陆军来说，无论规模多么庞大，在没有足够空中掩护的情况下战斗，不啻为死刑判决。"

母亲插了句话："也许苏联人会等战争结束后再动手，到那时，美国人解除了武装，西方民众想过上高质量的生活，会把他们的工业改成民用生产。"

父亲答道："即便如此，就算整个欧洲屈从于来自东方的风暴，英美两国还是能打赢。别忘了，这两个国家有制海权，他们能把战争物资运到地球表面与大海接壤的任何一处。看看，这里是法属北非。"说着，他指指让我取来的地图，"有许多大型港口和一流的铁路交通线。可高加索与埃及间的铁路线少得可怜，而且轨距比苏联铁路更窄，所以这些铁路对苏联人没太大用处。利比亚与突尼斯之间的2000英里路程，根本就没有铁路线，苏联人不得不用卡车为他们庞大的军队运送补给，这要行驶几千英里，实际上是做不到的。这种卡车，每行驶7英里耗油1加仑，2000英里就要消耗大约280加仑汽油，返程又要280加仑，也就是说，总共需要120罐汽油。所以，每辆汽车载运的物资，大部分是供自己使用的油料。另一个问题是，现代坦克的引擎承受不了这么远的行程。所以，苏联人跋涉2000—3000英里后还会构成威胁吗？当然不会。在非洲，一支规模较小但装备精良的军队能实施阻滞抵抗达数月之久。"

他继续说道："另外，我们刚刚听说英美两国的生产能力大约是苏联的4倍。毫无疑问，紧急情况下，这两个国家完全能不受干扰地在法属西非集结一股军力，从那里慢慢夺取制空权，实力逐月加强。然后开始向前挺进，就像他们目前在西线做的那样。他们的轰炸机群会切断苏联军队与补给基地间的联系，让他们动弹不得，然后予以歼灭。接下来他们就步步向前，而他们的舰船能把后勤物资毫不费力地运到世界任何一处，也就是说，根据战事进展运到图卜鲁格，运到苏伊士，运到巴士拉。一旦里海产油区进入英美轰炸机打击范围，苏联的阿喀琉斯之踵就暴露在外了。"

父亲成日盘算这些时，希特勒的猎犬忙着搜索从本德勒大街延伸到西线各指挥部的线索。驻法国军事总督冯·施蒂尔普纳格尔将军自杀未遂，落入盖世太保手里。冯·伦德施泰特元帅因发表失败主义观点而被解除职务，接替他出任西线总司令的冯·克鲁格元帅几周前消失了。某天，一名传令官带来法国的消息，父亲和他长谈了一番。我听见传令官的汽车开走，就走入父亲的书房。他坐在办公桌后，神情严肃。

父亲说道："克鲁格死了，我们现在才知道他出了什么事。希特勒解除了他的职务，命令他返回帝国。返程途中，克鲁格在车内服毒自尽。汽车行驶了一阵子，司机回头看时，才发现他已死在后座。"

父亲继续说道："冯·克鲁格刚到法国，见到我就说了这样一句话：'就连您，现在也得学会服从命令。'肯定是元首大本营怂恿他这么做的。当然，我们立即发生了冲突，但去前线看看，就足以让他明白我是对的，他也得出必须在西线单独媾和的结论。但他对叛乱阴谋一无所知，7月20日从广播里听到希特勒的讲话才恍然大悟，当然，一切都太晚了。"

毫无疑问，父亲已料到自己也可能沦为希特勒疯狂报复的受害者，但没想到自己的死法和冯·克鲁格一模一样。

9月初，我们获悉汉斯·施派德尔将军已被解除B集团军群参谋长职务。几天后，他来黑尔林根看望我父亲。他们长谈了好几个钟头。施派德尔一两天后要去元首大本营报到，他们决定抓住机会，通过新任陆军总参谋长古德里安将军再次提出媾和建议。

但这件事没能做到。

我父亲涉及叛乱阴谋，给希特勒造成特别棘手的问题，因为就连陆军元帅隆美尔也认为战争已然失败，还建议单独媾和，消息传出去的话，无异于宣布军事上的破产。这就是希特勒获悉我父亲想方设法单独媾和后，迟迟没敢对他下手的原因。9 月 7 日，他逮捕了施派德尔将军，这出悲剧的最后一幕上演了。施派德尔被捕的消息在私下里传播，父亲昔日的那些朋友突然变得异常沉默。他注意到这种情况，笑着说道："老鼠忙着逃离正在下沉的船只。"他非常担心施派德尔的命运，虽然官方还没正式宣布施派德尔被捕的消息，但他想方设法营救这位昔日的部下。最后，他坐下来，给阿道夫·希特勒写了最后一封信。[1]

我的元首：

很不幸，我的身体状况没能像我希望的那样恢复如初。颅骨 4 处骨折，自我负伤后西线战事的不利发展，特别是我原先的参谋长施派德尔中将被解职、遭逮捕的消息（这是我无意间获悉的），对我的神经提出的要求远远超出了我的承受力，我觉得自己再也无法经受更多考验了。

施派德尔中将 1944 年 4 月中旬接替高泽中将担任我的参谋长，蔡茨勒大将和他原先的集团军司令韦勒将军对他的评价很好。施派德尔来集团军群就职前不久，您授予他骑士铁十字勋章，还擢升他为中将。到达西线头几周，施派德尔就证明自己是个勤勉有加、效率不凡的参谋长。他有力地掌握着司令部，非常了解辖内部队，还忠诚地协助我，以一切可用手段尽可能快地完成了大西洋壁垒防御工事的修建工作。我当时几乎每天都要去前线，全靠施派德尔把我们预先商讨过的一道道命令下达给各集团军，还按照我的要求与上级和同级军团商讨相关事宜。

诺曼底战役打响后，面对敌人的空中优势、重型舰炮和其他物质优势施加的沉重压力，施派德尔不遗余力地争取赢得这场斗争的胜利，他忠诚地站在我身边，直到我负伤。冯·克鲁格元帅对他的表现似乎也很满意。我想不出导致施派德尔中将被解职、遭逮捕的原因是什么。党卫队全国副总指挥泽普·迪特里希和施派德尔也是好朋友，两人经常碰面。

可惜，诺曼底战役没能以我建议的方式进行，也就是趁敌人仍在海面，或最迟在他们登陆的那一刻消灭对方。之所以要这样做，是因为我已在随附的报告里给出，施蒙特将军仍在您身旁的时候，想必已把报告呈您审阅。

冯·克鲁格元帅出任西线总司令，在B集团军群司令部，当着我的参谋长和作训处长的面严厉申斥了我。我没有默然接受对我的无端指责，而是在私下里把自己的想法告诉冯·克鲁格元帅，要求他说明横加指责的原因。后来我与冯·克鲁格元帅交谈时，他口头撤回了这些指责，我当时急切地敦请他，始终要开诚布公地向您汇报前线情况，不要隐瞒令人不快的事实；我的元首，只有这样才能让您了解真情实况，做出正确的决定。我负伤前一天向西线总司令部提交了最后一份态势报告，冯·克鲁格后来告诉我，他添加了补充说明后把报告呈送您审阅。

我的元首，您当然知道，无论是1940年的西方战局，1941—1943年的非洲战局，1943年在意大利，还是1944年重返西线，我始终全力以赴、恪尽职守履行自己的职责。

自始至终我只有一个念头，为您的新德国而战，为胜利而战。

元首万岁！

E. 隆美尔

1944年10月1日

但施派德尔将军的下落依然不明。他遭逮捕后不久，有人在陆军荣誉法庭面前提到他和我父亲的名字。不过，"隆美尔案件"没有正式讨论。

10月7日，一份电报送抵黑尔林根。凯特尔元帅请我父亲去柏林，参加10月10日召开的重要会议，届时会有专列夫乌尔姆接他。看罢电报，父亲说道："我可没那么傻，我们现在认清了这帮家伙的嘴脸，我决不会活着去柏林的。"他与图宾根大学的脑科专家阿尔布雷希特教授开诚布公地讨论了此事，这位负责治疗他伤势的教授立即开具证明，说我父亲目前的健康状况不适合出行。他还想说服我父亲去他的诊所，别人就不太容易找到他，父亲说，他会记住这个建议。

可事情发展得很快。父亲不肯去柏林，仅仅把生命延长了 4 天而已。

奥斯卡·法尔尼是个地主，也是我父亲的老朋友，他们俩当初都在魏因加滕当中尉。作为前中央党国会议员，法尔尼一直不受国家社会主义者信任，战争后期，他与原部长费尔、格斯勒进行了长谈，商讨结束战争、推翻纳粹政权的可能性。

费尔和格斯勒 1944 年 10 月 13 日被捕，我父母当天去看望法尔尼，发现他正等着盖世太保上门。他对我父亲说道："希特勒绝不敢动您，您的声望太高，逮捕您的话会弄出很大动静。"父亲似乎早就料到自己的死期不远，他答道："您错了，希特勒想搞掉我，他会无所不用其极的。"

我父母驱车长途跋涉，再次回到黑尔林根，这才看见一条电话留言，大意是两位将军明天过来，和我父亲谈谈他的"新工作"。

几周前我已返回高炮连，连里批准我 10 月 14 日休假。我当天一大早离开炮位，7 点就到达黑尔林根。父亲正在吃早餐，仆人送上餐具，我和他共进早餐，然后去花园散步。

父亲说道："中午 12 点，两位将军要来看我，谈谈我的新工作，所以今天会决定我的命运，是去人民法庭还是去东线担任指挥工作。"

我问道："你会接受东线的新职务吗？"

他攥着我的胳膊说道："亲爱的孩子，东线的敌人穷凶极恶，在这个敌人面前，其他任何想法都得让步。要是他们占领欧洲，哪怕是暂时的，也会彻底毁了我们的生活！我当然会接受新职务。"

快到 12 点，父亲来到二楼的房间，脱掉他经常搭配马裤的棕色便装，换上他最喜欢的非洲军开领军上衣。

12 点左右，一辆挂着柏林车牌的深绿色汽车停在我们的花园门前。除了父亲，屋里的男人只有阿尔丁格上尉[2]、一名重伤后退役的下士老兵和我。两位将军（身材高大、面色红润的布格多夫和矮小瘦弱的迈塞尔）下了车，随即走入屋内。他们态度恭敬，彬彬有礼，请求我父亲同意和他们单独谈谈。阿尔丁格和我退出房间。"看来他们不是来逮捕他的。"我松了口气，上楼找了本书翻阅起来。

几分钟后，我听见父亲上楼，走入母亲的房间。我急于知道发生了什么事，就起身跟了过去。他站在房间中央，脸色苍白，压低声音对我说道："跟我出去。"

我们走入我的房间。他语调缓慢地说道："我刚要告诉你妈妈，我会在 15 分钟内死去。"他冷静地说了下去："死在自己人手里很残酷，可我们的住处被包围了，希特勒指控我犯有叛国罪。"他语带讥讽地说道："鉴于我在非洲的功绩，他准许我服毒自尽，两位将军带来了毒药，3 秒钟就能致命。如果我接受，就不对我的家人，也就是你，采取常规措施，也不牵连我的幕僚。"

我打断了他的话："你信吗？"

父亲答道："我信，不把这件事公之于众非常符合他们的利益。另外，他们还要我保证，你得守口如瓶，要是这件事泄露出去只言片语，他们就不再信守约定了。"

我又试了一次："我们不能自卫吗——"

他打断了我的话："没有意义，一个人死总好过所有人死于枪战。再说，我们也没几发子弹。"就这样，我们简短地道别，他说道："请把阿尔丁格叫来。"

此时，两位将军的随从正与阿尔丁格交谈，好把他与我父亲隔开。听到我召唤，他跑上楼来，获知眼下发生的事情，他也惊呆了。父亲加快了语速，再次指出反抗毫无作用："他们把所有细节都准备好了，我会获得国葬。我问过了，国葬应该在乌尔姆举行。15 分钟后，阿尔丁格，您会接到乌尔姆瓦格纳学校预备医院打来的电话，说我在赶去参加会议的途中脑伤发作不治。"他看看手表："我得走了，他们只给我 10 分钟时间。"他匆匆和我们道别，然后我们一同下楼。

我们帮父亲穿上皮大衣，他突然掏出钱包："还有 150 马克，我要不要带上这些钱？"

阿尔丁格说道："这都无所谓了，元帅先生。"

父亲小心翼翼地把钱包放回口袋。他走入门厅，几个月前他在法国得到的那条小腊肠犬满怀喜悦地跑了过来。"曼弗雷德，把狗关到书房里。"他说道，和阿尔丁格等在门厅，我把兴奋的小狗拉开，推开书房门把它关了进去。然后我们一同走出屋子。两位将军站在花园门口。我们沿花园小径慢慢走了过去，碎石发出的咯吱声听上去异常响亮。

我们走近两位将军，他们举起右臂敬礼，"元帅先生！"布格多夫简短地说了句，然后站在一旁，让我父亲穿过大门。一群村民站在车道外看热闹。迈塞尔扭头问我：

"你在哪个连队服役？"

我回答道："第36/7连，将军先生。"

汽车已准备好，身着党卫队制服的司机打开车门，在一旁立正。父亲把元帅权杖夹在左臂下，脸色平静，上车前再次与我和阿尔丁格握手道别。

两位将军也迅速上车，砰地关上车门。汽车很快驶上山丘，消失在道路拐角，父亲没再回头。我和阿尔丁格默默地转身走回屋子。阿尔丁格说道："我得上去看看你母亲。"我也走上楼，等待医院的电话。此时我万念俱灰，六神无主。

我点了根烟，想再翻几页书，可一个字也看不下去。20分钟后，电话响了。阿尔丁格拿起听筒，听到我父亲的正式死讯。当天傍晚，我们驱车赶往乌尔姆医院，接待我们的几名医生显得很不自在，他们无疑对我父亲的真实死因心知肚明。一名医生推开小房间的房门，父亲身着棕色非洲军军装躺在行军床上，脸上带着鄙夷的神情。

当时我们还不太清楚，他离开我们后发生了什么事。后来得知，汽车在距离我们住处几百码的山上树林边缘的空地旁停下。当天上午从柏林赶来的盖世太保荷枪实弹，监视着此处，他们接到指示，要是我父亲抵抗就立即射杀，然后冲入我们的住处，格杀勿论。迈塞尔和司机下车，车里只留我父亲和布格多夫。十来分钟后，司机获准回到车上，他看见我父亲向前倒下，军帽落在一旁，攥在手里的元帅权杖也松开了。他们全速驶往乌尔姆，在那里的医院卸下我父亲的遗体。布格多夫将军随后赶往乌尔姆驻军司令部，打电话向希特勒报告了我父亲的死讯，然后又给一名随从军官的家里打电话，通知他们准备好晚餐的菜单。德国军官团99%的人都对布格多夫的残暴行径痛恨不已，1945年4月，他和鲍曼在元首地堡里狂喝滥饮了几天后自杀身亡。

整件事最无耻的部分，当属德国政府要员惺惺作态的唁电，他们不可能不知道我父亲真实的死因，从某种程度上说，他们的言行无疑也为此事助了一臂之力。我举几个例子：

您丈夫的离世对您无疑是个重大损失，请接受我最诚挚的慰问。隆美尔元帅的名字，与北非的英勇战斗永垂不朽。

阿道夫·希特勒

1944年10月16日

元首大本营

　　惊悉隆美尔元帅伤重不治英勇离世，我们都希望您丈夫能为德国人民继续服务，这个消息令我深感悲痛。亲爱的隆美尔夫人，请接受我本人和德国空军由衷的慰问。

帝国元帅赫尔曼·戈林

1944年10月26日[3]

元首大本营

亲爱的隆美尔夫人：

　　您丈夫的离世无疑让您悲痛万分，我和我妻子谨向您致以最诚挚的慰问。德国陆军失去了一位最优秀的指挥官，隆美尔元帅的名字与非洲军历时两年的英勇奋战永远相连。我们对您的悲痛感同身受，请接受我们最深切的问候。

　　希特勒万岁！

帝国部长戈培尔博士和戈培尔夫人

1944年10月17日，柏林

　　这些人假惺惺地给这出闹剧添加最后一丝现实主义色彩时，成千上万德国军人死在东西南北各条战线，他们前景渺茫，却仍相信上级是正直诚实的。

注释

1. 利德尔·哈特注：必须指出，这封信是在刺杀希特勒的阴谋失败后血腥清洗最严重的时刻撰写的，隆美尔竭力挽救自己忠实的助手和朋友的性命，他最关心的肯定是如何吸引希特勒这个疯狂报复的暴君的注意力，减轻他的疑心。

2. 预备役上尉赫尔曼·阿尔丁格是个精瘦结实的符腾堡人，45 岁左右，原先从事园林设计工作，自第一次世界大战起就是我父亲的好友。1940 年在法国，1941 年在北非，他一直陪在我父亲身边。父亲负伤后，1944 年 8 月返回德国，又把阿尔丁格召到身边。

3. 希特勒的唁电发出后，戈林隔了 10 天才发出慰问电，这件事非常奇怪。

第二十三章 天色已暗

隆美尔对非洲战局和诺曼底战役的反思非常精彩，是他负伤后在家休养期间撰写的。他没来得及修改草稿，如果他还活着，肯定会细心修改一番。读者必须记住这一点，因为我们阅读这些材料时，偶尔会发现他的论证词不达意，对个人的评论有些以偏概全。他最终对凯塞林表达了敬意，这个例子说明他经常以更公正的眼光看待与自己有过激烈分歧的人。

德意军队在突尼斯投降，为北非战局画上了句号。和斯大林格勒一样，赫尔曼·戈林的负面影响决定了集团军群的命运。结果，保卫南欧急需的 13 万德军官兵[1] 走入英美战俘营，我当初那支能征惯战的军队也在其中，这是个无可替代的损失。

英美两国的物质优势决定了北非战争的胜负。其实，美国参战后，我们赢得最终胜利的希望就很渺茫了。要是我方潜艇继续控制大西洋，就还有一丝希望，因为美国人固然能大量生产坦克、火炮、车辆，可如果无法把这些物资运过大海，再高的军工产量也无济于事。但我们很快输掉了大西洋战役，潜艇损失惨重，这场战役很可能决定了整个战争。这个事实决定了其他一切，英美运输船队能到达的地方，我们注定要遭受不可避免的失败。

因此，英美军队的入侵战，主要问题是他们能否控制一座具有足够纵深的登陆场，继而不受干扰地运抵、卸载物资。一旦他们做到这一点，我们就再也没有任何获胜的希望。

但就连盟军也无法把 20 个师连同技术装备和军用物资同时送上一片设有防御的海滩，而是需要些时间，让这些师逐一登陆。因此，和所有登陆行动一样，头几天至关重要。

两种方式有可能击败敌人的登陆：（a）头几天把兵力集中到遭受威胁的地点，把敌人赶下大海；（b）尽量延长登陆关键期，直到集结足够的兵力发动反击。换句话说，就是要在敌军登陆地点尽力加强我方局部防御力量，阻止对方在登陆头几天扩大他们的登陆场。

我们派驻法国的军队，实力不足以同时执行两项任务：一方面以足够的兵力坚守海岸，另一方面在内陆保留强大的战役预备队。所以，我们只能二选一，要么抽调战役预备队加强受威胁地段的海岸守军，要么削弱海岸防御，组建强大的战役预备队。

冯·伦德施泰特元帅是个深具战略素养的军人，他打算灵活应对，抗击敌人有可能采取的一切举动，因而把麾下装甲和摩托化师部署在法国中部，这些师可以从驻地迅速开赴战场，从而在登陆头一两天实现重大局部优势。尽管这项方案无疑会削弱海岸防御，但不失为常规情况下正确的应对之道，可以说是万无一失的办法。但冯·伦德施泰特元帅可能没考虑到英美军队的空中优势，或这种优势强加给我们的战役和战术限制。

由于海岸守军实力虚弱，这么多装甲和摩托化师的接敌行军必须在最短时间内完成，严格遵守时间表至关重要。以我在非洲的经历来看，这些兵团能否在规定时间内顺利完成预定计划很值得怀疑，事实证明这种怀疑不无道理。

当初在非洲，我们通过阿莱曼交战，充分领教了英美空军轰炸战术给我方摩托化兵团造成的影响。我们估计，盟军入侵当天，用于法国的空中力量会比当初在北非的规模大许多倍。另外，与非洲沙漠不同，法国境内只有几条道路可供接敌行军使用，这些道路还穿过河流和城镇。这就意味着，盟军机群采取有效行动的机会比在沙漠里大得多。

因此，我提请冯·伦德施泰特元帅特别注意以下几点：

（a）英美战斗轰炸机会不分昼夜（夜间使用照明弹）地封锁各条接近道路，阻止一切交通。

（b）要是盟军打算把各条接近道路封闭几天的话，他们还会以轰炸机中队摧毁所有桥梁和城镇。这就导致重要的道路完全无法使用。

（c）敌人的空袭会给行进中的摩托化部队造成严重损失。

（d）因此，我方部队根本无法按照时间表行事，还必须实施大规模重组。当然，重组2—3个师相对容易些，可重组接敌行军的10个师非常困难，需要耗费很多时间，对那些不习惯即兴发挥的人来说更是如此。

（e）打击力量开抵战场，为投入交战实施重组，可能需要10天或2周，在此期间，美国人会打垮我们缺乏坦克支援、实力虚弱的海岸守军，朝内陆挺进，在登陆场囤积物资。一旦发生这种情况，我们开赴前线期间已遭到重创的打击力量即便发起进攻也没有获胜的希望。当然，我们可以把打击力量分成几股，让他们以强行军的方式迅速开赴前线，可这样一来就无法集中力量发起单路突击，而这恰恰是伦德施泰特作战方案的主要优势。

因此，我还是坚决主张采用我的办法，以当时的情况看，这不过是个折中方案罢了。首先，我们必须尽量加强海岸防御。步兵据守海滩阵地，坦克部署在他们身后，这样，坦克炮也能有效打击海滩。我打算在遭受威胁最严重的地方尽可能保持最强大的局部兵力，以实现以下目的：

（a）敌人登陆期间遭遇最大技术难度的时刻，防御相应地获得最大优势，也就是入侵部队搭乘登陆艇和船只逼近滩头的那一刻。浅水障碍物、海滩埋设的地雷、各种武器袭向登陆部队的密集火力，会大幅度增加对方的机动难度。

（b）我们的局部力量必须阻止入侵方扩大登陆场，让他们无法囤积物资。在此期间，我们应当从其他地段抽调装甲和摩托化力量，部署在遭受威胁的防线后方，从那里发起反冲击，消灭敌人的立足地。我认为应当在海岸防线部署更强大的守军，以此弥补摩托化力量前调期间遭遇敌军空袭而耽误的时间。

很不幸，尽管我们想方设法加快速度，可还是无法在有限时间内把海岸防御加强到所需要的程度。另外，元首大本营和西线总司令都不觉得诺曼底会受到威胁，他们认为盟军会登陆加来海峡，在那里夺取登陆场，会让对方获得更好的战略发展前景。[2]可敌人的战略方案能否实现，完全取决于登陆行动成功与否，他们登陆加来海峡不太可能成功，而在防御薄弱的诺曼底地区就很难说了。因此，他们首要考虑的是确保登陆行动成功，与加来海峡相比，诺曼底的战略劣势并不重要，反正他们有足够的时间和物资。

为此，我提出两个要求，也就是在塞纳湾布设水雷，再把几个装甲师[3]、1个高射炮军、1个火箭炮旅、部分伞兵力量调到诺曼底，可盟军入侵前，这两项要求都没有得到批准，导致我们从一开始就陷入灾难性的不利境地。

不过，就算把这股力量部署到登陆现场，我觉得我们还是会输掉这场交战，因为盟军的舰炮和空中力量会彻底粉碎我方的反突击，他们会以持续不停的猛烈弹幕消灭我方火炮和火箭炮阵地。另外，我们也没按计划完成大范围布雷、大规模构设浅水障碍物的作业。这些工作开始得太晚，而盟军的战略轰炸甚至在入侵前就给我方交通线造成严重破坏，特别是诺曼底地区，导致我们根本没办法加快相关作业。事实最终证明，任何折中方案都无法抵消敌人在空军和炮兵方面的压倒性优势。

我对摩托化部队开赴前线所做的预测不幸言中。几个师行进了好几天才到达入侵前线，主要是在夜间行军，途中遭受了很大损失。

有一点可以肯定，入侵战期间，我们没能在海岸上赢得胜利，就此丧失了获得战略优势的机会。如果我们击退敌人，以此作为政治领域的发展基础，其价值不可估量。

不过，真正的天赐良机丧失在北非，因为最高当局没能正确认清非洲战区的战略发展潜力。一个个灾难性失误和错误，最终导致轴心国军队在突尼斯投降。我觉得我也许该总结一下，非洲战区为我们提供了哪些战略发展潜力，以及我们没抓住这些机会的原因。这是非洲战局最重要，同时也是最悲剧性的特点，相关人员很晚才认识到这些特点和该战区的战略意义。待他们认清这一点，又不愿承认自己领悟得太晚，更不愿承认地中海地区的战略态势此时趋于恶化，维系非洲战区已不复可能。

好几年时间，英国人仅以相对较弱的兵力守卫近东地区，守军实力最强的时候也没超过12个师。这些师一次次遭遇惨败，可轴心国军队的实力从来没有强大到足以把自己取得的胜利朝正确的战略方向发展。近东地区的英国集团军群是守卫这片广袤领土唯一的力量，该地区对盟军而言至关重要，原因如下。

英国近东集团军群 [利德尔·哈特注：应该是中东集团军群] 守卫的地区包括：

（a）苏伊士运河、埃及、东非。由于意大利人可以在西西里岛封锁地中海，苏伊士运河在此次战争中的战略重要性没有众人普遍认为的那么大。

（b）叙利亚、美索不达米亚、波斯。三个因素导致这片地区对盟军尤为重要：

（1）1939年，波斯和伊拉克共提供了1500万吨石油，相比之下，罗马尼亚只有650万吨。控制这片地区，轴心国就能让更多部队实现摩托化，为俄罗斯平原上的胜利创造条件。我们还可以大力加强空军，更加自由地使用空中力量。

（2）美国援助苏联的武器装备和物资，主要流向是波斯湾的巴士拉，几万部车辆和数千辆坦克在那里卸载后运往苏联。轴心国军队若能控制这片地区，就意味着美国人的航运只好重新驶往摩尔曼斯克，那条航线必须经过一大段挪威海岸线，他们的护航船队暴露在德国潜艇和飞机猛烈攻击的巨大危险下，1943年初期的情况就是这样。

（3）如果轴心国军队顺利夺取整个地中海海岸线和美索不达米亚，就为进攻苏联南方战线提供了出色的行动基地。英国人再也无法威胁或干预德国和意大利跨越地中海的航运，这样就不会再发生后勤补给方面的困难。

所以，这就是地中海盆地摆在英国人面前的战略态势。我们接下来讨论这种态势为轴心国提供的发展潜力。

关于非洲战争最重要的问题是，如果更好地分配德国的总兵力，能否夺得地中海制空权，为北非的轴心国军队确保一条安全的补给线。

第二个问题同样重要，如果更好地分配德国的总兵力，能否从不太重要的地区腾出部分机动兵团，把他们调到北非。

哈尔德大将1941年告诉我，陆军总司令部认为北非战区注定要失败，所以没给派驻北非的德国军队分配其他任务，只要求他们尽量推迟意大利人在利比亚的崩溃。为证明自己的观点正确无误，哈尔德先生断言，派驻北非的军队超过2—3个师，就很难确保长期为他们提供补给。顺便说一句，他只是在我指挥北非军队期间才持这种观点。早在1941年6月，高泽将军就来北非执行OKW交代的任务，研究在另一个司令部指挥下往北非部署大股力量的可能性。但此事后来没了下文。

对地中海地区的总体战略态势，OKW和OKH表现出不负责任的消极态度。与英国人相比，我们克服后勤补给方面的困难容易得多，因为对方必须绕过好望角，才能把物资运抵前线，这条海上航线长达12000英里。要想为北非腾出足够的兵力，把这些部队和补给物资安全运往利比亚，我们必须采取以下步骤：

（a）从法国、挪威、丹麦抽调空军编队，把足够的空中力量集中在地中海地区。（就总体战的努力而言，夺取地中海制空权，足以弥补相关地区遭削弱的德国空军力量。）

（b）把闲置在法国和德国的几个装甲和摩托化兵团调往北非战区。（盟军当时还没有构成大规模入侵法国或其他国家的严重威胁。）

（c）进攻并占领马耳他岛。

（d）指定专人负责后勤补给事务，授予他全权，国防军各部门必须通力配合，提供各种帮助。在各种政治问题上，也应当给予他大力支持。

这些措施并无特别之处，完全是很正常的举措，但最终会让非洲战争变得对我们有利。

直到非洲战事惨败的消息传到欧洲，众人才意识到非洲的重要性，忙不迭地加大了努力，目光短浅之辈总是不见棺材不掉泪。尽管英美军队对地中海的封锁比 1941—1942 年严密得多，可我们突然发现，每个月把多达 6 万吨的物资运往突尼斯完全能做到。[4] 但一切都太晚了。

我们一次次提请上级注意北非战区的发展潜力，可每次都被最高统帅部以最迂腐的理由否决掉。我们抓住一切机会宣传自己的观点，可惜徒劳无获。

要是我们获得更多摩托化兵团和一条安全的补给线，本来可以在 1941 年年初到 1942 年夏季期间取得以下战果：

（a）我们能击败并歼灭英国野战军，打开通往苏伊士运河的道路。英国人至少需要两个月才能把新锐力量调到近东，这两个月，我们可以实施计划中的一切行动。（合理的预测是，这种情况下，英国人不会再往近东地区派遣部队。）

（b）一旦整个地中海海岸线控制在我们手里，补给物资就能不受干扰地运抵北非。然后我们就可以攻入波斯和伊拉克，切断巴士拉通往苏联的补给线，控制油田，为进攻苏联南部建立基地。苏联人仓促间很难拼凑出一股摩托化力量，无论是组织还是战术方面，他们在开阔平原根本无法与我们匹敌。

（c）我们在美索不达米亚集结力量，准备对苏联南部战线发动大规模进攻之际，还应该把摩尔曼斯克与苏联其他地区隔开，可能的话从芬兰进军，一举攻占摩尔曼斯克。这需要在遥远的北方使用摩托化和装甲兵团，无疑会给我们的运输系统造成极为沉重的负担，但这种行动在任何情况下都非常值得。这样一来，我们就把苏联与美国隔开，因为日本人会在太平洋猎杀美国货运船队，而美国人又无法使用巴士拉和摩尔曼斯克这两座重要的港口。苏联仅剩的港口是阿尔汉格尔斯克，可它的位置非常糟糕，一年要封冻好几个月。

（d）我们的最终战略目标是进攻南高加索战线，夺取巴库及其油田。这会沉重打击苏联人。他们承担战斗重任的大部分坦克会因为缺乏汽油而无法投入行动，空军也会遭到削弱，再也无法期待美国提供更有效的援助。这为我们创造了从各个方向逼近、彻底打垮苏联巨人的战略条件。

我提出具有上述基本特点的方案，目光短浅的人认为我纯属幻想。可这份方案绝非基于毫无根据的假设或不合理的预测，而是有百分之百的把握，完全符合他们平日的要求。[5]任何一个从事世界大战的人，都得有全球观。英国第8集团军在利比亚沙漠设立的薄弱屏障，后方有几百万平方英里土地，这无关紧要。重要的是突破这道防线，潮水般涌过后方那些毫无防御的地区。

OKW对整个问题的处理，反映出国防军某些部门的典型态度，特别是总参谋部。[6]这些人总是把整个战略领域视为他们的专属特权。他们的谨慎与蒙哥马利不同，蒙哥马利显然认为凡事要有百分之百的把握，大胆的策略不可行，这种态度在战略问题上是对的，但在战术方面就不一定了。而那些人的谨慎是怕担责任。一方面，他们做好充分的准备，只要上级签字批准，就着手实施无异于战略赌博、成功机会渺茫的军事行动。可另一方面，他们从来不敢主动提出作战行动的建议，哪怕这些行动毫无风险，胜算很大。我认为这种态度也给其他地方造成很大危害，所以我打算更深入地探讨整个问题。

现代军事领导力

19世纪最后25年，所有欧洲大国都开始把智力型军官安排到总参谋部，相关教育让这些人把战争视为一门科学。施利芬认为总司令是军队的大脑，这种观点获得普遍接受，智力素质成为评判军官的唯一标准。军官接受更多的智力训练非常必要，而且是以下事实造成的：

（a）全民征兵制采用后，大幅度增加了军队的规模。

（b）用于后勤补给和战斗的各种新式技术装备，数量稳步增长，需要在构思和准备方面做出更加缜密的规划。尽管交战的基本问题依然简单（因为承受战斗冲击的仍是步兵），但具体执行却变得越来越复杂。

（c）实际上，无论从战略还是战术方面看，战争的实施都已发展成一门科学。

伟大军事统帅的理念，以及当前的战争学说，深深植根于军官团，完全符合第一次世界大战对军官阶层提出的要求。

即便在科学问题上，欧洲各国也深受传统束缚。第一次世界大战期间，各指挥机构把现有的战争手段发挥到极致，到了战后，许多欧洲国家的总参谋部，眼界和观点沦为死板的教条主义，这不足为奇。虽然他们在原则问题上毫不犹豫地接受了伟人的观点，但过度沉溺于细节，把一切搞得复杂无比，战争成了"交换备忘录"，而且在任何情况下，他们都坚持自己的主张，很快变得一叶障目，可他们从来不乏追随者，那些人云亦云的信徒专门为他们的理论摇旗呐喊。

《凡尔赛和约》打断了德国空军和装甲兵的发展。这也许反倒是个优势，因为我们的理论得以在更自由的氛围下发展，反之，如果我们有现成的装甲兵团，组织结构和战术任务都是确立已久的，那么，相关理论不免会落入窠臼。另外，国家社会主义让总参谋部里的激进派在许多原则问题上占据上风。而欧洲其他国家的情况不是这样，例如法国和英国，军事发展没有因为内部动荡而中断，更没有彻底改变，他们极度僵化，固守原有的体制，根本无法满足现代战争的需要。就德国的情况而言，1940 年间，尽管我们有最现代化的装甲兵和航空兵，可如果这些军兵种不辅以同样现代化的组织结构、训练、战术学说，面对英法军队并不占太大优势。

不过，就连德国军官团也没彻底摆脱旧有的偏见。某派系仍强烈反对一切现代化的方式方法，坚持认为步兵是各国军队最重要的组成部分。对目前仍在苏联苦战的德国东线军队来说，这可能是对的，但就未来而言却不尽然，我们应当着眼于未来，届时，坦克会成为所有战术思想的中心。像哈尔德将军这样的人，从来就不理解非洲战局的意义，更不明白这场战局给战争带来了哪些新理念。[7] 他们拘泥于既有的方式方法和各种先例，哪怕这些东西一再表明已然过时，因而是错误的。结果，戈林和希姆莱之辈自认为他们更懂得如何从事战争，他们的业余水平往往造成巨大的损失，而配备专业参谋人员的高级军事指挥部门越来越受到冷落。

我和我的参谋人员从不理会这种既无必要也毫无意义的空谈，技术上的发展早已取而代之。因此，许多善于纸上谈兵的军官沉浸在古老陈旧的理论中，根本无法理解我们，把我们视为冒险家、门外汉。要不是这种看法给非洲战争的进程造成灾难性影响，我本来是不会加以理会的。

人类的生存离不开机械化，这个事实同样适用于战争科学。未来决定交战结果的是战术指挥官，因为未来的交战，重点是在战术上摧毁敌人的战斗力。因此，指挥官要想胜任自己的任务，不仅需要较高的精神天赋，还要有坚定的意志。由于机械化创造了各种战术发展前景，所以未来充其量只能对交战进程做出大致预测。因此，决定胜负的是灵活的思想、勇于承担责任、谨慎和大胆的完美结合、更好地掌控作战部队。我提出几点，日后培训军官团必须特别强调：

（a）培养高级军官，重要的是在技术和组织方面对他们加以最全面的指导。这种指导的目的是让他保持一定的思想独立性，所以，要特别注重教会这些军官，对基本原则问题保持批判性思考。尊重这位或那位伟大军人的观点，但绝不能膜拜到没人敢议论的程度。必须唤起他们明确无误的现实感。充分掌握了基本原则，任何一个头脑冷静、逻辑清晰的人，只要思维不受禁锢，都能自行解决大部分细节问题。

（b）心领神会后必须立即执行，这是干劲和主动性的问题。军人需要的是实实在在的智慧与干劲相结合。无论什么想法，重要的是贯彻。年轻军官从接受培训起就必须知道，对干劲的要求并不亚于智力。伟大的胜利往往是靠军官的干劲赢得的。

（c）大多数军事理论家往往会忽略部队的心理问题。任何地方都会欣然接受部队的平均表现。了解士兵对战争的态度非常重要。他们离开自己的故乡和家人，在前线最恶劣的条件下履行自己的职责，全凭出色的理想主义精神，指挥官绝不能对此抱有错误的看法。因此，军官必须尽力保护、维持部下的理想主义。

要是能巧妙地处理心理问题（以身作则至关重要），就能极大地提高部队的作战表现。这为指挥官提供了出色的工具，让他得以比对手更高明地完成任务，从而在整个行动中处于优势地位。

重要的是，指挥官必须与部下建立一种个人的、同志般的关系，但绝不能降低自己的威信。他下令进攻时，绝不能让部下觉得伤亡已根据概率预先计算出来，这会让他们丧失一切激情。军官必须给部下不断灌输新的理念，让他们保持信心，否则这种信心很快会消失殆尽。指挥官必须确保部下安心投入战斗，毫不怀疑自己接到的命令。

东线经常忽略这条规则，一次次毫无意义地丢弃完整的师级、集团军级力量，任由残暴的敌人肆意屠戮他们。这必然导致官兵再也无法安安心心地投入战斗，而是时刻留意友邻部队，绝不敢以身涉险。与这样的敌人交战，指挥官必须格外小心，不能让麾下任何一支部队陷入困境，只有这样才能把恐惧和焦虑的影响降到最低。正确处理部队的心理问题，但不能给所有军官造成太大压力。

（d）两支军队在战场遭遇，双方指挥官根据自己的意图制订作战计划，所以，交战从两份截然不同的方案发展而来。历史上很少见到哪场交战完全按照一方的计划进行，发生这种情况，通常是因为胜利方彻底掌握了数量或质量优势，要么就是失败方无能至极。在平坦开阔地带展开的现代机动作战，再也无法几天内决出胜负，争夺主动权的斗争很可能会在同一地区肆虐数周。这种情况下，了解对手，准确评估对方的心理反应，对指挥官来说至关重要。高级军官应当密切关注指挥官在交战期间承受的心理压力，还应该提供必要的心理辅导，让他们把这方面的知识转化为优势。

（e）训练领域必须付出最大努力，抵消各军兵种自行其是的倾向。空军和陆军玩弄政治把戏的情况时有发生。这种权力斗争不啻为相互拆台。必须保持高度警惕，绝不能任由这种野心发展。必须根除一切破坏共同目标、破坏团结一致的行径。

非洲战局回顾

除非兵力占有绝对优势，从而忽略部队作战勇气的一切问题，否则，交战的胜利绝非胜利方单方面策划的结果。决定胜负的不仅仅是胜利方的优势，也取决于失败方犯下的错误。这条规则适用于非洲战区。恰恰是英国人犯下的错误（许多错误甚至能追溯到战前），才让我们的胜利成为可能。英国第 8 集团军遭遇挫败的原因简述如下。

正如我说过的那样，德国的现代装甲战基本原理战前就已形成学说（主要归功于古德里安将军付出的努力），还在装甲兵团的组织结构和训练中得到实际体现，而英国人一向保守，他们的相关部门几乎彻底否决了机械化作战学说，而这种出色的学说，恰恰是他们的同胞很早就提出的。战争爆发时，英军装甲力量的实际用途仍停留在步兵坦克外加轻型侦察坦克的阶段。[8] 他们在训练方面也不太注重机械化作战的要求（这种作战样式当时仅仅是假设），特别是在运动速度、灵活性、指挥部与部队间的紧密联系等方面。英军侦察部队是个例外，他们接受的训练是第一流的。

当然，英军指挥官很快意识到错误，可是，仅凭机械化，无论多么出色也无法纠正错误，因为军官和指挥官的再培训、指挥体系的调整（英军指挥体系极为庞杂）都不是短期内能完成的。英制坦克和反坦克炮的射程太短，这种情况一直持续到 1942 年夏季。他们的步兵坦克起初只配发实心弹，甚至没有高爆弹。我还发现，大多数英国高级军官的思维模式落于窠臼，唯一展现出些许天赋的是韦维尔。奥金莱克是个出色的领导者，可他通常把战术作战指挥权交给下属，这些人很快把主动权拱手让给我，他们的反应比他们的行动更频繁，往往没有真正的必要。坎宁安和里奇都不是坦克专家，因而无法把任何意义深远的现代化元素引入英军的训练。而且，他们很少能根据机动作战的战术要求正确调配兵力。但 [7 月份] 在阿莱曼，奥金莱克发挥主动性，以非凡的勇气执行了他深思熟虑的作战行动。每次我要以德国摩托化兵团强行达成突破，他就对其他地段的意军发动进攻，驱散对方，要么令人不安地渗透到我方补给区附近，要么构成在南面达成突破的威胁。每次我都被迫停止进攻，匆匆赶去增援遭受威胁的地段。

几位前任的惨痛经历让蒙哥马利获益匪浅。另外，我方补给遭受严重打击，沦为涓涓细流，此时英国和美国船只却把大批物资运抵北非，远远超过韦维尔或奥金莱克当初获得的数量。

蒙哥马利是个算无遗策的人，不理会任何书本理论，全凭经验行事。他的思想非常进步，到达阿莱曼就制定了前线的基本规则，还据此确定了自己的进攻方式。他的原则是不打无把握之仗。当然，这种打法只有在掌握物质优势的前提下才能奏效，可他确实有这种优势。他很谨慎，在我看来未免有些过于谨慎了，但他的确不需要冒险。最令人称羡的是，他身后有大人物全力支持，为他提供需要的一切物资。

毫无疑问，蒙哥马利更像个战略家，而不是战术家。虽然就我们所知，他充分意识到某些战术原则必然占据优势，但在机动作战中指挥部队从来就不是他的强项。而在更高的战略规划领域，他被誉为成就斐然，特别是入侵战期间，这场战役就是他指挥的。我们很难批评蒙哥马利犯过哪怕是一次严重的战略错误。

英国高级军官更多地考虑战略而非战术问题，这的确是个普遍现象。结果，大多数具体负责的英国军官犯了错，他们策划作战行动，考虑的是战略需求，而不是战术上能否实现。

整体而言，英国人犯的大错是不断更换总司令，这就迫使新任总司令再次吸取同样的惨痛教训。英军指挥官都是颇具才干的军人，只是某些人抱有先入为主的想法，这种情况与调到非洲的许多德军将领如出一辙，他们遭遇首次挫败后肯定会摈弃这些想法，可没等他们获得再度尝试的机会就被解除了职务。

美国人适应现代战争的速度令人惊讶，主要得益于他们对实用主义和物质主义有一种非凡的感觉，对毫无价值的传统理论弃若敝屣。指向实用目的的智慧、主动性、对物质财富的渴望相结合，让美国在经济方面成为世界上最强大的国家。就今天的局势而言，重要的不是哪个国家有最古老的传统，最愿意付出牺牲，而是看哪个国家的煤炭和钢材产量最大。

欧洲有些人，把大量精力耗费在也许能让他们的内心获得满足，却没有实际利益的事情上。他们缺乏应对生活的能力，他们的智慧在这方面起不到太大帮助。顺便说一句，这种人会成为军队机制内的巨大障碍，最好尽快让他们离开。

科林·罗斯在《西半球》一书里出色地研究了美国人的性格。他在书中描述的那些人，最有资格统治为生存而斗争的世界，这种斗争不是发生在学者宁静的隐居地，而是在工业领域、研究实验室、战场上。

美国经济领域和总参谋部的领导者创造了奇迹。美国陆军的组织、训练、装备无不见证了伟大的想象力和远见卓识，最重要的是，见证了美国人民齐心协力建造一部真正具有打击力的战争机器的坚定决心。他们白手起家，在最短时间内打造了一支军队，它的装备、武器、各兵种的组织远远优于世界上任何一支已知的军队。我们也许在某些装备的质量方面仍能领先于他们，但美国人在组织方面的总体平衡，以及他们在武器装备方面的稳步发展，是我们目前无法相提并论的。[9]

从技术和战略上说，登陆诺曼底堪称一流杰作。说明美国人至少在技术领域有勇气大量使用尚未经受过战斗考验的设备。[10]因循守旧的欧洲将领当然也能以可用力量实施入侵，可他们永远无法准备到这样的程度，技术、组织、训练领域都是如此。我向来对盟军的实力评价很高，可他们如此复杂的战争机器居然能这般顺利地运作，着实让我大为吃惊。

美国人在突尼斯以高昂的代价学到些经验，但物有所值。即便那时，美军将领也展现出高超的战术指挥能力，尽管我们直到巴顿集团军攻入法国，才见识到他们在机动作战方面的惊人成就。公正地说，美国人在非洲战场所得的经验教训远远超过英国人，从而证明了这样一句格言：教育比再教育容易。

与北非的敌人相比，我们最基本也最重要的优势，可能是我的军队 1941 年开抵非洲后，以现代化方式进一步训练，并从中获益。我麾下的军官，尤其是年轻的指挥官和总参军官，都抱有与时俱进的思想，和英国军官不同，完全不受保守主义妨碍。

从一开始，我们就努力把这支军队打造成一件能够迅速随机应变的工具，让他们习惯快速机动。有些军官缺乏主动性，无法让部队迅速前进，或过度拘泥于先入为主的观念，我们会毫不留情地解除他们的职务，如果在其他部门也干不好的话，就把他们打发回欧洲。对低级参谋军官，我不太在乎他们的战略知识（他们多久才考虑一次战略问题？），我更看重他们是否具备良好的战术基础，这样才能应对我们在非洲战局中面临的诸多战术问题。我想方设法与作战部队建立紧密的通信联系，最终得出结论，在前线附近设立指挥所，配上电台，再以强有力的警卫队提供保护，这种做法效果最好。我要求麾下军官最大限度地克己忘我，不断以身作则，就这样，我们这支军队培养起杰出的团队精神。德军作战部队的士气从来没有崩溃过，也从来没有因为冷漠或疲惫向敌人投降。我们始终保持良好的纪律，即便在最恶劣的情况下也从未强制执行过。

这种非凡的经历，再加上完全自发的忠诚，即便非洲战争最黯淡的时刻，我方将士依然满怀希望。甚至在突尼斯，各部队仍对指挥部门充满信心，这可能是经历了一场 1200 英里的漫长退却后特有的现象。可惜命运多舛，他们没能逃回欧洲。我有证据[11]表明，即便在囚禁期间，我的部下仍以同样的忠诚承受自己的命运，这种精神让装甲集团军在历时两年的非洲战争中脱颖而出。

德国和意大利最高统帅部白白浪费了我们在非洲的机会。那么多德国和意大利部队毫无意义地牺牲在突尼斯，导致我们无法击退盟军在意大利南部的登陆。对方的试验大获成功，因而获得了登陆法国的信心。全凭我方部队的勇气，以及凯塞林和韦斯特法尔的杰出指挥，这才阻止了意大利战线土崩瓦解。但突尼斯的灾难彻底破坏了领袖的威望，他的罗马帝国梦就此破灭。

英美军队被挡在意大利山区，但没过多久，他们就以强大的力量登陆诺曼底，以火炮、坦克、战机粉碎了我的一个个兵团。我成千上万的部下以身赴死，毫不犹豫地投入这场根本没办法打赢的交战。

我们再也无法承受三条战线的重负。苏联人在东面突破我军防线，歼灭我们许多个师，正向西挺进。面对巨大的困难，我们全凭手头最后的预备力量，才在东西两面临时建起新防线。德国的上空，天色已暗。

注释

1. 拜尔莱因将军注：值得注意的是，与这个数字相比，1941 年年初到 1942—1943 年间撤离的黎波里塔尼亚的非洲装甲集团军辖内的德国兵团损失人数是 5200 人阵亡、14000 人被俘。

2. 拜尔莱因将军注：这种说法有点让人费解，冯·伦德施泰特始终认为盟军会在加来海峡登陆，但元首大本营多次提请他们注意诺曼底地区遭受的威胁。

   隆美尔这里可能是笔误，也可能是想说明元首大本营对诺曼底地区有可能遭受入侵的认识不足，因为他在盟军登陆前，曾提出把几个装甲师和另外几个兵团调到诺曼底，但元首大本营没批准。

3. 拜尔莱因将军注：隆美尔这里指的是装甲教导师和党卫队第 12 希特勒青年团装甲师。如果他的要求获得批准，我们在盟军登陆日清晨就能把强大的装甲力量投入战斗：520 辆装甲战车、120 辆突击炮和自行火炮、1200 辆装甲运兵车。再加上几百门高射炮和大量火箭炮，本来能给盟军登陆部队造成严重破坏。而实际情况是，6 月 6 日当天我们只有第 21 装甲师可用，该师只有 150 辆坦克、60 辆突击炮和自行火炮、大约 300 辆装甲运兵车。

4. 拜尔莱因将军注：但读者必须知道，从那不勒斯到突尼斯的海上航线比那不勒斯到的黎波里、班加西或图卜鲁格这条航线短得多。

5. 拜尔莱因将军注：这种观点似乎不太完整，有些问题值得考虑。例如，如果我们从欧洲抽调摩托化兵团驰援非洲，盟军可能已登陆法国。其实，我们也许可以在东线保持防御，从而腾出兵力。图卜鲁格陷落后，罗斯福 7 月 16 日给霍普金斯写了份备忘录，由此可以看出两个战区在盟国眼中孰轻孰重：“无论苏联是否崩溃，都应当全力守卫中东地区。我希望你考虑丢失苏伊士运河的后果。”（Sherwood, The White House Papers）

6. 拜尔莱因将军注：站在公正的立场，我们能得出两点结论：

   （1）隆美尔对后勤补给的批评不无道理。毫无疑问，如果上级多关心这个问题的话，至少到 1942 年夏季，非洲战区的补给不会有太大问题。

   （2）OKW 的做法是在苏联长驱直入，在西线却无所事事，相比之下，隆美尔的战略方案似乎更明智。如果说他的方案有什么漏洞的话，那就是，德国、意大利、日本的军事或经济潜力不足以对抗全世界。

7. 拜尔莱因将军注：哈尔德大将对欧洲战区的事务无疑是个靠谱的行家，可他对非洲的机动作战知之甚少。他对许多问题的看法与隆美尔截然相反。不过，要做出客观判断，应该先听听哈尔德本人的说法。

8. 利德尔·哈特注：英国在国内组建了两个装甲师，在埃及组建了另一个装甲师，但直到德军 1940 年 5 月发动进攻，英国才把第一个装甲师派往法国。姗姗来迟的这个师没对法国战局的结果产生影响，还导致英国陆军的实际发展看上去比真正的情况更加落后。

9. 拜尔莱因将军注：隆美尔之所以对美国人抱有这种看法，显然是因为英美入侵军队的技术装备给他留下了深刻的印象。

隆美尔印象最深的是英国人和美国人入侵前建造的人工港，这让他们不必急于占领某座港口。

建造人工港的倡议是英国人提出的。

10. 利德尔·哈特注：隆美尔显然没有意识到，新式入侵装备很大程度上出于英国人的构想和设计，其中最重要的是"特种坦克"，它为登陆行动大获全胜发挥了重要作用，其中包括水陆两栖坦克、连枷扫雷坦克、喷火坦克、多用途装甲工程车。这些新部队组建后，编入霍巴特将军指挥的大型试验兵团（第 79 装甲师）接受训练，蒙哥马利和另一些将领大力支持。而美军司令部对登陆期间使用这些没经过战斗考验的装备犹豫不决，由此造成的结果是，登陆初期，美军登陆地段的战果较小，伤亡也更大。

11. 拜尔莱因将军注：隆美尔收到许多部下寄自英美战俘营的信件。

附录 隆美尔进攻尼罗河的计划

曼弗雷德·隆美尔注——这份计划是哈勒法山交战前制定的，本打算在阿莱曼阵地歼灭蒙哥马利的军队后付诸实施。德军司令部认为，渡过尼罗河是个棘手的问题。原先当过工兵的高泽将军，甚至在进攻阿莱曼之前就计算出强渡尼罗河需要的浮桥数量，我父亲刚刚谈到亚历山大和开罗，高泽就指出，德国军队在非洲没有一座浮桥。但我父亲认为能以突袭的方式夺取尼罗河上的几座桥梁。他的想法是，一旦与蒙哥马利的前线部队展开决战，就投入伞兵和侦察部队，对开罗和亚历山大的尼罗河桥梁发起闪电般的突袭。通过这种行动，他不仅打算夺取几座桥梁，还想以"德军到达尼罗河"的消息削弱第8集团军的抵抗力。我父亲认为，英军此时不太可能做好爆破桥梁的准备。他还打算待第一批德国伞兵和侦察部队出现在开罗、亚历山大及其周边，就号召埃及人支持轴心国军队。他从与德国人有联系的一些埃及官员那里获悉，对方考虑过这种起义。

经久不衰的德军前线故事

从非洲军官兵视角
还原隆美尔传记未尽之处

FOXES OF THE DESERT

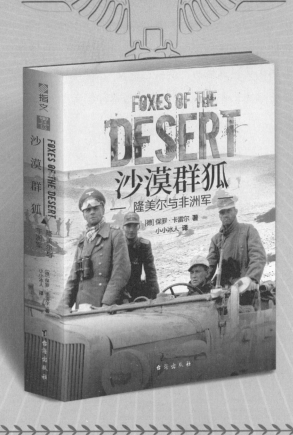